中国社会科学年鉴

中国辽夏金研究

年鉴 2017

THE YEARBOOK OF CHINESE LIAO, XIXIA AND JIN DYNASTY RESEARCH

史金波 宋德金 主编

中国社会科学出版社

图书在版编目（CIP）数据

中国辽夏金研究年鉴．2017／史金波，宋德金主编．—北京：中国社会科学出版社，2020.6
ISBN 978－7－5203－6410－2

Ⅰ.①中…　Ⅱ.①史…②宋…　Ⅲ.①中国历史—研究—辽宋金元时代—年鉴②中国历史—研究—西夏—年鉴　Ⅳ.①K246.07－54②K246.307－54

中国版本图书馆 CIP 数据核字(2020)第 069235 号

出 版 人　赵剑英
责任编辑　王鸣迪
责任校对　林福国
责任印制　张雪娇

出　　版　中国社会科学出版社
社　　址　北京鼓楼西大街甲 158 号
邮　　编　100720
网　　址　http://www.csspw.cn
发 行 部　010－84083685
门 市 部　010－84029450
经　　销　新华书店及其他书店

印刷装订　三河市东方印刷有限公司
版　　次　2020 年 6 月第 1 版
印　　次　2020 年 6 月第 1 次印刷

开　　本　787×1092　1/16
印　　张　31
插　　页　2
字　　数　640 千字
定　　价　258.00 元

2017 年云南契丹文化研讨会。

2017 年教育部重大委托项目《西夏多元文化及其历史地位》《西夏文大词典》开题会议在宁夏银川召开。

第五届西夏学国际学术研讨会合影。

中俄西夏学联合研究成果发布会在俄罗斯科学院东方文献研究所举行。

中国辽夏金研究年鉴 2017

目　　录

第一篇　特稿

第二篇　研究综述

第三篇　会议述评

第四篇　学术动态

第五篇　书评·书讯

第六篇 新书序跋

第七篇 学人・学林

第八篇 学位论文提要

第九篇　重要论文文摘

第十篇　重点课题研究报道

第十一篇　文献·文物·考古新发现

附录

Contents

Chapter One　Special Manuscript

Chapter Two　Researches Reviewed

Chapter Three Review about Academic Conference

Chapter Four Academic Trends

Chapter Five Book Review and Newsletter

Chapter Six Prefaces and Postscripts of New Book

Chapter Seven Scholars and Academic Circles

Chapter Eight Summary of Dissertation

Chapter Nine Abstracts of Important Papers

Chapter Ten Research Reports on Key Subjects

Chapter Eleven Documents, Cultural Relics, New Archaeological Discoveries

Appendix

第一篇

特　稿

西夏在人类印刷史上的伟大贡献

——西夏文佛经《本续》被认定是现存世界最早的木活字版印本及其价值

牛达生

我国古代印刷，主要是指隋唐之际出现的雕版印刷和宋元时期发明的活字印刷。然而令人遗憾的是：在我国浩如烟海的汉文古籍中，迄今未发现宋元时期的活字印本。可喜的是，在20世纪90年代以来的西夏考古中，在对过去出土的西夏文文献的整理和研究中，相继发现了西夏时期的活字印本。这些活字印本，与其他西夏文献相比，具有更为重要的文物、文献价值，是研究西夏版本、印刷的珍贵资料，也填补了我国早期版本研究的空白，是我国早期活字印刷技艺研究难得的实物资料。本文谈两个问题：一是对海内外现存西夏文佛经的简介；二是对西夏文佛经《吉祥遍至口合本续》（以下简称《本续》）的研究的陈述。最终要表达的就是这样一个在中国中世纪历史上不占主要地位的西夏对人类印刷史上的伟大贡献。

一 海内外现存西夏文佛经的简介

（一）贺兰出土的木活字版印本《吉祥遍至口合本续》

西夏文佛经《吉祥遍至口合本续》，计9册240多页，10多万字，是1991年在贺兰拜寺沟方塔废墟中出土的。白麻纸精印，蝴蝶装，文字工整秀丽，版面疏朗明快，纸质平滑，墨色清新，是古代优秀印本之一（图1—1、图1—2、图1—3）。经研究，这部经印于西夏仁宗时期，是木活字版印本。1996年11月，经文化部科技司组织专家鉴定，确认：《本续》是"迄今为止世界上发现最早的木活字印本实物，它对研究中国印刷史（特别是活字印刷史）和古代活字印刷技艺具有重大价值。"这一学术成果，受到中央有关部门的重视，2002年，《本续》先后被国家文物局列入第一批禁止出国的文物名单，又被国家档案局列入第一批"中国档案文献遗产名录"；2008年3月，经国务院批准，《本续》列入第一批《国家珍贵古籍名录》（编号

02306，图 1—4、图 1—5））①。

图 1—1

图 1—2

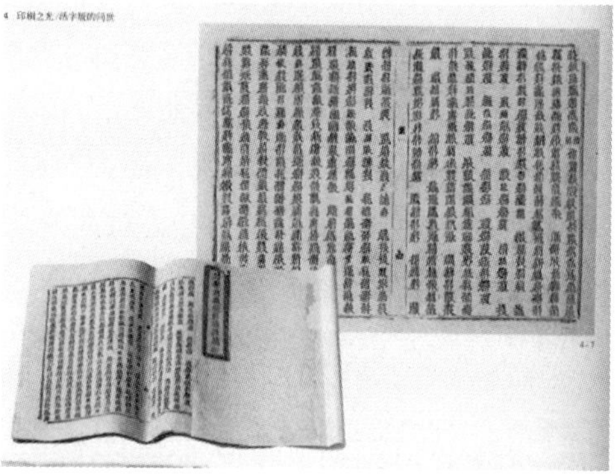

图 1—3

（二）武威出土的泥活字印本《维摩诘所说经》

西夏文佛经《维摩诘所说经》（以下简称《维经》）下集四品，经折装，总 54 面，计 6400 多字。1987 年，发现于甘肃省武威市西夏亥母洞遗址中。经孙寿岭先生潜心研究，撰文认为此经为泥活字印本（图 1—6），引起学术界的关注。孙先生以坚

① 牛达生：《西夏活字印刷研究》，宁夏人民出版社 2004 年版。宁夏文物考古研究所：《拜寺沟西夏方塔》，文物出版社 2005 年版。文化部，鉴字〔1996〕第 3 号“科学技术成果鉴定证书”，1996 年 11 月 6 日；国家文物局，文物办发〔2002〕5 号《关于印发〈首批禁止出国（境）展览文物目录〉的通知》，二〇〇二年一月十八日；国家档案局、中央档案馆，档函〔2002〕44 号《关于“中国档案文献遗产”入选项目的通报》，二〇〇二年三月二十九日；国务院，国发〔2008〕9 号《国务院关于公布第一批国家珍贵古籍名录和第一批全国古籍重点保护单位名单的通知》，二〇〇八年三月一日（证书存宁夏考古所）。

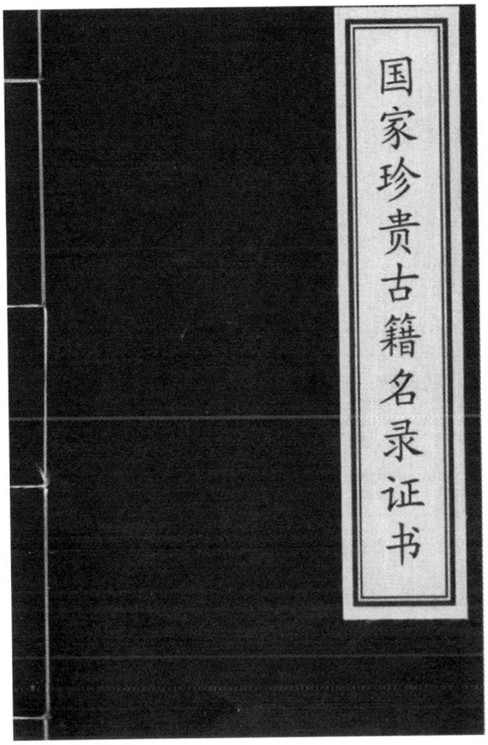

图 1—4

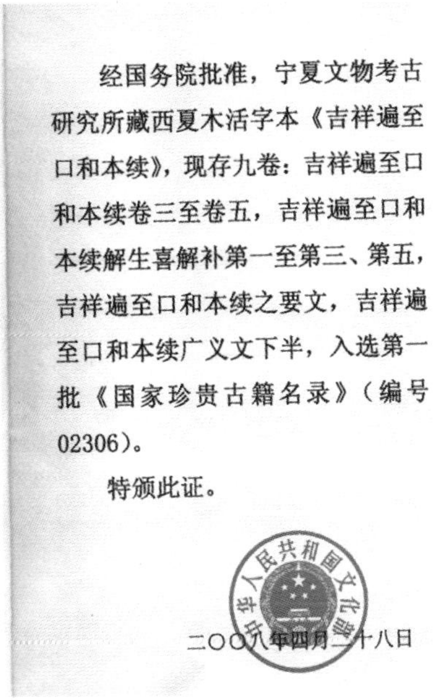

经国务院批准，宁夏文物考古研究所藏西夏木活字本《吉祥遍至口和本续》，现存九卷：吉祥遍至口和本续卷三至卷五，吉祥遍至口和本续解生喜解补第一至第三、第五，吉祥遍至口和本续之要文，吉祥遍至口和本续广义文下半，入选第一批《国家珍贵古籍名录》（编号02306）。

特颁此证。

中华人民共和国文化部

二〇〇八年四月二十八日

图 1—5

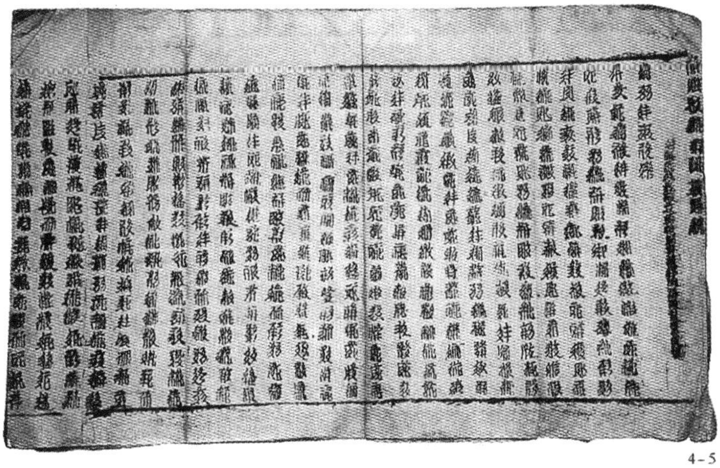

图 1—6

韧不拔的精神，在煮饭炉上经过反复试验，烧制出 3000 多个泥活字，并印出《维经》仿本，用更为确凿的事实，进一步证明其为泥活字印本（图 1—7）①。

图 1—7　孙寿岭及他所造泥活字、印版及仿本

（三）银川山嘴沟出土的西夏活字印本

山嘴沟是贺兰山东坡的沟谷之一，位于银川西夏陵西侧。2005 年 5 月，宁夏考古部门进行调查，出土了数十种西夏文献，多为西夏文佛经，还有极为珍贵的活字印本。其中泥活字印本两种：《妙法莲华经集要义镜注》《圆觉经之略疏第一上半》；木活字印本一种：译自隋天竺三藏菩提灯翻译的《占察善恶业报经》卷下，只有 2 纸，经折装。据相关研究，泥活字《妙法莲华经集要义镜注》，在历代《大正藏》未见收录，并在已知现存的西夏佛经中也没有发现，是新发现的一种西夏文佛经。尤其重要的是，该经是西夏人自己编撰的佛教文献，是“在《妙法莲华经玄赞》的基础上对《妙法莲华经》诠释”②。

（四）俄藏西夏文献中的活字印本

20 世纪 90 年代以来，在收藏丰富的俄藏黑水城文献中，也发现了多种西夏文活字印本。其中有：泥活字印本《维摩诘所说经》，木活字印本《三代相照言文集》《大乘百法明镜集》《正行集》③ 等。《维摩诘所说经》与武威所出《维经》版幅相近，行款一致，应是同一种活字印本。

---

① 孙寿龄先生曾到寒舍造访，详细介绍了他制作泥活字的情况。庄电一：《让历史再现的人》，《人物》2001 年第 12 期；尹铁虎：《武威孙寿岭与西夏泥活字版〈维摩诘所说经〉》，《中国印刷》2002 年第 8 期。

② 宁夏文物考古研究所：《山嘴沟西夏石窟》，文物出版社 2007 年版，第 297、299 页。

③ 《正行集》原译为《德行集》，曾被认为是世俗著作。孙伯君教授最新研究成果认为：此书是“据白云宗祖师清觉《正行集》的某个略注本译成，当归入佛教著作类。”参见孙伯君《西夏文〈正行集〉考释》，《宁夏社会科学》2011 年第 1 期。

（五）敦煌新发现的活字印本

20 世纪 90 年代以来，敦煌研究院在莫高窟北区洞窟的清理中，发现了若干西夏文文献。可喜的是，在这批西夏文残页中，又发现几种活字印本。可辨明经名者有：《地藏菩萨本愿经》，经研究，此经为海内外孤本，为西夏文佛经增添了新的品种；《诸密咒要语》，其内容多为密教仪规之类，系藏传佛教密宗经典残本。

表 1—1　　西夏活字印本出土情况

序号	名称	卷册数	装帧	出土时间	出土地点	成果发时表间
1	吉祥遍至口合本续	9 册	木字蝶装	1991	宁夏贺兰	《中国印刷》1994 年第 2 期
2	维摩诘所说经（下集）	1 卷	泥字经折	1987	甘肃武威	《中国文物报》1994 年 3 月 27 日
3	维摩诘所说经（上、中、下）	3 卷	泥字经折	1909	内蒙古黑水城	《北京图书馆馆刊》1997 年第 1 期
4	大乘百法明镜集	1 卷	木字经折	1909	内蒙古黑水城	同上
5	三代相照言文集	1 册	木字蝶装	1909	内蒙古黑水城	同上
6	正行集	1 册	木字蝶装	1909	内蒙古黑水城	同上
7	圣大乘守护大千国土经		木字	1909	内蒙古黑水城	《西夏社会》，2007 年
8	地藏菩萨本愿经	8 纸	经折	20 世纪 90 年代	甘肃敦煌	《中国活字印刷术的发明和早期传播》，2000 年
9	诸密咒要语	16 面	蝶装	20 世纪 90 年代	甘肃敦煌	同上
10	圆觉注之略疏第一上半	14 纸	泥字蝶装	2005	宁夏银川	《山嘴沟西夏石窟》，2007 年
11	妙法莲华经集要义镜注	68 纸	泥字蝶装	2005	宁夏银川	同上
12	占察善恶业报经	2 纸	木字经折	2005	宁夏银川	同上

注：元代的西夏文佛经中也有活字印本，如宁夏灵武出土的木活字《大方广佛华严经》，泥活字《大乘本生心地观经》等，未列入本表。

二　新发现的西夏文活字印刷文献

关于活字印刷文献，我们过去仅知《梦溪笔谈》里毕昇泥活字印刷，与《农书》中王祯木活字印刷。20 世纪 80 年代以来，西夏学学界不仅发现了多种西夏文活字印本，而且在佛经题跋中，发现了有关活字印刷的文献资料，极为珍贵。西夏文《大方广佛华严经》题记中有“雕碎字勾管为印者×××”“选字出力者×××”，其中“雕碎字”，当是指雕刻活字，“选字”，应是指拣字、排字，“选字出力者”，应是指拣字、排字的工匠。《三代相照言文集》发愿文中，有“活字新印者陈集金”，题款中记录了西夏政府中负责活字印刷的主管“都案头监”云智有、“主管活字印刷的工院大人”王忠敬等人。《胜慧到彼岸要语学禁现前解庄严论显颂》有光定六年（1216）题款两行：“御前疏润（即润文）印活字都大勾当出家功德司承旨尹智有，御前疏润印活字都大勾当工院正罔忠敬。”这些发现一再证明在西夏政府中有专职的负责活字印刷的官员，不仅为某经为活字印本提供了确凿证据，也是西夏和我国早期活字印刷极其珍贵的文献资料。

上述银川山嘴沟出土的《妙法莲华经集要义镜注》某卷有7行题款（活字印刷工种名单），记述了印刷该经不同工种及操作人员名单。北方民族大学孙昌盛研究员译文如下：

印面校者　梁释迦喇嘛　嵬古韵　慧治
印字取者　毗慧照　梁慧勇　段慧照　庞于
慧盛　梁慧成　嵬名慧善　杨慧能
米勒慧盛魏慧善　口慧明
甲狄慧口　贾罗讹慧宝　梁那征
作字兼丁者　梁慧宝　六口慧照
印本者　梁慧善（图1—8）①

一般活字印刷工艺，首先要造活字，然后才能印刷。印刷工序：排版、校对、印刷、装订等。此中“作字兼丁者”，即造字者；“印字取者”，即排版者；“印面校者”，即校对者；“印本者”，即刷印者。这一记述，概况了活字印刷的主要工序，是西夏使用活字印刷书籍最直接的证据，是最新发现的、也是最重要我国活字印刷文献之一。

被誉为“文明之母”的印刷术，它的发明影响了整个人类文明的进程，在人类社会发展史上具有划时代的意义。英国著名科学家、哲学家弗兰西斯·培根说：“任何帝国、任何教派、任何星辰对人类事物的力量和影响，都仿佛无过于（印刷术、火药、指南针）这些机械性的发现了。”② 我国活字印刷比西方早4个世纪。毕昇发明泥活字，是在1041—1048年之间，有趣的是，400年之后的1440—1448年之间，德国的约翰·谷登堡发明了铅合金活字。西方的活字印刷技术是在我国活字印刷技术的影响下发明的。据研究，12—13世纪，中国的造纸术传入西方。14—15世纪以后，

① 宁夏文物考古研究所：《山嘴沟西夏石窟》，文物出版社2007年版，第81、318、319页。
② ［英］弗兰西斯·培根：《新工具》，许宝骙译，商务印书馆1984年版。

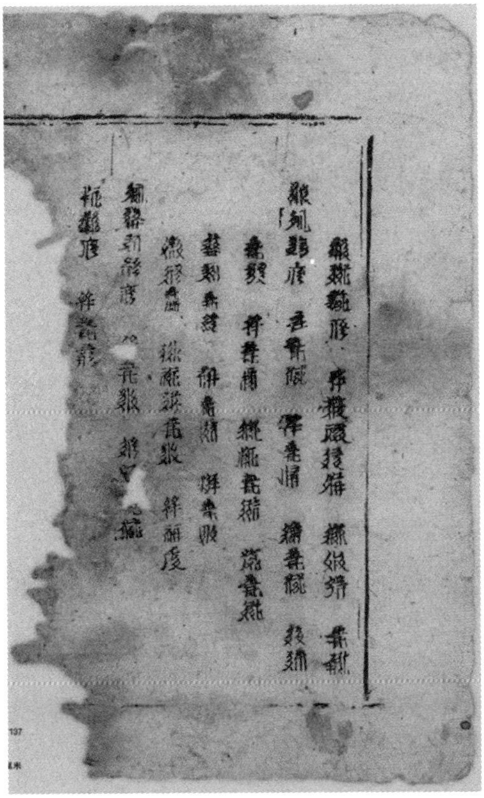

图 1—8

在欧洲文艺复兴的影响下，促进了社会经济、科学文教及基督教的发展，原来普遍使用的手抄本，已不能满足社会的需求，在成吉思汗建立的蒙古帝国统治下，“人们头顶上的金盘从日出之地至日落之地旅行，不会受到任何人的危害”，“中国与欧洲双方的使者、商人、传教士、学者、工匠和游客沿此道相互访问”，同时出现了“类似《圣经》的经书，当指儒释典籍的印本”①。作为我国四大发明之一的印刷术，是中华民族对人类文明进步的杰出贡献，是我国人民的宝贵精神财富，也是中国人民永远不落的光辉。西夏活字印本的发现和研究成果，展示了中国印刷文化的一个侧面，它对弘扬华夏文化，树立民族自信心，振奋民族精神，正在起着应有的作用。

三　西夏文佛经《本续》是现存世界最早的木活字印本及其价值

（一）《本续》的发现

《本续》的发现，是与拜寺沟方塔的破坏联系在一起的。

① 潘吉星：《中国科学技术史——造纸与印刷卷》，科学出版社 1998 年版，第 597、598 页。

拜寺沟是位于宁夏贺兰县境内，是贺兰山东坡的山沟之一，沟口东南方向距银川约 50 千米。方塔坐落在距沟口约 10 千米的贺兰山腹地，原是一座方形高 12 层的密檐式砖塔（图 1—9）。方塔史志不载，原名失记，人们以沟名塔形称其为拜寺沟方塔。

图 1—9

拜寺沟山大沟深，道路崎岖，巨石横阻，人迹罕至，是青羊、黄羊出没之处。1990 年 1 月 28 日，方塔竟被不法分子炸毁，造成极其严重的文物破坏事件，成为千古憾事。方塔的破坏，已是无法挽回的事实。当时，笔者认为方塔虽已成为废墟（图 1—10），但通过考古工作，或许能从其中发现一些文物，而且有助于搞清方塔的结构，还是有意义的。于是经报请国家文物局批准，宁夏文物考古研究所于 1991 年 8 月 10 日至 9 月 7 日，进行了清理发掘。笔者有幸担任“领队”，负责全部发掘和研究工作。经过发掘，不仅搞清了方塔的基本建筑结构，发现了沟内规模大小不等的多处西夏遗迹，还清理出包括数十种西夏文献在内的一批珍贵西夏文物、文献，其中最重要的就是这部经研究是木活字版印刷的西夏文佛经《本续》，是西夏考古的一次重大发现。

《本续》原件散乱残破，沾有泥土污垢。经整理拼对，计有 9 册，其中足本者 7

图 1—10

册，缺页者 2 册，共 240 多页，总计 10 多万字（图 1—11）。白麻纸精印，皆蝴蝶装；有封皮、扉页；书品高 30.5 厘米，展开宽 38.5 厘米；正文四界子母栏，栏距上下 20.5 厘米，左右 31.6 厘米，无界格行线；版心宽 1.2 厘米，无鱼尾，上段为书名简称，下段为页码。每半面 10 行，行 22 字，字大小约 1 厘米（图 1—12）。

图 1—11

9 册《本续》正文，最少的 17 页，最多的 37 页。从经名的不同，知此经包括四部分内容：

一是《本续》本身，存卷三、卷四、卷五，计 3 册；

二是《要文》，全称是《吉祥遍至口合本续之要文一卷》，计 1 册；

三是《广义文》，全称是《吉祥遍至口合本续之广义文下半》，计 1 册；

四是《解补》，全称是《吉祥遍至口合本续之解生喜解补第 ×》，存完本第一、第五，残本第二、第三，计 4 册。

据经名、题款文字①，知《本续》译自藏文，是藏传佛教密宗经典。“本续”简称“续（rgyud）”，是梵文“怛特罗（tantrism）”的藏译，含有藏密经典的意思；藏

① 《本续》经名、题款，经笔者译出后，曾请国家图书馆研究员黄振华先生审定。

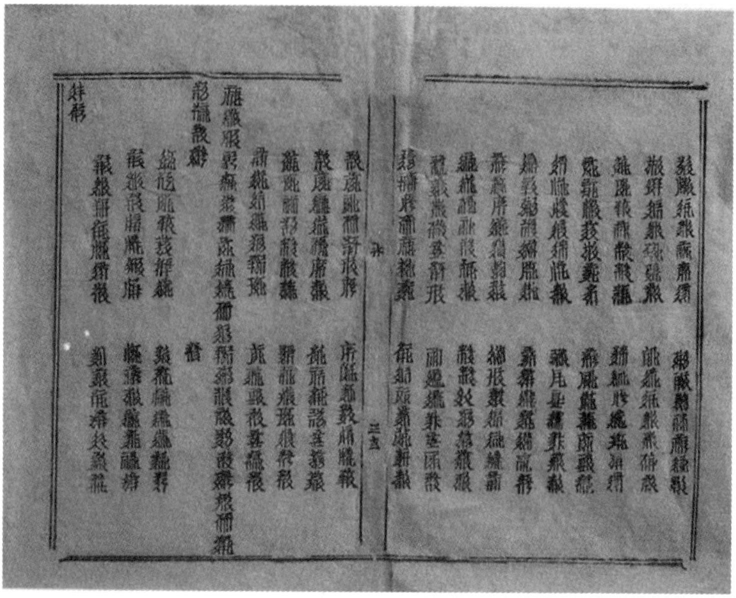

图 1—12

文大藏经中的“续部”，就是密宗经典的总称。《本续》及《要文》《广义文》《解补》等成龙配套，反映了早期藏密经典的构成特点。据查，《本续》未见著录，可能藏文原本早已失传，此经是《本续》的唯一传本。又查，现存海内外的数千卷（册）西夏文佛经中也无是经，知《本续》在西夏文佛经中是海内孤本。[①]《本续》是唯一经国家鉴定的西夏时期，也是宋辽金时期的木活字版印本。《本续》的研究成果之所以备受重视，不仅在于它对考古学、西夏学、佛学、藏学、图书史、文献学、文化史等都具有研究价值，更在于它对版本学、印刷史有无可取代的重大的研究价值。

（二）《本续》是存世最早的木活字版印本

在《本续》的研究中，第一个要解决的是断代问题，即它是西夏的还是元代的问题。这是因为 9 册《本续》，不是足本，无头无尾，无序跋年款文字，不知成书的确切年代；而西夏文字虽为西夏法定的通行文字，但到了元代仍在一定范围内使用，名为“河西字”；元朝政府还在杭州印过“河西字大藏经”，即元代的西夏文大藏经。现存海内外的西夏文佛经中有西夏的，也有元代的，因此，不能认为是西夏文字的就是西夏时期的，凡是无明确纪年的西夏文文献，都有个断代的问题。

《本续》的断代，从《本续》出土的时刻起便成为学界关注的一个问题。近几年

① 宁夏文物考古研究所、贺兰县文化局：《宁夏贺兰县拜寺沟方塔废墟清理纪要》，《文物》1994 年第 9 期。

来，随着研究的深入，我们不仅从考古材料上，而且从其他方面找依据，并经鉴定确认：《本续》是西夏后期，也即12世纪下半叶的印本。

能够证明《本续》为西夏印本，并能大体确定其年限的，主要还是靠考古本身。首先，出土《本续》的方塔，是西夏古塔。从塔心柱汉文题记“白高大国大安二年寅卯[①]……至四月一日起立塔心柱”的记述，知方塔建于西夏惠宗大安二年（北宋熙宁八年，1075年）“白高大国”是西夏人自称。方塔是少有的有明确纪年的西夏古塔之一（图1—13）。其次，在方塔出土的有纪年的文物中，最早是西夏崇贞观年（1120～1114）西夏文木牌（图1—14），最晚的是仁宗乾祐十一年（南宋淳熙七年，1180年）的汉字发愿文（图1—15），未见其后的西夏文物。从文物的共存关系判断，大体可以确定《本续》为西夏之物，而且应为西夏后期之物。笔者曾撰文就《本续》的印本特点和学术价值进行过初步探讨[②]，近来又从版本学的角度进一步研究，认为《本续》是木活字印本。据笔者所知，当前尚未发现宋代（包括辽金）木活字印刷品的报道。这就意味着《本续》是世界现存最早的木活字印品。

曾经有人提出，这部经会不会晚到西夏将要灭亡的十三世纪初？笔者认为，尽管海内外所藏西夏文佛经为数不少，其中西夏时期的也应有相当的数量，但有明确纪年，或经考证可以认定为西夏时期印本的却不足10本，且十之八九为西夏仁宗天盛和乾祐年间所印，而无仁宗之后的。[③] 我们有理由相信，《本续》也应是仁宗时期印本，而不会在其之后。

对于上述认识，我们还从其他方面得到印证：

第一，从版本装帧上说，据现有资料，西夏时期的西夏文佛经，基本上是经折装的，20世纪70年代以来，又发现了数种蝴蝶装；而元代的西夏文佛经，则全是经折装，而无一蝴蝶装。《本续》的蝴蝶装，只能说明它是西夏的。[④]

第二，从用纸上说，根据造纸专家潘吉星教授的研究，“宋元时期纸制品的广泛使用也超过唐五代”[⑤]，“是中国传统造纸技术全面成熟阶段，造纸原料来源较隋唐五代大为扩充……生产设备有所改进，加工技术也有所创新”[⑥]，“竹纸及皮纸成为占统治地位的纸种……宋元字画、刻本及公私文书多用皮纸”[⑦]。西夏辞书《文海》，

---

① 大安二年为“乙卯”，疑“寅卯”为“乙卯”之误；又：一般年表大安二年为1076年，与乙卯为1075年不符。笔者认为“寅卯”为“乙卯”之误，可以成立。是否意味着西夏惠宗改元大安应在“甲寅”年（1074），而非“乙卯”年。大安二年“寅卯”，是笔者的搭档孙昌盛教授在塔心柱残片上发现的，并著文《西夏方塔塔心柱汉文题记考释》，发表在《考古与文物》1997年第1期。

② 宁夏文物考古研究所、贺兰县文化局：《宁夏贺兰县拜寺沟方塔废墟清理纪要》，《文物》1994年第9期。

③ 牛达生：《西夏文佛经〈吉祥遍至口合本续〉的学术价值》，《文物》1994年第9期。

④ 同上。

⑤ 潘吉星：《中国的造纸术》，中国国际广播出版社2010年版，第54页。

⑥ 潘吉星：《中国科学技术史·造纸和印刷》，科学出版社1998年版，第185页。

⑦ 潘吉星：《中国造纸史话》，山东教育出版社1991年版，第59页。

图 1—13

图 1—14

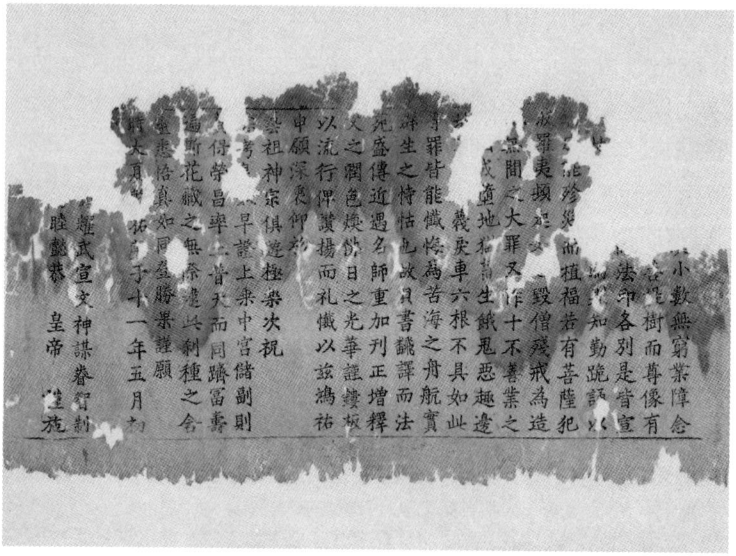

小數無窮業障念
[illegible]樹而尊像有
[illegible]法印各別是皆宣
[illegible]知勤跪誦以
能珍[illegible]而植福若有菩薩犯
般羅夷頻起[illegible]毀僧殘戒為造
[illegible]無間之大罪又作十不善業之
成墮地獄畜生餓鬼惡趣邊
義[illegible]車六根不具如此
[illegible]罪皆能懺悔為苦海之舟航實
[illegible]生之恃怙也故具書飜譯而法
[illegible]盛傳近遇名師重加刊正增釋
文之潤色煥然日之光華謹鏤板
以流行俾讚揚而礼懺以兹鴻祐
申願深衷仰祢
藝祖神宗俱遊極樂次祝
[illegible]考[illegible]早證上乘中宮儲副則
[illegible]侍學昌寧上普天而同躋富壽
遍斷花藏之無參逢此刹種之会
[illegible]登悉悟真如同登勝果謹願
時大夏[illegible]祐[illegible]子十一年五月初
[illegible]耀武宣文神謀睿智制
睦懿恭皇帝謹施

图 1—15

在解释纸时说："此者白净麻布树皮等造纸也。"① 1966 年，全苏制浆造纸工业研究所对俄藏西夏文献 10 个纸样进行化学测定，得出结论认为：西夏纸浆是含亚麻、大麻和棉花纤维的碎布纸浆，其帘纹多为每厘米 7 根。② 若干年前，我们请潘先生对包括《本续》在内的方塔西夏文献的 18 个纸样进行鉴定。据 1996 年 8 月的鉴定报告称，这些纸无一例外，全是麻纸，"与同时期的宋代纸有明显的不同"，"是西夏地区当地造的麻纸"，帘纹为每厘米 7—8 根，与俄藏西夏纸大体一致。③ 1997 年，笔者和中国制浆造纸工业研究所王菊华研究员合作，对宁夏拜寺沟方塔出土西夏文献的 9 个纸样进行了纤维形态分析，认为西夏时期的纸，主要是废旧麻布和树皮，其中树皮已占相当比例；在造纸工艺方面，已有施胶、加填的能力，抄纸普遍使用竹帘，帘纹为每厘米 6—7 根，与《文海》对纸的解释完全一致。西夏使用麻纸，也使用树皮纸。"造纸方法与中原相同，属于北方麻纸系统。"④

第三，从题款形式上看，《本续》有"集经""藏译""番译（即西夏文译）"等职衔人名题款；《要文》等有"集""传""番译"的职衔人名题款。这说明，《本续》是根据藏文文本所译。据史金波教授研究，"这两种经首题款形式，都是西夏时期藏文翻译经典，书写或印刷成书的常见形式"⑤。俄藏《到彼岸门依使胜住顺法事》《等持俱品》等西夏文佛经皆译自藏文，与《本续》的职衔人名、题材款式相类。就此而言，《本续》当属西夏印本。

第四，从《本续》的内容上看，与藏传佛教传入西夏的教派是一致的。藏传佛教形成与发展的时期⑥，也即 11 世纪宁玛、萨迦、噶当、噶举诸派相继产生与发展的时期，也正是党项族扩展势力和建立西夏的时期。因此，藏传佛教在西夏的传布与发展，是与具体教派的发展相联系的。据《贤者喜宴》《萨迦世系史》等藏文资料，西夏仁宗时期（1140—1193），藏传佛教噶玛噶举派高僧格西藏索哇，蔡巴噶举派高僧藏巴沾哇⑦，萨迦派三祖札巴坚赞的弟子觉本等，先后到西夏传授三宝密咒，组织翻译佛经，备受专宠，被奉为上师。《本续》属何教派，现在还难以全面论述。从试译的部分内容看，有藏密经典常见的词汇和教法，如"大乐""大密""密乘""空行母""喜金刚""菩提心"等，还有"大手印"和"道果"。据研究，噶举派的教法以"大手印"为主，萨迦派教义中最独特的教法是"道果"。据此，初步推定《本

---

① 史金波、白滨、黄振华：《文海研究》，中国社会科学出版社 1983 年版，第 497 页。

② 王克孝：《西夏对我国书籍生产和印刷术的突出贡献》，《民族研究》1996 年第 4 期。

③ 同上。

④ 潘吉星：《中国科学技术史 · 造纸和印刷》，科学出版社 1998 年版，第 454 页。

⑤ 史金波：《现存世界上最早的活字印刷品——西夏活字本考》《北京图书馆馆刊》1977 年第 1 期。

⑥ 所谓藏传佛教，是指佛教与本教经过斗争达到融合于 10 世纪末形成的佛教，它与一般所说的佛教不同，是西藏地方化的佛教。详见王辅仁《西藏佛教史略》、王森《西藏佛教发展史略》等。

⑦ 噶举派是藏传佛教中派系最复杂的一个教派，分香巴噶举和塔布噶举两派，塔布噶举又分四大支系八小支系。噶玛噶举、蔡巴噶举都是塔布噶举的支系。

续》的翻译印制，或许与萨迦派特别是噶举派的传法和译经活动有关，噶举派多修胜乐金刚本尊法①。20 世纪 80 年代以来，在宁夏贺兰县境内的宏佛塔和拜寺口双塔都发现了绢制的“胜乐金刚双身唐卡”和“大师像”等珍贵文物，为该派在西夏的传播提供了依据。就此而言，定《本续》为西夏仁宗时期印本，似也在情理之中。

（三）《本续》是木活字版印本的依据

版本鉴定，是《本续》研究的核心问题。而《本续》的重大学术价值，正是通过版本的鉴定而展现出来的。鉴定中要解决的问题，首先，是活字还是刻本？其次，是木活字还是泥活字？经过艰苦的探索，并经鉴定确认，我们面对这部带泥土气息的西夏文佛经《本续》，终于可以明确地说：它是活字本，而非刻本；是木活字本，而非泥活字本。

我国古代印刷源远流长，历史悠久。从大印刷史观看，我国古代印刷，与封泥玺印、砖瓦模印、织物印染、碑刻拓印有关。② 然而，就印书而言，按一般说法，雕版印刷始于隋末唐初，活字印刷发明于宋代。这两种印刷和现代铅字印刷一样，都是凸版印刷，其印本大体相类。但活字印本是用单字排版印刷的，雕版印本是在刻好的整块板印刷的，不相同的工艺形成了两种印本的不同特点，并反映在版式、墨色和字体诸多方面。过去，学术界对古籍版本的鉴定，已积累了一定的经验，总结出一些规律性的东西，今天我们对《本续》的鉴定，正是在前人的基础上进行的。《本续》的活字特点表现得异常充分，它不仅具有一般活字本的特点，还有许多其他活字本所无的特点。而《本续》的重大价值之一，就体现在这些过去尚无人见过的特点，主要反映在版式上，而墨色和字体上也有反映。

1. 版框栏线，多不衔接

从版式栏线上看，版框栏线四角不衔接，版心行线与上下栏线也不衔接，都留下大小不等的缺口。栏线四角不衔接，为活字本常见的特点之一，但页页都是如此，则为其他活字本所少见。此外，有的上下栏线从版心处断开，成为左右两段；有的上下栏线超越左右栏线，向版框外长出一段。这两种现象，为其他活字本所未见。

2. 版面设计，随意改变

个别页面版心行线漏排，如《本续》卷四第 5 页，既无版心，也无经名简称和页码数字。又如《本续》卷五最后一页，为了节省一页纸，将所剩两行挤上，省去版心不说，还打破每半面 10 行的规格，多加了 1 行，成为 11 行，使版面显得格外拥挤（图 1—16、图 1—17）。有的经卷，打破版面设计格式，将左侧栏线移在经页中

---

① 本尊法：藏传佛教规定，藏密弟子在修行时，在众多的神佛中必须选择一种作为依托，所选择之佛或菩萨就是本尊。然后，结坛、设供，在修习时结本尊手印，诵本尊真言，观想本尊于虚空，使自己的坐卧姿势、言行举止与本尊一致，以达到本尊即我、我即本尊的修持方法，就是本尊法。

② 李兴才：《应从大印刷史观研究中国印刷史》，《中国印刷》1994 年总 44 期。

文字之后，如《要文》最后一页（图 1—18）；有的干脆省去左侧栏线，使页面后半成为空白，如《广义文》《解补》第一、第二、第五诸卷的最后一页。这种随意省去和移动栏线，随意加行的现象，在已知的其他活字版印本中未见，雕版印本中当然更不会有。只有活字印刷才可能这样做，这是《本续》所特有的现象。

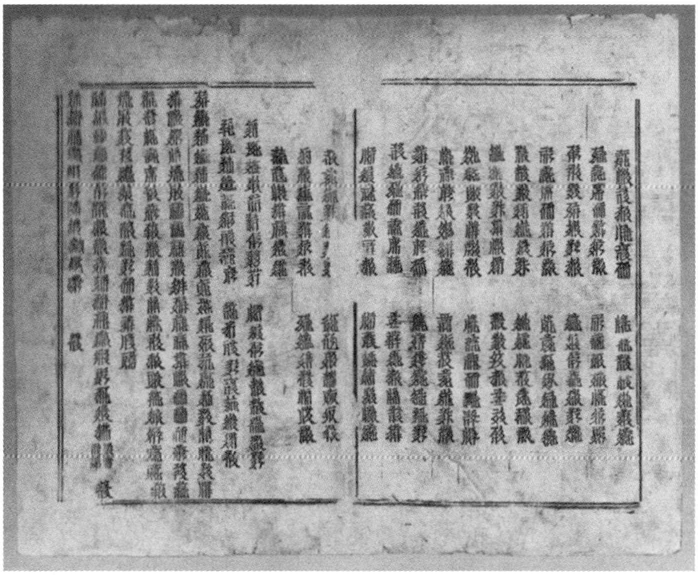

图 1—16

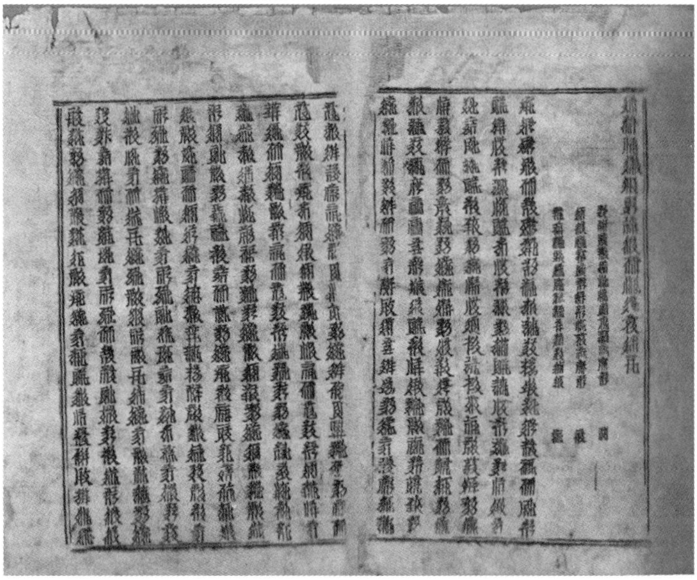

图 1—17

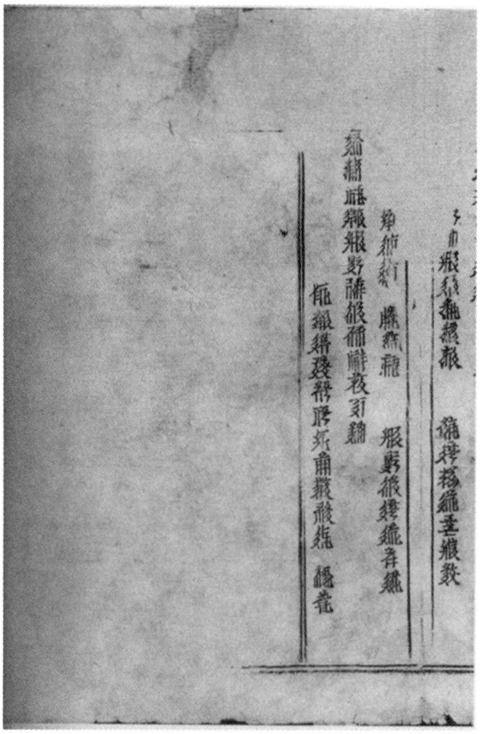

图 1—18

3. 页码、经名用字混乱

页码用字，有的是汉字，有的是西夏字；有的是阳文，有的是阴文；有的字号大，有的字号小；还有的两位数码或是阴阳合用，或是汉夏合文；用此用彼，全无定规，随意性很大。经名简称用字，如《本续》卷五，有的是“续五”，有的是“五”，都是西夏文，个别页还有用汉字。经名简称和页码数字，错排、漏排也比较严重，有十几处之多，最典型的如《本续》卷五第 33 页，竟将页码“[illegible]”误排在经名处，而且字还是倒置的。这种页码用字无定规，经名用字混乱的现象，未见出现在其他活字本中，当然更不会出现在雕版印本中。这也是《本续》所特有的。

4. 倒字较多，还有错字

倒字、卧字在活字本中并不多见，不是每部活字本所必有的。然而，如果出现一个，则必作为活字本最主要的依据。如曾被认为是宋活字而实为明活字的《毛诗·唐风·山有枢》篇内，“[illegible]”字横排，成为卧字；明版宋罗大经的《鹤林玉露》卷四第 4 页“马必”字倒置，成为倒字。这卧字、倒字，“成为鉴定活字本最有说服力的一种证据”①。而《本续》的倒字，已发现的竟有 8 处 9 字，分布在《本续》卷五、

① 张秀民、韩琦：《中国活字印刷史》，中国书籍出版社 1998 年版，第 100 页。

《要文》《广义文》和《解补》第一诸卷中，其中“二”字3个，“四”字3个，“卄”字2个，“七”字1个。我们注意到，西夏文中没有倒字，这是因其笔画繁复，排字时不易看错；而汉文“二”“四”“卄”等字，倒正形近，稍不经心，便会排错。还有《解补》第五页码“十七”中的“七”字，第二笔竖折，竟向左边折去成“□”形。这只能是刻活字的刻字工误刻之故。

5. 墨色、字体有差，同字不同面

墨色浓淡不匀，纸背透墨深浅有差；字形大小不一，笔画有粗有细等，这些特点是活字本多见的，在《本续》中也反映的比较充分。有的同志认为：“不同页上的若干相同的字，有时绝对的相同”，并将其作为活字的特点之一。笔者认为，可能有的明清活字本是这样的，但从《本续》看，情况并非如此，不说不同页的数个相同的字，在字形上有差异，就是同一页同一行若干个相同的字，在大小形态、笔法风格上也不尽相同，如“本续”卷五第14页右面的16个“□（之）”字，左面的27个“□（吽）”字，就很典型，可以说是一字一面。它强烈地暗示我们：同一字不是按同一个字样刻的；刻字工远非一人，熟练的刻字工，对一些笔画简单的字，可能不要字样信手就刻，以致难免出错。否则，就不会出现笔画向左折去的“□”字，也不会出现一个字丁上刻两个字的页码。

论《本续》是活字本，我们从《本续》的文字中也找到了依据。《本续》每卷最后一页都有一行题款，译成汉文是“印本勾管为者沙门释子高法慧”。拙意，“勾管”似可释为“管勾”，“管勾”有管理钩稽之意，全句拟可理解为印本事务的管理者、组织者。据史金波先生研究，“‘勾管印经为者’这一特有提法，是该经属于活字印刷品的重要证据”。他纵览西夏印刷品后认为，在雕版印刷中，写版、雕版技术性强，比摆印费时费力，因此在有关序跋题款文字中，多记写版和雕版者人名，一般不记摆印者。如俄藏《佛说阿弥陀经》，卷末题款译文为“写者僧人马智能、雕者李什德、刘铁迦”。类似此例者还有多种佛经。而活字版印本，刻字者远非一人，最费时费力的是排字、刷印，所以题款中更重视摆印人员，而不提写版和雕版者。《本续》经尾题款，“只是强调印本的组织者，正符合活字印本的题款惯例”①。

综上所述，从《本续》的版式、墨色、字体以及题款文字等的分析，确认《本续》为活字版印本，当属无疑。

（四）《本续》的木活字特点，隔行“竹片”印痕

在版本鉴定中，如果说活字还比较好鉴定的话，要认定是什么活字，则要困难很多。在北图善本部泡了一辈子，对印刷史研究做出重大贡献的张秀民先生，在论述活字本的鉴定时，曾感叹地说：“至于泥字、木字、铜字印本的区别，则在几微之间，

① 史金波：《现存世界上最早的活字印刷品——西夏活字印本考》，《北京图书馆馆刊》1997年第1期。

更为不易。”① 这道出了区别几种活字印本之难。曾有朋友劝我，要留有余地，就说《本续》是活字本，也是很大的贡献，何必把话说死呢？尽管如此，笔者还是找到了木活字的依据隔行“竹片”印痕。

所谓隔行“竹片”印痕，是指字行间长短不一，墨色深浅有差的线条，这种线条在三卷《本续》中较为突出，半数页面上都有，卷四共 37 页，有这种线条的竟达 26 页（图 1—19）。我们注意到，三卷《本续》半数内容为七字一句的韵文，韵文上下留有数字的空白，线条多出现在空白处，而挤得满满的字行间则极少。这种字行间线条的现象，在有关论著中未见有人提及，当然也不会有人作出解释。笔者几经思考。认为这是木活字特有的隔行“竹片”印痕。

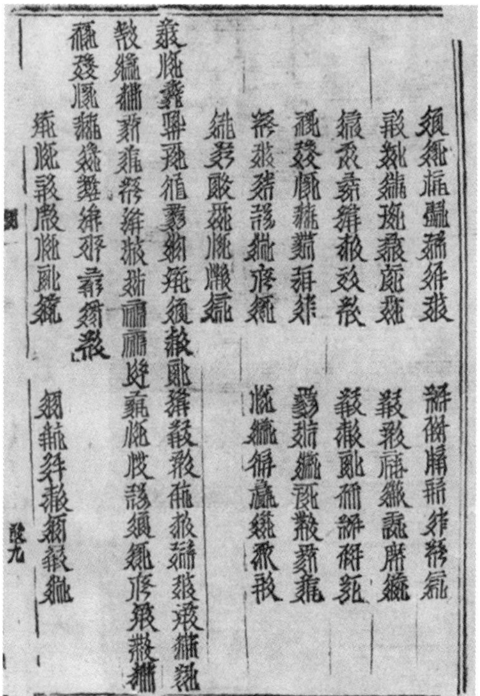

图 1—19

在宋代，金属活字是否出现，尚待证实。而泥活字和木活字已进入实用阶段，所以说它“特有”，仅是指与泥活字相较而言。沈括《梦溪笔谈》和王祯《农书·造活字印书法》是仅有涉及宋元时期活字印刷技艺的两种著作，举凡活字论著，无不引以为据。《梦溪笔谈》所载毕昇泥活字排版技艺，是“以一铁范（版框）置铁板上，

① 张秀民、韩琦：《中国活字印刷史》，中国书籍出版社 1998 年版，第 105 页。

乃密布字印，满铁范为一板”。无隔行之工序，当然不会有隔行之物在印刷时留下印痕。与毕昇泥活字排版技艺不同，王祯木活字的排版技艺，则有“排字作行，削成竹片夹之”的工序。《本续》页面上的这些线条，就是隔行“竹片”处理不当，稍有凸起留下的痕迹。这种现象，在近代的铅字印刷中亦可看到，如果隔行的铅条夹不好，也会在字行间留下印痕。这就是笔者对这种线条成因的解释，也是定《本续》为木活字版印本最重要的依据之一。这里要强调的是隔行“竹片”印痕，早在西夏的印本中就已出现，而非元代印本中才有的现象。

有人提出，有的明清活字本界格行线时有时无，很不清晰，字行间出现这种线条不足为奇，以此依据定《本续》是木活字印本，似嫌理由不足。笔者认为，这是两种性质完全不同的线条：一是界格行线印刷不清所致；一是并无界格行线，只是隔行之物处理不当所致；两者不能混为一谈。前面谈到，这种线条在韵文空白处较为凸出，而在文字密布的字行间极少（仅见数条）。这是因为面积较大的空白处，无凸起的字相隔，纸面更容易接触到处理不好的隔行之物而留下印痕。但是，并不是所有面积较大的空白处都有这种印痕的，这说明如果排版得当，隔行之物不翘起，是不会留下印痕的。反过来说，如果是界格行线的话，这种线条在面积较大的空白处，只会印得更为清晰，而不会毫无痕迹。

定《本续》为木活字版印本，还有两点理由：一是根据研究，泥活字笔画不够流畅，边缘不够整齐，多有断笔缺笔现象，而木活字少有上述现象，印刷质量较好；二是泥活字的勾挑撇捺，笔画顿拙，稍显板滞，不如木活字犀利畅达。1994 年 3 月 27 日《中国文物报》发表了孙寿岭先生《西夏泥活字版佛经》一文。该文认为于 1987 年在甘肃武威亥母洞遗址发现的西夏文《维摩诘所说经》（以下简称《维经》），是泥活字版印本。笔者十分认真地拜读了此文，并写了《质疑与期望》① 一文。1995 年夏乘便车到武威，拜见了孙寿岭先生，并看到了孙先生的有关资料，觉得《维经》与雕版本不同，与《本续》木活字也不同，很可能是泥活字。1997 年孙先生发表了《武威发现我国最早的泥活字版西夏文佛经》，根据与《维经》共出的西夏乾定年间文物，提出《维经》最早为“西夏仁宗”，“最迟不晚于西夏乾定”②。1999 年，孙先生发表《再谈西夏文〈维摩诘所说经〉是泥活字版本》③。2000 年，笔者对《维经》仔细观察，作了进一步的研究，并经孙先生同意，撰文《西夏泥活字印本〈维摩诘所说经〉》，提出该经有交笔不直，“气眼”笔画，“变形”笔画，缺头少尾等现象，认为这都是泥活字在陶化过程中产生的现象，进一步证明其为泥活字而非木活字。④

---

① 该文载《宁夏社会科学》1995 年第 1 期。笔者不否定《维摩诘所说经》是泥活字，而是觉得仅就孙文所论，似嫌根据不足，期望他们能做更多更深入的工作。

② 孙寿岭：《武威发现我国最早的泥活字版西夏文佛经》，《陇右文博》1997 年第 1 期。

③ 孙寿岭：《再谈西夏文〈维摩诘所说经〉是泥活字版本》，《陇右文博》1999 年第 1 期。

④ 牛达生：《西夏文泥活字印本〈维摩诘所说经〉》，《中国印刷》2000 年第 12 期。

（五）两种特有现象的解释

一种现象是连笔字，甚至有交笔字。这种现象主要是在页码多为汉字的《本续》卷五中。连笔字如页码“十一”“十六”等，上下二字相连；“二十二”“二十五”“二十九”“三十三”中的“十二”“十五”“十九”“十三”也是上下二字相连。交笔字只有一例，即如卷五排成“”。按说，活字个个都独字，上下字之间不应该相连，更不应该相交。这种现象应如何解释呢？我们注意到，在笔画繁复的西夏字中，绝无此种现象。不难看出，这种现象的产生，显然是刻字工为了省工省时，将两个笔画简单的字，刻在一个字丁上形成的。

另一种是文字排列横看上下参差，不能成行的现象。这种现象主要反映在《广义文》，特别是《要文》中，可以说几乎页页如此。按说，同号的字大小是相等的，就如同等大的方形积木，不论如何排列，都应是竖看成行，横看成列的，怎么会横看不能成列呢？我们注意到，《要文》字行间的空格特别多，有的一页竟达五六十个。所以造成这种情况，是因为填补空格的白丁，虽与字丁等宽，但长短却无标准，如《要文》第 5 页 50 多个空格，长的 1.2 厘米，短的仅有 0.4 厘米，相差 3 倍（图 1—20）。这就造成竖看还是一行，比较整齐，而横看就难以个个对齐，形成上下参差，不能成列的现象。看业，古人对经文的排版，似乎更注意纵向排列，而忽视横向排列。这或许与过去竖行书写时，往往比较注意上下对齐，而忽视左右是如何的习惯有关。

所以将这两种现象作为特殊现象进行解释，是因为人们认为这两种现象只应出现在雕版印刷品中，而活字印本中是不应该有的。有人据此对《本续》的活字表示怀疑。这属正常现象，的确在人们所能见到的明清活字本中确无此种现象，并且把它视为规律，应用于所有版本的鉴定。然而，任何事物都有其发展和运动的独特过程。《本续》之所以会产生这些现象，正是早期活字排版的技艺不够成熟、不够完备、不够规范的反映。前面谈到的诸如经名简称用字混乱、页码用字无定规等，也是不成熟、不规范的反映。《本续》是早期活字印本的样本，它所体现的特点，对我们研究早期活字和活字版印本具有重要的意义。

本节论述了《本续》版本特点，及定其为木活字版印本的依据。这绝不是说《本续》的毛病太多，不是一个好的印本。从总体上看，《本续》文字工整典雅，版面疏朗明快，纸张平滑柔润，是古代较好的一个印本。从这个意义上说，它不应该是木活字印刷的处女本，而是已有一定活字印刷经验的一个印本。它是今天所能见到的存世界最早的木活字版印本。

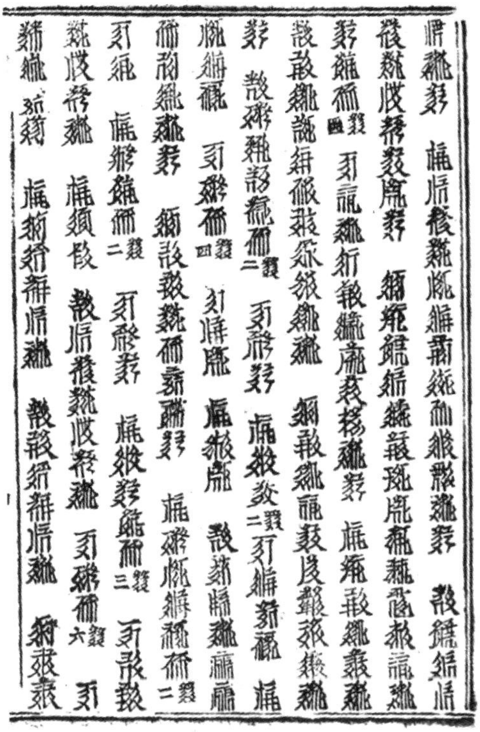

图 1—20

五　《本续》研究成果的重大意义

《本续》的发现和研究成果，不仅具有重大的学术价值，而且具有积极的现实意义。

（一）学术价值

第一，《本续》是世界上现存最早的木活字版印本实物。

21 世纪以来，我国唐宋时期的印刷品有很多重要的发现，诸如吐鲁番的唐武周《妙法莲花经》，西安的唐高宗《陀罗尼经咒》，韩国的唐《无垢净光大陀罗尼经》，敦煌的唐《金刚经》，湖州的五代越国《宝箧印陀罗尼经》，应县的辽《契丹藏》，赵城的金《赵城藏》，贺兰的西夏文雕版等。但这些都是雕版印刷品和雕版。而宋元时期的活字印刷品，汉文仅有一例，即 1965 年温州发现的北宋《佛说观无量寿佛经》（亦称《观经》）残页，是否是活字，学界尚无定论。2000 年，经笔者研究，认为它不是传统意义上的书籍，而是用《观经》文字使用组字法创作的佛教版画艺术品。[①] 另外，前述武威发现的《维摩诘所说经》，是否是活字印本，学界多有歧见。笔者认真研究，并撰文《西夏文泥活字印本〈维摩诘所说经〉》，从多个方面证明其确为泥活字本。[②] 我们要强调的是：《本续》是经过国家有关部门正式认定的现存世界上最早的木活字版印本实物，具有重要的学术价值。

第二，将木活字的发明和使用提早了一个朝代。

按照权威论著中的说法，泥活字是北宋毕昇发明的，木活字是元代王祯所“首创”的。在浩如烟海的汉文古椠中，在已知的海内外所藏的“二千多种”木活字印本中[③]，迄今未发现宋代木活字版印本。有鉴于此，《本续》的研究成果，不仅意味着发现了世界现存的最早的木活字版印本实物，使木活字的发明和使用时间，从传统元代的说法提早到宋代，提早了一个多世纪，而且意味着我国和世界印刷史的相关部分需要改写。

第三，丰富了版本学的内容。

如前所述，先贤们对活字版印本的鉴定，做了很多工作，总结出一些规律性的东西，著名版本学家魏隐如先生，在其《古籍版本鉴定丛谈》一书中，就概括出十条之多，是版本学的一大成就，对古籍版本的鉴定有重要的借鉴意义。但不容忽视的是，由于海内外所藏汉文古籍中，没有宋元活字印本，所谓活字本特点，只能是明清活字本的特点。事物总是按一定的规律发展的，早期活字本当然与明清活字本有所不同。《本续》的重大价值，它所展现的诸如书名简称不一，页码用字汉夏杂用，随意改变版式（省去版心，增加行线，栏线移位或省去等），两个字刻在一个字丁上，隔行“竹片”印痕等，这些明清活字本所无的特征，对早期活字本的认识具有重要意义，从而大大丰富了版本学的内容。

第四，提供了研究古代活字印刷技艺的最新资料。

《本续》不是印刷工具部件，而是古代印刷工具运作的产物。《本续》九卷，约10万字，如是足本，字数肯定会更多。不说组织译经，需要相当人力、物力和完善的组织；单说印刷，如果没有严密的组织，一定的场地、设备，一定数量的技术工人，一定的资金投入和预设的工艺流程，要把多少卷、多少万字的书印出来，是难以想象的。《本续》的发现和研究成果，说明西夏不仅有雕版印刷的能力，而且有活字印刷的能力，并已达到一定的水平。这说明王祯《农书·造活字印书法》所载活字

① 牛达生：《西夏活字印刷研究·〈观经〉残页是佛祖版画残片》，宁夏人民出版社2004年版，第182页。

② 牛达生：《西夏活字印刷研究·西夏文泥活字印本〈维摩诘所说经〉》，宁夏人民出版社2004年版，第106页。

③ 钱存训：《中国历代活字本综述》，载《中国书籍纸墨及印刷史论文集》，香港中文大学出版社1992年版。

的造字、排字（按字韵排列上架备用）、排版、刷印等工艺流程，是在宋代就存在的，而王祯“排字作行，削成竹片夹之”的技术，早在西夏时期就已出现。

第五，是活字印刷技术向西方传播的重要实物证据。

印刷术作为具有影响力的伟大发明，作为全人类共同文化财富，发挥着繁荣人类文化，促进社会进步的积极作用。限于篇幅，兹将活字印刷术传入相关国家时间简述如下：

1. 传入朝鲜

朝鲜半岛用的不是泥字和木字，而是金属活字。据载，13 世纪受中国毕昇发明活字的影响，“李朝太宗命铸铜字”。最早的金属活字本是宣光七年（1377 年，当明洪武十年）清州牧“兴德寺铸字印施的”。①

2. 传入日本

日本丰臣秀吉在 1592 年曾动侵朝战争，因中朝联军奋力抵抗而失败告终。但却将“数以万计的铜活字、铸字工带回日本，次年（1593）以活字刊印《古文孝经》一卷”②。同时，日本还有木活字印本。1669 年起，日本京都万福寺僧人黄宗铁眼（1630—1682）四方募资，以黄口版为雕版，字体与明代万历藏相同，为线装。

据研究，西方的活字印刷，是德国的约翰·俗腾堡在 1450 年左右发明的，而我国毕昇发明泥活字，是在北宋仁宗庆历年间（1041—1048）。西方的活字印刷，是在中国活字印刷的影响下发明的，比中国晚了整整 4 个世纪。西夏与两宋相始终。西夏在发展本民族文化的同时，十分注意汲取包括印刷术在内的中原文化的营养，以丰富和发展自己。现藏于国内外的以印本为主的数千卷（册）西夏文文献，就是最好的说明。毕昇发明泥活字和活字印刷的宋代，正是西夏独占河西走廊的时候，东西方贸易和中原文化向西方的传播，不能不受到西夏的强烈影响。20 世纪初，在敦煌发现了数百个硬木的元代回鹘文活字和回鹘文木活字印刷品③，说明地处西夏西部的回鹘，在西夏之后也使用了木活字。《本续》的发现，使我们有理由推断，活字印刷技术由中原地区向西方传播的过程中，西夏起了不可或缺的桥梁作用。在此之前，我国的印刷术对周边国家以及非洲、欧洲等地区和国家产生了影响。如亚洲的朝鲜、日本、越南、琉球、菲律宾、伊朗，以及非洲的埃及，然后传到欧洲国家。

（二）对弘扬华夏文化有积极意义

第一，被誉为“文明之母”的印刷术，它的发明影响了整个人类文明的进程，在人类历史上具有划时代的意义。英国著名科学家、哲学家培根说：“任何帝国、任何教派、任何星辰对人类事务的力量和影响，都仿佛无过于（印刷术、火药、指南

---

① 转引自潘吉星《中国科学技术史·造纸与印刷卷》，科学出版社 1998 年版，第 535 页。

② 同上。

③ ［美］托玛斯·卡特：《中国印刷术的发明和它的西传》，商务印书馆 1957 年版。

针）这些机械性的发现了。”[①] 《本续》的发现与研究成果，展现了我国古代印刷文化的一个侧面，它对弘扬华夏文化，树立民族自信心，振奋民族精神，必将起到应有的作用。

第二，《本续》将西夏文化（西夏字）、吐蕃文化（藏密经典）和中原文化（印刷术）完美地结合在一起，是我国各族人民相互学习，相互影响，共同进步的历史见证，对促进民族团结和社会进步也有一定的作用。

第三，十几年前，韩国对现藏法国的王氏高丽宣光元代（明洪武十年，1377 年）出版的汉文本《佛祖直指心体要节》一书进行考证，认为它是世界早的铜活字本，并报联合国教科文组织，“认定为金属活字印刷的最古老的书籍”，出土该书的清州兴德寺遗址，“被正式认定为世界上首先使用金属活字之地”，并在“其旁建立了印刷博物馆”。[②] 近 30 年来，韩国某些学者，将 1966 年在庆州发现的唐刻本《无垢净光大陀罗尼经》，认为是新罗刻本，是世界上最早的雕版印本，并由此断定雕版印刷起源于韩国；1997 年在韩国召开国际学术大会和珍稀版本图书展示会，期望通过联合国教科文组织得到世界公认。韩国的这一举措，是事关我国民族权利和国家尊严的大事，事关中国重大发明和发明权的归属问题，已经引起有关方面的深切关注。潘吉星研究员《印刷术的起源地：中国还是韩国》[③]，以丰富的资料和科学的论证，对韩国的说法进行了驳斥，认为印刷术的发源地只能是中国，而不是深受中国文化影响的韩国，为捍卫我国的印刷术发明权作出了重要贡献。所谓韩国是“首先使用金属活字之地”的说法，也缺乏学依据。首先，金属活字包括锡字、铜字、铅字等。王祯《农书·造活字印书法》有“近世又有铸锡作字”的记载，说明宋末元初在中国已出现了金属活字。其次，《佛祖直指心体要节》印刷质量较好，在没有新的铜活字本发现之前，说其是“现存”最早的，似无不可，硬把它说成是“世界最古老的”，将其发现地说成“世界首先使用金属活字之地”，则悖于情理，有欠科学。

第四，金属活字是在泥活字、木活字之后出现的，韩国的铜活字，以至欧洲的三元铅合金的铅活字，都是在中国活字技术的影响下出现的。毕昇的泥活字，早为学界所公认。作为现存世界上最早的木活字版印本《本续》的发现，再一次证明活字的源头在中国。

附：文化部科技成果鉴定意见

（文化部“科学技术成果鉴定证书”，鉴字〔1996〕第 3 号。成果名称：西夏文佛经《吉祥遍至口合本续》是木活字版印本研究。鉴定形式：会议鉴定；组织鉴定单位：文化部科技司；鉴定日期：1996 年 11 月 6 日；鉴定批准日期：1996 年 11 月 6

① ［英］培根：《新工具》，许宝骙译，商务印书馆 1984 年版。

② ［韩］权炳麟：《古代印刷之光——记清州古代印刷物馆》，《韩国画报》1996 年夏。

③ 潘吉星：《印刷术的起源地：中国还是韩国》，《中国文物报》1996 年 11 月 17 日。

日。签章："文化部科技成果鉴定专用章"。）

宁夏文物考古研究所于1991年9月在宁夏贺兰县拜寺沟西夏方塔中，发现了西夏文佛经《吉祥遍至口合本续》（简称《本续》）9册，约10万字，皆为蝴蝶装印本。据该所牛达生研究员研究考证，此经为西夏后期（十二世纪下半叶）的木活字版印本。

1996年11月6日，文化部科技司主持召开了"西夏木活版印本研究项目"鉴定会。在鉴定会上，委员们考察了《本续》原件，仔细研究了有关论文资料，就牛达生的研究成果进行了认真的讨论。认为：

第一，《本续》具有明显的活字印本特征。如版框栏线交角处缺口较大，版心行线与上下栏线不相接；墨色浓淡不匀，印背透墨深浅不同；同一面同一字笔锋、形态不一；栏线及版心行线漏排、省排；经名简称和页码用字混乱，有的错排、漏排；页码数字倒置等等。这些都是雕版印本上不可能出现的，因此，可以认定《本续》为活字本。

第二，《本续》笔画流畅，边缘整齐，少有断笔、缺笔现象，印刷精良；具有木活字印本特点，而与泥活字版有明显区别。另外，有些字行间长短不一的线条，牛达生认为是木活字特有的隔行夹条痕迹。这说明王祯《活字印书法》中"排字作行，削成竹片夹之"的技术，早在西夏时期就已经出现。

第三，《本续》为西夏后期印本。此经出土于西夏方塔第十层塔心室中，同出文物中有纪年者最晚为西夏仁宗乾祐十一年（1180年）的汉文发愿文；未见西夏时期以后的文物。

据以上三点，可以认定：西夏文佛经《吉祥遍至口合本续》9册，为西夏后期（十二世纪下半叶）的木活字印本。

《本续》木活字版印本，是迄今为止世界上发现最早的木活字印本实物，它对研究中国印刷史（特别是活字印刷史）和古代活字印刷技艺具有重大价值。

鉴定委员会主任：俞伟超

副主任：郑如斯　潘吉星（分别签字）

主持鉴定单位和组织鉴定单位的主管领导谢悦签注"同意鉴定意见"，并签字盖章，1996年11月6日。

第二篇

研究综述

2017 年辽史研究综述

里景林

2017 年度的辽史专著有十余部问世，由刘浦江主持修订的点校本《辽史》（中华书局 2017 年版）于本年度出版，此次修订体现了当今《辽史》校勘的最新水平，达到了《辽史》点校整理的新高度。《宋辽金史论集》（中华书局 2017 年版）是刘浦江关于辽金史以及宋史研究的论文集，其中的一些文章解决了诸多悬而未决的难题。陈述先生倾毕生精力所撰的《辽史补注》（中华书局 2017 年版）终于出版，该书始撰于 20 世纪 30 年代初期，到先生去世前基本完成。这部书是对《辽史》的全面订补，称得上是当代辽史研究巨著，陈寅恪先生评价此书曰："《补注》之于《辽史》，亦将如裴《注》之附陈《志》，并重于学术之林。"赵永春《奉使辽金行程录》（增订本）（商务印书馆 2017 年版）在初版辑入 37 篇行程录的基础上增至 47 篇，并对不同版本的篇目进行了补辑、点校和简要注释，为学习和研究辽金史、辽宋金关系史、东北史等提供了史料考释的重要依据。齐伟《辽代汉官集团的婚姻与政治》（科学出版社 2017 年版）主要依据辽宁省出土墓志研究辽统治下的汉官集团，对这一集团的婚姻关系、婚姻特点及其对辽代社会的影响等展开论述。孙建权《守本纳新：辽金赦宥制度研究》（中国社会科学出版社 2017 年版）对辽金赦宥的内涵、特点作了专门研究。徐苹芳编著《辽金蒙古时期燕京史料编年：元大都创建史料编年》（北京联合出版公司 2017 年版）以辽、金、元正史为主要来源，以方志、文集、碑刻等为辅，辑录了涉及辽南京、金中都、元大都的史料，以年代为序编排，并作了一定的校勘，对北京地区各类建筑的兴建、修复、存毁情况作了系统说明。

2017 年度的辽史研究论文 200 多篇，现按专题进行分类，择要述之，遗漏、不足之处敬请学者们多加指正。

一　政治史、制度史

2017 年度辽代政治史、制度史的研究依然是辽史研究的重要指向，其中涉及四时捺钵、政权机构、皇位继承、军制、监察和司法、科举、地方州县行政制度、礼制等多方面。

关于四时捺钵的研究有杨军、王成名《辽代捺钵考》(《安徽史学》2017 年第 2 期)，文章把辽代捺钵地的变化分为三个时期，前期即太祖和太宗时期，捺钵的迁徙路线大体呈西北—东南走向。中期即世宗至圣宗前期，除秋捺钵地呈西移趋势外，其他三季捺钵皆南移，西京奉圣州、应州诸山与湖泊，以及南京的延芳淀，成为冬捺钵的主要地点，夏捺钵渐由怀州、庆州南移至碳山、奉圣州，四时捺钵的迁徙路线基本呈南—北走向。这种变化应与宋、西夏的关系有关。后期即圣宗后期到辽末，春捺钵北移至松嫩合流处诸湖泊，夏捺钵与前期在同一地理范围即庆州诸山，秋捺钵或与夏捺钵同地，或在平地松林及碳山，冬捺钵多在永州广平淀，迁徙路线变为东北—西南走向。这种变化应与过度开发导致契丹故地自然环境的恶化有关。张敏《四时捺钵在辽代政治上的作用》[《赤峰学院学报（汉文哲学社会科学版)》2017 年第 11 期] 认为四时捺钵起到了巩固政权、维护统一，发扬契丹本民族精神的积极作用，同时对辽代中后期出现的民族、社会危机也有不可推卸的责任。该作者还著有《自然理念对辽代四时捺钵的影响》[《赤峰学院学报（汉文哲学社会科学版)》2017 年第 12 期] 一文，指出了辽代对捺钵地点的选择、四时活动的安排等方面，都与自然理念息息相关。石森《辽代秋捺钵诸问题研究》（硕士学位论文，长春师范大学，2017 年)、张丹《辽代夏捺钵诸问题研究》（硕士学位论文，长春师范大学，2017 年）分别对秋捺钵和夏捺钵进行了全面的论述。还有刘英、陈佳臻《捺钵与政治》(《中学历史教学参考》2017 年第 3 期）从中学历史教学的角度去看辽代的捺钵体制。刘文革《岔海挠边春捺钵——从卧龙湖周边几座辽城遗址谈起》(《辽金历史与考古》第八辑）认为沈阳康平县卧龙湖及周边地区应是辽初春捺钵的一部分。

辽代政权机构的研究也取得一些新成果。何天明《突破难点团结创新——积极推进辽代政权机构史研究》[《赤峰学院学报（汉文哲学社会科学版)》2017 年第 1 期]，文章论述了研究辽代政权机构的方法，并指出了研究辽代北南面官的框架与实际作用问题，也分析了辽代政权机构研究现状。李月新《辽朝的东、西上閤门司探析》(《北方文物》2017 年第 4 期）对执掌国家礼仪职能的机构东、西上閤门司加以论述。陈佳美思《浅析辽代枢密制度的演变及影响》(《佳木斯大学社会科学学报》2017 年第 2 期）认为辽朝有三个枢密院，对辽代枢密院的缘起枢密制度的建立、组织机构及主要职能、枢密院在辽代政体中的地位影响分别阐述。白雪《辽代驿道驿站的设置及其功能》[《辽宁工程技术大学学报（社会科学版)》2017 年第 2 期] 认为辽代的驿道驿站系统很发达，在政治、军事、经济方面皆发挥了积极作用，并对后世产生了积极影响，对东北地区的开发也起到了积极意义，辽代驿道驿站的命名也为了解设置地区的地理风貌和生活生产提供了线索。陈璐《辽代教坊研究》(《艺术研究》2017 年第 3 期）论述了辽代的宫廷音乐机构——教坊，并梳理了辽代教坊的源流和职能与应用。

关于辽代皇位继承的研究也取得了一些进展。葛华廷、王晓宇《辽朝皇位继承研究》(《辽金历史与考古》第八辑),文章认为受世选制的影响,辽帝对数人赠与过象征着皇位继承人资格的封号、爵位、官职,但这并不表示他们具有皇位继承资格,多有优宠、安抚的意思。李宇明《辽代皇权之争与耶律倍家族势力发展》[《辽宁工程技术大学学报(社会科学版)》2017 年第 3 期]指出在辽代皇权斗争下,嫡长子继承制度确立,最终是耶律倍家族控制了皇位继承,并控制了辽中后期的政权,且带动了辽王朝的发展。

辽代军制的研究有张宏利《辽朝军队都监考论》(《陕西学前师范学院学报》2017 年第 9 期),该文对承袭五代旧制的军队都监加以论述,并且认为辽代的常置性都监比五代有较大发展,体现在设置范围和职权的扩大。吴飞《辽代大帐皮室军兵源探析》(《齐齐哈尔大学学报》2017 年第 3 期)指出辽代初期大帐皮室军的兵源主要出自契丹贵族和富豪之家,太宗时期皮室军得到扩编,兵源范围随之扩大,除契丹人外,汉人及其他民族人也被编入其中,随着皮室军在辽中叶以后地位的变化,其人员构成及将领任命原则也发生了变化。彭文慧《辽代西京地区军事防御体系研究》(硕士学位论文,渤海大学,2017 年)鉴于西京地区特殊的战略地位,对辽朝在此建立了较为系统和大体完备的军事防御体系加以论述。

关于辽代监察和司法的研究也取得一些进步。陈俊达、杨军《辽代节镇体制与地方监察》(《江西社会科学》2017 年第 11 期),文章指出辽代节镇自成一个独立的监察区,中央对地方的监察通过节镇完成,节镇是地方监察的重要一环,并且辽代开始孕育出更高一级的钱粮兵谷合一的行政区划,直接影响了元代行省制度。谢环环《辽代中央司法机构官员的选任研究》(硕士学位论文,辽宁师范大学,2017 年)从辽代司法机构内各部门的界定、主要司法部门的官员构成、司法官员的选拔方式、司法官员的限制和素质四个层面展开对辽代中央司法机构官员选任的研究。

关于辽代科举的研究成果有高福顺、郝艾利《辽代释褐进士群体的政治地位考述》(《辽金历史与考古》第七辑),文章对释褐进士在辽代官僚机构中的社会作用、政治地位加以考论,肯定了这一群体在辽代统治阶层的重要性。蒋金玲《对辽代科举制度的再思考——〈科举与辽代社会〉评价》(《中国边疆史地研究》2017 年第 2 期)给予高福顺的著作《科举与辽代社会》(中国社会科学出版社 2015 年版)一书以很高的评价,并认为在科举与社会流动这一热点问题方面该著作仍有探索的空间。

关于辽代地方州县行政制度的研究进展呈现出了良好的态势。孙国军、杨福瑞《试论辽代州县制的推行与松漠草原城市化》[《赤峰学院学报(汉文哲学社会科学版)》2017 年第 3 期],文章认为辽代州县制的快速推行,奠定了契丹帝国存在和发展的地方行政基础,州县制的全面推行,促进了松漠草原城市化进程。李鹏《辽代乌州考——兼论契丹早期的族源之辩》(《黑龙江民族丛刊》2017 年第 3 期)通过田野调查、遥感技术,并结合文献认为辽代的乌山和乌丸山属于一山二名,是今通辽市科尔沁左翼后旗境内的大吐尔基山,乌州是今通辽市科尔沁左翼后旗的好来城址,乌丸川当指大吐尔基山（乌丸山）所处西辽河与教来河之间的沙地。该文指出在辽太宗时期，辽朝认为契丹族源属东胡鲜卑系，并不是东胡乌丸系，因此就没必要对乌山（乌丸山）加以祭祀了。此外，李鹏《辽代永州所辖三县考》[《内蒙古民族大学学报（社会科学版）》2017 年第 3 期] 一文，文章认为，通辽市科尔沁左翼中旗的哈拉图达城址是永州的长宁县，通辽市科尔沁左翼中旗的苏尼吐城址，很可能是永州的义丰县，吉林省双辽市的山东屯城址是永州的慈仁县。辽永州所辖的地域应当包括新开河中下游沿岸地区，今通辽市科尔沁左翼中旗的中南部和吉林省双辽市的西北部等地。李进欣《辽代榆州相关问题探究》[《辽宁工程技术大学学报（社会科学版）》2017 年第 5 期] 对榆州由头下军州向方州的转变和榆州刺史的选任等问题进行了论述。

关于辽代礼制的研究有李月新《辽朝谥号赠赐初探》（《保定学院学报》2017 年第 6 期）认为辽代的谥号赠赐具有鲜明的阶段性和民族性特征，谥号制度的运行不仅维护了辽朝的社会秩序，也对社会风尚产生了巨大影响。王凯《辽朝礼制研究》（博士学位论文，吉林大学，2017 年）对辽代的各项礼仪制度进行了详细的论述。高科冕《辽代皇帝祭祀先祖行为分析》（《北方文物》2017 年第 2 期）依据《辽史》的记载，对辽代皇帝祭祀先祖行为进行统计和梳理分析，确定辽历代皇帝谒陵、祭庙、奉安石像、为死去的帝后设殿等行为，并指出祭祀先祖的重要性要大于祭山、祭水等。李哲《契丹祭祀礼俗述论》（《白城师范学院学报》2017 年第 5 期）指出契丹以本民族传统祭祀仪式为核心，吸收汉族及其他少数民族的文化因素，最终形成了特点鲜明的祭祀礼俗，为中华传统礼仪文明的丰富与发展做出了应有的贡献。王丽媛《辽代契丹官服中的中原因素探究》[《赤峰学院学报（汉文哲学社会科学版）》2017 年第 2 期] 认为辽代契丹族官服体现了契丹民族特色与中原文化的融合，究其原因，主要有政治制度、科学技术、统治者的喜爱、民族文化的包容性等因素。

涉及辽代政治史、制度史的论文还有武玉环《辽代职官俸禄制度初探》（《学习与探索》2017 年第 3 期），作者对辽代职官俸禄制度的创立、发展和演变进行了论述。张国庆《辽朝官员的考绩与迁转探赜》（《中国史研究》2017 年第 2 期）认为辽代的官员任职期一般为三年，期内朝廷组织相关部门对其考绩，经过考绩的秩满官员其职阶迁转方向大致为：职阶迁升、留任进阶、退衔不仕和“左迁”降黜等。齐伟《略述入金辽代汉官后人的再发展》（《中国边疆史研究》2017 年第 1 期）对辽代几家汉官家族后人降金情况进行分析，这些后人通过入仕和联姻的途径延续家族的发展，北宋的灭亡也与这部分汉人有一定的关系。郭威、李忠芝《辽代五等爵考论》（《北方文物》2017 年第 2 期）对辽代的爵制展开论述。此外刘梓、李丽新《阜新地区辽代后族女性的政治影响》[《辽宁工程技术大学学报（社会科学版）》2017 年第 3 期] 指出阜新萧氏后族通过联姻摄政治国，对辽代政治产生了深远的影响。另有三篇硕士学位论文均涉及辽代政治史问题，分别是张博《辽末辽人政治抉择探析》（硕士学位论文，中央民族大学，2017 年）、张鹏鹏《辽景宗朝的内政与外交》（硕士学位论文，内蒙古大学，2017 年）、王浩然《辽金元灭亡原因比较研究》（硕士学位论文，东北师范大学，2017 年）。

二　社会史与经济史研究

2017 年关于辽代社会史和经济史的研究成果也很丰富，多集中在对辽代世家大族、城市发展等方面。都兴智《辽外戚萧思温事迹考述》（《关东学刊》2017 年第 9 期）一文对承天太后萧绰的父亲萧思温的家世、生平事迹、死因及其子女等问题进行考证和论述。张国庆《世家大族联姻背景下的辽朝政治生态》（《辽金历史与考古》第八辑）对“婚”与“宦”这一主题在辽代的发展进行阐述。李道新《辽朝名门——霸州耿氏家族》（《辽金历史与考古》第八辑）澄清了耿氏入辽百年的发展轨迹。此外还有三篇硕士学位论文涉及辽代的世家大族，分别是郝艾利《河北宣化张氏家族研究》（硕士学位论文，吉林大学，2017 年）、李宇明《辽朝耶律倍家族探究》（硕士学位论文，渤海大学，2017 年）、苏宇宸《契丹政权建立初期的玉田韩氏家族研究》（硕士学位论文，天津师范大学，2017 年），他们分别对耶律倍家族和仕辽汉族世家展开论述。

关于辽代城市发展，何一民、陆雨思《辽代城市的兴起与发展》［《西南民族大学学报（人文社会科学版）》2017 年第 6 期］一文针对具有重要地位、作用和时代特色的辽代城市展开综合论述。汪妮《朝阳地区辽代社会文化研究》（硕士学位论文，渤海大学，2017 年）对辽时朝阳地区的儒学教育、文学艺术、宗教文化、婚丧文化等社会文化方面进行了系统的阐述。

此外，关于辽代社会、经济史的文章还有一些。比如，陈晓伟《说“迪烈子”——关于辽金元时期族名后缀问题》（《辽金历史与考古》第七辑），作者根据汉文文献和多种民族语文资料，指出“子”应该属于固定词缀，具有明确的语法意义，乃是辽金元时期部族名称中所出现的一种特殊现象。张国庆《辽朝“里”“村”问题再探讨——以石刻文字为中心》［《辽宁大学学报（哲学社会科学版）》2017 年第 5 期］通过考察石刻材料，认为辽朝京城近郊与偏远州县“里”“村”设置杂乱无序，并无规律可循。辽朝的“村”除了作为乡下基层组织之一种，有不少同于“庄”“寨”，具有自然聚落之性质。辽朝“里”“村”地名类型多种多样，一些名称还沿用到了近代乃至当下。姚庆《辽代射柳活动考述》［《宁波大学学报（人文科学版）》2017 年第 6 期］认为辽代的射柳活动是一套完备的活动仪式，反映了契丹骑射水平的高超，也体现了射柳活动的多元性和传承性特征。孔维京《融合与认同：辽金崇孝风气探析》［《辽宁工程技术大学学报（社会科学版）》2017 年第 5 期］指出辽金崇孝的社会风气是在传承中原儒家孝道文化的基础之上融合和认同的产物，并最终成为契丹、女真等各民族一致认同的道德文化观念。郎婷婷《由宋使行程录初探辽代风俗》[《现代语文（学术综合版）》2017 年第 11 期] 一文，从《熙宁使虏图抄》等宋使行程录出发，进一步了解契丹人的生产生活和衣食住行的风俗。张小明《辽代鞋靴研究》（硕士学位论文，内蒙古大学，2017 年）和王勤孝《辽代酒具研究》（硕士学位论文，内蒙古大学，2017 年）分别对辽代的两种社会生活用具进行了详尽的研究。

三 文化史研究

关于辽代语言文字的研究，傅林《辽代汉语与河北方言语音层次的形成》[《河北大学学报（哲学社会科学版）》2017 年第 4 期] 一文认为辽朝时期是今京津冀地区汉语方言音系特征形成的枢纽期，辽代汉语的特征仍以语音底层的形式存在于现代的河北方言中。刘凤翥先生的文章《契丹文字中辽代双国号解读的历程》（《辽金历史与考古》第七辑）将七十多年来学者们对契丹大字、小字的不断探索，终将契丹大字、小字中的辽代国号解读出来的历程加以阐述，并认识到解读契丹文字对辽史研究有着重要意义。此外张少珊《潜龙师对解读契丹文字辽代国号的学术贡献》（《辽金历史与考古》第七辑）、刘凤翥《辽代避讳用字“元”》（《辽金历史与考古》第七辑）都是契丹文字研究的成果。

辽代教育的研究也有一些新成果。一篇是高福顺《辽代佛学教育的社会影响论述》[《辽宁工程技术大学学报（社会科学版）》2017 年第 1 期]，文章认为辽代佛学教育在崇佛佞佛风气影响下形成了很多具有地域特色的佛教宗派的教育体系，并对辽代的政治、社会、生活等均产生深远影响。另一篇是张晓燕《儒家思想对辽代教育的影响》（硕士学位论文，内蒙古师范大学，2017 年），作者从实现对境内汉人以及农业人口的有效统治、辽代统治者接受了儒家思想并用儒家思想治理国家、设置了儒学教育内容开科举、契丹皇帝和许多贵族也对儒家思想很有造诣、翻译出版了一定数量的儒家典籍以及辽朝的汉族儒士具有较高的儒家文化水平等几大方面论述了儒家思想对辽代教育产生的影响。

辽代宗教的相关研究也有新的进展。邱冬梅《辽代契丹萨满教研究》（博士学位论文，吉林大学，2017 年），论文对辽代萨满教的性质、形态内容、特征、功能方面予以总结和论述，并将其与其他北方草原民族的萨满教相比，辽代的萨满教带有鲜明的契丹特色。刘桂馨《试述辽代朝阳佛教发展的政治社会根源》（《辽宁省社会主义学院学报》2017 年第 1 期）从政治与宗教的角度，对地方佛教的发展的根源进行论述。蒋金玲《论辽代汉人与〈契丹藏〉的雕印》（《贵州社会科学》2017 年第 9 期）指出《契丹藏》的刊印是辽朝政府与燕京寺院以及民间力量的合作，辽朝诸帝均不遗余力地推崇佛教，是因为佛教对于消除汉人与契丹统治民族间的对立与隔阂大有裨益，汉人为辽朝佛教事业发展的主要引领者，符合辽朝长治久安的需要。

涉及辽代文学的研究也有一些成果。孙科镂《辽代词坛沉寂现象考论》(《求是学刊》2017 年第 2 期）认为辽代这种词坛沉寂现象的产生既与其本身的文化立场息息相关，也与这一时期词所处的发展阶段以及所表现出的传播特点密不可分。任禹丞、张怀予《试析萧观音诗作》[《赤峰学院学报（汉文哲学社会科学版)》2017 年第 12 期］分析了萧观音的诗作，认为其有些作品展现了辽代的社会风貌，有些则奠定了萧观音本人的命运。尹晓琳、沈玲《辽代契丹族女性文人创作的政治意识》[《长春理工大学学报（社会科学版)》2017 年第 5 期］分析了辽代几个著名女性文人的创作，认为她们的作品超越了一般女性狭窄封闭的见识，表现了北方游牧民族勇猛尚武的民族文化品格，以一种开阔的视野抒发了内心真实情感，并且她们的诗文表达出了强烈的参政、议政意识。

四　民族史、外交史

魏志江《论辽帝国对漠北蒙古的经略及其对草原丝绸之路的影响》(《科学社会辑刊》2017 年第 3 期）一文指出辽朝通过武力征服、建立州城、移民实边等手段，实现了其镇抚漠北蒙古阻卜诸部落之目的，并保障了辽上京至蒙古腹地与西域乃至欧亚草原丝绸之路之畅通。桑东辉《辽代契丹人的忠德观》[《赤峰学院学报（汉文哲学社会科学版)》2017 年第 7 期］认为契丹社会普遍认同于汉人的忠德观，这种观点贯穿辽国始终，并在辽灭亡后深深地植根于契丹后人的精神血脉中。此外，黄为放《10—12 世纪渤海移民问题研究》（博士学位论文，长春师范大学，2017 年)、韩聪《辽代的民族融合及其影响》（硕士学位论文，烟台大学，2017 年)、高明英《浅析辽代契丹族的通婚状况》(《佳木斯职业技术学院学报》2017 年第 7 期)、郭晓东《唐、辽东北民族建置设立背景比较研究》(《绥化学院学报》2017 年第 5 期)、张顺利《民族交往视角下的西夏与辽朝民族政策探析》（硕士学位论文，烟台大学，2017 年)、王源《辽西京在辽夏往来中的地位与作用》（硕士学位论文，内蒙古大学，2017 年)、王钰《辽代“女真鸭渌江东数百里地”考》［《辽宁工程技术大学学报（社会科学版)》2017 年第 4 期］都是研究辽代民族史、外交史的新成果。

五　历史地理、考古研究

康鹏《马卫集书中的契丹“都城”——兼谈辽代东西交通路线》(《民族研究》2017 年第 2 期）通过考证还原了一条西域至契丹的交通线路。宋国栋《辽代镇州城地理位置考辨》[《内蒙古社会科学（汉文版)》2017 年第 1 期］指出蒙古国中央省扎马尔苏木和日木登吉古城与文献信息更为吻合，应为辽代的镇州城。

2017 年度对墓志的考释有幺乃亮《辽代张郁墓志考释》(《中国国家博物馆馆刊》

2017 年第 10 期)、《辽代萧乌卢本等三人的墓志铭考释》(《辽金历史与考古》第七辑)、《契丹大字〈耶律祺墓志铭〉考释》(《辽金历史与考古》第七辑),谷丽芬《辽郑恪墓考释》(《辽金历史与考古》第八辑),李道新《辽代刘知新三兄弟墓志考释》(《辽金历史与考古》第八辑)等多篇文章。

辽代墓葬考古的研究成果较为丰硕,其中聂定有三篇文章:《辽代贵族墓葬墓门兽吻装饰及意义》(《北方文物》2017 年第 3 期)、《辽代墓葬出土木质器具研究》[《赤峰学院学报(汉文哲学社会科学版)》2017 年第 9 期]以及《辽代内蒙古草原题材墓葬壁画研究》[《赤峰学院学报(汉文哲学社会科学版)》2017 年第 11 期]。伍英鹰《辽代墓室壁画散乐图的服饰文化特色》(《装饰》2017 年第 7 期)、刘丽萍《关于春水秋山玉的若干问题》(《辽金历史与考古》第八辑)主要针对考古发掘的文物所作的研究。此外,仍有多篇硕士学位论文涉及文物研究,包括唐玉婷《东北地区辽墓壁画中的车马出行图研究》(硕士学位论文,东北师范大学,2017 年)、王永利《辽代玛瑙器研究》(硕士学位论文,内蒙古大学,2017 年)、杜景洋《辽代墓门研究》(硕士学位论文,内蒙古大学,2017 年)、王慧《宋辽金考古遗存中的孩童形象研究》(硕士学位论文,吉林大学,2017 年)、朱春运《探究辽代陈国公主墓出土的琥珀饰品的元素特点》(硕士学位论文,沈阳师范大学,2017 年)、郄博英《研究辽代墓室人物画的情节性与故事性》(硕士学位论文,中央美术学院,2017 年)。

六 历史文献

涉及历史文献的成果大多是围绕《辽史》的研究,姚庆《〈辽史·百官志〉"殿前都点检司"事目考源疏证》(《中国典籍与文化》2017 年第 1 期)一文对"殿前都点检司"事目所现问题予以疏证。陈俊达《〈辽史·地理志〉与〈百官志〉所载州比较研究》(《兰台世界》2017 年第 19 期)通过比较《辽史·百官志》与《辽史·地理志》,认为其中关于辽代州的记载不同的部分,应为《百官志》杂抄本纪、列传及其他史料,或为史臣修史时漏载所导致的。其相同的部分,应具有共同的史源,即耶律俨《皇朝实录》。早在耶律俨修《实录》之时,就已经将不同时期的记载未加考辨而仅仅是罗列在一起了。《辽史·地理志》与《百官志》记载的混乱,恐怕不能完全归咎于元代史臣。屈连志《〈陷辽记〉中辽世宗祭奠对象考辨》(《辽金历史与考古》第七辑)认为胡峤在《陷辽记》中描绘的世宗谒陵祭祀场景,应发生在医巫闾山,是世宗即位后对其父耶律倍的祭祀。此外,吉日嘎拉《〈辽史〉"皮室"词的统计及分类分析》[《赤峰学院学报(汉文哲学社会科学版)》2017 年第 12 期]是对《辽史》中"皮室"的细致探讨。

七　研究综述

2017 年度的研究综述文章也不乏新作。郭晓东《20 世纪以来契丹族源研究述评》[《辽宁工程技术大学学报（社会科学版）》2017 年第 1 期]、季言和姜维公《辽代春捺钵研究综述》(《长春师范大学学报》2017 年第 5 期)、陈笑竹《辽代长城地理位置研究综述》(《黑河学院学报》2017 年第 11 期)、李鹏《通辽地区辽代墓饰综述》[《内蒙古民族大学学报（社会科学版）》2017 年第 5 期]，分别对不同时段的契丹族源、春捺钵、辽代长城地理位置、通辽地区的墓饰这些专门问题的研究成果进行了梳理和分析。

综上所述，2017 年度的辽史研究成就明显，尤其是文献校勘、注释、辑校等方面的成果带动了辽史研究的开展。就辽代历史方面研究的论著而言，研究的热点依旧集中在政治史、制度史、社会史、文化史等通常大家比较关注的几个方面的问题，伴随着考古发掘工作的推进，有关辽代考古的研究也呈现出良好的态势，相较而言，辽代经济史、文学史、史学史方面的成果较少，这些领域仍有待于学者们积极探索，以推动辽史研究全面进步。

2017年西夏学研究综述

韩树伟

2017年西夏学研究取得了一定的成果，据笔者不完全统计，2017年出版论著24部，内容涉及西夏历史文化、社会经济、佛经考试、民族关系等。西夏历史文化方面，李昌宪《中国行政区划通史　宋西夏卷》（修订本）（复旦大学出版社2017年版）依据《宋史》《资治通鉴》《续资治通鉴长编》《宋会要辑稿》《太平寰宇记》《元丰九域志》《元和郡县图志》等史书及大量的地方志、文集、笔记等数据，共分六编，从学术上全面、深入地论述了宋代地方行政体制与行政区划的变迁以及西夏的地方行政体制，填补了宋代及西夏政区地理研究的空白。李强《西夏王——英雄之生，当为王霸》（现代出版社2017年版）以西夏景宗李元昊为主轴，讲述了少数族群党项人的漫长起源，以及党项皇族在西北建立少数民族政权并发展壮大，直至消亡的历史。该书钩稽史料，著述严谨，深入分析党项人的源流与去向，破解党项人及其他少数族群与汉人的关系，解密西夏文明，揭示了少数族群与汉人共同创造发展中华文明的特有历史规律。李兆庆《成吉思汗》（中国文史出版社2017年版）叙述了成吉思汗从苦难中崛起，统一蒙古草原诸部，继而挥师南下攻金、远征中亚、歼灭西夏，并且横扫亚欧大路，直至建立蒙古帝国的传奇经历，歌颂了他对中华民族的统一和发展做出的杰出贡献。[日]杉山正明著、郭清华译《疾驰的草原征服者：辽、西夏、金、元》（商务印书馆2017年版）是日本讲谈社“中国的历史”系列“辽西夏金元”一卷。“中国的历史”为日本讲谈社百周年献礼之作，是日本历史学家写给大众的中国通史读本。该卷涉及的是9世纪后半期至14世纪末大约五百年间的历史。作者认为该书所涉五百年乃至六百年间历史的整个进程，正是开启欧亚大陆世界史和中国史邂逅、交锋的六百年。童超《看得见的中国史　辽西夏金》（北京联合出版公司2017年版）叙述了各少数民族政权建立的过程，探讨了它们之间的关系。陈玮《西夏番姓大族研究》（甘肃文化出版社2017年版）分析西夏的族群结构与族群认同、番姓大族与西夏社会、前人研究述评及问题的提出等，并进一步研究西夏番姓大族的身份认同，西夏番姓大族的权力构建，以及政治化的西夏番姓大族信仰等问题。彭向前《党项西夏名物汇考》（甘肃文化出版社2017年版）是史金波、杜建录主编《西夏学文库》之一，作者利用正史、编年、政书、文集、笔记、碑刻等多种史料，把汉文文献与党项、吐蕃少数民族语文材料结合起来，运用学术研究中“审音勘同”的手段，首次对大批党项与西夏及其相关的专名进行校勘、研究，所考订的词目近300条，涉及汉文、西夏文词目上千条，有助于解决党项、西夏历史文献中的专名混乱、讹误等问题，使相关史料得到正确的诠释和运用，对促进西夏史研究乃至宋代西北民族研究都具有十分重要的意义。史金波《西夏风俗》（全彩插图本）（上海文化出版社2017年版）是《中国风俗通史丛书》之一，作者利用各种文献数据，叙述了西夏时期的丧葬、饮食、居住、服饰、行旅、生育、婚姻、养老、丧葬、商贸、信仰、岁时等风俗习惯。贾常业《西夏文字揭要》（甘肃文化出版社2017年版）作为《西夏学文库·论集卷》的重要组成部分，收录了作者自2005年以来所撰写的20篇学术论文，书后还附有《西夏文检字部首目录》和《西夏文部首检字表》，为广大西夏学研究者进行查阅提供了便利。《西夏文字揭要》一书丰富了西夏语言文字研究的内容，推动了西夏学研究的稳步发展。雪漠《西夏的苍狼》《西夏咒》《无死的金刚心》（中国大百科全书出版社2017年版）被称为“灵魂三部曲”，其中《西夏的苍狼》写了一位南方女子紫晓寻找西夏远古神獒的后裔“苍狼”，进而追寻西部黑歌手的生命旅程。《西夏咒》从西夏神秘岩窟金刚亥母洞里发掘出的历史秘籍的解读和演绎，展示了诸多鲜为人知的西部人文景观。

关于社会经济，史金波《西夏经济文书研究》（社会科学文献出版社2017年版）从西夏王朝和西夏的经济、西夏文献中有关西夏经济的记载，户籍文书、租税文书、粮物计账文书、商贸文书、契约文书、汉文经济文书对出土文献中的有关西夏经济的资料进行了研究，书末附录了西夏文经济文书录文、对译和意译。乜小红《中国古代契约发展简史》（中华书局2017年版）对契约研究作了学术回顾，并从经济关系的契券与发展、家庭宗族内规约、社会基层券约等方面进行了研究，其中第八章探讨了各民族文字契约，包括西夏文契约。

关于西夏研究论文集，陈广恩《西夏元史研究论稿》（中国社会科学出版社2017年版）是《暨南史学丛书》之一，从作者已发表论文中挑选出19篇组成，其中西夏史7篇、元史12篇。西夏史论文中，关于西夏的人民起义、伊斯兰教和景教的论述，是以往研究中没有探讨过的论题，而多元性则是西夏文化的一个显著特点，西夏的部分科技成就在同时期中国科技史上占据领先地位。崔红芬《西夏佛教文献研究论集》（宗教文化出版社2017年版）属于《中国佛教学者文集/宝庆讲寺丛书》之一，收录了作者关于西夏文本，如《大乘圣无量寿王经》《圣胜慧到彼岸功德宝集偈》《药师琉璃光七佛本愿功德经》等各种经典的考略。姜锡东主编《宋史研究论丛》（第二十辑）（科学出版社2017年版）收录30篇学术性专论，分为宋代政治制度、地方社会、思想科技、辽金专题、文献考证、书评综述等专栏，所发文章是目前宋、辽、金、西夏史学界相关问题的研究成果。李华瑞《宋辽西夏金史青蓝集》（中国社会科学出版社2017年版）是作者指导的研究生在学期间发表的论文集，如黄正林《国民

“扶植自耕农”问题研究》、徐黎丽《论民族的三个基本属性》、彭向前《试论辽对西夏的遏制政策》、马玉臣《试论宋神宗时期的州县省废》、韩毅《宋代僧人对儒家中庸思想的认识与响应——以宋学形成前释智圆和释契嵩为中心的考察》等文章。李华瑞《西夏史探赜》（甘肃文化出版社 2017 年版）是《西夏学文库·论集卷》之一，收录《试论西夏经营河西》《北宋仁宗时期联蕃制夏政策述论》《论宋夏争夺西北少数民族的斗争》《元朝人不修西夏史刍议》《贸易与西夏侵宋的关系》《北宋朝野人士对西夏的看法》《北宋末期及南宋与西夏的关系》等近 30 篇文章。马聪、王涛、曹旅宁《出土文献与法律史研究现状学术研讨会论文集》（暨南大学出版社 2017 年版）是第六届“出土文献与法律史研究现状学术研讨会”的成果结集，共收集论文 20 余篇。收录文章有岳麓书院藏秦简部分简牍的归类及针对其中出现的若干令名的研究成果，张家山汉简二年律令与秦汉法律史的研究现状进行的总结，就睡虎地秦简所见的法律术语展开的细致讨论，从法律制度、法律思想等若干角度对秦汉、隋唐法律制度乃至西夏法制进行深入研究的成果。之承《晚晴集》（宁夏人民出版社 2017 年版）收录了作者近些年所写的近体诗 300 余首，包含了水洞沟、宁夏博物馆、苏峪口、沙湖、贺兰山岩画、西夏王陵、中华回乡文化园、塞上初春、塞上春寒、黄河楼等作品。周伟洲主编《西北民族论丛》（第十五辑）（社会科学文献出版社 2017 年版）对西夏文《同义》词书、《黑城出土文书》中所见元代亦集乃路的灌溉渠道、敦煌悬泉置遗址所出有关乌孙汉简的考释等进行了论述。周伟洲《党项西夏史论》（甘肃文化出版社 2017 年版）是《西夏学文库》之一，分上、下两篇，上篇唐代党项六章，含绪论、唐初党项的降州及党项诸羁縻府州的设置、唐代党项的内徙与分布、唐朝中后期的党项、唐末党项拓跋部的崛起及其割据势力的形成、五代时期的党项；下篇党项西夏论文：《陕北出土三方唐五代党项拓跋氏墓志考释——兼论党项拓跋氏之族源问题》《早期党项拓跋氏世系考辨》《早期党项拓跋氏世系补考》《五代冯晖墓出土文物考释》《五代至宋初陕北党项及宋夏在陕北的争战和影响》《宋初党项李氏割据势力的消亡与复兴》《夏州党项李氏割据政权的巩固与西夏建国基础的奠定》《元昊简论》；文末附有《西夏的兴起与青白盐问题》译文。

关于佛经考释，杨志高《〈慈悲道场忏法〉西夏译文的复原与研究》（中国社会科学出版社 2017 年版），利用中、俄、英等地的《慈悲道场忏法》西夏文本，对其进行了校对缀合，有助于对西夏佛教史乃至中国佛教史的认识，也有益于梳理中原地区和少数民族地区宗教文化交流的某些特点，具有重要的文物、文献、语言文字和历史研究价值。

关于民族关系，杜建录《西夏与周边民族关系》（甘肃文化出版社 2017 年版）是《西夏学文库》第一辑之一，上篇论述了西夏与周边民族关系史，中篇探讨了宋夏关系的若干问题，下篇展示了西夏交聘表。

另外，2017 年共发表论文 228 篇，其中学位论文 27 篇（博硕论文是近几年突增的研究趋势，尤其在对西夏学相关领域的文献搜索与阐述方面颇有意义)。《西夏学》《西夏研究》发表论文85篇，加上《宁夏社会科学》发表的21篇、宁夏大学学位论文7篇，共113篇，将近占总数的一半。通过分析这些论著的作者情况，宁夏大学已经成为名副其实的研究西夏学及培养人才的重要阵地。这些论著主要涉及西夏文献考释、佛教经典解读、语言文字考究、法律契约文书整理与研究、西夏遗民考证、研究综述、名家名著介绍等多个方面，尤其对出土文献的考释、佛教经典的解读比较集中。下面从政治军事地理、法律社会经济（包括钱币）、文献考释文化互动、语言文字、佛教及其经典、西夏石窟考古艺术、西夏遗民人物考证、学术综述与书评八个方面进行概述。

一　政治、军事、地理

政治方面，包括西夏与其他政权的关系。郭冰雪《北宋对党项贵族的赗赙之礼》(《西夏研究》2017年第1期)一文认为，宋代统治阶级对党项贵族实施赗赙之礼在一定程度上有缓解宋与党项政权之间紧张关系的作用。黄纯艳《北宋东亚多国体系下的外交博弈——以外交谈判为中心》(《中国边疆史地研究》2017年第1期)指出华夷观念是外交博弈的基本理念，在华夷观念下代表着等级制国际关系的名分是外交博弈的首要目标，利益是外交博弈的核心诉求，其背后都是对国家安全的追求。外交博弈的结果主要取决于综合实力，同时受到外交政策的深刻影响。北宋外交博弈既有历史共性，也有多国体系下的特殊性。张永富《西夏文献中的"群牧司"与"州牧"》(《西夏研究》2017年第1期)通过汉文典籍中出现的地方军事行政长官"群牧司""州牧"在西夏文本《类林》中被译成了"群牧司大人"，旨在说明夏译汉文典籍中类似因误解汉文意思的翻译为数不少。郝振宇《唐宋丝绸之路视域下党项西夏政权建立的历史考察》(《西北民族大学学报》2017年第2期)，文章以李元昊依托河西地区建立党项政权的过程为考察对象，探求河西地区历史发展的转变轨迹以及陆上丝绸之路的变化给中原王朝发展带来的极大影响。王万志《辽夏封贡关系探析》(《史学集刊》2017年第5期)从辽夏封贡关系的开始、建立、发展、破坏和修复进行了介绍，指出在辽夏封贡体系之下，两国保持着册封、进贡、朝贺、吊祭等朝贡活动往来，并且在军事、政治方面有密切互动和联系。在辽朝的朝贡体系中，西夏属于辽朝的"外圈"朝贡体系。燕永成《北宋后期的御将新体制及其影响》(《文史哲》2017年第5期)一文对御将体制进行分析，不仅对北宋边境政策有了认识，而且对宋与辽、金、西夏等北方少数民族关系有了清晰的把握。马旭俊《金夏关系研究》(博士学位论文，吉林大学，2017年)对金夏交聘制度与礼仪、金夏使节、金夏经济互动、其他政权对金夏关系的影响等问题进行了考察，对于理解金与西夏这两个少数民族主导的政权以及12世纪中国的政治格局、民族关系、经济文化交流等问题有着重要的意义。张顺利《民族交往视角下的西夏与辽朝民族政策探析》（硕士学位论文，烟台大学，2017 年）讨论了西夏与辽的交往和政策，分析了西夏与辽民族政策与民族交往的共性特点，有助于我们从民族视角下认识西夏与辽朝的民族政策。

军事方面，范学辉《俄藏黑水城金代〈西北诸地马步军编册〉新探暨重命名》（《历史研究》2017 年第 1 期），根据孙继民《西北诸地马步军编册》之标点录文，在考证文书形成年代、背景和主要内容的基础之上，认为对该文书应当重新命名为《金贞祐三年十月临洮路上陕西宣抚司核实世袭蕃部巡检与弓箭手编册》，同时对文书中出现的人物族属问题也进行了辨析，指出文书是金朝备战金夏临洮战事的产物，在临洮之战中落入西夏之手。［日］荒川慎太郎著、王玫译《西夏的“炮”设计图》（《西夏研究》2017 年第 4 期）通过对俄罗斯圣彼得堡东方文献研究所保存的编号为 Tang. 46 inv. No. 156（2006）st. inv. No. 5217 的西夏文写本进行研究，认为图中所展示之物为弦乐器这一结论有诸多不合理之处，应为中国古代“炮”（投石器、投石机）的设计图。宋士龙《宋军在三川口、平夏城两场战役中的防御战术之比较》（《西夏研究》2017 年第 4 期）认为据城坚守、待隙进攻、援军持重、相机攻守、策应牵制的攻防结合战术为有效抵御西夏或其他游牧民族侵略提供了重要借鉴。景永时《西夏地方军政建置体系与特色》（《宁夏社会科学》2017 年第 6 期）分析指出西夏地方军政按不同的军政属性设立相对独立的管理体系。地方军政事务分京师和边中，由殿前司和经略司分别管辖。

历史地理方面，史金波《西夏与开封、杭州》（《浙江学刊》2017 年第 1 期）指出夏州、灵州和兴庆先后与北宋都城开封有复杂的密切往来，反映出西夏建国前后与北宋政治、经济、文化等方面的关系。宋朝南渡后西夏与南宋的往来被金朝阻隔，兴庆府与南宋都城杭州基本断绝了往来。西夏灭亡后，党项族民族地位较高，元朝统治者敕命在杭州雕印西夏文《大藏经》，西夏后裔党项族僧人董理其事，并于杭州飞来峰雕刻佛教造像，在杭州留下了党项后裔的历史印迹。郑彦卿《西夏省嵬城历史考略》（《西夏研究》2017 年第 3 期）指出省嵬城是拱卫西夏京畿北部的门户，也是西夏北部的一个经济中心，推测省嵬城可能是定州州治所在地，认为省嵬城的位置原在黄河之东，后因黄河改道而在黄河之西。任欢欢《西北堡寨在宋夏战争中的作用——以青涧城为例》（《北方论丛》2017 年第 4 期）对北宋初年应对西夏在西北所采取的措施进行了分析，反映了青涧城在西北边陲与西夏交锋中发挥了重大作用。王源《辽西京在辽夏往来中的地位与作用》（硕士学位论文，内蒙古大学，2017 年），认为辽西京既是防御西夏的前沿地区，战略地位十分重要，又是辽夏政权之间友好交往的平台，并旨在说明辽夏关系的主流是和平交往。

二 法律、社会、经济

关于西夏《天盛律令》及其他法律研究，［俄］Е.И. 克恰诺夫著、唐克秀译《西夏的“自然人”与“法人”——〈天盛律令〉研究专著第二部分译文》（《西夏研究》2017 年第 1 期）从理论层面论述了自然人和法人的问题，介绍了前者所享有的法律权利和行为能力。作者在列举中外学者关于西夏社会性质的主要论断后，认为西夏是奴隶社会。李温《西夏丧服制度及其立法》（《西夏研究》2017 年第 1 期）比较《唐律疏议》和《天盛改旧新定律令》相关法条，反映了西夏对唐宋丧服制度的传承。骆详译《从〈天盛律令〉看西夏荒地产权制度的流变》（《中国边疆史地研究》2017 年第 1 期）通过比较西夏与唐宋荒地产权制度的相关问题，在分析唐宋、西夏土地买卖契约文书后，认为西夏荒地产权制度不仅反映了西夏一朝土地私有制的发展状况，更是唐代均田制瓦解以来土地私有化在西北地区的历史继承。惠宏《西夏〈天盛律令〉之中药名“蔓荆子”考释》（《宁夏社会科学》2017 年第 4 期）对《天盛律令》卷十七“物离库门”中的一味中药进行了考释，认为它是中药名“蔓荆子”之音译。姜歆《论西夏的司法观念》（《宁夏社会科学》2017 年第 6 期）一文认为，西夏司法制度深受儒家、法家及本民族习惯法的影响，尤其是儒家思想的影响在其制定的成文法典中表现最为突出。西夏司法观念的确立，说明西夏能够对中国传统思想辗转承袭，又能结合自身实际，从而形成特色鲜明的司法观念。周峰《金朝与西夏盗窃法比较研究》（《辽金历史与考古》第七辑，辽宁教育出版社 2017 年版）认识到金朝与西夏对官私财物的保护、保护统治阶级既得利益、维护社会稳定的对策和前后发展的变化。张松松《西夏军事法条研究》（硕士学位论文，河北大学，2017 年），在对所存西夏文文献中的军事法条爬梳的基础上，首先从历史文献学角度对西夏军事法条所在的法典文献的版本进行了介绍，对当前所存状况有全面认识。利用汉文译本材料，探究西夏每部法典修订时军事法制建设的重点，以及西夏军事法制建设的脉络，分析西夏军事法条形式简洁、普遍适用、可操作性强的特点，有助于从整体上把握西夏军事法条。安北江《西夏文献〈亥年新法〉卷十五（下）释读与相关问题研究》（硕士学位论文，宁夏大学，2017 年）对《俄藏黑水城文献》（第九册）所刊《亥年新法》卷十五后半部分文献做具体译释，并进行了完整的译文，通过对比西夏前后时期以及与同时期不同政权法典之间的异同，为进一步研究西夏法制与社会历史提供一份材料。

西夏社会方面，徐婕、胡祥琴《西夏时期的自然灾害及撰述》（《西夏研究》2017 年第 2 期）对该时期自然灾害的撰述情况进行对比分析，指出其灾害撰述不仅散见于《宋史・五行志》中，更多见于宋、辽、金各正史史籍及后人的辑录中，说明西夏自然灾害的撰述已逐渐摆脱以往正史中以人事解释灾害的传统模式，代之以客观理性的史学撰述方法。文章还通过对西夏时期自然环境、人文地理及自然灾害种类的考察，指出该时期自然灾害主要有干旱少雨、民多疾苦、连续性与并发性显著以及来势迅猛、破坏性大等特点。杜立晖《黑水城西夏南边榷场使文书所见“替头”考》（《文献》2017 年第 3 期），认为“替头”一词从构词方式上受到了自唐代以来“某字”加“头”的称谓词的影响，“替头”代为行使的当是南边榷场中相关胥吏的职能。从“替头”的角度来看，南边榷场使文书的主要内容，似是南边榷场使向银牌安排官所呈文，汇报“替头发送回货到其处的具体情况，而非旨在汇报榷场的“税收”问题。史金波《西夏文社会文书对中国史学的贡献》（《民族研究》2017 年第 5 期）一文认为，西夏文社会文书为历史文献缺乏的西夏学增添了新的资料，对西夏社会研究具有重要意义，为中国政治史、军事史、经济史提供了很多新的、原始性数据。郝振宇《论西夏养子的类型及其社会地位》（《宁夏社会科学》2017 年第 5 期）以西夏法典、传世文献和出土文书互相印证，对西夏养子的类型及社会地位等问题进行分析，反映了党项民族自身的社会特色。

在经济方面，包括出土的契约文书、钱币研究，骆详译《从黑水城出土西夏手实文书看西夏与唐宋赋役制度的关系》（《中国社会经济史研究》2017 年第 2 期）指出黑水城出土的两件西夏手实文书与唐宋手实的登载内容在顺序上有所不同，尤其是在土地信息和人口信息这两方面。西夏是土地信息在前、人口信息在后，唐宋则相反，认为这不仅仅是书写习惯的不同，还与西夏的赋役制度有关。同时，这种差异与唐宋赋役制度的历史演变息息相关，特别是均田制崩溃后、以丁身为本转为以资产为宗的赋役制度，深刻影响了西夏的赋役制度。潘洁《试析西夏土地的垦辟和注销》（《西夏研究》2017 年第 1 期）在《天盛改旧新定律令》中有零星记载，法律规定了划定土地范围、个人自愿申请、地方转运司复核、确定租役草以及违律处罚五个垦辟和注销过程中的重要环节，通过土地类型、所有权、租役草等的变化，反映出西夏鼓励垦辟、允许注销的政策，认可、保护私有权的态度，以及“括田畴以足征赋”的经济目的。赵天英《黑水城出土西夏文草书借贷契长卷（7741 号）研究》（《中国经济史研究》2017 年第 2 期）将西夏文草书转录成楷书，译为汉文，包含普渡寺出贷粮食契约 20 件，是西夏社会经济研究的珍贵原始资料，反映出西夏粮食借贷以家庭为主，契约中必须有担保人，西夏寺院的粮食借贷利率偏高，违约惩罚力度大；契约中出现的人名较多，折射出西夏的民族组成情况和西夏人的姓名取向。许生根《论西夏元初黑水城谷物供给途径》（《西夏研究》2017 年第 4 期）认为边塞屯田是黑水城谷物供给的途径，为古代社会如何保障荒漠边塞供给提供了参考。赵彦龙《西夏汉文契约档案中的计量单位及其用字研究》（《西夏研究》2017 年第 1 期）通过对西夏汉文契约档案中所出现的贯、文、贯文、两、亩、斤、石、斗、升、位、富、口、张、个、面、尺等计量单位的研究，既可反映西夏对中原计量单位的借鉴，又能深化对汉文契约档案中音近假借、繁体简写、形近而错等用字现象的研究。李学泰《俄藏黑水城西夏汉文经济文献研究》（硕士学位论文，西北民族大学，2017 年）涉及西夏的典当和高利贷行业、借贷租赁文书、榷场物品和榷场管理制度、边境贸易和计量单位、金银器和丝毛织品生产加工、农产品种类和租税收缴标准，部分文献也反映了西夏土地所有权制度和契约担保制度，以及牲畜种类和畜牧业的发展情况。这些文献为我们提供了研究西夏经济制度的直接材料，丰富了西夏经济史研究的内容。文献体现了其原始独有性、分散不完整性等特征，具有珍贵的历史文献价值。

钱币方面，李鸣骥《西夏钱币铸造特点及其变化原因初探》（《西夏研究》2017 年第 1 期）以西夏与宋、辽、金国家关系为背景，从国家间外交关系、经济贸易、国力强弱变化等多方面出发，在对西夏天盛之前的铸币量少及原因进行解析的基础上，推论西夏仁宗仁孝期间及其后相对规模化铸钱的原因。该文认为西夏钱币铸造特征具体表现为：立国符号，初期铸钱象征意义大于实际流通意义，天盛时期由于经济社会原因铸钱量快速上升，中后期钱币铸造精美是经济、技术水准等多要素作用的结果。李宪章《西夏文古钱忆旧——钱文译识考证》（《江苏钱币》2017 年第 3 期）介绍了钱币的形制、特点，并对其来历作了介绍。赵生泉、史瑞英《西夏钱币书法演变源流探赜》（《中国钱币》2017 年第 1 期）从书法的角度，考证了西夏钱币上的文字演变源流，反映了西夏繁盛的文化。

三 文献考释、文化互动

西夏文献考释方面，汤晓龙、刘景云《西夏医方“合香杂制剂”破译考释初探》（《中华文献杂志》2017 年第 1 期），认为《俄藏黑水城文献》中西夏医方“合香杂制剂”中“[illegible] [illegible] [illegible]”三字分别仿汉字“香、麝、兰”，指出其虽不是沿用中原医学而来，但深受中原医学的影响。刘景云《辉煌的华夏史诗：〈夏圣根赞歌〉》（《敦煌研究》2017 年第 4 期）一文认为，《夏圣根赞歌》不仅是一首歌咏西夏圣祖的宏伟史诗，更是一首辉煌的赞颂华夏祖先的史诗，体现了西夏追求文化上正统地位的要求。赵彦龙《西夏档案编纂研究》（《档案学研究》2017 年第 1 期）认为，20 世纪 90 年代以后，兼及清和近代的两部汉文档案编纂成果，主要以大型文献丛书《俄藏黑水城文献》《英藏黑水城文献》《中国藏西夏文献》《日本藏西夏文文献》等为代表，借此研究编纂西夏档案的种类、方法、标题、成果的行款格式、文字、来源、原则、注释等内容，揭示其实质内容，展示出珍贵的西夏档案及其价值。赵彦龙《西夏历法档案整理研究》（《中国档案学研究》第三辑，2017 年）一文认为，现存西夏历法档案是西夏国人在观测日、月、五行等活动中保留下来的，既有西夏文历法档案，也有汉文历法档案，还有夏汉合璧的不同文字的珍贵而原始的史料，能够真实再现西夏历法工作的原貌，有重要的文物和档案价值。聂鸿音《西夏文“君臣问对”残叶考》（《宁夏社会科学》2017 年第 2 期）对英国国家图书馆收藏的 Or. 12380—

2579 号写本残叶考证指出，其出自一部已佚汉文著作的西夏译本，拟题为“君臣问对”，译本的现存部分以赋敛和颁赏为主题，似乎与治国有关，但具体行文则反映出原作者的文化水平不高，征引的古代故事多来自坊间传闻而非正统史籍，表明汉文原著是一部假托唐太宗与大臣谈话的民间作品。梁松涛《黑水城出土西夏文〈明堂灸经〉残叶考》（《文献》2017 年第 3 期）对俄罗斯科学院东方文献研究所收藏的编号为 Инв. No. 4167 的西夏文残叶的前五行进行了补译，进一步理清残卷的阅读顺序，认为其装帧形式为缝缋装。马万梅《〈英藏黑水城文献〉漏刊的两件西夏文献考释》（《西夏研究》2017 年第 3 期）据 IDP 数据库所提供图版考释，编号为 Or. 12380/3899、3900 的两件西夏文文献皆属于西夏文《佛说佛母出生三法藏般若波罗蜜多经》残卷，为其卷二之内容。两件文献出土编号均属于 K. K. II. 0278，文献形制及残损程度相似，为同一卷轴装写本断裂而成的不同部分，内容上接近于相连。两个残件的考释可以弥补英藏西夏文献以往研究的缺漏。景永时、王荣飞《俄藏黑水城文献未刊〈同音〉37B 残叶考释》（《北方民族大学学报》2017 年第 5 期），指出俄藏黑水城文献未刊的 Ио. 4776《同音》中有一书叶系收藏单位整理文献时误将两个不同叶的半叶拼合而成的，a 面为重校本《同音》22a，b 面为重校本《同音》37b。该 b 面残叶带有背注，是俄藏 X1 号《同音》散落的叶面。37b 残叶是对 X1 号《同音》的重要补充，增进了人们对该文献的了解，也为西夏学研究提供了新材料。

西夏与周边政权在文化上表现出的借鉴与吸收，郭明明《〈圣立义海〉孝子故事史源补考》（《西夏研究》2017 年第 1 期）结合传世文献、敦煌遗书《孝子传》及考古资料对《圣立义海》中孝子故事作一补考，力求得出所有孝子的原型及史料来源。孔维京《碰撞与融合：西夏社会变革中的“孝文化”》（《西夏研究》2017 年第 2 期）指出儒释兼容、多元融合是西夏文化的重要特点，西夏社会伦理以孝道为纲目，法律原则以孝亲为优先，佛教思想以行孝为修行，儒学教育以倡孝为重点，体现出的是西夏文化多元色彩的一面，代表着这一特殊历史时期超越民族和国家畛域的文化认同。孙颖新《英国国家图书馆藏〈孝经〉西夏译本考》（《宁夏社会科学》2017 年第 5 期）通过对英藏本进行释读，比对俄藏本发现两个译本行文差别巨大，认为出自不同译者之手。根据两者翻译方法的不同，推断英藏本的译出时间要早于俄藏本。彭向前《西夏文草书〈孝经传序〉译释》（《宁夏社会科学》2017 年第 5 期）以专文的形式对西夏文《孝经传序》重新作出译释，译释工作包括楷书转写、校勘、对译、汉译、注释等，使这篇序言的主要内容首次向学界展现出来。从中我们可以了解吕惠卿编写《孝经传》的缘起，编写过程及其政治目的等，为研究北宋新经学派及破解西夏文草书提供一份不可多得的新数据。高奕睿、汤君《夏译中原兵书的异同》（《西夏研究》2017 年第 2 期）表明西夏并没有标准的兵书译本，即使诸葛亮在那里也是不为人知，现存的西夏兵书译本是互不相干的，并没有表现出像中原《武经七书》那样的内部关联。田晓霈《西夏文〈将苑〉整理与研究》（硕士学位论文，河北大学，2017 年），对夏译本《将苑》进行了整本的录文及释义，并与汉文本对勘，相参文意、考校异同。通过对比研究可知，夏译本《将苑》在翻译手法上独具一格，不似儒家经典逐字逐句而译，而是采其大旨，着意变通，对汉文本进行大幅删削，改编成文。吴珩《西夏乐舞研究》（硕士学位论文，宁夏大学，2017 年），反映了党项民族居住环境、生活习俗、民族性格、宗教信仰，在继承本民族乐舞文化的基础上，对唐宋礼乐文化、吐蕃乐舞文化有着一定的吸收和借鉴。西夏乐舞在唐宋至元代乐舞发展历史中起到了承前启后的作用，对元代乃至后代的乐舞文化产生了重要影响。

四 语言文字

对西夏语言语法的考究上，许鹏《释西夏语词缀 wji^2》（《西夏研究》2017 年第 1 期）对学界认为的西夏语中的“𗍫” wji^2 是助动词或者动词的观点提出不同看法，指出它是一个谓词词缀，既可以附加在单音节动词或形容词之后，也可以附于双音节动词后，作句子的谓语。木仕华《西夏黑水名义考》（《辽金历史与考古》第七辑，辽宁教育出版社 2017 年版）指出“黑水”语词的读音和来源各异，名称涉及汉语、西夏语、古突厥语和古藏语、契丹语、纳西语、彝语、蒙古语、满语等语言，在一定程度上反映了诸语言中黑河名称之间语义上的若干关联。孙伯君《论西夏对汉语音韵学的继承与创新》（《中华文史论丛》2017 年第 2 期）通过梳理存世西夏韵书和字典的编排体例以及对汉语音韵学术语的翻译与运用，论述了西夏对汉语音韵学的继承。同时，该文指出西夏人对汉语音韵术语的理解和韵书编排的某些“疏失”，实际是基于西夏语特点的一种创新，某种程度上反映了 12 世纪河西方音的语音特点。孙伯君《12 世纪河西方音的鼻音声母》（《励耘语言学刊》，中华书局 2017 年版）梳理了西夏时期新译佛经陀罗尼中鼻音声母字与梵文的对音情况，重新论证了《掌中珠》中有特殊标记的汉字的拟音，认为其中“泥托”“泥浪”“埿落”“埿绿”“泥六”“你足”“泥骨”等用例当与梵汉对音中“铬（切身）”等用法一致，表示党项语的 du 或 nu 音节。同时，通过分析鼻音声母字转读为 mb－、nd－、ŋg－是在舌根鼻音韵尾失落之前就已经发生，认为鼻音声母字含有鼻辅音和同部位的浊塞音两个成素的读法与舌根鼻音韵尾和塞音韵尾的脱落没有关联，或是在唐代之前随着唇音等几类声母的分化而发生的变读。王培培《12 世纪西北地区的 f、h 混读现象》（《宁夏师范学院学报》2017 年第 4 期）指出这种不合现代汉语方言惯例的现象不是宋代汉语西北方言的特征，而是当地党项人学说汉语时发生的音位负迁移所致。

西夏文字方面，高仁、王培培《西夏文〈杂字·汉姓〉译考》（《西夏研究》2017 年第 2 期）对其原始文本展开了再次译释，提供了更为准确的译文，体现出西夏语用语的复杂性。史金波《新见西夏文偏旁部首和草书刻本文献考释》（《民族语文》2017 年第 2 期）指出“三十字母”为西夏文点、横、竖、撇、折等基本笔画，是作者找出西夏文字最原始结构的一次新的尝试；文献对西夏文字偏旁的分析与西夏文韵书《文海》对文字构造的分析有相同的部分，也有明显的差异。孟一飞等《基于 Mean Shift 算法的西夏文字笔形识别》（《广西大学学报》2017 年第 3 期）提出基于西夏文四角编码规则，通过识别文字的四角构件确定文字的编码，实现对字符的识别；在识别文字构件的环节，提出采用 Mean Shift 核估计直方图统计方法，提取特征值，实现智能识别。

五　佛教及其经典

关于佛教研究，袁志伟《西夏华严禅思想与党项民族的文化个性——西夏文献〈解行照心图〉及〈洪州宗师教仪〉解读》（《青海民族研究》2017 年第 1 期）从对西夏佛教文献《解行照心图》及《洪州宗师教仪》的解读，指出西夏佛教思想不仅是对中原佛教文化进行引进与创新的结果，同时还是党项民族进行文化改造与创新的成果。聂鸿音《贤觉帝师传经考》（《中华文史论丛》2017 年第 2 期）认为“帝师”波罗显胜传授的四种作品只是简单地介绍密教的念诵供养法而没有涉及佛学理论，说明他的兴趣只在修行而不在思辨。现有资料表明贤觉帝师虽然在名义上是西夏佛教事务和僧人的总管，但并不曾为政府和河西佛教提供实质性的帮助，仅仅作为西夏皇室中一个藏传佛教的符号而存在。可见西夏早期的帝师与元朝政治制度中的帝师具有完全不同的性质，贤觉帝师在文化史上的地位不像此前人们想象的那么重要。孙伯君《西夏国师法狮子考》（《北方民族大学学报》2017 年第 2 期）认为法狮子是祥仁波切（Zhang rin-po-che）和萨钦贡噶宁波（Kun-dga’snying-po）的弟子，曾把两位上师所传的多种经典传至西夏。早期藏传佛教的纷繁面貌也体现在法狮子所传的诸多经典中，反映了西夏仁宗朝“笃信密乘”的宗教氛围。孙昌盛《俄藏西夏文藏传密续〈胜住仪轨〉题记译考——兼论藏传佛教传播西夏的时间》（《北方民族大学学报》2017 年第 2 期）认为，题记记载了《胜住仪轨》的梵文著者、藏文译者和西夏文译者，结合现存藏传西夏文佛经的译经时代考证，藏传佛教早在惠宗秉常和崇宗干顺时期就已经开始在西夏传播。魏淑霞《西夏僧侣社会活动管窥》（《西夏研究》2017 年第 4 期）依据传世文献、出土社会文书及文献等史料，对西夏僧侣的社会活动进行了梳理考察。发现西夏僧侣的社会活动主要以译经、校经、作法事、宣讲佛学为主导，同时他们也积极参与与寺院相关的社会经济活动，但他们的政治参与性却未如我们所设想得那样高，为我们客观地认识西夏的政教关系及佛教僧侣在西夏的政治地位提供一些佐证。陈玮《黑水城文献所见西夏归义人研究——以〈注华严法界观门〉发愿文题记为中心》（《宁夏社会科学》2017 年第 5 期）认为，发愿文题记反映了西夏归义僧刘德真从投降地到西夏首都的自由流动，以及在西夏首都对《注华严法界观门》的修习、印施活动。

在佛教经典的研究上，孔祥辉《英藏西夏文〈金刚经〉残片考辨》(《西夏研究》2017 年第 1 期）利用俄藏黑水城文献中的《金刚经》汉文本和西夏文本，对英藏黑水城中的几则《金刚经》佛经残页进行定名与考释，并对三则编者讹定的《金刚经》残片进行考辨，为继续深入整理与研究黑水城文献提供借鉴和参考，进一步丰富西夏语料库。李晓明《英藏若干西夏文〈真实名经〉残页考释》(《西夏研究》2017 年第 1 期）在整理残页的基础上，结合其他文献材料与前人的研究，得知《真实名经》当是西夏时期西北地区较为流行的一部佛经。张九玲《西夏文〈消灾吉祥陀罗尼经〉释读》(《宁夏社会科学》2017 年第 1 期）参照黑水城出土汉文本《大威德炽盛光消灾吉祥陀罗尼》，对俄藏 Инв. No. 5402、7038 号和英藏 Or. 12380/2845RV 西夏文《消灾吉祥陀罗尼经》残片拼配后，基本可以窥知西夏本《消灾吉祥陀罗尼经》的全貌。段玉泉、米向军《新发现的西夏文〈圣胜慧到彼岸功德宝集偈〉残叶考》(《宁夏社会科学》2017 年第 2 期）指出残叶五件，其中两件内容属于第 14 品共 18 句，是此前所见各藏卷中缺失之部分，为学术界试图拼配出完整的《圣胜慧到彼岸功德宝集偈》提供了弥足珍贵的材料。王龙有 5 篇文章：《西夏写本〈阿毗达磨顺正理论〉考释》(《宁夏社会科学》2017 年第 2 期）是对俄罗斯科学院东方文献研究所藏本进行的考释，指出存世的两个抄件卷尾一折同为卷十的内容，这一点是前人在著录中没有注意到的，通过录文对勘汉文原本加以详细解读和注释，旨在为研究西夏佛教史以及西夏语提供一份基础性语料。《西夏文〈十轮经〉考论》(《西夏研究》2017 年第 2 期）首次从中国藏西夏文献《地藏菩萨本愿经》辑录出了《十轮经》的残页，并对其进行了录文，借助汉文本对西夏文本做了解读和注释，系统梳理了存世《十轮经》的西夏译本，有助于我们了解地藏菩萨信仰在西夏的传承情况。《西夏写本〈大乘阿毗达磨集论〉缀考》(《文献》2017 年第 3 期）认为，《大乘阿毗达磨集论》是发现的极少量的西夏文“对法”类作品之一，译自唐玄奘同名汉文本，仅存卷三，进而认为其存世的两个抄件 Инв. No. 70 和 Инв. No. 2651 则可以直接缀合。《俄藏西夏文〈瑜伽师地论〉卷八十八考释》(《西夏研究》2017 年第 4 期）对存世的《瑜伽师地论》做了介绍，对其进行了释读，并就其文献的版本和相关注释术语做了探讨。《藏传〈圣大乘胜意菩萨经〉的夏汉藏对勘研究》(《北方民族大学学报》2017 年第 5 期）指出《圣大乘胜意菩萨经》的西夏文本并非直接译自藏文本，而是根据汉文本转译的，并且西夏文残缺卷首题款与汉文本基本一致，由此可以了解到西夏时期某些番、汉两译佛经可能是先翻译成汉文，然后再根据汉文翻译成西夏文的。张永富《西夏文〈大宝积经〉卷三十六勘误》(《西夏研究》2017 年第 2 期）认为，该经错误主要有认错汉字、脱文、衍文、形近致讹、音近致讹、译经人笔误致讹等六种情况，认为是初译本抑或是校勘不精的缘故。崔红芬有 2 篇文章：《俄藏黑水城〈佛说大乘圣无量寿王经〉及相关问题考略》(《宁夏社会科学》2017 年第 3 期）认为该经入藏应在宋代三次增补佛经目录时期，并随着西夏与宋的官方或民间交往而传至西夏。文章还探讨了《佛说大乘圣无量寿王经》的别本在西夏流传和翻译的情况，表明西夏政权既继承了河西地区佛经流行的传统，也深受宋佛教文化的影响，充分反映了西夏佛经来源的多元化和西夏佛教文化的融合性的特点。《西夏文〈过去庄严劫千佛名经〉发愿文之西北方音及相关问题》(《宁夏社会科学》2017 年第 6 期）通过对国图藏元刊西夏文《过去庄严劫千佛名经》发愿文重读和考证，指出发愿文中一些用词具有明显的西北方音特色，并以此为基础对学界有争议的两个西夏文年号重新考证，认为其分别是治平年、熙宁年。王培培《西夏文〈佛说入胎藏会第十四之二〉考释》(《西夏研究》2017 年第 3 期）对俄藏西夏文《佛说入胎藏会第十四之二》进行了全文汉译和考释，为西夏佛教史和西夏语研究提供了基础数据，其中一些不见于西夏文字典的词语为西夏文字词的解释补充一份重要数据。史金波《泥金写西夏文〈妙法莲华经〉的流失和考察》(《文献》2017 年第3 期）介绍了《妙法莲华经》6 卷被掠往法国的过程，并追溯国内外专家对此文献介绍、研究的历史，指出 1932 年出版的《国立北平图书馆馆刊》“西夏文专号”刊登了此经卷第一卷首经图和两面序言的照片，保存了珍贵资料。赵阳《黑城本〈弥勒上生经讲经文〉为词曲作品说》(《敦煌学辑刊》2017 年第 3 期）将其与敦煌讲经文比较后可以看出，它于内容和格式上均不符合讲经文的特点，认为将其判定为讲经文似乎欠妥，它更像是作者在念佛之余以经文为歌词的一首词曲作品。麻晓芳《俄藏西夏文〈佛说瞻婆比丘经〉残卷考》(《西夏研究》2017 年第 4 期）对俄罗斯科学院东方文献研究所收藏的Инв. No. 42 西夏写本《佛说瞻婆比丘经》残卷进行了译释，并对文中涉及的佛教术语及西夏文虚字进行了初步探讨，为研究西夏佛教史以及西夏语提供了基础性语料。孙伯君《裴休〈发菩提心文〉的西夏译本考释》(《宁夏社会科学》2017 年第 4 期）认为黑水城出土的西夏文 Инв. No. 6172 号文献译自裴休所撰《发菩提心文》，并根据汉文本翻译了残存的内容。这是裴休所撰作品在西夏文文献中第一次得到确认，对研究《发菩提心文》文本的流传以及唐代兴盛的华严禅在西夏的传行具有参考价值。

六　西夏石窟、考古艺术

关于西夏石窟，孙昌盛《灵武回民巷西夏摩崖石刻》(《宁夏社会科学》2017 年第 1 期）记载了回民巷摩崖石刻开凿时间、缘起、内容以及参与开凿石刻的人员等内容。由于石刻文字风化剥落严重，残存内容不多，但对研究西夏佛教、西夏社会生活具有一定价值。张铁山、彭金章《敦煌莫高窟 B465 窟题记调研报告》(《敦煌研究》2017 年第 1 期）集录 B465 窟内的题记，对其中几条重要的题记展开论述，认为题记虽历经不同时代的人为破坏或自然侵蚀，但对于洞窟的断代和发展演变、壁画内容的确定，仍具有无法替代的重要意义。蒋超年、赵雪野《武威亥母寺遗址 01 窟覆钵式佛塔年代探讨》(《西夏研究》2017 年第 2 期）通过对五座佛塔建筑材料的观察和考古发掘获得的层位关系分析，认为武威亥母寺遗址01窟五座覆钵式佛塔是20世纪30年代至80年代的建筑，并非13—14世纪的西夏、元时期。汤晓芳《一幅西夏时期的壁画——阿尔寨石窟第33窟壁画释读》(《探索、收获、展望——鄂尔多斯学十五周年纪念文集》，2017年）依据《阿尔寨石窟》一书中发布的十幅壁画截面，认为其是从一幅大型山水人物花鸟画中分解出来的，并根据人物、山水物象重叠情况，可以从一幅比较完整的画面中寻找各自的位置。杨富学《瓜州塔考辨》(《敦煌研究》2017年第2期）对“瓜州塔”名做了说明，从瓜州锁阳城塔尔寺遗址发现的西夏文六字真言残片推断，瓜州锁阳城现存大塔具有明显的藏传佛教特征，认为该寺为元代遗存，其修建时代大致在1276年或1289年之后不久。

关于西夏艺术，[美] 黄士珊著、杨冰华译《西夏佛经版画再探》(载沙武田主编《丝绸之路研究集刊》第一辑，商务印书馆2017年版）介绍了西夏考古状况，搜集西夏佛经版画，探究了佛教绘画的多元文化环境，并与北宋、辽、金等其他时期的佛经作品进行比较，建立起西夏佛教艺术遗产与印经文化的联系。李涛《黑水城遗址出土西夏时期染色纸张的分析》(《西夏研究》2017年第3期）利用显微激光拉曼光谱和赫兹伯格染色法，对黑水城遗址出土西夏时期的蓝色和红色染色纸张进行了鉴别研究，首次明确了蓝色和红色染料分别为靛蓝和羟基茜草素，应来自含靛植物和茜草属植物。同时，该文根据显色反应与纤维的显微形态特征，判断红色纸张以麻类为纤维原料，蓝色纸张则以树皮类纤维为原料，提出纸张加工工艺研究的改进意见。宁强、何卯平《西夏佛教艺术中的“家窟”与“公共窟”——瓜州榆林窟第29窟供养人的构成再探》(《敦煌学辑刊》2017年第3期）重新检索了榆林窟第29窟供养人的身份构成，认为此窟的性质是一个有浓重官方背景的“公共窟”而非通常认为的“家窟”。西夏文武官员集合财力权力开创新窟，使瓜沙地区的西夏石窟具有了与前代佛窟不同的性质和功能。于光建《武威西夏墓出土太阳、太阴图像考论》(《宁夏社会科学》2017年第3期）指出武威西郊林场2号西夏墓出土的29幅木版画的本质内涵是唐宋时期丧葬墓仪中特别流行的墓葬神煞，其与河西魏晋墓图像都有表现墓主人生前生活的情景和反映宇宙天象与天界景象的内容，都被赋予了镇墓辟邪的作用，反映了墓主人事死如生、“引魂升天”的生死观，以木版画为代表的西夏葬俗是在对汉魏隋唐河陇丧葬文化继承基础上的一种变革。

七　西夏遗民、人物考证

关于西夏遗民，杜建录、邓文韬《安徽歙县贞白里牌坊始建年代考——兼考西夏遗民余阙佥宪浙东道期间的史迹》(《宁夏社会科学》2017年第1期）指出元至顺三年（1332）贞白里坊初建之时本是一座木质牌坊，后来才改为由浙东海右道肃政廉访司佥事余阙题额的石质牌坊。因余阙任此官职的年代约为1349—1351年，故贞白里石坊也应在此时间段内修建。除为该牌坊题额以外，余阙在浙东道廉访司任职期间还有纠察不法官吏、平均民户差役、嘉奖清官能吏、表彰节妇和举荐人才等政绩，并且收授了戴良等数弟子，完成了一些经学、诗歌和书法作品的创作。邓文韬《元代唐兀人研究》（博士学位论文，宁夏大学，2017 年），从元代“唐兀”的概念及其族群构成、元代唐兀人的迁徙与分布、唐兀人的仕进及其活动、唐兀人的姓名与婚姻、家庭观念与户计归属、儒学与宗教活动等七章进行了论述，对了解元代唐兀人以及民族融合具有重要的意义。杨富学、胡蓉《从〈述善集〉看宋元理学对濮阳西夏遗民的影响》（《西北师范大学学报》2017 年第 3 期）对元末濮阳西夏遗民唐兀崇喜编纂的文集进行了介绍，从其记录的作品所反映出元代西夏遗民受理学影响，旨在说明元代晚期理学在社会上广泛流行的缩影，在中国理学史上占有一席之地。

有关西夏人物的考证，佟建荣、蔡莉《有关西夏姓名若干问题的再探讨》（《西夏研究》2017 年第 2 期）利用近年来的出土数据对西夏姓名中的几个问题进行了讨论，其中西夏姓氏连用数据显示西夏境内存在着普遍的长期的民族通婚；贱名中的词语元素 a 表示出西夏立意丰富，远非一“贱”字可以概括；其独特的名字关联现象反映着西夏注重母系血统，承认女儿对家族血脉的继承等社会问题，是研究西夏社会历史的重要资料。张玉海《莫高窟榆林窟西夏文题记所见人名姓氏浅析》（《宁夏社会科学》2017 年第 6 期）是研究西夏语言文字、佛教及西夏姓氏与民间习俗的珍贵资料。从题记出现的 60 多个人名可以窥见，当时不同民族间与同一民族内部不同部族间以婚姻为纽带而形成的民族融合及其对原来民族影响的因子，揭示了中古民族间形成、融合与相互转化的一般规律。刘志月《元代西夏遗民李朵儿赤事迹考论》（《西夏研究》2017 年第 3 期）从其祖籍、源出藏语 Rdo-rje 的本名、西夏遗民身份“贺兰”、历任官职考证了元初江南地区西夏遗民官僚李朵儿的事迹，肯定他在任职期间施行仁政与推广儒家文化和礼仪，得到了与其交游的其他江南士人的赞誉。赵天英、于孟卉《甘肃省博物馆藏西夏应天丁卯年首领印正误》（《西夏研究》2017 年第 4 期）对甘肃省博物馆馆藏的一方西夏首领印进行了正误，指出 2006 年《甘肃省博物馆文物精品图集》误将印面图版配为同为该馆所藏的北元宣光二年中书右司都事厅印的印面；2015 年《西夏文物 · 甘肃编》刊布了正确的印面图版，但将馆藏地点误作“张掖地区博物馆”。王震《西夏首领研究》（硕士学位论文，宁夏大学，2017 年）利用出土西夏文文献、金石以及传世汉文典籍，从西夏首领的种类、西夏首领的族属以及西夏首领的职能三个方面对首领做具体的分析，有利于认识西夏的基层社会和部落兵制，也有助于认识西夏的社会性质，具有重要的研究价值。

八　学术综述与书评

在相关研究综述方面，韩树伟《西夏法律社会文书研究综述》（《西夏研究》

2017年第1期）从法律社会史的角度，对近年来有关西夏法律、经济社会的研究成果做了系统梳理，为学界研究西夏历史、社会、法律、经济提供了基础性的重要史料。李甜《文殊山石窟研究的回顾与展望》（《石河子大学学报》2017年第1期）对文殊山石窟的学术研究进行了总结，指出目前研究的不足，有助于文殊山石窟研究的深入开展。罗海山《国内西夏契约文书研究评述与展望（1980—2015）》（《中国史研究动态》2017年第1期）对目前学界共整理刊布的西夏契约文书做了介绍，为学界深入研究西夏时期的经济、社会、法律、文化、民族等问题提供了极大便利，对研究成果进行了论述，指出其研究的特点与不足，并提出了未来研究的展望。张如青、于业礼《出土西夏汉文涉医文献研究述评》（《中医文献杂志》2017年第1期）对以往出土西夏汉文涉医文献研究进行了梳理评述，对研究中原地区医药文化在西夏的传播、西夏文涉医文献的翻译整理、西夏医药文化体系构建都具有重要意义。蔡莉《西夏服饰研究综述》（《西夏研究》2017年第3期）是对近二十年来相关西夏服饰研究成果进行整梳，分析了西夏服饰研究的特点和存在的问题，探讨了未来西夏服饰研究的方向。赵天英《新见甘肃省瓜州县博物馆藏西夏文献考述》（《文献》2017年第3期）对甘肃省瓜州县博物馆馆藏15件西夏文献的出处、内容、特点进行了论述。李新伟《宋夏战争述评》（《长江论坛》2017年第6期）从时间段分析了宋夏战争，并指出西夏以一隅抗全国，综合国力不足；北宋经济实力较为雄厚，后期国防和军队建设得以加强，联盟战略运用得以成功，战术战法多有改善。

对论著的读后感，聂鸿音《〈英藏黑水城藏文文献〉读后》（《西夏研究》2017年第1期）首次全面公布了英国国家图书馆所藏斯坦因在黑水城遗址和额济纳河三角洲获得的藏文文献，并提供了前者的详细描述和后者的基本信息。孙颖慧《读〈西夏司法制度研究〉有感》（《西夏研究》2017年第4期）揭示西夏对唐宋法制的借鉴过程，论述西夏司法制度在中华法系中的地位。陈朝辉《〈《天盛律令》农业门整理研究〉评介》（《西夏研究》2017年第2期）指出该书不但改进了研究方法，拓宽了研究思路，而且在西夏乡里组织、横纵区划、赋役制度、仓粮存储等方面有所补充，对西夏农业发展及其相关问题研究具有一定价值。曹颖僧《〈西夏文史荟存〉第三辑弁言》（《西夏研究》2017年第3期）是对曹颖僧先生研究西夏文字一些概况性说明，内容主要包括研究资料、研究方法和研究思路等，展现了作者对西夏文音、形、义等研究方面的一些构想和看法，具有一定的学术史意义。李小霞《李华瑞教授〈宋夏史探研集〉读后》（《中国史研究动态》2017年第5期）认为该书涉及宋代国家与社会、宋明社会结构和财税政策、宋夏时期陆路交通及政治关系、治史心得与忆念师友等内容，取材丰富、论题多样。

有很多西夏学专家、学者对推动西夏学的研究做出了重要贡献。例如，他维宏《金宝祥先生与宋夏史研究》（《西夏研究》2017年第1期）、孙文广《悠悠百世功 矻矻当年苦——记李范文先生的西夏学研究历程》（《西夏研究》2017年第2期）、高士荣《不到长城非好汉——记西夏史专家李蔚教授》(《西夏研究》2017 年第 3 期)、杨蕤《一位被遗忘的西夏学者：略述曹颖僧先生对西夏学的贡献》(《西夏研究》2017 年第 3 期)、祁萌《我与西夏语——林英津老师访谈录》(《西夏研究》2017 年第 4 期）等，回顾了这些学者的成长经历与教学生涯，介绍并评价了其治学成就与学术贡献，展现了一代西夏学人的风采，鼓励我们砥砺前行，不忘初心。另外，刘旭滢、张敬奎《首届中日青年学者宋辽西夏金元史研讨会召开》(《中国史研究动态》2017 年第 4 期）就宋辽西夏金元各时期的政治、制度、思想、军事、经济、社会诸领域，及其研究的“新可能性”做了论述，并对会议做了介绍与说明。

总体上看，随着出土文献以及新资料的发现与刊布，2017 年西夏学研究无论是在文献考释、佛教经典解读、语言文字考究方面，还是在法律契约文书整理与研究、西夏移民考证等领域的研究上，都更加深入，选题新颖，论证充分，对过去西夏学研究的成果在反思、检讨与展望上总结的更加具体、全面、到位。不过，在与其他领域如辽史、金史、宋史、蒙元史的研究上，西夏学史要注意整体性理论体系的比较研究，因为只有这样，各少数民族的历史才会更加真实、宏阔地展现在世人面前。

2017年金史研究综述

刘智博

一 各类金史研究及其相关的著作

2017年度关于金史专题研究的专著和与之相关的著作。李秀莲《金朝"异代"文士的民族认同之路》（中华书局2017年版）研究演绎了代表汉文化的"异代"文士与大金政权的主体族群——女真人的政治认同、文化认同和民族认同的历史互动过程，在批判地继承"汉化"研究成果的基础上，更重视女真人接受与拒绝接受汉文化的历史过程的客观叙述，寓民族认同于政治、文化认同的历史之中。王耘《金代从地域到国家的政治文化认同》（中国社会科学出版社2017年版）旨在通过金代的崛起、强盛及衰亡的历史过程，论述金代的历史文化经历了由部族到国家的政治文化认同历程，并以金代为研究视角分析这一历程的形成原因。赵永春《奉使辽金行程录》（增订本）（商务印书馆2017年版）搜集了五代两宋出使辽金"语录"、出使诗以及晋出帝、宋徽宗、宋钦宗被俘虏至辽金的记录共47篇，并对不同版本进行了补辑、点校和简要注释，为人们学习和研究辽金史、辽宋金关系史、东北史以至东亚史提供方便。邱靖嘉《〈金史〉纂修考》（商务印书馆2017年版）在借鉴学界相关研究成果的基础上，广泛蒐罗史料，就金史纂修的多方面问题进行了系统研究，论述金代的修史制度，梳理了蒙元时期金朝旧臣及元人编纂金史之始末，分析了元修《金史》的史源问题，并分别对本纪、志表、列传各部分的史料来源情况加以蠡测。李艳红《金代民族服饰的区域性研究》（中国纺织出版社2017年版）探讨了金代民族服饰的区域性，分析了与金代同时期的其他民族政权的民族构成以及金朝各民族的发展概况，并探讨了女真族与各民族之间的文化交流，又对金代服饰制度及女真族、汉族、契丹族的服饰特点进行了剖析，并比较辽、宋、金三朝的服制，进一步分析金朝民族服饰发展的特征，还对金代服饰进行区域划分，进而具体分析了各区域民族服饰的特色及发展。于东新《金词风貌研究》（中国文学出版社2017年版）立足于金源时期多民族文化的历史语境，从金代词坛汉族词人与少数民族词人的创作实际出发，分别对两类词人的创作追求、主体精神、审美风格作出梳理和分析。胡峤等著、徐苹芳整理《辽金行记九种·辑本揽辔录》对原本散在诸书的文字予以辑录，并进行了标点、校勘，对史实的年月进行了严谨的考证，兼有论及章怀太子墓“礼宾图”的短文一篇。

将辽宋夏金作为一个断代史时期展开研究的著作有刘浦江《宋辽金史论集》（中华书局2017年版），该书大量运用辽金石刻材料及契丹、女真文资料，将历史学与考古学、语言学、文化人类学紧密结合，解决了诸多悬而未决的重大难题。该书具有全局性的问题意识，跨学科的研究视野与深刻的学术关怀，具备代表宋辽金史研究的一个前所未有的高度。徐苹芳《辽金蒙古时期燕京史料编年》（北京联合出版公司2017年版）一书以辽、金、元的正史为主要来源，辑录其中涉及辽南京、金中都、元大都的史料，辅之文集、方志、碑刻等资料，统一以年代为序加以编排，并作了标点和校勘工作，系统说明了北京地区各类建筑的兴建、修复、存毁情况。李华瑞《宋辽西夏金史青蓝集》（中国社会科学出版社2017年版）其中的论文为其指导的研究生在学校期间发表或受其指导的论文，如黄正林（陕西师大教授、博士生导师）《国民政府“扶植自耕农”问题研究》、徐黎丽（兰州大学教授、博士生导师）《论民族的三个基本属性》、彭向前（宁夏大学教授、博士生导师）《试论辽对西夏的遏制政策》、马玉臣（河南大学教授、博士生导师）《试论宋神宗时期的州县省废》、韩毅（中国自然科学院研究员、博士生导师）《宋代僧人对儒家中庸思想的认识与回应——以宋学形成前释智圆和释契嵩为中心的考察》等文章。

二　金代政治与政治制度研究

关于金代政治制度的研究。孙红梅《金代亲王府属官研究》（《史学集刊》2017年第6期）通过对金代亲王属官名称进行全面考察，并透过金代不同时期王府属官设置与职责来窥探其制度的变化与皇权的互动关系，认为金代亲王府属官的设置经历了一个逐步发展演变的过程，其职能由最初“傅导德义”变为“检制王家”，亲王府属官和职责的变化与金代章宗以后强化皇权、严防王爵越制的统治政策密切相关。王峤《金朝门荫制度新论》[《河北师范大学学报（哲学社会科学版）》2017年第5期]从金朝门荫制度的内容、承荫人的前途、门荫制度的影响等方面着手，对金代门荫制度进行梳理，认为在金朝中后期以切断入侍捷径的方式限制门荫入侍的机会，既保证了官员的利益又最大限度地削弱此项制度带来的危害。苗霖霖《金朝护丧制度考》（《北方文物》2017年第3期）通过对护丧官员的梳理，认为金朝对逝者及护丧官的要求标准极高，获得护丧无论是对逝者个人还是对其家族都有重要意义，护丧也成为金朝国家荣誉赏赐的重要组成部分并为后世所继承。张冰《金代西京留守述论》（《江西社会科学》2017年第1期）对曾任金西京留守的官员进行考证，并对西京留守的职掌、选任、转迁的特点进行研究。他与杨军合作的《金代北京留守述论》（《黑龙江民族丛刊》2017年第4期）探讨了金代北京留守的设置及沿革，对金代北京留守的姓名、民族、执掌进行重新确定，并对北京留守的选任和转迁特点进行探讨，对于金代地方政治制度及金朝社会变迁有更深入的研究。王雷、赵少军《吏员集团与金代政治关系刍论》[《内蒙古民族大学学报（社会科学版）》2017 年第 3 期] 认为金代吏员集团内部各阶层与金代政治之间的关系差别显著，吏员集团成为操控金代各级权力的隐形势力，并通过吏员政治进而影响官僚政治，在吏员集团与官员集团的权力博弈中，形成吏权大盛的局面，而吏员集团与官员集团冲突其本质是吏学与儒学之争。苗霖霖《金朝官员谥号考略》（《满族研究》2017 年第 2 期）通过梳理金朝官员给谥的兴废与获谥官员的构成，认为金朝对官员赐予谥号起到了缓解国内民族矛盾，维护国家的团结稳定的作用。徐洁《金代礼制研究综述》（《通化师范学院学报》2017 年第 11 期）通过梳理近代以来关于金代礼制和五礼的研究，认为金代礼制具有突破中原传统礼制的创新性，并具有兼容各族礼俗的人文精神等特点，推进了金代礼制的研究。姜宇《金代司法机构官员的选任管理制度研究》（硕士学位论文，辽宁师范大学，2017 年）从金代司法机构官员的民族构成进一步探究金代民族政策对选任管理司法官员带来的影响和作用，再结合司法机构官员的民族成分和宗族关系，探究金代司法官员选拔特点并论述了金代司法机构官员的管理制度。于海波《辽金元史官制度研究》（硕士学位论文，河北师范大学，2017 年）通过对辽金元史官制度的梳理和总结，认为辽金元史官制度具有修史机构的继承发展、史官选任的多民族性、史官职责的逐渐明确等特点。高鹏《金世宗时期官员任用政策研究》（硕士学位论文，辽宁大学，2017 年）认为金世宗时期官员任用政策对金朝的政治、经济、文化等方面产生重要的影响，促进了“大定之治”的形成，但统治者所具有的民族情绪以及监察、荐举制度在实施过程中存在的混乱状态，在一定程度上限制了官员的选拔，对官员任用政策、后金世宗时期的金朝政局也产生了不利影响。张双双《金代致仕问题研究》（硕士学位论文，吉林大学，2017 年）将金代致仕诏令从致仕年龄及致仕待遇的研究中剥离出单独论述，并将致仕诏令与官员实际致仕年龄进行对比，分析得出金代致仕年龄的特殊之处，对金代官员致仕后的待遇也进行了详细探讨。黄可嘉《金代婚姻法制研究》（硕士学位论文，黑龙江大学，2017 年）通过对金代婚姻制度形成的社会历史背景的考察，分析金代婚姻法制的实体内容，提炼其婚姻制度的基本原则和特征，认为金代统治者以婚姻立法手段，达到促进社会发展，维护国家稳定，进一步巩固统治。何雪娜《金代前期州军节度使群体研究》（硕士学位论文，吉林大学，2017 年），通过梳理金太祖、太宗、熙宗和海陵时期节度使的发展状况，分析金代前期州军节度使群体的籍贯分布与民族成分，认为金代前期州军节度使入仕途径以归降和军功入仕为主，节度使群体在职官迁转上充分体现了地方性特点，入仕官职、迁入官职和迁出官职以地方官居多和中央官较少等特点。王思玉《金代提刑使与按察使群体研究》（硕士学位论文，吉林大学，2017 年）从金代提刑司、按察司的设置及演变，从提刑使、提刑副使、按察使、按察副使的籍贯与仕履着手对金代提刑使与按察使群体进行系统梳理研究。

此外，金代政治研究涉及政治观念、思想文化、边疆治理、治国方针、家族、人物等方面。齐伟《略述入金辽代汉官后人的再发展》（《中国边疆史地研究》2017 年第 1 期）从由辽入金的汉官及其后人仕金后的发展情况着手，分析其持续稳定发展的原因，梳理了在辽朝灭亡后归顺金朝的几大家族的发展情况，认为辽代汉官集团之所以能够持续发展，是由于辽代汉官稳定的政治地位和持续的联姻关系，汉官势力集团的共同利益使其政治倾向容易达成一致，并成为联金灭宋加速其灭亡的重要力量。杨永康、杨洁《“无道主”与“小尧舜”——论金实录对海陵庶人、金世宗形象的塑造》（《史学史研究》2017 年第 2 期）认为金世宗通过政变上台后，掌握了重新书写历史的话语权，通过篡改历史编造出海陵无道昏君和金世宗“小尧舜”的形象，以此来证明完颜亮的败亡是天怒人怨，自己取而代之是顺应天命。曹文瀚《20 世纪以来红袄军研究综述》（《宋史研究论丛》2017 年第 1 辑）一文以 20 世纪以来的红袄军研究成果为研究目标，将现有的研究成果作一全面性的梳理，认为其他史料相对丰富的首领，以及山东、淮海地方史与区域史仍可作更进一步的研究，可以从更宏观的角度对当时其他武装团体的政治抉择进行观察和比较。田晓雷《金代“太子太保”述论》（《宋史研究论丛》2017 年第 1 辑）通过对金代“太子太保”论述，认为金代创设宫师府，总揽东宫事务，太子太保作为宫师府主要长官之一，职掌是保弼太子，管理东宫各个部门，太子太保由皇帝选任，重在德高博学之人，以女真人为主，其入仕途径在金朝前后期有一定的变化，官员在担任太子太保后，一般会升至正从一品高官。赵永春、马溢澳《金人自称“中国”的阶段性特点及其发展进程》（《黑龙江社会科学》2017 年第 2 期）通过从发展变化的视角对金人自称“中国”意识的起源、发展和演变分阶段进行讨论，认为金人自称“中国”的思想意识，对后世产生了深远影响，对统一多民族的中国以及中华民族的最终形成做出了重要贡献。都兴智《关于金始祖函普的几个问题——族属、迁徙、婚姻及兄弟后裔》（《黑龙江社会科学》2017 年第 4 期）认为函普不是新罗或高丽人，而是依附于新罗或高丽的女真人，其从今朝鲜半岛北部西迁至完颜部的时间在 946 年前后，关于函普娶完颜部老女的传说，在苗耀《神麓记》的记载较《金史·世纪》《松漠纪闻》《三朝北盟会编》更为可信。孙久龙《金朝礼部设立考论》［《陕西师范大学学报（哲学社会科学版）》2017 年第 5 期］通过对史籍中出现的金朝前期礼部尚书及礼部侍郎官员考证分析，认为金朝礼部设立不仅是现实政治的需要，受金朝前期政治、经济等多重影响，还受到中原文化及礼制建设的影响。庞倩、王龙《试论金代塑造正统地位的举措——以祭祀名山大川为例》（《辽金历史与考古》2017 年第 1 辑）通过以祭祀名山大川为例的考察，论述了金代塑造正统地位的举措。周国琴《论辽金与宋对峙时期是中国历史上的第二次南北朝》（《黑龙江民族丛刊》2017 年第 1 期）认为辽金都是中国正统王朝序列中的一环，辽金两朝和五代两宋南北相峙 300 多年，是中国历史上的第二次南北朝。

闫兴潘《金代女真进士完颜匡研究》[《辽宁工程技术大学学报（社会科学版）》2017 年第 5 期] 通过论述女真进士完颜匡在其入仕之后对金章宗时期的政治、军事方面产生的重要的影响，认为这是金代女真进士群体政治文化特色的具体表现，展现了女真进士出身的官员群体对金代中后期政治、军事、文化等领域的广泛影响力。彭赞超《金代贞懿皇后家族兴衰考》(《中国社会科学报》2017 年 5 月 25 日）通过对金代贞懿皇后家族的兴衰进行考证，认为其家族的发展伴随着整个金朝的发展，见证了金朝的发展壮大以及衰落，而李氏家族的最终衰落也从侧面反映出金代后期政治斗争的残酷。徐洁《金代国家祭礼的政治和社会功效》(《白城师范学院学报》2017 年第 9 期）认为金代帝王通过施行国家祭礼来宣示君权神授，强化君臣等级，通过实施礼仪教化，以确立理想化的礼制秩序。林硕《“金朝岳飞”仆散安贞死因考辨》(《关东学刊》2017 年第 5 期）通过参照《金史》《宋史》等文献中关于仆散安贞的记载，认为驸马仆散安贞下狱身死的关键原因，并不是他在黄蕲之役中善待宋朝宗室、招降纳叛等罪行，而是金宣宗“以战养战”“南攻北守”战略决策失败的政治牺牲品，同时仆散安贞的悲剧结局也与其家族牵涉郑王完颜允蹈谋逆案等皇室政争有关。王甜《金代正隆年间山东“盗贼”频起及其原因探析》[《辽宁工程技术大学学报（社会科学版）》2017 年第 6 期] 认为正隆年间山东“盗贼”频起的原因大致为自然灾害频繁、征调赋役繁重、北宋遗民心理等，这在一定程度上反映了当时社会矛盾的尖锐。吴凤霞《金代海陵王、金世宗治国理政的路径与效果探析》[《辽宁工程技术大学学报（社会科学版）》2017 年第 6 期] 论述了海陵王与金世宗执政理念，通过二者治国政策所产生截然不同的效果与历史评价进行对比，认为好大喜功、不顾民众其结果必然众叛亲离，只有爱惜民力在乎民心向背才能得到民众拥戴。王汉书《浅谈金章宗时期金朝由盛转衰的原因》(《新西部》2017 年第 12 期）认为金章宗时期政治制度的转变、和平的外交政策、农业的大力发展令金朝昌盛，但是该时期偏颇的民族政策、武将战斗力降低、自然灾害、外族入侵等原因致使金朝由盛转衰。张宝珅《驳“金以儒亡”——简析金朝的崇儒政策及金亡原因》(《佳木斯大学社会科学学报》2017 年第 4 期）通过对金朝崇儒政策的论述及金亡原因的分析，认为“女真以儒亡”具有一定意义，而金朝的灭亡是多重因素共同作用的结果，偏颇地归结于“金以儒亡”是不正确的。他在《金代为加强在东北地区的统治所采取的措施及其效果》[《辽宁工程技术大学学报（社会科学版）》2017 年第 4 期] 中通过列举金代在东北所采取的多种措施和分析金代不同时期对东北地区统治的效果，总结出金朝的统治和开发对于东北的发展具有的历史意义，认为金朝对于东北地区的统治措施相比于之前的王朝更加具体周密，使东北地区在金代得到了大幅度发展。李硕《金朝加强东北统治的措施——以民族政策和边防为例》(《兰台世界》2017 年第 21 期）通过论述金朝统治者对东北地区北方各民族的管理政策和应对蒙古的防范措施，认为金朝通过在东北建立较为严密的管理机构，使得东北少数民族地区得到了空前的开发和建设，为后世对东北进一步的开发奠定了基础。周永川《试析金世宗对政权合法性的塑造》[《河北北方学院学报（社会科学版）》2017 年第 4 期] 认为金世宗在政变夺权后，通过强化海陵王无道之君的形象，以攻讦前朝政权合法地位，以异象附会和拜谒太庙强化对本朝政权合法性的认同，并借助“女真本位政策”塑造女真帝王形象，确立和强化自己统治的合法性。赵聪《论述金代兄终弟及传统与政治动荡之联系》[《沈阳工程学院学报（社会科学版）》2017 年第 4 期] 认为随着金代政权稳固，出于皇权加强的需要，嫡长子继承与兄终弟及这两种传位方式展开激烈的碰撞，也由此使得金代宗室之间政治动荡。邓英昊《辽金经略蒙古高原之比较研究》（《哈尔滨学院学报》2017 年第 9 期）通过对辽金经略蒙古高原的政策比较，认为金朝虽通过减丁、修筑界壕措施经略北疆，但始终没有真正统治过蒙古高原，并为蒙古所扰，最后更是亡于蒙古。陈晓晓《论金熙宗即位后的政治改革及心理变化》（《淮北职业技术学院学报》2017 年第 2 期）通过对金熙宗即位后的政治改革及心理变化的考察，认为其改革在一定程度上促进了金朝初年的政治、经济和文化发展，但同时也使让熙宗和反对汉化改革的女真旧贵族之间的矛盾扩大，这一系列的矛盾冲突促使熙宗心理产生剧烈变化，也是导致熙宗执政后期性情喜怒无常和残酷嗜杀的主要原因。方秋爽《金世宗及其子孙皇位争夺问题研究》（硕士学位论文，哈尔滨师范大学，2017 年）对金代中后期女真完颜氏家族的皇位继承和政治斗争仍旧复杂纷乱的现象作进一步的分析和研究，对政治斗争的原因和复杂的脉络进行梳理，在整个金朝完颜氏家族的皇位继承与政治斗争之间建立一个链接，呈现出较完整的金代政治的形态，从整体上把握金代政治。王浩然《辽金灭亡原因比较研究》（硕士学位论文，东北师范大学，2017 年）通过政治、军事、民族关系、思想文化等方面分析比较辽金灭亡的原因，认为辽金灭亡的根本原因是由于辽金统治集团不能与时俱进，没有及时调整统治政策与现实矛盾之处，最终致使社会矛盾激化，政权被颠覆。林娜《辽金少数民族政权儒学治国理念指导下的廉政实践》（硕士学位论文，辽宁师范大学，2017 年）通过对金政权在儒学治国理念指导下的廉政实践的考察，分析辽金少数民族政权儒学治国理念指导下的廉政实践活动，认为金统治者在廉政实践上坚持为政以德，以诏令和训诫等方式劝诫要清廉自守，严厉处罚贪官污吏等方面实行廉政。

三　金代经济与经济制度研究

在 2017 年度金代经济与经济制度的研究中，围绕市令司、交钞、交钞制度、货币方面发表了几篇学术论文。廖寅《宋金元市令司小考》[《河北师范大学学报（哲学社会科学版）》2017 年第 1 期] 一文通过对宋金元市令司的考察，认为金朝的市令司远承唐制，具有平抑物价、规范度量衡、商品价格评估等市场管理职能，而元朝的市令司则承袭金制，在官员设置和职能规定上皆当与金朝类似。高松《金代交钞制度演变分析》[《决策与信息》杂志社、北京大学经济管理学院《“决策论坛——决策科学化与民主化学术研讨会”论文集》（下），2016 年] 认为金代交钞金钞交钞制度的实施与社会经济的发展具有直接的关系，同时当时缺少铜矿也是交钞制度得以实施的客观因素，金代交钞制度不仅对金代社会经济带来了较大的影响，而且还影响到了金代国运的兴衰，其在中国纸币发展史上也具有非常重要的地位。但是由于强制推行交钞，而且屡次变换钞法，无视货币规律，从而导致交钞制度崩溃。宋捷《金代铸币考实》（《收藏》2017 年第 12 期）通过对金代铸币的考实，认为纵观整个金代铸钱，无论铸造量多寡，制作都很精良，技术水平极高，不惜工本，设计之美，铸造之精都应归功于刘豫保存下来的完整的铸钱系统，以及金代早中期各帝王无论多寡都有铸钱的传统。戎畋松《孤品寻踪：金代“崇庆”伍伯文小额铜钞版》（《收藏》2017 年第 11 期）通过对 1995 年底山西晋南一带出土的一件金代孤品伍伯文小额铜钞版的考察，分析了“小交钞”出现的原因以及市场中的高仿品的来源。此外，他又在《钞券版最大面额现身　揭金代“通州行尚书六部叁万贯会子”铜钞版历史云烟》（《收藏》2017 年第 12 期）一文中对新出土的一块“通州行尚书六部叁万贯会子”铜钞版进行了详细考察。

关于金代区域经济的研究。赵文生《金代上京蒲峪路的经济布局》（《农业考古》2017 年第 1 期）一文中认为金代上京蒲峪路时期，是该地域古代史上最为辉煌的时期，其畜牧业、农业、手工业、商业、交通运输业、建筑业均获得了不同程度的发展，每个行业都创造了该地区古代史之最，并且提出上京蒲峪路境内有五大经济区：即以斯塔诺夫山脉（今名外兴安岭）为中心的采集狩猎区，经济形态以采集狩猎为主，兼有农业生产；黑龙江（今名）中游两岸及结雅—布列亚平原（今名）的渔猎农耕区，经济形态以农业为主，其他行业为辅；小兴安岭山地（今名）采集狩猎区，经济形态以采集狩猎业为主，兼有农业和手工业；以乌裕尔河（今名）流域为中心的农业、手工业、畜牧业、商业综合经济区，经济最为发达；松嫩平原（今名）农业区，经济形态以农业为主，兼有狩猎业。上京蒲峪路的自然地理，呈现出南北反差极大的特点，从斯塔诺夫山脉（今名外兴安岭）、大兴安岭（今名）北麓及小兴安岭（今名）、结雅—布列亚平原（今名）、乌裕尔河（今名）流域到松嫩平原（今名）北部，社会生产力水平呈现出由低到高的态势。孙文政《金代上京路经济的繁荣与发展》（《理论观察》2017 年第 3 期）一文中认为金在灭辽、伐宋中，将大批汉、契丹、渤海人迁入上京路，“移民实内”，以充实上京路。经济政策上，实内和军屯是金国发展上京路的特殊道路。赋税制度上，女真人税赋，有牛头税和物力钱。农业经济发展上，上京路经历了残破、恢复与发展的过程。海陵王迁都燕京，使上京路的农业生产遭到了破坏，但金世宗视上京路为“内地”或“金源地”“国家兴王之地”，令女真人与汉人杂居，农忙时实行互助等各项措施，都对恢复上京路的农业经济做出了贡献。矿冶铸造上，上京路发现和出土了大批金代铁器和以黄铜器物为主的金代铜器。矿山开发已粗具规模且金矿在上京路已被发现。手工业门类中兵器制造、陶瓷业、纺织业、制盐业和制酒业都比较发达。商业贸易及交通往来上，上京路不仅建有许多城堡，而且在上京路的各大城市和要冲之地，都设立了商品交易市场。上京路以会宁府为中心，开辟了通往东、西、南、北各方的交通线路。财政收入及税收制度上，上京路的财政收入主要有盐税、酒税、金银矿冶税、市场交易税和关税。税收制度上实行税务考核制。刘锦增《金代山东盐业初探》(《盐业史研究》2017 年第 3 期)认为在金朝建立后，政府十分重视对山东盐业的开发与管理，山东盐业经济由此得到较大发展，其具体表现在：制盐技术明显进步、盐场数量大大增加、海盐产量增多、盐业管理更为系统全面、盐课在国家税收体系中的地位更为重要，但是由于官盐盐价过高，山东地区私盐贩卖盛行。

徐效慧、张桂凤在《论辽金元时期朝阳地区城市群的形成及其城市经济的发展》[《辽宁师专学报（社会科学版)》2017 年第 2 期］一文中认为辽金元时期是朝阳地区历史上建城最多的时期，也是全国城市分布最为密集、规模最大的地区之一，城市的形成直接促进本地区城市经济的发展和繁荣，朝阳地区城市经济的发展主要体现在手工业的发展与商业的繁荣上。当时朝阳地区州县林立，城郭相望，城市经济也得到很大发展。辽金元时期，朝阳地区的这些州县，是辽王朝吸收利用中原王朝的统治方式建立起来，金元时期得到继承和发展。它们战时即为壁垒，平时则是政治、经济、文化中心，尤其是以城市为中心出现了手工业的发展与商业的繁荣，促进了城市经济的发展。这些州县不仅对稳定人民生活，恢复和发展生产起了积极作用，还有利于本地区的经济发展和与外界的商业往来，而且对此后朝阳地区城镇布局的形成和发展都产生了很大的影响。肖潇《宋辽金时期沧州地区经济文化状况分析》［《牡丹江师范学院学报（哲学社会科学版)》2017 年第 5 期］通过对宋辽金时期沧州地区的经济文化状况的梳理，认为沧州宋辽金时期的经济活动十分活跃，文化内涵也很丰厚，在宋辽金时期沧州通过大面积垦荒、兴修水利，农业有了较大发展，并在此基础上商贸往来频繁，形成了独具特色的榷场贸易，同时也出现了一批与沧州有关的历史文化名人和文艺作品，并对沧州的断代史有更为清醒的认识。王晶《金代东京路城镇研究》（硕士学位论文，吉林大学，2017 年）梳理了金代东京路城镇研究的相关史料，探讨了东京路城址的分布及城镇规模范围，分别论述东京路管理手工业和商业的机构及其发挥的作用，认为其制瓷业、冶铁业、丝织业、制盐业、酿酒业、军器制造业等手工业以及金与高丽在东京来远州的榷场贸易对东京路发展起到重要作用。刘斌《金代东京路区域经济研究》（硕士学位论文，吉林大学，2017 年）通过对金代东京路地区的农业、手工业、商业和交通进行全面梳理，从金代东京路地区的自然环境、人文环境、水系、地形地貌、行政区划、人口和民族等角度，揭示东京路地区经济发展中的环境因素，并对金代东京路地区的农业、手工业和商业及交通发展情况进行系统研究，认为金东京路地区的农业、手工业、商业都在前朝的基础上有一定的进步，但总体与中原城市还是差距较大。

此外，辜凯锐《辽金粮仓初探》（硕士学位论文，渤海大学，2017 年）通过对金代粮仓的类型分布、管理、功能、弊端等方面进行研究，认为金代粮仓以政府为主导，除了征收州县粮食也要收集猛安谋克区的粮粟，其在一定程度上减轻了灾害带来的损失，对尽快恢复正常生产生活亦起到了积极的作用，但是随着政治的腐朽，“入粟补官法”会对军事、政治选官途径造成混乱。

四　金代律法研究

关于金代律法的研究。周峰《金朝与西夏盗窃法比较研究》（《辽金历史与考古》2017 年第 1 辑）通过金朝与西夏盗窃法比较，认识到金朝与西夏对官私财物的保护、保护统治阶级既得利益、维护社会稳定的对策和前后发展的变化，认为作为少数民族建立的金朝在制定法律制度、创修法典方面，对汉族传统文化也不断吸收。杨琳《“崇儒重道”之策下金朝婚姻习惯法的演进与调适》（《北方文物》2017 年第 2 期）通过考察金朝婚姻习惯法的雏形、沿用与发展，分析“崇儒重道”对婚姻习惯法的影响，认为金朝婚姻习惯法在演进过程中既受制定法的限定，采纳了儒家法律思想，重视儒家的道德内核，又秉承旧俗兼具民族特色。黄震云《元好问〈中州集〉的法制思维和诗性正义》（《忻州师范学院学报》2017 年第 3 期）通过梳理元好问《中州集》中的作品，认为作品中对于天罚神断习惯法的认同，对于尊王托圣的治国思想，关于心治的法理传承以及法制人才的培养，在一定程度表现了金代诗人的法治思维和理想，更充分体现和反映了金代诗歌的诗性正义。

五　金代军事研究

关于金代军事的研究。范学辉《俄藏黑水城金代〈西北诸地马步军编册〉新探暨重命名》（《历史研究》2017 年第 1 期）一文根据孙继民《西北诸地马步军编册》之标点录文，在考证文书形成年代、背景和主要内容的基础之上，认为对该文书应当重新命名，同时对文书中出现的人物族属问题也进行了辨析，并重点考察文书中与金朝后期兵制相关的万户、部将等职官暨自愿军、弓箭手等兵役形态。白石典之、孟令兮《斡里札河之战金军的进军路线》（《宁夏社会科学》2017 年第 2 期）一文从历史、地理、考古学的角度，在地图上清晰地勾勒了斡里札河之战金军进军的路线，同时澄清了当时蒙古高原东部历史和地理上的形势，有助于我们了解金朝对蒙古高原的控制以及蒙古帝国崛起前夜的局势。孙文政《金代上京路军事研究与考述（上）》（《理论观察》2017 年第 11 期）、《金代上京路军事研究与考述（下）》（《理论观察》2017 年第 12 期）通过分析女真族军事制度以及金代上京路军事的发展及衰落，来论证金代上京路军事的历史作用。在女真族军事制度方面，从原始氏族部落制演变而来的勃极烈制维持了国家运转的全部职能。在金政权入主中原后，女真族统治者采取“因俗而治”的方针。勃极烈制转变为三省六部制，是女真族统治者因时、因地制宜，顺应时代发展需要，对国家政权机构的战略调整。在上京路的军事发展中，女真完颜部统一上京路使女真族形成了强大的军事力量，为灭辽伐宋提供了基础条件。上京路不仅为金国提供了兵员和战略物资，而且是金灭辽伐宋的军事大本营。上京路的军事衰落在海陵王时期。海陵王迁都燕京不仅使金国的政治、经济重心由上京路南移到燕京，而且军事力量也随之南移，造成契丹遗人窝斡大起义，并给蒙古部发展壮大提供了可乘之机。曹渊启《从张觉事件管窥金初战争谋略》［《新西部（理论版）》2017 年第 1 期］对 1123 年张觉被金军击败逃至北宋，面对金朝的强大压力，北宋无奈杀张觉并函首送还，至此张觉事件就已结束的观点，提出了不同意见，认为通过张觉事件前后金人的表现，可以窥见金初对外战争中运用的外交手段和谍报战、攻心战等战争谋略。程文博《辽金战争中宋徽宗的失误之处》(《吕梁学院学报》2017 年第 7 期）认为宋徽宗由于在辽金战争中邻国重要性意识模糊、高估了北宋的军事实力、重用奸佞之臣，最终加速辽朝覆灭的同时致使北宋迅速灭亡。李兴武《从“顺昌之战”到“大定之治”——金世宗的人生嬗变与金代顺昌府（颍州）的恢复与重建》［《阜阳师范学院学报（社会科学版)》2017 年第 2 期］认为金世宗在经历“顺昌之战”失败后，汲取了战争失败的教训并积极主张南北议和，采取一系列措施恢复经济、整顿吏治，积极恢复重建顺昌府。

六 金代服饰研究

服饰是反映社会生活的重要元素，虽然近年来对于金代服饰研究关注的学者较少，但仍有许多研究成果体现出专业水平。

李甍《金朝舆服制度建构研究》(《艺术设计研究》2017 年第 1 期）通过对《金史・舆服志》《大金集礼》以及其他相关史籍的考察与比照，对金朝舆服制度的建构过程、方法和特点进行了分析，并在此基础上对其所反映的金朝华夏正统观进行探讨，认为金朝舆服制度建立和完善对宋朝舆服体制中“尊君卑臣”和“级别分等”主导思想的进一步强化，这标志着女真人的汉化到达顶点。此外，他又在《〈金史・舆服志〉的史料来源及订误三则》［《南京艺术学院学报（美术与设计)》2016 年第 4 期］一文中厘清《金史・舆服志》史料来源之间的关系，选取了今世尚存的相关史籍，与《金史・舆服志》作详细比对，考察取资的具体情况，并对其取资手法进行分析，在明确这些史料关系的基础上，对《金史・舆服志》中的三则疏误进行了订正。罗海英、林锐、吴训信《〈石勒听讲图〉断代考》(《美术学报》2017 年第 4

期）从绘画技法、服饰特征、作品政治宣教主题等三方面对《石勒听讲图》进行断代考证，分析其人物造型穿着是典型的金代服饰，与金代典章制度吻合一致，认为《石勒听讲图》是目前所知存世第一件、也是唯一一件记录金代宫廷生活、反映金代重要汉化改革的金代人物画精品，具有改写服饰史、美术史的重要意义。王姝《20世纪以来金代妇女研究综述》（《妇女研究论丛》2016年第2期）梳理了自20世纪20年代中期开始学界对涉及金代妇女发式、服饰的研究，分析了目前研究存在着学科化、理论化不强的问题，并为今后的研究指明方向。邢成舜《浅析金代服饰文化整合性发展的特点》［《决策与信息》杂志社，北京大学经济管理学院《“决策论坛——企业党建与政工创新工作发展学术研讨会”论文集》（下），2016年］对金代女真族服饰文化的整体性发展特点进行深入分析，认为金代民族间物质文化交流增多，有效促动金代女真族服饰的文化整合，使金代女真族服饰文化呈现出跨越性的发展。刘嘉琪《辽夏金时期服饰纹样研究》（硕士学位论文，吉林艺术学院，2017年）分析了金代服饰纹样的发展历史、地位以及对后世的影响，对辽代、西夏、金代服饰纹样进行了综合比较，梳理出金代服饰纹样的表现及分类。于国佳《我国境内金代墓葬出土饰品研究》（硕士学位论文，黑龙江大学，2017年）通过对我国境内出土的金代墓葬饰品进行分类、分期研究，阐述金代墓葬中出土饰品的材质和造型，通过比较不同墓葬中随葬饰品的差异，对金代社会的基本情况进行系统研究。

七　金代民族问题与对外关系研究

关于金代民族问题的研究。李大龙《多民族国家建构视野下的游牧与农耕族群互动研究——宋金时期游牧行国体制与王朝藩属的第二次对峙和重组》［《暨南学报（哲学社会科学版）》2017年第5期］从王朝藩属与游牧行国碰撞、对峙与重组的视角，对宋金时期两大族群所建政权的形态，及其对境内族群的整合作用进行了概要探讨，揭示了这一时期政权与族群凝聚状况，认为游牧行国从单一的对游牧族群的整合发展为对牧农混合族群的整合，具有游牧行国和农耕王朝的双重特征，而在对峙中具有游牧行国和农耕王朝双重特征的辽、金最终取代农耕王朝成为“天下正统”。闫兴潘《文化融合与金代“后不娶庶族”婚姻旧制之崩坏——以章宗和宣宗立皇后事件为中心》（《江西社会科学》2017年第1期）通过章宗和宣宗立皇后事件的曲折过程说明多民族文化于有金一代碰撞、冲突与融合的艰难进程，认为其更深层次揭示了金代民族文化融合与族际通婚的日趋发展，对女真族传统文化中最为核心的“后不娶庶族”婚姻制度产生巨大冲击。高俐《融合的限度——宋辽金境内的穆斯林问题研究》（硕士学位论文，中国社会科学院研究生院，2017年）通过分析宋辽金时期来华穆斯林族群在境外形成的历史背景，来华的主要原因、历史契机、人才结构、从事的主要行业，子孙后代的发展方向，家族、社群在历史转捩点的抉择和归宿，认为来华穆斯林的主体族群在中国传统社会对异质文化群体较为宽容的氛围内具有比较充足的生存空间，但相比其他少数族群，穆斯林群体与社会整体融洽互动和融合的程度较低。此外，有几位学者关注到金代渤海遗民问题，苗霖霖《渤海遗民集团与金朝宫廷政治》(《宋史研究论丛》2017 年第 2 辑）认为金代后妃集团与渤海官僚集团内外联合不仅保护渤海官僚免遭皇帝责罚、不断提升官位，甚至还积极协助有着渤海血统的皇子继位，从而对金朝的皇权传承和社会发展产生重要的影响。桑东辉《金朝统治者对渤海遗民的招抚与同化——兼论渤海族消亡的原因》(《知与行》2017 年第 9 期）认为女真人为了同化渤海人，采取女真皇室与渤海贵族世代联姻的办法，将渤海贵族精英集团牢牢地团结在金统治集团周围，通过拉拢、怀柔、联姻等一系列措施同化渤海遗民，最终致使渤海民族走向消亡。孙炜冉《金代渤海世家及其与金朝皇族的联姻》(《博物馆研究》2016 年第 4 期）认为金代中前期的皇室依然保持着与渤海移民上层的联姻传统，这种姻亲关系既有助于笼络渤海名门望族，又可以安抚渤海底层民众，有利于其统治，同时渤海人也完成了其自身的同化过程，最终完全融入北方汉人的行列。

关于金代对外关系的研究。赵丽《金人请求辽朝封册考论》(《史学集刊》2017 年第 6 期）围绕金人请辽封册的始议时间、金辽围绕封册条件和礼仪的交涉、金人请辽封册对“华夷体系”的遵循与挑战等方面对“金人请求辽朝封册”这一史事进行考论，认为金人灭辽后重建以女真人为中心的倒过来的具有衍生性质的“华夷体系”，开启了中国古代史上“夷”册封“华”的先河。马旭俊《金夏关系研究》（博士学位论文，吉林大学，2017 年）通过重点考察金夏交聘制度与礼仪、金夏使节、金夏缘边叛服史事考、金夏经济互动、其他政权对金夏关系的影响，梳理出金夏关系的历史分期，并对金夏关系每一阶段的特点进行归纳总结。此外，他又在《金夏关系的历史分期与特点》(《西夏研究》2017 年第 3 期）认为金夏关系初期，李乾顺未必是诚心诚意地援助辽朝，不宜将此时期归为“援辽抗金”，并在前人研究基础上又将金夏关系的发展时期又分为金夏交聘关系初期、金夏关系完善时期、金夏关系波动时期、金夏关系鼎盛时期四个小阶段，金夏关系的破裂时期又分为金夏战争时期、重修旧好时期。

八　金代文化研究

金代文化研究成果较多，涉及面范围广泛。关于元好问的研究。郑炜《略论元好问的民族思想》［《烟台大学学报（哲学社会科学版)》2017 年第 5 期］通过对元好问的民族思想的考察，认为元好问的民族思想由金即宗国的家国观、“仁民爱物”的民族相处观、中州一体的中国观组成，其来源受到了传统儒家思想、历史现实、个人因素影响，元好问的民族思想对金末元初中国民族思想的发展产生了重要影响，在中国民族思想史上占有重要的地位，具有鲜明的时代价值和借鉴意义。狄宝心《论元好问的民本实践》（《民族文学研究》2017 年第 1 期）认为元好问的民本实践业绩突出，金末他宁为循吏，不为能吏，敢于冒天下之大不韪，向宰执建议以降求存，在金亡后，以史易诗为新朝提供蒙汉合作、以儒治国之史鉴，使人民免遭奴隶制残余之苦，上书耶律楚材、觐见忽必烈，目的是为保护儒士，延续儒道旨在储蓄治具，推行仁政，救民于水火之中。张艳《关于元好问性格和散曲史地位的再认识》（《中州学刊》2017 年第 7 期）认为旧有的文学解读思维遗存和文体割裂研究意识，对元氏诗歌作品过分强调时代主题和丧乱题材，致使对元好问性格的认识出现了偏差，元好问的实际性格应该是幽默豪爽、爱戏谑调侃；学界对元好问的散曲史地位的评价也有待商榷，其主张应该把元好问当作词曲递变作家群中的一员来认识。侯文宜《金元之际北方诗学探微——从元好问到郝经诗论中的“重气之旨”》［《中北大学学报（社会科学版）》2017 年第 4 期］通过对金元之际北方诗学代表人物元好问、郝经诗论特质进行考察，论述了元、郝诗论中的“重气之旨”及其审美蕴涵；认为其作品是地域性格、诗学传统与时代气息的凝结。陈伟庆《元好问的家庭教育观》（《寻根》2017 年第 3 期）认为元好问在长期的学习和创作中，注重教育依靠国家、家庭和社会的共同作用，其尤为强调家庭教育在个人文学素养的培养中的重要作用。瞿慧《〈论诗三十首〉与〈石林诗话〉文学观比较研究》［《齐齐哈尔大学学报（哲学社会科学版）》2017 年第 5 期］通过将《论诗三十首》与《石林诗话》的文学观进行比较，认为金代著名诗人元好问的《论诗三十首》是继杜甫《戏为六绝句》后以绝句形式阐明文学思想的重要理论作品，旗帜鲜明的阐明了自己的文学观点，与《石林诗话》的文学观点有很多的相似之处。王燕《论元好问对郝经的影响》（《哈尔滨学院学报》2017 年第 1 期）认为元好问与郝氏世代交好，奠定了他对郝经产生影响的基础，在思想引领上，元氏的“学以致用”“复兴风雅”“宗唐得古”给予了郝经莫大的启迪；在创作文风上，郝经又承继了师长元好问的“慷慨健劲”“沉郁悲凉”“宏肆跌宕”之风。［日］高桥幸吉《论王恽与元好问等人的师承关系》（《忻州师范学院学报》2017 年第 3 期）通过对王恽的三位老师进行考察，并梳理金元文学之间的继承和影响关系，认为王恽受元好问的言传身教影响最大，对元好问十分崇拜并终身铭记，努力学习其诗文，但是他对元氏文学理论方面的成就却不太关注。张静《历代〈中州集〉序跋及其时代特征》（《中国文学研究》2017 年第 2 期）通过对历代《中州集》序跋的梳理，认为其体现序作者对中州集诗歌的评价，更好地引导读者阅读了解金诗，促进《中州集》的传播，而且可以反映不同时期的文学观念和学术思想。李润民《元好问在浑源交游著述考》［《山西大同大学学报（社会科学版）》2017 年第 4 期］通过对元好问在浑源行迹的考证、著述的解读、交游的梳理，借以订正讹误，促进了学界对元好问和浑源地方历史文化的研究。王潇婉《文士与胜地的碰撞——金朝元好问东平诗赏析》（《大众文艺》2017 年第 19 期）认为元好问到东平兴办府学，培养人才，为东平成为元朝儒学重镇起到了推动作用，其东平诗歌对研究金、元之际的区域文化经济发展具有重要作用。胡伟栋《论元好问诗词中的思乡情结》(《山西高等学校社会科学学报》2017 年第 9 期）通过结合元好问曲折复杂的人生经历，从三个层面来分析他思乡诗词的复杂内涵，认为身处易代之际的元好问，他的诗词中萦绕着深沉的思乡情结。段少华《元好问对〈诗经〉的容受》(《忻州师范学院学报》2017 年第 3 期）认为金代元好问深受时代鼎革之际丧乱环境的影响，囿于当时诗坛不良的创作风气，感慨自己坎坷不幸的人生遭遇，在对《诗经》长期的学习和研究中，对其产生了异代共鸣，大量化用《诗经》中典故，寄托人生盛衰与神州陆沉时的哀伤与悲愤，继承了风雅精神、“温柔敦厚”的诗教传统。杨晓彩《元好问内乡任上诗之雄豪特色及成因》(《忻州师范学院学报》2017 年第 3 期）认为元好问内乡任上诗歌呈现出雄豪放逸、气势宏大的特点，主要是他受金末文风的转变，体会到内乡县壮丽的自然景色，其诗风随着心路历程的变化而变化，这也与其出仕后的境遇变化又很大关系。李楠《元好问〈中州集〉研究》(硕士学位论文，聊城大学，2017 年）通过考察《中州集》的编纂、体例、版本及编纂过程，探讨了《中州集》的特点与价值，认为在《中州集》中元好问不仅把握了金诗发展的阶段，还给每个阶段的代表性诗人作了定位，为后世研究金代诗人诗歌提供了有益思路。《中州集》还影响了后世的文学研究，保存了金诗的基本文献、丰富了遗民文化成果以及凸显了北方诗人价值。

关于其他文人及金代诗文的研究主要有刘志中《金源诗人慕陶情结探微》(《学习与探索》2017 年第 3 期）认为金源诗坛在其百余年的文学发展历程中形成了浓厚的崇拜与学习陶渊明的情结，由于时代的变迁，在不同阶段体现出不同的特点，并兼有民族矛盾与正统文化观念的纠缠，通过对金源诗人慕陶的情结进行探微，反映了金代文人在仕与隐之间的两难文化抉择。苗民《从士人心态看金后期诗风之变》(《中国社会科学报》2017 年 7 月 10 日）通过对金代中后期诗坛上，以赵秉文、杨云翼为首的倾向于“师古”的一派与以李纯甫、雷希颜为首的倾向于“师心”的一派诗人心态的考察，分析了金后期诗风之变。于东新，张丽红《赵秉文的古体诗及其诗歌史价值》(《中国韵文学刊》2017 年第 2 期）认为赵秉文的古体诗集中体现了他“师古”的诗学主张，其艺术用心是通过继承传统来加以创新，从而“卓然自成一家”，赵氏古体诗在金源诗歌史上有着重要的价值，构建了金代文坛的新风，一改明昌时期尖新浮艳之气，倡导了宗唐复古的风雅精神，还做到承前启后，启发、导引了元好问古体诗风的形成。赵银芳《金至明词“豪放”“婉约”接受述要》［《沈阳大学学报（社会科学版)》2017 年第 2 期］以“豪放”“婉约”为切入点，分析了金代代表性词人的词作及词论，探索了“豪放”“婉约”及其相关词论在该时期文学批评话语体系中的地位及作用。梁建功《金末元初学术转向背景下王恽的“有用”与“有为”之学》(《河南科技学院学报》2017 年第 3 期）认为金末元初受到科举束缚的北方学术开始关注现实问题，“有用”与“有为”是元初北方文士对新学风的总结，不仅主要侧重于所学之内容当有利于元代汉法的实行，还以儒家经典为根底，从中寻找修身治国的方法，并以此为准则指导自己的日常行为处事，而作为北方新学术思潮代表的王恽其“有用”与“有为”之学就是在金末元初北方学术风气转变背景下形成的。薛瑞兆《石刻中的金诗拾遗》（《学术交流》2017 年第 7 期）一文指出，现存石刻及其拓片与前人种种识录成果，蕴藏着宝贵而丰富的历史文化信息，对于金代历史研究而言，因为存世文献严重不足，成为中国古代历史研究中的薄弱环节，亟须开拓新的文献来源。金代版图内之东北、燕云、中原以及西北地区，自明清以来，各地名胜古迹、道观释院，皆有石刻发现，搜集并整理这些石刻及其拓片，是一项具有积极的现实意义而又十分紧迫的工作，从石刻拓片及石刻文献中辑得金诗三十六题、四十四首，多为金元好问《中州集》、清郭元釪《全金诗增补中州集》及现代金诗结集所未收，具有重要的文献价值与诗学价值。刘新文、王志华《金元诗歌概述》（《唐山师范学院学报》2017 年第 6 期）一文肯定了金元诗多方面成就及诗史上重要地位，认为金诗并非只学坡、谷，而是多法盛唐，抛弃宋诗之病，得以比肩唐诗以至有的超过，元诗并非仅仅“纤弱”“秾缛”，而是以复古为革新，出现许多新气象、新格调、新成就，并将金元诗的发展演变皆分为三个时期，又评述了每个时期主要作家的作品。张怀宇《由王寂谐谑诗透视金代中期文化生态》（《许昌学院学报》2017 年第 6 期）通过考察王寂的谐谑诗透视金代中期文化生态，认为金代中期诗人王寂的谐谑诗映射出金代中期文化的特点，如国朝文派的崛起、文人交往的日益频繁、苏轼影响的日趋深入、禅宗对诗歌的渗透以及南方文学中谐趣因素向北方的传递，还从王寂的谐谑诗中还可寻绎出其后诗坛流行“尖新”诗风的迹象。刘福燕《金代南渡诗人诗歌用典摭析》（《名作欣赏》2017 年第 35 期）认为金代南渡诗人用典精确，手法多变，他们对典故的运用，并非为了炫才矜博，而是从文化心态与思想意蕴的角度着眼，有意识地辅佐诗作立意，从而使诗歌的内涵更为丰富深刻。

关于金代文学、文人群体、文化观念的研究。乔芳《遗山碑志文史料学价值管窥——以“贞祐迁都”与“括田”为例》［《江苏大学学报（社会科学版）》2017 年第 2 期］认为遗山碑志文中关于“贞祐迁都”和“括田”带来的“冰骄民困”“冒增伪代”等问题都有细节的记录和利弊是非的分析，与《金史》具有互相补充和映衬的作用，从另一侧面凸显出其史料学价值。王永《论金代文坛的文脉之争与文意之论》（《民族文学研究》2017 年第 3 期）认为在金代中期以后，文人集团合力突破了金世宗重视辽地文人的观念，建立起源自唐宋文脉的本朝文盟谱系，在唐宋古文家“文以明道”主张的基础上，周昂、赵秉文、王若虚、元好问等人更注重发挥苏轼“以意为主”的观点，体现出女真政权视域下民间立场对原有精英思想的反思和创新。刘云憬《金代北曲用韵与〈中原音韵〉》［《宁夏大学学报（人文社会科学版）》2017 年第 3 期］一文从支思组的独用情况、中古寒先部在金代北曲中的洪细分组情况、-m、-n、-ng 三韵尾的混并情况以及入声韵的分派情况，探讨了金代北曲用韵与《中原音韵》的差别以及联系，认为金代北曲用韵与《中原音韵》有着天然的联系，是《中原音韵》的直接源头。周峰《易县双塔庵金代王寂摩崖题记考释》（《文物春秋》2017 年第 3 期）认为刻于金代大定二十五年（1185）的易县双塔庵王寂摩崖题是河北省一处重要的金代石刻，题记上的 6 人都可考，且在金代文化史上占有重要地位，而摩崖题记所在的太宁山也是历史上尤其是辽金时期的一处游览胜地。他又在《宋金时期的里堠碑》（《四川文物》2017 年第 6 期）一文中通过对宋金时期里堠碑的考察，认为其丰富了中国碑刻的形式与内容，在中国古代交通史上影响深远。师莹《金代国朝文派研究》（博士学位论文，山西大学，2017 年）对“国朝文派”的创作主体及其特征进行概括和总结，通过对“国朝文派”的发展演变进行梳理，按照时间顺序，从各个时期的文学生态、文学特征、代表作家入手，研究总结“国朝文派”发展演变的规律，并从金代少数民族政权下的特殊文化的角度进行研究，认为少数民族的文化习俗、科举制度、宗教观念等都是影响金代文学品格的重要因素，“国朝文派”是金代文学的核心和元代文学发展的基础，其作为金代文学的重要组成部分，上承北宋下启蒙元，具有重要的意义和研究价值。冯先思《金世宗改名辨析》（《暨南史学》2017 年第 1 期）一文据影金抄本《类篇》的避讳规律，考订其本名当为“褎”，而非“褒”。程民生《〈庄家不识勾栏〉创作年代与地点新考》（《中州学刊》2017 年第 1 期）认为《庄家不识勾栏》是杜善夫在汴京居住期间创作的作品，反映了金末汴京杂剧演出和勾栏形制。贾淑荣、常宁《试论金代政治与孝文化》［《内蒙古民族大学学报（社会科学版）》2017 年第 5 期］认为金朝在认定自己为中原正统地位后，积极吸纳汉民族的儒家思想文化，提升女真人的道德水平和自身素质，金代统治者试图建立孝治社会，维护金代社会的道德环境秩序，束缚人们的思想，进而做到移孝作忠，培养对君主的忠诚，以维护王朝统治的稳定。孔维京《融合与认同：辽金崇孝风气探析》［《辽宁工程技术大学学报（社会科学版）》2017 年第 5 期］认为辽金在建国之后，统治者都开始推崇孝道风尚，注重强化行孝意识，并采用行政、法律等手段引导和规范孝道行为，使其成为“孝治”施政的具体实践内容，辽金崇孝的社会风气是在传承中原儒家孝道文化的基础之上融合和认同的产物，并最终成为契丹、女真等各民族一致认同的道德文化观念。刘泽华、周俊霞《金代文学生态述议》［《赤峰学院学报（汉文哲学社会科学版）》2017 年第 1 期］认为由女真族所建立的金政权对于汉族传统的农耕文明产生了巨大的文化冲击，其统治者主动施行汉化政策，弘扬佛道，完善科举制度，提倡学习汉族文化，促进了多民族文化的融合，形成了独具特色的文学生态。李艺《〈三仙图〉的文化符号意义》（《语文学刊》2017 年第 3 期）认为在金代广为流传的“三仙”其实已经成为金朝人们潜意识中的一个文化符号，根深蒂固地存于民间的日常生活之中，《三仙图》文化符号的长久传承也显示出中华民族传统文化的强大生命力。潘江《金世宗的用乐之道与音乐才能》(《音乐传播》2017 年第 1 期) 认为，世宗在宫廷内极力提倡女真族音乐文化，又为传统汉民族音乐在宫中的生存与发展留有足够土壤，形成“夷汉音乐相融”之局面，同时世宗热爱音乐，善于作曲，具备一定的演唱水平，擅长“以乐教人”。孙名昌《临朐博物馆藏秦二世诏版及金都统之印》(《文物鉴定与鉴赏》2017 年第 6 期) 认为临朐博物馆藏金都统之印的出土为研究金代历史的职官制度和金史具提供了重要的实物资料，也为研究临朐一带在宋、辽、金时期的相关历史和军事等提供了重要的实物资料。

关于地域与民族文化、文学、语言研究。樊运景《我国内蒙古及宁夏、甘肃等地金代石刻辑校》[《内蒙古大学学报（哲学社会科学版》2017 年第 4 期] 通过辑得内蒙古及宁夏、甘肃等地的金代石刻十二篇，并按地区与年代类次予以整理，校正讹误，订补缺泐，认为这些石刻对考察当地历史、经济、文化及其与中原文明的关系具有文献价值与学术意义。王双梅《草原文化视域下辽金蒙古时期金莲川文学活动及其意义》[《内蒙古民族大学学报（社会科学版)》2017 年第 1 期] 认为辽金蒙古时期金莲川文学作品是文人亲历草原、感受草原文化下的创作，不仅显示了独特的草原文学风貌，其活动本身也为上都成为元代文学活动中心拉开了序幕，其文学史意义重大。张宝珅《金末山西籍名士群体研究——以〈归潜志〉为核心的历史考查》(《中国地方志》2017 年第 10 期) 通过对金末山西籍名士群体的学术、政治活动、文化活动等方面进行梳理，对金末山西出现名士群体的原因进行分析，认为金末山西籍名士群体推动了金代的社会发展，创造了丰厚的历史文化遗产。刘冠缨《金上京城市文化与金初民族文化融合》(《满族研究》2017 年第 1 期) 认为上京城的城市文化反映出的音乐与歌舞、语言与文字、文学与作品以及宗教与信仰等城市文化，是金代早期多民族文化的有机融合的结果。韩波《大庆地区金代女真文化遗存研究》(《大庆社会科学》2017 年第 5 期) 通过对大庆地区金代女真文化遗存的考察，论述了女真文化对大庆地区居民生活习俗的影响，并提出了保护、传承女真民俗文化的对策建议。张庆威、张文馨《金代女真语文与现代满语文的比较》(《河北民族师范学院学报》2017 年第 1 期) 认为满族脱胎于明末东北的女真族，将金代、明代遗存的女真文字资料与现代的满语文进行语言对比，从语音系统、符号系统、词汇系统和语法系统四个方面论述二者之间的传承关系，证明了满语确实源于古女真语，是古女真语的再生与延续。杨亮《人事有代谢 往来成古今 试析旅顺博物馆馆藏金代官印》(《收藏家》2017 年第 1 期) 通过对旅顺博物馆藏金代官印的梳理考察，认为这些金代印章从形制、工艺及印文层面上，符合金代官印的一般性特征，具备鲜明的时代痕迹，是珍贵的历史文化遗存，作为历代辗转流传下来的实用信物，其蕴含丰富的历史信息，诸如金代官制、地理沿革和社会生活等诸多内容，其较之史籍更为直接而真实，不仅可以同史籍所载内容互相印证，亦起到了查缺补漏之作用，进而有利于人们加深对金代历史的理解。姜明泽《东平灵泉寺文士雅集考论》(《艺术评鉴》2017 年第 17 期) 认为古郓州凤山灵泉寺是宋、金、元文士雅集之所，宋朝石介、刘挚、董正封、刘跂，金元之交的元好问，元朝陈俨、乔达之等人都写诗为文盛赞此地此景，通过分析他们的有关作品，凸显灵泉寺在宋、金、元数百年间的文坛地位。邢志向《以山西晋南戏曲砖雕为例看宋金元杂剧的发展衍变》(《音乐创作》2017 年第 12 期）一文以山西晋南出土的戏曲砖雕文物为证，探讨晋南地区出土宋金元时期戏曲砖雕的演出角色、伴奏乐器及中外音乐文化交流的体现。郭明《金末元初山西文人群体研究》（硕士学位论文，陕西师范大学，2017 年）从山西文人群体在金末崛起的社会文化背景入手，探讨了山西文人群体在金末元初的演变过程、文学创作活动、学术贡献及历史地位，认为山西文人群体促进了元初南北文化的融合，对文学发展具有重要作用。覃芩《金元时期泽州文人群体研究》（硕士学位论文，山西师范大学，2017 年）通过分析金元时期泽州地区的文化环境，探讨了泽州文人群体的整体情况，探究了泽州文人群体的创作风格与特征，认为金元时期泽州文人群体推动了整个山西地区文学的发展，有利于山西区域文化的进步和传播，还一定程度上影响着明朝前期的理学思潮，同时也促进了明清俗文学的发展。

关于金代书法研究。王守民《论金代草书之创新及书家审美观之衍变》[《青海师范大学学报（哲学社会科学版)》2017 年第 3 期] 以怀素草书书风在金代的影响着手，论述研究了金代怀素书风的特征及影响，并进一步发掘金代草书创作的意义与价值，认为金代书法家在接受宋、辽文化时，学会去粗取精，留取符合自己民族审美趣味的部分，在书法艺术创作上，逐渐形成了金代书法的审美取向，金代草书作为金代书家表意达情的重要载体，其发生、发展、衍变都与前代书风有着密切的关系。徐传法《由金人题跋看金代书法批评的演进》(《中国书法》2017 年第 22 期）一文通过对诸多题跋的爬梳，呈现了金代书法批评的状况，明晰了金代书法批评的演进路径，即由金代初期的谀佞之风，到中期的人格崇尚，再到晚期的理性复兴，认为书法批评为金代书法发展提供了理论支撑，书法批评的演进也反映了金代书法的客观状况。他又在《“苏学盛于北”与金代初期书风之关系》(《书法研究》2017 年第 4 期）一文通过对《苏文忠公书李太白诗卷》题跋这一存世的金代初期墨迹进行考察，以蔡松年为典型个案，兼论施宜生、刘沂、高衎、蔡珪四人，从书法风格、时代背景及文化内涵等方面，阐释“苏学盛于北”的渊源及其与金代初期书风的密切关系，认为金朝初期的书法风格受“苏学”影响很大，苏轼的政治思想、人生哲学、文学艺术等诸方面的巨大成就对金朝产生了广泛影响。

关于金代图书及图书出版研究。顾文若《金代藏书家叙论》(《北方论丛》2017 年第 2 期）通过对金代藏书家的系统梳理论述，认为金代上自贵族，下至学者、平民藏书风气很浓，促进了金代文化教育及出版业的发展，同时图书出版的兴盛与藏书风气相辅相成，金代藏书家对保存、继承、发展中华民族文化传统起到了不可忽视的作用。赵媛、宋萍《金代文化政策对图书出版的影响》(《北方文物》2017 年第 3 期)

认为金代文化政策对于文化的恢复和发展、社会的进步具有重要的作用，金代的宗教政策、科举政策和教育政策促进了相关图书的出版的同时也促进了民间知识交流。李西亚、杨卫东《金代经史书籍的出版与民族文化认同》（《北方文物》2017 年第 4 期）认为金朝统治者效仿辽宋，推崇和宣扬以忠孝仁义为核心的儒家思想，推动了金代经史书籍出版的兴盛，开设汉人科举与女真进士科，设立中央与地方官学及女真学校是影响金代经史书籍出版的主要因素，对以儒学为核心的汉文化的认同是金代经史书籍出版的根本动因，同时经史书籍的出版也巩固了金统治者的民族文化认同意识，在一定程度上对推进民族融合与文化传承发挥了积极作用。

九 金代瓷器研究

关于金代瓷器的研究。马萌萌《黑釉凸线纹瓷器初探》（《中国国家博物馆馆刊》2017 年第 2 期）一文以罐这一典型器类为切入点，根据其装饰特征和形制变化，并参考出土单位早晚关系等，将黑釉凸线纹瓷器的发展演变进行分期，并此基础上指出其兴衰与磁州窑的市场地位、社会生活背景及人们的审美情趣密切相关，还推断认为黑釉凸线纹技法直接源自白釉凸线纹碗盘，可能是受定窑“出筋”技法启发而成。关于初创窑口，该文倾向于“磁州窑说”观点，认为其创烧年代应在宋末金初，而不是通常认为的北宋中晚期。赵里萌《浅析金代白瓷上的红色标记》（《文物春秋》2017 年第 2 期）通过对吉林前郭塔虎城、河北黄骅海丰镇、辽宁朝阳营州路等金代遗址出土的带有“一”“×”“卄”“卅”等符号的红色标记瓷器进行分析，认为这类标记可能为瓷器行销中便于统计数目而书写的“码子”，这对于复原和研究宋金时期的瓷器贸易具有重要意义。夏文峰《河北博物院藏金代瓷器珍品》（《东方收藏》2017 年第 2 期）认为金代瓷业是在宋代北方窑系的基础上继承发展起来的，瓷器造型以实用为突出特点，在河北地区最具代表性的为定窑和磁州窑，金代定瓷，胎质细白，釉面润泽，多呈乳白色，装饰技法绚丽多姿，金代磁州窑继承了宋代磁州窑的技艺与成就，在装饰、釉色、造型等方面，体现了以汉族为主兼融合女真族的特点。潘晓暾《2000 年黄骅市海丰镇遗址出土金代瓷器初探》（硕士学位论文，吉林大学，2017 年）通过对河北省黄骅海丰镇遗址 2000 年发掘出土的 1700 余件金代瓷器进行了详尽的类型学分析，以瓷器的釉色品种为基本分类标准，每个品种的瓷器又以器形的不同进行类型划分，对照相关窑口遗址、窑址内出土及采集的典型产品资料，深入研究了各类瓷器的窑口产地，还对出土的瓷器标本的窑口、器形以及瓷器上的墨书痕迹和红色标记做了统计分析，认为在金代黄骅市海丰镇遗址，可能为定窑、磁州窑的贸易中转地，面向我国东北地区、朝鲜、日本等地进行销售，这些产品的使用人群大多为普通百姓。孟耀虎《山西河津窑金代黑画花瓷器》（《收藏》2017 年第 6 期）通过对山西河津窑金代黑画花瓷器这一对象进行研究，认为北宋灭亡后窑业受到毁灭性破坏，在金代建国二十多年才得以恢复。山西河津窑金代黑画花所见有枕、罐、钵、碗、盘、盆等器物，皆为化妆白瓷，黄白胎，杂有黑褐色斑点，釉水温润，多数有细碎开片，黑画花手法娴熟、运笔流畅，绘画手法特别，其中折枝题材最为常见。该文还认为河津窑的新发现为我们日后的古陶瓷对比研究提供了不可替代的新资料，金代的河津窑陶瓷烧造能达到如此高的水准，其历史文化背景值得进一步探讨。高振华、贾尧、王晓毅《改写山西制瓷史 河津固镇宋金瓷窑址》(《大众考古》2017 年第 5 期）认为 2016 年山西省考古研究所、河津市文物局对固镇窑址的发掘，发现的制瓷作坊及瓷窑炉，填补了山西地区无相关制瓷遗迹的空白，比较全面地反映了该窑址的制瓷生产链，出土的金代装饰瓷枕明确了国内外大量同类馆藏及出土品的烧造窑场，并推断固镇窑址可能是河津宋金时期烧瓷窑场的中心。李晔《宋金定窑瓷器的装饰艺术》(《收藏》2017 年第 1 期）通过对宋金时期定窑瓷器的装饰艺术的考察，认为金代是定窑瓷器流布最为广远的时期，定窑瓷器品质优良、产量巨大在日常生活、国家典礼、朝贡进奉等方面发挥重要作用，大量定窑瓷器的出土足以证明定窑是代表当时白瓷烧造最高水平的核心窑厂之一，在中国古代陶瓷史上占有举足轻重的历史地位。常樱《类型与愿景：宋金瓷枕上的水波纹》(《装饰》2017 年第 11 期）认为北宋至金代的各地民窑出产了大量水波纹瓷枕，枕侧图案往往较枕面更为复杂，为纹饰史上独特现象，其原因主要为宋金民俗认为梦“水”为吉兆，强调了瓷枕消暑清脑的功能，水波纹工艺较简单，生产效率高，适应了春夏之交瓷枕大量上市的市场竞争。牛舒婧《河南地区宋金时期墓葬出土瓷器初步研究》（硕士学位论文，西北大学，2017 年）通过梳理河南地区宋金时期墓葬中出土瓷器的概况，进行类型学分析，将墓葬出土瓷器分为四期：宋代早中期、宋代晚期、金代前期、金代后期，并结合墓葬形制等相关信息，对河南地区宋金时期的制瓷业、丧葬习俗等方面进行研究。该文认为宋金对峙期间，河南在金的统治下对北宋文化既有传承又有创新，宋代早中期以白釉瓷器为主，北宋晚期的墓葬发现最多，出土的瓷器也相对较丰富，釉色品种多，器形较丰富，金代前期以黑釉瓷器为主，墓葬中随葬碗较为常见，而在金代后期墓葬目前发现较少，无法进行系统研究。孙华《曲阳涧西区出土定窑瓷器整理与研究》（硕士学位论文，河北大学，2017 年）通过对定窑遗址的研究梳理，按照釉色品种对出土器物进行考古类型学的分析，并结合出土遗物釉色及装饰技法的统计数据，认为制瓷业的发展、兴衰能够反映出整个时代的一些社会文化信息，从物质文化方面折射出金代社会的变迁，涧西区出土的大量金代器物，为我们了解金代定窑的生产、销售状况提供了依据，有助于进一步解读金代社会文化的相关信息。赵炳恩《辽金西京大同窑》(《大众考古》2017 年第 9 期）通过对近年采集的一批大同窑标本的考察，发现其中一件刻“留衙公用缾”铭的鸡腿瓶，认为其应是辽西京留守司衙的公用酒瓶，以此来证明大同窑应为辽西京的官窑。

十 金代美术研究

关于金代美术研究。王艳《现存金代壁画艺术风格研究》(《美术教育研究》2017年第3期)以岩山寺壁画为研究对象，认为岩山寺壁画中的建筑特点是在宋代、金代宫城建筑的基础之上加上作者自己对建筑结构和建筑装饰方面的理解，形成了一种既和现实中的建筑相似又具有独特美感的建筑效果，既能反映宋代、金代建筑的特色，又能充分体现文人画艺术内涵熏陶下中国传统壁画艺术的美学基础，是现存金代壁画艺术的代表作品。刘茂松《浅析辽金绘画艺术的造型语言》(《美术教育研究》2017年第12期)认为在绘画艺术方面，辽与金一方面学习中原地区艺术家的艺术语言，另一方面又有自身的独特创造，辽金绘画艺术是我国古代艺术史中不可或缺的重要组成部分，研究辽金绘画艺术的造型语言，对于中国美术史的发展与现代艺术家的创作都有重要的意义。蒋博《金朝黑龙江美术人物造型研究》(《美术教育研究》2017年第24期)认为金朝黑龙江美术具有突出的地域性特色，并且受到了北方民族文化和中原文化的影响，在人物造型处理上形成了浑厚、质朴、粗犷、豪迈的艺术特征。李翔《从题画诗中管窥金代绘画艺术的嬗变》(《河南机电高等专科学校学报》2017年第6期)将金代题画诗发展划分三个阶段，认为在金代早期，金代绘画从契丹画风向李公麟风格转变；金代中期，金代绘画进入了汉文化高度发展的时代，不仅画材、题材丰富，画家的审美情趣高，而且诗画唱和兴盛；金代后期，画家内心多怀伤感忧患之情，金代绘画转向表现画家的内心世界。他又在《论金代文士题画诗的美学思想》[《内蒙古师范大学学报(哲学社会科学版)》2017年第5期]一文中认为金代文士是站在文人画的角度用诗画同宗的理论来品评画作的，其题画诗的美学思想继承了古代特别是苏轼等人的“重神轻形”的理论，表现出了“以神写形”“寓意于物”的诗化倾向，在北宋文人画理论与元初文人画理论之间架构起重要的桥梁作用。吕敏《金代鞍马画艺术与审美演变》(《艺术教育》2017年第2期)通过从绘画的角度分析金代鞍马画的艺术价值，探讨金代文化审美取向的演变，认为鞍马画的兴衰见证了金代军事和尚武精神的兴衰。尚丽娟《稷山金代段氏墓中的“妇人启门”砖雕图像研究》(《装饰》2017年第9期)一文以山西稷山金代段氏墓中的“妇人启门”砖雕为研究对象，运用图像学的研究方法，对其图式的历史渊源进行了考释，对其表现形式以及文化寓意进行了深入的剖析，探究了段氏墓中“妇人启门”砖雕的艺术内涵。郑彦民《从金代时期雕塑看金代女真民族的时代风貌》(《戏剧之家》2017年第15期)一文从将从女真民族的历史、出土文物等方面阐述了女真民族在历史上的风采。王成《陕甘宁地区金代砖雕壁画墓图像装饰研究》(硕士学位论文，中央美术学院，2017年)以陕西甘泉袁庄村金墓为研究对象，从墓葬壁画与卷轴绘画、墓葬营建画匠与画史记载画家、四艺与宋金艺文志三者之间的联系与影响三方面进行研究，认为金代陕甘宁地区的墓葬在墓葬营建、建筑规制、建筑彩画、砖雕彩绘、壁画装饰当中既有一定的区域特色，同时也在不断强化汉族文化烙印和符号，成为中国美术史和中国文化的重要组成部分。刘欣《论山东地区宋金元砖雕壁画墓的营造工艺》（硕士学位论文，山东大学，2017 年）从墓室的建造者、所需材料、装饰技法、建造原因四方面着手进行研究，认为山东地区宋金元砖雕壁画墓的发展呈现出滞后性和保守性的特点，出于节约墓葬建造成本和时间的目的，墓室的垒彻和墓内的装饰都呈现出较明显的程式化和模制化特征，但山东地区宋金元砖雕壁画墓在丧葬制度变化、墓葬艺术、宋金元历史等方面都有重要的研究意义。

关于金代铜镜、玉雕的研究。杜马玉《临夏州博物馆馆藏金代刻字铜镜赏析》（《文物鉴定与鉴赏》2017 年第 10 期）通过对临夏州博物馆馆藏的一枚金代铜镜进行探讨赏析，认为随着金代民族融合的加速，文化上也呈现出多样性，文化多样性不仅体现在精神和思想上，也体现在现实生活器物的制作上。徐沂蒙《金“草莓花果纹镜”小考》（《文博》2017 年第 6 期）认为辽宁省博物馆所藏的金“草莓花果纹镜”建议命名为“荔枝牡丹纹镜”或用欧阳修文中典故名为“花果双绝镜”，该铜镜象征了爵禄、富贵、和合，寓意吉祥，其一面边缘有“西京官”刻款，应为金代的文化中心西京铸造，体现了中原汉文化对金的影响。陈红波《客从远方来，遗我双鲤鱼——Z0916 金双鱼纹铜镜的文化内涵》（《天水行政学院学报》2017 年第 1 期）通过对天水市博物馆馆藏 Z0916 金双鱼纹铜镜的研究，认为金代双鱼纹镜体现了女真人对鱼的崇拜，反映了女真人对美好生活的向往、追求改变命运的祈求、对于生殖与爱情的追求，Z0916 金双鱼纹铜镜工艺精湛、鱼纹刻画逼真，改变了唐宋之前传统铜镜较为细腻精致的刻画风格又结合了金代少数民族自身特有的民族特点，表现出粗犷大气的艺术风格和特色，在中国铜镜发展史上独树一帜。闫娟《龟游绿藻 鹤舞青松——金代青玉龟游荷叶玉饰》（《首都博物馆论丛》第 31 辑，北京燕山出版社 2017 年版）认为从目前考古出土的金代玉雕作品来看，女真族喜爱的花鸟纹饰题材较为常见，唯有这一对龟游荷叶玉饰题材较为特殊，此对玉饰件出土于有明确纪年的金代贵族墓葬之中，龟游荷叶寓意吉祥长寿，且在一件玉饰之上采用多种玉雕技法，展现了高超的工艺水平。史策《金代铜镜纹饰研究》（硕士学位论文，哈尔滨师范大学，2017 年）对金上京地区出土、馆藏以及有关这一地区的边款铜镜进行纹饰研究分析，结合考古资料、出土文物以及相关史料对铜镜的纹饰流变、内容与风格作出判断分析，认为金代铜镜纹饰体现了文化的高度融合、女真所提倡的“旧俗”，反映了高超的绘画艺术，贵族妇女较高的社会地位，并具有鲜明的地域特色，制作工艺虽有所下降但又具有实用性。

十一 金代社会研究

关于金代女性的研究。缪喜平《辽夏金史研究的新视野——〈辽夏金的女性社会群体研究〉评介》(《西夏研究》2017 年第 2 期）认为《辽夏金的女性社会群体研究》这一著作对这一时期的女性社会群体进行多层次分析，拓展了辽夏金史研究的视野。

关于金代社会风俗习俗的研究。李美荣《辽金时期西京民俗文化特色》[《山西大同大学学报（社会科学版)》2017 年第 1 期］认为辽金西京大同及其周围地区由于在辽金时期战乱频仍、政权并立，因而使得在辽金时期这一地区的民族融合现象更为显著，在民族融合的背景下，受政治、经济、军事、地理等因素的影响，辽金西京地区的民俗不仅充斥着汉族的元素，也注入了少数民族特有的文化因子。贾淑荣《女真人婚姻习俗的历史演变》[《内蒙古社会科学（汉文版)》2017 年第 6 期］从婚姻习俗的历史变迁角度，探讨女真族在不同历史发展阶段其婚姻习俗的变迁及其原因和特点，展现了女真民族群体及民族心理的历史发展过程，揭示出我国古代北方少数民族婚姻习俗变迁的复杂性和独特性。张玉强《金代女真族骑射活动的衰落》[《辽宁工程技术大学学报（社会科学版)》2017 年第 3 期］认为随着金朝统治者吸收汉文化程度的加深，其文治政策的凸显，女真族的骑射活动随之衰落下去。即使金世宗和章宗时期，为了恢复女真人尚武精神、骑射技能做出了种种努力，但由于大势所趋，终不能改变骑射活动没落的现状，这也使得女真这个昔日强盛的马上民族在更为骁勇善战的蒙古人的攻伐下变得不堪一击，最终导致金朝的灭亡。可景洋《谈金代的饮酒习俗》(《旅游纵览（下半月)》2017 年第 3 期）认为金代人们的饮酒习俗是其饮食文化的不可或缺的组成部分，酒文化伴随着女真社会生活的各个方面，女真人独特的饮酒方式与习俗是金代饮食文化的独特文化，女真人好酒、爱酒、崇拜酒，其饮酒习俗对今天的东北地区的饮酒方式仍有影响。张颜艳《金代家训研究》（硕士学位论文，西北大学，2017 年）从金代家训的类型、内容、发展趋势及民族特点等方面对金代家训进行系统研究，认为金代还未有文献家训传世，并尚未形成严密的家训体系，其呈现方式也较为局限，但是组成金的民族较多令金代家训逐渐丰富，并带有了民族特色。金代家训作为中国古代家训的重要的组成部分，对金朝个人、家庭、宗族、社会、国家都有着十分重要的影响。

关于金代科举、教育的研究。都兴智《金代的官学教育》(《辽金历史与考古》2017 年第 2 辑）论述了金代的官办学校的分类及汉人和女真两个系列的教育制度，同时对各级官办学校学生的入学资格、当时学校使用的教材、教学行政管理、教育经费等问题作了探讨。沈岩《金代女真官学教育与女真进士科关系研究》(《满族研究》2017 年第 2 期）探讨了女真官学在教育目的、教育内容、教育方式等方面与女真进士科的密切关系。裴兴荣《金代科举诗词的史料价值》(《史学志刊》2017 年第 3 期)指出金代文人在科举制度下，曾创作了一些科举题材的诗词作品，通过考察这些作品的内容，认为这些作品具有重要的史料价值。此外，他与王玉贞合作《占卜梦兆与“科名前定”观念——科举制度下金代文人的社会心态（一）》[《山西大同大学学报（社会科学版）》2017 年第 3 期] 一文通过对金代文人在科举制度下占卜梦兆与“科名前定”观念的考察，认为无论是占卜还是梦兆，从根本上来说只是一种精神上的焦虑，或是一种心理安慰，反映了金代文人浓厚的“科名前定”的观念。还有他与王玉贞合作的《阴德果报的功名观——科举制度下金代文人的社会心态（二）》[《山西大同大学学报（社会科学版）》2017 年第 4 期] 通过对科举制度下金代文人的社会心态的考察，认为人们总是把进士及第看成是父祖的善行在其子孙身上的回报，阴德果报的功名观念客观上有利于促进整个社会的向善之风，有利于维持现有的统治秩序，得到当权者的默许与肯定，愈加盛行于世。他又在《论金代进士的婚恋观——科举制度下金代文人的社会心态（三）》(《北方文物》2017 年第 4 期）通过对科举制度下金代文人婚恋观的考察，认为在金代社会中，进士与官宦联姻极为普遍，金代社会流行着“婚姻重进士”的观念，但与唐代社会相比，金代的世俗风气已不再如唐代开放和宽容了。

此外，李进欣《金代医者的社会地位探析》[《内蒙古民族大学学报（社会科学版）》2017 年第 3 期] 认为金代医者在医疗活动中所具有的高尚的品行有助于医者群体社会地位的提升，并受北宋影响，医者在社会地位上又有新的变化，其具体表现在金代医者的入仕途径更趋多样、文人开始把医者作为自己交游的对象、儒者把业医作为自己职业的选择等方面。吴承忠、吾丽迪尔、于克寒《金代帝王在中都的休闲生活》(《人文天下》2017 年第 20 期）分析了金代帝王在中都地区休闲活动的类型和场所。张兆龙、刘德军、王献升、覃盛栋、王斌《刍议金代女真人尚武精神》(《新西部》2017 年第 28 期）认为金代女真人的尚武传统在反抗辽朝、凝聚民族力量的过程中发挥了重要作用，女真人入主中原后，本民族传统尚武习俗的外部环境发生了改变，对汉文化的学习直接改变了女真人的生活方式。为了保持本民族尚武之风，统治者制定对习武者的奖励制度，建立起全国性的骑射习武训练制度，将骑射习武内容纳入科举考试之中。

十二　金代宗教研究

关于金代宗教研究。刘成群《全真教与金末儒学重估思潮》(《宗教学研究》2017 年第 1 期）认为金末儒学重估思潮所产生的辟佛老思想已经逐步黯淡，以往儒学领袖人物对全真教的不满情绪也趋于消解，面对强势输入的异质文化，儒士与全真教的关系有了新的调整，这也是时代特点所决定的。王耘《金代的宗教政策与政治文化认同》(《辽金历史与考古》2017年第2期）通过正史叙述和所出土的石刻史料提出金代宗教政策呈现多元化的态势，认为这一态势的演变与女真由部族逐至国家的政治文化认同有着密切的关联。胡荣繁《康平博物馆馆藏金代石经幢浅析》(《辽金历史与考古》2017年第2期）通过对康平博物馆馆藏金代石经幢形状及可见文字的考察及分析，论述了金代在辽北地区的宗教、民族及当时手工业生产等方面的基本情况，认为金代时期佛教在康平地区的传播范围广、影响深远。何琨、刘美云《金元时期大同地区道教发展概述》[《山西大同大学学报（社会科学版)》2017年第5期]一文以历史文献、考古资料为支撑，从道教宣义、宫观建立以及道教大师等方面出发，对金元时期大同地区道教发展概况进行论述。王德朋《三教合一在金代的新发展》[《辽宁大学学报（哲学社会科学版)》2017年第1期］分别从国家政策、宗教理论、个人信仰、社会交往四个方面论述三教合一在金代的新发展，认为金代的三教合一思潮，在国家政策层面表现为三教并用、崇儒重玄。扬佛尊道是金代统治集团的一项重要国策。在宗教理论层面表现为三教融合，儒释道都试图从对方的理论中汲取营养，丰富、完善自己的学说。在个人信仰层面表现为三教兼修，儒释道皆通往往成为一些名士的共同特征。在社会交往层面表现为三教相亲，诗词唱和、宴乐酬答、切磋教理是二教往来的主要形式。孙凌晨《金代全真教维护孝道教化》(《中国社会科学报》2017年5月25日）认为金代全真教徒在其教化的实践中都很重视宣传孝道思想，这对化解当时冷漠的人际关系具有积极作用的。李智裕、辽阳《〈东京胜严寺彦公禅师塔铭〉补议》(《北方文物》2017年第3期）认为塔铭记载内容客观反映金代东京辽阳地区渤海遗民群体崇信云门宗的历史信息，是研究金代东北地区佛教传播难得的珍贵材料，塔铭被损坏遗弃于井中推测是与金末辽东地区战乱有关。此外，还对其他学者发表文章中的部分观点进行更正和补充。孙宏哲《叙事视域下金代塔铭中的高僧角色》[《内蒙古民族大学学报（社会科学版)》2017年第3期］认为在文学与佛教关系领域，塔铭是值得研究的一种涉佛文体，金代文人士大夫通过对高僧外貌、性格、语言、行动等多方面叙述、描写，塑造了风姿卓然、求道利生的宗教圣者形象，留给后世读者深刻的印象。从叙事角度而言，金代塔铭的高僧角色是以金代这个特定时代的佛教群体形象不断迭合于读者头脑中，累积出的高僧整体形象，其共通性强于独特性，体现了金代塔铭的叙事特质。江敏《洛阳市伊滨区李村镇新出“兴国院敕牒”碑考释》(《洛阳考古》2017年第3期）将洛阳市伊滨区新发现金世宗完颜雍大定年间敕牒碑作为研究对象，分析了金代寺院敕牒公文的一般格式和颁布寺院敕牒的基本程序，认为赐额制度对佛教、道教的发展起了重要作用，这是官方强化对寺观的控制与管理的体现，“兴国院敕牒”碑的发现为研究洛阳地区金代佛教的赐额制度提供了实物资料。王法《论道教，佛教文化在金上京地区的传播》(《文化创新比较研究》2017年第1期）通过分析道教与佛教在金上京地区传播的背景、宗教与统治阶层的关系，认为金统治者把道教与佛教作为其统治政策的一部分，利用宗教在动乱的社会中安抚人心，巩固政权，佛道两教也正由于得到了统治者的扶持和支持，因此能得以迅速顺利地发展。卢沛《岩山寺壁画的艺术鉴赏价值》（《才智》2017 年第 27 期）一文针对岩山寺壁画的艺术鉴赏价值作相关的探讨和分析，通过壁画展示的佛传故事以及佛本故事，反映自然、人文、景观以及社会场景，体现了金代的时代特征。

十三　金代历史地理研究

关于金代历史地理研究。顾宏义《金代永安析津府考》（《中华文史论丛》2017 年第 4 期）一文中认为，《金史·地理志》称辽南京幽都府于“开泰元年更为永安析津府”一说是错误的。据考证，辽开泰元年改幽都府为析津府，至金代完颜亮天德年中营建燕京城时改燕京为永安，至贞元元年又改称析津府为大兴府。《地理志》中将开泰元年改幽都府为析津府一事，误作“开泰元年更永安析津府”乃是元代史臣编纂《金史》时，对此地名沿革变化不甚了解，遂将金完颜亮改名永安之事窜乱至辽开泰元年，从而致误。李刚《浅谈〈金史〉东京路的建置》（《辽金历史与考古》2017 年第 2 期）以《金史·地理志·东京路》为研究对象，在运用史料及前人研究成果的基础上，用图表的形式来论述有关东京路建置的内容。王禹浪、王俊铮、王天姿《黑龙江流域古代民族筑城研究综述（三）》（《黑河学院学报》2017 年第 1 期）一文中对辽金元明时期黑龙江流域筑城进行了详细的研究综述，并论述了黑龙江流域古代民族筑城所体现的文化特征。黑龙江流域古代民族的筑城史自秽貊、索离、夫余筑城至清代，在长达 2000 多年的历史长河中几乎未有间断。索离、夫余圆形土城和三江平原汉魏古城群则证实东北古代民族已在很早时期就迈入文明社会，创立了早期国家。夫余筑城主要集中在对夫余王城地望的考证上，对夫余王城形制、布局的关注相对较少。高句丽、勿吉、靺鞨、渤海国时期的筑城由山城转向大量修筑土筑平原城的历史阶段，并进入到复杂而庞大的京城设计与建设的历史阶段，筑城被辽、金、元三朝所沿用，特别是辽、金两代的筑城全面继承这种筑城文化，开创了黑龙江流域辉煌的城市文明和城市化进程。王禹浪、谢春河《黑河市西沟古城发现金代经略使司之印研究》（《哈尔滨学院学报》2017 年第 10 期）一文中，对瑷珲历史陈列馆展出的采自于西沟古城的金代经略使司之印进行了详细的阐述。黑河市瑷珲区西沟古城发现的金代经略使司之印，不仅成为辽金时期西沟古城建制沿革的重要旁证，更表明金朝末年为了有效管辖黑龙江流域中、上游地区左右两岸的边镇，特设置经略使司一职。这方金代经略使司之印的发现，是在靠近中俄黑龙江流域的中游边境地区所发现的最高等级的金代官印。它将会为黑龙江省乃至整个黑龙江流域的历史研究填补重要的历史缺环。尤其是证明黑龙江流域的左、右两岸及其向北延伸的外兴安岭山脉，都属于金朝的有效管辖区是毋庸置疑的。同时，其对中俄两国的文化交流与学术研究起到推波助澜的作用，具有极其深远的意义。王禹浪、丛喜权、吴边疆《地方志文献所见黑河市西沟古城及其调查经纬》（《哈尔滨学院学报》2017 年第 11 期）一文中主要梳理了地方文献对该城的记述和著录，并对历史上针对该城进行过的实地调查按照年代进行了回顾且提出了今后西沟古城的研究方向。民国九年（1920）的《瑷珲县志》、1986 年的新编《瑷珲县志》和中国文物出版社 2015 年出版的《中国文物地图集·黑龙江分册》中对黑河市西沟古城有所记述和著录。但新旧县志对西沟古城均没有进行断代，而《中国文物地图集·黑龙江分册》对西沟古城进行了考古学描述并对其年代进行了模糊推断。在对西沟古城的实地调查中，刘忠堂利用专业谷歌卫星地图与航天飞机测量出大西沟古城城墙的实际长度当为 356 米，《中国文物图集·黑龙江分册》标注此段城墙为 390 米，数据不够准确，应该予以纠正。文章中认为，从大、小西沟古城均分布在公别拉河左岸，直线距离不到四公里的距离上看，这两座古城是相互拱卫、互为犄角，在军事防御上当属一个体系。所以，西沟附近的两座古城可以将其概念修改为西沟南、北古城更为贴切。王禹浪、谢春河、王俊铮《黑龙江流域黑河地区古代民族筑城初步研究》（《哈尔滨学院学报》2017 年第 12 期）一文在梳理地方志文献和历次考古调查收获的基础上，对西沟古城及与之相关的一系列学术问题进行了综合研究，进而深化学术界对黑龙江流域古代筑城史研究及对西沟古城的认识，揭示西沟古城的历史之谜。黑河地区位于黑龙江上游和中游分界的结点，自然地理环境复杂，是黑龙江流域古代文明史上民族交错、融合的重要区域，亦是各民族迁徙移动及水陆通衢的历史地理枢纽，在历史上拥有不曾间断的城市文明。据不完全统计，黑河地区现有古代城址 18 处，其中以瑷珲区西沟古城（老羌城）、逊克县河西古城、西石砬子古城、北安市南山湾古城、嫩江县伊拉哈古城等最为重要。上述古城占据水陆要冲，在历史时期均设置有级别较高的行政建制，亦是室韦诸部黑水靺鞨、乌古迪烈、女真等古代民族活动的中心城邑。

柳雪《2006—2015 年国内佛教历史地理研究综述》（《池州学院学报》2017 年第 2 期）一文中认为佛教历史地理是历史人文地理中文化地理的一个分支，主要研究的是不同历史时期佛教文化因子，如寺院、僧人、石刻、石窟的地理分布与历史变迁过程，并探究这些文化因子在发展变迁过程中的文化影响力，以及与地理环境之间的相互关系。该文从已出版的学术论著、学术论文及硕博论文出发，对 2006—2015 年这 10 年间国内的佛教历史地理研究成果进行了梳理，以便更好地了解近 10 年来佛教历史地理领域的研究发展动态。在梳理中发现，佛教历史地理的研究内容从原来的僧人、寺院研究扩展到现在僧人、寺院、石刻、造像、石窟等研究。从单纯的佛教地理时空分布研究，延伸到如今从建筑、社会生活、文化交流等方面的研究。从原来主体的汉传佛教历史地理研究到现在藏传佛教研究与汉传佛教研究并重，并且能够应用新兴的地理信息系统作为研究手段，大大增加了研究的科学性。但是学者们大多关注于汉传佛教以及藏传佛教的研究，而对南传佛教的研究却显得有些不足，少有专业性佛教历史地理著作出现。在佛教的断代研究方面，学者们大多关注于魏晋隋唐佛教地理研究，而对于宋元明清时期的研究较少。李大海《金元之际京兆、安西诸府路沿革发微——兼论金元时期的路制演变》（《文史》2017 年第 3 期）一文中认为《金史》《元史》分别记录的“京兆府”，含义存在本质不同。前者指京兆府路官署机构总管府所在的府，后者则是京兆路总管府的简称。并且需重新认识《元史·世祖纪》对两次京兆改名西安事件的记载。《元史·世祖纪》使用“改京兆府为西安府”的说法来描述至元十五年的改名事件，是《元史》行文依循自身体例的结果。金代的总管府，是重要的路级官署机构，而不是这一路级官署机构驻地所在府的统称。以往认为元代不少路是由与其同名的金代诸路首府演变而来的观点，值得修正。金元之际路由高层政区向统县政区的转化，直观表现为“亲领之县”的出现，背后则是诸路首府消失所致。宋坤《虚拟与真实：唐宋辽金时期佛教影响下的地理表述》（《河北学刊》2017 年第 2 期）一文中认为，唐、宋、辽、金时出现了一种较为特殊的地理概念表述方式，即将佛教虚拟概念“南赡部洲”和现实行政地理两者结合。这种地理概念表述方式最早出现在南北朝，唐代仅见于文人文集和僧侣戒牒中，到宋、辽、金时则在造像题记和买地券中大量出现。此种地理概念表述方式最早出现在文人文集和僧人戒牒中，表明最早接受佛教地理概念的应是部分文人和僧徒，之后才开始在普通平民阶层广泛传播。但此种表述方式在买地券及石刻题记中出现的数量远远大于传世史籍，反映出佛教地理概念在文化精英阶层并未得到广泛接受，对平民阶层的影响远远大于对文化精英阶层的影响。这体现了文人精英阶层所秉持的华夏中心观对佛教地理观的排斥，但也表明这一时期佛教已深入到民众日常生活之中。田丹《金代蒲峪路历史旅游价值探析》（《陕西学前师范学院学报》2017 年第 3 期）一文中认为蒲峪路古城位于黑龙江省克东县，是金代的重要门户，也是一座兼有考古学、历史学研究价值和旅游价值的古代遗迹。在探究古城历史成因和分析古城史学价值的同时，更应打造具有地方特色的旅游产品来促进经济增长。赵国强、李磊、吴克尧、赵东升《金朝以来小黄头室韦相关问题考》（《黑龙江民族丛刊》2017 年第 6 期）认为金朝于 1117 年征服黄头室韦四部，征服者有“治”在今双阳的七水部长完颜娄室，在 1122 年，黄头室韦四部被金兵押往内地，途中发生“逆叛”，其中大黄头室韦部“复归辽主”，涅剌拏古部、突吕布室韦部重返原居地，谋克小黄头室韦被安置于今黑龙江省太平屯古城旧地，小黄头室韦主部被安置于今吉林省长春市双阳河流域。同时，小黄头室韦主部的主体古里甲氏在金朝末期创建部落联盟式部族，王城在今双阳东山南麓。吴博在《唐代及其辽金室韦诸部地理分布研究综述》（《黑龙江民族丛刊（双月刊）》2017 年第 2 期）一文中认为在《辽史》《金史》等历史文献中，“乌古迪烈”又写作“乌骨迪烈”“乌古敌烈”“乌虎里”“乌古里”“石垒”“敌烈底”等，乌古迪烈实为乌古部和迪烈部两个部族。辽金乌古部应系原室韦乌素固部，迪烈部族源尚有待于进一步研究，可能与蒙古草原丁零有关。但可以肯定的是，乌古迪烈统军司治所范围内应有相当数量的已融入契丹族和女真族中的室韦后裔。乌古、迪烈二部一直活动在辽、金王朝的北方，时叛时服，其剽悍、骁勇善战的特长，时常造成辽、金北部边患不断。因此，辽、金两朝专设乌古迪烈统军司或乌古迪烈招讨司，通过招抚和征讨并举的办法对其加以管控。徐效慧、张桂凤《论辽金元时期朝阳地区城市群的形成及其城市经济的发展》[《辽宁师专学报（社会科学版）》2017 年第 2 期] 一文中认为，辽金元时期是朝阳地区历史上建城最多的时期，也是全国城市分布最为密集、规模最大的地区之一，其主要有霸州（兴中府）、建州、惠州、川州、榆州、利州、富庶、金源等州县。周国琴《论金朝对其北部边疆的有效管辖》（《内蒙古民族大学学报》2017 年第 3 期）一文中认为，金朝对北部的贝加尔湖地区和黑龙江地区均进行了有效管辖，为元朝的大统一奠定了基础。金朝对居住在蒙古高原的属部的统治，大体沿袭辽朝旧制，设置东北、西北、西南三路招讨司。在和平时期，属部首领接受金朝官职，每年纳贡，并为金朝守边，在属部发生叛乱时，金朝则发兵征讨。金朝在黑龙江地区设置了蒲与路、胡里改路和恤品路进行管辖。孙文政、祁丽《辽金时期北唐括部故城考》[《齐齐哈尔大学学报（哲学社会科学版）》2017 年第 5 期)] 通过对辽金时期北唐括部故城考证推理，认为今拜泉县境内通肯河右岸三道镇刘家店古城遗址是辽金时期北唐括部故城。吴晓杰《金代婆速府和来远城城址考辨》[《齐齐哈尔大学学报（哲学社会科学版）》2017 年第 9 期] 通过对金代婆速府和来远城城址的考辨，认为金代婆速路位于金与高丽边境，是金朝边疆的重要行政区划和防御腹地，其中婆速府和来远城作用尤为关键。婆速府为婆速路治所，当为辽代开州更名后所置，是东京辽阳府与来远城之间的中转站，金末被迫将府治迁至来远城；而来远城由于位于鸭绿江沿岸要地，军事价值特殊，政区级别不断提升。张玉东《辽末金初黑龙江流域地方行政体制研究》（硕士学位论文，黑龙江大学，2017 年）从辽末和金初黑龙江流域地区行政制度的变革进行对比分析，论述金代前期黑龙江流域地方行政区划，认为金初黑龙江流域地方行政管理体制变迁使东北地区和中原地区的行政联系更加紧密，加强了中原对黑龙江流域的管理，促进了国家统一，有利于对边疆经济的开发。

十四　金代建筑墓葬研究

关于金代建筑及遗址的研究。景爱《金中都万宁宫与明清故宫》（《地域文化研究》2017 年第 1 期）认为金代的万宁宫是对琼华岛及周边海子的统称，包括了今日的北海和中海，元大都大内、明清故宫紫禁城占用了金代万宁宫的部分地域，其存在明显的文化传承关系。孙文政《克东古城遗址建筑年代考疑》（《辽金历史与考古》2017 年第 2 期）通过考古调查，对克东古城遗址椭圆形的建筑形制及古城内出土的文物进行考察，认为克东古城遗址始建时间不在金代，现存遗址是金代延用夫余人后裔豆莫娄人所建的古城，金代对其进行了维修和延用。曹铁娃、曹铁铮、王一建《1900 年以来金代皇陵的考察与研究分析》（《建筑创作》2017 年第 5 期）通过对金代皇陵 1900 年以来的研究历史进行梳理，并对考古发掘进行考察，获得了大量金代陵寝制度的实物资料，对我国陵寝制度的研究意义重大。徐怡涛《宋金时期“下卷昂”的形制演变与时空流布研究》（《文物》2017 年第 2 期）从北方地区现存的建筑史料中，选取了一种不同于批竹昂、琴面昂的“下卷昂”，以建筑考古类型学的方法，对这一非主流下卷昂形制的时空问题进行了初步探讨，认为下卷昂最大可能首现于中晚唐前后的今陕西西安地区，继而沿交通线向周边地区扩散，但其流传仅以两京和陕西周边地区为主，未能影响到河北、山东、山西北部等地。下卷昂形制在宋金两朝形制的变化主要体现在华头子、昂嘴及其与其他斗拱构件的共存关系上，其中晋西南地区是目前已知宋金时期下卷昂形制变化最显著的地区。李天骄、王薇《长白山金代皇家神庙选址浅析》（《建筑与文化》2017 年第 7 期）一文以长白山金代皇家神庙遗址为研究对象，在历史文献的基础上，结合考古发掘及实地调研，从山水格局、多元文化、辽金交通线三方面浅析长白山金代皇家神庙建筑群的选址特点，丰富金代祭祀建筑的选址研究。姚庆《金中都陵寝制式考——基于建筑考古材料分析》[《湖南工程学院学报（社会科学版)》2017 年第 1 期] 一文从建筑考古学角度对金陵陵域范围、陵寝布局作进一步分析，认为金陵遗址研究应结合史料学、考古学、建筑史学、复原设计和建筑遗存保护理论，它们之间是相互联系的统一整体，这不仅是建筑考古学研究的一次尝试，同时也为深入研究金陵陵寝制式提供新的思路。孙悦、赵伟、侯静波、王宇《建立遗址保护规划机制　合理开发都城文化遗址——金上京和龙泉府遗址文化保护规划思考》（《边疆经济与文化》2017 年第 11 期）认为阿城金上京遗址和宁安龙泉府遗址是黑龙江地区历史上遗留下来的少数大遗址，文化价值高，应建立遗址保护规划机制，设立保护机构对都城文化遗址加强管理，恢复重建文化遗址来提高其展示利用水平，同时培养一支专业人才队伍来实现文化遗址的可持续发展。王子奇、赵俊杰《宝马城金代遗址所见垒脊瓦及其相关问题》（《考古》2017 年第 12 期）通过对宝马城金代遗址所见垒脊瓦的考察，认为垒脊瓦主要有条子瓦和线道瓦两种，应分别由板瓦类和筒瓦类瓦件加工而成，从北朝至元代的垒脊做法及其演变看，元初应是屋脊结构从使用垒脊瓦向使用预制脊筒转变的关键时期。喻梦哲、崔陇鹏《晋中地区金代建筑的“插接前廊”传统》（《华中建筑》2017 年第 1 期）一文通过归类整理山西中部地区的现存金代木构建筑的“插接前廊”相关案例，将其进一步细化为若干亚型，以柱梁交接关系为考察线索，以时代分布为统计范畴，廓清了其产生与发展的整体脉络，勾勒了此类构架的产生与演化情况。李拓《东北地区金代女真民居建筑形制研究》（硕士学位论文，东北师范大学，2017 年）从东北地区金代女真民居建筑的发掘报告和相关文献入手，依据建筑考古学的研究方法，并结合与其他同类型民居建筑的比较分析，探讨了东北地区金代女真民居建筑的功能和风格特点。

关于墓葬的研究。宋德金《金代买地券考述》(《北方文物》2017 年第 1 期）通过对出土的金代买地券进行梳理考察，认为买地券券文定型于宋金时期，诸多出土的金代买地券文反映了当时的丧葬习俗、浓厚的宗教因素，并从中折射出现实社会形态等。金代买地券同以前的相比既有相同之处也有不同，是买地券发展过程中的一个重要阶段。侯申光《辽宁喀左县利州商业街金代纪年墓葬的发掘》(《北方文物》2017 年第 4 期）通过对 2003 年 5 月所发掘的喀左县利州新区步行商业街东端一座仿木构砖筑双室墓墓葬以及墓中长方形墓碑的考察，认为该砖室墓是喀左县出土的有明确纪年的第一座金代墓葬，墓志的内容丰富。它的发现对研究辽金时期的政治制度、州城建置、民族关系等具有重要学术价值。他又在《喀左官大海出土两块金代买地券》(《辽金历史与考古》2017 年第 2 期）一文通过对喀左官大海出土的两块“买地券”的考察，认为它们的发现为我们提供了关于墓主人的生前住址、死后下葬地点等信息，券文对于研究金代行政区划及地名今昔变迁、古代丧葬习俗、文字书体演变、宗教信仰有着重要价值，还为研究我国买地券、镇墓文产生和发展的历史提供了珍贵的实物佐证。肖新琦《辽宁辽阳市江官屯遗址出土的金代铁器》(《北方文物》2017 年第 1 期）将辽宁辽阳市江官屯遗址出土的金代铁器梳理研究，主要分为四大类：生产工具、生活用具、兵器、马具，认为出土的铁器与窑场的生产活动存在密切关系，特别是与窑址有关、用途明确的铁制工具，如粉碎釉料的夯锤、修整瓷器坯胎的刮刀、分离瓷器的铁锹等。遗址内出土的这批铁器种类较多、锻造工艺精湛，反映了当时发达的社会生产力。王新英《金代时立爱家族成员时丰妻张氏墓志铭考释》(《北方文物》2017 年第 4 期）通过对出土于河北新城金代时丰妻张氏墓志铭的考察，认为墓志所记张氏生平及家庭情况不仅可以完善涿州时氏家族成员世系、婚姻及仕履等信息，同时还涉及海陵正隆削爵、进士人数辑补等金代史实，具有重要史料价值。于春雷、苗轶飞、李增社、张振峰、郑朝阳、张建锋、李钦宇《陕西西安金代李居柔墓发掘简报》(《考古与文物》2017 年第 2 期）考察了金代陕西东路地方长官李居柔的小型砖室墓，并对出土随葬品耀州窑瓷酒具、钧窑瓷食器、金属炊器、买地券等各类器物以及一些私人生前所用的物品进行整理。海金乐、张光辉、杨林中、杨小川、宋小兵、陈泽宇、安根、耿鹏《山西长子南沟金代壁画墓发掘简报》(《文物》2017 年第 12 期）通过对山西长子南沟金代壁画墓进行挖掘，发现壁画仅见于前室，分为墓壁主题壁画、建筑彩绘和墓顶祥瑞星象图三部分，其中墓壁上层为一组 24 幅孝行图，并认为长子南沟壁画墓的墓葬结构、壁画布局及装饰内容均属于晋东南地区较为常见的形式，墓葬年代应为金代。赵里萌、孟庆旭、梁会丽、魏佳明、王浩宇、郭美玲《记城四家子古城流散文物》(《辽金历史与考古》2017 年第 2 期）通过对古城附近村落的调查及对村民手中的部分流散文物记录包括陶瓷器、建筑构件、铜器、铁器、玉石器等的考察，认为这批文物对于研究城四家子城址的时代与性质、城内手工业情况、商品贸易以及宗教信仰等具有重要意义。邓菲《图像的多重寓意——再论宋金墓葬中的孝子故事图》(《艺术探索》2017 年第 6 期) 通过对宋金墓葬中的孝子故事图的考察，认为宋金墓葬中对孝子图像的运用没有复制过去的设计，而是在长期的发展过程中，具有了多元的寓意。这些图像以特定的视觉形式整合了孝道与升仙题材，承载着“昭孝事祖”“感通神明”等多种功能，由于北宋中后期以来统治者、士人阶层对孝道思想的推崇教化，儒释道三教的孝亲观在丧葬习俗中的合流，以及当时普遍流行的复古风潮，可能共同构筑起孝子图像流行的历史背景。王慧《宋辽金考古遗存中的孩童形象研究》(硕士学位论文，哈尔滨师范大学，2017 年) 通过对金代考古遗存作地域划分，以长城为界，划分长城以南和长城以北地区，按照载体对孩童形象进行梳理分析，探讨金代考古遗存中孩童形象的特点、成因以及其所反映的文化面貌。该文认为金代考古遗存中的孩童形象种类和载体都较为丰富，风格独特，由于疆域扩大，因而孩童形象地域特色鲜明。

十五 金代文献研究

关于《金史》的校勘与研究。牛润珍、卢鹏程《金代修史机构与史注纂辑》(《史学史研究》2017 年第 1 期) 认为金代修史机构完备，其记注、修史制度上承唐、宋、辽，下启元代，在中国古代史官制度发展史上具有重要地位，其修《辽史》与本朝《实录》，又为元修《辽史》《金史》奠定了基础。金源氏在史学上的贡献，不仅促进了中国古代传统史学的发展，同时也为中华传统文化增添了新的活力。高美《中华书局点校本〈金史·章宗纪四〉献疑一则》(《黑龙江史志》2017 年第 11 期) 通过拾得中华书局本《金史》中所记史料疑误一则，有利于对《金史》的进一步整理。魏影《民国时期百衲本〈金史〉刊刻述论》(《图书馆工作与研究》2017 年第 7 期) 认为一贯主张“书贵初刻”的张元济先生以元本为底本，精选其他不同版本相配补并采用新式的古籍影印、描润技术，刊印了百衲本《金史》，虽然其并非佳本，但是对后世学术实有裨益。邓进荣《中华书局点校本〈金史〉献疑数则》(《西部蒙古论坛》2017 年第 1 期) 一文通过就作者研读《金史》过程中发现的一些断句、校勘问题提出了意见，主要集中在《金史》的纪、传部分，包括《金史·太宗纪》《金史·斡鲁传》《金史·国用安传》《金史·乌林荅晖传》等处，认为中华书局点校本《金史》中还存在些许问题。齐德舜《〈金史·结什角传〉笺证》(《西藏研究》2017 年第 2 期) 认为结什角在陇南地区被推举为木波、陇逋、庞拜、丙离四族长，在金人的扶持下，结什角建立地方政权。这是唃厮啰家族后裔在青唐吐蕃政权崩溃之后建立的唯一一个地方政权，结什角后来被西夏人所害，其职位由其侄赵师古担任。曹运波《〈金史〉常用词语研究》(硕士学位论文，华中师范大学，2017 年) 从词形和词义两类演变出发，探讨了《金史》常用词语所反映的词汇发展的稳定性和变异性，进而分析稳定性和变异性的特点及原因，总结出金史常用词汇的特点及规律。

关于金人文集、文学作品研究。吕冠南《〈全辽金文〉补遗八则》[《江苏大学学报（社会科学版）》2017 年第 1 期] 认为《全辽金文》虽将辽、金两代的单篇文章汇为一集，具有重要的文献价值，但仍有遗漏，主要表现于该书对于地方志的利用有失粗略，对于佛教文献的关注也并不充分，可以借助某些地方志与佛教文献，补充《全辽金文》漏收的金人文章八则。王玉亭、孙绵《〈全金石刻文辑校〉疑校百二十例》(《北方文物》2017 年第 3 期）通过对《全金石刻文辑校》一书于文字释读方面存在的标点误施、字词误辨、用典失校等方面再次梳理，对于明显错误处予以指出，约计 120 例。文末就其中所及原碑刻石、拓片等原始资料进行一一对比，依据辽金碑志行文、用典及金代制度所具等规律作出猜测式的出校提示，引起使用者注意。赵晓庆《〈新修玉篇〉之〈玉篇〉底本考》(《中国文字研究》2017 年第 1 期）从内证材料和同源字书比较等多方面考察，证明该《玉篇》底本实际为另一个宋代《玉篇》修订本。他与张民权合作《〈新修玉篇〉“〈韵〉又”探究》(《汉语史研究集刊》2017 年第 1 期）从“《韵》”的形式、“《韵》又”的性质、“《韵》又”的离析三方面出发对《新修玉篇》中的“《韵》又”问题作了深入探讨，解决了该书重音研究中“《韵》又”以及与“《韵》又”相关的诸多问题。熊加全《〈新修玉篇〉疑难字考》(《古籍研究》2017 年第 1 期）通过对《新修玉篇》疑难字的考证，认为《新修玉篇》编纂与刊印都比较谨慎，加之流传至今的又是与编者同时代的金刻本，后人无篡改，因而错讹较少。陈朝云、刘梦娜《大金进义校尉焦君墓志研究》(《中原文物》2017 年第 1 期）通过对现存于河南省孟州博物馆的人金进义校尉焦君墓志铭的考察，认为其促进了金代焦作地区基层教育的发展。此墓志还对研究宋末金初儒学的传播状况、金代选官制度、金代中原地区汉人的丧葬习俗具有重要的学术价值。王丽艳、赵晓庆《金代韵书〈广集韵〉考略》(《语文研究》2017 年第 1 期）一文通过从辑佚出的内容发现，《广集韵》以汇合《广韵》《集韵》为主，在篇幅上可能已超过《集韵》，且出现合并韵部之端倪，韩道昭《改并五音集韵》与之亦多有雷同，并推断认为《广集韵》很可能就是荆璞《五音集韵》的底本，它在金代语音史、韵书史、音韵学方面的价值不容低估。许鹤《王寂边疆行记文史价值探析》[《阜阳师范学院学报（社会科学版）》2017 年第 3 期] 通过对王寂边疆行记的考察，认为其提点辽东路刑狱时所留下的《辽东行部志》《鸭江行部志》保存了金代辽东地区丰富的地理、历史、山川、古迹、风俗、物产和社会生活等方面的知识，具有重要的史料价值，可补正史之阙，而他灵活多变的表现手法、新颖别致的文体样式、诗与序的完美结合，又使其洋溢着浓郁的文学色彩，是宝贵的文学创作。马振君《金代县令李搆佚文辑校》(《内江师范学院学报》2017 年第 1 期）通过将关于金代县令李搆所辑佚文试加校勘订补，以刻石年代类次，庶补金代艺文之缺。薛瑞兆《金代“国朝文派”蔡珪佚文辑校》(《内江师范学院学报》2017 年第 1 期）通过从石刻文献辑出 5 篇佚文，订补缺泐，校正讹误，以为学界研究“国朝文派”蔡珪提供重要的参考资料。邓国军《金代翰林杨伯仁碑文辑校》（《内江师范学院学报》2017 年第 1 期）通过辑其 2 篇碑文加以整理，校正讹误，订补缺泐，使之趋于完善，弥补了金代文献之不足。张宝珅《论〈归潜志〉的主要内容和史学价值》（《哈尔滨学院学报》2017 年第 12 期）一文从刘祁的生平和写作《归潜志》的目的入手，归纳《归潜志》的主要内容并从中提炼出它所具有的史学价值，认为《归潜志》一书是金末士人刘祁的笔记体著作，在金代史料相对匮乏的情况下，为了解金朝后期历史提供了重要的参考史料。安大伟、张宝珅《金代东北文献〈鸭江行部志〉考略》（《图书馆学刊》2017 年第 8 期）通过从内容、版本、价值三方面对金代东北文献《鸭江行部志》进行考述，认为王寂在《鸭江行部志》中对金代东北的古迹、交通、人物、文学、艺术、宗教都作了生动细致的描绘，具有鲜明的东北地域特色，史料价值较高，对于考察金代东北政治、经济、社会、文化都具有十分重要的意义，可补正史之不足。张欣《金代春秋学考论》（《儒藏论坛》2017 年第 1 期）认为作为学术主流，金代对过度成熟的汉唐古注疏的倒退性接受，大大阻碍了金代春秋学的发展，以王若虚、李世弼为代表的在野派则是源于对中唐啖、赵、陆春秋学派的汲取和对北宋春秋学的继承，代表了春秋学发展的新方向。王晓峰《以〈北行日录〉为核心分析楼钥使金文献》（《文学教育（下）》2017 年第 7 期）一文以《北行日录》为核心，对楼钥的使金文献作出审视和探讨。倪博洋《金元全真词乐律与文献研究》（硕士学位论文，南开大学，2017 年）通过对金元全真词乐律与文献的考察，认为全真词是词曲之间的过渡形态，具有多用一字作衬字、形式较为自由、以口语押韵等特点，还纠正了《全金元词》中全真词部分的整理失误。

十六　金代其他专题研究

关于金代的研究。王永《多维方法与文学本位的深度结合——评裴兴荣〈金代科举与文学〉》［《山西大同大学学报（社会科学版）》2017 年第 5 期］认为裴兴荣《金代科举与文学》一书基于对金代科举与文学关系的全面考述，呈现了女真进士制度的创建过程，有助于深入认识金代学术文化的形成背景，还对金代进士地理分布进行统计并揭示了金末文风改革的历史动因。通过作者对金代科举考题与科场事件的客观透彻分析，在内容与形式两个层面呈现了金代文人求实与尚文的时代追求。

契丹文字概述*

吴英喆

契丹是中国古代北方游牧民族之一，属东胡族系，源出鲜卑，为宇文部的别支。高丽人金富轼《三国史记》（1145）中有载“小兽林王八年（378），高句丽受到北部契丹的袭击”。这可能是有关契丹人历史活动最早的记载。在我国史籍中，北齐人魏收所撰《魏书》（554）中首次为契丹立了专传。此后，《北史》《隋书》《旧唐书》《新唐书》《旧五代史》《新五代史》等亦皆有契丹活动情况的记载。

契丹族的形成大致经历了古八部时期、大贺氏时期以及遥辇氏时期。到了9世纪中叶，统治中原的唐王朝，因政治腐败，藩镇割据，政局动荡不安，契丹迭剌部便趁势而起，首领耶律阿保机统一各部，并于唐天佑四年（907）取代遥辇氏成为部落联盟首领。后梁贞明二年（916）阿保机在龙化州（今内蒙古自治区通辽市八仙筒一带）以东的金铃岗称帝，建国号“契丹”，建元神册。并于神册三年（918）在潢河沿岸（今内蒙古自治区赤峰市巴林左旗林东镇）兴建皇都。

辽王朝时称“契丹”，时称“辽”，曾为中国北部的一个强国，也是我国正统王朝之一，它先后与五代和北宋对峙，对中外历史产生了重大而深远的影响。元人脱脱主编的《辽史》是专载这一王朝历史的一部史书，是我国正史《二十五史》之一。辽朝极盛时，其疆域东至日本海，西至阿尔泰山，北至外兴安岭，南至河北中部、山西北部，以霸县雁门关与宋交界。曾设五京：上京临潢，今巴林左旗林东镇；中京大定，今宁城县大明镇；东京辽阳，今辽宁省辽阳市；南京析津，今北京市；西京大同，今山西省大同市。设六府：临潢府、大定府、辽阳府、析津府、大同府、兴中府。有州、军、城156个，县209个，部族52个，属国60个。

辽共历九帝，均为耶律氏：太祖（907—926），讳亿，字阿保机，小字啜里只；太宗（927—947），讳德光，字德谨，小字尧骨；世宗（947—951），讳阮，小字兀欲；穆宗（951—969），讳璟，小字述律；景宗（969—982），讳贤，字贤宁，小字明扆；圣宗（982—1031），讳隆绪，小字文殊奴；兴宗（1031—1055），讳宗真，字夷不堇，小字只骨；道宗（1055—1101），讳洪基，字涅邻，小字查剌；天祚皇帝

---

* 本文原载《契丹小字再研究》（内蒙古大学出版社2017年版），此次发表略有修改。

（1101—1125），讳延禧，字延宁，小字阿果。辽朝于保大五年（1125）亡于金。

金将灭辽，辽太祖八世孙耶律大石自立为王，率部西迁，至起儿漫（今乌兹别克斯坦布哈拉东北）称帝，建都虎思斡耳朵（今哈萨克斯坦楚河上游的伏龙芝），是为西辽。疆域包括今新疆及其临近地区。1211 年，政权被乃蛮王屈出律所夺，仍用西辽国号，1218 年为蒙古所灭。

西辽灭亡后的契丹遗民可能大都融入于中亚地区的各族中。留居于原居住地的契丹人，金朝灭亡后多与汉人融合，可能还有一部分融合于蒙古族及西北地区的诸族中。

随着契丹王朝的灭亡和契丹人的消失，其文化载体——契丹语逐渐变成死语言，关于其语音、语法、词汇的概貌，今日我们无法实地调查。有幸的是，《辽史》撰者在《国语解》一卷，收录两百余条契丹语词汇。虽然其中包括许多汉语词条和人名、地名、官职、官府等专用名词，但也有 40 余条契丹语基本词汇。如："女古（金）""孤稳（玉）""阿斯（大）""监母（遗留）""耐（首）""耶鲁盌（兴旺）""陶里（兔）""捏褐（犬）""爪（百）""达剌干（县官）""斡鲁朵（宫）"等。继后，厉鹗作《辽史拾遗》以及杨复吉作《辽史拾遗补》，都对《辽史·国语解》有所增益。另外，于宝林、阮廷卓等学者曾多方采撷契丹语词，使汉文记载的契丹语词增加至 370 多条。这些词语是研究契丹语言的重要基础。

除了契丹语词汇，我们通过汉文史籍还能获取契丹语语法方面的材料。如宋代洪迈在《夷坚志》丙志卷十八中有一段记述"契丹小儿初读书，先以俗语颠倒其文句而习之，至有一字用两三字者。顷奉使金时，接伴副使秘书少监王补每为予言以为笑。如'鸟宿池中树，僧敲月下门'两句，其读时则曰'月明里和尚门子打，水底里树上老鸦坐'，大率如此。补，锦州人，亦一契丹也"。这首诗说明契丹语的句子成分的排列顺序同蒙古语一样是"主语——宾语——谓语"的形式。

国内外学者在契丹语的系属方面一向有争议，有的根据清朝曾用索伦语核对《辽史·国语解》的历史记载，认为索伦语是契丹本语，契丹语属满洲——通古斯语族；有的根据历史上用汉字记音的个别契丹语数词或地支与蒙古语吻合，认为契丹语属蒙古语族。但二者在契丹语属阿尔泰语系这一点上没有分歧。此外，有的学者通过 DNA 鉴定，提出达斡尔族是契丹后裔，契丹语是原始达斡尔语的论点。这些问题有待于更深入的研究。

其实，研究契丹语仅靠用汉语记录契丹语言材料是远远不够的。要想更深刻地了解契丹语，我们必须从契丹人所创制使用的文字入手，对它进行系统的研究。据历史记载，契丹人曾创制使用过两种文字，即契丹大字和契丹小字。契丹大字于辽神册五年（920），由耶律突吕不和耶律鲁不古协助辽太祖耶律阿保机创制，是一种表意成分较多的文字。契丹小字的制字时间略晚于大字，史籍无明确记载，由皇弟迭剌创制，是一种拼音文字。

两种契丹文字创制后与汉字同时通行于辽朝境内，主要用于刻记功碑、著诸部乡里之名，写外交书函，刻符牌，写诗，译书，考试等领域。金兴辽灭，尽管金朝创制了自己的女真文字，但契丹文字仍沿用于金朝境内，一直使用至金章宗明昌二年（1191）十二月“诏罢契丹字”。从此，契丹字逐渐被遗忘，明清以后已成为一种无人通晓的死文字。

可能由于契丹王朝对书籍控制甚严，再加连年兵荒马乱，除了俄罗斯发现的契丹大字写本以外，至今竟未发现其他用契丹字书写的典籍。宋人王易的《燕北录》一书收录表示“朕敕走马急”的五个契丹字牌和一个契丹字的旗帜，这可能是汉文古籍中流传下来的绝无仅有的契丹文资料。至于刻在武则天墓前的无字碑上的《郎君行记》，该碑虽然一直矗立在原地，而且明清以来被一些金石学著作所著录，但由于一直被误认为女真字，所以没有得到契丹学界的关注。因而可以说，除了《燕北录》中的六个契丹字，绝大多数契丹文原始资料都是20世纪20年代以后出土和发现的。

辽圣宗、兴宗、道宗三个皇帝及其皇后的陵寝位于内蒙古自治区赤峰市巴林右旗白塔子（辽代庆州故址）东北二十余里瓦林茫哈（蒙古语“瓦砾滩”之意）的辽庆陵。民国初年，盗墓成风，当地土豪兼私塾校董廉某挖开了辽庆陵。当时在热河传教的比利时神父凯尔温听到这个消息后，立即赶往现场，进行了考察。1922年6月21日，凯尔温在现场获得刻有文字的碑刻四方，其中两方为汉字、两方为契丹字。因为他不谙捶拓之法，雇人逐字抄录石碑上的文字，并将原石置于原处以土盖之。

其中，契丹小字《仁懿皇后哀册》的手抄本刊登于1923年法文版的《北京天主教会杂志》（*Le Bulletin Catholique de P'ekin*），法国的汉学家伯希和（Paul Pelliot）又把契丹小字《兴宗皇帝哀册》和契丹小字《仁懿皇后哀册》的手抄本转刊于《通报》（*T'oung Pao*）1933年第30卷，同时用铅字排印了仁懿皇后的汉字哀册。

尘封几百年的契丹文碑铭在辽庆陵被发现，引起了学术界的轰动。当时不少学者纷纷寻觅拓本，对契丹文字进行介绍、考订、释读，从而在学术界产生了一个新的研究领域——契丹文字研究。

庆陵帝后哀册问世不久，当时沈阳满铁医院的医生日本人山下泰藏在1935年10月刊行的《满蒙》第十六年（卷）第十号上登载了立于内蒙古自治区赤峰市宁城县城南十里的十家子村的《大辽大横帐兰陵郡夫人建静安寺碑》的拓本照片，并提出其上面的文字有别于庆陵哀册。后来，1939年又发现了《故太师铭石记》，这些是最初刊布于世的契丹大字原始资料，在契丹大字研究史上有重要意义，然而，该两件大字碑刻不但没有引起学术界的关注，反而对其文种产生了异议。后1951年在辽宁省锦西县西孤山出土了同文种《萧孝忠墓志》，这充分证明了另一种契丹文字的存在。至此学术界遇到了一个难题，即哪些碑刻是用契丹大字刻成的？哪些碑刻是用契丹小字刻成的？经过几年的研究，基本确定庆陵式契丹文字为小字，宁城式或西孤山式契丹文字为大字。

迄今发现的契丹大字资料有以下几种：

（1）《大辽大横帐兰陵郡夫人建静安寺碑》：该碑曾立于内蒙古自治区赤峰市宁城县城南十里的十家子村，刻于辽咸雍八年（1072）。碑额的两面均用汉字书写，一用篆体，一用正楷。篆体碑额一面的碑文用汉字刻篆。正楷碑额一面的碑文用契丹大字刻写。碑文契丹字共40行，现存约有70字。原碑现存于内蒙古自治区赤峰市宁城县辽中京博物馆。汉字碑文著录于清代乾隆四十六年（1781）刊印的《钦定热河志》卷八十二，而契丹大字碑文在山下泰藏（1935）刊布后才始有披露。

（2）《故太师铭石记》：刻于辽清宁二年（1056），出土时间和出土地点不详。在1939年出现于沈阳古董商店之中。志文共40行，约有1800字。当时建国大学的日本教授稻叶君山（Inaba Kunzan）曾指出墓志上的文字不是女真字，而是有别于庆陵哀册的另一种契丹文字。因李文信（1942）将该碑刻视为赝品，导致原碑至今下落不明。

（3）《萧孝忠墓志》：刻于辽大安五年（1089）十二月廿五日。于1951年夏，从辽宁省锦西县西孤山村（今辽宁省葫芦岛市连山区山神庙子乡西孤山村）出土，志盖正面中央刻荷花一朵，无文字，背面刻汉字12行。志石刻契丹大字18行，540字。原碑现存于辽宁省锦州市博物馆。刘谦（1956）刊布了此碑拓本照片。

（4）《耶律延宁墓志铭》：刻于辽统和四年（986）十一月十八日。志盖无纹饰，志石呈方形，共有24行字，上半部分的前19行为契丹大字。下半部分的前19行和20行至24行整行都是汉字。约有契丹大字270个，汉字512个。该墓志于1964年冬，在辽宁省朝阳县（今辽宁省朝阳市朝阳县）西五家子乡柏树沟村出土。原碑现存于辽宁省博物院。其拓本照片首次刊载于辽文工作队（1980）之文中。

（5）《北大王墓志》：刻于辽重熙十年（1041），于1975年冬，从内蒙古自治区赤峰市阿鲁科尔沁旗坤都乡乌森义和村的沙日温都出土。碑石呈上圆下方，志盖正面无纹饰，仅在中间刻一行篆体汉字“北大王墓志”，背面刻汉字21行。志石刻契丹大字27行，780字。原碑现存于阿鲁科尔沁旗博物馆。拓本照片和摹本刊登于刘凤翥等（1983）。

（6）《故北宰相萧公墓志铭》：刻于辽大安六年（1090）三月十九日。1965年6月，出土于辽宁省法库县柏家沟乡前山村北山的一座辽墓中。志盖正面中央阴刻篆体汉字“故北宰相萧公墓志铭”3行9字，志盖背面刻楷体契丹大字志文15行，约有320字，四周还刻有若干汉字和梵文的佛教咒语。志石刻楷体汉字志文38行，共计1451字。墓主萧袍鲁，《辽史·道宗纪》作“萧袍里”。原碑现存于辽宁省博物院。汉文墓志拓本照片及录文见冯永谦（1983），契丹大字墓志拓本照片及摹本刊布于冯永谦（1988）。

（7）《大横帐节度副使墓志》：刻于辽天祚帝天庆四年（1114）。1987年秋发现于内蒙古自治区赤峰市巴林左旗乌兰坝苏木浩尔吐村小罕山一座辽墓。志盖正面阴刻篆体汉字“大横帐节度副使墓志”3行9字，志盖背面阴刻楷体契丹大字志文37行，共计1630余字。志石刻汉文志文26行，约有600字。墓主耶律习涅，为于越耶律鲁不古六世孙，仕天祚朝，官至兴复军节度副使。原碑现存于巴林左旗辽上京博物馆。契丹大字墓志拓本照片及摹本首次刊布于金永田（1991）。

（8）《大金国郎君墓志》：或刻于金大定十六年（1176）八月十一日。该墓志出土时间、地点不详，原碑下落不明。现仅存其拓片，20世纪50年代发现于一家旧书店。存世拓片显示，该墓志共16行，约有390字。学界曾称其为《应历碑》。如能确定此碑刻于金大定年间，便能证明金代早期确实沿用过契丹大字。拓本照片及释文见刘凤翥（1998）。

（9）《故永宁郡公主墓志铭》：2002年2月出土于内蒙古自治区赤峰市巴林左旗宝力罕吐乡王家沟村一座辽墓中。此墓中还发现了永宁郡公主之夫萧兴言的汉文墓志一方。前者刻于辽大安八年（1092），有契丹大字36行，共计1486字，若干字已残，后者刻于辽大安三年（1087）。原碑现存于巴林左旗辽上京博物馆。契丹大字墓志拓本照片及释文刊载于刘凤翥等（2003），汉字墓志拓本照片及录文见盖之庸（2007）。

（10）《耶律昌允墓志》：刻于辽大康十年（1084）六月五日。2000年8月出土于内蒙古自治区赤峰市元宝山区小五家子回族乡大营子村塔山前一座辽墓中。此墓中还发现了耶律昌允之妻兰陵郡夫人萧氏汉字墓志。墓志阴刻大字30行，共存870余字。志主耶律昌允，为辽太祖弟剌葛之四世孙。原碑石现存于赤峰市元宝山区文物管理所。该墓志拓本照片及释文见刘凤翥等（2004），《耶律昌允妻萧氏墓志》录文见盖之庸（2007）。

（11）《耶律突里不郎君墓志碑》：刻于辽大康七年（1081）。从墓碑的文字内容推测，墓碑当出土于内蒙古自治区赤峰市阿鲁科尔沁旗罕苏木的辽代耶律羽之家族墓群。墓碑两面周边均饰以双线夹着的勾连纹。碑额部分饰以牡丹花纹。正面刻契丹大字15行，背面刻契丹大字6行，共21行，约有780字。原碑现存于阿鲁科尔沁旗博物馆。拓本照片及释文见丛艳双等（2005）。

（12）《耶律祺墓志铭》：刻于辽乾统八年（1108）。1993年7月出土于内蒙古自治区赤峰市阿鲁科尔沁旗罕苏木古日班呼硕村朝克图山南麓的耶律祺家族墓地中。志石刻契丹大字46行，现存2840余字，是迄今发现的契丹大字石刻中字数最多的一件。墓中出土的部分瓷器底部有契丹大字墨书题款，共百余字。与该墓志同时出土的耶律祺汉文墓志一方，因早期被破坏，仅存300余字。原碑现存内蒙古文物考古研究所。拓本照片及释文见刘凤翥（2006）。

（13）《契丹大字木牍》：书写年代不详。1999年9月在内蒙古自治区兴安盟科尔沁右翼中旗代钦塔拉苏木的一处辽代墓群中发现两件木牍。第一件木牍长145厘米，宽4.3厘米至5.6厘米，厚0.9厘米至1.8厘米。两面均有墨书契丹大字。第一面竖写契丹大字62行，另有横写的1行，共计63行，212字。第二面竖写契丹大字66

行，另有横写的 1 行，共 67 行，236 字。第二件木牍长 63.7 厘米，宽 1.5 厘米，厚 1.8 厘米，只有一面墨书契丹大字。文字虽仅有 1 行，但分成了 9 个段落，共 26 字。实物现存于内蒙古博物院。木牍释文及摹本见刘凤翥等（2006）。

（14）《俄藏契丹大字手写本》：书写年代不详。2010 年发现于俄罗斯科学院东方文献研究所，是迄今发现的唯一一本契丹文纸质文献，共 128 页，15360 余字。现存于该研究所。有关报道见［俄］扎伊柴夫（2011）。

（15）《蒙古国东戈壁省出土石碑》：约刻于辽清宁四年（1058）。2010 年发现于蒙古国东戈壁省。碑文共 7 行，150 余字。此碑是在蒙古国境内发现的首个契丹大字碑刻，现存于蒙古国国立博物馆。拓本照片及释文见松川节（2013）。

除以上公开发表的资料，据相关报道，另有《清宁二年墓志》《留隐太师墓志铭》《大辽国常衮耶律準墓志铭》等几方墓志以及铜印、符牌、石柱、摩崖、钱币上的契丹大字面世，这里不作一一介绍。

迄今发现的契丹小字资料十分丰富，这里简单介绍小字碑刻文献的基本情况，详细信息请查阅本书第二编。

（1）《兴宗皇帝哀册》：刻于辽清宁元年（1055）十一月十日，1922 年 6 月由比利时神父凯尔温雇人从巴林右旗白塔子永兴陵抄写出的手抄本，有 36 行，约 850 字。此碑仍埋于永兴陵。手抄本首次刊布在牟里［法］（Mullie）（1933）。

（2）《仁懿皇后哀册》：刻于辽大康二年（1076）六月十日，发现经过与《兴》[①] 相同。共有 32 行，约 570 字。原碑仍埋于永兴陵。另有汉字《仁懿皇后哀册》册盖出土。契丹字、汉字手抄本首次刊布在［比］凯尔温（1923）。

（3）《大金皇弟都统经略郎君行记》：金代天会十二年（1134）十一月十四日刻于今陕西省乾县唐乾陵的无字碑上。有契丹小字 5 行 96 字，汉字 6 行 108 字。二者是互相对译的，也是绝无仅有的通篇对译的资料。该碑一直耸立于原地。1982 年 11 月，刘凤翥、于宝林在唐乾陵献殿遗址又发现了一方和《郎》内容相同的石碑。

（4）《道宗皇帝哀册》：刻于辽乾统元年（1101）六月二十三日，1930 年从巴林右旗白塔子永福陵出土。由时任热河省主席汤玉麟之子汤佐荣派人掘出的。册盖 6 行 36 个原字，可拼成 14 个词。册文 37 行，计 1134 字，其中 9 行被改刻过。此碑现存于辽宁省博物院。同时掘出的有汉字《仁圣大孝文皇帝哀册》。《道》拓本见于孟森（1932）。

（5）《宣懿皇后哀册文》：刻于辽乾统元年（1101）六月二十三日。1930 年从巴林右旗白塔子永福陵出土。亦由汤佐荣派人掘出。契丹文册盖 4 行 16 个原字，可拼为 7 个词，册文共 30 行，有 620 字。同时出土的还有汉字《宣懿皇后哀册》。拓本发表情况与《道》相同。

---

① 契丹大、小字文献全称与简称详见本节附录部分。

以上5篇契丹小字原始资料和有关汉字碑刻的精美拓本或抄本，均收录于［日］田村实造等（1953）。

（6）《萧令公墓志》（残石）：约刻于辽清宁三年（1057）二月二十七日。1950年5月出土于辽宁省义县清河门（现属辽宁省阜新市清河门区）西山村。共32行，现存590余字。原碑现存于辽宁省博物院。拓本照片首次见于李文信（1954）。

（7）《越国王萧仲恭墓志铭》：刻于金天德二年（1150）九月十九日。1942年出土于河北省兴隆县阎杖子公社梓木林子村（现属河北省承德市兴隆县蘑菇峪乡梓木林子村），公布于1957年。志盖有3行9个字；志文50行，共有2490余字。原碑现存于河北省文物研究所。拓本首次发表于郑绍宗（1973）。

（8）《辽国许王墓志》：刻于辽辽乾统五年（1105）二月二十一日。1975年出土于辽宁省阜新市阜新蒙古族自治县卧凤沟乡翻身村白台沟。志盖有"掩闭日甘露降""辽国许王墓志"及6个契丹字。志文64行，现存2750余字。志石右侧有5行汉字志文。原碑现存于阜新市博物馆。拓本和考释文章首次发表于阜新县文化局（1977）和刘凤翥等（1977）。

（9）《故耶律氏铭石》：刻于辽天庆五年（1115）四月十日。1969年出土于内蒙古自治区赤峰市翁牛特旗山嘴子毛布拉沟（现为翁牛特旗乌丹镇山嘴子乡乌兰板村毛布沟）的辽墓。有25行695个契丹字。原碑现存于赤峰市博物馆。拓本和摹本首次见于昭乌达（1981）。

以上9篇资料的拓片影印件和相关汉文碑刻均收录于清格尔泰等（1985）。

（10）《大辽国尚父于越宋王墓志铭》：刻于辽咸雍八年（1072）九月九日。1983年出土于辽宁省北票县（今辽宁省朝阳市北票市）小塔子乡莲花山村。志文70行，约有5000字，是传世的契丹小字资料中字数最多的一件。汉字志文约有1400字。原碑现存于辽宁省博物院。拓本照片和考释文章首次发表于韩宝兴（1991）。

（11）《海棠山墓志》（残石）：由于残损严重，凿刻年代不详。1991年出土于辽宁省阜新市阜新蒙古族自治县大板乡的海棠山摩崖造像群。志文现存13行300余字。原碑现存于阜新蒙古族自治县文物管理所。墓志拓本照片及摹本首次发表于吕振奎等（1992）。

（12）《大契丹国广陵郡王墓志铭记》：刻于辽重熙二十二年（1053）八月十二日，是迄今发现的契丹小字资料中凿刻年代最早的。1991年5月出土于辽宁省锦州市北镇满族自治县鲍家乡高起村。志文36行，约有1010字。另有汉字志文，930余字。原碑现存于北镇市（现属辽宁省锦州市）文物管理处。拓本照片首次发表于鲁宝林等（1993），考释文章首次发表于刘凤翥等（1995）。

（13）《镇国上将军墓志铭》（残石）：或刻于金大定十年（1170）十二月二十五日。1993年出土于内蒙古自治区赤峰市敖汉旗新地乡老虎沟村。碑文现存51行，约有1500字。原碑现存于内蒙古敖汉旗博物馆。拓本照片及摹本首次发表于朱志民

（1995）。

（14）《耶律弘用将军墓志铭》：刻于辽寿昌六年（1100）四月二十日。1996 年出土于内蒙古通辽市扎鲁特旗乌日根塔拉农场。志文有 32 行，约有 900 字。原碑现存于扎鲁特旗文物管理所。拓本照片及摹本首次发表于陈乃雄等（1999）。

（15）《涿州刺史墓志》（残石）：约刻于辽乾统八年（1108）十月八日。1994 年出土于内蒙古自治区赤峰市巴林左旗三山乡南沟村。志文现存 26 行，约有 230 字。原碑现存于巴林左旗辽上京博物馆。拓本照片及摹本首次发表于王未想（1999）。

（16）《南赡部洲大辽国故迪烈王墓志文》：刻于大安八年（1092）八月七日。1995 年出土于内蒙古自治区通辽市扎鲁特旗嘎亥图镇附近一座辽墓中。共 41 行，约有 1690 字。原碑现存于北京辽金城垣博物馆。拓本照片及摹本首次发表于卢迎红等（2000）。

（17）《耶律奴详稳墓志铭》：刻于辽寿昌五年（1099）四月二十八日。1999 年出土于辽宁省阜新市阜新蒙古族自治县大板镇腰衙门村。志文 48 行，约有 1270 字。原碑现存于阜新市博物馆。拓本照片及摹本首次发表于石金民等（2001）。

（18）《耶律智先太尉墓志铭》：刻于辽大安十年（1094）十一月十五日。1998 年出土于辽宁省朝阳市北票市小塔子乡莲花山村。刻有 27 行，约有 1000 字。原碑现存于辽宁省北票市博物馆。另有一方汉字《耶律智先墓志铭》出土。拓本照片及摹本发表于赵志伟等（2001）。

以上 18 篇契丹小字碑刻的拓片影印件或摹本均收录于清格尔泰（2002b）。此书出版后，学界又陆续公布了一批契丹小字碑刻。如：

（19）《耶律永宁郎君墓志铭》（残石）：刻于辽大安四年（1088）正月十三日。1995 年出土于内蒙古自治区赤峰市喀喇沁旗宫营子乡（今鞍山乡）。墓志共 43 行，现存 1060 余字。原碑现存于喀喇沁旗博物馆。拓本照片及摹本刊载于郑晓光（2002）。

（20）《耶律（韩）高十令公墓志》：撰刻年代不详。1995 年前后发现于内蒙古自治区赤峰市巴林左旗白音乌拉乡白音罕山的辽代韩匡嗣家族墓葬群遗址内。现仅存志文前半部分，共计 26 行，有 750 余字。原碑现存于巴林左旗辽上京博物馆。墓志拓本照片及释文首次刊布于刘凤翥（2002）。

（21）《耶律（韩）迪烈太保墓志铭》：刻于辽乾统元年（1101）二月二十八日。1996 年出土于内蒙古自治区赤峰市巴林左旗白音罕山的辽代韩匡嗣家族墓内。墓志 34 行，共计 1350 余字。原碑现存于巴林左旗辽上京博物馆。摹本及拓本照片首次刊登于唐彩兰等（2002）。

（22）《萧图古辞尚书墓志铭》：刻于辽咸雍四年（1068）七月九日。2000 年出土于辽宁省阜新市阜新蒙古族自治县太平乡大道村四家子屯辽墓。墓志共 26 行，约有 740 字。原碑现存于辽宁省文物考古研究所。摹本及拓本照片首次刊登于梁振晶

(2003)。

(23)《故太叔祖哀册》：刻于辽乾统十年（1110）十一月八日。1997 年出土于内蒙古自治区赤峰市巴林右旗索博日嘎苏木（白塔子）瓦林茫哈的永兴陵西侧的陪葬墓。册盖 3 行 15 个原字，可拼为 6 个字。册文共刻契丹小字 25 行，有 817 字。原碑现存于巴林右旗巴林博物馆。另有同时出土的汉字哀册一方。考释文章刊布于清格勒等（2003）。

(24)《故宋魏国妃墓志铭》：刻于辽乾统十年（1110）十一月八日。1997 年与《太》同时出土于内蒙古自治区赤峰市巴林右旗白塔子永兴陵西侧的陪葬墓。志盖刻 4 行 20 个原字，可拼为 8 个字。志文 24 行，共计 645 字。原碑现存于巴林右旗巴林博物馆。另有同时出土的汉字《宋魏国妃墓志文》一方。考释文章刊载于刘凤翥等(2003)。

(25)《萧太山将军永清郡主墓志》：刻于辽寿昌元年（1095）六月。2003 年出土于辽宁省阜新市阜新蒙古族自治县平安地乡阿汉土村宋家梁屯北山的一座辽墓中。墓志共 32 行，约 1340 字。原碑现存于阜新蒙古族自治县文物管理所。墓志正面刻有汉字《永清公主墓志》。考释文章登载于袁海波等（2005）。

(26)《韩氏夫人墓志碑铭》：约刻于辽大康四年（1078）正月。出土时间、地点及原碑下落均不明。共刻 35 行，约有 818 字。志主是辽代开国功臣韩知古的玄孙女、韩郭三之次女，萧特每・阔哥驸马的第二夫人，也是耶律（韩）高十同父同母的姐姐。考释文章刊布于刘凤翥等（2005）。

(27)《耶律抄只郎君墓志铭》：刻于辽大康八年（1082）八月十一日。1997 年出土于内蒙古自治区赤峰市阿鲁科尔沁旗白音温都苏木沙日宝特嘎查一座辽墓中。志盖阴刻契丹小字两行，15 字。志石刻 28 行，共有 910 余字。原碑现存于阿鲁科尔沁旗博物馆。拓本照片及考释文章刊布于刘凤翥等（2006）。

(28)《耶律迪里姑太保墓志铭》：刻于辽乾统二年（1102）十二月十一日。2002 年 7 月，由内蒙古自治区赤峰市巴林左旗辽上京博物馆征得。出土时间、地点均不详。共 31 行，有 1020 余字。原碑现存于巴林左旗辽上京博物馆。拓本照片及释文见于刘凤翥等（2006d）。

(29)《撒懒・室鲁太师墓志碑》：刻于辽寿昌六年（1100）四月。2000 年出土于内蒙古自治区通辽市扎鲁特旗伊和背乡水泉沟。石碑背面刻契丹小字 150 字。正面额题汉文“望坟碑记”，正文系楷书《拔济苦难陀罗尼经》一卷，约有 700 字。碑石现存于内蒙古赤峰市宁城县大明镇内蒙古自治区文物考古研究所东部工作站。考释文章、摹本及拓本照片发表于刘凤翥等（2007）。

(30)《耶律兀没副署墓志铭》：刻于辽乾统二年（1102）十一月二十五日。1996 年出土于内蒙古自治区赤峰市阿鲁科尔沁旗罕苏木古日班呼硕嘎查朝克图山的耶律祺家族墓群。志文共刻 51 行，近 2000 字。原碑现存于内蒙古博物院。拓本照片及摹本见于盖之庸等（2008）。

（31）《梁国王墓志铭》：刻于辽乾统七年（1107）四月十四日。2000 年 11 月出土于辽宁省阜新市阜新蒙古族自治县大巴镇附近的关山种畜场王坟沟。志盖阴刻 3 行篆书汉字“梁国太妃耶律氏志铭”，背面阴刻契丹小字《梁国王墓志铭》，共 29 行，约 1280 字。志石阴刻汉字《梁国太妃墓志铭》，共 25 行。原碑石今藏于辽宁省文物考古研究所。拓本照片及释文首次发表于万雄飞等（2008）。

（32）《显武将军拔里公墓志铭》：刻于金大定十五年（1175）。2004 年 8 月出土于辽宁省阜新市阜新蒙古族自治县平安地镇郑家梁屯境内一座辽墓中。志盖阴刻 3 行契丹小字，共 13 字。志石阴刻契丹小字 33 行，共 1350 余字。原碑现藏于辽宁省阜新市博物馆。拓本照片及摹本首次发表于郭添刚等（2009）。

（33）《萧敌鲁副使墓志铭》：刻于辽天庆四年（1114）十月二十九日。出土时间和地点均不详，2007 年 5 月由内蒙古大学民族博物馆从民间征得。志盖阴刻 25 行，约 580 字，志石阴刻 26 行，约 520 字，全文约有 1100 字。原碑现存于内蒙古大学民族博物馆。拓本照片及释文首次刊载于吴英喆等（2010）。

（34）《耶律详稳墓志》：刻于辽大安七年（1091）十月二日。出土时间和地点均不详，2007 年 6 月由内蒙古大学民族博物馆从民间征得。志石刻有 39 行，现存 1440 余字。志盖刻有 9 行，现存 190 余字。全部志文共有 1630 字。原碑现存于内蒙古大学民族博物馆。拓本照片及释文首次刊载于吴英喆等（2010）。

（35）《萧胡睹堇太师墓志铭》：刻于辽大安七年（1091）。2010 年，为内蒙古自治区赤峰市巴林左旗契丹博物馆所征得，其具体出土时间与地点不详。该墓志无志盖，志石阴刻 39 行，约 1480 字。原碑石现存于该博物馆。拓本照片及释文载于吴英喆（2012b）。

（36）《耶律蒲速里太傅墓志碑铭》：刻于辽乾统五年（1105）闰二月二十二日。原碑石出土时间、地点及收藏地均不详，只有拓片传世。志盖刻有两行文字，一行为单行原字，可复原为 10 个字，另一行有 11 个字。志石阴刻 25 行，约 800 字。拓本照片及释文载于吴英喆（2012b）。

（37）《耶律玦敞稳墓志铭》：刻于辽咸雍七年（1071）。2009 年，由内蒙古自治区赤峰市敖汉旗新州博物馆征得，其出土时间与地点均不详。志石阴刻 46 行，约 2530 字。原碑石现存于该博物馆。拓本照片及释文载于吴英喆（2012 b）。

（38）《萧回琏郎君墓志铭》：刻于辽大康六年（1080）闰八月一日。出土时间与地点均不详，2007 年，由北京科举匾额博物馆征得。志盖阴刻契丹小字 3 行，共 14 字。志石阴刻契丹小字 32 行，共约 840 字。原碑现存于该博物馆。拓本照片及释文载于吴英喆（2012b）。

（39）《萧查剌相公墓志铭》：刻于辽天庆三年（1113）十一月二十二日。出土时间与地点及现收藏地均不详，仅有拓片传世。墓志两面刻字，一面为汉字，另一面为契丹小字。契丹小字《萧查剌相公墓志铭》，有27行，共800余字。汉文《萧查剌相公墓志铭》，有35行，共1460余字。契丹小字及汉字墓志拓本照片及释文发表于刘凤翥（2015）。

（40）其他金石资料：在各地发现的金石资料中包括《庆陵壁画题字》《木椁壁画题字》《圆铜镜镜背铭文》《宝坻镜镜背铭文》《玉魁魁底刻文》《寿昌钱铭文》《鱼符刻文》《三彩釉砚和黄釉笔洗墨书》《万部华严经塔塔壁题字》《巴拉哈达洞壁墨书》《乌兰哈达石崖墨书》及《叶茂台墓志残石》。这些金石资料发现时间、地点、收藏地以及研究状况等详见第二编资料整理部分。

除了以上契丹小字资料，据有关消息，还有尚未公布的几方新近发现的契丹小字碑刻，如《耶律太师墓志铭》《故侍中墓志铭》《耶律斡特懒郎君墓志铭》《大辽国故太师墓志铭》《耶律天你太师墓志铭》等资料。

从现阶段契丹文解读成果看，契丹语中确实存在一批音义方面与中古蒙古语相同或相近的语词，同时许多语音、语法现象与中古蒙古语一致，如契丹语四季称谓、基数词、亲属称谓、天干地支、有些动词及形容词、“格、数、性”以及动词附加成分。随着研究工作的深入，契丹语与蒙古语间的共同成分可能会更加丰富，同时可以间接了解早期蒙古语的面貌。契丹文解读还对辽代政治、社会制度，尤其是为世家大族的世系、氏族部落的发展演变史、官职制度、世俗习惯的研究提供真实的素材，对匡补和修正北方民族史具有突出的研究价值。音韵学家们的研究表明，用契丹小字记录的汉语借词更真实地记录了同时代汉语的语音特征，如入声韵尾、汉语声调等。因而契丹文字的深入研究也必能深化汉语中世音韵的研究。

附录　契丹大、小字文献全称与简称

一、契丹大字文献

1.《大辽大横帐兰陵郡夫人建静安寺碑》:《静》

2.《故太师铭石记》:《铭》

3.《萧孝忠墓志》:《孝》

4.《耶律延宁墓志铭》:《延》

5.《北大王墓志》:《北》

6.《故北宰相萧公墓志铭》:《袍》

7.《大横帐节度副使墓志》:《习》

8.《大金国郎君墓志》:《金》

9.《故永宁郡公主墓志铭》:《公》

10.《耶律昌允墓志》:《昌》

11.《耶律突里不郎君墓志碑》:《突》

12. 《耶律祺墓志铭》:《祺》
13. 《契丹大字木牍》:《牍》
14. 《俄藏契丹大字手写本》:《俄》
15. 《蒙古国东戈壁省出土石碑》:《蒙》
16. 《清宁二年墓志》:《二》
17. 《留隐太师墓志铭》:《留》
18. 《大辽国常衮耶律準墓志铭》:《準》

二、契丹小字文献

1. 《兴宗皇帝哀册》:《兴》
2. 《仁懿皇后哀册》:《仁》
3. 《大金皇弟都统经略郎君行记》:《郎》
4. 《道宗皇帝哀册》册盖:《道盖》

《道宗皇帝哀册》册文:《道》

5. 《宣懿皇后哀册文》册盖:《宣盖》

《宣懿皇后哀册文》册文:《宣》

6. 《萧令公墓志》(残石):《令》
7. 《越国王萧仲恭墓志铭》志盖:《仲盖》

《越国王萧仲恭墓志铭》志文:《仲》

8. 《辽国许王墓志》志盖:《许盖》

《辽国许王墓志》志文:《许》

9. 《故耶律氏铭石》:《故》
10. 《大辽国尚父于越宋王墓志铭》:《于》
11. 《海棠山墓志》(残石):《海》
12. 《大契丹国广陵郡王墓志铭记》:《广》
13. 《镇国上将军墓志铭》(残石):《镇》
14. 《耶律弘用将军墓志铭》:《弘》
15. 《涿州刺史墓志》(残石):《涿》
16. 《南赡部洲大辽国故迪烈王墓志文》:《南》
17. 《耶律奴详稳墓志铭》:《奴》
18. 《耶律智先太尉墓志铭》:《智》
19. 《耶律永宁郎君墓志铭》(残石):《永》
20. 《耶律(韩)高十令公墓志》:《高》
21. 《耶律(韩)迪烈太保墓志铭》:《迪》
22. 《萧图古辞尚书墓志铭》:《图》
23. 《故太叔祖哀册》册盖:《太盖》

《故太叔祖哀册》册文：《太》
24.《故宋魏国妃墓志铭》志盖：《宋盖》
《故宋魏国妃墓志铭》志文：《宋》
25.《萧太山将军永清郡主墓志》：《清》
26.《韩氏夫人墓志碑铭》：《韩》
27.《耶律抄只郎君墓志铭》志盖：《抄盖》
《耶律抄只郎君墓志铭》志文：《抄》
28.《耶律迪里姑太保墓志铭》：《姑》
29.《撒懒·室鲁太师墓志碑》碑额：《撒额》
《撒懒·室鲁太师墓志碑》碑文：《撒》
30.《耶律兀没副署墓志铭》：《兀》
31.《梁国王墓志铭》：《梁》
32.《显武将军拔里公墓志铭》志盖：《显盖》
《显武将军拔里公墓志铭》志文：《显》
33.《萧敌鲁副使墓志铭》：《敌》
34.《耶律详稳墓志》：《详》
35.《萧胡睹董太师墓志铭》：《胡》
36.《耶律蒲速里太傅墓志碑铭》志盖：《蒲盖》
《耶律蒲速里太傅墓志碑铭》志文：《蒲》
37.《耶律玦敞稳墓志铭》：《玦》
38.《萧回琏郎君墓志铭》志盖：《回盖》
《萧回琏郎君墓志铭》志文：《回》
39.《萧査剌相公墓志铭》：《査》
40.《耶律太师墓志铭》：《师》
41.《故侍中墓志铭》：《侍》
42.《耶律斡特懒郎君墓志铭》：《斡》
43.《大辽国故太师墓志铭》：《大》
44.《耶律天你太师墓志铭》：《天》
45. 其他
(1) 庆陵壁画题字：《庆》
(2) 木椁壁画题字：《椁》
(3) 圆铜镜镜背铭文：《圆》
(4) 宝坻镜镜背铭文：《宝》
(5) 完颜通铜镜镜背铭文：《完》
(6) 玉魁魁底刻文：《玉》

(7) 寿昌钱铭文:《寿》
(8) 鱼符（之一）刻文:《鱼一》
(9) 鱼符（之二）刻文:《鱼二》
(10) 三彩釉砚和黄釉笔洗墨书:《砚》
(11) 万部华严经塔塔壁题字（之一）:《塔一》
(12) 万部华严经塔塔壁题字（之二）:《塔二》
(13) 巴拉哈达洞壁墨书（之一）:《巴一》
(14) 巴拉哈达洞壁墨书（之二）:《巴二》
(15) 巴拉哈达洞壁墨书（之三）:《巴三》
(16) 乌兰哈达石崖墨书:《乌》
(17) 叶茂台墓志残石:《叶》

契丹小字《耶律奴墓志》的几个问题

都兴智

契丹小字《耶律奴墓志》1999年9月被发现于阜新县大板镇腰衙门村北山之阳，此地西距阜新市约30千米。当年秋季多雨，山洪将一座辽墓冲垮，《耶律奴墓志》暴露，被当地一村民发现移至家中，后主动到市文化部门报告。市里很重视，立即组织专家到腰衙门村考察，认定是一合契丹小字墓志，遂将墓志运到市里。同年10月，中国社会科学院契丹文字研究专家刘凤翥先生来到阜新，对墓志进行认真研究，拓制拓片，解读铭文。之后，石金民、于泽民二位先生又根据刘先生释读的摹本写出了一篇研究文章，并将摹本附在文章之后。① 十多年过去了，近读石、于二位之文及仔细核对摹本，有了点新的认识。故结合近几年的考古发现和新研究成果，试对该墓志所涉及的问题谈几点不成熟的看法。

一　耶律奴是耶律休哥裔孙

《耶律奴墓志》现收藏在阜新市博物馆，笔者2002年到阜新参加学术会议曾亲眼见到这合墓志。该墓志分志盖和志石两部分，契丹小字的铭文共48行，志石上刻有24行，另外24行则刻在志盖的背面。铭文共1274字，残2字，半残40余字，其余皆清晰可辨。限于十多年前对契丹小字的研究条件和水平，铭文中还有许多契丹字没能释读出来，故而影响了该墓志的历史价值。仔细核对刘先生的释文摹本，笔者的新发现是，墓主人耶律奴的先祖就是辽代中期著名的军事家、名将耶律休哥。其依据有以下几点：

第一，耶律奴和耶律休哥都是皇族三父房仲父房隋国王释鲁之后。墓志第1行，原摹本释文为“大哈喇契丹国之可汗横帐族系哥弟之仲父房国姓详稳墓志铭序并”（哈喇，契丹字为“”，刘凤翥先生现已将此字释为“辽”字）；第4行“公孩子名奴，第二等的国姓可汗之横帐族系兄弟之仲父房人”。虽然释文中“第二等的国姓”之解读还存在争议（见后文），但墓主人出自横帐仲父房毋庸置疑。《辽史》记

① 石金民、于泽民：《契丹小字〈耶律奴墓志铭〉考释》，《民族语文》2001年第2期。

载，耶律休哥是隋国王释鲁之孙。耶律奴与休哥为不同辈分的同一家族成员。

第二，墓志第5行：“第四代之祖父老古宁燕王，天皇帝之兄弟□陶畏思同胞部初五院部夷离堇。天子皇帝之时，燕王之号封。老古宁大王（迭剌曷鲁宁）妃二人之子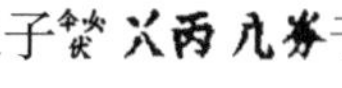于越。”天皇帝，指太祖耶律阿保机。这说明此处所记的耶律奴的曾祖父老古宁与太祖是同辈之人。“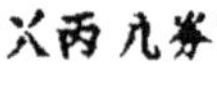”二字按行文例当是“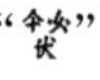”的另一契丹名。“”（逊宁），即老古宁与迭剌曷鲁宁王妃二人所生之子。证之其他契丹字墓志，知辽代契丹人一般都有两个名，一个是“孩子名”，相当于汉人的乳名（小名），另一个名则类似汉人的学名。在汉文史料中，往往把其中的一个称为名，另一个则视为字。在契丹字墓志中，往往将两个契丹名并列。如应天皇太后同母异父长兄萧敌鲁，在契丹小字《夺里懒太山将军与永清郡主墓志铭》中作“敌鲁·敌辇”。① 《辽史》敌鲁本传记作“萧敌鲁，字敌辇”。在这里，“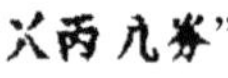”当是孩子名，“”是字。志石上的“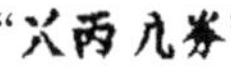”两字稍欠清晰，可能当时刘先生一时没有辨认出来，故采取谨慎态度，未予解读，摹本上确实没有释文。今据刘先生最近出版的契丹文字研究新著，知此二字应释为“秀哥”。如契丹小字《萧特每·阔哥驸马第二夫人韩氏墓志铭》第3行：“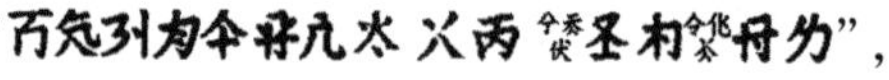”，释文为“扬哈相公秀夫人二人之第四子”，“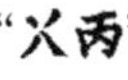”字正释为“秀”。② “”字释为“哥”已得到学界普遍认同。故《耶律奴墓志》中“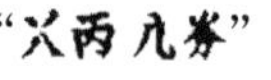”即可释读为“秀哥”。契丹小字是拼音字，秀、休同音，所以铭文中之句可解读为“老古宁大王与迭剌曷鲁宁妃二人之子逊宁休哥于越”。刘先生在他最近出版的新著书末所列的字表《姓名》一节中，将《耶律奴墓志》的“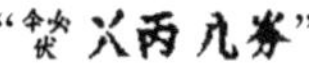”释为“逊宁·休哥”，这说明刘先生现在已经解开了这个谜底。《辽史·耶律休哥传》：“耶律休哥，字逊宁。”燕王耶律老古宁是休哥之父、耶律奴的先祖。出身于横帐仲父房，官至于越，爵封宋国王，名逊宁、休哥，毫无疑问，此人就是《辽史》上所记大名鼎鼎的耶律休哥，由此知耶律奴是休哥之裔孙。

第三，早在1949年，就在腰衙门村的北山上发现了耶律休哥长子耶律元之妻《晋国夫人墓志铭》，志文称晋国夫人死后“归葬于显州北平顶山”。③ 2002年，阜新县腰衙门村北山的五座辽墓被盗，省、市、县的考古工作者及时赶赴现场，在被盗的一座辽墓中发现了一合墓志铭。其志盖上大书“故於越宋国王墓志铭”九个汉字。考古工作者钻进墓中，摸到了墓志，但没有取出来。后来文物管理部门决定将该墓采取封存保护措施，故至今留下悬念。④ 按“於越”应即文献史料当中所记的“于

---

① 契丹小字《萧太山和永清公主墓铭》，见刘凤翥等编《辽上京地区出土的辽代碑刻汇辑》，社会科学文献出版社2009年版，第83页。

② 契丹小字《萧特每·阔哥驸马第二夫人韩氏墓志铭》，见刘凤翥等编《辽上京地区出土的辽代碑刻汇辑》，社会科学文献出版社2009年版，第47页。

③ 耶律元妻《晋国夫人萧氏墓志》，见向南编《辽代石刻文编》，河北教育出版社1995年版，第211页。

④ 《辽沈晚报》2002年10月7日。

越”，从“於越宋国王”五字分析，此墓主人无疑就是耶律休哥。虽然史料记载休哥的长辈及其子高十都担任过于越之职，但被封为宋国王者唯有休哥。由以上石刻文字资料可知，腰衙门村的北山在辽代时称平顶山，平顶山附近就是耶律休哥的家族墓地。《耶律奴墓志》第3行记载，耶律奴于辽寿昌四年（1098）十二月初四日病故，第二年四月二十八日子时归葬于“祖父宋国王之墓[illegible]（那欧葛特里步）山之顶处”。按“顶”之契丹字为“[illegible]”，或释为“坡”，或释为“阳”。因汉文《耶律智先墓志》记智先的次子名佛顶，契丹小字《耶律智先墓志》中佛顶的顶字作“[illegible]”。契丹小字《郎君记行》中有“梁山之阳”句，其中阳字亦与此不同，故此字音义尚未可定。“[illegible]”山当即今北山。诸多考古发现与《耶律奴墓志》的记载完全吻合。

二　耶律奴家族与耶律仁先家族的关系

《辽史》记载，耶律休哥的祖父隋国王释鲁有两个儿子，一为绾思，一为滑哥。“滑哥字斯懒，隋国王释鲁之子。性阴险。初烝其父妾，惧事彰，与尅萧台哂等共害其父，归咎台哂，滑哥获免。”① 辽太祖六年（912），滑哥参与太祖诸弟之乱，与其子痕只俱被凌迟处死。绾思，为休哥之父，他就是《耶律奴墓志》所记的燕王老古宁。《辽史·耶律休哥传》记绾思曾任南院夷离堇，与铭文所记老古宁“初五院部夷离堇”相符。“天子皇帝之时，燕王之号封。”所谓天子皇帝是指辽太宗耶律德光。契丹语序与汉语有别，“燕王之号封”是直释，按汉语语序应为“封燕王之号”。绾思被太宗封为燕王之事《辽史》不载，志文所记可补《辽史》之缺。老古宁应是绾思的另一契丹名。

汉文史料记载，“耶律洼，字敌辇，隋国王释鲁孙，南院夷离堇绾思子”②。由此知耶律洼与耶律休哥是兄弟。

在辽宁北票市莲花山发现的耶律仁先、耶律智先兄弟二人的汉字、契丹文墓志记载，仁先一支也属于横帐仲父房，但《辽史·耶律仁先传》却明确记载仁先家族属于横帐孟父房之后。到底是哪一种记载可信呢？根据乌拉熙春教授最近对契丹文《涅邻刘家奴详稳墓志碑铭》《糺邻王墓志铭》（即《耶律仁先墓志》）、《耶律乌鲁本太尉墓志铭》（即《耶律智先墓志》）、《耶律夷里衎太保墓志》《白隐太傅墓志碑铭》五方墓志的解读与研究，证明耶律仁先一支确实出自横帐孟父房。其世系是：第一代楚国王严木古；第二代长子胡古只，次子末掇，三子楚不鲁。三兄弟皆曾任迭剌部夷离堇；第三代末掇之子团宁颓昱，任惕隐；第四代团宁颓昱之子古邻滑哥大王；第五代古邻滑哥之子云独昆撒割里；第六代独昆撒割里之子查懒·隗引宰相；第七代仁

---

① 《辽史》卷112《耶律滑哥传》，中华书局1974年标点本。

② 《辽史》卷77《耶律洼传》，中华书局1974年标点本。

先、义先、礼先、智先、信先。由于第五代云独昆撒割里承继仲父房释鲁四世孙石剌之帐，生子查懒·隗引，故后改隶仲父房。① 这一发现解决了《辽史》与出土石刻资料记载相互矛盾的问题，使以往研究者对此产生的疑惑涣然冰释。耶律仁先家族从血脉上讲应属于横帐孟父房，从承祧关系上讲则应属于横帐仲父房。因此《辽史》和墓志的记载都不能算错。其家族墓地在今北票市莲花山，也说明仁先一族与休哥后裔是属于不同支系的。

三　耶律奴的家族世系

《辽史·耶律休哥传》记，休哥有两子：高八，官至节度使；高十，终于越。孙马哥，“清宁中，迁唐古部节度使。咸雍中，累迁匡义军节度使。大康初，致仕，卒”。耶律奴是高八之后，还是高十之后？马哥与耶律奴是什么关系吗？这也是必须探讨的问题。

《辽史·圣宗纪》统和二十一年十一月，“故于越耶律休哥之子道士奴、高九等谋叛，伏诛”。由此知休哥本生四子，其长幼次序似应为高八、道士奴、高九、高十。谋反遭诛的当是次子与第三子，谋反属大逆罪，叛者子孙在一般情况下都会被斩草除根。

耶律元之妻晋国夫人乃圣宗钦哀皇后之妹，其墓志记“适故南面行营都统、燕京留守、于越、宋国王长子故金紫崇禄大夫、检校太师、西北路右神武卫上将军耶律元”。耶律元应该就是休哥长子高八。据《晋国夫人墓志》记，耶律元先于其妻10余年而逝，晋国夫人死于重熙六年（1037），享年40岁。以此估计耶律元卒年在30岁左右甚至更小。晋国夫人死后，因耶律元“素无胤嗣”，故“所有晋国夫人一帐户籍付弟前启圣军节度使、金紫崇禄大夫检校司徒耶律忠主之”。② 这样就排除了马哥和耶律奴为耶律元子孙的可能，同时证明耶律忠应即高十。仔细核对铭文所记耶律奴的任官履历，证明与马哥的履历并不一致。铭文明确记载耶律奴生于重熙十年（1041），到大康元年（1075）时才35岁，显然离致仕退休的年龄还早。故可以肯定，耶律奴与大康初致仕的马哥并不是同一个人。

再仔细审读志文，发现燕王老古宁并不是耶律奴的四代祖（曾祖），而应该是其高祖。休哥也不是耶律奴的祖父，而是他的曾祖。志文的撰写者记载耶律奴家族的世系显然存在错误。《耶律奴墓志》第7行记“逊宁于越子乙辛隐，号高宁，五院同胞南府宰相”。第8、9行“乙辛隐宰相之祖父慈宁令公之子刘宁惕隐。女人（妻）陈

① 乌拉熙春：《契丹文〈惕隐司孟父房白隐太傅位志碑铭〉〈故显武将军上师居士拔里公墓志〉合考》，（日本）《立命馆文学》614号。

② 耶律元妻《晋国夫人萧氏墓志》，见向南编《辽代石刻文编》，河北教育出版社1995年版，第211页。

哥□□，生孩子两个，大者正八太保，小者[契丹字]郎君……公，[契丹字]郎君国舅大翁帐解里宁相公之女讹里本娘子二人之长子”。虽然此段志文没能完全解读，但从行文来看，这里所提到的担任南府宰相乙辛隐高宁，应该就是休哥之子高十。“乙辛隐宰相之祖父慈宁令公之子刘宁惕隐”一句，即实先生核对拓本，认为其中“祖父”应为“叔父”之误。[①] 如是，则慈宁令公应为休哥之弟，刘宁惕隐应为高十之从兄弟。《辽史》记休哥有兄弟洼，前已言及。慈宁令公是不是指耶律洼，尚不能确定。高十与其妻陈哥，应为耶律奴的祖父和祖母。正八太保和[契丹字]郎君，是高十与陈哥二人所生的两个儿子。耶律奴乃是小儿子[契丹字]郎君之子，其生母讹里本娘子，乃国舅大翁帐解里相公之女，当出自萧敌鲁家族。耶律奴还有个同胞弟弟□郎君。间接从年辈长幼上推断，马哥则应该是耶律奴的父辈。至于马哥是否为高十之子，与耶律奴的确切世系关系，目前尚不十分清楚。据以上考订可列耶律奴一支世系于下：

一世隋国王释鲁；二世燕王老古宁（绾思）；三世宋国王休哥；四世休哥长子元（高八）、次子忠（高十）；五世马哥、正八太保、[契丹字]郎君；六世耶律奴（[契丹字]郎君与萧讹里本娘子所生的大儿子）、同胞弟□郎君；七世国隐（奴与萧意辛所生之长子）、帝德（奴与萧意辛所生次子）。

四　关于“第二国姓”及耶律奴的生卒年月问题

前引《耶律奴墓志》铭文第4行摹本释文“公孩子名奴，第二等的国姓可汗之横帐族系兄弟之仲父房人”。有的学者对其中“第二等的国姓”的解读提出异议。认为释为“第二等的”契丹原字“[契丹字]”应释为“字”。“国姓”的契丹原字“[契丹字]”则当释为“国隐宁”，是耶律奴的字。[②] 那么原释文就应改为“公孩子名奴，字国隐宁，可汗横帐族系兄弟之仲父房人”。也有的学者认为“[契丹字]”有“另一个名”“又名”“别名”之义。[③] 刘凤翥先生后来可能也意识到原来的释文有问题，所以在自己的新著字表《数字》一节中明确标示《耶律奴墓志》和《梁国王位志铭》中的“[契丹字]”字义为“第二的、第二个名”。对照很多能见到的释文实例，可以认为解“[契丹字]”字为“第二个名”较准确。耶律奴的第二个名在铭文的第1行中就已出现，摹本解读为“大哈喇契丹之可汗横帐族系哥弟之仲父房国姓详稳墓志铭序并”，“国姓详稳墓志铭”一说显然欠通顺。如果释为人名，再将“哈喇”改释为“辽”，则该行应解读为“大辽契丹国之可汗横帐兄弟（惕隐司）之仲父房国隐宁详稳墓志铭序并”。按汉语的语序则应为“大辽契丹国之可汗横帐兄弟之仲父房国隐宁详稳墓志铭并序”。

① 即实：《谜田耕耘》，辽宁民族出版社2012年版，第725页。
② 乌拉熙春：《爱新觉罗·乌拉熙春女真契丹学研究》，（日本）松香堂书店2009年版，第307—308页。
③ 即实：《谜田耕耘》，辽宁民族出版社2012年版，第13页。

即铭文第 1 行包括墓主人的部族出身、人名、官名，这样就完全符合墓志铭行文的通例。所以，《耶律奴墓志铭》也可称为《国隐宁详稳墓志铭》。

关于耶律奴的生卒年月，铭文中有详细准确的记载，但寿数推算微误。铭文中记，耶律奴生于重熙十年二月十日，卒于寿昌四年十二月初四日。经仔细核对年表，知耶律奴死时应为 57 周岁。古人年龄以虚岁计，故耶律奴阳寿实为 58 虚岁。而铭文却误记为 59 岁，并记其胞弟□郎君“今年 58 岁”。按铭文撰写的时间是耶律奴下葬的寿昌五年，即 1099 年，耶律奴于前一年死去，应为 58 虚岁。墓志撰写者耶律司家奴落笔时把下葬时的年龄算作阳寿，微误。而记其胞弟□郎君“今年 58 岁”，说明耶律奴比其弟只大一岁。

本文承蒙陈晓伟博士惠补契丹小字，特此致谢！

辽宋间谍研究述评

武文君

辽朝与宋朝以拒马河为界分治北、南一百六十余年。在此背景之下，精确掌握对方信息成为辽宋争雄，占据上风的有效途径。间谍亦成为二者力量角逐的重要参与者，在辽宋关系中扮演了不可忽视的角色。因此，间谍一直以来都是研究辽宋关系的学者较为关注的问题之一。目前，学界对辽宋间谍的人员构成、组织机构、间谍活动内容、间谍作用，及其相关制度等方面的研究成果已比较丰富，但也存在一些不足，仍需要持续探索。研究辽宋间谍，对于了解辽宋时期的间谍体制、辽宋关系的发展演变，以及相关军事策略的演变规律均有重要意义。本文试对辽宋间谍的相关研究成果作简要梳理，以期对推进学界研究有所裨益。

一　关于辽宋间谍的整体研究

（一）辽宋间谍活动的时代特征

辽宋时期间谍活动频繁，在中国古代间谍史上占有一定地位，具有较为鲜明的时代特征。黄富成《中国古代间谍史》（中国人民公安大学出版社 1989 年版）一书认为，中古时期是侦察间谍活动的全面发展期，军事性侦察间谍活动达到古代的高峰，政治性侦察有了重大发展。而辽宋金时期的侦察、间谍活动在以前各代发展的基础上，进入了全面发展时期，是中古时期的一个高峰。他提出这一时期宋朝间谍活动有数量多、质量高；技术手段新；情报活动水平大为提高；间谍活动十分受重视等特点。褚良才与黄文见解类似，并有所延伸。褚作《中国古代间谍史话》（中州古籍出版社 1998 年版）回顾了中国古代五千年间谍史，此书认为宋代是古代间谍发展史趋于成熟的最后一个历史阶段，也是开创其鼎盛时期的一个承上启下的过渡性历史阶段。通过研究宋代具有战略性的间谍活动，及其取得新突破的间谍技术，认为宋代间谍的地位大为提高，间谍理论及机构也获得进一步发展。他还指出宋代皇城司常派间谍以外交人员的合法身份跟随外出，实际上是现代外交间谍的先声。

两部通史性著作，皆肯定了辽宋时期间谍活动在中国古代间谍史上的划时代作用。黄、褚二人对于宋代间谍活动的研究，为了解宋朝间谍发展轨迹，提供了便利。

（二）辽宋间谍战

辽宋订立“澶渊之盟”后，彼此都想争取在实力对比中占据优势。陶玉坤《辽宋和盟状态下的新对抗——关于辽宋间谍战略的分析》（《黑龙江民族丛刊》1988 年第 1 期）一文指出这种形势下，间谍战成为辽宋两朝抗衡的一种手段。文章探讨了辽宋间谍的伪装身份、赏赐情况等间谍运用方式。该文作者认为辽朝南京留守府有专门的间谍机构，西南面招讨司也涉及间谍事务。宋朝的间谍机构则是其枢密院所属官司、皇城司和地方上的机宜司。间谍的职责范畴小到饮食嗜好，大到政柄更易、宫闱秘事；间谍搜集的军事情报，及间谍在重大事件中的运作，在一定程度上改变了历史事件的原拟走向。陶玉坤《辽宋关系研究》（博士学位论文，内蒙古大学，2005 年）在其前期研究基础上，对辽宋间谍的研究做了修订和补充。辽朝方面，该文作者认为辽朝有严密的间谍网络，自五代后晋时，一直延续至宋朝。辽朝燕京留守府下设有专门针对宋朝的间谍机构“□□局”，辽道宗大安二年（1086）以后，此局长官由南北枢密院通事代替。宋朝方面，陶文指出宋人王禹偁、田锡、夏竦、贾昌朝、曾公亮等大臣的策论中，皆认为用间谍是一个很有效的御边之策。北宋招募间谍的经费来源在宋太祖时由边将自榷场贸易收入中支取，宋仁宗时期则设专项经费。这些间谍经费由朝廷统一拨款，也有地方官单独上奏要求增加费用的。屈罗木图《辽宋时期谍战的运用》（《内蒙古财经大学学报》2014 年第 4 期）通过对辽、宋间谍的史料梳理，分析整个辽宋时期，双方对间谍的运用、对内外间谍的防范，以及间谍在辽宋关系中发挥的重要作用。他认为，间谍在辽宋战争前期主要起到的作用是提供情报，两国依靠谍报制订作战计划。和盟后，间谍情报，成为两国制定外交政策的重要依据，辽宋之间的间谍战在某种程度上，对于南北物质文化交流做出了一定贡献。

（三）辽宋间谍群体

辽宋之间频繁的间谍活动需求，促使间谍迅速形成规模，并出现多种称谓。有间谍、谍者、谍人、细作、耳目、觇者、觇事人、勾当事人、奸细人、刺事人、探事人等。武文君《辽宋刺事人研究》（硕士学位论文，渤海大学，2017 年）指出宋人文献中称间谍为“刺事人”，而“刺事人户”通过登册入籍，作为一类人归于宋朝行政管辖范围内。文章以“刺事人”为辽宋时期间谍的代称，对间谍进行群体研究。他认为辽宋时期间谍身份多样，有政府机构专门培养的专业间谍；有的作为边地官员和使者，本身兼有情报任务；还有部分边民、两属民、归明人等，为利禄自愿充当间谍。按照有无官职，辽宋间谍可分为管理层和执行层，管理层间谍社会地位较高。执行层间谍社会地位较低，他们中有的通过间谍活动跻身富民、官僚阶层，促进着社会阶层自下而上的流动。该文作者以为，宋朝间谍的历史发展轨迹更为清晰。间谍最初由政府临时雇用，发展为登记在册，最后并入户籍，成为宋朝行政统治下的一类人户——“刺事人户”，逐渐成为被社会认可的群体。

以上关于辽宋间谍进行的整体研究，大致包括间谍的身份、机构、职责、发挥作用等方面。这些研究有助于认识辽宋间谍的运行机制，也为学界提供了细化研究的具体方向。

二　关于辽宋间谍的具体研究

（一）辽宋间谍机构

前面陶玉坤文已述，辽朝间谍机构只知有南京留守府下的“□□局”和西南面招讨司；宋朝的间谍机构自上而下有枢密院所属官司、皇城司和机宜司。受史料限制，辽朝间谍机构设置的具体情况尚不清晰，目前学界对此并未有专题研究。相比之下，宋朝间谍机构的记载较多，研究成果也较为可观。

宋朝间谍机构相关研究成果主要集中于皇城司。20 世纪日本学者佐伯富《论宋代的皇城司》[《日本学者研究中国史论著选译》（五代宋元）第 5 卷，中华书局 1993 年版] 论述了宋代皇城司作为皇帝耳目实行专制的影响，通过皇城卒陪同宋使出使辽朝的分析，认为皇城司在对“异民族”问题上，特别是外交使节问题上体现出“天子”的独裁权。庄林丽在《论中国古代的间谍职官和机构》（《濮阳职业技术学院学报》2011 年第 2 期）中对宋朝皇城司给予较高评价，认为宋朝设立的皇城司“是继唐王朝李辅国设立‘察事’之后，中国乃至世界上直属于皇帝的第一个间谍机构”。陈艺鸣《略论宋代皇城司秘密警察署》（《新余学院学报》2013 年第 1 期）文认为宋代皇城司名义上是皇帝的禁卫组织，实际却是中央秘密警察机构，皇城司的活动主要有政治侦察、反间谍和其他情报治安行动。另有程民生《北宋探事机构——皇城司》（《河南大学学报》1984 年第 4 期）、汪辉《两宋皇城司制度探析——以其探事职能的拓展及人员的管理为主》（硕士学位论文，河南大学，2002 年）、宋鑫鑫《两宋皇城司职能探析》（《才智》2009 年第 1 期）都曾对宋朝的这一间谍机构进行研究。他们更着重于传统上皇城司针对宋朝内部的侦察研究。对于宋朝的间谍机构研究，李琛颇有延伸性的见解，其《宋朝间谍问题研究》（硕士学位论文，广西师范大学，2008 年）指出，北宋皇城司对内具有刺探、缉捕外国间谍，阻止其刺探本国情报的职能；对外拥有监察本国使者、接伴使，防止其泄露国家机密的职能。

（二）辽宋间谍群体

辽宋时期间谍构成较复杂，学术界对不同身份的谍者活动有专文研究。

王慧杰《宋朝遣往辽国的贺岁使节述论》（《贵州文史丛刊》2005 年第 4 期）一文，以宋朝遣往辽国的贺岁使节为考察对象，介绍使节的身份以及作用。他认为贺岁使节为宋王朝提供辽国情报，使节所带回的情报是亲眼所见，亲耳所闻，可信程度高，便于其制定对辽政策。陶玉坤《也论辽宋间的两属地》[《宋史研究论丛》（第六辑），河北大学出版社 2005 年版] 一文提及两属民充当辽朝间谍，以及辽朝间谍扮作两属民刺探情报的活动。黄纯艳《宋朝搜集境外信息的途径》（《北京大学学报》2011 年第 2 期）将职业谍者与临时间谍作以区分，宋朝内外使节、间谍、商人、僧侣、边境居民、境外人员及归明人等搜集境外情报，形成稳定多样的信息搜集途径。袁良勇《试论北宋沿边守臣的信息情报搜集活动》[《宋史研究论丛》（第十四辑），河北大学出版社 2013 年版] 中论及北宋沿边守臣利用间谍对辽、西夏进行情报刺探，拉拢和利用沿边蕃部、居民搜集情报。廖寅《北宋时期白沟的生活世界》（《社会科学辑刊》2013 年第 3 期）认为白沟是辽宋两国间谍活动的天堂，论述了活动于白沟及其周围的使团成员、辽宋人员、两属民等三种身份的间谍。廖寅的另一篇文章《传法之外：宋朝与周边民族战争中的佛寺僧侣》（《中国文化研究》2014 年冬之卷）研究认为宋朝重视利用僧侣充当间谍，开拓新领土、安定新占领区，积极与周边各个民族斡旋，也有部分针对辽朝的间谍活动与防范。

契丹归明人是一个特殊群体，陶玉坤给予了较大关注，并在《北宋对契丹归明人的政策》（《内蒙古社会科学》2003 年第 6 期）中对“契丹归明人”作了明确界定，认为契丹归明人就是宋辽共处时期主动投归北宋的辽国人。文章主要论述了“澶渊之盟”前后北宋对契丹归明人的不同政策，以及北宋末期对契丹归明人的重用，并列举梁济世、赵良嗣、郭药师等契丹归明人为北宋提供辽朝信息以及其归宋后所做的贡献。李春燕《北宋前期社会各阶层对辽态度研究》（硕士学位论文，东北师范大学，2010 年）一文也认为契丹归明人为宋朝带来了有关辽的大量信息，有的甚至直接充当起间谍。

（三）间谍防范措施

辽宋间谍活动如此频繁，防范敌方间谍活动的措施也相应出现。并且，随着间谍活动的扩展和深入，防范程度亦随之加深。

曹家齐《宋朝对边塞进出境人员及贸易的管理》（《广西大学学报》1999 年第 2 期）认为宋朝对缘边交通管理任务之一是维护国家安全，抵御敌人的侵略并监察奸细，防止国家机密外泄，在贸易过程中对商人严加防范和控制。何玉红《宋朝边防图书与情报控制述论》（《社会科学辑刊》2004 年第 4 期）指出宋朝为防止军政图书与情报散布界外，在境内实行禁书、制定防范措施法律等。韦祖松《北宋国家安全问题研究》（博士学位论文，暨南大学，2006 年）主要论述了北宋在国内、外所面临的国家安全的威胁，并介绍了北宋政府的用间与反间情况，将其定义为国家安全保障的隐蔽活动。李书永《宋代保密制度研究》（硕士学位论文，河南大学，2011 年）从国家安全角度研究宋代政治、司法、文书、军事、经济和文化等方面的保密制度，从这些保密制度及其防范对象的演变，进而观察宋辽、宋夏及宋与周边各民族的关系。其中，军事保密制度方面探讨间谍问题较多，尤其是对宋朝的反间谍措施进行了较为细致的讨论。陈武强《北宋西北边防军事情报来源于间谍保障制度》(《甘肃高师学报》2011 年第 1 期）详细介绍了北宋与辽、西夏在西北地区的间谍活动，总结宋朝设置间谍情报专业机构，设立专项资金，建立间谍恩惠安抚制度，以及间谍的派遣、情报获取与保障制度。

宋代文化高度发达，士大夫著书立说盛行，许多涉及时政，因此对图书的控制较为严格。陈日升《宋代禁书的类型及影响》(《福州师专学报》2000 年第 2 期)、林平《宋代禁书研究》(博士学位论文，四川大学，2006 年）都论及禁书政策对防范辽朝窃取情报的积极作用。

（四）用间将领与用间思想

辽宋间谍战中，宋朝涌现出一批擅长用间的将领，尤其是宋初驻守河北边地李允则，为时人所称颂。宋人每每以宋初李允则的用间方案，指引或批判当时的用间人物或用间策略。这一时期，宋人的用间思想也取得了较高的理论成就。清人朱逢甲所著《间书》(群众出版社 1979 年版）是中国研究间谍较早的专著。该书阐释了自古以来的用间理论和一些用间案例，当中提及宋朝李允则对辽实行反间的经典个例。孙厚洋《中国古代用间术》(河北人民出版社 1990 年版）部分篇章介绍了北宋战争时期的用间活动，在对辽战争中，重点论述李允则用间案例。该文作者认为宋代的用间思想比唐代有进一步发展。孙做总结指出，北宋初年许洞撰成《虎钤经》，并提出用间八术。梅尧臣的用间思想主要在《孙子注》中，分为两点：情报的重要性和搜集方法；用间人和间谍之间的关系、间谍活动的保密性、间谍作用等间谍的使用注意事宜。苏洵的用间思想体现在两个方面：一是对伊挚和吕尚的评价，二是提出用间失败的三种表现。苏辙用间思想主要内容，是要求北宋皇帝重视用间，增加用间经费。郑友贤的用间思想主要反映在《孙子遗说并序》中。关于用间人与间谍关系，郑友贤认为他强调用间，但简单把“计”说成浅，把“用间”看成深，则是可商榷的。施子美的用间思想主要保存在《施氏七书讲义》，战争与用间关系、搜集情报的方法、间谍使用。赵英《尔虞我诈——中国四千年谍海风云》(中国社会科学出版社 2016 年版）一书也列举了一些辽宋间谍活动的案例，并且详细分析了各个案例的可取之处。

（五）间谍活动作用及失利原因

牟云阶以为间谍在军事情报中占有重要地位，其文《北宋军事情报探析——以宋辽、宋夏间的军事情报活动为例》(硕士学位论文，四川师范大学，2011 年）论述了辽宋间谍战中以合法的或双方共同交往的方式，出现在宗教、榷场、敌国、交聘、中立国家、共治辖区中的诸多间谍，以及间谍在二者争夺关南和河东之地中所起的作用。王轶英《论北宋对辽间谍政策》(《乐山师范学院学报》2014 年第 3 期）认为北宋对辽实施的间谍战略，在对辽边防建设上发挥了积极作用。但从总体来看，北宋在用谍方面的效果并不十分理想。他对北宋间谍工作的失利提出五点原因：辽朝四时捺钵制度，不易探得中央机密；宋方间谍多为汉人，存在语言不通问题；赏赐制度不够完善；战时由于契丹多为骑兵、移动迅速，即使探得信息也难以利用，往往错失战机；防范辽谍的法律执行力不强。作者该文考虑语言、契丹骑兵特征等方面的分析颇有道理，尤其是注意到辽朝政治中心不固定在一地的特征，相较于北宋的固定都城汴京，辽朝的行朝特点确实给宋朝的刺探活动增加了很大难度。

（六）重点区域在辽宋间谍战中的地位

杨军《北宋时期河北沿边城市的对辽间谍战》(《军事历史研究》2006 年第 4 期)一文着重研究北宋河北沿边城市对辽开展的间谍战，他认为北宋河北沿边的间谍主管机构缘边安抚司的设置、间谍活动专项经费的拨发、情报上报流程的有章可循等，这些都表明北宋在间谍战中的许多方面都已有制度化的规定。辽宋接壤的边境地带是间谍活跃的重要场所。杨文还指出宋朝十分重视河北沿边城市的间谍活动，而雄州作为沿边城市和辽宋外交活动场地又是重中之重。陶晋生《宋辽关系史研究》（中华书局 2008 年版）一书强调雄州在北宋国防和外交方面具有特殊的地位，认为雄州设有机宜司，是重要的情报机构，澶渊之盟后，改为侍禁雄州北阙城巡检，其后又改称国信司。该书作者论述了与雄州有关的间谍活动，并附有辽宋间谍表，介绍相关史料中留有姓名的谍者事迹。

三　辽宋间谍研究今后需要注意的问题

关于辽宋间谍机构、身份、防范措施、间谍活动等基本问题，学界已进行了卓有成效的研究工作。今后研究中应引起注意的问题包括以下几点：

其一，辽宋关系发展具有阶段性，间谍受辽宋关系的影响也应具有阶段性。以往研究中对此问题虽然有所提及，由于没有作进一步的细化，致使人们仍无法看清间谍的阶段性发展规律和特征。

其二，对某些问题研究不够深入。比如中央与地方间谍机构的具体运作方式，以及二者如何对接的问题。辽朝间谍机构限于其史料不充实，不能作进一步探讨，在情理之中。但宋朝中央与地方间谍机构记载清楚，学者偏向于关注机构本身，而忽视了机构相互间的运作问题。

其三，辽宋间谍研究进入瓶颈期。这一点，从近年来出现有重复前人研究成果，以及创新不足可以看出来。史学研究如无新史料发现，随着研究增多，创新点越来越少属正常现象。这就需要转换思路来考虑问题。间谍之运用，不应只局限于辽宋关系之中。比如，宋人关于间谍有很多言论，这些完全可以从侧面研究时人对间谍的认识，甚至可以从心态史角度作一些尝试性研究。

总之，对于辽宋间谍问题的研究，尽管学界已取得一些成果，但作进一步深入研究，持续加以探索还是必要的。

辽代辽东区域经济研究综述

李世浩

辽代是辽东地区经济飞跃发展的一个时期，辽东地区是指辽宁境内医巫闾山以东的辽河流域以及广大的辽东半岛及北部山区，包括今辽宁省中东部、北部山区。自20世纪50年代后期开始，学术界对于辽代辽东地区经济的研究较为关注，成果较多，关涉生态环境、人口问题、农业经济、手工业经济、交通和商业、经济政策等多方面的研究。本文就搜集到的相关成果作综合概述，希望能对今后的相关研究有所裨益。

一 整体研究

目前学术界尚未有专门研究辽代辽东经济的专著，但在地方史的研究中多有涉及辽东区域经济的部分。崔粲《辽宁地方史》（沈阳出版社1992年版）的第六章论述了辽朝对东北的开发，主要梳理了辽朝对辽宁的开发过程，又论述了辽代在辽宁的相关建置及其经济的繁荣，认为在辽东京道的开发建设过程中，改变了东北经济长期落后于中原地区的状况，渤海移民给辽宁地区带来先进的生产力，加快辽宁地区经济的飞跃发展。林荣贵《辽朝经营与开发北疆》（中国社会科学出版社1995年版）论述东北地区的经济开发时，亦涉及辽代东京道，作者认为东京道南部地区农业经济发展较快，东京道内的头下军州和斡鲁朵经济也有较高层次的发展，比较偏重“军牧式”经济。作者还看到辽朝在东北发展经济的不足，认为东京道区域发展不均衡，南部明显优于北部。项春松《辽代历史与考古》（内蒙古人民出版社1996年版），利用历史文献和考古资料，并附加了大量的图片，论及辽代历史和考古的一些重要问题，也包括辽东地区辽代都城、城镇、陵墓、宗教艺术等方面所取得的成就。于宝林《契丹古代史论稿》（黄山书社1998年版）主要探究契丹建国前的历史，也涉及辽东地区经济发展的状况。韩茂莉《辽金农业地理》（社会科学文献出版社1999年版）的第四章第一节较细致地考察了辽东地区的农业生产，作者认为大量渤海人和汉人迁入辽东，客观上对辽东经济发展起了一定的作用。作者也明确指出辽东是辽代东北农业发展的集中地，同时农田的种植表现为插花式的特点，人口规模和农田延伸范围成正比。武玉环《辽制研究》（吉林大学出版社 2002 年版）中编主要论述有关辽代的经济行业与制度，诸如畜牧业与群牧制度、头下军州制度、农业与土地制度、赋役制度，所举例证也有东京道的情况。张国庆《辽代社会史研究》（中国社会科学出版社 2006 年版）一书以社会史为研究视角，将文献和大量考古资料相结合，对辽代社会进行比较全面系统的论述，书中分析了辽代的生产力状况、辽代民族、户籍人口等都是研究经济的重要内容。作者又根据不同的地理环境和社会形态的差异将辽代社区分为行政社区、自然社区、特殊社区和经济特区，而且这些区域都提及辽东地区的状况。田广林《契丹时代的辽东与辽西》（辽宁师范大学出版社 2007 年版）在第六章中关于东丹国的论述涉及有关辽东地区自然环境和移民的一些内容，但并没有展开论述。肖忠纯《辽宁历史地理》（吉林大学出版社 2010 年版）以当今辽宁省为研究区域，包括辽朝辽宁的生态环境、民族、人口状况以及城镇变迁等内容，作者还具体分析了辽宁地区交通线路的变迁。肖忠纯的另一部《辽代辽宁史地研究》（吉林大学出版社 2013 年版）对辽代辽宁地区总体的认识是：其时的州县及其人口数量大增，城市经济规模扩大，各地交通联系紧密，境内多民族文化，落后的辽宁经济出现了前所未有的繁荣景象。王绵厚、朴文英《中国东北与东北亚古代交通史》（吉林大学出版社 2016 年版）在辽代部分分六节来展开论述，根据作者的研究，我们可以看到在辽时东北形成了以东京辽阳府为中心的交通网络。

通史和断代史中也有涉及辽东经济的相关内容。蔡美彪《中国通史·第六册》（人民出版社 1979 年版）书中第三章对辽代的经济进行了概述，分别从渔猎畜牧、农业、手工业、商业贸易四方面简要论述其发展，当然也包括辽东经济。漆侠、乔幼梅《辽夏金经济史》（河北大学出版社 1994 年版）对于辽代经济的研究较为全面，其中关于区域经济研究方面，书中将“辽海”作为经济区域，认为辽海地区属于待开发区域，在辽灭渤海后才开始对该区域进行开发，也在论述畜牧业、手工业生产时有所提及辽东的发展状况。吴松弟《中国移民史·辽宋金元时期》（福建人民出版社 1997 年版）认为移民是带动东北地区经济发展的主要因素，移民人口在农业发展和手工业经济中占重要地位。作者同意漆侠和乔幼梅的观点，认为移民促使东北经济发展大约在辽景宗、圣宗时封建制开始占据主导地位的时期。葛金芳《中国经济通史·第五卷》（湖南人民出版社 2001 年版）和《宋辽夏金经济研究》（武汉出版社 1991 年版）在两书中简要总结了辽代经济状况，推测辽代东北人口有约 20 万户，耕地面积 10 顷左右，货币是以宋币为主的双轨制体系。

涉及辽东经济的整体性研究的论文也有一些。比如，张国庆《辽代的自然灾害及其赈恤措施》（《内蒙古社会科学》1990 年第 4 期）的第一部分具体统计了辽代辽东地区的自然灾害的发生史料。第二部分分析了辽代在辽东地区对贫民饥民所采取的赈恤措施。王绵厚《唐末契丹进入辽东的历史考察》（《社会科学辑刊》1993 年第 3 期）考察的是契丹早期的历史，主要论及唐末契丹进入辽东的历史，认为渤海国时期并未进驻辽东地区，契丹得以占据辽东的原因是由于控制了辽西走廊和登州海路，辽初在辽东实行的移民政策对于辽东地区的发展是具有划时代意义的，为金、元辽东地区的行政建制和经济发展奠定了基础。马利清、张景明《试析辽代社会经济发展在文献、实物中的体现》（《内蒙古大学学报》2000 年第 2 期）从畜牧经济、渔猎经济、农业经济、手工业经济、商业经济五方面来分析辽代社会经济的发展，认为在辽初以畜牧经济为主，至圣宗、兴宗时农业占主要地位，渔猎经济多表现娱乐形式，从考古资料中分析手工业经济在整个辽朝时期都呈现出上升的趋势，与各民族的战争和贡物互市促进了商业经济的繁荣。作者还指出在辽朝存在的二百余年，其“因俗而治”的政策是经济发展的主要原因。王淑兰《历史地理视角下的辽代城市研究》（博士学位论文，东北师范大学，2011 年）对辽东京道内城市的发展情况、人口来源及空间分布做了较为详细的研究，认为辽太祖时已控制辽东，经过辽太宗时期扩建和辽圣宗时期的调整，城市体系逐渐完善，并呈现出城市沿江沿河分布，南多北少，西密东疏的特点。张翠敏《大连地区辽代经济发展状况初步分析》（《辽金历史与考古》第六辑），作者将考古资料和文献相结合，再加上合理的推测，对大连地区辽代经济状况作了分析，指出其地的农业是渐进式发展，渤海移民和女真人的迁入进一步提高农业发展水平的，商贸经济自古就发达，辽设置的镇东关、苏复二州等都是重要的互市场所，建筑业、盐铁业都是当时比较发达的。郑毅《契丹对辽海地区经略探析》（《社会科学辑刊》2011 年第 2 期）将辽宁和古之辽海相等同，认为辽朝对东北地区的扩张以辽宁为基点，灭渤海统一东北，在辽海地区的移民开发，建城设州，实行轻赋政策等都促进了经济的发展。蒋金玲《辽代自然灾害的时空分布特征与基本规律》（《东北师大学报》2012 年第 3 期），作者统计的结果显示，东京地区发生的自然灾害相对于其他几京来说要少一些，主要自然灾害有 2 次水灾、1 次旱灾、1 次雪灾。自然灾害的发生除了特殊的自然环境外，也与辽统治时期不合理的垦殖、放牧以及水利密切相关。王明前《契丹辽朝国家经济区域整合的历史轨迹》（《青海师范大学民族师范学院学报》2015 年第 1 期）从区域经济整合的角度分析了辽朝的经济，其中文章第二大部分涉及辽东经济区内农业的恢复和发展，认为辽东的经济状况可以参照汉唐的发展情况，对于辽东地区的建设从辽太祖开始，不断地改善政策，辽代对辽东的经济开发是一大飞跃，并不赞同部分学者否定辽代经济发展的观点。刘威《论辽朝游牧文化对辽宁地区生态环境的影响》（《关东学刊》2016 年第 10 期）通过对辽代辽宁地区生态环境的分析，认为辽东地区是游牧和农耕的交汇地带，长期受战争的影响，对马匹、武器的需求，再加上对辽东地区的设州立县使生态环境恶化，但辽东地区相比较而言破坏程度还是较低的，后期统治者也开始采取措施来保护自然环境进而巩固统治。

二 人口问题研究

杨福瑞《辽朝徙民置州考论》(《昭乌达蒙族师专学报》1990 年第 3 期) 论及辽朝在东京道因徙民而置州县 50 余个，并且有二分之一以上的移民是渤海人，迁徙至东京道的汉人有 4 万户以上，因而作者保守估计东京道的移民户数逾十万户。作者也指出正是因为如此，辽东农业迅速发展起来。蒋金玲《辽代渤海移民的治理和归属研究》(硕士学位论文，吉林大学，2004 年) 着重论述辽对渤海移民的迁徙及其处理方式，并进一步分析了渤海移民和辽王朝的关系。其中涉及东丹国的建立及其废灭，并统计了辽东的渤海移民的情况。王孝俊《辽代人口研究》(博士学位论文，郑州大学，2007 年) 运用人口学的理论，从户籍制度、人口数量、人口分布、人口结构、人口素质等方面作了考察，认为东京辽阳府 9 县共 10257 户。张利锁《辽河流域渤海人与辽政权的关系》(《廊坊师范学院学报》2009 年第 4 期) 认为辽东地区的渤海移民问题始终都是辽统治者巩固统治必须重视的事实，辽在辽东施行的政策也多考虑渤海人，初期为安抚被迫迁来的渤海人而对其施行特殊的轻赋政策，后来辽圣宗对辽东人民的繁重赋税引起大延琳起义，直至辽末渤海人的存在也都威胁着辽在辽东的统治。肖忠纯《辽代北方民族的内聚：辽宁地区的移民及其影响》(《内蒙古社会科学》2012 年第 1 期) 分析辽宁地区在辽时的移民及其影响，作者认为其时的移民特点主要是以被迫移民，内聚型移民为主，从而改变了唐时辽宁地区地广人稀的状况，使得辽宁经济发展进入黄金期，在城市体系、交通状况等方面都有了很大的进步，使辽宁地区社会发展水平都超过辽上京地区。

三 农业经济研究

黄凤岐《辽宋的频繁交往与辽代的农业生产》(《北方文物》1987 年第 3 期) 一文以辽宋之间的交往视角，论及辽代农业发展的阶段性，契丹农业发展从建国前的粗放型农业到建国后与汉族的交往使其农业经济转变为精耕细作，同时统治者重视农业发展、任用汉人为官、鼓励农业发展。签订澶渊之盟后双方交往的频繁，不断传来宋朝先进的农耕技术，促进辽境内的农业水平不断提高。王成国《从契丹族俗看辽代经济生活》(《社会科学辑刊》1987 年第 3 期) 从契丹民俗角度分析辽代的经济生活，认为辽朝经济的发展与国土面积的扩大、境内民族结构的变化密切相关，尤其提到辽东地区的渤海移民的迁入是辽东农业发展的重要原因。作者也提出辽之经济在辽圣宗时农业已占据主导地位，同时辽马政体系完备是辽提升国力的保障，渔猎经济虽居次要地位但渔猎活动仍是契丹民族十分重视的活动。何天明《试论辽代牧场的分布与群牧管理》(《内蒙古社会科学》1994 年第 5 期) 梳理了辽代牧场的分布，认为辽初在东丹国、铁骊、室韦、女直等地都分布有牧场，还有遂州、乌州等都有契丹贵族的私人牧场，再加上辽实行簿籍制度，辽东地区畜牧业发展具有一定规模。张秀荣《辽代农业发展初探》(《首都师范大学学报》2000 年第6 期）将辽建国前和建国后农业发展对比，指出建国后五京地区农业都有了飞跃的发展，其中辽东地区在农业政策指导下农业也有进步，再加之渤海移民的先进农耕技术，尤其是澶渊之盟签订后，辽境内有了和平稳定的发展环境，同宋交往的频繁都促使辽东的农业向前发展。肖忠纯《辽代辽宁地区农业经济的兴衰演变》(《渤海大学学报》2013 年第2 期）强调辽在各地实行劝课农桑和设置司农寺，以及“中原特色”生产工具的传入都是辽宁地区农业发展的原因，辽对辽东地区施行特殊的政策，加之辽东地区生态环境优于上京等地，在辽圣宗朝辽宁地区也完成了向封建制的转变，是辽时期农业发展的高潮，后由于统治者的腐朽和自然灾害频发，辽宁地区农业又进入下滑期。

四　手工业经济研究

郑绍宗《辽代矿冶发展简论》(《内蒙古社会科学》1988 年第5 期）共梳理了辽代18 处坑冶，其中铁利州、铁州、曷术部、东平县、银州都位于辽东。辽矿冶的发展经历了由建国前的草创阶段到太宗加强管理至圣、兴、道宗朝的鼎盛。不断学习中原冶炼方法融合契丹本民族特色创造出了许多可以与宋媲美的工艺品。郭正忠《论辽代盐业体制的变化》(《社会科学辑刊》1993 年第6 期）认为辽代盐业体制并不是一成不变的，而是因时因地动态变化的，从辽初不知盐业有法到学习汉人渤海人的盐曲之法，但同时又根据各地不同的社会环境采取不同的治理办法，尤其是辽东较为特殊，如初期的宽松政策到圣宗朝榷禁政策，辰渌盐院的设置等都体现出盐业体制的变化。董健丽《辽代宗教瓷器述论》(《北方文物》2009 年第2 期）对辽代宗教瓷器做了分类，并总结了其特征，阐述目前已知辽共有7 处瓷窑，其中位于辽东地区的有江官屯窑，但并未对其详细考证。高劲松、任静《辽代酒务官初探》(《内蒙古农业大学学报》2009 年第6 期）简要概述了辽代酿酒业的发展，认为辽酿酒业分布广泛，五京尤以东京地区不实行酒类专卖而最为活跃，私酿的存在促进辽酿酒业的进一步发展，酒税由八个财政路分别征收，酒务官员大多是世代承袭但职位等级较低。张国庆《辽朝手工业门类与生产场所考述——以石刻文字资料为中心》(《辽宁工程技术大学学报》2015 年第5 期）一文通过分析整理石刻资料发现辽朝手工业具有明显的“民族性”特征，从事手工业的基本是汉人渤海人，作者在文中也提到位于辽东地区兵器作坊“显州中作”和“显州之甲坊”；而位于辽东的铁冶和铁器制造场所的铁利州、曷术馆、东平县及显州、沈州、银州等地。另外，辰渌盐院、甜水盐院、显州的纺织业等都有较大发展。彭文慧《辽代盐业经济与州县城市发展》(《赤峰学院学报》2016 年第9 期）简要统计了盐业的分布，在东京道辰州渌州为食盐产地，加之东京道宽松的榷盐政策推动了交通沿线州县的经济发展。崔潇允《辽阳江官屯窑的调查与研究》（硕士学位论文，沈阳大学，2015）从美术学的视角研究了江官屯窑的特点，总结道江官屯窑所烧制的瓷器主要以植物纹为主，动物纹次之，侧面反映了当时辽阳的自然环境。还论述到辽三彩主要承袭唐三彩，但同时由于窑址位于辽东，远离中原，受中原影响较小，表现出了鲜明的契丹民族特色。

五 交通和商业研究

黄凤岐《从宋人使辽行程录看辽朝的交通和经济生产概况》（《辽宁大学学报》1956年第2期）从行程录记载来勾勒辽国的交通及经济生产的基本情况，认为辽朝主要以车马为交通工具，加之山路较多，相比宋朝而言是落后的；但从行程录记载的辽人生产生活状况来看，其农业为主要经济部门，畜牧业次之，手工业中纺织行业较为发达，东京仅次于南京成为辽朝第二个纺织中心。岑家梧《辽代契丹和汉族及其他民族的经济文化联系》（《历史研究》1981年第1期）一文简要分析了辽建国后汉族对于社会经济生活的积极影响，使契丹向封建制转变，除此之外在东北地区契丹与渤海人、女真、铁骊以及高丽人之间通过贸易进行经济往来有力地促进了辽东地区的经济发展。魏志江《辽金与高丽的经济文化交流》（《社会科学战线》2000年第5期）梳理了辽丽之间的经济交往，认为辽东是辽丽经济贸易的前锋，是二者贸易的主要发生场所。程嘉静《辽代榷场设置述论》（《内蒙古社会科学》2015年第3期）将榷场定义为辽金时期一种特殊的贸易形式，是禁榷和互市相结合而成的历史产物。分析辽代榷场的设立除经济因素外，军事作用、交通状况都是必要考虑的，位于辽东的保州榷场则首先是控制高丽的哨所，同时也是高丽朝贡的必经之地。程嘉靖《辽代商业研究》（博士学位论文，吉林大学，2015）详细论述了辽代商业发展情况，指出与高丽的经贸往来是研究辽东商业的重要内容。

六 经济政策的研究

罗继祖《辽代经济状况及其赋税制度简述》（《历史教学》1962年第10期）将辽朝境内多种复杂的经济形态分为长城南北、草原地带、东部和西北部四部分，辽东既有渤海旧壤，又有归于东部的女真各部。辽朝又有各种类型的占地，在辽东地区建有多个防御州县，所以也有一部分军屯。辽东地区相较燕云地区赋税较为宽弛。黄凤岐《辽朝的农业政策》（《昭乌达蒙族师专学报》1987年第2期）分析辽农业政策是随着国土扩大，人口增加而逐渐完善的，统治者和贵族为统治的需要实行鼓励发展农业的政策。武玉环《论辽与高丽的关系及辽的东部边疆政策》（《吉林大学社会科学学报》2001年第4期）通过分析辽对高丽的四次战争直至辽丽确立藩属关系，认为保、定二州不仅成为东部边疆的大门，而且成为两国进行贸易的主要场地。而辽对辽东高丽边界除了派遣军队修筑城池，移民屯田，还对辽东部的边疆民族实行民族压迫，也正因为在辽东如此强硬的压迫政策最终导致了渤海和女真的叛乱，最终加速了辽之灭亡。武玉环《辽代的赋役制度》(《北方文物》2003 年第 1 期) 认为辽代有一套完整赋税制度，但会根据各地特殊的社会状况做相应的调整，其中辽东地区因主要是渤海移民，所以较其他地方相比赋役较轻。程妮娜《强力与绥怀：辽宋民族政策比较研究》(《文史哲》2006 年第 3 期) 用比较研究的方法来分析辽宋民族政策，认为辽对东北实行羁縻政策是以巩固统治促进经济发展为目的的，多采取纳贡的形式交往，与宋相比政策更为紧密，注重各民族特点，因俗而治设置州县，较好地实现了对东北各民族控制，其中也论及对辽东地区的民族控制。

七 结语

综上所述，对辽代辽东经济的研究已经受到学者的关注，许多问题已有了较深入的探讨，但其中还存在缺憾和不足：首先，目前学界对于辽代区域经济的研究还不如辽西地区、燕云地区，虽有学者的研究涉及辽代辽东的行政建置、农业、交通等方面，但缺乏综合性的研究，因此对于辽代辽东整体的经济面貌尚未作综合的评定。其次，研究内容偏重于农业、手工业和商业交通状况，而对于辽代辽东的经济结构及其内在联系缺乏全面考察。最后，从史料的运用来看，目前的研究对于考古资料运用较少，并没有完全发挥不断挖掘出来的考古资料的价值，同时也忽视了与同时期其他地区的对比。

河北宣化辽墓研究综述

郝艾利

河北宣化辽墓的出土对考古学、历史学、美术学等研究都有着重大意义。近年来，国内学界对河北宣化辽墓的研究成果颇丰，其中不少研究涉及对其墓中墓志的分析，同时对壁画、墓葬等研究呈现出日益深入的局面，加深了对辽朝风土人情和文化面貌的认识。

一　河北宣化辽墓考古发现与研究

宣化下八里辽墓群是一处时间跨越长、数量多且集中、保存较完好的辽金时期家族墓地，是研究辽金时期政治、经济、文化、宗教等各领域的重要实物资料。① 《河北宣化辽壁画墓发掘简报》② 介绍了张家口市宣化区下八里村发现的一座仿木结构的砖砌古墓，对墓室结构，葬式、葬具和出土遗物，壁画，彩绘星图的发掘情况进行了详细汇报，从中可以看出墓主人生前的社会地位及奢侈的生活，也从侧面反映了辽朝的社会情况。陶宗冶、刘仲羽等《河北宣化下八里辽金壁画墓》③ 对张恭诱、张世本墓的墓室结构及出土的陶器、瓷器、铜器、木器、壁画等进行了详细介绍，对“探讨辽金时期的陶器演变、绘画和天文科学，都具有重要价值”。刘海文、颜诚等《河北宣化下八里辽韩师训墓》④ 对韩师训墓的墓葬结构、随葬遗物、壁画等方面进行了介绍，反映了辽朝佛事的盛行。陶宗冶《略论张家口地区辽墓分期问题》⑤ 将张家口地区宣化下八里张世卿、张恭诱、张世本墓作为一个分期进行了研究比较。《河北宣化辽张文藻壁画墓发掘简报》⑥ 在原张世卿墓的基础上，又发掘五座仿木建筑结构的

---

① 河北省文物研究所编著：《宣化辽墓——1974—1993 年考古发掘报告》，文物出版社 2001 年版。

② 郑绍宗：《河北宣化辽壁画墓发掘简报》，《文物》1975 年第 8 期。

③ 张家口市文物事业管理所、张家口市宣化区文物保管所：《河北宣化下八里辽金壁画墓》，《文物》1990 年第 10 期。

④ 张家口市宣化区文物保管所：《河北宣化下八里辽韩师训墓》，《文物》1992 年第 6 期。

⑤ 陶宗冶：《略论张家口地区辽墓分期问题》，《北方文物》1993 年第 1 期。

⑥ 河北省文物研究所、张家口市文物管理处、宣化区文物管理所：《河北宣化辽张文藻壁画墓发掘简报》，《文物》1996 年第 9 期。

双室墓，对张文藻墓的墓室结构和建筑彩绘，壁画，彩绘星图，遗物分布情况，葬制和葬具，出土遗物进行详细汇报，从中反映了辽朝归化州对佛教的推崇，实行火葬的情况。同时从壁画可以看出辽中晚期民族融合的情况及燕云十六州饮茶风俗的盛行。宿白《关于河北四处古墓的札记》① 对宣化辽墓的排序、葬俗和壁画题材进行了分析，从壁画中出现的“茶道”“备经”、天象图反映出契丹统治下的汉人生活。宿白还发表了《宣化考古三题——宣化古建筑·宣化城沿革·下八里辽墓群》②，对下八里辽墓群进行简单介绍，对比张姓墓地、墓葬的异同及张、韩两姓墓葬的异同。河北省文物研究所编著《宣化辽墓——1974—1993 年考古发掘报告》介绍了 1974—1993 年间考古工作者四次对宣化辽墓发掘和清理情况，墓中出土大量壁画。该著作将所发现的人物及其墓葬形制、壁画、随葬遗物等列于其中，涵盖了两个家族的墓地。③ 贺勇、刘海文发表的《金代张子行墓志初探——兼析下八里墓群的始建年代及墓穴排列》④，对下八里墓地穴位排列，归纳总结宣化下八里辽金墓的具体情况。颜诚在《中国文物报》⑤ 对发现的金代石棺墓进行了简单介绍，刊登了张时中墓志拓片。刘海文主编《宣化下八里Ⅱ区辽壁画墓考古发掘报告》⑥ 对宣化下八里Ⅱ区 M1、M2 两座墓葬的发掘情况进行了汇报，同时对其进行了全方位的探讨，详细论述了 M1 出土的铜丝网络残片以及真容偶像。刘海文、王继红等《河北张家口宣化辽金壁画墓发掘简报》⑦ 对宣化古城北山麓下发现的一座壁画墓的发掘情况进行了汇报，介绍了壁画墓的墓葬形制、墓室壁画、出土器物，其中对壁画中人物的外貌、衣着、体态等进行了详细的描述。

二 河北宣化辽墓墓志收录与家族研究

目前，学界对于河北宣化张氏家族相关问题研究有较多成果，而对韩师训家族的研究相对较少。在墓志收录方面，向南的《辽代石刻文编》⑧ 中收录了《张世卿为先妣建幢记》《张世卿墓志》和《张世俊造幢记》。极具代表性的是河北省文物研究所编写的《宣化辽墓——1974—1993 年考古发掘报告》⑨，收录了张氏家族墓志、韩师

---

① 宿白：《关于河北四处古墓的札记》，《文物》1996 年第 9 期。

② 宿白：《宣化考古三题——宣化吉建筑·宣化城沿革·下八里辽墓群》，《文物》1998 年第 1 期。

③ 河北省文物研究所编著：《宣化辽墓——1974—1993 年考古发掘报告》，文物出版社 2001 年版。

④ 贺勇、刘海文：《金代张子行墓志初探——兼析下八里墓群的始建年代及墓穴排列》，《文物春秋》2002 年第 3 期。

⑤ 颜诚：《河北宣化发现金代石棺墓》，《中国文物报》2005 年 11 月 25 日。

⑥ 刘海文主编：《宣化下八里Ⅱ区辽壁画墓考古发掘报告》，文物出版社 2008 年版。

⑦ 刘海文、王继红等：《河北张家口宣化辽金壁画墓发掘简报》，《文物》2015 年第 3 期。

⑧ 向南：《辽代石刻文编》（天祚编）《张世卿为先妣建幢记》、《张世卿墓志》、《张世俊造幢记》，河北教育出版社 1995 年版，第 642、655—657、699 页。

⑨ 河北省文物研究所编：《宣化辽墓——1974—1993 年考古发掘报告》，文物出版社 2001 年版。

训墓志以及对墓葬、壁画的详细介绍，为此后的研究奠定基础。刘海文《宣化出土古代墓志录》[①] 不仅收录了张氏家族、韩师训墓志，还用表详细地列出其家族的世系、官职。王新英《金代石刻辑校》[②]、《全金石刻文辑校》[③] 收录了张世本、张子行的墓志，《金代石刻辑校》对张时中的墓志进行了简要的分析。向南、张国庆、李宇峰辑注的《辽代石刻文续编》[④] 收录了张匡正、张文藻、韩师训、张世古、张恭诱的墓志。

在墓志相关研究方面，宿白发表了《宣化考古三题——宣化古建筑·宣化城沿革·下八里辽墓群》[⑤]，从宣化古建筑、宣化城的沿革谈到宣化辽墓，对张氏家族墓志进行了简要分析，并列出其家族世系表，概述了这一家族在辽末金初的兴替。贺勇、刘海文发表的《金代张子行墓志初探——兼析下八里墓群的始建年代及墓穴排列》[⑥] 对张子行墓志进行了释读，并对张氏家族的世系进行归纳。周峰《金代张子行墓志三题》[⑦] 对张子行墓志中涉及的宣德州州学、物力钱和广济院三个问题进行了阐述。颜诚在《中国文物报》[⑧] 上刊登了张时中墓志拓片，张时中石棺墓的葬式在家族群首次发现，对张时中的职官简要概述，阐明"张氏家族墓的年代为辽代晚期至金代中期"，墓葬形式由豪华到简陋，"丧葬形式的差异直接反映了朝代更替时的社会动荡和经济衰落现象，也反映了张氏家族从兴旺到衰败的过程"。王善军《由富求贵：从归化州张氏看辽金燕云豪族的发展路径》[⑨]，结合出土的张氏家族成员墓志，阐述了张氏家族由辽入金为谋求政治地位而做出一系列努力。刘荣荣《宣化辽墓研究的回顾及相关问题的再探讨》[⑩] 对张时中墓志进行了详细释读，尤其是职官方面，而且对张氏家族的世系和联姻状况进行了再整理，逐渐引出张氏家族由富民向官僚过渡这一结论。陈朝云、刘亚玲《宋辽文化交流的考古学观察——以宣化辽墓的考古

---

① 刘海文：《宣化出土古代墓志录》，远方出版社 2002 年版，第 22—30、36—59 页。

② 《张世本墓志铭》《张子行墓志》《张时中墓志铭》，载王新英《金代石刻辑校》，吉林人民出版社 2009 年版，第 159—161、190—191、275 页。

③ 《张世本墓志铭》《张子行墓志》，载王新英《全金石刻文辑校》，吉林文史出版社 2012 年版，第 54、328 页。

④ 《张匡正墓志》《张文藻墓志》《韩师训墓志》《张世古墓志》《张恭诱墓志》，载向南、张国庆、李宇峰辑注《辽代石刻文续编》，辽宁人民出版社 2010 年版，第 214—217、280、294—296 页。

⑤ 宿白：《宣化考古三题——宣化吉建筑·宣化城沿革·下八里辽墓群》，《文物》1998 年第 1 期。

⑥ 贺勇、刘海文：《金代张子行墓志初探——兼析下八里墓群的始建年代及墓穴排列》，《文物春秋》2002 年第 3 期。

⑦ 周峰：《金代张子行墓志三题》，《文物春秋》2002 年第 6 期。

⑧ 颜诚：《河北宣化发现金代石棺墓》，《中国文物报》2005 年 11 月 25 日。

⑨ 王善军：《由富求贵：从归化州张氏看辽金燕云豪族的发展路径》，《河北大学学报（哲学社会科学版）》2009 年第 6 期。

⑩ 刘荣荣：《宣化辽墓研究的回顾及相关问题的再探讨》，南京大学 2011 年硕士学位毕业论文。

发现为视角》[①] 以考古学的角度阐述了张氏家族的社会生活，分别从其家族的生活、信仰、婚姻状况和仕途进行描述，通过对墓葬结构、装饰、壁画的分析展现出汉与契丹文化的交流与融合。

三　河北宣化辽墓壁画方面研究

河北宣化辽墓的出土为辽史研究拓展了空间，填补了史料的空白。宣化辽墓壁画的出土从多方面、多层次展现了辽代的社会生活，不同的壁画题材反映出辽代不同的生活。《河北宣化辽墓壁画简析》[②] 中简要描述了天文图、散乐图、茶道图、出行图、备经图等，透视出墓主人生前的日常生活、爱好习惯、宗教信仰等。由河北省文物研究所编写的《宣化辽墓——1974—1993 年考古发掘报告》[③] 对 10 座墓葬的情况进行了详细的分析。《宣化辽墓壁画》[④] 中徐苹芳、汤池、郑绍宗三位分别作《宣化辽墓考古剩语》《宣化辽墓壁画的若干地域特色》《宣化辽墓壁画综述》，该书对宣化辽墓壁画进行了简要分析，作了全面性的收集。冯恩学《河北省宣化辽墓壁画特点》[⑤] 一文中表明宣化辽墓壁画具有自己的特点，壁画的主要题材为各种家内生活场景，其中佛事生活占重要地位，天象图反映了以佛土为中心的宇宙观。郑绍宗《宣化辽墓中的风俗画、壁饰和绘画技巧的研究》[⑥] 对出土壁画的各种题材及其彩绘装饰和绘画技巧进行了多方面探讨。乔微硕士学位论文《宣化辽墓壁画特征以及文化成因探究》[⑦] 论述了宣化辽墓壁画内容、艺术特色以及宣化辽墓壁画的文化成因，指出“辽墓壁画非常珍贵，是研究辽代绘画艺术、政治经济、生活习俗的重要资料”。李清泉《宣化辽墓：墓葬艺术与辽代社会》[⑧] 以宣化辽墓壁画为中心，对辽代汉人墓葬所反映出的多元性进行详细讨论。张楚翘《辽代汉人墓葬兼容并包的艺术特征——以河北宣化辽墓壁画为中心》[⑨] 中详细论述了宣化辽墓壁画的题材分布与功能意义，包括散乐图、出行图、启门图、天文图、备经图、茶道图等，分析宣化辽墓壁画背后的文化习俗和宗教信仰等，全面映射了辽朝经济、文化、艺术、宗教等各个领域。此外还有黄

---

① 陈朝云、刘亚玲：《宋辽文化交流的考古学观察——以宣化辽墓的考古发现为视角》，《郑州大学学报（哲学社会科学版）》2015 年第 1 期。

② 刘海文、只海梅：《河北宣化辽墓壁画简析》，《东南文化》2000 年第 10 期。

③ 河北省文物研究所编著：《宣化辽墓——1974—1993 年考古发掘报告》，文物出版社 2001 年版。

④ 河北省文物研究所编著：《宣化辽墓壁画》，文物出版社 2001 年版。

⑤ 冯恩学：《河北省宣化辽墓壁画特点》，《北方文物》2001 年第 1 期。

⑥ 郑绍宗：《宣化辽墓中的风俗画、壁饰和绘画技巧的研究》，载《二十一世纪的中国考古学——庆祝佟柱臣先生八十五华诞学术文集》，文物出版社 2006 年版。

⑦ 乔微：《宣化辽墓壁画特征以及文化成因探究》，硕士学位论文，东北师范大学，2007 年。

⑧ 李清泉：《宣化辽墓：墓葬艺术与辽代社会》，文物出版社 2008 年版。

⑨ 张楚翘：《辽代汉人墓葬兼容并包的艺术特征——以河北宣化辽墓壁画为中心》，硕士学位论文，沈阳师范大学，2014 年。

小钰《辽墓壁画的考古发现与研究综述》[①]，李玉君、张新朝《二十一世纪以来辽代墓葬壁画研究综述》[②] 等等。

（一）出行图方面的研究

宣化辽墓壁画中描绘的人物出行、归来等各场景丰富了研究辽朝社会阶级状况的史料。李清泉《绘画题材中意义和内涵的演变——以宣化辽墓壁画中的车马出行图为例》[③] 根据宣化辽墓出行图壁画图像内容和形式方面的一些新变化，探索了出行这一传统题材在辽代晚期发生的变迁，揭示出古人从祈望死后升仙，到祈望投生来世的观念转变。

（二）散乐图方面的研究

李清泉《宣化辽墓壁画散乐图与备茶图的礼仪功能》[④] 中阐述散乐图用乐的两重性，即“酬神”与民间娱乐。胡小满、邢洁《宣化辽墓乐器与乐种图像的音乐学释读》[⑤] 从音乐学角度着手，立足于乐器学，对宣化辽墓散乐图中所出现的各类乐器进行了解读，对图中的乐器主属角色与搭配机制、“八格”式乐种结构进行探讨。梅鹏云《宣化辽墓乐舞图像表演内容之探讨》[⑥] 从辽代大曲的流行状况、乐舞图像的表演内容认定入手，认为宣化七墓乐舞图像不是表演的大曲，认为这些乐舞应属散乐。郑绍宗《辽壁画墓散乐图之发现与研究》[⑦] 根据宣化辽墓壁画中散乐图分析了辽代大曲的演出情况。

（三）茶道图方面的研究

郑绍宗《河北宣化辽墓壁画茶道图的研究》[⑧] 对宣化辽墓各个壁画中碾茶、烹茶等茶道程序作了详细介绍，反映了茶道在北方的传播，具有一定的地方特色，促进民族融合。刘海文《试述河北宣化下八里辽代壁画墓中的茶道图及茶具》[⑨] 对宣化辽墓出土的茶道壁画和茶具材料作了详细介绍。周新华《宣化辽墓壁画所见之茶具考》主要对宣化辽墓壁画中所见之茶具作了考辨，并对其时北地饮茶之俗的流播、自身的

① 黄小钰：《辽墓壁画的考古发现与研究综述》，《故宫博物院院刊》2015 年第 1 期。
② 李玉君、张新朝：《二十一世纪以来辽代墓葬壁画研究综述》，《中国史研究动态》2015 年第 5 期。
③ 李清泉：《绘画题材中意义和内涵的演变——以宣化辽墓壁画中的车马出行图为例》，《中山大学学报（社会科学版）》2003 年第 2 期。
④ 李清泉：《宣化辽墓壁画散乐图与备茶图的礼仪功能》，《故宫博物院院刊》2005 年第 3 期。
⑤ 胡小满、邢洁：《宣化辽墓乐器与乐种图像的音乐学释读》，《中国音乐学》2011 年第 4 期。
⑥ 梅鹏云：《宣化辽墓乐舞图像表演内容之探讨》，《文物世界》2013 年第 6 期。
⑦ 郑绍宗：《辽壁画墓散乐图之发现与研究》，载河北省文物研究所编《河北省考古文集》，东方出版社 1998 年版。
⑧ 郑绍宗：《河北宣化辽墓壁画茶道图的研究》，《农业考古》1994 年第 2 期。
⑨ 刘海文：《试述河北宣化下八里辽代壁画墓中的茶道图及茶具》，《农业考古》1996 年第 2 期。

地域特色及古人的“一器多用”现象作了探讨。[①] 关剑平《以宣化辽墓壁画为中心的分茶研究》[②] 以宣化辽墓张世卿、张世古墓中的两幅壁画出现的茶具为依据，通过印证文献史料和比照出土文物，探讨分茶的烹点方法，认为辽代分茶的方法为现代末茶的复兴提供技术依据和历史经验。陈旭霞《河北宣化辽墓壁画中的茶事图》[③] 认为出土的茶事图记载了辽代茶叶发展的步履，为辽代茶文化及生活习俗提供了研究价值，并反映出当时民族间的交流与融合。李清泉《宣化辽墓壁画散乐图与备茶图的礼仪功能》[④] 从世俗艺术与宗教艺术的礼仪功能角度，讨论了宣化辽墓壁画散乐图与备茶图两种题材在墓葬中的关系及其意义。袁泉《宣化辽墓“备茶题材”考》[⑤] 以宣化辽墓备茶题材为主，与宋元时期其他墓室壁画、砖雕的同类题材进行对比，探讨了以茶为祭是唐宋以来丧葬文化“祭以时器”的重要表现。陶宗冶、刘海文《从宣化辽墓到草原茶叶之路》[⑥] 一文中从宣化辽墓张氏家族的“备茶图”探讨茶叶的贸易，由契丹人把茶叶传播到欧亚和中东，为以后的草原茶叶之路奠定了基础。武淑萍、郝静《从宣化辽墓备茶图看张家口堡》[⑦] 从饮茶习俗、文化可以反映出这条北方茶叶之路是一条连接中外贸易的重要桥梁，它与外蒙古甚至欧亚和中东互相贸易、互通有无、互相交流，有利于传播中原汉民族与其他民族文化。何圳泳《地理文化视野下宣化辽墓中的茶禅文化》[⑧] 从河北宣化辽墓出土的壁画及墓主人的墓葬形式以及墓主人生前的佛教崇拜等方面，在地理文化背景下诠释宣化辽墓中的茶道文化、佛教文化及其茶与禅的融合，并阐述当前茶禅文化的反思。

（四）天象图方面的研究

夏鼐《从宣化辽墓的星图论二十八宿和黄道十二宫》[⑨] 从宣化辽墓天象图着手，详细论述了我国二十八星宿的起源以及黄道十二宫传入我国的时间及影响。伊世同发表的《河北宣化辽金墓天文图简析——兼及邢台铁钟黄道十二宫象》[⑩] 将宣化辽墓天象图与河北邢台开元寺铁钟所铸黄道十二宫图像做对比分析，介绍了宣化辽墓黄道十二宫图像的演变过程。郑绍宗《宣化辽壁画墓彩绘星图之研究》[⑪] 对彩绘星图中的二

---

① 周新华：《宣化辽墓壁画所见之茶具考》，《东南文化》2000 年第 7 期。

② 关剑平：《以宣化辽墓壁画为中心的分茶研究》，《上海交通大学学报（哲学社会科学版）》2004 年第 1 期。

③ 陈旭霞：《河北宣化辽墓壁画中的茶事图》，《文史知识》2005 年第 2 期。

④ 李清泉：《宣化辽墓壁画散乐图与备茶图的礼仪功能》，《故宫博物院院刊》2005 年第 3 期。

⑤ 袁泉：《宣化辽墓“备茶题材”考》，《华夏考古》2006 年第 1 期。

⑥ 陶宗冶、刘海文：《从宣化辽墓到草原茶叶之路》，《农业考古》2012 年第 5 期。

⑦ 武淑萍、郝静：《从宣化辽墓备茶图看张家口堡》，《光明日报》2013 年 03 月 30 日。

⑧ 何圳泳：《地理文化视野下宣化辽墓中的茶禅文化》，《农业考古》2015 年第 2 期。

⑨ 夏鼐：《从宣化辽墓的星图论二十八宿和黄道十二宫》，《考古学报》1976 年第 2 期。

⑩ 伊世同：《河北宣化辽金墓天文图简析——兼及邢台铁钟黄道十二宫象》，《文物》1990 年第 10 期。

⑪ 郑绍宗：《宣化辽壁画墓彩绘星图之研究》，《辽海文物学刊》1996 年第 2 期；

十八宿、黄道十二宫和十二生肖图进行了详细描述，表明宣化星图在10世纪前后中国的北方天文史上占着很重要的位置。赵本钧《浅析“宣化辽墓星象图”——论中西文化的汇通与融合》[①] 阐述了宣化辽墓星象图汲取和融会了多元文化，包括中原文化、北方草原民族文化及西方文化。郑铁《宣化下八里辽墓彩绘星象图研究》[②] 从社会政治、经济、文化的大背景和墓主人家族及个人的内外社会关系和信仰等方面出发，解释星象图在墓室壁画中的作用，分析它的文化成因，肯定宣化下八里辽墓彩绘星象图的历史地位及其意义。

（五）启门图方面的研究

郑滦明《宣化辽墓“妇人启门”壁画小考》[③] 指出宣化辽墓壁画中的“妇人启门图”直接反映墓主人生前的生活，不同的衣着动作可能推断出地位身份的不同。冯恩学《辽墓启门图之探讨》[④] 以宣化辽墓壁画中的“妇人启门图”进行分类，并对其含义的各种断定进行了总结，认为辽墓壁画对启门艺术形式的运用是灵活多样的。张鹏《妇人启门图试探——以宣化辽墓壁画为中心》[⑤] 以宣化辽墓中的“妇人启门图”为中心，以汉人家族为例，考察了契丹族统治下汉人的丧葬观念及唐五代以来胡汉文化在这一区域的互动。

（六）其他方面的研究

郑绍宗《宣化辽墓壁画服饰内容之研究》[⑥] 系统地阐述了壁画中的服饰，衣着方面包括官、民服饰，从其衣着分析，反映出壁画中人物处于不同的社会地位。李清泉《论宣化辽墓壁画创作中的有关问题》[⑦] 阐述了宣化辽墓壁画内容与粉本的使用，以及壁画的不同题材。李清泉《粉本——从宣化辽墓壁画看古代画工的工作模式》[⑧] 通过对比宣化辽墓壁画中出现人面姿态、画面构图及图像安排，归纳出了五种活用粉本的方式及其产生的原因，表现出粉本的灵活运用。霍杰娜《辽墓中所见佛教因素》[⑨] 解释了陀罗尼的含义，从出土的壁画、葬具、随葬品可以看出宣化辽墓家族受佛教影

---

① 赵本钧：《浅析“宣化辽墓星象图”——论中西文化的汇通与融合》，《书画世界》2011年第3期。

② 郑铁：《宣化下八里辽墓彩绘星象图研究》，硕士学位毕业论文，苏州大学，2011年。

③ 郑滦明：《宣化辽墓“妇人启门”壁画小考》，《文物春秋》1995年第2期。

④ 冯恩学：《辽墓启门图之探讨》，《北方文物》2005年第4期。

⑤ 张鹏：《妇人启门图试探——以宣化辽墓壁画为中心》，《艺术考古》2006年第3期。

⑥ 郑绍宗：《宣化辽墓壁画服饰内容之研究》，《文物春秋》1996年第4期。

⑦ 李清泉：《论宣化辽墓壁画创作中的有关问题》，载山东大学考古学系编《刘敦愿先生纪念文集》，山东大学出版社1998年版。

⑧ 李清泉：《粉本——从宣化辽墓壁画看古代画工的工作模式》，《南京艺术学院学报（美术与设计版）》2004年第1期。

⑨ 霍杰娜：《辽墓中所见佛教因素》，《文物世界》2002年第3期。

响非常大，采用佛教方式火化。颜诚《辽代真容偶像葬俗刍议》[①] 从宣化辽墓出土的两躯木质真容偶像入手，探讨了辽代汉人信仰佛教、盛行火葬的原因，与“西天茶毗礼”葬制有关以及真容偶像的制作等几个问题。张帆《试谈宣化辽墓中所见真容偶像》[②] 以所见真容偶像为着眼点，简要分析了当时民间丧葬习俗和观念，探讨辽地汉人多种信仰风俗的特殊现象。李清泉《宣化辽代壁画墓设计中的时间与空间观念》[③] 试图在整体上把握宣化辽墓壁画内容，来探讨墓葬的时间与空间观念，体现着墓主人浓重的世俗生活理想。张鹏《宣化辽墓壁画中的屏风样式》[④] 对屏风式的绘画形式、湖石花鸟的题材，以及置中对称式的构图样式进行了深度解读，反映了中原农业文明的家居生活场景，在此后的金元时代的墓葬壁画中得到继承与发展，表明在建立中华民族多元一体的历史文化过程中，汉人发挥着不可替代的作用。邵晓峰《宣化辽墓壁画中的桌式研究》[⑤] 对宣化辽墓壁画中桌子式样进行了系统探究，并归纳总结了辽代桌式的丰富性与独特性，分析得出这与其备茶、备经图有密切关系。刘显波《从河北宣化辽墓文物看宋辽家具的发展状况》[⑥]，河北宣化辽墓出土丰繁复杂的家具实物和图像文献表明中国家具发展过程的不断进化与蜕变。

结语

通过以上论述可以看出目前学界对河北宣化辽墓的研究有所侧重，其中对于壁画等艺术学方面相关研究最为丰富，最为具体。而对于历史学方面的研究十分有限，略显不足，这与史料缺乏、零散有关。

《辽史》成书仓促，文献缺略严重。河北宣化辽墓的出土对碑铭石刻文字和考古资料进行了补充，有利于学者进行系统、深入的研究。另外，以往研究方法单一，河北宣化辽墓的出土有利于学者综合运用考古学、历史学、美术学等多方面、多角度开展研究。同时，河北宣化辽墓的出土弥补了《辽史》空白，出土墓志、壁画等有利于了解辽朝的风土人情，映射辽朝政策。

---

① 颜诚：《辽代真容偶像葬俗刍议》，《文物春秋》2004 年第 3 期。
② 张帆：《试谈宣化辽墓中所见真容偶像》，《中国历史文物》2005 年第 1 期。
③ 李清泉：《宣化辽代壁画墓设计中的时间与空间观念》，《美术学报》2005 年第 2 期。
④ 张鹏：《宣化辽墓壁画中的屏风样式》，《中国美术馆》2006 年第 7 期。
⑤ 邵晓峰：《宣化辽墓壁画中的桌式研究》，《艺术百家》2010 年第 6 期。
⑥ 刘显波：《从河北宣化辽墓文物看宋辽家具的发展状况》，《哲学文史研究》2014 年第 11 期。

《辽史》中契丹文书籍问题考释*

孙伟祥

辽朝存世两百余年，疆域广阔，于诸领域取得一系列成就，对中国历史发展起到重要推动作用。尤其是文化教育方面，使得当时相对先进的中原文化借助各种方式于北疆民族区域得以传播与弘扬，具体表现之一即为有辽一朝众多著述的问世。鉴于这些著述的重要学术价值，学界相关研究成果众多。笔者谨于诸位前贤研究基础上，对《辽史》中出现过运用契丹文写就的书籍略作考释，以求教于方家。①

一

辽朝建立者为契丹族，为宇文鲜卑后裔，长期活跃于北部草原地区，从唐朝中后期开始迅速崛起，成为当时能与中原政权相抗衡的一支重要力量。唐哀帝天祐四年（907），契丹族首领阿保机即皇帝位，正式建立辽朝。立国之初，阿保机采取诸多措施来稳固新生政权，其中一项为分别创制契丹大字与契丹小字两种本民族文字。两种文字问世后，得到广泛推广与应用，于《辽史》中先后出现一批契丹文书籍，由于目前均已散佚，笔者仅对其按照大致年代顺序进行简要概述。

《契丹大字字书》，作者为辽太祖耶律阿保机。据《辽史》记载，太祖神册五年

---

* 本文原刊于《辽金历史与考古》（第七辑），辽宁教育出版社 2017 年版。

① 由于《辽史》中未参照一般正史体例而失载“经籍志”或“艺文志”，故学界多以增补该志形式对辽朝著述进行整理与统计，专门性代表成果集中于清、民国与新中国成立以来三个时期，其中清代主要有黄虞稷《千顷堂书目》，倪灿、卢文弨《补辽金元艺文志》，金门诏《补三史艺文志》，吴骞《四朝经籍志补》，厉鹗《补辽史经籍志》，杨复吉《补辽史经籍志》，钱大昕编《补元史艺文志》（附辽朝一卷），缪荃孙《辽艺文志》，王仁俊《辽史艺文志补证》等；民国时期有黄任恒《补辽史艺文志》等；新中国成立以来有：李家琪《各家补辽史艺文志研究》（参见杨家骆主编《国学名著珍本汇刊·辽史汇编》第五册，台北鼎文书局 1973 年版）、舒焚《清至民初十二家辽艺文志补志》（《湖北大学学报》1991 年第 1 期）、王巍《辽史艺文志补订》（《社会科学战线》1994 年第 2 期）、朱子方《新补〈辽史·艺文志〉稿》［《辽金史论集》（第 7 集），中州古籍出版社 1996 年版］等。上述成果虽已较为丰硕，然尚未对其中包含的契丹文相关著述进行进一步探讨。真正意义上提出该问题并进行相关论述之成果当为清格尔泰、刘凤翥、陈乃雄、于宝林、邢复礼合著的《契丹小字研究》（中国社会科学出版社 1985 年版）第一章第五节《契丹文字的行用与废止》其对契丹文应用与推广程度问题时所作之考释。

（920）“春正月乙丑，始制契丹大字”，九月癸寅“大字成，诏行颁之”①。学界引用该两条史料时，多将其整合在一起理解为辽朝于神册五年开始创制契丹大字，至九月制成后，太祖颁布一纸诏书正式将契丹大字进行推广。然而《辽史》亦明确记载，道宗咸雍十年（1074），时著名文臣耶律庶箴上书曰：“始太祖制契丹大字，取诸部乡里之名，续作一篇，著于卷末。臣请推广之，使诸部各立姓氏，庶男女婚媾有合典礼。”② 此处亦应为太祖时期正式制定契丹大字之重要证据，且本条史料能说明两个问题。其一，明确指出契丹族“诸部乡里之名”于辽初即已存在，并以附文形式附录于一部契丹大字著作卷末。至于该著作属何种性质，结合其出现于契丹大字创制成功伊始，且被耶律庶箴视为契丹大字开始出现标志来看。该著作目的在于将新制成之大字进行推广，内容大致为介绍大字使用方法，性质应类似于《说文解字》类汉文字书，故暂且可将其命名为《契丹大字字书》。若再结合太祖神册五年两条记载，便可理解为辽初创制成契丹大字时并非仅以一纸诏书，而应当是以诏令形式将一部至少一卷篇幅的《契丹大字字书》正式颁行以将其推广至全国。此外，耶律庶箴向道宗建议应依照辽初出现的《契丹大字字书》相关内容增加契丹族姓氏，可说明至少该字书于辽后期仍存世，甚至可以推测其或许一直作为当时契丹大字学习入门教材被使用。其二，耶律庶箴将该字书作者记载为辽太祖阿保机，然目前学界一般将契丹大字创立者考证为耶律突吕不、耶律鲁不古。实际这两种观点并不相悖，兹将相关史料列举如下，

> 突吕不，字铎衮，幼聪敏嗜学。事太祖见器重。及（太祖）制契丹大（国）字，突吕不赞成为多。③
>
> 耶律鲁不古，字信宁，太祖从侄也。初，太祖制契丹国字，鲁不古以赞成功，授林牙、监修国史。④

两条材料中已明确说明耶律突吕不与耶律鲁不古均属契丹大字制定者，然而均有一前提“（太祖）制契丹大（国）字”，即太祖阿保机为契丹大字主要制定者，二人之功均为“赞成”，即协助创制之功。当然，按照一般常理来推测，亦不排除出于对统治者歌功颂德需要，契丹大字及《契丹大字字书》主要作者为耶律突吕不与耶律鲁不古，而太祖仅为名义上创制者之可能。然而若结合以上相关记载来分析，三人或许皆为契丹大字创制者，然而该字书在昭告天下正式颁布时署名应当仅为太祖阿保机。

---

① 《辽史》卷2《太祖本纪下》，中华书局1974年标点本，第16页。

② 《辽史》卷89《耶律庶箴传》，中华书局1974年标点本，第1350页。

③ 《辽史》卷75《耶律突吕不传》，中华书局1974年标点本，第1240页。

④ 《辽史》卷76《耶律鲁不古传》，中华书局1974年标点本，第1246—1247页。

《阴符经》译本，作者为太祖嫡长子、世宗之父、义宗耶律倍。史书记载，耶律倍“通阴阳，知音律，精医药、砭焫之术。工辽、汉文章，尝译《阴符经》”①。《阴符经》全名《黄帝阴符经》，具体成书年代不详，为当时中原地区一部重要道家经典，同时亦一直被视为兵家之重要著作，后人对其定位时称“术人之书也，然其测物理之几，以明吉凶之故，使知思患豫防之道，则君子有取焉”②，属于一部义理较为深奥且受文人推崇的典籍。耶律倍能将其翻译，不仅缘于自己精通契丹文。史书记载其“幼聪敏好学”③，曾“令人赍金宝私入幽州市书，载以自随，凡数万卷，置书堂于医巫闾山上，匾曰望海堂”④，以至于“枢密使赵延寿每假其异书、医经，皆中国所无者”⑤。自幼聪敏好学的耶律倍能够不惜重金派人潜入中原购买到数量庞大且极具收藏价值的异书、医经等，实际为其进行翻译《阴符经》此类书籍工作创造充分条件。

《南京律文》译本，作者为圣宗初期大臣耶律颇德。《辽史·圣宗本纪一》记载，统和元年（983）四月，“枢密请诏北府司徒颇德译南京所进律文，从之”⑥。即位甫始之圣宗命令耶律颇德以契丹文翻译南京地区实行的汉文律文当与辽初律法制度改革背景有关。契丹族建立辽国之初，统治范围主要集中于长城以北地区，“庶事草创，犯罪者量轻重决之”，后来“诏大臣定治契丹及诸夷之法，汉人则断以律令”⑦，即对于契丹人本无成文法约束，而是按照民族传统习惯法来处理犯罪事件，对于汉人则制定专门律令进行统治。太宗南下获得燕云地区并升幽州为南京后，该地区仍主要沿袭之前做法，依照汉文律法管理。这种法律不同的政策，必然会进一步加深民族间地位之不等的事实。至圣宗即位前后，这种不等局面之不利影响凸显，以至于“契丹及汉人相殴致死，其法轻重不均”⑧ 地步，引发社会不满。对此，当时称制的圣宗生母睿智皇太后“尝劝帝宜宽法律”，⑨ 实际一手促成汉文律法翻译成契丹文之事。然而，史书未记载该译本何时完成，篇幅多少，仅记统和十二年（994）六月庚午，圣宗“诏契丹人犯十恶者依汉律”⑩。若按照上述《南京律文》译本之初衷，笔者以为，其完成时间不应当晚于统和十二年。

《方脉书》译本，作者为耶律庶成。《辽史》卷89《耶律庶成传》记载，“庶成

---

① 《辽史》卷72《义宗倍传》，中华书局1974年标点本，第1211页。
② （明）王夫之：《读通鉴论》卷27《僖宗》，中华书局1975年标点本，第967页。
③ 《辽史》卷72《义宗倍传》，中华书局1974年标点本，第1209、1211页。
④ （宋）叶隆礼：《契丹国志》卷14《东丹王传》，中华书局2014年标点本，第172页。
⑤ 《新五代史》卷73《四夷附录第二》，中华书局1974年标点本，第901页。
⑥ 《辽史》卷10《圣宗本纪一》，中华书局1974年标点本，第110页。
⑦ 《辽史》卷61《刑法志上》，中华书局1974年标点本，第936页。
⑧ 同上书，第939页。
⑨ 同上。
⑩ 《辽史》卷13《圣宗本纪四》，中华书局1974年标点本，第145页。

幼好学，书过目不忘。善辽、汉文字，于诗尤工……初，契丹医人鲜知切脉审药，上（兴宗）命庶成译《方脉书》行之”[①]。囿于相关史料缺乏，目前无法探究该《方脉书》翻译自何本医学典籍，具体篇幅及成书时间亦无从知晓，仅能大概推测其出现于兴宗初期。然而依据相关学者研究可知，辽朝医学发展基本经历了从无到有进而到兴盛历程，其中兴宗、道宗时代为医学全盛时期，其重要表现之一即为耶律庶成契丹文《方脉书》之颁行。[②] 因此，该契丹文《方脉书》之医学价值与地位自不待言。

《通历》《贞观政要》《五代史》译本，作者为萧韩家奴。《辽史》卷 130《萧韩家奴传》记载，“（兴宗）又诏译诸书，韩家奴欲帝知古今成败，译《通历》《贞观政要》《五代史》”[③]。其中，《通历》为唐朝学者马总撰写，内容上起太古十七氏，下至隋朝，多涉及历朝兴衰之事，为当时一部可与《通典》相媲美的史学著作，实际开启了编年体通史之先河。而《贞观政要》为唐朝开元年间学者吴兢所著，主要内容为记叙唐太宗朝一系列列诏书及皇帝与大臣之间的应答，为之后历代帝王治理国家重要参考与借鉴之一。至于《五代史》，由于辽朝存世期间宋朝先后出现两版《五代史》，作者分别为薛居正与欧阳修。故此处萧韩家奴翻译采用哪一版《五代史》需要论证。首先，从成书年代来看，官修性质之薛居正版《五代史》成书于宋太祖开宝七年（974），时为辽景宗六年。因此，该书至兴宗年间时已流传多年并为世人熟知。而最初为私书性质之欧阳修版《五代史》大致成书于宋仁宗皇祐五年（1053），时为辽兴宗二十二年，两年之后，兴宗随即驾崩。结合当时辽宋之间实行严厉书禁政策之背景，一套私书于两年之内传至辽朝并被萧韩家奴翻译似乎不合常理。其次，从两版《五代史》中辽朝地位来看，薛居正版《五代史》于卷 137 作《契丹传》，列于《外国列传》之首，而欧阳修版《五代史》于卷 72 至卷 73 作《四夷附录第一》与《四夷附录第二》，将辽朝视为与中原严格区分且尚未开化之蛮夷之邦。对于历来重视与中原政权对等地位的辽朝来讲，虽然薛居正版《五代史》亦未将自己视为平等之国，然而相对而言，欧阳修版《五代史》应当更加不会受到皇帝与文臣之重视[④]，被选入译书行列机会渺茫。笔者以此确信，萧韩家奴所译《五代史》为薛居正版《五代史》，记录中原后梁、后唐、后晋、后汉、后周五代政权兴衰及辽初政治史实。萧韩家奴所译《通历》《贞观政要》《五代史》从内容上来讲，均涉及辽朝之前政治得失经验与教训之总结，与兴宗下诏求译书与萧韩家奴希望为皇帝治世提供借鉴之目

---

① 《辽史》卷 89《耶律庶成传》，中华书局 1974 年标点本，第 1349 页。

② 丛文丽、高福顺：《辽朝医学教育述论》，《中国煤炭工业医学杂志》2010 年第 12 期。

③ 《辽史》卷 103《萧韩家奴传》，中华书局 1974 年标点本，第 1450 页。

④ 即使至道宗末期之寿昌年间时，汉族文臣刘辉曾上书曰：“‘宋欧阳修编《五代史》，附我朝于四夷，妄加贬訾。且宋人赖我朝宽大，许通和好，得尽兄弟之礼。今反令臣下妄意作史，恬不经意。臣请以赵氏初起事迹详附国史。’上嘉其言，迁礼部郎中。”（《辽史》卷 140《刘辉传》，中华书局 1974 年标点本，第 1455—1456 页）刘辉因为能够上书批判欧阳修版《五代史》中将辽朝比作四夷之事而为皇帝赏识，欧阳修版《五代史》于辽朝之境遇可见一斑。

的相吻合。此外，《辽史》卷170《耶律氏传》记载，道宗年间，当时著名女性文人耶律常哥“读《通历》，见前人得失，历能品藻”①。该处《通历》虽未明确指明是否为萧韩家奴契丹文版，然而亦不无可能，若此推测成立，则可说明契丹文版《通历》或许并非仅为皇帝阅读之用，于民间也得到一定传播。

二

通过对上述《辽史》中七本确切记载为契丹文书籍之考释，可以得出三个特点：1. 数量不多，且除《契丹大字字书》外，其余书籍均属对中原典籍之翻译本；2. 所处时间段来看，多为圣宗、兴宗时代；3. 作者均为契丹人。关于这三点规律，笔者要从以下两个角度进行理解。

其一，《辽史》篇幅与记载内容过于简略。《辽史》虽然为官修“二十四史”之一，属辽史研究之基础史料，史学价值与地位极为突出。然而，不可否认，由于年代久远、资料散佚等原因，元人匆匆修著，致使“辽史太简略”②。其重要表现之一即阙失“艺文志”，故辑录《辽史》中契丹文中著作，仅能主要借助“本纪”“表”“本传”内容，于此基础上，可考释出著作数量相对稀少便属于情理之中。此外，契丹文著作多集中于圣宗、兴宗时代亦非偶然。首先，圣宗践祚四十九年，为辽朝九位真正即位皇帝中享国最久者，兴宗在位二十四年，亦属于在位时间不短者。作为本文主要利用的三十卷“本纪”中，圣宗、兴宗二人共占据十一卷，篇幅接近一半。其次，两位皇帝重视修文教、完善史官系统之结果。圣宗、兴宗时代为辽朝中期，边界争端与战争威胁相较辽初已并不紧迫，特别是辽宋澶渊之盟缔结之后，如何进一步加强内部治理成为第一要务。元朝史家称赞圣宗功绩之一即为“举才行”③，至于评价兴宗时则直接感慨其“政治内修，亲策进士，大修条制，下至士庶，得陈便宜，则求治之志切矣”④。同时根据相关学者研究可知，辽初修史机构与职官设置简略，仅设监修国史一职，圣宗之后，修国史、同修国史、史官修撰等职开始出现，逐步进入完善阶段。⑤ 随着各种史官逐渐齐备，传承后世之史料必然相对趋于丰硕，为我们研究某一问题提供更多的信息与线索。

其二，辽朝统治者长期坚持因俗而治的文化政策之结果。契丹族兴起于朔漠之间，“多寒多风，畜牧田猎以食，皮毛以衣，转徙随时，车马为家”⑥，实际可理解契

---

① 《辽史》卷107《耶律氏传》，中华书局1974年标点本，第1472页。

② （清）赵翼：《廿二史札记》卷27《辽史》，中国书店1987年标点本，第362页。

③ 《辽史》卷17《圣宗本纪八》，中华书局1974年标点本，第207页。

④ 《辽史》卷20《兴宗本纪三》，中华书局1974年标点本，第248页。

⑤ 蒋金玲：《辽代史官补考》，载《辽金历史与考古—国际学术研讨会论文集》，辽宁教育出版社2012年版。

⑥ 《辽史》卷32《营卫志中·行营》，中华书局1974年标点本，第373页。

丹人为适应环境变化，漫长历史发展过程中形成一套“因宜而治”较为灵活的生存理念。辽朝立国前后，随着境内汉人人数增加，统治者逐渐将其进一步具体发展成为“以国制待契丹，以汉制待汉人”[①]因俗而治之理国政策，其中“国制”指契丹族固有的民族特性，“汉制”则指汉人相对先进的民族内涵，体现在文化政策上则指一方面要适应现实，积极吸收先进文化形式来不断提升自己，另一方面则要允许国内两种文化并存基础上，保持本民族特性。太祖耶律阿保机作为辽朝第一位君主与诸国策开创者，其事例最具代表性。据史书记载，“时太祖问侍臣曰：‘受命之君，当事天敬神。有大功德者，朕欲祀之，何先?’皆以佛对。太祖曰：‘佛非中国教。’倍曰：‘孔子大圣，万世所尊，宜先。’太祖大悦，即建孔子庙，诏皇太子春秋释奠”[②]。阿保机为巩固统治，需要借助神灵为自己正统地位造势之时，最终选择更为容易为汉人接受的儒家代表人物孔子，并命令太子定期祭祀，表明其积极吸收先进文化态度。然而，太祖征伐渤海途中召见后唐告哀使姚坤时，曾对其表示：“吾能汉语，然绝口不道于部人，惧其效汉而怯弱也。”[③]实际掌握汉语却不愿于族人面前表露，目的在于预防其过分汉化而失去英勇之气，最终目的仍是要保持本民族特性。于此基础上，便稍可理解，契丹族之所以能在立国之初急于改变本族“本无文字，惟刻木为信”局面，未选择完全照搬使用汉字，而“以隶书之半，就加增减”[④]创制“国字”（契丹大字），应当为坚持“因俗而治”文化政策基础上，奉行“国制”，从而避免逐渐失去本民族精神。也正因如此，即使中原地区汉文典籍出现于国内，统治者仍然要下令将其翻译成契丹文，通过借助本民族文字形式进行传播。当然，在选择翻译对象时，多为医术、兵书、律文、史书，亦能体现辽朝统治者对于先进文化吸收时注重时宜之目的性。除此之外，为进一步强化该理念，辽朝统治者长期实行禁止契丹人参加科举考试措施来限制本民族文人过分儒化。[⑤]即使如此，辽朝中后期开始，仍涌现出以圣宗、耶律颇德、兴宗、耶律庶成、萧韩家奴、道宗、耶律固等为代表，精通契丹文与汉文的契丹学者，且科举取士亦逐渐放宽对契丹文人之限制，种种迹象表明原有政策开始松动。

除上述特点与相关分析外，需要指出的是，本文主要考释对象为《辽史》中明确记载为契丹文写就的书籍。实际上，《辽史》中仍有大量书籍信息，仅无法确知其

---

① 《辽史》卷45《百官志一》，中华书局1974年标点本，第685页。

② 《辽史》卷72《义宗倍传》，中华书局1974年标点本，第1209页。

③ 《新五代史》卷72《四夷附录第一》，中华书局1974年标点本，第890页。此处亦能说明经过长期与汉人之交往，阿保机应当已熟练掌握汉语，因此可推测其具备创制契丹大字能力，与前文考证其为《契丹大字字书》作者观点可契合。

④ （宋）王溥：《五代会要》卷29《契丹》，上海古籍出版社1978年标点本，第457页。

⑤ 同时，虽然目前没有直接证据可以证明当时朝廷是否亦采取措施限制汉族士人研习契丹文，且辽朝墓志资料中也出现过一些汉人精通契丹文之记载，但是通过目前考证出《辽史》中出现的契丹文书籍及已出土并确定作者的契丹文墓志等资料来看，均为契丹人撰写或译写，笔者暂且推测，此现象或许并非偶然。

是否为契丹文而已。另外，上述考释出契丹文书籍均已散佚，目前尚无法得见全文。当今唯一一部运用契丹大字创作并存世的写本保存于俄罗斯科学院东方文献研究所，由于目前尚未公开全文，确切字数不知，仅大致知其使用契丹大字草书体写成，出土地或为吉尔吉斯斯坦，写成时间不早于兴宗重熙十四年（1045）。[①] 即使如此，笔者坚信，随着今后研究进一步深入与考古工作开展，更多第一手资料如果能够出现，对于辽朝契丹文书籍相关问题研究成果取得突破的目标应当可以实现。

① ［俄］维·彼·扎伊采夫：《俄罗斯科学院东方文献研究所收藏的契丹大字手稿书》，、任震寰译，《隋唐辽宋金元史论丛》（第三辑），上海古籍出版社 2013 年版。

21 世纪以来西夏名物研究综述

许伟伟

有关名物的定义，最早有《周礼》将名物分为十四类：禽兽、物产、祭器、冕服、几席桌、玉器、卜蓍、车辇、旗物、兵器、甸邑、食物、庙宇，以及官爵、乐舞、贡赋、妇工，据此分类，可以定义名物是人们从颜色、性状、形制、等差、功能、质料等诸特征加以区别并命名的具体特定的事物。[1] 从所指的角度而言，名物是属于某一物类的特定具体之物，它们都具有自己的具体名称和独特的区别性特征；从语言的角度而言，它是音义关系在约定俗成中形成，具有较强的理据性和系统性，为全民所普遍接受认可的名词或短语。它是古代人们对具体特征之物加以辨识、分类的结果。[2] 所以学界研究与探讨名物得名由来、异名别称、名实关系、客体渊源流变及其文化含义之学问是为名物学。“名物”的“名”即名称，“物”指事物，万事万物的名称即是“名物”。历史角度考察的名物，当也是指名称与实物的结合。

探讨西夏这个中古时期西北地区民族政权的历史与社会面貌，就离不开对西夏名物的考证研究。西夏名物主要指从历史角度所考察西夏政权时期的事物和名称，既包括自然环境存在的西夏物产，也包括西夏社会存在的诸多名物词。也就是说，这里的西夏名物将包含一些专有名词[3]，包括服饰、织物、宫室、舟车、器具、动植物、职官类等诸多方面的具体名物词。

有关西夏名物的分类研究，较早有俄罗斯 A. H. 捷连吉耶夫《西夏物质文化》（1993 年）从西夏文文字的分析入手，罗列文献与文物资料中的西夏物质文化，包括名物分类中的服装、武器、工具、器物等。此外还有一些论文涉及西夏的国名、职官、军事、社会生活等方面的名物和名物词的考证研究。21 世纪以前的西夏研究囿于史料的缺失，虽然与学界的研究方向能基本同步，但相关研究成果非常有限。21 世纪以来，随着西夏出土文献、文物整理工作的进一步发展和西夏研究队伍的扩大，

---

① 参见刘兴均《关于“名物”的定义和名物词的界定》，《川东学刊（社会科学版）》1998 年第 1 期。

② 钱慧真：《“名物”考辨》，《敦煌学辑刊》2010 年第 3 期。该文认为“名物”是关于具体特定之物的名词，它与物类特征密切相关，是根据物的颜色、形制等特征来划分的物的种类。

③ 陆宗达、王宁：《训诂与训诂学》（山西教育出版社 1994 年版，第 68 页）提出：从词义学的观点来看，名物讲的是一些专名的词义。

西夏学研究得到长足发展，促成了西夏名物研究成果的积少成多。以下从五个方面对21世纪以来西夏名物和名物词研究情况分类概述。

一　物产类名物研究

这包括自然环境中的动植物和社会生产中具体事物的研究。首推杜建录先生专著《西夏经济史》（中国社会科学出版社2002年版），从史料角度较早梳理和概述西夏的物产。此外，他还发表论文《西夏农作物考》[《国家图书馆学刊》（西夏研究专号）2002年增刊] 对西夏的粮食作物、经济作物及野菜、草籽作了全面考述。以及《再论西夏的农业》（《中国农史》2003年第1期），并在《西夏酒的生产与征榷》（《宁夏社会科学》2006年第2期）中指出西夏的酒曲有麦曲、清水曲、百花曲、小曲等，酒的种类有麦酒、粟酒、小曲酒、酽酒、马奶酒、葡萄酒。西夏酒的征榷分官榷、买扑与民酤三种形式，以官榷为主。

此外，还有对牧业、手工业中器具类名物的分类考证。如李新贵《西夏牲畜小考》（《陇右文博》2003年第2期）、赵斌《试论西夏盐业资源及其地理分布》（《中国历史》2001年第4期），以及陈广恩《西夏兵器及其在中国兵器史上的地位》（《宁夏社会科学》2002年第1期）从种类、制作的材料、方法、规格以及配备、校验等管理制度入手，对西夏兵器作了比较全面的分析探讨，对西夏兵器在中国兵器史上的地位也作出相应评价。王艳云《试探西夏木制家具》（《宁夏社会科学》2003年第3期）认为西夏饮食盛放类的家具多以木制器为主，这与当时以陶为主的中原宋朝形成鲜明的对比，但在造型、装饰和风格上，无论是西夏饮食盛放类家具，还是坐卧类家具，都与传统和当时的宋朝有传承关系。此外，杨蕤《西夏外来商品小考》（《宁夏社会科学》2002年第6期）通过对西夏境内数种外来商品的稽考，注意到西夏文献记载名物的外来情况。杜建录、吴毅《西夏手工工匠考》（《宁夏大学学报》2003年第4期）通过对《天盛律令》、西夏汉文《杂字》中有关手工工匠方面内容的探索而列出39种西夏手工工匠，并分门别类展现了西夏手工业门类齐全、分工细致，深刻反映了西夏的手工业发展状况和特点。杨浣《西夏工匠制度管窥》（《宁夏社会科学》2003年第4期）在对西夏的工匠的身份、种类、来源、生产水平、工种划分和工匠管理体制与政策等作了全面的探讨的基础上，提出了促使西夏手工技术发展的内外因。还有一些此类名物考证散见于一些西夏专著之中，在此不一一列举。

这样的具体的名物考证工作一直在持续，近些年，学界有对出土文献榷场文书中的西夏贸易物品、《番汉合时掌中珠》和《杂字》中的具体动植物、用品名称等的考证。如赵天英、杨富学《从朝贡和榷场贸易看西夏物产》[《西北民族大学学报（哲学社会科学版）》2009年第4期] 通过对西夏与宋、辽、金贸易中物品的分类，确认西夏的物产和舶来品等。潘洁《〈天盛律令〉农业门整理研究》（上海古籍出版社

2016 年版）下篇对《天盛律令·农业门》中的税户、家主、租役草和农作物中的豌豆、黄麻、红花、蓬子等进行了专题研究。赵天英《甘肃新见瓜州县博物馆藏西夏藏文药方考》（《中国藏学》2016 年第 2 期）从出土地点、同时期的出土物和文字特点确定该药方为西夏时期产物。此外，还有潘洁《黑水城文献中的豌豆小考》（《西夏学》第 8 辑），赵生泉《西夏的笔与笔法》、尤桦《从武器装备看西夏仪卫制度》（《西夏学》第 11 辑），李炜忠《西夏刑具考》、李玉峰《西夏粮食加工工具考论》、高仁《再考西夏的马》（《西夏学》第 13 辑）对于西夏时期具体的植物、器具等考证。

西夏学专家史金波先生研究成果颇多，专著《西夏社会》（上海人民出版社 2007 年版）对西夏历史、国名和年号、民族、农牧业、狩猎、手工业、商业经济活动、社会结构、职官、军事、文化艺术、科学技术、饮食、服饰、风俗礼仪等的探讨，也有对西夏相关名物的阐释与研究，尤其在西夏社会生产和饮食方面的名物有细致的探讨。史先生论文集《西夏文化研究》（中国社会科学出版社 2015 年版）汇集了 20 篇有关西夏文化研究的论文。其中有关西夏汉文《杂字》的研究，是对西夏社会物品的集中反映。史先生近著《西夏经济文书研究》（社会科学文献出版社 2017 年版）对西夏经济文书涉及的物品纺织品胭脂缬、番布、药材以及簿（地册）、草等西夏社会中的名物词的解释，并且在该书第 69—71 页将译注本《天盛改旧新定律令》（法律出版社 2000 年版）的“迁溜”，改译为“里溜”，更加明确西夏社会基层户、甲、里溜的组织构成。

以上名物包括了大量经济类名物，而生产生活中还有一些实物和名物词也得到了研究，暂且命名为经济类其他名物。这包括史金波先生《西夏度量刍议》（《固原师专学报》2002 年第 2 期）对西夏度量衡制以及具体量化进行了初步的探索和推测。杜建录、史金波《西夏社会文书研究》（上海古籍出版社 2010 年版）对西夏算码的研究，中国古代计数符号，西夏算码与中原地区一脉相承。此外，西夏货币的研究比较丰富。先后有陈炳应《西夏货币述论》（《陇右文博》2007 年第 1 期）、杨森《论西夏货币》（《广西金融研究》2007 年第 1 期）、杨森《大安宝钱铸造时的历史背景及版别区分》（《青海金融》2007 年第 8 期）。武裕民《西夏计质货币》（《青海金融》2007 年第 1 期），通过对 2000 年发现于宁夏灵武市西夏瓷窑堡遗址的走访，并根据《文海》《天盛律令》等史料的相关记载，提出西夏存在计质货币，并分析了其流通的地域性特点。杨森《大安宝钱铸造时的历史背景及版别区分》（《青海金融》2007 年第 8 期），对铸造于西夏惠宗李秉常大安年间的西夏文大安宝钱的铸造背景以及不同文字、背纹等版别进行了列举，对区分西夏文钱币具有重要意义。此外，还有叶柏光《前所未闻的古西夏国大花钱》（《收藏界》2007 年第 4 期）、王彦民《西夏文钱略说》（《收藏界》2007 年第 6 期）等。杨森专著《西夏钱币汇考》由宁夏人民出版社 2007 年出版，该书从西夏钱币的发现、种类、版别、特征及辨伪等方面作了详细介绍，此书的出版不仅为研究西夏钱币提供了资料，而且对研究西夏经济有重要作用。此后，于光建《略论武威西夏钱币考古的重要价值——从武威新发现“天盛元宝”小铁钱谈起》（《河西学院学报》2010 年第 6 期）论述了天盛元宝版别及武威西夏货币考古对探究西夏商品货币经济的意义。

二　西夏社会中的称谓和名号以及制度等研究

樊丽沙、杨富学《西夏境内的汉僧及其地位》（《敦煌学辑刊》2009 年第 1 辑）指出汉族僧人在西夏佛教前期译经、校经及典籍撰写等活动中发挥着举足轻重的作用，但其在西夏的社会地位明显低于回鹘僧、吐蕃僧。类似的还有［俄］克恰诺夫《西夏国和僧侣》、［俄］克平《西夏文献中的“黑头”和“赤面”》（《西夏学》第 5 辑）。彭向前《读史札记五则》（《西夏学》第 6 辑）对西夏的负赡、吊敦背等名物有所考证。胡若飞《西夏“节亲”考》（《西夏研究》2013 年第 2 期）通过对散落在西夏《律令》中“节亲”上下互文的分析，考证了“节亲”所包含的内容与适用范围，对“节亲”法律概念的多重性及其在西夏《律令》中所涉及的主要方面进行了探讨。在政治上的职官、制度等方面，有崔红芬、文志勇《西夏皇帝尊号考略》（《宁夏大学学报》2006 年第 5 期），李华瑞《西夏巡检简论》（《中国史研究》2006 年第 1 期），聂鸿音《〈辽史·西夏外纪〉中的“团练使”和“刺史”》（《东北史地》2011 年第 2 期），刘双怡《西夏刺史简论——以〈天盛律令〉为中心》（《前沿》2014 年第 1 期），李炜忠《西夏“辅主”考论》（《黑龙江史志》2014 年第 23 期），等等。张玉海《西夏佛经所见官职名人名述考》（《西夏研究》2016 年第 4 期）对西夏佛经中所保存的官职名称和人名资料进行了研究，丰富和深化了学界对西夏职官和佛教管理制度的认知，同时系统梳理了各种官职名称和人名，纠正了学界的一些错误认识。许伟伟《〈内宫待命等头项门〉中的职官问题》（《西夏学》第 7 辑）是对西夏的头项、门楼主、巫、阴阳等名称的考证研究。此外还有《〈法则〉卷九诸司职考》（《西夏学》第 9 辑）、《西夏前内侍小考》（《西夏学》第 14 辑）。尤桦《西夏时期察军略论》（《西夏学》第 9 辑）、戴羽《西夏使军、奴仆、官人、私人问题再探》（《西夏学》第 14 辑）、翟丽萍《试述西夏的军抄》（《西夏学》第 14 辑）、尤桦《西夏烽堠制度研究》（《西夏学》第 14 辑）张笑峰《西夏〈天盛律令〉中的头子考》［《宁夏师范学院学报（社会科学版）》2016 年第 1 期］、张笑峰《西夏铁箭制度初探》（《西夏学》第 12 辑）、张笑峰《西夏符牌考校》（《西夏学》第 13 辑），这些都是对西夏政权的具体职官、名称及相关制度的考证。值得一提的是，《西夏学》每年出版 1 至 2 辑，出版时间相对滞后，所以西夏相关的文献研究综述常常有所忽略。但《西夏学》所收集的学术论文较为集中反映一段时期西夏学的研究趋势。

三 西夏服饰制度类名物研究

谢静《敦煌石窟中西夏供养人服饰研究》(《敦煌研究》2007 年第 3 期)，将敦煌石窟中西夏供养人图像与黑水城发现的西夏唐卡、彩色版画等西夏艺术品进行了对比，指出西夏党项族在保留原有民族传统服饰特点的基础上吸收了中原汉族的服饰特色。谢静、谢生保《敦煌石窟中回鹘、西夏供养人服饰辨析》(《敦煌研究》2007 年第 4 期)，试图通过对沙州回鹘与西夏供养人服饰进行比较，从而纠正将回鹘供养人服饰当作西夏供养人服饰的错误。石小英《西夏平民服饰浅谈》(《宁夏社会科学》2007 年第 3 期）利用西夏文献《杂集时要用字》所提供的信息，对平民服饰从质料、头衣、体衣、足衣、颜色等方面考察。高春明、周天《西夏服饰考》(《艺术设计研究》2014 年第 1 期）对西夏的官服、足衣、饰物等进行了探讨。此外，还有彭向前、张建强《西夏服饰“吊敦背”考》(《薪火相传——史金波先生寿辰西夏学国际学术研讨会论文集》)，任怀晟《西夏公服刍议》（《西夏学》第 9 辑)，魏亚丽、杨浣《西夏“东坡巾”初探》(《西夏学》第 9 辑)，魏亚丽《西夏武官帽式研究》(《西夏学》第 11 辑)，魏亚丽《西夏妇女冠式研究》(《西夏学》第 13 辑)，张笑峰《西夏“上服”考》(《西夏学》第 14 辑)，等等，都较为集中地探讨了西夏的服饰制度的具体内容。

四 西夏地理名词的研究

这方面的内容集中在西夏地理研究的著作中，主要有王天顺《西夏地理研究》(甘肃文化出版社 2002 年版)、杨蕤《西夏地理研究》（人民出版社 2008 年版)、鲁人勇《西夏地理志》(宁夏人民出版社 2012 年版)、汤开建《党项西夏史探微》（商务印书馆 2013 年版）等都涉及一些西夏的地理名词以及具体地名的考证。在论文方面，聂鸿音《大度民寺考》(《民族研究》2003 年第 4 期）认为大度民寺很可能就是今天宁夏银川市近郊的高台寺遗址所在，并是一所具有相当规模的皇家寺院。梁松涛、杨富学《西夏圣容寺及其相关问题考证》(《内蒙古社会科学》2012 年第 5 期)根据新译出的西夏文《宫廷诗集》第七首《御驾西行烧香歌》所记述的资料推断西夏时期的圣容寺位于凉州盘禾瑞像所在的北御山，即今甘肃永昌瑞像所在地。侯爱梅、彭向前《“炳灵寺”得名来源考》(《西夏研究》2012 年第 2 期）认为“炳灵”是藏语“弥勒寺”的音译。杨蕤《西夏故都兴庆府复原的考古学观察》(《草原文物》2014 年第 1 期）从学术背景、考古材料梳理等方面提出西夏兴庆府研究中的一些问题。史金波先生对于西夏时期的武威、灵州、张掖等地的历史沿革的研究，分别见《西夏时期的武威》(《西夏学》第 7 辑)、《西夏时期的张掖》(《西夏学》第 13 辑)、

《西夏时期的灵州》(《西夏学》第14辑)。问王刚《西夏龙州考》(《西夏学》第11辑),刘利华《克夷门考》(《西夏研究》2014年第1期),杨浣、许伟伟《宋、夏丰州考辨》(《宁夏社会科学》2015年第2期)分别考证西夏龙州、克夷门、丰州。此外还有一些有关西夏行政建置的研究,如监军司、军、府、郡等相关研究,在此不一一列举。

五 西夏社会文化方面的名物研究

社会生活涵盖面极广,文化更是包罗万象,因此无论社会文化方面的通论性还是专论性的著作论文,很多都涉及名物。上面四大类内容也有许多交叉之处,在此,主要是对上述之外的体现在文化与考古类的西夏名物和名物词研究情况的概述。例如,韩小忙、李彤《西夏官印略说》(《固原师专学报》2002年第2期)对西夏的印章制度的特点作了探讨,认为西夏官印是西夏官吏身份和权力的凭证的最好体现,官职越高其官印的质量越好、越重、尺寸越大,而以西夏文九叠象入印是印章的最大特点。此外,李怀顺《西北师范大学博物馆馆藏西夏印考释》(《丝绸之路》2010年第20期)对馆藏西夏印的形状、尺寸、铭文等作了介绍和考证。谢继胜《黑水城出土唐卡研究述略》(《民族研究》2002年第1期)通过对黑水城唐卡数量及国内外学者对西夏唐卡研究的状况,尤其对欧美学者对西夏唐卡的研究的范围、方法等的介绍和评述,指出包括西夏唐卡在内的西夏藏传风格艺术仍是一片有待学者们开拓的领域。李彤《东方金字塔——西夏王陵》(《中国审计》2003年第16期)对西夏王陵的历史概况、方位、面积、构成、建筑特点等进行了详细说明,认为西夏王陵既承袭了前代帝陵的特点,又有西夏独特的一面,是党项文化与汉文化相结合的产物。余军、郭晓红《试论西夏雕像石座》(《华夏考古》2002年第3期)对西夏王陵遗址中的11件雕像石座进行了介绍、分类,对其艺术风格和所体现的文化内涵进行了探讨。王效军《西夏王陵发现的迦陵嫔迦》(《丝绸之路》2002年第6期)是一篇介绍西夏王陵发现的迦陵频迦的短文。此外,聂鸿音《迦陵频伽在西夏王陵的象征意义》(《宁夏师范学院学报》2007年第1期)指出西夏人将迦陵频伽形象用于王陵,目的是为了昭告世人安葬在这里的皇帝就是大夏的佛,此种象征意义的出现是阿弥陀佛净土信仰在河西地区传播的结果。汤晓芳《西夏三号陵出土迦陵频伽、摩羯的艺术造型》(《西夏学》第9辑)是对具体的三号陵西夏迦陵频伽、摩羯的艺术造型的探讨。山丹《浅论西夏扁壶》(《内蒙古大学艺术学院学报》2008年第2期)对西夏扁壶的造型和纹饰进行了系统考证。金萍、王效军《西夏金银器鉴赏》(《收藏界》2008年第4期)从对西夏金银器的鉴赏结果得出了民族交往对传统工艺的影响。黄震云《西夏王陵鎏金铜牛石马和辽兴平公主墓葬考》(《东北史地》2010年第5期)对1971年西夏王陵101号墓出土的鎏金铜牛和石马进行考释研究。李进兴《西夏文物三题》(《西夏学》第 1 辑）对西夏人腰间的挂件人头像鹿角解锥、短刀、弩机、刺鹅锥、银针囊、雕花扁壶、银钵等皆有研究。此外，还有牛达生、牛志文《西夏铜火铳：我国最早的金属管形火器》（《寻根》2004 年第 6 期），党菊红《武威出土的西夏铜壶、铜观音像、石磨》（《西夏学》第 7 辑），牛达生《自成体系的西夏陵屋顶装饰构件》（《西夏学》2013 年第 2 期），吴峰天《西夏发式初探》（《西夏学》第 9 辑），赵天英、闫惠群《罕见的西夏铜烙印考》（《西夏学》第 10 辑），汤晓芳《西夏文文献建筑词汇解析》（《西夏学辑刊》第 1 辑，宁夏人民出版社 2017 年版），等等，是结合西夏文物对内容丰富的诸多方面西夏名物的探讨。

此外，在音乐方面，刘建丽《西夏民族音乐及其演变》（《宁夏大学学报》2004 年第 5 期），通过对有关材料的分析总结，认为西夏音乐有民俗乐、宫廷乐，且形式多样，作用不同，乐器种类众多。刘文荣《西夏乐器“七星”考》[《宁夏大学学报（人文社会科学版）》2015 年第 3 期]、《瓜州东千佛洞西夏第 7 窟“涅磐变”中乐器图像的音乐学考察》（《西夏学》第 11 辑）、《俄藏西夏汉文本〈杂字〉所见龙笛乐器考》（《西夏学》第 13 辑）、《西夏“凤管”乐器考》（《西夏学》第 15 辑）等是对西夏具体乐器的考证。

西夏信仰崇拜的研究也涉及一些西夏的名物、名物词。例如，韩小忙《略论西夏的原始宗教》（《宁夏大学学报》2003 年第 1 期）对西夏的原始宗教进行了概述。史金波《西夏的藏传佛教》（《中国藏学》第 1 期）分析了藏传佛教传入西夏的背景、在西夏的发展情况及对西夏的影响。[俄] 萨莫秀克著、谢继胜译《西夏王国的星宿崇拜——圣彼得堡艾尔米塔什博物馆黑水城藏品分析》（《敦煌研究》2004 年第 4 期）第一次披露了 12 幅表现星神的作品，并从文化、宗教、造像和风格等角度出发，对这些作品进行排比、考察分析其布局和图像的演变，从而揭示出 11 世纪至 14 世纪中亚与汉地流行的星宿崇拜的真实面貌。崔云胜《酒泉、张掖的西夏土主信仰》（《宁夏社会科学》2005 年第 3 期），该文经过对酒泉、张掖的西夏土主的信仰的考证，确定西夏土主庙祭祀的是西夏齐国忠武王李彦宗；土主神像羊首人身，西夏统治者用羌人最崇拜的图腾标志，把李彦宗神化了，企图透过他彰显本民族的特性。[俄] H. A. 聂历山著、崔红芬、文志勇译《12 世纪西夏国的星曜崇拜》（《固原师专学报》2005 年第 2 期）也涉及相关内容。赵小明《略论西夏的占卜信仰》（《青海民族大学学报》2013 年第 4 期）认为，西夏占卜包括党项传统卜法、择日、堪舆、易占、相术、事项占、式法、星命术、占候等类型，对西夏社会有着广泛的影响，同时西夏占卜信仰具有广泛性、地域性及融合性的特点。此外，还有陈广恩《试论伊斯兰教在西夏的流传》（《回族研究》2005 年第 1 期）、《西夏景教流传初探》（《西夏学》第 9 辑），陈玮《西夏天王信仰研究》（《西夏学》第 9 辑）、《西夏龙信仰研究》（《西夏学》第 13 辑）、《西夏天崇拜研究》（《西夏学》第 14 辑），公维章《西夏时期的三十五佛信仰》（《西夏学》第 13 辑），等等。在此不一一列举，可以知道西夏出土文献的整理，极大地推动了西夏社会方方面面的研究，也促成了西夏名物研究的全面开展。

有关西夏名物的研究，西夏相关专著类都有涉及，新近几年较为集中研究的专著主要有聂鸿音先生《西夏文献论稿》（上海古籍出版社2012年版）汇集了近30年的西夏研究成果，有西夏刻字司、番汉二学院、帝师、中药名等名物和名物词。此后，聂先生《古代语文论稿》（中国社会科学出版社2014年版）有对于西夏文献、西夏“吐蕃”、佛教术语、张掖河别称、《文海》等的研究。值得一提的是，彭向前《党项西夏名物汇考》（甘肃文化出版社2017年版），该书分为词目考订、问题研究两部分。对党项西夏人物、宗族部落、西夏地名、阶官、职事官、兵制及国名、佛寺、历日、占卜、服饰，汉文史籍中的西夏、吐蕃语词等，及西夏神臂弓、负赡、背嵬、圣容寺、炳灵寺、吊敦背等名物和名物词的专题研究。

近20年来西夏传统史籍、出土文献、考古文物等的大批量整理研究，为西夏名物研究提供史料基础和研究方法。扬之水先生在《诗经名扬新证》（大众文艺出版社2009年版）中说：“历史中的细节，在很大程度上是由所谓名物体现出来。由物，而见史、见诗，这本来是名物巧究的一大优势。”名物考证是西夏文献成功解读的一个重要组成部分，也是相关史实构建的基础，大量名物、名物词悬而未决的情况使得西夏的相关研究止步不前，而名物分布于西夏农业、牧业、手工业、饮食、生活用品、政治制度等诸多领域，因此，对于西夏名物和名物词的考订和有效解读，有助于提高西夏文献的解读和促进西夏历史研究。西夏名物中的外来词是西夏与周边地区的经济文化交流的重要内容，对于研究西夏文化的多元性与中华文化多元一体格局具有重要意义。此外，西夏名物研究对于西夏文化应用与开发，尤其是西夏物质文化产品的研发提供了可靠的参考。

总的来说，21世纪的西夏名物研究，涉及西夏政治上的国名、官职、机构、制度名物词、行政建制，经济上的物产、生产、贸易活动中物品，军事上的武器、组织名称、建置，社会生活中的社会组织机构名称、饮食、服饰、礼仪文化等，以及科技与艺术等诸多领域的方方面面，专题的研究较少，而具体名物和名物词的考证较多，在文献的利用和研究方法与研究领域都有极大的突破。但较之敦煌等相关地域和相关文献的名物研究来说，西夏名物研究仍有许多可以拓展的领域和研究空间。

对于西夏名物的已有研究，从史料角度看，缺乏对西夏文、汉文已有资料的全面整理以及西夏名物的分类和名物学角度的逐一考订。史料中的物产名称存在较多问题，如汉文名称混杂，西夏文译释错讹、不同版本存在差异等情况，给西夏名物的分类带来困难。西夏文献自身也存在西夏文、汉文的释读困难，如西夏蒙书《番汉合时掌中珠》中虽有夏汉对译，但许多汉译器具、动植物名称仍须通过语言学、训诂学等方法进一步定义。

目前，西夏名物研究还是依赖于出土文物和文献，旧史料的整理与利用还是比较有限。名物研究方面也缺乏名物学角度的系统研究。当然，西夏名物的研究，是一个逐步的过程，出土文献、文物的解读，不同领域的学者关注并加入对西夏的研究，促进了名物研究的开展。期待西夏相关传统史籍文献的全面梳理和更多的文献文物资料的解读，以及新的研究方法的运用，从而取得更多的西夏名物研究成果。

21世纪西夏文草书研究综述

赵生泉

西夏文是党项族趁汉族在东亚的政治地位衰落，而文化优势却日益增长的特殊背景，耗时三年创制出来的民族文字。在使用约500年后，它默默地“消隐”在历史的长河中。直到清嘉庆九年（1804）张澍（1776—1847）在武威发现“西夏碑”，次年刘青园（1784—1850）辨认出武威钱币窖藏中的西夏钱，西夏神秘面纱的才在不经意间被掀开一角。一个世纪之后，沙俄军官彼得·库兹米奇·科兹洛夫（Пётр Кузьми'ч Козло'в，1863—1935）于光、宣之际（1907年12月25日至1909年7月26日间）先后两次到黑水城（今内蒙古额济纳旗）盗掘，获得大量珍贵文物文献。其后，斯坦因、伯希和、斯文赫定等探险家亦纷至沓来，黑水城文献逐渐为人所知。黑水城文献的精华是西夏文文献，而西夏文文献中，最难释读的，则是草书文献。

西夏文草书文献包括社会文书、经籍两大部分，经籍按内容又可以分为佛教、儒学等类型。社会文书和佛教经籍有数量优势，但内容或单调，或庞杂，难以索解破译，反倒是那些儒学经籍，由于基本文本相对稳定，在不期然之间成为破解西夏文草书的“窗口”。20世纪30年代，苏联学者，同时也是西夏学公认的奠基人之一的聂历山（Н. А. Невский，1892—1938）通过俄藏黑水城2627号草书写本《孝经传》的卷首序言，辨认出了书名、注者和撰注时间，并摹录了一段《孝经·五刑章》，由石滨纯太郎在日本发表。[①] 近30年后，戈尔巴乔娃整理的聂历山遗著《西夏语文学》面世，[②] 里面的西夏文字典中，包含了他对《孝经传》经文的部分解读成果，但还有部分保存在俄罗斯科学院东方研究所圣彼得堡分所的档案里，至今未获刊布。1966年，科罗科洛夫和克恰诺夫在整理西夏译本《论语》《孟子》《孝经》的基础上，合作出版了《西夏文译汉文经典》，初步探讨了西夏文草书、楷书的对应规律，还以三行对照格式给出了《孝经·卿大夫章》的西夏文草书摹录、楷书转写和汉文对译，最后附有6页《西夏文草书偏旁简表》。[③] 1972年，丹麦语言学家格林斯蒂德把《孝

---

① ［日］石滨纯太郎《西夏语译吕惠卿孝经传》，《文化》1956年，第20页。

② Н. А. Неаский, *Танъумская Фцлолоъця*. Москва: Иэдателъство восточной литературы, 1960. pp. 1 – 2.

③ В. С. Колоколов иЕ. И. Кычанов, *кцмацская классцка б манъчмском леребозе* (*Лчнь Юц*, *Мэн Цзы*, *Сяо Цзцн*), Москва: Наука, 1966. pp. 128 – 135.

经传》的西夏文草书全部转写为楷书①，虽然免不了有些问题，却依然堪称西夏文草书研究史上的里程碑。

在初步解决了草书识别问题之后，克恰诺夫开始研究西夏文社会文书，写出了《1170 年的西夏文书》《黑水所出 1224 年的西夏文书》《西夏文谷物借贷文书》等论著，刊布了《天庆年间典当契约》《西夏天盛二十二年卖地文契》《乾定二年黑水守将告近禀帖》等夏、汉文书。② 日本学者松泽博（原名野村博）翻译了克恰诺夫的一些著作③，并在西夏文草书释读、研究方面也做出了一定贡献。

20 世纪末，中国学者通过艰苦努力，把中国藏、俄藏、英藏、日藏、法藏黑水城西夏文献陆续刊布，不仅推动"西夏学"研究在国内由冷僻而显赫，而且涌现出大量高水平、高质量的成果，其中自然包括一些关于西夏文草书的论著。按"西夏文草书"主题在中国知网检索，最新数据有 28 条，其中史金波《略论西夏文草书》在国际会议、辑刊各出现一次，孙继民、陈瑞青《试释几件俄藏黑水城宋鄜延路公文草稿》（《西夏学》第 1 辑）与西夏文无关，杜建录《中国藏西夏文献叙录》（《西夏学》第 3 辑）是目录学论著，仅涉客观信息，马玲玲《西夏契约档案整理与研究》、张煜坤《西夏户籍档案整理与研究》（俱宁夏大学 2014 年硕士学位论文）为概论性质，石坤《斯坦因喀拉浩特遗址所发掘诸废墟及其出土文物对应关系研究》（兰州大学 2006 年硕士学位论文）未涉文献解读，故实际有 22 条（见表 1）。除此之外，杜建录、史金波《西夏社会文书研究》（上海古籍出版社 2012 年版），史金波《西夏文教程》（社会科学文献出版社 2013 年版）和《西夏经济文书研究》（中国社会科学出版社 2017 年版）等著作，也都涉及了草书识别及应用问题。这些成果，尽管称不上全备，但依然能反映出相关研究的基本特点。

表 1　中国知网所见"西夏文草书"最新数据

归类	作者	名称	刊物及年代
报道	王银彩	《千年奇珍——手写西夏文草书长卷》	《文物鉴定与鉴赏》2012 年第 10 期
	庄电一	《西夏文草书研究取得重要进展》	《光明日报》2015 年 3 月 23 日
综论	彭向前	《西夏文〈孝经传〉草书初探》	《宁夏社会科学》2014 年第 2 期
	史金波	《略论西夏文草书》	《西夏学》第 11 辑
	孙颖新	《西夏写本〈近住八斋戒文〉草书规律初探》	《宁夏社会科学》2015 年第 1 期
	赵天英	《西夏文社会文书草书结体特色初探》	《宁夏社会科学》2015 年第 2 期
	赵生泉	《西夏文"草书"书写特征举隅》	《西夏学》第 14 辑

① Eric Grinstead, *Analysis of the Tangut Script*, Lund: Studentlitteratur, 1972. pp. 277 - 376.

② 黄振华:《评苏联近三十年的西夏学研究》,《社会科学战线》1978 年第 2 期；白滨编：《西夏史论文集》，宁夏人民出版社 1984 年版，第 625—626 页。

③ ［日］野村博:《西夏文谷物借贷文书》,《东洋史苑》1979 年 14、15 号。

续表

归类	作者	名称	刊物及年代
《孝经》	胡若飞	《俄藏西夏文草书〈孝经传〉序及篇目译考》	《宁夏社会科学》2005 年第 5 期
	胡若飞	《俄藏西夏文草书〈孝经传〉正文译考》	《宁夏大学学报（人文社会科学版）》2006 年第 5 期
	彭向前	《西夏文草书〈孝经传〉序译释》	《宁夏社会科学》2017 年第 5 期
	李晓春、彭向前	《西夏文草书〈礼记〉异文一则》	《西夏研究》2018 年第 1 期
文献解读	史金波	《西夏户籍初探——4 件西夏文草书户籍文书译释研究》	《民族研究》2004 年第 5 期
	史金波	《英藏黑水城文献》定名刍议及补正	《西夏学》第 5 辑
	吴国圣	《俄藏黑水城出土西夏文药方〈涅诵论硴［三棱煎丸］〉之解读考释》	《西夏学》第 5 辑
	惠宏、段玉泉	《西夏文医方“消风散”考释》	《西夏学》第 8 辑
	聂鸿音	《〈等持集品〉的西夏文译本》（英文）	《藏学学刊》第 9 辑
	赵天英	《黑水城出土西夏文草书借贷契长卷（7741 号）研究》	《中国经济史研究》2017 年第 2 期
	麻晓芳	《西夏文〈药师琉璃光七佛本愿功德经〉的草书译本》	《宁夏社会科学》2018 年第 2 期
	史金波	《新见西夏文偏旁部首和草书刻本文献考释》	《民族语文》2017 年第 2 期
	赵天英	《俄藏黑水城文献 No. 5870 西夏文草书借贷契研究》	《中华文史论丛》2018 年第 1 期
书法	冯继红	《汉字文化圈西夏文、女书书法文化研究》	中央民族大学 2012 年博士学位论文
	任长幸	《西夏文书法及其创作浅析》	《渭南师范学院学报》2015 年第 17 期

2010 年 4 月中旬至 5 月初，旨在为西夏学研究培养人才的西夏文研修班在宁夏大学开班，《西夏文教程》作为史金波先生为此编写的教材，3 年后公开出版。在书中，史金波先生强调：“草书与楷书相比，笔画简少，字形发生变化，往往点画连绵，如行云流水，书写时省时，但不易识读。”又因为古今悬隔，释读西夏文草书十分吃力，所以“现在对西夏文草书的释读仅仅是在开始阶段”。但是，“如果认真琢磨，在草书文字上都可以看到楷书的影子，找出其笔画变化的路数，也能形成规律性的认识”。[①] 这一基本判断，在很大程度上已成为业内共识。

史金波先生还撰写了《略论西夏文草书》（《西夏学》第 11 辑），按照西夏文草

① 史金波：《西夏文教程》，社会科学文献出版社 2013 年版，第 385 页。

书的地位和价值、西夏文草书的产生和发展、西夏文草书文献及研究、西夏文草书的形制和特点，全方位讨论了西夏文草书。他认为：草书的实际意义就是行文快速。西夏文草书在快速书写过程中形成的特点是简化，而简化的主要方式一是连笔，包括上下钩连和左右钩连；二是减笔，使一笔、两笔代替多笔。并概括出“同一形体在字的同一部位可简化成不同形式”“相近而不同形体简化时尽量以不同的形式加以区分”等10条基本规律。

受此影响，赵天英《西夏文社会文书草书结体特色初探》(《宁夏社会科学》2015年第2期）认为西夏文草书同一个笔画，同一部首，甚至同一字体，都有多种的变化。但是，由于“书写生理习惯”毕竟存在着相同的地方，加上汉文草书规范的影响，同时也为了满足识读的要求，西夏文草书自身是在逐步趋于规范的，所以“有规律可循”，总体上分原形草法和符号草法两种。符号草法是西夏文草书最主要最常用的“成书”方式，具体包括省略与简化、连接、共用笔画、移位、抽象与概括5种方法。大多数楷书构件，可以用一到两种较为固定的草字符号来表达。

孙颖新《西夏写本〈近住八斋戒文〉草书规律初探》(《宁夏社会科学》2015年第1期）比赵文发表稍早。该文以俄藏西夏文草书写本《近住八斋戒文》为研究基础，同时参校其刻本，发现“不同的构字部件位于相同或相近的位置时可以写得相同或极为相似”，而“同一个构字部件位于不同位置时，也可以有多种不同的草书写法”。在此基础上，她整理出一份《草楷对应字表》，涉及近400个单字，为西夏文草书文献解读提供了一定参考。

孙、赵二文皆以图表方式，具体展示西夏文、草的对应或演变关系。这种研究范式，远承格林斯蒂德，近接彭向前《西夏文〈孝经传〉草书初探》。2013年，彭向前到俄罗斯科学院东方所访学，有幸见到《孝经传》原本，研读之余，发现格林斯蒂德的转写存在不少问题，遂撰成《西夏文〈孝经传〉草书初探》。该文在纠正格林斯蒂德的错误的同时，密切结合文本，指出西夏文草书有省略、点画替代、错位挪让、改变笔画形态、改变笔顺等“结字”规则，还讨论了“同符异用”“一字多写”“形近字”等具体问题，整理出100种左偏①草书符号。这是国内学者首次尝试通过《孝经传》来研究西夏文草书的“本体”，并在无意中开启了图表对照的写作范式。这一范式，在后来的相关研究中也有不同程度的体现。

上述文章，要么立论宏阔，要么过于关注字形比较，对“书写”均有不同程度的忽视。赵生泉《西夏文“草书”书写特征举隅》(《西夏学》第14辑）则紧扣“书写”，发现西夏文创制成功后，因为实用因素的推动，特别是人民为了提高书写“效率”，在30余年时间内即产生了草体，其证据就是《瓜州审判档案》。这是学术

① 彭文用的是“左偏”。据彭向前私下解释，大体理解成左偏旁，但西夏字所谓的“偏旁”意义不固定，与汉字的偏旁实有差别。

界首次论证西夏文草书的产生时间。因为效率高，所以凡是在日用场合出现的西夏文楷体字，都可能会被“草”化。但与楷体、篆体相比，西夏文草体的形态变化虽然很大，笔画、部件之间的结构关系却大体未变，变的主要是点画形态。只有当笔势、笔顺都有调整时，笔画之间的组合关系才会发生变化。

时间方面，这5篇文章中，植根于《孝经传》的《西夏文〈孝经传〉草书初探》出现最早，客观上反映出国内西夏文草书研究成果受益于域外成果这一事实。或许是对国外学者研究成果认知的微妙差异，史、彭、孙、赵的文章表现出一些不同的取向：或是强调规律性，以求应用于文书解读领域；或着眼于楷、草对应，重在归纳，希望编纂“西夏文草书字典”。前者，更倾向于把西夏文草书视为记录史料的手段，重点追求其背后的社会、经济、历史内涵；后者，尽管也注意发掘其深层意义，却更关注“文本”本身，因而表现出强烈的语言学色彩。而赵生泉，则遵循其关注“艺术”，关注“形式”的学术惯性，力图通过对“书写”细节的种种剖析，探究西夏文草书的生成逻辑。其成果虽然也可以归入“书法”一类，却能免于泛泛空谈。

上述22篇文章，固然不是西夏文草书研究的全部成果，但通过它们，不难发现很多有意味的东西。例如，关于《孝经传》的介绍与研究出现得最早，可见西夏文草书研究与域外成果之间客观上存在着某种关联；涉及不同文献解读的有9篇，一篇还是以英文发表，体现出近年来国内学者因为解读西夏文草书的能力的提高，在业内的话语权有所提升；涉及书法的两篇，显示出其他学科也已经注意到西夏书法艺术的魅力与价值；两篇报道，一篇甚至发在《光明日报》上，充分表现了西夏学乃至西夏文草书文献的受关注程度。当然，其中最基本，也重要的，无疑是归入“综论”的5篇。无论如何，与楷体、行书只有胡进杉两篇文章相比①，西夏文草书的受关注程度，还的确是蛮高的。

必须指出的是，在《孝经传》这样的“老”材料之外，西夏文草书研究也得益于新材料的发现。2014年，史金波先生根据从网上看到的北京第四季度德宝拍卖会第65号拍品中的一页“带有草书的刻本”，在《略论西夏文草书》末尾补充了“补论”一节，认为西夏人文字研究造诣很高，对文字构造的分解很细致、很成熟；西夏人对西夏文草书早已做了综合、抽象研究，对流行的草书总结出带有规律性的认识；西夏人将草书雕刊流行，是中国文字史上的一件创举。这一拍品，就是《择要常传同名杂字序》，后来见到全本，史先生发现与草书有关的还有一页，遂撰写了《新见西夏文偏旁部首和草书刻本文献考释》（《民族语文》2017年第2期），将正文所刻224字，序中附刻草体9字，共233字公之于世。在某种程度上，赵天英《西夏文社会文书草书结体特色初探》也获益于此文献。如果能从“文献”角度继续深入挖掘，相关研究应该还有进一步拓展的空间。

---

① 胡进杉：《西夏文楷书书法略论》，《西夏学》第12辑；胡进杉：《西夏文行书述要》，载《第五届西夏学国际学术论坛暨黑水城历史文化研讨会论文集》下册，2017年8月，阿拉善盟。

《天盛改旧新定律令》汉译本校补回顾

和　智

编修于12世纪中叶的西夏法典《天盛改旧新定律令》（以下简称《天盛律令》），较为全面地记载了西夏的政治、经济、军事、文化，是研究西夏社会最重要资料。《天盛律令》原书20卷，分150门，1461条，其中9卷保存完整，10卷有不同程度的残缺，1卷（第16卷）全佚，现存约原书6分之5，20余万字。

《天盛律令》是目前所见数量最大，涉及领域最宽，内容最丰富，翻译难度最大的西夏世俗文献。《天盛律令》现主要有三个译本，即克恰诺夫俄译本①、史金波等译注本《西夏天盛律令》② 及史金波等译注本《天盛律令》③。史金波等译注本《天

① Кычанов. Е. И. Изменный и заново утвержденный кодекс девиза царствования небесное（1149 - 1169）（1 - 4），Иэдательство Наука，Москва，1987 - 1989.［俄］［E. И. 克恰诺夫：《天盛改旧新定律令（1149 - 1169）》（1 - 4），苏联科学出版社1987—1989年版］按：克恰诺夫教授凭借深厚的西夏文功力和很高的法学知识，以一人之力，完成了1000多页繁难的西夏文文献翻译、研究，使西夏研究取得重大突破，推动了西夏法律和社会的研究。参见史金波《西夏学的丰碑——克恰诺夫教授西夏研究的重要贡献和影响》，《华西语文学刊》（第六辑），四川文艺出版社2012年版，第13页；又见《瘠土耕耘：史金波论文选集》，中国社会科学出版社2016年版，第584页。又按：俄译本刊布并翻译了20世纪80年代以前识别出的《天盛律令》刻本，但没有收《天盛律令》的写本，缺少卷首《名略》、卷七第二十六页右半、卷十七第四十七页右半。参见史金波、聂鸿音、白滨译注《天盛改旧新定律令》，法律出版社2000年版，第5页。又按：1988年，李仲三将俄译本《天盛律令》中的第二册（原卷一至卷七）作了汉译。由于没有将全书译出且转译的缘故，该译本在国内的利用率不高。［俄］克恰诺夫俄译、李仲三汉译、罗矛昆校对：《西夏法典——〈天盛年改旧定新律令〉（第1—7章）》，宁夏人民出版社1988年版。

② 史金波、聂鸿音、白滨译注：《西夏天盛律令》，科学出版社1994年版。按：《西夏天盛律令》反映了当时国内西夏文文献翻译的最好水平。该译本翻译了全书，但由于书中原件照片乃从俄译本翻拍，故缺漏亦如俄译本。又按：虽然《西夏天盛律令》对《天盛律令》的翻译与克恰诺夫俄译本有诸多不同，但至少在前7卷上《西夏天盛律令》参考了克恰诺夫俄译本。“目前我和我的同事们已将第一至第七卷的西夏原文译成汉文并作了初步研究。我们参考了克恰诺夫教授的重要研究成果，但在某些西夏原文的理解上不尽一致，因而在译文上也多有与克恰诺夫教授不同之处。”史金波：《一部有特色的历史法典——西夏〈天盛改旧新定律令〉》，载《法律史研究》编委会编《中国法律史国际学术讨论会论文集》，陕西人民出版社1990年版，第294页；又见《瘠土耕耘：史金波论文选集》，中国社会科学出版社2016年版，第63页。

③ 按：史金波等译注本《天盛律令》依据《俄藏黑水城文献》第8、9册，补译了卷首《名略》2卷、卷14“误伤杀与斗殴门”中新识别出的23条、少量刻本零页和据写本新校补的残字。该本还改译了一些词语，调整了一些句子的语序和标点，在反复琢磨的基础上就原文出现较多的法律术语和专有名词编写“译名对照表”。参见史金波、聂鸿音、白滨译注《天盛改旧新定律令》，法律出版社2000年版，第6—7页。又按：史金波等译注本《天盛律令》卷14“误伤杀与斗殴门”中新识别出的23条是由聂鸿音教授补充的。聂鸿音教授通过对校，发现俄藏黑水城文献6965号西夏文残卷为刻本《天盛律令》卷14“误伤杀及斗殴门”的另一种写本，其中有23条是1994年版汉译本所缺，故在史金波等译注本中作了补充。聂鸿音：《俄藏6965号〈天盛律令〉残卷考》，《宁夏大学学报（哲学社会科学版）》1998年第3期。

盛律令》是西夏学研究中的一个重要成果，反映了当时国内西夏文文献翻译的最好水平。

史金波等译注本《天盛律令》虽已达到很高的水平，但也有一些不足。该本的不足主要有：多人翻译，水平不一，最后虽由史金波先生统稿，但译文仍有前后不统一的；由于学界期盼已久，有些仓促，有一些词语未获解读①，没有给全书做一个词条索引，也没有给出一个校勘本；存在漏译，没有完全将《俄藏黑水城文献》中新发现的《天盛律令》及时补译，也没有对照《英藏黑水城文献》补充译文；存在误译。故史金波等译注本《天盛律令》出版以来，原译者和其他学者在不断完善文本。

一方面是原译者对译文的完善。原译者通过语法、从中原借鉴的相关制度、音韵学方法、找出《天盛律令》所承接、对应的中原典籍以订正译文。[illegible]（对译：一诸人伯及兄弟等行为父母杀害心〈〉起时兄弟/侄等知觉告举则罪莫连）一句，原译为“一诸人伯叔及兄弟等被父母杀，已起意时兄弟、侄等知觉，举告，则罪不连坐”②。史先生指出，[illegible]（诸人伯叔及兄弟等）在句中为主语，行为主体格助词[illegible]（行为）一词强调其前的[illegible]（诸人伯叔及兄弟等）为行为主体，即动作、行为的施动者；[illegible]（父母）为行为的承受着，做宾语；[illegible]（杀害）为谓语。故句子前半部分应译为“诸人伯叔及兄弟等杀害父母”③。本句后有与之相呼应的“若兄弟及伯叔等对父母已起杀心，未动手以及打斗等，亲兄弟、侄有知觉，则依法当告举”④。故，从上下文来看，改译是合理的。[illegible]（对译：诸税户家主〈〉指命自处〈〉有税种种地/簿上顷亩斗升草等何有数名〈〉接为运/治司人有者〈〉入柄〈〉给家主其上〈〉看/数依〈〉纳）一句，原译为“诸租户家主当指挥，使各自所属种种租，于地册上登录顷亩、升斗、草之数。转运司人当予属者凭据，家主当视其上依数纳之”⑤。史先生认为，这里的“税”指国家收取的耕地税，不同于农户转包土地所收的“租”（西夏文原意为“地毛”），“税户”指缴纳耕地税的农户，不同于包租他人土地的佃户，“税户家主”指有耕地的纳税农民，又根

① 聂鸿音教授说：“按理说在大量关键词语未获解读的情况下就动手翻译全书，这似乎过于冒险，但考虑到历史学界的渴求，这柄‘双刃剑’的问世也就在所难免。”聂鸿音：《从绝学到显学：新世纪西夏研究的展望》，《中国史研究》2008年第4期。

② 史金波、聂鸿音、白滨译注：《天盛改旧新定律令》，法律出版社2000年版，第118页。原文参见史金波、魏同贤、[俄]克恰诺夫主编《俄藏黑水城文献》，第8册，上海古籍出版社1996年版，第53页右下第7—8行。按：难以对译的西夏文虚词用“〈〉”，音译用“[ ]”，每行间用“/”隔开，识别不出而字数可知的用“□”；西夏文的国际音标，基本采用龚煌城先生的拟音。

③ 史金波：《西夏文教程》，社会科学文献出版社2013年版，第230—233、250页。

④ 史金波、聂鸿音、白滨译注：《天盛改旧新定律令》，法律出版社2000年版，第119页。

⑤ 同上书，第508页。原文参见史金波、魏同贤、[俄]克恰诺夫主编《俄藏黑水城文献》第8册，上海古籍出版社1996年版，第314页右下第6—9行。

据西夏语语法将本句改译为“当指挥诸税户家主，使各自所属种种税，于地册上登录顷亩、升斗、草之数。转运司人当予属者凭据，家主当视其上依数纳之”[①]。动词前有一个名词时，是宾动式，还是主谓式，有时难以区分，因及物动词能带宾语，如果能够确定动词不是及物动词，则可以肯定是主谓式；若动词是及物动词，则可从词义是否搭配来区分。[②] 虽然这是就词的构成而言，但词组的构成亦与此相同。[西夏文]（指挥）为及物动词，[西夏文]（对译：诸税户家主〈〉指命），可以理解为主谓结构的“诸税户家主当指挥”，也可以理解为宾动结构的“指挥诸税户家主”。词义搭配亦不能识别，但因词组出现在句子中，可结合文意来分析。按照原译，“诸租户家主当指挥”，[西夏文]（诸租户家主）在句中做主语，但如此翻译，则与上下文不符。从上下文来看，本条款前有催促地租者乘马于各自转运司白册盖印，当取收据数登记于白册的是家主；后有各租户家主各自地何时种、耕牛数、租种数、斛、斗、升、合、条草当明之，当使书一木牌上。[③] 可见，税户家主应当被指挥登记。故[西夏文]（对译：诸税户家主〈〉指命）中，[西夏文]（诸税户家主）为宾语，[西夏文]［永 wjij］为表示向远、向外的未然式动词前缀，[西夏文]（指挥）为谓语。传统文献中对西夏征收水税没有任何记载，《天盛律令》卷 9《事过问典迟门》中，有[西夏文]（对译：水税）二字，但原译却没有将该词组中的第二字翻译出来，史先生通过黑水城出土的两件耕地税水债和土地买卖契约的研究，将该词组补译了出来，使西夏征收水税的谜团得以揭开。[④]

[西夏文]二字，第 1 字音“前”“清”“净”“经”等，第 2 字音“判”“盘”等。原译将两字译为“经判”或“习判”。宋代各州、府选派京官充当判官时称签书判官厅公事，简称“签判”，掌诸案文移事务。西夏的签判之职可能和其他很多职官一样，借鉴自官制很完备的中原王朝。西夏的签判在次等司也即第二等司的西凉府中，地位较高，次于西凉府的大人和副职，有向皇帝、宰相以及经略上书的资格。故[西夏文]二字应改译为“签判”。[⑤] [西夏文]/[西夏文]/[西夏文]/[西夏文]/[西夏文]□[西夏文]/[西夏文]/[西夏文]/[西夏文]/[西夏文]（对译：一诸人屋舍田地钱因典为异异〈〉使传/二二上自处地苗舍屋［谷宜］利等算名/不有人柄文字有何时钱送时〈〉给为/不有其中钱上利有屋舍地田亦重有/者□［谷］

① 史金波：《黑水城出土西夏文买地契研究》，《历史研究》2012 年第 2 期。

② 史金波：《西夏文教程》，社会科学文献出版社 2003 年版，第 140 页。

③ 分别见史金波、聂鸿音、白滨译注《天盛改旧新定律令》，法律出版社 2000 年版，第 507、514 页。

④ 史金波：《西夏文社会文书对中国史学的贡献》，《民族研究》2017 年第 5 期。

⑤ 同上。《俄藏 No. 6990a 西夏书仪考》，《中华文史论丛》2018 年第 1 期。又《天盛改旧新定律令》中职官[西夏文]（对译：［通盘］），有时译为“同判”，皆应改为“通判”。

为令利纳名有〈〉钱上利舍屋地/田上苗果［谷宜］等自处〈〉算重本利钱/与〈〉等以后利算允无若律过本利送/地田舍屋有者〈〉不给为时官有罚马/一庶人十三杖）一条，原译为“一诸人居舍、土地因钱典当时，分别以中间人双方各自地苗、房舍、谷宜利计算，不有名规定，有文字，何时送钱时当还给。此外，其中钱上有利，房舍、地亩亦重令归为属有者谷宜，交利有名者，钱上利、房舍、地上上苗、果、谷宜等当各自重算，不允与本利钱相等以后再算利。若违律本利送，地上、房舍不归属者时，有官罚马一，庶人十三杖”①。原译者指出，“谷宜”为音译，其意不详，“不有名规定”文意不明。② 史先生根据上下文、语法和音译，将本条款改译为“一诸人居舍、土地因钱典当时，已无分歧参差，双方各自地苗、房舍估价利计算，有不记名文书文字，何时钱到时当给付。此外，其中钱上有利，房舍、地畴亦重令归属者包雇，交利具名者，钱上利、房舍、地畴上苗、果估价等当各自重算，不允与本与利钱相等以外再算利。若违律送本利，地畴、房舍不归属者时，有官罚马一，庶人十三杖”③。《天盛律令》卷17《物离库门》中有232味中药名称，这些药名大多是宋代汉语西北方言的西夏音译，其中有一些药名没有得到解决。史先生根据宁夏杨新才先生的意见，在对音的基础上首先校正了其中30多种中药名称。④ 聂鸿音《西夏〈天盛律令〉里的中药名》一文指出，《天盛律令》卷17中的232味中药名称大多是宋代汉语西北方言的西夏音译，认为这些药名直接从北宋《嘉祐本草》续增本摘录而来，根据存世《政和证类本草》纠正了史金波等译注本中的70余条误译。⑤

另一方面，其他学者对译文的完善，主要有以下几种：其一，是补译。一种是以俄藏西夏文文献补译文。［日］佐藤贵宝《俄藏未刊西夏文〈天盛律令〉印本残片》一文，指出Инв. No. 2586号残片为未刊于《俄藏黑水城文献》而著录于《西夏文写本与刊本》者，该残片为《天盛律令》卷19第4条的内容，可补史金波等译注本。⑥ Инв. No. 2585号残片同样为未刊于《俄藏黑水城文献》而著录于《西夏文写本与刊本》者，该残片为《天盛律令》卷19的内容，可补史金波等译注本。⑦ 潘洁根据《俄藏黑水城文献》，缀补了史金波等译注本《天盛律令》卷15《催缴租门》错置于

① 史金波、聂鸿音、白滨译注：《天盛改旧新定律令》，法律出版社2000年版，第187页。原文参见史金波、魏同贤、［俄］克恰诺夫主编《俄藏黑水城文献》，第8册，上海古籍出版社1996年版，第96页左下第9—97页左上第8行。

② 史金波、聂鸿音、白滨译注：《天盛改旧新定律令》，法律出版社2000年版，第192页。

③ 史金波：《西夏经济文书研究》，社会科学文献出版社2017年版，第43页。

④ 史金波：《西夏社会》（下），上海人民出版社2007年版，第781—782页。

⑤ 聂鸿音：《西夏〈天盛律令〉里的中药名》，《中华文史论丛》2009年第4期。

⑥ ［日］佐藤贵宝：《俄藏未刊西夏文〈天盛律令〉印本残片》，载新潟大学主编《西北出土文献研究》第6期，新潟西北出土文献研究会2008年版，第55—62页；后由刘宏梅译，载《西夏研究》2011年第3期。

⑦ ［日］佐藤贵宝：《在考察原件基础上的西夏法典研究》［*Study of the Tangut（Xixia）Code Based on Inspection of Actual Texts*］，载聂鸿音、孙伯君主编《中国多文字时代的历史文献研究》，社会科学文献出版社2010年版，第280—288页。

《春开渠事门》并漏译的一段关于土地税额和交纳时间的内容，共9行，109字；同时，补译了之前没有翻译的2行，27字。[①] 韩小忙、王长明《俄 Инв. No. 353号〈天盛律令〉残片考》，发现353号残片为俄藏《天盛律令》卷11《矫误门》《出典工门》中的2条，内容虽已见史金波等译注本，但仍可补数字。[②] 骆艳的硕士学位论文《俄藏未刊布西夏文献〈天盛律令〉残卷整理研究》，指出与《西夏文写本与刊本》比较，《俄藏黑水城文献》至少尚有《天盛律令》的81个编号未刊布，并就其收集到未刊的174、3810、4432、6741、785五个编号作了译释，补了史金波等译注本《天盛律令》卷1、8、9、10、11、13等的部分条文和残缺字词。[③] 尤桦《〈季校门〉校勘考释》一文，已指出克恰诺夫俄译本缺卷五《季校门》1面（即《俄藏黑水城文献》第8册第132页上右），并将俄译本所漏译出。史金波等译注本《天盛律令》依据《俄藏黑水城文献》第8、9册做了增补，其中即包括新识别出的少量刻本零页，因而比克恰诺夫俄译本更完整。然而，尤桦并未指出史金波等译注本《天盛律令》亦漏译《季校门》1面（即《俄藏黑水城文献》第8册第132页上右）的内容。[④] 杜建录《西夏〈天盛律令〉研究的几个问题》一文，指出了史金波等译注本《天盛律令》漏译卷13《执符铁箭显贵言等失门》中的11行西夏字（即《俄藏黑水城文献》第8册第296页下左、297页上右），但并未将西夏文释读出来。[⑤] 许鹏《俄藏 Инв. No̲. 8084ё 和 8084ж 号〈天盛律令〉残片考释》一文指出，俄藏未刊 Инв. No̲. 8084ж 号和 8084ё《天盛律令》残片前后相接，可补卷4《敌军寇门》所缺的3条律法。[⑥] 孔祥辉《俄藏 Инв. No. 6239号〈天盛律令〉"敌军寇门"残片考补》一文，通过新发现的俄藏 Инв. No. 6239号残片，补译了《天盛律令》卷4《敌军寇门》所缺的4条律文。[⑦] 孔祥辉《两则未刊俄藏〈天盛律令〉残片考释》一文，通过新发现的两面《天盛律令》残片，补译了《天盛律令》卷10《得续官军敕门》"医人等得官法"条中的一句、"边等官获末品"条、"学士选拔官赏"条数字，增补了卷14《误打争斗门》"杀节亲私和"条和"大小相殴告日限"条数字。[⑧] 潘洁

---

① 潘洁：《〈天盛改旧新定律令〉农业卷研究》，博士学位论文，宁夏大学，2010年；潘洁：《〈天盛改旧新定律令·催缴租门〉一段西夏文缀合》，《宁夏社会科学》2012年第6期。

② 韩小忙、王长明：《俄 Инв. No. 353号〈天盛律令〉残片考》，载四川大学历史文化学院编《吴天墀教授百年诞辰纪念文集》，四川人民出版社2013年版，第129—131页。

③ 骆艳：《俄藏未刊布西夏文献〈天盛律令〉残卷整理研究》，硕士学位论文，宁夏大学，2014年。

④ 尤桦：《〈季校门〉校勘考释》，载杜建录、[俄] 波波娃主编《〈天盛律令〉研究》，上海古籍出版社2014年版，第32—125页。

⑤ 杜建录：《西夏〈天盛律令〉研究的几个问题》，载杜建录主编《西夏学》（第13辑），甘肃文化出版社2016年版，第125—133页。

⑥ 许鹏：《俄藏 Инв. No. 8084ё 和 8084ж 号〈天盛律令〉残片考释》，《宁夏社会科学》2016年第6期。

⑦ 孔祥辉：《俄藏 Инв. No. 6239号〈天盛律令〉"敌军寇门"残片考补》，载宁夏大学西夏学研究院编《朔方论坛暨青年学者学术研讨会论文集》，银川市，2017年11月，第63—69页。

⑧ 孔祥辉：《两则未刊俄藏〈天盛律令〉残片考释》，载宁夏大学西夏学研究院编《第五届西夏学国际学术论坛暨黑水城历史文化研讨会论文集》（下），阿拉善盟，2017年8月，第353—358页。

《两件〈天盛律令〉未刊残页考释》一文，在孔祥辉发现 Tang_55_69_0001 的基础上，又发现 Tang_55_69_0002，指出两面残片为相连，先是 Tang_55_69_0002 然后是 Tang_55_69_0001，分别可补《天盛律令》卷 14“相伤为凭据”条数字、“杀节亲私和”条全部和“大小相殴告日限”条数字。[①] 王玫《〈天盛律令〉卷九补缀数则》一文，通过未刊布的 Танг. 55. Инв. No. 6740、俄藏 56 两个残片，校补了《俄藏黑水城文献》第 8 册《天盛律令》卷 9《越司曲断有罪担保门》《贪奏无回文门》和《誓言门》中的数字。然而未指出《贪奏无回文门》和《誓言门》中的两条款为史金波等译注本所未译出，也没有将这两条款意译出来，而且据《俄藏黑水城文献》第 8 册知《贪奏无回文门》后共有 9 条款为史金波等译注本所未译，但未对其他 7 条款进行译释与研究。[②] 另一种是通过其他地方所藏西夏文文献残卷补译文。英藏黑水城文献 OR12380/1959 号西夏文残卷为俄藏《天盛律令》卷 18“舟船门”最后一条“造船及运行牢固等赏”所遗失的部分，可补史金波等译注本之缺。[③] 韩小忙、孔祥辉在英藏黑水城文献中发现了 113 枚《天盛律令》残片，其中大多数残片可以在俄藏中见到其完整的页面，有的残片可补俄藏《天盛律令》甲种本中的缺字，有 20 余枚只知卷数而不知具体位置的残片，其内容则不见于俄藏《天盛律令》的各种版本。[④]

其二，是通过找出《天盛律令》所承接、对应的中原典籍以订正译文。孙颖新、宋璐璐《西夏〈天盛律令·节亲门〉辨正》一文认为，《天盛律令》中的《十恶》《八议》诸门是中原《唐律疏议》相关章节的翻版，故《节亲门》也是从中原法律的相关条文转译而来；根据与《节亲门》内容相应、有共同来源的中原典籍《仪礼·丧服》《元典章·礼部三》《三才图会·仪制七》等里的中原丧服制度，订正了《西夏天盛律令》的 24 处错误，并对该部分西夏文作了重译。[⑤]

其三，是通过语法以补正译文。《天盛律令》卷 11《为僧道修寺庙门》中有[illegible]/[illegible]/[illegible]（对译：一国圈内［寺］有中圣［荣］一处〈〉常住禁制/者正副二人［地举］〈〉遣其后［寺］数［地举］/遣允无），即“一国境内有寺院中圣容一种者，当遣常住镇守者正副二提举，此外不许寺中多遣提举”。[⑥] 彭向前指出，[illegible]（数）为词缀，可以放

① 潘洁：《两件〈天盛律令〉未刊残页考释》，载宁夏大学西夏学研究院编《朔方论坛暨青年学者学术研讨会论文集》，阿拉善盟，2017 年 8 月，第 50—54 页。

② 王玫：《〈天盛律令〉卷九补缀数则》，载宁夏大学西夏学研究院编《第五届西夏学国际学术论坛暨黑水城历史文化研讨会论文集》（下），银川市，2017 年 11 月，第 347—352 页。

③ 高仁：《一件英藏〈天盛律令〉印本残页译考》，载杜建录主编《西夏学》（第十一辑），上海古籍出版社 2015 年版，第 114—119 页；许生根：《英藏〈天盛律令〉残卷西夏制船条款考》，《宁夏社会科学》2016 年第 2 期。

④ 韩小忙、孔祥辉：《英藏〈天盛律令〉残片的整理》，《西夏研究》2016 年第 4 期。

⑤ 孙颖新、宋璐璐：《西夏〈天盛律令·节亲门〉辨正》，《民族语文》1999 年第 5 期。

⑥ 史金波、聂鸿音、白滨译注：《天盛改旧新定律令》，法律出版社 2000 年版，第 403 页；原文参见史金波、魏同贤、［俄］克恰诺夫主编《俄藏黑水城文献》，第 8 册，上海古籍出版社 1996 年版，第 244 页左下第 4—6 行。

在表示计量的名词词根后，构成复数形式，因此𗔇𗜓（对译：[寺] 数）应译为“诸寺”，故句子应改译为“一国境内有寺院中圣容一种者，当遣常住镇守者正副二提举，此外诸寺不许中遣提举”。① 彭向前又指出，𗏁𘘄（对译：不然），旧译“然则”，意为转折连词，误。该词与藏语中的对比连词 ma gtogs 相当，义略相当于“只……”“仅……”“唯……”，用于前一分句之后，连接肯定或否定的分句，构成对比复句，表示对比关系。并就史金波等译注本《天盛律令》中误译𗏁𘘄（对译：不然）的句子举例做了分析。② 彭向前《〈天盛律令〉译文勘误数则》一文主要从语法的角度，就史金波等译注本《天盛律令》翻译中存在问题的五条款做了校补，而且指出欲对史金波等译注本《天盛律令》进行大规模的订正，但时机尚不成熟。③ 和智《修订本〈天盛律令〉翻译中的若干语法问题》和《〈天盛律令〉卷十五校补》二文，亦主要从语法的角度，结合上下文，对史金波等译注本《天盛律令》的若干条款做了校勘和补充。④

其四，是主要通过音韵学的方法，对勘译文。李丹《〈天盛律令·物离库门〉药名译考》一文，在聂鸿音《西夏〈天盛律令〉里的中药名》一文的基础上，正确改译“葛贼”为“干漆”、“红笼”为“红蓝”、“马连子”为“马楝子”、“鸣虫”为“虻虫”，却误将“蛙经子”为“黄荆子”。⑤ 惠宏《西夏〈天盛律令〉之中药名“蔓荆子”考释》一文，通过对音，指出可以用𗾞的对音汉字“万”“蔓”等字来转译𗿒，于是《天盛律令》卷 17《物离库门》中的一味中药𗿒𗗙𗽀（原译为“蛙经子”）便可音译为“蔓荆子”。⑥

其五，是重新校注，以补正译文。目前重新校注过的有：卷 1⑦，卷 2《节亲门》⑧，卷 3《当铺门》《催索债利门》和卷 11《出典工门》⑨，卷 5⑩，卷 8《为婚

---

① 彭向前：《西夏圣容寺初探》，《民族研究》2005 年第 5 期。

② 彭向前：《西夏语中的对比连词 $mj\text{ɨ}^1$ $djij^2$》，载杜建录主编《西夏学》（第十二辑），甘肃文化出版社 2016 年版，第 320—327 页。

③ 彭向前：《〈天盛律令〉译文勘误数则》，未刊稿。

④ 和智：《修订本〈天盛律令〉翻译中的若干语法问题》，载宁夏大学西夏学研究院编《第五届西夏学国际学术论坛暨黑水城历史文化研讨会论文集》（下），银川市，2017 年 11 月，第 100—116 页；《〈天盛律令〉卷十五校补》，载宁夏大学西夏学研究院编《朔方论坛暨青年学者学术研讨会论文集》，阿拉善盟，2017 年 8 月，第 38—49 页。

⑤ 李丹：《〈天盛律令·物离库门〉药名译考》，硕士学位论文，宁夏大学，2011 年。

⑥ 惠宏：《西夏〈天盛律令〉之中药名“蔓荆子”考释》，《宁夏社会科学》2017 年第 4 期。

⑦ 文智勇：《〈天盛律令〉卷一及西夏法律中的十恶罪》，《宁夏师范学院学报》2010 年第 5 期。

⑧ 许伟伟：《〈天盛律令·节亲门〉对译与考释》，载杜建录主编《西夏学》（第四辑），宁夏人民出版社 2009 年版，第 78—83 页。

⑨ 于光建：《〈天盛改旧新定律令〉典当借贷条文整理研究》，博士学位论文，宁夏大学，2014 年；《〈当铺门〉校勘考释》，载杜建录、[俄] 波波娃主编《〈天盛律令〉研究》，上海古籍出版社 2014 年版，第 2—35 页。

⑩ 尤桦：《〈季校门〉校勘考释》，载杜建录、波波娃主编《〈天盛律令〉研究》，上海古籍出版社 2014 年版，第 36—125 页；《〈天盛改旧新定律令〉武器装备条文研究》，博士学位论文，宁夏大学，2015 年。

门》[①]，卷 9《行狱杖门》[②]，卷 10[③]，卷 11《使来往门》[④]，卷 12《内宫待命等头项门》[⑤]，卷 13《执符铁箭显贵言等失门》[⑥]，卷 15[⑦]，卷 19《畜利限门》[⑧]。重新校注过的条款，主要是从文献学的角度补译了原译所漏译的字，改译了部分原译中误译的地方，并对原文做了注释。

从上可以看出，西夏学界为完善史金波等译注本《天盛律令》做了很多工作，取得很多成绩，其中以补译成效最大，订正误译也收获不小。然而，在完善史金波等译注本《天盛律令》的时候，仍有一些方面比较欠缺。如重新校勘过的卷数不足半数；从西夏语语法方面对原文重新考察的文章很少；存在补译不彻底的情况，有的补译并未将西夏文释读出来，有的补译没有补史金波等译注本《天盛律令》所缺，有的补译没有意译出来，有的补译补得不完整。这就为进一步补正译文留下了空间。

从近二十年来对史金波等译注本《天盛律令》的校补可以看出，该译本虽存在缺漏、错误和没有解决的问题，但译文的诸多方面成果至今仍有很高的价值。

---

① 梁君：《天盛律令〈为婚门〉考释》，硕士学位论文，宁夏大学，2015 年。

② 李炜忠：《〈天盛律令·行狱杖门〉研究》，硕士学位论文，宁夏大学，2015 年。

③ 翟丽萍：《西夏职官制度研究——以〈天盛革故鼎新律令〉卷十为中心》，博士学位论文，陕西师范大学，2013 年；《〈司序行文门〉校勘考释》，载杜建录、［俄］波波娃主编《〈天盛律令〉研究》，上海古籍出版社 2014 年版，第 126—227 页。

④ 魏淑霞：《〈天盛改旧新定律令〉卷一一"使来往门"译证》，《中华文史论丛》2018 年第 1 期。

⑤ 许伟伟：《〈天盛改旧新定律令·内宫待命等头项门〉研究》，博士学位论文，宁夏大学，2013 年；《〈内宫待命等头项门〉校勘考释》，载杜建录、［俄］波波娃主编《〈天盛律令〉研究》，上海古籍出版社 2014 年版，第 228—331 页。

⑥ 张笑峰：《〈天盛改旧新定律令·执符铁箭显贵言等失门〉研究》，博士学位论文，宁夏大学，2015 年。按：笔者尚未看到其论文。

⑦ 潘洁：《〈催纳租门〉校勘考释》，载杜建录、［俄］波波娃主编《〈天盛律令〉研究》，上海古籍出版社 2014 年版，第 332—374 页；《〈天盛律令〉农业门整理研究》，上海古籍出版社 2016 年版。

⑧ 按：邹仁迪对《畜利限门》做了录释，但并未校补、改译原文。邹仁迪：《〈天盛律令〉畜利限门考释》，硕士学位论文，宁夏大学，2013 年。

2011—2017 年西夏地理研究综述

付强强

2011—2017 年西夏地理研究相关的著作 2 部，研究论文 20 余篇。本文拟从气候与自然灾害、地名考证、政区、交通对近年来西夏地理研究做一下梳理。

一　气候与自然灾害

2011—2017 年西夏自然地理的研究主要体现在气候和自然灾害方面。关于气候的研究主要是通过西夏时期的气候变化对于军事战争和生产存储的个案研究。金勇强《气候变化对宋夏战事的影响再议》[①] 通过分析短时气象活动对宋夏战争的影响，说明短时气象剧烈活动对宋夏战争的影响具有突发性，并且影响巨大。同时通过宋夏时期气候的冷暖变化与宋夏战争的强度的关系来说明气候对宋夏军事战争的频度及原因并作出了分析。

梁松涛、田晓霈《西夏的粮食窖藏技术》[②] 通过探讨西夏建造粮窖的自然条件、技术要求和日常管理，认为西北干旱寒冷的气候条件和竖纹排列的土质是修建粮窖的天然优势，这种贮粮方法既符合地域特点，又具有西夏民族特色，是西夏人民在长期生产、生活实践中总结的宝贵经验。

自然灾害的研究相对于气候研究而言，展现出更加宏观全面的特点。时间上既有党项夏州时期，也有西夏立国时期。研究内容上也更加全面，梳理了自然灾害的种类，分析了自然灾害的成因、特点。王东《自然灾害与党项社会——论宋初夏州政权的经营》[③] 认为，宋初夏州党项生活区域自然灾害频发，对该地区的社会经济以及夏州政权统治者的经营有一定的影响。徐婕、胡祥琴《西夏时期的自然灾害及撰述》[④] 通过对西夏时期自然环境、人文地理和自然灾害种类的考察梳理，认为该时期具有干旱少雨、民多疾苦、自然灾害连续性与并发性显著、来势迅猛、破坏性大等

---

① 金勇强：《气候变化对宋夏战事的影响再议》，《宁夏社会科学》2011 年第 5 期。

② 梁松涛、田晓霈：《西夏的粮食窖藏技术》，《西夏研究》2017 年第 1 期。

③ 王东：《自然灾害与党项社会——论宋初夏州政权的经营》，《宁夏社会科学》2011 年第 5 期。

④ 徐婕、胡祥琴：《西夏时期的自然灾害及撰述》，《西夏研究》2017 年第 2 期。

特点。

二　地名考证

地名考证是今年西夏地理研究的热点。学界对西夏地理地名的研究侧重于两个方面，一是西夏地界地名的地理范围的考证。潘洁《西夏地理区划考论——以〈天盛改旧新定律令〉中的方位词为中心》① 认为西夏境内按照距离都城的远近被划分为京师界、地边、地中三大区域。许伟伟、杨浣《夏辽边界问题再讨论》② 依据近年河套地区若干城址考古报告和《天盛改旧新定律令》的若干条文，对辽夏边界划分和西夏对辽朝的边防措置进行探讨。杨浣《任得敬分国地界考》③ 考证了西夏仁宗朝任得敬分国的南北地界，指出这一区域的面积大致不到西夏国境的十分之一。

二是西夏州城地名的考证以及州城相关的西夏历史研究。彭向前《西夏学文库著作集：党项西夏名物汇考》④ 主要包括“词目考订”与“问题研究”两篇，涉及人名、宗族名、地名、职官名等内容。其中上篇第三章考证了西夏地名和辽、金、西夏交接地名。杨浣、许伟伟《宋夏“丰州”考辨》⑤ 认为唐、辽、宋丰州各有其所；宋初与宋中期以后丰州处于同一治所，故址为今内蒙古准格尔旗羊市塔乡二长渠行政村宋代古城；并推断西夏若有丰州，更可能为唐丰州之承袭，其地望当在内蒙古巴彦淖尔市五原县东土城乡一带。问王刚《西夏龙州考》⑥ 考证了西夏龙州的位置，即今陕西省靖边县东南李家村古城址。该文认为龙州是宋夏沿边地区一个位于横山山界之中，兼有军事和政治双重性质的堡寨，地处横山峡谷，扼守要冲，控御自延州北入夏州的军事要道，易守难攻。西夏龙州既具有军事攻防功能和储存粮食功能，又具有安辑、抚化和利用周边蕃部的功能，还具有临时担负起北宋沿边接见西夏来使的功能以及侦察敌情、刺探对方军政消息的功能。安北江《宋夏好水川之战问题再探》⑦ 对好水川之战主战场的地理位置、相关战役的路线和附近各城寨相距里程进行了梳理。安北江《西夏骆驼巷考》⑧ 对骆驼巷地望作了精确定位，认为今陕西省吴起县铁边城镇田百户村古城即为骆驼城城址，进而分析了骆驼城的经济职能和军事地位。李永磊

---

① 潘洁：《西夏地理区划考论——以〈天盛改旧新定律令〉中的方位词为中心》，《西夏研究》2012 年第 4 期。

② 许伟伟、杨浣：《夏辽边界问题再讨论》，《西夏研究》2013 年第 1 期。

③ 杨浣：《任得敬分国地界考》，《历史教学》2015 年第 11 期。

④ 彭向前：《西夏学文库著作集：党项西夏名物汇考》，甘肃文化出版社 2017 年版。

⑤ 杨浣、许伟伟：《宋夏“丰州”考辨》，《宁夏社会科学》2015 年第 3 期。

⑥ 问王刚：《西夏龙州考》，《西夏学》第 9 辑，上海古籍出版社 2014 年版。

⑦ 安北江：《宋夏好水川之战问题再探》，《宁夏师范学院学报（社会科学版）》2016 年第 5 期。

⑧ 安北江：《西夏骆驼巷考》，《天水师范学院学报》2016 年第 3 期。

《从古渭寨到通远军——北宋御夏政策转变的个案分析》[①] 认为，北宋御夏政策的转变是宋夏关系史研究中的重要内容。古渭寨的设置是北宋对西夏“和戎”政策的反映，王韶对古渭寨的积极经营则是北宋御夏政策转变的开始。宋熙宁五年古渭寨升格为通远军是北宋御夏政策从保守到积极转折的一个标志。郑彦卿《西夏省嵬城历史考略》[②] 认为省嵬城为西夏名城，具有重要的军事战略地位。党项首领德明建省嵬城的目的是“以驭诸蕃”。省嵬城是拱卫西夏京畿北部的门户，也是西夏北部的一个经济中心。省嵬城可能是定州州治所在地。省嵬城的位置原在黄河之东，后因黄河改道而在黄河之西。

三　政区

近年来西夏政区地理的研究主要是西夏行政区划和军事建制的研究。李昌宪《中国行政区划通史·宋西夏卷（修订本）》[③] 依据《宋史》《资治通鉴》《续资治通鉴长编》《宋会要辑稿》《太平寰宇记》《元丰九域志》《元和郡县图志》等史书及大量地方志、文集、笔记等资料，从学术上首次全面深入地论述了宋代地方行政体制、行政区划变迁和西夏地方行政体制，填补了宋代和西夏政区地理研究的空白。景永时《西夏地方军政建置体系与特色》[④] 认为西夏地方军政事务分为京师和边中两部分，分别由殿前司和经略司管辖。在经略司、监军司体系之外，还有专司赋税征管事务的转运司体系和以刺史为主的地方监察体系，它们都直隶中央而不存在层级关系。

近年来西夏政区地理研究的一个亮点是关于西夏监军司的研究。西夏监军司在近年研究取得重大进展。从初步分析推断到实地考察定位，这其中主要有张多勇、张志扬《西夏京畿镇守体系蠡测》[⑤] 通过细致的文献分析和大量田野考察，根据西夏京畿镇守体系的合理推断，指出西夏六个监军司的大致方位，为学界进一步研究西夏政区军事地理作出推进。张多勇、庞家伟、李振华、魏建斌《西夏在马啣山设置的两个军事关隘考察》[⑥] 对历史时期马啣山的两个关隘进行了实地考察和精确定位，既对研究西夏在兰州、定西盆地的军事防御具有重要价值，也为复原西寿保泰监军司的边防体系提供了有益借鉴。张多勇、杨蕤《西夏绥州—石州监军司治所与防御系统考察研究》[⑦] 认为石州监军司的治所位于横山县波罗镇以东的古城遗址，阐述了从西夏绥

---

① 李永磊：《从古渭寨到通远军——北宋御夏政策转变的个案分析》，《西夏研究》2011 年第 1 期。

② 郑彦卿：《西夏省嵬城历史考略》，《西夏研究》2017 年第 3 期。

③ 李昌宪：《中国行政区划通史·宋西夏卷（修订本）》，复旦大学出版社 2017 年版。

④ 景永时：《西夏地方军政建置体系与特色》，《宁夏社会科学》2017 年第 6 期。

⑤ 张多勇、张志扬：《西夏京畿镇守体系蠡测》，《历史地理》第 31 辑，上海人民出版社 2015 年版。

⑥ 张多勇、庞家伟、李振华、魏建斌：《西夏在马啣山设置的两个军事关隘考察》，《石河子大学学报（哲学社会科学版）》2016 年第 4 期。

⑦ 张多勇、杨蕤：《西夏绥州—石州监军司治所与防御系统考察研究》，《西夏研究》2016 年第 3 期。

州防御系统到北宋绥德军防御系统的变迁，是研究西夏监军司防御体系的重大进展。于光建《西夏六个方位监军司的治所在哪里？——读张多勇〈西夏京畿镇守体系蠡测〉有感》[①] 作为一篇读后感，肯定了张多勇在西夏监军司研究中作出的重要贡献。张多勇、于光建《西夏进入河西的“啰庞岭道”与啰庞岭监军司考察》[②] 在系统梳理历史文献和研究成果的基础上，通过实地考察，在景泰县老虎城，天祝县红石古城、松山新古城、松山旧古城，古浪县干城中进行排查，认定天祝县松山旧古城为西夏啰庞岭监军司治所，为研究西夏监军司提供了准确的地理坐标。

四　交通

近年来西夏交通地理的研究主要是与军事相关的道路方面。前述张多勇、于光建《西夏进入河西的“啰庞岭道”与啰庞岭监军司考察》一文同时发现西夏统治时期存在一条经景泰县向西翻越乌鞘岭的道路，将其命名为“啰庞岭道”。探索这条道路，对于丰富丝路研究、确定西夏监军司布局具有重要意义。白玉冬《“可敦墓”考——兼论十一世纪初期契丹与中亚之交通》[③] 认为，将《突厥语大词典》所述与唐古特族发生战斗之地“可敦墓”视作漠北鞑靼地区的镇州可敦城不悖于理。虽然漠南地区存在连接契丹、西夏、喀喇汗王朝的通路，但《马卫集》记录的由喀喇汗王朝前往契丹的交通线是从沙州经由漠北的于都斤与镇州可敦城，反映的是 11 世纪初期的情况。

总体而言，2011—2017 年西夏地理研究主要在相关地名考证和政区方面，学界通过文献整理研究和田野调查，对西夏地理中相关问题做了充分的个案研究。尤其是关于州城的考证和监军司的研究，但限于资料等方面原因西夏地理研究整体数量略显薄弱。相信随着相关文献的整理出版和研究的发展，西夏地理研究的会进一步加深。

---

① 于光建：《西夏六个方位监军司的治所在哪里？——读张多勇〈西夏京畿镇守体系蠡测〉有感》，《西夏研究》2016 年第 4 期。

② 张多勇、于光建：《西夏进入河西的“啰庞岭道”与啰庞岭监军司考察》，《石河子大学学报（哲学社会科学版）》2017 年第 6 期。

③ 白玉冬：《“可敦墓”考——兼论十一世纪初期契丹与中亚之交通》，《历史研究》2017 年第 4 期。

西夏经济文书研究综述

田晓霈

经济文书是社会文书的重要组成部分，社会文书是人们在生活中记载、公布、联系交流以及凭证等方面的文字材料，是维系社会政治经济秩序的重要工具。内容除诏、令、制、敕、榜、牒、檄、奏、表、疏、札、帖、记等官方文字外，还包括反映民间经济生活的契约与籍账。[①] 黑水城出土的西夏文献中，有大量社会文书，其中经济类文书为其大宗，除少量汉文文书外，大部分由西夏文书写，按类型主要可以分为户籍文书、租税文书、商贸文书和契约文书。这批来自黑水城地区珍贵的基层经济文献真实客观地反映了西夏时期民间的经济生活和社会生态，并一定程度上体现出国家法制在基层社会的贯彻力和操作性。表面记述各类经济数据和商业互动的账册与契约，背后隐含的是在动态视野下社会经济形态中多元素间的角逐与张力。政治与经济、中央与基层不同模式与群体间的关联和对抗，在各类经济文献中表现出潜在的痕迹。学界对经济文书的研究以2000年前后《俄藏黑水城文献》的刊布为节点可分为两个阶段，《俄藏黑水城文献》刊布之前学界只有少数的几件借贷文契可供研究，这时期俄国学者捷足先登；在其刊布之后，数以千计的经济文书得以面见海内外学者，国内学者后来居上，成果频出，展开了对各类经济文献的全面关注。本文不揣浅陋，拟回顾海内外学界对西夏经济文书的研究历程，呈现经济文献在西夏经济史及民族史研究中贡献的学术价值，力求展现西夏经济文书研究这一目前学界重要课题之学术史的整体面貌，以求教于方家。

一　户籍文书研究

汉文史籍中关于西夏基层社会的记载十分稀少，前辈学人在材料十分有限的情况下，上穷碧落下黄泉，努力探索来自西夏民间社会的真实面貌。涉及西夏户籍问题的研究有：杜建录《论西夏的人口》[②]，赵斌、张睿丽《西夏开国人口考论》[③]。漆侠、

---

① 杜建录、史金波：《西夏社会文书研究》，上海古籍出版社2012年版。

② 杜建录：《论西夏的人口》，《宁夏大学学报》2003年第1期。

③ 赵斌、张睿丽：《西夏开国人口考论》，《民族研究》2002年第6期。

乔幼梅先生认为西夏人口在一百万上下。[①] 李华瑞教授通过宋人言“以陕西以路户口可敌一夏国，以四夏国之众当一夏国”[②]，估算西夏人口不超过一百五十万。赵斌、张睿丽从西夏初期的政治军事形势和西夏国境内各地人口发展轨迹角度出发，并用史料互证的方法推断出西夏建国初期兵力以《长编》所载三十万为准确，在人口数量上论断倾同漆、乔之说，认为在百万左右。杜建录教授通过钩沉宋代传世文献，从军队数量、宋人对西夏总人口的估算、重要州的人口数量三个层面估算出西夏总人口在西夏人口在30万帐（户）以上、160—180万口。汉文史籍的贫乏很大程度限制的学界对西夏户籍问题的研究，学者们只能从有限的材料中间接地推断西夏人口总数，而关于单元户籍中，每户人口约数、男女比例以及基层户籍管理组织情况均无法窥见。

黑水城出土西夏文社会文书的问世，为西夏基层社会问题的研究打开了新视野，为中外西夏学者提供了数量丰富、种类多样且更为客观地反映西夏民间社会的原始材料。在户籍制度方面，最早投入精力的是俄国学者克恰诺夫。在克氏刊布的几件文书中，影响最大的是2008年发表的《俄藏第8203号西夏文书》[③] 一文，8203号文书[④]为一件户籍手实，反映了该户的职位继承顺序和军抄选拔情况。学界在此之前对西夏的“抄”的内涵解释较为笼统，只能依据《宋史·夏国传》将其定义为“正军”的配备单位，将“抄”等同于“负担”，是为“构建军队的最小军事单位”[⑤]，舍此之外鲜有别论。克恰诺夫对该文书进行译释后，重新定义了“抄”的社会内涵。首先，它不仅是正军与“负担”组配而成的军事单位，而且还可以到行政部门任职。在职位继承方面，既可以从子嗣中选拔，也可以从兄弟、侄孙中挑选。其次，不仅同族内可以组配为“抄”，同族内没有合适人选时，也可与他族组队。对该文书的研究，使学界首次从来自基层社会的具体材料中获悉了西夏的兵役遴选制度和官员转换情况，作者将基层的社会文书与官方法典对比分析，将西夏军政研究提升到新高度。

随着俄藏黑水城文献的陆续刊布，中外学者得以接触到数量和种类更为丰富的西夏社会文书，在这方面整理研究成果突出的是史金波先生。2004年史先生发表《西夏户籍初探——4件西夏文草书户籍文书译释研究》[⑥] 一文，对6342—1号、6342—2号、7893—9号以及上文提到的8203号文书做了系统深入的剖析。6342—1号文书是一件长达3米的户籍账册，记有30户的基本情况。这件占有相对丰富户数的材料，为西夏户籍做统计学分析提供了可能。作者简要估算出了每户平均3.81人，对夫妻无子、三世同堂、单亲家庭以及男女比重等情况分析得出了基本数据。关于西夏的基

---

① 漆侠、乔幼梅：《辽夏金经济史》，河北大学出版社1994年版，第207页。

② 《长编》卷232，熙宁四年三月。

③ ［俄］克恰诺夫：《俄藏第8203号西夏文书》，韩潇锐译，《西夏学》第5辑，上海古籍出版社2010年版，第17—22页。

④ 该文书现收录于《俄藏黑水城文献》第14册，第256—257页。

⑤ 吴天墀：《西夏史稿》，四川人民出版社1980年版，第218页。

⑥ 史金波：《西夏户籍初探——4件西夏文草书户籍文书译释研究》，《民族研究》2004年第5期。

层社会制度，以往学界认为西夏建国后很长一段时间是部族制和类似于乡里制的迁溜制并行，但一直缺乏来自基层社会的具体例证。该文通过对户籍姓名的分析，可以看到该地区姓氏不集中，宗族势力分散，反映出西夏基层社会在由传统的部族制向乡里制转变的动态趋势。同时，该文书的姓氏特征还反映出西夏社会中蕃汉通婚、一夫二妻以及姑舅表婚等现象。6342—2 号文书重新解释了《天盛律令》中一迁溜管理 100 户的规定，证明管理 100 户只是原则性规定，该迁溜实际负责了 79 户。并且首次揭露出西夏基层社会中“单身”群体的特殊性，他们有口无户，他们在户册总人数之中，却不在各户之列。

此外，关注西夏户籍问题的还有赵彦龙《试论西夏的户籍文书》[①]，张煜坤《西夏户籍档案整理与研究》[②]，对户籍文书的文献学特征和收藏情况做了介绍。

学界对西夏户籍问题的研究，从早期的以唐宋汉文史籍为中心的人口估算，到后来以黑水城出土西夏文社会文书为中心的户籍制度、基层组织、家庭结构等方面的突破，成果喜人。在社会文书的支撑下，问题研究由浅入深，以小见大，从现象总结发展到整体归纳，从人口简论延伸到社会形态。学界对材料的重视，以及在社会经济史、历史人类学等视域下对材料的解读和透析，对今后西夏社会文书的研究开创了良好的研究范式，具有方法论性质的指导意义。

二　租税文书

最早关注西夏农业租税文书的依然是史金波先生，2005 年，史先生发表《西夏农业租税考——西夏文农业租税文书译释》[③]，对几件有代表性的租税文书进行深入挖掘，讨论了西夏政府征收的耕地税、租佣草、人口税三类农业税收。

耕地税也称土地税，此前学界对西夏这一税种的研究主要来自《天盛律令》中的租税法条。杜建录教授《西夏经济史》[④] 中对土地税的征收内容与征税制度做了全面梳理，指出土地税依靠农迁溜于每年九、十月间来征收；征税土地每三年通检一次，主要是实物税收，以谷物和夫草为主；地税的税额还根据土地瘠肥分为五等；政府以减免税收的形式鼓励开荒；土地买卖须向政府申报。由此西夏土地税收制度的整体面貌得以勾勒清晰，但当时由于材料有限，对一些细节问题例如税收的税率是多少，便不得而知。史先生通过对新见材料的整理，利用 4808 号文书解答了这一谜题。经过对比文书中多次体现出的大麦与小麦数量，可以得知黑水城地区是按 4∶1 的比例征收大麦与小麦两种粮食税。

① 赵彦龙：《试论西夏的户籍文书》，《宁夏大学学报》2007 年第 6 期。
② 张煜坤：《西夏户籍档案整理与研究》，硕士学位论文，宁夏大学，2014 年。
③ 史金波：《西夏农业租税考——西夏文农业租税文书译释》，《历史研究》2005 年第 1 期。
④ 杜建录：《西夏经济史》，中国社会科学出版社 2002 年版。

4067 号和 5067 号文书是有关差役和草税的文书。以往学界已经注意到《天盛律令》关于夫役的规定，即服役的日期以所拥有土地多少来计算，多地多劳，少耕减役，[①] 这两件文书印证了《天盛律令》中出役五日、十五日、二十日、三十日、三十五日、四十日的规定不仅在西夏都城一带实行，在黑水城地区也得到切实执行。《天盛律令》中记有向农户征收草税的条例，此件文书还可以看到政府对草税的登记形式是逐户登记。史先生在 2017 年出版的《西夏经济文书研究》[②] 中，通过对甘肃亥母洞出土 G3・05 号文书的研究，发现西夏政府可以在法定税收之外，额外增收草税，与《天盛律令》中政府不得向规定数额之外的地亩征税的规定相龃龉。史先生此文中的重要突破是发现了西夏存在的"人口税"。此前学界依据《天盛律令》对税法的研究，主要集中在田赋和差役方面，未曾得见"人口税"这一税种，4991 号文书为学人揭开面纱。该文书前面书写了户口人数，后面写明须缴纳的税额，成年人每人三斗，孩童每人一斗半，是为西夏政府征收人口税的具体例证，这一发现成为西夏赋税制度研究的重要补充。

2007 年史先生《西夏社会》[③] 整理出版，书中农业部分对上述租税问题进行了补充，提出了对西夏"水税"的研究。此税种之前同样未见《天盛律令》所载，作者指出一石地（合 10 西夏亩，2.4 宋亩）应纳水税二斗五升，平均每亩 2.5 升，是一项沉重的负担。

2013 年许根生《英藏黑水城出土西夏户籍租税账册文书初探》[④] 一文，通过对英藏 12380 号文书的释读同样补释了西夏税法中田赋的征收形式主要是麦类和杂粮，并且也反映了缴纳草税和劳役的情况。此外，此文书还揭露出西夏对延迟缴纳税粮行为的处罚情况，此前学界通过《天盛律令》可以明确西夏政府对延迟交粮者有"断以杖罪，当令其速纳"[⑤] 的规定，但此文书向我们反映出除杖责之外更为具体的惩罚规定，即追增缴粮数额，延迟一日处罚五斗，超过一月，处罚加至一斛，这一发现补充了赋税征收程序的惩处规则。

除了从文献本身所反映的经济信息出发来分析租税制度之外，也有学者将西夏租税文书置于唐宋赋税制度的流转过程角度来审视西夏的社会经济。2016 年骆详译发表《从黑水城出土西夏手实文书看西夏与唐宋赋役制度的关系》[⑥] 一文，作者比对了西夏手实文书与唐代税收账册在书写格式上的区别，指出西夏手实之所以将田亩数写在前，人口信息附于后，而唐代反之，主要是因为征收标准不同。唐行"两税法"

---

① 杜建录：《西夏经济史》，中国社会科学出版社 2002 年版，第 285 页。

② 史金波：《西夏经济文书研究》，社会科学文献出版社 2017 年版。

③ 史金波：《西夏社会》，上海人民出版社 2007 年版。

④ 许根生：《英藏黑水城出土西夏户籍租税账册文书初探》，《西夏研究》2013 年第 4 期。

⑤ 《天盛律令》，第 508 页。

⑥ 骆详译：《从黑水城出土西夏手实文书看西夏与唐宋赋役制度的关系》，《中国社会经济史研究》2017 年第 2 期。

之前，主要以人口数量为征税标准，自“两税法”始方以资产为标尺，故而唐前期账册多将人口信息写在前面，以示醒目。西夏虽有“人口税”，但以田亩为宗的田赋仍为税收主要来源，故而西夏手实将田亩数额记载最前面，作者认为这一征收标准一定程度上也受到唐后期“两税法”的影响。

通过对出土租税文书的解读，不仅从赋税类型上对西夏税收有了全面认识，更方便我们细致地了解各类税率以及税收在实际操作中对税收制度的执行情况。与唐宋税制的对比方便我们更宏观地认识西夏税法对前代及同时代税收制度的继承关系以及其在中国古代税收制度史上的意义。

三　商贸文书

商业贸易对一个王朝的经济生态来说至关重要。西夏王朝的商贸经济可分为国内的民间商品买卖和与周边王朝的边界贸易两种。以往学界通过对传统史料的钩沉，分辨出了宋夏、辽夏、金夏等发生在民族边界上的商贸情况。黑水城文献中包含大量来自基层社会的直接反映商贸信息的文书，其中既有体现对外贸易的榷场文书，更有大量西夏国内的买卖账、税账、贷钱物利账、贷粮账、欠粮账、卖地账等反映商品交换和借贷关系的账册，是研究西夏商贸经济的重要材料。

学界关于西夏商贸文书的研究起步较晚，主要因为大部分此类文书分布较为零散，且大部分为西夏文草书，识读困难。学界最早关注的是黑水城汉文文献中有关西夏商贸的材料。2009 年，孙继民教授指导硕士生许会玲完成学位论文《黑水城所出西夏汉文榷场文书考释》①，该文对收于《俄藏黑水城文献》第 1—6 册中的 15 件汉文榷场文书进行了较为全面的整理，指出此 15 件文书为同一组文书，并进行了文书复原。作者进一步分析得出以下三点发现：第一是对西夏度量衡的确定，通过比较文书中纳税的数据，可以得出西夏疋与尺之间的换算关系，一疋为 35 尺。第二是对西夏商品贸易中一般等价物的反映，文书中所使用的一般等价物为川绢，这进一步增进了我们对西夏贸易具体情况的了解。第三是对南边榷场位置的考证，南边榷场的位置在西凉府境内，使我们对西夏榷场的建置有了进一步的认识。

2010 年杜建录教授发表《黑城出土西夏榷场文书考释》② 一文，作者通过对写在西夏文刻本《大方广佛华严经》封套上的 12 件汉文呈状、税收、榷场文书的解读，不仅帮助学界补充了西夏榷场贸易中流通的商品种类，同时还对文书进行了断代，可以确定此类文书反映的是西夏后期夏金贸易中在兰州榷场进行的商品交换。

---

① 许会玲：《黑水城所出西夏汉文榷场文书考释》，硕士学位论文，河北师范大学，2009 年。

② 杜建录：《黑城出土西夏榷场文书考释》，《中国经济史研究》2010 年第 1 期。

2012年杜建录、史金波《西夏社会文书研究》① 中收录杜建录《中国国家图书馆藏西夏社会文书残叶考》一文，对几件汉文买粮账和贷粮账进行了整理和考释，显示了西夏时期的粮食价格，每斗麦价最低200钱，最高不超过250钱。

反映西夏商贸关系的数量最多的还是西夏文文书，在这方面集中整理研究的是史金波先生。在2017年出版的《西夏经济文书研究》② 中，作者将可见的商贸文书分为买卖账、买卖税账、贷钱物利账、贷粮账、欠粮账、卖地账，进行分类讨论。

在买卖账类中，作者重点分析了买粮账、卖畜账和卖酒账。俄藏编号为1167的前三件文书是西夏卖粮账，是反映西夏时期粮食价格的重要参考。作者通过对文书的解读统计出了该文书所反映的夏仁宗时期黑水城地区的杂粮（谷）价为70（铜）钱1斗，与此相差较大的是2042—2号文书所反映出的每斗杂粮200钱，对此作者做出两点分析：首先，有可能是计量货币的不同造成的数额差异。西夏因铜矿稀缺，不得不大量铸造铁钱以充市场，从而出现铜铁并用的现象。2042—2号文书未注明货币为铜钱还是铁钱，作者通过多种文书的物价比对统计出铜、铁两钱的比率为1∶2.8，按此计算2042—2号文书中计量货币若为铁钱，70×2.8=196，与200钱也十分接近。其次，如果两件文书使用的是同一种货币，则这种相差甚远的粮价有可能体现的便是西夏末期社会动荡造成的物价飞涨情况。此外，作者通过对其他多件卖粮账的统计得出黑水城地区麦价每斗200—250钱，与前述汉文买粮账所体现出的麦价相符；每斗糜价150—200钱之间，这与2042—2号文书的粮价大致相当。

黑水城文献中还有很多卖畜账，通过对1219—1号和1219—3号文书的解读，可以观察到西夏的山羊每只1石，绵羊每只1石5斗。结合前述每斗杂粮200钱的计算，可知山羊每只合1贯500文至2贯，绵羊每只合2贯250文至3贯。

马是西夏重要的生产生活资料和军事物资，在与周边政权的互市贸易中西夏以马匹的出口为主要输出，黑水城出土文书中有大量反映马价的信息。俄藏1763号文书是一件马价钱账，记录了多匹马的价格，马匹因为年龄和健康状况的差异而出现不等的价格，作者统计出每匹马的价格在10—20贯铁钱之间。与北宋每匹马30—50贯，南宋每匹300—400贯的情况相比，西夏物美价廉的马匹拥有巨大的价格优势。更可贵的是，该件文书还注明铁钱换算成铜钱的数额，作者经过计算，得出了上述铜铁比率为1∶2.8的结论，是研究西夏货币经济的重要发现。

酒在党项民族的生活中扮演着重要的角色，饮酒不仅丰富了西夏人的生活，酿酒业也为西夏政府增加了税收。《西夏经济史》总结了西夏酒的种类、生产和主要用途，并指出西夏酒的榷酤制度包括官榷和扑买两种。官榷即由官府控制酒曲的生产与

---

① 杜建录、史金波：《西夏社会文书研究》，上海古籍出版社2012年版。

② 史金波：《西夏经济文书研究》，社会科学文献出版社2017年版。

销售，扑买为个人向官府承包某一地区的酒税，由本人在当地酿酒酤卖。[①] 黑水城文书中有一批酒价钱账，为我们了解西夏时期酒的价格信息提供了一手材料。史先生通过对文书的解读，总结出西夏酒的买卖存在以粮食支付和钱币支付两种形式：俄藏4696—8号文书是一件反映从甘州运往黑水城地区的米酒价格和数量的账单，此件文书所记载的情况为买酒时皆以粮食来支付，如果当下支付，价格为每斗酒价值1斗杂粮，如果赊账，酒价就提升至每斗酒1斗5升杂粮。1366—7、1366—8、1366—9此三件酒价账中的支付方式为货币支付，每斗价250钱，远高于杂粮价格，略等于麦价。

除上述卖粮账、卖畜账和卖酒账之外，作者还对部分卖绢帛账、卖油账和卖毛制品的账册进行了讨论，对相关物品的价格得出了计量统计：每匹绢价16—21贯，价格超过宋代最贵时期的绢价，十分昂贵；番毡一卷2石粮，白毡一卷1石粮；卖油账虽因残缺未见油价，却也体现出对买卖过程详细的管理办法。

作者通过对各类买卖账的释读和分析，为学界呈现了多种在西夏社会十分常见且意义重大的物品的价格信息，通过与同时期周边政权相关商品的对比，不同物品价格的高低，使得我们可以更准确地把握西夏经济社会中物资的盈缺和流通情况，为进一步动态地审视西夏经济面貌提供了便捷。

在买卖税账类文书中，作者重点分析了对买卖牲畜、土地和人口的税账。

《天盛律令》卷十八“缴买卖税门”为我们提供了西夏除征收农业租税以外，还征有买卖税即商业税这一税收信息，但关于商业税的税收量却未有披露，此前也未见汉文文书有载，史先生通过对几件集中记载黑水城地区买卖税文书的释读，将西夏社会的商业税揭开面纱。作者解读了俄藏4790—2号、5943号和6377号文书，得出以下几点结论：第一，收取商业税的品类包括日用品布帛、牲畜以及如黄金等贵重物品，以成交额的数量多少来征收。第二，土地作为固定资产买卖时也要纳税，奴仆和使军也是可以被买卖的人口，也须缴纳买卖税，此二种税额颇高。第三，买卖税多是实物税收，以粮食缴纳，也有少量收取钱币的做法，但并不常见，这反映出西夏货币流通范围十分有限。[②]

黑水城文书中还有一批贷钱物利账，能证明西夏存在借贷钱物的行业。作者通过对几件贷钱账的研究，观察出贷钱利率没有统一规范，低者在20%左右，有的却高达80%。作者还关注到有一批能反映借贷关系的贷粮账，它不是正式的借贷契约，而是记录贷主和借贷物品的账册。虽不是完整的借贷契，但这批文书却向我们揭示了当时的贷粮利息，经史先生对多件文书的译释，观察到无论借贷何种粮食，利率皆为50%。此外，作者还对部分欠粮账和卖地账进行了分析，指出了欠粮也须担保人画

---

① 杜建录：《西夏经济史》，中国社会科学出版社2002年版，第172—174页。

② 史金波：《西夏经济文书研究》，社会科学文献出版社2017年版，第183—184页。

押，属于西夏对税粮的管理措施；通过对卖地账的计算，得出每亩地 21 贯钱左右，显现出高昂的地价。

各类商贸文书以体现买卖关系为中心通过买卖账、商业税账、贷钱账等形式表现了西夏商业社会的种种痕迹，学界通过各类账册的研究准确地把握了西夏的物价、商业税率以及贷钱利率，为了解西夏经济数据和平民生活水平提供了有利条件。

四　契约文书

目前学界对“契约”划定的概念范畴涉及政治和经济两个领域。政治范畴内主要指古代国家之间的邦国约和民族之间的誓约，如先秦时期邦邑之间的盟誓，汉唐民族之间的“丹书铁券”等，主要反映国家和政权之间的政治联盟关系。经济范畴内包括借贷契、租佃契、买卖契和雇佣契，主要体现发生在民间社会的经济往来。前者表现政治上层的权利关系和战略架构，后者彰显基层社会的社会生态和经济面貌。从本文的立足点出发，政治范畴内的契约不加赘述，重点呈现学界对西夏经济契约的研究历程。

中国古代的契约多产生于经济较为发达的汉族地区，中古时期少数民族地区留下的契约文书十分稀少，而少数民族文字书写的契约就更为罕见。[①] 目前学界认为中国古代的经济契约最早以借贷契的形式出现在西周时期，随着私有制的发展，民众对生产资料占有的多寡不断分化，贫富的悬殊进一步刺激了民间的经济往来，以借贷、买卖、租赁等形式出现的经济契约逐渐丰富起来，直至明清达到了契约经济的高峰。由于经济契约多为民间个体行为，与传统史料记述君国政要的主旨存在偏差，故学界对契约的研究多建立在对出土文献的发掘中。如关于秦汉契约的研究主要基于对秦汉简牍的考究；唐代契约研究依靠敦煌吐鲁番文书；元至明清的契约研究来源于徽州文书、清水江文书等民间出土文献。元代之前的契约文书由于存世数量稀少，文献价值突出，被学界视为珍品。黑水城文献中包含大量契约文书，600 余件，这批珍贵文献的问世，为研究 12 世纪至 13 世纪中国西北地区契约经济填补了材料上的缺憾，并且这批文书大多数由西夏文书写，用少数民族语言文字记载下来的契约十分罕见。突出的文献价值和史料价值，使得这批文书吸引了学界广泛的关注。

大宗的黑水城文献以《俄藏黑水城文献》为最早，公布于 2000 年左右。在此之前只有少数零散的契约文献刊布于世，在契约文书方面只有《天盛二十二年卖地契》《天庆十一年典麦契》《乾定申年典糜契》《光定未年借谷物契》这 4 件可供研究。这一时期的代表性成果主要有：［俄］克恰诺夫《谷物借贷文书》，该文最早刊布了一件由西夏文行草书写的庚寅二十二年的借贷文契，使得学界首次了解到西夏契约文书

① 史金波：《西夏经济文书研究》，社会科学文献出版社 2017 年版，第 204 页。

的真实面貌。国内最早对西夏契约关注的陈国灿先生。早在 1980 年，陈氏《西夏天庆间典当残契的复原》[①] 复原了藏于英国、刊布于《敦煌资料》中的十余件典当契残件，分析了典当利率及典物价格，也进一步讨论了黑水城地区的农牧业生产。1984 年黄振华《西夏天盛廿二年卖地文契考释》[②] 指正了克恰诺夫释读的失误之处；1990 年，［日］野村博《西夏文·谷物借贷文书》[③] 一文，在克恰诺夫的研究基础上关于借贷利息和还贷方式方面做了进一步推进，统计出该件文书所体现出的高额利率，指出西夏的典压性质为继承唐代的归属性典压。此外还对契约中的保人身份进行考证，指出“保人”需具备一定资产，不仅在欠粮者无法偿还情况下须代为偿还，而且负责替贷主收账。关于“保人”的研究，2016 年于光建《西夏典当借贷中的中间人指责述论》一文，结合可见的多件汉文、西夏文典当借贷文契指出，西夏立契中的中间人（保人），不仅担负了为负债人担保债务的责任，而且还在借贷完成后抽利，并负责调节价格，明确资产来源的合法性等功能，提高了对借贷关系和人物身份的认识。

1999 年杜建录《西夏高利贷初探》[④] 一文，结合《天盛律令》与出土文契，对私营借贷情况进行了讨论，对契约的体例，借贷人的身份做了介绍和分析，更进一步统计出西夏高额的借贷利率，年息为 100%。2009 年陈静《黑水城所出天庆年间裴松寿处典麦契考释》[⑤] 一文，复原了西夏天庆年间裴松寿处典麦契 12 件文书残片，通过对天庆六年至十一年典当契的分析，观察到了西夏典当借贷行业在典当物品及典当利率上由不固定到固定，逐渐走向规范化的趋势。2002 年王元林《西夏光定末年借谷物契》[⑥]，对新见的西夏光定末年的典谷契的年代、款式进行介绍总结，并指出契约所具有的法律效力，对高额利息和以畜抵息的逾期惩罚措施提高了认识。

随着《俄藏黑水城文献》的刊布，数量丰富的新材料为学界研究提供了前所未有的便利。根据文书的种类，主要可分为借贷契、买卖契、租赁契和雇佣契，下面分类介绍。

（一）借贷契

在借贷契中，数量最多的是贷粮契。日本学者松泽博《武威西夏博物館藏亥母洞出土西夏文契約文書について》[⑦] 一文，对武威西夏博物馆收藏的亥母洞出土的几

① 陈国灿：《西夏天庆间典当残契的复原》，《中国史研究》1980 年第 1 期。

② 白滨：《西夏史论文集》，1984 年，第 313—319 页。

③ ［日］野村博：《西夏文·谷物借贷文书》，《固原师专学报》1990 年第 4 期。

④ 杜建录：《西夏高利贷初探》，《民族研究》1999 年第 2 期。

⑤ 陈静：《黑水城所出天庆年间裴松寿处典麦契考释》，《文物春秋》2008 年第 6 期。

⑥ 王元林：《西夏光定末年借谷物契》，《敦煌研究》2002 年第 2 期。

⑦ ［日］松泽博：《武威西夏博物館藏亥母洞出土西夏文契約文書について》，《东洋史苑》2010 年第 75 号。

件西夏文契约进行了译释。许伟伟《黑城夏元时期契约文书的若干问题——以谷物借贷文书为中心》① 通过比较夏元时期的粮食借贷契约，指出元代契约更为详细地注明了粮食借贷的缘由，并且元代契约中很少使用典押物，与西夏不同。在占据资料数量超越前人的基础上，史金波在《西夏社会文书研究》中对近三百件由草书书写的西夏文契约进行整理研究，对其中的贷粮契的形制、立契时间和借贷双方身份以及借贷粮食的品种数量、利息等重要信息做了很多突破性研究，推进了对西夏契约经济的整体认识。作者指出保存下来的贷粮契多集中在西夏晚期五十年时间内，立契双方既有党项族也有包括汉族在内的契丹、回鹘等其他民族。贷粮种类以麦和杂粮为主，对于学界一直关心的贷粮利息，史先生总结为三种：按日计息、按月计息和总和计息，总体来看既有“半变”即利息为本粮的一半，也有类似宋代的“倍息”，即 100% 的利率，甚至存在违反《天盛律令》中不得超过利息一倍的超额高利情况存在。作者还立足于契约文本指出违约行为的处罚方式，有按贷粮多少来规定罚粮数额；以收取质典物的方式惩罚，并且保人在欠粮者无法偿还情况下有代还罚粮的责任，此两点与前述野村博于 1990 年提出的观点相符，共同形成更为可靠的结论。

文献材料的极大丰富，为学者研究提供了广阔空间。尤其是 2016 年史金波《西夏经济文书》的出版，带动了学界对西夏经济文献研究的整体热潮。赵天英《黑水城出土西夏文草书借贷契长卷（7714 号）研究》② 与《俄藏黑水城文献 No. 5870 西夏文草书借贷契研究》③ 两文先后对俄藏两件贷粮长卷进行完整录文与释读，通过对同类型多数量的贷粮文书整理，对文书的形制、立契时间和人物身份做了基本介绍，进一步推动了对西夏粮食借贷情况的整体认识。

在借贷文书中，还有一部分贷钱契和贷物契。2008 年，孙继民、许会玲《〈西夏天盛十五年王受贷钱契等〉考释》④ 一文，考证了《俄藏黑水域文献》第 6 册中的两件汉文贷钱契残页为西夏时期的“正契”即“官契”，分析了西夏的王爵制度，指出西夏存在兼封两国的双国王爵制度，并且认为这种制度是仿制于辽，对理解西夏职官政治很有启发。2014 年，杜建录《黑水城出土汉文贷钱契研究》⑤ 一文对 6 件中国藏黑水城汉文贷钱契进行了全面整理校对，纠正了前人对文书解读中的错误，并对契约的格式内容进行了分析。2016 年史金波先生《西夏经济文书研究》中介绍了 3 件西夏文贷钱文书，对文书的款式、贷钱数额进行了解读，丰富了学界对西夏货币借贷的

① 许伟伟：《黑城夏元时期契约文书的若干问题——以谷物借贷文书为中心》，《宁夏社会科学》2009 年第 3 期。

② 赵天英：《黑水城出土西夏文草书借贷契长卷（7714 号）研究》，《中国经济史研究》2017 年第 2 期。

③ 赵天英：《俄藏黑水城文献 No. 5870 西夏文草书借贷契研究》，《中华文史论丛》2018 年第 1 期。

④ 孙继民、许会玲：《〈西夏天盛十五年王受贷钱契等〉考释》，《宋史研究论丛》第 9 辑，第 611—628 页。

⑤ 杜建录：《黑水城出土汉文贷钱契研究》，《西夏学》第 10 辑，上海古籍出版社 2014 年版，第 11—16 页。

认识。史先生于该书中还介绍了西夏社会十分少见的贷物契，观察到这种以“卷”为计量的物品未计利息，但逾期不还仍要加倍赔偿。

（二）买卖契

西夏契约文书中还有数量众多的买卖契，主要有卖地契、卖畜契和买卖人口契。在卖地契方面，具代表性的研究主要有史金波《黑水城出土西夏文卖地契研究》[①]，利用当时新见的西夏文卖地契重新定义了学界对西夏土地买卖的认识，提出了新问题。作者不仅观察到西夏耕地与灌渠分布情况，补充了《天盛律令》有关水渠管理的规定，更认识到西夏农户分散居住于耕地区域这一有别于中原农户集中居住的特点，其原因是为适应西夏农牧结合的生产模式，分散居住便于畜牧。此外，还通过文书了解到西夏耕地数量、农户院落、土地四至等信息，为了解西夏农牧业和基层组织带来了新的启发。此外，还有学者贡献了将西夏契与邻近历史时期的契约进行类比研究以及将西夏契置于中国契约史的视域下进行审视的研究范式。汤君《敦煌、黑水城、龙泉驿文献中的土地买卖契约研究》[②] 一文，将敦煌文献、黑水城文献和清代民国四川龙泉驿文献中的土地买卖契约文书进行了对比研究，勾勒出中国古代不同历史时期、不同区域间的契约特点和契约经济逐渐走向成熟的历史流变。韩伟《民法视野下黑水城出土西夏文卖地契研究》[③]，从民间法视角研究了卖地契中的亲族权利、官私转贷、违约责任和证人等问题，并与唐代汉文契进行比较分析，认为尽管西夏文契约与汉文契约存在一定差别，但在形式与内容方面沿袭痕迹更为突出，表现出鲜明的继承关系。还有罗将《黑水城出土西夏文卖地契中的违约条款探析——兼与敦煌契约比较》[④] 一文，通过比较研究，同样指出西夏卖地契在形制、内容方面多继承于唐宋契约，但对违约内容的书写更加丰富，违约后依律罚罪以及高昂的罚金与敦煌契约不同，体现了西夏独特的法律文化。还有学者从交叉学科的立场出发运用新视角透视西夏契约：张可辉《官法私契与西夏地权流转研究》[⑤] 一文运用现代法学的方法和视角解读西夏的土地买卖契、租赁契和典当借贷契，认为西夏的土地流转过程中移交的并非“所有权”而是包括土地收益在内的“使用权”，并认为法律对土地流转的管控过于简略，民间立契中的担保人和见证人在双方的利益调解方面发挥了重要作用。

在卖畜契方面，于光建《西夏文〈乾定戌年罨斡善典驴契约草稿〉初探》[⑥] 一

---

① 史金波：《黑水城出土西夏文卖地契研究》，《历史研究》2012 年第 2 期。

② 汤君：《敦煌、黑水城、龙泉驿文献中的土地买卖契约研究》，《西夏学》第 10 辑，上海古籍出版社 2014 年版，第 192—209 页。

③ 韩伟：《民法视野下黑水城出土西夏文卖地契研究》，《西夏研究》2013 年第 2 期。

④ 罗将：《黑水城出土西夏文卖地契中的违约条款探析——兼与敦煌契约比较》，《法学研究》2018 年第 1 期。

⑤ 张可辉：《官法私契与西夏地权流转研究》，《中国农史》2013 年第 3 期。

⑥ 于光建：《西夏文〈乾定戌年罨斡善典驴契约草稿〉初探》，《西夏学》第 10 辑，上海古籍出版社 2014 年版，第 28—34 页。

文，通过对武威亥母洞出土的西夏文乾定戌年卖驴契的释读，指出西夏时期在签订正式契约之前，双方会先起草一份草稿；西夏寺院从事了大量高利贷经济，以低价收购粮食和牲畜，转手高利贷出；同时还透视出西夏晚期因时局动荡，凉州地区物价高涨。在《西夏经济文书研究》中，史金波先生对 15 件西夏文卖畜契进行了整理研究，对文书格式、买卖牲畜的品种数量价格作了统计，并进一步指出黑水城地区普渡寺在农民乏粮时低价购畜，转手租赁的行为，往返盘剥，获利甚大。

目前可见的西夏卖人口契数量很少，史先生对目前可见的 3 件卖人口契进行整理，指出西夏的奴仆、使军没有人身自由，可以被其主人、头监占有和买卖，并分析了买卖人口的价格，人口价格按时间先后排列贵时人均 75 贯钱，低时人均 25 贯。西夏社会晚期，社会动荡，人口价格较低。人口买卖契的存在，昭示着已进入封建社会的西夏王朝仍存在奴隶社会的残余元素。

（三）租赁契

西夏的租赁契主要是租地契，这方面最具代表性的成果主要集中在史金波《西夏经济文书研究》中。作者对 9 件租地契约进行了释读，结合卖地契指出黑水城地区的普渡寺既是买卖契中土地的收购者，又是租赁契中土地的出租方，他们利用春季青黄不接时期农民迫于生计的需要低价收购大量耕地，却不自己经营，或转手出租收取高昂租金，或以高利借出，盘剥高额利息。经作者统计，普渡寺只需连续两年出租便可收回买地成本。在租赁契中还有一类押畜租地契，即以典押自己的牲畜来租赁土地而签订的契约，黑水城只存 1 件，该文书中的多数人为党项人，反映出农业在党项人中的普及程度较高。

（四）雇佣契

雇佣契可分为雇工契和雇畜契。11 世纪至 13 世纪，辽、宋、夏、金时期的契约文献中雇工契十分罕见，唯敦煌文书中见有 9 件南宋时期敦煌一带的雇工契，黑水城出土的一件西夏文雇工契，为探讨西夏时期的雇佣关系提供了重要参考。史金波先生对文书的基本内容进行了诠释，指出雇工时间为腊月至次年十月，时间跨越春种至秋收结束。工价以粮食支付，为 5 石粮食。作者借此进一步讨论了西夏的雇工经济，可以看到契约对雇工要求的劳动强度很大，农忙时误工一天罚两天，并且雇主利益受法律保护，显现出西夏社会中雇佣双方不平等的社会地位。作者将西夏雇工契与唐宋契进行了对比，指出西夏雇工契依然对唐宋契表现出一贯的继承性，但唐宋契中记载的信息更为全面，包括雇工原因、双方住址，对违规惩处规则制定也更为详细。此外，西夏雇工周期更长，工价低廉，为政权晚期时局动荡所致。黑水城还出土有 5 件雇畜契，同租地契一样，所供租雇的牲畜为雇主从贫民手中低价购买来的，转手另雇给他人，而从事这种倒手转租行为的同样是普渡寺。文书透露出高昂的雇租价格，普渡寺不到两年便可收回购买成本。

在《西夏经济文书研究》中，史先生除对上述主要类型的契约展开研究外，还总结出其他几种较为少见的契约形式。如交换契，即两人将各自牲畜互换，以粮食补充差价，有利于综合分析粮价和畜价。贷粮押畜契，规定若限期到时不能按数归还借粮和利息，则以牲畜抵债。众会契反映民间结社组织的契约文书。社邑组织是民间以互助为目的，通过制定社条来规范社员行为和组织功能的自发缔结的社会组织，先秦时便已出现，至宋代发展到高峰。黑水城出土2件珍贵的众会契，不仅证明这种社邑组织在西夏时期的黑水城地区也有存在，而且对了解西夏社会民间生活有重要启示。史先生通过文书中对社员行为的义务规范、违规惩处等内容，以及与敦煌社邑文书的对比，指出西夏众会契省略了结社目的和立定社条缘由，没有敦煌社邑中的宗教功能，只以经济互助为目的且社条内容更为丰富，有规范的集会周期和互助形式，并且组织内部除党项人外有汉族和契丹等多民族的共同融入，为中国古代社邑研究注入了新元素。

还有一些学者从多种视角展开对契约文书的观察，韩树伟《黑水城出土西夏契约文书之习惯法研究》① 一文，从文书形制、内容和特点分析，通过与敦煌契约的对比认为多类契约文书既继承了中原汉式的契约格式，又体现出西夏自身的民族传统和社会现实。于光建、徐玉萍《武威西夏墓出土冥契研究》②，指出西夏存在过世者家属意在为亡者于冥界购买阴宅的契约文书，通过分析文书中体现的占卜相地思想与相关咒语，认为西夏冥契受中原道教影响颇深，行文格式则多承于宋。李晓明、张建强《英藏黑水城文献中一件西夏契约文书考释》③ 一文，指出英藏《天庆十三年裴松寿典粮契》与俄藏、英藏黑水城文献中天庆六年、十一年《西夏天庆年间裴松寿典粮契》是同系账册。刘艳丽《西夏典当制度简论》④ 利用西夏的典粮文契与敦煌典当契对比，从经营者和借贷者以及典当物的角度总结了西夏的典当制度。赵彦龙《西夏契约参与人及其签字画押特点》⑤，郝振宇《西夏民间契约参与人的群体关系特点》⑥，以契约人物身份为突破点，讨论了契约所体现出来西夏聚落组织和蕃汉杂居的情况。

契约文书是西夏社会文书中数量和种类最为丰富的类型。以双方合意签订的体现双方经济意愿和条件规范的条款及约定，相比户籍、租税、商贸等文书更多反映了西夏民间社会的经济信息和社会生态。以借贷、买卖、租赁和雇佣等多种形式出现的契

① 韩树伟：《黑水城出土西夏契约文书之习惯法研究》，《法学研究》2018年第1期。
② 于光建、徐玉萍：《武威西夏墓出土冥契研究》，《西夏研究》2010年第3期。
③ 李晓明、张建强：《英藏黑水城文献中一件西夏契约文书考释》，《西夏研究》2012年第1期。
④ 刘艳丽：《西夏典当制度简论》，硕士学位论文，陕西师范大学，2013年。
⑤ 赵彦龙：《西夏契约参与人及其签字画押特点》，《青海民族研究》2015年第1期。
⑥ 郝振宇：《西夏民间契约参与人的群体关系特点》，《北方民族大学学报》2018年第1期。

约文本，从不同的层面和立场，昭示着西夏国民多元丰富的经济生活以及社会结构，成为研究西夏历史面貌的重要材料。学界的研究从早期数量有限的契约文书开始，从经济学和历史学的角度深度透视了契约背后的历史信息。随着文献材料的大量公布，使得研究既获得的材料数量上的增加又取得了文献种类上的丰富，对于同类型文献占据一定数量优势的研究以及多类型文本形式的观察提供了极大便利。经过几代学者的科研攻坚，越来越多有价值的契约文献被释读，并从不同的研究层面和学术视域展开了讨论，正在逐步完成对经济信息的统计和规律性认识的总结。

五 结语

通过总结回顾学界对西夏经济文书的研究历程，可以总结出如下三点：

第一，早期的文书研究中心是由以俄罗斯为代表的海外学者，大部类文献整理成果的出版为国内学者提供了后来居上的学术优势。以经济类文书为大宗的西夏社会文书绝大部分收藏于俄罗斯，以克恰诺夫为代表的俄国学者率先对户籍、契约等有价值的经济文献投入研究，特别是20世纪70年代对卖地契的研究，为学界贡献了开创性的研究思路和崭新的学术热点。2000年前后，以史金波为代表的国内西夏学者将藏于俄国数量众多、凌乱分散的西夏文献整理拼合、定名著录并刊布于世，使得数以千计尘封千年的社会文书在科研领域找到了它们的主人，在学术界重新焕发出夺目的光芒。史金波先生以文献整理者的学术资历，在国内科研队伍中最早投入了对经济文书的关注。由于西夏经济文书以西夏文文书为主，并且绝大部分由西夏文草书书写，加之文献残损字迹模糊，因而释读难度极大。史先生瘠土耕耘，玉汝于成，十几年如一日突破了草书研究的学术难关，不仅解读了大量有重要价值的文书材料，同时为学界贡献了经济文书的研究范式，为后辈学者的学习研究开辟了科研坦途，使得国内经济文书的研究迅速后来居上，占据了国际西夏学研究的制高点。

第二，将西夏经济文书与敦煌文书类比分析，贯通宏观视野下的西夏文书研究是学界的重要思路。敦煌吐鲁番文书的出土时间和黑水城文献相近，但由于敦煌独特的地理区位以及文字解读上的便利，敦煌学很快吸引了大批海内外学者的关注，迅速崛起为一门国际显学。敦煌文献中也有大量与黑水城文献类型相近的社会文书，例如反映借贷、买卖、租赁和雇佣关系的敦煌契约大约有300件，文书时间跨越4世纪至11世纪，与黑水城出土西夏契约在时间和区域上都较为接近。敦煌学界对契约文书的关注较早，至今已有较为成熟的研究模式，成果如沙知先生《敦煌吐鲁番文书研究》①、［日］周藤吉之等《敦煌吐鲁番出土社会经济文书研究》②，以及刘云生《中

① 沙知：《敦煌吐鲁番文书研究》，甘肃人民出版社1984年版。
② ［日］周藤吉之等：《敦煌吐鲁番出土社会经济文书研究》，姜镇庆等译，甘肃人民出版社1985年版。

国古代契约思想史》[①] 等。类型接近的契约文本以及相对成熟的研究思路，为西夏契约文书与敦煌契约文书的对比研究创造了条件。同时，除敦煌契约文书外，出土元代至清代的徽州文书、清水江文书等部类中也有大量契约，随着对西夏契约文书研究成果的不断丰富，将西夏契约文书与不同区域、不同时代的文书贯通起来，宏观上把握中国古代契约制度史的发展流变，逐渐成为新的学术热潮。

第三，以历史学方法论为支撑，多学科视角下的文本研究开拓了西夏经济文书研究的学术视野。传统历史学的文献研究注重文本的考证与社会历史阐释，随着黑水城文献价值不断受到更为广泛的关注，不同学科的学术思路被贯彻到对经济文献的研究中来。特别是经济学、统计学以及法学视角下对文本的观察，在传统历史学考据方法之外，开辟了诸多新的研究层面，增强了历史学范畴下经济史和社会史的研究能力，使得学界对经济文书的研究爆发出更多新的学术增长点。

数量众多且价值突出的西夏经济文书，从罕见于国内到刊布于国际，经历了由少数学者参与做基础性阐释到国际学者跨学科关注展开多领域综合研究的学术路途。在学术前辈的引领下，从种类丰富的文书文本出发，揭示了西夏经济社会的多层面貌，突破了前人研究的整体水平。在不断壮大的科研队伍的集体努力下，角度新颖、视野开阔的研究成果不断涌出，为西夏社会历史以及古代北方民族史的宏观认识贡献了重要的文献材料和学术观点。学术研究是一条没有止境的文化攀岩，前辈学者在材料十分有限的境况下开辟出了西夏经济文献研究的科研道路，在文献材料极大丰富的今天，对多种类多数量的经济文献进行广泛的观察是我们获得的学术良机，但对各类文献综合驾驭宏观把握，深入挖掘其背后的社会历史内涵是我们面临的挑战。纵观近年的经济文献研究态势，尚存两点不足：首先，千余件经济文献材料早已刊布学界，但至今为止被学界研究的只占很少一部分，仍有大量文献没有被释读和阐释。在材料占有数量上的欠缺，限制了相关研究观点的层次和高度。其次，在近几年的经济文献研究中，对西夏文的释读性成果较多，有高度的社会历史阐释性成果较少。经济文献不仅是数据和名物的汇编，其背后承载的社会历史趋势和基层社会生态可以对很多问题的提出和讨论提供佐证，而目前鲜有学者从这些方面对经济文献展开利用。对材料数量上的充分占有和对问题研究的深度透视是相辅相成、互为表里的关系。只有在宏观上把握了历史规律和社会形态，在对新材料解读的过程中才能更准确地掌握住关键信息。突出的文献价值和不断丰富中的科研经验，是我们攻克科研难关，勇攀学术新高的思想动力和知识装备。

① 刘云生：《中国古代契约思想史》，法律出版社 2012 年版。

20世纪80年代以来中国的俄国西夏学研究述评

王　颖

一　俄国西夏学研究概述

俄国西夏学研究按时间顺序大致可划分为四个阶段，即1909年至1933年的起步和初步研究阶段，1934年至1945年的停滞阶段，1946年至1991年苏联时期的大发展和成果大繁荣阶段以及1992年至今研究逐渐式微阶段。俄国西夏学领域的主要研究学者有伊凤阁（Алексей Иванович Иванов，1878—1937年）、聂历山（Николай Александрович Невский，1892—1937年）、龙果夫（Александр Александрович Драгунов，1900—1955年）、戈尔芭切娃（Зоя Ивановна Горбачева，1907—1979年）、孟列夫（Лев Николаевич Меньшиков，1926—2005年）、鲁勃-列斯尼钦科（Евгений Иосифович Лубо-Лесниченко，1929—2001年）、克恰诺夫（Евгений Иванович Кычанов，1932—2013年）、捷连提耶夫-卡坦斯基（Анатолий Павлович Терентьев-Катанский，1934—1998年）、克平（Ксения Борисовна Кепинг，1937—2002年）、索夫罗诺夫（Михаил Викторович Софронов，1929年—）、萨玛秀克（Кира Федоровна Самосюк）、索罗宁（Солонин Кирилл Юрьевич，1969年—）等。

俄国西夏学研究涉猎广泛，主要研究领域包括黑水城出土文献文物整理研究、西夏语言文字和词典编纂研究、西夏文文献研究、西夏历史社会与文化研究、黑水城出土文物和艺术品研究等。涌现出了诸如聂历山遗著《唐古特语文学》，孟列夫《黑城出土的汉文遗书叙录（科兹洛夫卷）》，克恰诺夫《西夏国史纲》《大夏帝国》《夏俄英汉词典》《天盛改旧新定律令》《新法》《文海》《新集锦合辞》《圣立义海》，克平《类林》《〈孙子〉的西夏文译本》《遗失的汉文类书〈类林〉的西夏文译本》《西夏语词法》《新集慈孝记》，捷连提耶夫-卡坦斯基《西夏书籍业》《西夏物质文化》，索夫罗诺夫《西夏语语法》，萨玛秀克《黑水城出土的12—14世纪的佛教绘画》，米哈伊·彼奥特罗夫斯基《丝路上消失的王国——西夏黑水城的佛教艺术》等著作成果以及戈尔芭切娃、克恰诺夫《西夏文写本和刊本目录》，索夫罗诺夫、克恰诺夫《西夏语音研究》，克平、克罗科洛夫、克恰诺夫、捷连提耶夫-卡坦斯基《文海》（两卷），克罗科洛夫、克恰诺夫《夏译汉籍〈论语〉〈孟子〉和〈孝经〉》，克恰诺夫、［德］傅海波《11—13 世纪的西夏文与汉文军事法典》，捷连提耶夫－卡坦斯基、索夫罗诺夫《字杂》等合著著作成果。此外，数量更多是俄国学者大量的西夏学研究论文，囿于文章篇幅所限，在此不一一列举。

俄国西夏学研究在国际西夏学界占有举足轻重的地位，取得的成就令人瞩目。鉴于俄国西夏学研究起步早，并曾一度居于世界领先地位，了解俄国西夏学的研究状况、研究内容、研究方法和研究成果，并在此基础上开展中俄西夏学领域的交流与合作对中国西夏学研究的发展壮大具有重要现实意义。因此，自 20 世纪 80 年代以来，中国学者密切关注着俄国西夏学的发展动态，在对俄国西夏学研究方面做出了许多卓富成效的工作。

二　20 世纪 80 年代以来中国的俄国西夏学研究取得的成果业绩

（一）对俄国西夏学研究成果的翻译和介绍

对俄国西夏学研究最为直接的手段就是对其既有研究成果的翻译和介绍。不少中国学者直接将俄国西夏学研究成果翻译成中文，介绍给国内西夏学界。这方面的研究取得了丰硕成果，主要包括以下三种类型。一是，中国学者全文（或节录）汉译俄国学者的西夏学著作。如李仲三翻译克恰诺夫俄译本《天盛改旧新定律令》（第 1—7 章）①，陈炳应翻译克恰诺夫《西夏谚语——新集锦成对谚语》②，王克孝翻译孟列夫《黑水城出土汉文遗书叙录》③，王克孝、景永时翻译捷连提耶夫－卡坦斯基《西夏书籍业》④，崔红芬、文志勇翻译捷连提耶夫－卡坦斯基《西夏物质文化》⑤，粟瑞雪翻译索罗宁《十二国》⑥ 等。二是，中国学者仅汉译俄国学者西夏学著作的绪论部分，并介绍其著作的基本内容。如崔红芬翻译克恰诺夫《俄藏黑水城西夏文佛经文献叙录·绪论》⑦，孙颖新翻译索夫罗诺夫《西夏语语法绪论》⑧，王克孝翻译孟列夫《黑城遗书（汉文）诠注目录·导言》⑨ 等。三是，中国学者汉译俄国学者的西夏学论文。如白滨、黄振华翻译戈尔芭切娃、克恰诺夫合著《苏联科学院亚洲民族研究所

① ［俄］克恰诺夫：《西夏法典——天盛改旧新定律令（第 1—7 章）》，李仲三译，罗矛昆校，宁夏人民出版社 1988 年版。

② ［俄］克恰诺夫：《西夏谚语——新集锦成对谚语》，陈炳应译，山西人民出版社 1993 年版。

③ ［俄］孟列夫：《黑水城出土汉文遗书叙录》，王克孝译，宁夏人民出版社 1994 年版。

④ ［俄］捷连提耶夫－卡坦斯基：《西夏书籍业》，王克孝、景永时译，宁夏人民出版社 1994 年版。

⑤ ［俄］捷连提耶夫－卡坦斯基：《西夏物质文化》，崔红芬、文志勇译，民族出版社 2006 年版。

⑥ ［俄］索罗宁：《十二国》，粟瑞雪译，宁夏人民出版社 2012 年版。

⑦ ［俄］克恰诺夫：《俄藏黑水城西夏文佛经文献叙录·绪论》，崔红芬译，《西夏研究》2011 年第 4 期。

⑧ ［俄］索夫罗诺夫：《西夏语语法绪论》，孙颖新译，《西夏学》2011 年第 7 辑。

⑨ ［俄］孟列夫：《黑城遗书（汉文）诠注目录·导言》，王克孝译，《敦煌研究》1988 年第 4 期、1989 年第 1、2、3 期。

列宁格勒分所所藏西夏文写本和刊本已考定者目录》（简称《西夏文写本和刊本目录》）①，崔红芬、文志勇翻译聂历山《12世纪西夏国的星曜崇拜》②《西夏国名校考》③和《早期西夏语文学研究概述》④，姚朔民翻译克恰诺夫、鲁勃—列斯尼钦科合著文章《从采集资料看哈拉浩特的钱币流通》⑤，吴月英翻译克恰诺夫《党项人的古文字与文化》⑥，杨富学、裴蕾翻译克恰诺夫《俄国科学院东方写本研究所西夏文文献之收藏与研究》⑦，王颖、张笑峰翻译克恰诺夫《唐古特国的起源问题》⑧，王培培翻译克恰诺夫《黑水城所出1224年的西夏文书》⑨，闫廷亮翻译克恰诺夫《西夏文本学》⑩，史志林等翻译克恰诺夫《西夏国的水利灌溉》⑪，彭向前翻译克平《西夏版画中的吐蕃和印度法师肖像》⑫，段玉泉翻译克平《西夏语的动词》⑬，马宝妮翻译萨玛秀克《哈拉浩特出土绘画作品中的历史人物》⑭，王幗艳翻译萨玛秀克《黑水城出土文献中十二世纪时期的"星魔圈"》⑮，等等。综上所述，由于中国学者长期不懈的努力，译介了很多俄国西夏学研究的成果，内容涉及俄藏黑水城出土文献文物的整理、西夏语言文字、西夏历史与文化等方方面面的内容，方便国内学者直观地了解俄国西夏学研究取得的成果和研究动态，以达到了解情况、增进探讨、取长补短、相互学习的目的。

（二）对俄国西夏学研究成果的述评

1978年，黄振华发表《评苏联近三十年的西夏学研究》⑯一文，概述了科兹洛

---

① ［俄］戈尔芭切娃、克恰诺夫：《西夏文写本和刊本目录》，白滨、黄振华译，载中国社会科学院民族研究所历史研究室资料组编译《民族史译文集3》，1978年。

② ［俄］聂历山：《12世纪西夏国的星曜崇拜》，崔红芬、文志勇译，《固原师专学报》2005年第2期。

③ ［俄］聂历山：《西夏国名校考》，崔红芬、文志勇译，《宁夏社会科学》2005年第5期。

④ ［俄］聂历山：《早期西夏语文学研究概述》，文志勇、崔红芬译，《西北第二民族学院学报（哲学社会科学版）》2006年第1期。

⑤ ［俄］克恰诺夫、鲁勃—列斯尼钦科：《从采集资料看哈拉浩特的钱币流通》，姚朔民译，《内蒙古金融研究》2003年第S2期。

⑥ ［俄］克恰诺夫：《党项人的古文字与文化》，吴月英译，《宁夏党校学报》1999年第5期。

⑦ ［俄］克恰诺夫：《俄国科学院东方写本研究所西夏文文献之收藏与研究》，杨富学、裴蕾译，《西夏研究》2010年第3期。

⑧ ［俄］克恰诺夫：《唐古特国的起源问题》，王颖、张笑峰译，《西夏学》2011年第7辑。

⑨ ［俄］克恰诺夫：《黑水城所出1224年的西夏文书》，王培培译，《西夏学》2011年第8辑。

⑩ ［俄］克恰诺夫：《西夏文本学》，闫廷亮译，《西夏学》2011年第8辑。

⑪ ［俄］克恰诺夫：《西夏国的水利灌溉》，史志林、颉耀文、汪桂生译，《敦煌学辑刊》2014年第2期。

⑫ ［俄］克平：《西夏版画中的吐蕃和印度法师肖像》，彭向前译，《西夏研究》2011年第3期。

⑬ ［俄］克平：《西夏语的动词》，段玉泉译，《西夏研究》2011年第1期。

⑭ ［俄］萨玛秀克：《哈拉浩特出土绘画作品中的历史人物——事实与假说》，马宝妮译，《宁夏社会科学》2008年第6期。

⑮ ［俄］萨玛秀克：《黑水城出土文献中十二世纪时期的"星魔圈"》，王幗艳译，《宁夏社会科学》2003年第6期。

⑯ 黄振华：《评苏联近三十年的西夏学研究》，《社会科学战线》1978年第2期。

夫对黑水城文献文物的发掘和苏联学者早期对西夏文献文物的整理研究过程，指出其宝贵的资料价值和历史研究价值，并探讨了俄国西夏学研究者在史料征引和文献解读方面存在的不足与失误。1995 年，聂鸿音发表《俄国科学院东方学研究所圣彼得堡分所的西夏研究》①，以 20 世纪 50 年代为界，将俄国的西夏学研究分为两个时期，并分别指出两个时期俄国西夏学的研究特点。2003 年，李胜刚发表《百年西夏学国内外著作概述》②，从“西夏语言文字与文献整理”“西夏文物考古发现与研究”“西夏社会历史文化研究”三个方面对 20 世纪国内外编著出版的西夏研究专著、专集、译著等情况进行了分类列目和概述，涵盖了俄国西夏学的内容。2003 年，景永时《俄国西夏学研究述评》③ 分三个部分（俄藏黑水城西夏文献的发掘经过和基本情况、俄国西夏学百年来三个发展阶段、俄国西夏学特点及其在国际西夏学中的地位）较全面系统地对俄国西夏学的研究概况进行了述评。2004 年，杨志高发表《二十世纪西夏学论著资料索引》，其中包括对俄国西夏学专著、论文、资料的成果索引，为学界提供了翔实的俄国西夏学研究资料目录。④ 2005 年，刘建丽在《20 世纪国内外西夏学研究综述》⑤ 中提到 20 世纪俄国和苏联的西夏学研究历程、代表人物、研究内容等，指出 20 世纪俄苏的西夏学研究出现热潮，涌现出众多的研究成果。2012 年，李范文在《克恰诺夫与黑水城出土文献——祝嘏克氏八十华诞纪念》⑥ 一文中，通过俄藏黑水城出土文献由来及之前研究概况的分析，论述了克恰诺夫对这批文献整理研究做出的历史贡献和科学价值。

总而言之，西夏学研究是中俄两国学者共同关注的领域，两国的研究成果和研究状况也是学者们互相交流的话题。中国学者对俄国西夏学研究状况的述评既包括对某位学者研究成果的述评，也包括某个特定时段研究成果的述评乃至对整个俄国西夏学研究状况的述评。

（三）中俄学者联合开展西夏学研究

早在 20 世纪 30 年代，中俄学者便开始就西夏学研究开展国际交流与合作。1932 年，《国立北平图书馆馆刊》推出西夏文专号，伊凤阁、龙果夫、聂历山等俄国西夏学者的研究成果与罗福成、王静如等中国学者的文章，一同出现在该专号中。这一阶段主要是两国学者个人之间的学术联系和交往。

到了 20 世纪 90 年代，中俄学者开始了真正具有实质意义并取得丰硕成果的学术

---

① 聂鸿音：《俄国科学院东方学研究所圣彼得堡分所的西夏研究》，《民族语文》1995 年第 4 期。
② 李胜刚：《百年西夏学国内外著作概述》，《宁夏大学学报（人文社科版）》2003 年第 1 期。
③ 景永时：《俄国西夏学研究述评》，《西北第二民族学院学报（哲社版）》2003 年第 4 期。
④ 杨志高：《二十世纪西夏学论著资料索引》，载杜建录主编《二十世纪西夏学》，宁夏人民出版社 2004 年版。
⑤ 刘建丽：《20 世纪国内外西夏学研究综述》，《甘肃社会科学》2005 年第 1 期。
⑥ 李范文：《克恰诺夫与黑水城出土文献——祝嘏克氏八十华诞纪念》，《西夏研究》2012 年第 2 期。

交流与合作。中国社会科学院民族学与人类学研究所与俄国科学院东方学研究所圣彼得堡分所（俄国科学院东方文献研究所的前身）合作整理出版科兹洛夫探险队发掘的俄藏黑水城文献。从1996年开始，史金波、魏同贤、克恰诺夫主编《俄藏黑水城文献》大型系列丛书由上海古籍出版社分类陆续刊布于世，为西夏学由“绝学”转变为“显学”奠定了坚实的文献资料基础。

进入21世纪以来，中俄西夏学合作研究得到了进一步发展。2009年以来，中俄两国先后成立中俄人文合作交流框架下的西夏学合作研究机构——中俄（俄中）西夏学联合研究所，合作研究从专家个人、研究单位上升到国家政府层面。两国西夏学合作研究步入了快速发展的轨道，研究内容在黑水城文献文物整理出版的基础上，围绕西夏法律文献、社会文书、佛教经典开展了实质性的合作研究。在中俄两国政府支持和两国学者的通力合作下，西夏学研究取得了包括《西夏法律文献研究丛书》《黑水城汉文社会文书》《西夏佛典探微》《党项西夏碑石整理研究》《中国藏黑水城汉文文献释录》等在内的系列著作成果。这些研究成果不仅创新了西夏文献研究方法，拓宽了西夏文献研究思路，修订了以往整理、翻译、研究方面的缺陷与瑕疵，更为推动中俄人文合作交流向纵深层面发展作出了积极贡献。

由此可见，中俄西夏学合作研究经历了由学者个人之间的合作研究逐步上升为国家政府层面的支持合作的发展历程。

三　我国对俄国西夏学研究的意义、问题与未来展望

（一）我国对俄国西夏学研究的意义

从科兹洛夫（П. К. Козлов，1863—1935年）发掘黑水城遗址并将出土西夏文献文物运回俄国，俄国西夏学便逐步发展繁荣起来。由于占有第一手西夏文献文物资料的得天独厚的优势，加之涌现出一大批世界闻名的西夏学学者，致使20世纪俄国西夏学在国际西夏学界占据举足轻重的地位。有鉴于俄国西夏学的重要学术地位，加强对俄国西夏学研究对于中国西夏学而言意义重大。第一，就研究资料而言，由于俄国西夏学学者占有文献资料的优势，他们往往在自己的著作、论文之后将西夏文献文物的影印件随之公布，俄国西夏学学者对国际西夏学发展所作贡献中很重要的一点即是公布俄藏黑水城文献的影印本。克恰诺夫在1989年出版的《天盛改旧新定律令（1149—1169）》第4卷文后附了“《天盛改旧新定律令》西夏文影印件”。索罗宁于1995年出版的《十二国》一书文后公布了“《十二国》西夏文影印件”。索夫罗诺夫和捷连提耶夫-卡坦斯基合著，并出版于2002年的《字杂》一书文后公布了“《字杂》的西夏文影印件”等。在《俄藏黑水城文献》丛书刊布之前，这些西夏文献影印件的公布，便于国内学者一睹西夏文献的真颜，并就此展开学术研究。第二，就研究内容而言，俄国西夏学开创了后世西夏学研究的基本格局，形成了黑水城出土文献

文物整理研究、西夏语言文字研究、西夏文献研究、西夏历史文化研究、西夏文物和艺术品研究五大研究领域。第三，就研究成果而言，俄国西夏学研究论著数量多、学术水平高、涉猎面广，不少成果是西夏学研究领域的奠基之作。因此，积极吸收俄国西夏学研究的有益养分，对中国西夏学继往开来、发扬光大乃至后来居上不失为一条重要途径。第四，就研究方法而言，俄国西夏学也是先行者和开拓者。特别是黑水城出土文献文物的登录、编目、叙录、考释以及借用近现代语言学理论分析西夏语言、语法、文字方面优势非常明显。借鉴俄国西夏学文献文物整理和西夏语言文字研究方面的合理成果，对于中国西夏学研究中避免重复研究或走不必要的弯路具有积极意义。

（二）我国对俄国西夏学研究中存在的几个问题

20 世纪 80 年代以来，中国学者对俄国西夏学研究在翻译、介绍、述评和国际交流合作等方面做了很多工作，取得了骄人的业绩成果，但就长远发展而言，仍然存在着一些迫切需要解决的问题。首先，仍有大量俄国西夏学研究成果未被翻译介绍。囿于语言障碍，许多国内学者无法得知这些成果的具体详细内容。如克恰诺夫所著《天盛改旧新定律令（1149—1169）》，李仲三已将其中的第 1—7 章翻译成汉语，但该书剩余章节以及克恰诺夫对《天盛改旧新定律令》的系列研究论文均未被系统汉译。类似此类未被翻译的俄国西夏学研究成果的数量尚有很多，学界迫切需要不断有人承担译介这些成果的研究工作。其次，俄国西夏学研究成果的译介水平参差不齐。笔者在此无意贬损或诋毁任何一位俄国西夏学译介者付出的努力，但限于翻译水平和理解能力的偏差，确实存在个别俄国西夏学译介成果需要改进完善。因此，需要有学者持之以恒、不遗余力地对已有俄国西夏学译介成果进行系统的矫正、再翻译工作，进而为学界提供更准确、更精益求精的译介成果。再次，缺乏全面系统、与时俱进的俄国西夏学研究成果索引。2004 年，杨志高在《二十世纪西夏学论著资料索引》①“俄国论述部分”中对绝大多数俄国西夏学专著及相关著作、论文、资料的名称、作者、出处、出版时间等信息进行了收集和整理，使学界得以窥见俄国西夏学研究成果概貌，可谓贡献卓著。但其中的著作和论文名称、出处等大多只有汉译，而没有俄语原文，给正确快速地检索和查找带来一定的不便。此后十余年间也未有新的俄国西夏学成果目录索引出现，学界大多数人无法获知俄国西夏学研究最新进展状况。因此，需要有学者继续此项工作，整理出全面系统、与时俱进的俄国西夏学研究成果目录，以飨学界。最后，至今为止专门性、系统化的俄国西夏学研究专著尚未出现。俄国西夏学研究的翻译和介绍现状制约着中国学者俄国西夏学研究的发展，学界对俄国西夏

① 杨志高：《二十世纪西夏学论著资料索引》，载杜建录主编《二十世纪西夏学》，宁夏人民出版社 2004 年版，第 432—456 页。

学的述评文章并不鲜见，但究竟每一位俄国学者在西夏学研究方面做了哪些具体工作、研究到了何种程度、其学术贡献和不足之处在哪里等这类问题似乎并未能找到明确的回答，这与俄国西夏学研究的重要地位很不相称。

（三）中俄西夏学研究合作需要拓展与深化

西夏文献文物资料散存于俄国、中国、英国、日本等国家，这一态势决定了西夏学自诞生之日起即为国际化学科。当代世界政治经济全球化需要加强国际的学术交流与合作，学科交叉融合的趋势要求打破学术壁垒。大量流失俄国的西夏文献文物得以整理刊布，正是中俄西夏学学术机构和专家学者通力协作、不懈努力共同取得的成果。虽然《俄藏黑水城文献》陆续出版、《俄藏黑水城艺术品》也已公之于世，但俄国科学院东方文献研究所、俄国圣彼得堡艾尔米塔什博物馆仍有一些西夏文献和文物并未在这两套丛书中予以公布。无法摸清俄藏黑水城文献文物的真实数量和全貌实乃西夏学界的一大憾事，因而中俄西夏学研究合作仍需进一步加强。一是，充分利用俄藏黑水城文献文物的资源优势与中国的科研资金和学科团队优势，争取早日使未刊布的西夏文献文物得见天日，为国际西夏学研究者提供崭新的研究素材。二是，稳步推进中俄人文合作交流西夏学研究项目，加强中俄西夏文献文物收藏单位、高等学校、科研院所和学术团体之间的资源共享、合作攻关和人才联合培养，使中俄西夏学研究合作从西夏文献文物整理领域拓展到西夏学各个研究领域，拓宽和深化中俄西夏学交流合作的广度和深度。[①] 三是，俄国不仅藏有黑水城出土西夏文献文物，还藏有大量的中亚、蒙古和我国西北地区历史上的民族文献文物资料，在西夏学研究的基础上，中俄人文合作交流可以向敦煌学乃至东方学等更宽广的学术研究领域拓展。

---

① 王颖：《西夏契约文书研究的现状、问题与展望》，《西夏学》2017 年第 14 辑。

《〈慈悲道场忏法〉西夏文译本的复原与研究》概要*

杨志高

《〈慈悲道场忏法〉西夏文译本的复原与研究》一书，入选2016年度《国家哲学社会科学成果文库》①。全书60余万字。现将该书的研究目的、意义、方法以及该书的主要内容、重要观点和价值、创新等情况，概述如下：

一

西夏学的肇兴则得益于20世纪初宁夏灵武、内蒙古黑水城这两大地点出土文献的面世。在这些文献中数量最大、最多的为西夏文佛经。中国国家图书馆和俄罗斯科学院东方文献研究所是收藏西夏文献最多的两大富家。限于条件，中国学界以往在西夏佛教领域多关注于所能见到的单篇文献的解读，因而缺少系统性、全面性。近些年来随着国家对文化研究的扶持和对外交流的加大，国内包括中国国家图书馆西夏文文献（简称国图本），国外诸如俄罗斯科学院东方文献研究所（简称俄藏本），以及英法日的文献也陆续被刊布。这为西夏文献整理乃至复原，并进而进行历史文化研究提供了契机。利用已刊布文献，再收集整理相关散落和未刊布的文献，并进行深入、具体的研究是推动西夏研究的重要途径，特别是复原研究更显得尤其重要和突出。

十卷本西夏文《慈悲道场忏法》是西夏佛教文献中有典型意义的一种，原为中土撰述，是流传至今影响最大的一部禅仪著作。该忏文为西夏皇太后梁氏和惠宗秉常（1068—1086）主持翻译，元代复刻于江南金陵建康府城（今南京）。存世本分散收藏于海内外各地。

忏法的国图本②为1917年宁夏灵武出土的元刻新本，约340折面。完整者有卷一、四、五、六、八、九计六卷；残缺者有卷三、七、十计三卷；佚卷二。未刊布的

* 该文原刊于《国家哲学社会科学成果文库概要2016》，中国人民大学出版社2017年版。

① 中国社会科学出版社2017年版。

② 宁夏大学西夏学研究中心、中国国家图书馆、甘肃五凉古籍整理研究中心编：《中国藏西夏文献》（4—5册），甘肃人民出版社、敦煌文艺出版社2006年版。

俄藏本为出土于黑水城多个编号的十卷刻、写本。通过已拍回的写本缩微胶卷，考察得知其不仅有其他各卷，也存有国图本相应所缺佚的相应内容，其中卷二多达53叶。内容正好可补国图本所缺、所佚。印度出版的格林斯蒂德《西夏文大藏经》（1973），也收藏包括卷二的该经。此外，英国①、日本②藏本，以及甘肃省、内蒙古③藏卷中的定名和误定经文也多出自国图本。由于长期受资料分散和刊布的限制，在本成果之前，没有全文解读。

本书在充分利用中国、俄国和英国、日本、印度等国的《慈悲道场忏法》西夏文本的基础上，旨在最大限度的缀成完本，这是目前西夏佛教典籍复原、研究的一项行之有效的工作。

《〈慈悲道场忏法〉西夏文译本的复原与研究》，从梳理文献并作补阙缀合、勘同入手，为西夏佛教研究提供了难得而又全面系统的第一手资料。这不仅可深入认识《慈悲道场忏法》的源流和翻译过程，也可加深对西夏语言的认识，并进一步了解西夏在翻译佛教文献时特殊元素的考量。这既有利于加深对西夏佛教史乃至中国佛教史的认识，也有益于梳理中原地区和少数民族地区宗教文化交流的某些特点。同时，西夏译本的复原将会有助于推进西夏文献研究从微观到宏观，从局部到全面的完整研究。不言而喻，西夏文《慈悲道场忏法》具有重要的文物、文献、语言文字和历史文化研究价值。

本书的研究方法主要是按照文献学的方法，兼及语言学、历史学、宗教学等多种学科理论进行研究。

（1）文献学法。首先通过全力收集相关材料，一方面确定以用国图本为西夏文复原底本，缺佚部分补以俄藏本。对国图本原本存在的或错讹脱倒或残缺不全或模糊不清，以及刊本的错乱、重复现象都作了校证。另一方借助以高丽藏为底本、校以宋元等诸本的《大正藏》，为汉文对勘本。其次，是解读、注释。解读分对译、意译两种方式。注释则以夏汉对勘材料为重点进行异文的比对考证，偏重于同类经卷不同藏地的西夏原文间的差异，以及西夏文本与汉文不能形成字面对应的西夏词语。判断西夏文本与汉文本差别，力求说明其来源和意义。

（2）语言学法。在对文献解读中遇到的涉及个别特殊语言现象，辅以语言学解释，以求让读者更加明了。

（3）历史学法。通过文献的解读，以汉夏文差异的文字语言现象进一步诠释了《慈悲道场忏法》从中原宋朝到边地少数民族地区西夏的传布、流变和影响。

① 西北第二民族学院、上海古籍出版社、英国国家图书馆编：《英藏黑水城文献》（1—4册），上海古籍出版社2005年版。

② 武宇林、[日] 荒川慎太郎主编：《日本藏西夏文献》（上下），中华书局2011年版。

③ 宁夏大学西夏学研究中心、中国国家图书馆、甘肃五凉古籍整理研究中心编：《中国藏西夏文献》（16—17册），甘肃人民出版社、敦煌文艺出版社2006年版。

（4）宗教学法。西夏文《慈悲道场忏法》是中国佛教忏法传播历史重要的节点，该忏法在西夏的传播和西夏遗民中的地位，为目前学界对汉文《慈悲道场忏法》的形成非元代说提供了足够佐证。

二

本书主要以收集各国各地所收藏的已刊布和未刊布的西夏文《慈悲道场忏法》为材料来源，并对其进行整理复原和研究。其主要内容包括三大方面。

一是导论。这部分是对文献的专题研究，具体包括七方面：

首先，是对收集梳理起来的俄中英法日印等地西夏文《慈悲道场忏法》藏卷进行叙录考释。叙录以各藏地为经，卷目次序为纬。各藏地先对其来源珍藏，著录研究和刊布，存佚形制，刻写时代及价值等内容进行总述。总述后分卷分版逐一叙录。通过厘清版本关系源流，确定底本和补本。

其次，为查缺找漏复原性整理的具体情况。文中以图表的形式，一是反映了国图本佚卷、残缺段落部分和用以相对应的俄藏本的补阙复原；二是对国图本单个字词的考补（缺笔短划但词义明确的径补者除外）和刊行图版错乱、重复的乙正情况。

再次，以《慈悲道场忏法》最初的名称演变和文献记载为切入点，分析了《慈悲道场忏法》的内容结构、西夏文的翻译底本和在宋时的传入初译，以及在元代的刊刻情况。

西夏文本经品在正文“归依三宝第一”之前列出汉文本所无的从“显现果报第七”至“嘱累第四十”总品目，个别品目和汉文有小许异文。此目不集中见于《大正藏》底本、参校本，且丽藏本是在卷内又依次从“一”起新编目，而西夏文本则是采用卷间顺次编目，同《大正藏》乙本（明万历十三年，即 1585 年所刊日本东京增上寺报恩藏本）。此外，汉文丽藏本卷三之下品目则有“显果报第一、出地狱第二、解怨释结第三、发愿第四”，正文作“显果报第一”，卷七之下品目则有“自庆第一、为六道礼佛第二、回向第三、嘱累第五”。智松柏庭作序的《永乐北藏·慈悲忏法》则全载了“启运慈悲道场忏法……南无当来弥勒尊佛”所有内容。这正说明，在智松柏庭重订前，该经多有修改、增减的事实；说明出自汉文的西夏文《慈悲道场忏法》翻译底本非大藏经本，而是某个单行本。继之探讨了西夏文《慈悲道场忏法》的翻译特点，运用并研究新式标点在西夏文本中使用。

最后为简短结语，概述前述研究，总结了研究成果。在《西夏文〈慈悲道场忏法〉的翻译和新式标点运用研究》一文中，首先依次分析了词、句子的翻译。涉及词的有：音译词、合璧词、意译词对传统佛教术语翻译的继承，词义的替换，词义的增补、缩减，词序的颠倒。涉及句子的有：句中字、词的增减换，句序的颠倒译法，语句的合述和分述。

句读是正确理解古文的基础。西夏文的新式标点，是近些年学界的新尝试。就佛教文献来讲，由于其名相繁多，语意艰深难懂，加之西夏语的特殊语法，要对其进行新标点实属艰难的工作。本书第四方面对涉及的部分佛教术语名相、几类特定的句子结构作了尝试性标点和分析。文中还分别探讨了西夏文《慈悲道场忏法》对中原传统思想文化的传承纳新、《慈悲道场忏法》在中国历史上的社会影响。除所表现的大乘佛教忏悔思想外，《慈悲道场忏法》也同时体现了对儒家、道教等中国传统思想文化的吸收、融合。如果说，《慈悲道场忏法》是中原传统思想文化本土化的产物，那么西夏文《慈悲道场忏法》则是又一次的对前者的传承和对西夏党项民族文化的纳新。《慈悲道场忏法》作为较早出现的忏法，在其自身完善过程中，它在中国历史上的影响，表现为：一方面，承上启下，既集思时人宏论，又对后世经忏仪规的兴起和发展产生积极影响；另一方面，是传播比较广泛、最久的忏法，它标志着中国忏史发展的第一个高峰。文中最后指出：西夏文《慈悲道场忏法》，就文物、文献价值而言，无论是大宗的俄藏刻本经折装、梵夹装、写本梵夹装，还是中藏刻本经折装，距今都已近千年历史，是珍本。特别值得一提的是，通过同源、同文种几个藏地西夏文本的汇辑考校，是进行西夏文复原整理的有效途径。

二是文献解读。这是课题的主体部分，内容是对复原的西夏文本进行详细的校勘、翻译注释。具体形式包括录文（按文意分段、加新式标点）、对译，意译、注释。注释重点分析西夏原文与汉文不能形成字面对应的西夏字、词和句序，偏重西夏译者因对汉文原本词语的不同理解，所译就与汉文不相对应的语句。意译部分结尾处还列相对应的汉文出处，以资参考。

通过上述工作，最后复补了国图本卷三残缺一处、卷七残缺六处、卷十残缺一处，尤其是基本补足了全佚的卷二（仅缺三处）。考释复原国图本原始文献字词和乙正刊布图版中的错乱重复近百处（条）。通过夏汉文本对勘，对其中的语句、文意进行了词汇、历史文化等方面的深入研究，尤其是详细注释和尝试运用新式标点，这是比较系统、全面的文献解读和文化历史研究的路子。

三是附录。除列主要参考文献并吸收相关的原始文献和研究成果外，还作了重要词语索引，以方便读者阅读和利用。其中“西夏文首字角号序索引”，按《简明夏汉字典》以其首字的四角号码编排。其后开列其相关的汉文字义和所在已刊布《中国藏西夏文献》第四、五册和未刊布的俄藏本图版位置。“汉文首字拼音序索引”，按其首字的汉语拼音顺序编排。多个并列意同词语，一般以较先出现者为首。

已有研究初步表明：

（一）西夏文《慈悲道场忏法》继承中原学术传统和本土化翻译原则

通过对《慈悲道场忏法》夏汉文本的比勘，发现其相应语句字词中继承了中土佛典翻译的传统，也有大量反映本土文化的异文现象。

西夏译本大体沿用了汉语佛经构词法，主要有音译词：包括佛名、菩萨名、罗汉名等名物，全译和节译并存，即所谓梵式词，体现了玄奘的“五种不翻”。还有意译词，这是西夏文佛经造词的主体，特别应该注意的是比喻造词和佛教成语俗谚，即所谓汉式词。

由于受历史、社会文化、地域环境、民风民俗、物质生活、宗教信仰等方面差异的影响，自该经问世至唐宋元时期，从汉民族地区弘传到了党项族聚居的西北边地，西夏人在接受其影响时采用了适应性方法。改换词义是常用的方法。例如，汉文本反映出中原有“六亲”的亲属称谓，而西夏人则是“九亲”制度，译文于此则作了改译。中原人认为“玄黄朱紫”为“惑人之色”，西夏文则改“玄（黑）”为“青”。此外，还有词义的增补、缩减，句序的调整（句序的颠倒、语句的合述和分述），语义的通俗易懂，长短句子的交替运用，无不显示本土化的理念。如对汉文本“卓然排郡”，西夏文（汉译）“自己当强”相对应。“又为幽显一切灵祇回向”，西夏文对应以“又为幽显一切天神回向”（汉译）。西夏文本缩减汉文本“一切天主、一切诸天……”为“一切天王”。

（二）西夏文《慈悲道场忏法》可反观西夏人的民族文化和互动交流

《慈悲道场忏法》，又称《启运慈悲道场忏法》，俗称《梁武帝忏》《梁皇忏》《梁皇宝忏》。宋代“民间唯礼《梁武忏》以为佛事，或数僧呗口匿歌赞相高，谓之禳忏法也”。宋神宗熙宁六年（1073）十二月“癸巳……夏国主秉常进马赎大藏经，诏特赐之，而还其马”。可以推测就是在这一年，《慈悲道场忏法》以单刻本随“进马赎大藏经”传入西夏，为西夏惠宗秉常皇帝（1068—1086）时挂名御译流行于皇室。

元大德十年（1306）管主八谨题的“……钦睹圣旨：于江南浙西道杭州路大万寿寺雕刊河西字《大藏经》三千六百二十余卷、华严诸经忏板，至大德六年完备。管主八钦此胜缘，印造三十余藏，及《华严大经》《梁皇宝忏》《华严道场忏仪》各百余部，焰口施食仪轨千有余部，施于宁夏、永昌等路寺院，永远流通”。“元至正间（1341—1368），城中高氏修礼《梁皇忏》三昼夜，请画像设坛场中供养。满散之夕，至二鼓，其像大放光明，透其屋外。市民以为失火，苍黄来救，乃见所现光明。”西夏文国图本大体刊刻于元代的至元十二年到大德年间（1275—1307）。南京是元代西夏文佛经继杭州之外，第二个大规模的刊刻地。佛教忏法在西夏及元代的传承，呈现了边地民族和中原民族在佛教文化、佛教民俗的交融。

同时，由于该忏文彰显了当时弥勒信仰的盛行和信徒修忏以求消灾济度的社会实用，加之西夏人根据自身对佛理的掌握和本地实际，进行扬弃性改造。西夏文《慈悲道场忏法》的丰富异文语料，正是其价值所在。大量语言资料，不仅可为字典辞书弥补新词，辨证义项和提供语例，也对探究、深化西夏及其遗民的信仰观念、社会意识、心理习俗、道德等精神生活和社会阶层、生产活动等物质文化大有裨益。

（三）就忏法本身来说，西夏文《慈悲道场忏法》可与汉文忏法的整理研究相辅相成，也有助于研究其在西夏的影响

西夏文《慈悲道场忏法》是中国佛教忏法史不可或缺的重要一环。西夏译本不仅有益于西夏研究，而且有裨益于中国佛教历史的研究。作为中国佛教忏法史研究的一个节点，西夏文《慈悲道场忏法》为中国佛教忏法增添了又一少数民族文本。目前学界对汉文《慈悲道场忏法》的形成有两说：南北朝梁代（周叔迦先生为代表）、元代（印顺法师为代表）。夏译汉本为非元代说提供了足够佐证。此外，该忏法从西夏的初译到元代重刻，历经二百多年，传承有序，影响深远。

（四）对残缺分散的同源同种文献复原整理和强化其宗教学研究，是目前西夏文献研究的重点难点

宗教学是国家社会科学研究的一级学科，对其汉文本的整理研究蔚然大观。就西夏学界来说，对其文献的宗教学研究依然亟待加强。亟待学界在进行佛教文献的整理研究时，不仅要注重同源、同文种、多藏地文本的汇辑考校，而且要同时进行对佛教文献的宗教学研究。固然西夏佛教文献的整理研究，即文献学的路子是先期的、主要的，但就佛教文献的性质来说，对其进行历史文化方面的研究也是非常重要的。

三

传世的西夏文佛经中，完整传世者较为罕见，而将海内外存藏的同经西夏文《慈悲道场忏法》缀合复原，这无疑为西夏学提供了相对完整的大部头研究资料。充分挖掘利用有限的资料，同时，借鉴学界对汉文、回鹘文本已取得的研究成果，借鉴文献学佛教词语、敦煌文献复原研究的方法，是本成果的突出之所在。通过比勘海内外西夏文、汉文相同卷帙的内容，可以明晰两种文本间的翻译规律，不仅加深了对西夏语言的认识，还可以进一步了解西夏在翻译佛教文献时特殊元素的考量。在复原的基础上，深入分析中国忏法的流传、刊布特点，既有利于加深对西夏佛教史乃至中国佛教史的认识，也有益于梳理中原地区和少数民族地区宗教文化交流的特点。

本书是第一次对多卷本长篇的西夏佛典进行的复原性研究，通过反复比勘拼配出一套相对完整的经文，其方法对目前西夏佛教文献的整理研究有一定的借鉴和推动作用。同时也为汉文本的形成非元代说提供了足够的佐证。

黑水城出土版刻研究中的几个问题

佟建荣

黑水城即今天内蒙古额济纳旗达来呼布镇南偏东方向的黑城遗址，西夏王国在此设立黑水镇燕军司，“黑水”为汉译，其音为党项语“额济纳”，蒙古音变音为“亦集乃”，到了清朝，一般称之为黑城，当地的土尔扈特人则称其为哈拉浩特。20世纪考古发掘出土的大批文献，被称为“黑水城文献”。黑水城文献和敦煌文献、殷墟甲骨、居延简牍（包括其他地区出土）并列为20世纪我国四大地下出土文献，其价值不言而喻。与其他三类文献相比较，黑水城文献中有大量的版刻资料，涉及宋辽夏金元时期等朝代。涉及的文字有西夏文、汉文以及少量的如藏、梵、回鹘等其他民族文字的版刻。这些版刻是中国印刷技术的产物，是研究中国印刷术的直接实物资料，更是版本学、版本目录学、社会历史研究的重要资料。

近年来随着黑水城文献研究热度的增加，一些版刻也先后得到关注，这些成果对于认识黑水城版刻文献，凸显黑水城出土版刻的价值有着重要的作用。不过综观研究成果及黑水城版刻的残存状况，笔者以为仍有一些问题需要关注。

一 黑水城出土版刻的数量问题

掌握文献的数量，是了解文献的第一步，也是正确认识、评估文献价值的第一步。黑水城文献中从发现至今，对于其中的刻本数量，实际上学界并没有一个整体近似确切的认识。

首先，这些集成图书，并未有对黑水城文献到竭泽而渔，还有众多文献没有被公布。就俄国科兹洛夫所得部分而言，现俄罗斯科学院东方文献研究所仍有数量可观的文献等待整理，其中应当有不少的刻本。景永时《俄藏〈同音〉未刊部分文献与版本价值述论》（《北方民族大学学报》2017年第5期）、《未刊布的西夏文刻本〈碎金考〉论》（《敦煌学辑刊》2017年第4期）、《〈番汉合时掌中珠〉俄藏编号内容复原与版本考证》（《宁夏社会科学》2013年第6期），潘洁《两件〈天盛律令〉未刊残页考释》（《西夏学》第17辑），孔祥辉《俄藏 Инв. No. 6239号〈天盛律令〉残片考补》（《西夏学》第17辑）等文章中就透露出多件俄藏未刊文献。还有《俄藏黑水城文献》在公布文献时从各方面考虑，也有过一些取舍，尤其在同一题名文献上。比如《金刚般若波罗蜜经》在孟列夫《黑城出土汉文遗书叙录》中有77个编号，而《俄藏黑水城文献》仅有55编号，其余编号有的在《俄藏黑水城文献》第六册《叙录》中仅著一句“参见”某某号，图版未收，有的没有任何记录。

英国斯坦因所得文献中有一部分存放在了当年英国殖民地印度新德里中亚古物馆（印度国立博物馆），这些文献的情况，学界至今一无所知。

中国所藏文献也没有做到一网打尽，如郭明明《一件未刊的元代书信文书考释》中A705·A01号文献所讨论的就是阿拉善盟博物馆收藏的一件黑水城文献，该文献不见于《中国藏黑水城汉文文献》。

其次，各类编目都是以收藏地为单位，分别著录，由于数量庞大且过于分散，学界还未有过统一的整体的归纳、统计。

由于特殊的发现、发掘经历，黑水城文献分散于俄罗斯科学院东方文献研究所、“冬宫”即艾尔米塔什博物馆，英国国家图书馆，印度新德里中亚古物馆（印度国立博物馆），中国的中国社会科学院考古研究所、内蒙古自治区文物考古研究所、阿拉善盟博物馆和额济纳旗文物管理所及甘肃省博物馆，美国、瑞典、法国、日本等多个国家、多个地区。20世纪后期，经过多方努力，公布图版的集成图书相继出版。其中俄国收藏部分主要刊布在俄罗斯科学院东方研究所圣彼得堡分所（俄罗斯科学院东方文献研究所）、中国社会科学院民族研究所、上海古籍出版社编《俄藏黑水城文献》① 当中，少量的混入敦煌文献的收入俄罗斯科学出版社东方文学部、上海古籍出版社编《俄藏敦煌文献》② 当中；中国收藏部分，汉文刊布在塔拉、杜建录、高国祥主编《中国藏黑水城汉文文献》③（10卷10册）当中。西夏文部分刊布在宁夏大学西夏学研究中心、国家图书馆和甘肃省古籍文献整理编译中心主编《中国藏西夏文文献》④ 当中，其他少数民族文字文献刊布在塔拉、杜建录、高国祥等主编《中国藏黑水城民族文字文献》⑤。马斯伯乐《斯坦因在中亚细亚第三次探险的中国古文书考释》⑥，郭锋《斯坦因第三次中亚探险所获甘肃新疆出土汉文文书——未经马斯伯乐刊布的部分》⑦，沙知、吴芳思主编《斯坦因第三次中亚考古所获汉文文献（非佛经

① 俄罗斯科学院东方研究所圣彼得堡分所、中国社会科学院民族研究所、上海古籍出版社编：《俄藏黑水城文献》，上海古籍出版社。

② 俄罗斯科学出版社东方文学部、上海古籍出版社编：《俄藏敦煌文献》，上海古籍出版社2004年版。

③ 塔拉、杜建录、高国祥主编：《中国藏黑水城汉文文献》，国家图书馆出版社2008年版。

④ 宁夏大学西夏学研究中心、国家图书馆和甘肃省古籍文献整理编译中心主编：《中国藏西夏文文献》甘肃人民出版社、敦煌文艺出版社2007年版。

⑤ 塔拉、杜建录、高国祥：《中国藏黑水城民族文字文献》，天津古籍出版社2013年版。

⑥ ［英］马斯伯乐：《斯坦因在中亚细亚第三次探险的中国古文书考释》，英国国家博物馆1953年版。

⑦ 郭锋：《斯坦因第三次中亚探险所获甘肃新疆出土汉文文书——未经马斯伯乐刊布的部分》，甘肃人民出版社1993年版。

部分)》[①] 三部著作都先后刊布过英藏汉文部分，互有重复，其中以《斯坦因第三次中亚考古所获汉文文献（非佛经部分)》最为集中全面。英藏西夏文部分集中在西北第二民族学院、英国国家图书馆、上海古籍出版社主编《英藏黑水城文献》[②] 当中。另外，西北第二民族学院、上海古籍出版社主编《法藏敦煌西夏文献》[③] 及武宗林主编《日本藏西夏文文献》[④] 也有少量文献出自黑水城。

最后，新的研究成果不断地修订着编目时的数据。

因为随着研究的深入，黑水城文献的数量也在不断地发生变化。以数量最多的俄藏为例，俄罗斯东方研究所收藏的西夏或夏元文献，实际上有四处来源，一为科兹洛夫于 1908—1909 年从黑水城挖掘所得，二为奥登堡在 1909—1910 年从敦煌莫高窟北区所得，三为驻乌鲁木齐俄国总领事 H. H. 克罗特科夫于 1909—1910 年收集的，四为 C. E. 马洛夫和阗考察团带回，交给该研究所文献馆的。由于入馆时缺少必要的来源登记，加上管理上的一些问题以及文献本身的相似性，出现黑水城文献与其他文献的互串现象，即黑水城文献被归入如敦煌等其他文献当中，也有其他文献被归入黑水城文献当中。现《俄藏黑水城文献》中的以 Φ、Дх 编号的汉文文献，即是从敦煌文献中甄别出的黑水城文献。《俄藏敦煌文献》公布以来，又不断有学者指出其中某些文献来自黑水城。主要有府宪展《敦煌文献辨疑录》[⑤]，金滢坤《〈俄藏敦煌文献〉中的黑城文书考证及相关问题的讨论》[⑥]，荣新江《〈俄藏敦煌文献〉中的黑水城文献》[⑦]，马振颖、郑炳林《〈俄藏敦煌文献〉中的黑水城文献补释》[⑧] 等。与此同时，也不断有其他文献从黑水城文献中厘出来。除了夹在黑水城文献中的诸多敦煌文献被厘出来外，黑水城文献中夹杂的其他文献也逐渐被发现。如从孙继民开始关注的 TK319 号文献，《俄藏黑水城文献》定名为《官员加级纪录》，判断为宋刻本。而孙继民在《黑城学：一个更为贴切的学科命名》[⑨] 一文指出“文献中所涉五官正、春官正、夏官正、中官正、秋官正、冬官正等官职，自宋代直至清代都有设置，仅仅凭这

---

① 沙知、吴芳思主编：《斯坦因第三次中亚考古所获汉文文献（非佛经部分)》，上海辞书出版社 2005 年版。

② 西北第二民族学院、英国国家图书馆、上海古籍出版社编：《英藏黑水城文献》，上海古籍出版社 2005 年版。

③ 西北第二民族学院、上海古籍出版社编：《法藏敦煌西夏文献》，上海古籍出版社 2007 年版。

④ 武宗林主编：《日本藏西夏文文献》，中华书局 2012 年版。

⑤ 府宪展：《敦煌文献辨疑录》，《敦煌研究》1996 年第 1 期。

⑥ 金滢坤：《〈俄藏敦煌文献〉中的黑城文书考证及相关问题的讨论》，载《百年敦煌文献整理研究国际学术讨论会论文集》（上册），2010 年。

⑦ 荣新江：《〈俄藏敦煌文献〉中的黑水城文献》，载《黑水城人文与环境研究——黑水城人文与环境国际学术讨论会文集》，中国人民大学出版社 2007 年版；后收入《辨伪与存真：敦煌学论集》，上海古籍出版社 2010 年版。

⑧ 马振颖、郑炳林：《〈俄藏敦煌文献〉中的黑水城文献补释》，《敦煌学辑刊》2015 年第 2 期。次出处下同，不再出注。

⑨ 孙继民：《黑城学：一个更为贴切的学科命名》，《河北学刊》2007 年第 4 期。

些官名无从判断此件的年代。而加级和纪录制度则不然，在宋元明清前后变化很大”，唐至明代这些“纪录”除了表示官员的功过记录或与考核制度有关之外，再未见到有更进一步的发展。但至清代，加级和纪录成为了官员叙迁的重要制度，有关规定非常细密，“繁密详赡的加级和纪录制度是清代官制的内容而非宋代制度，《官员加级录》应是清代文献而非宋代刻本”。刘广瑞《俄藏黑水城文献〈官员加级录〉年代再证》[①]，进一步指出其为清《道光元年时宪书》刻本残页。如果自孙文至刘文的考证不误，这显然是混入黑水城的其他文献。

所以说，要想弄清黑水城文献的家底，必须结合收藏方最新的整理信息、已有著录以及有关黑水城文献最新的研究成果。

二　黑水城出土版刻的定名问题

黑水城文献中有大量的残片，由于相关信息缺少，存在有定名不准或未定名的情况。现有必要利用多种刻本文献以及强大的检索系统对定名不准的进行修正，对未定名的进行定名。

如《英藏黑水城文献》第 4 册第 245 页的 Or. 12380—3554（K. K. ）号文献，原拟题为《汉文佛经》。考经文出自《佛说观弥勒菩萨上生兜率天经》，且在版式形制、字体、文字分布等方面皆同于《俄藏黑水城文献》TK58 同题名文献，故当为西夏乾祐二十年仁宗印施。《俄藏黑水城文献》第 4 册第 385 页的 TK296V 残片，原判断为《金刚般若波罗蜜经》，通过与《俄藏黑水城文献》TK158、TK159 文献对比，发现其实为《夹颂心经》。Or. 12380—3545b（K. K. II. 0246. b），属于《金刚般若波罗蜜多经颂科》中的《金刚般若波罗蜜经威仪寂静分第二十九》，《英藏黑水城文献》定名为《金刚般若波罗蜜经威仪寂静分第二十》。

另外，黑水城文献在定名中还存在定名不统一、不规范等问题。定名不统一即同一文献，尤其是多卷本文献，有时采用文献名，有时采用分题名，定名不统一既影响到对该文献的认识，也影响到对黑水城文献整体面貌的认识及其价值的评估。如 Or. 12380—0147（K. K. ）、Or. 12380—0225（K. K. II. 0284. k）、Or. 12380—0376（K. K. II. 0285. bbb）、（K. K. II. 0292. h）、Or. 12380—3380V（K. K. II. 0292. h）等皆为《金光明最胜王经》，其中 Or. 12380—0147（K. K. ）定名为《金光明经》，Or. 12380—0225（K. K. II. 0284. k）定名为《金光明最胜王经卷六》，Or. 12380—0376（K. K. II. 0285. bbb）定名为《金光明最胜王经》，Or. 12380—3380（K. K. II. 0292. h）定名为《金光明最胜王经治除病品第二十四》，Or. 12380—3380V（K. K. II. 0292. h）

---

① 刘广瑞：《俄藏黑水城文献〈官员加级录〉年代再证》，《宋史研究论丛》第 10 辑，河北大学出版社 2009 年版。

定名为《金光明最胜王经》。

命名不规范，主要表现在，其一将“西夏文”“汉文”等表明文字性质的字样放在题目中。如 Or. 12380—0599，《英藏黑水城文献》就将其定名为《汉文大方广佛华严经梵行品》。其二，对合刊本文献，多依所含文献分别命名。如 TK137 为《佛说业报差别经》《佛说无常经》《大佛顶白伞盖心咒》《圣六字太明王心咒》的合刊本，列为一个文献，而《俄藏黑水城文献》列为 3 个文献，分别命名。TK21 为《佛说大乘圣无量寿决定光明王如来陀罗尼经、佛说般若波罗蜜多心经、功德山陀罗尼咒合刊本》，《俄藏黑水城文献》也以其中的文献分别命名。

三　黑水城出土版刻的断代问题

有关这批版刻的断代，在 1908—1909 年科兹洛夫黑水城发掘后就先后引起了众多学者的关注。早在 1913 年，日本学者狩野君山就注意到了其中的几种刻本书籍和一幅精美的四美人图，不过其对版本的判断几乎完全错误。此后俄国学者投入了较多的研究，就汉文材料而言，影响较大者有弗鲁格、孟列夫。弗鲁格先后发表了《汉文书籍的西夏刻本》[①]《10 至 13 世纪中国宋代书籍印刷术》；孟列夫则有《黑城发现的早期出版物》以及著名的《黑城出土汉文遗书录》。在西夏文版刻文献方面，虽然无专门的著述，但在各自的研究中亦多有涉及，其影响较大者有捷连提耶夫 - 卡坦斯基、戈尔芭切娃、克恰诺夫等。捷连提耶夫 - 卡坦斯基曾著《西夏书籍业》，其中有相当篇幅就是关于版刻的论述，并表现出对西夏版画的浓厚兴趣。克恰诺夫曾与戈尔芭切娃合作著《西夏文的写本和刊本》、后又独著《俄藏黑水城出土西夏文佛经文献叙录》，这是我们今天从事西夏文献整理与研究必不可少的两部参考著作。《俄藏黑水城文献》《中国藏黑水城汉文文献》《中国藏西夏文文献》《斯坦因第三次中亚考古所获汉文文献（非佛经部分）》等著作在公布图版时对其中的文献进行了基本的断代，这些断代综合了以往所有的研究成果。这是当时最权威的判断。自文献公布初至今，又有二十多年的研究历史，这二十多年里随着研究的深入与推进，一些新的问题显露出来。

（一）近年来新的研究成果没有得到很好的总结归纳

自 20 世纪 90 年代文献公布至今，学界实际上对很多文献进行了重新断代，其中不乏真知灼见，但由于过于分散，其影响力很有限。

如日本学者竺沙雅章于 2003 年发表的《关于黑水城出土的辽代刊本》一文，其对 TK88《大方广佛华严经》、TK254《中华传心地禅门师资承袭图》为辽代的刻本的

① ［俄］弗鲁格：《国外早期西夏学论集》，聂鸿音译，民族出版社 2005 年版。

讨论可以说是论据充分、确凿可靠[①]，但学界在遇到此类文献时依然依据《俄藏黑水城文献》分别归为西夏、宋刻本。再如 TK5《平水韵》，聂鸿音、孙伯君《黑水城出土音韵学文献研究》指出其与辽刻本《龙龛手镜》相似。[②] 万曼璐《黑水城出土〈平水韵性质〉试探》一文明确指出其为金刻本，且是略早于王文郁《新刊韵略》并又被后者所取代了的一种金代私韵[③]，但学界通识的还是《俄藏黑水城文献》的宋刻本。

（二）对《中国藏黑水城汉文文献》中“元刻本”的思考

2008 年，国家图书馆出版社出版的《中国藏黑水汉文文献》首次以全彩写真的形式公布了黑水城出土的汉文原始文件 4200 余件，其中刻本文书 200 余件。由于出土于元代亦集乃路遗址，且发现的年号只有元代或北元，所以，从 1983 年陈炳应发表《黑城新出土的一批元代文书》[④] 到李逸友《黑城出土文书（汉文文书）卷》[⑤]、《中国藏黑水城汉文文献》再到孙继民《中国藏黑水城汉文文献整理与研究》都将这部分版刻定为元刻本，现史学界也似乎都认可这种判断。仔细对比发现，《中国藏黑水城汉文文献》中有些文献，与《俄藏黑水城文献》《斯坦因第三次中亚考古所获汉文文献（非佛经部分）》中的同题名文献，在版式形制上很近甚至是相同，这不得不引起我们对《中国藏黑水城汉文文献》断代的思索。

非常典型的如 M1・1266［F6：W36］与《俄藏黑水城文献》中的 TK316、《斯坦因第三次中亚考古所获汉文文献（非佛经部分）》中的 Or. 8212—813 K. K. III. 01，皆为《资治通鉴纲目》残片。孙继民《中国藏黑水城汉文文献整理与研究》，胡玉冰、唐方《黑水城〈资治通鉴纲目〉残叶考述》皆将 M1・1266［F6：W36］判断为元刻本[⑥]。TK316 残片中“桓”字缺笔，段玉泉《黑水城文献〈资治通鉴纲目〉残页考辨》据此将其判断为宋刻本。[⑦] 仔细比较，三者在版式形制、字体上完全一致，具有很明显的同版本的特征。尤其是秦桦林《丝绸之路出土汉文刻本研究》一文，通过中 M1・1266［F6：W36］、TK316 与元建安本比较，明确指出为同一文献，且 TK316 为南宋建安，元建安本据此覆刻而成。[⑧] M1・1266［F6：W36］为元刻本的提

---

① ［日］竺沙雅章：《关于黑水城出土的辽代刻本》，申军译，《文津学志》，北京图书馆出版社 2007 年版。此出处下同，不再出注。

② 聂鸿音、孙伯君：《黑水城出土音韵学文献研究》，文物出版社 2006 年版。

③ 万曼璐：《黑水城出土〈平水韵性质〉试探》，《语言研究集刊》2008 年。此出处下同，不再出注。

④ 陈炳应：《黑城新出土的一批元代文书》，《考古与文物》1983 年第 1 期。此出处下同，不再出注。

⑤ 李逸友：《黑城出土文书（汉文文书）卷》，科学出版社 1991 年版。此出处下同，不再出注。

⑥ 胡玉冰、唐方：《黑水城〈资治通鉴纲目〉残叶考述》，《西夏研究》2012 年第 2 期。

⑦ 段玉泉：《黑水城文献〈资治通鉴纲目〉残页考辨》，《宁夏大学学报（人文社会科学版）》2006 年第 3 期。

⑧ 秦桦林：《丝绸之路出土汉文刻本研究》，博士学位论文，浙江大学，2014 年。此出处下同，不再出注。

法受到了挑战。

再如 M1 · 1269 ［F14：W8］与《俄藏黑水城文献》TK166 文献皆为《孙真人千金方》，M1 · 1269 ［F14：W8］《中国藏黑水城汉文文献》判断为元刻本，TK166《俄藏黑水城文献》判断为金刻本。邱志诚在《黑水城文书中发现的又一版本的〈千金要方〉——新刊中国藏黑水城 F14：W8 号汉文文书考释》一文中认为 M1 · 1269 ［F14：W8］是别于 TK166 的另一《千金方》刻本，即元刻本。[①] 孙继民在《中国藏黑水城汉文文献整理》中采纳邱文意见，亦将其定为元刻本。但笔者仔细对比发现，两者在版式、俗字等方面完全一致。另外，与 M1 · 1269 ［F14：W8］同在 F14 遗址坑里发现了非元刻本。《中国藏黑水城汉文文献》第 8 册第 1736 页收藏的 M1 · 1414 ［F14：W13］号文献，上下双边，存首题"大方广佛花严经光明觉品第九"，首题前后有格线，其右下脚有"大觉圆寂寺/贺家新施经"。虽然日本学者竺沙雅章将其中的"大觉"误识为"大夏"，但其考证思路、方法与结论是可信的。该文通过与山西应县佛宫寺木塔发现的辽《花严经》相比较，发现该文献版式、框高与辽本相近，且帖号"章"也与《契丹藏》一致，所以，此文献当为辽作品，既然为辽作品，则先入夏再入元的流传途径可能更合理。M1 · 1269 ［F14：W8］与 M21 · 224 ［F14：W13］出自同一遗址坑，而 M21 · 224 ［F14：W13］有明显的非元元素，则 M1 · 1269 ［F14：W8］也完全有可能不是元刻本。黑水城文献发掘经历复杂，难免出现不同遗址、不同年代遗址间文献互串问题，所以，仅凭出土遗址来断代及所见的年号将中国藏的黑水城文献判断为元刻本是有些不妥的。

（三）对散见于《英藏黑水城文献》等书中的黑水城文献进行断代及版本判断的问题

这些集成图书中的黑水城文献由于残损严重，能提供的版本信息有限，所以，在公布文献时很少提及断代问题。将这些图书中的残片与《俄藏黑水城文献》比较，会发现存在有大量的同题名文献，通过《俄藏黑水城文献》文献中的信息，应该可以为《英藏黑水城文献》等文献的断代提供一些信息。如 Or. 12380—0080bRV（K. K. II. 0283.）的《妙法莲华经观世音菩萨普门品第二十五品》存 14 残块，14 残块中，或无文字，或 1 字，文字多者也不过 3 字。通过与《俄藏黑水城文献》中的同题名文献比较，大致可以推断出，此文献为与 TK167 非常相近但又稍有差别的一版本。TK167 为杭州著名的"杭州晏家"书坊所刻。"杭州晏家"为两宋杭州著名的书坊，与其相近，则此文献也可能为宋代杭州晏家刻本或其翻刻本。再如《英藏黑水城文献》中 11 个编号的西夏文《三才杂字》残损严重，所存文字少则二行，行存

---

① 邱志诚：《黑水城文书中发现的又一版本的〈千金要方〉——新刊中国 W13 藏黑水城 F14：W8 号汉文文书考释》，《首都师范大学学报（社会科学版）》2012 年第 1 期。

二三字，多者不过三四行，行存四五字，没有一残本上有完整的版式。通过与《俄藏黑水城文献》中的西夏文《三才杂字》比较，不仅可以考证其具体的内容，更主要可以考订出其出自于四个不同的版本，其中除一个编号的文献与《俄藏黑水城文献》的Инв. No. 4151号文献为同一版本外，其他三个版本都不见于《俄藏黑水城文献》。

四 黑水城同题名文献的版本关系问题

黑水城地区出土了一批同题名版刻，即同一题名的文献出现多个本子，这些本子在版本学以及在版本目录上的价值，至今没有引起学界的足够重视。其实孟列夫在作《黑城出土汉文遗书叙录》及《俄藏黑水城文献·叙录》时已涉及这些问题。如《大方广佛华严经入不思议解脱境界普贤行愿品》，俄藏有20个编号，《俄藏黑水城文献·叙录》将其分为甲、乙、丙、丁四个本子。可与此同时发现在甲、乙、丙、丁本子内部又存在有细微差别，故而出现了甲1、乙1、丙1等版本类别。那么甲、乙、丙、丁之间有何区别联系，甲与甲1、乙与乙1、丙与丙1之间、丁与丁1之间的雷同与差异到底由何而来？理清这些本子之间的关系应该能为版本学及印刷史提供基础资料。

针对现学界在黑水城版刻研究中存在的问题，笔者拟从研究及综录两部分入手。先对黑水城文献版刻中存在的定名、断代、同题名文献、避讳字、其他少数民族文字文献等问题进行研究，在此基础上结合学界最新研究成果，形成《黑水城出土版刻综录》。综录部分，与已有的著录包括《黑水城汉文遗书叙录》《西夏文写本和刊本》《俄藏西夏佛教文献叙录》《俄藏黑水城文献》《中国藏黑水城汉文文献》《中国藏西夏文文献》《英藏黑水城文献》《斯坦因第三次中亚考古所获汉文文献（非佛经部分）》等叙录相比，本文侧重于版本信息的著录，包括刻印年代、刻印机构、刻印人物、版式形制、版面装饰以及可能为版本判断提供线索的俗字及避讳字。以文献为纲，打破收藏地壁垒，一文献下各编号分别著录，注明收藏地及图版出处，以呈现某一文献的整体情况，有利于同一文献的不同编号间进行比较对勘。

西夏语谓词词头研究综述

张永富

长久以来，对西夏文献材料的解读是探究西夏语语法最主要的手段，作为西夏语中重要语法形式之一的谓词词头也得到了学界的诸多关注，国内外学者对西夏语谓词词头的研究成果可谓层出不穷，对每个词头的用法也有了逐渐深入的了解，推动了西夏学的发展。西夏语属于汉藏语系藏缅语族羌语支，这一观点已为大多数学者所接受，羌语支语言的特点之一就是动词之前可以加不同的趋向前缀来表示不同的方向，前缀又称作词头，西夏语亦然，为了统一起见，本文中一律称之为词头。在西夏语中，词头不只可以加在动词之前，在形容词作句子谓语时，亦可附着在形容词之前表示一定的语法意义，因此本文中将动词和形容词合为一类，统称为谓词。现就这一专题研究作一详细梳理和回顾。

一　语法形式的整体研究

最早涉及西夏语谓词词头研究的是中国学者罗福苌，1914 年《西夏国书略说》① 出版，第一次将“䋿 – wjij^{2}、磌 djɨ^{2}、泛 nja^{1}、宁 – jij^{1}”② 四字称作语助字；1960 年，聂历山遗作《西夏语文学》③ 出版，收录了“磌 djɨ^{2}、宁 – jij^{1}、耳 kjɨ^{1}、谩 rji-jr^{2}”四个助词，并将沏 dja^{2} 称作“过去完成小品词”，首次将词头与完成体构体功能相结合。此后，日本著名西夏学者西田龙雄相继出版了《西夏语的研究》Ⅰ、Ⅱ④两册，其中《西夏语的研究Ⅱ》中首次将“息 – ja、焦 wjɨ^{2}、耳 kjɨ^{1}、沏 dja^{2}、磌 rjɨr^{2}、泛 nja^{1}”六字解释为西夏语词头（接头辞），并分析了每一词头的具体功能：

息 – ja：表过去完成进行。表示过去已经发生，并且还在持续中（既然态）。

焦 wjɨ^{2}：表过去完成。行为业已发生，但和继发的行为没有直接关系（终结态）。

---

① 罗福苌：《西夏国书略说》，待时轩丛刊 5，1937 年。

② 为了统一起见，本文中出现的所有西夏语谓词词头均以龚煌城先生的拟音予以标注。

③ Н. А. Невский, *Тангутская филология*: *Исследования и словарь*, Москва: Издательство восточной литературы. 1960.

④ ［日］西田龙雄：《西夏语的研究》Ⅰ、Ⅱ，东京座右宝刊行会 1964、1966 年版。

耳 kjɨ^{1}：表未来进行。未来时间欲实现某种行为（将然态）。

沏 dja^{2}：表现在进行。强调动作正在进行中（进行态）。

碽 rjɨr^{2}：表行为客体。

泛 nja^{1}：有“充满、覆盖”之意，表示由上向下的动作。

其次，又认为宁 -jij^{1} 为句中助词，表示对格；谩 rjijr^{2} 为动词，意为“仰、献”。根据西田龙雄的意见，碽 rjɨr^{2} 和泛 nja^{1} 与体并无关联。

1968 年，索夫洛诺夫在他的著作《西夏语语法》① 中，明确提出西夏语中有两套动词词头，第一套为“蕈 djij^{2}、绕 -wjij^{2}、宧 kjij^{1}、宁 -jij^{1}、谩 rjijr^{2}”，是为希求式词头，第二套为“焦 wjɨ^{2}、沏 dja^{2}、碽 rjɨr^{2}、泛 nja^{1}、耳 kjɨ^{1}、息 -ja”。其功能如下：

焦 wjɨ^{2}、沏 dja^{2}、碽 rjɨr^{2}：构成动词的过去式，表示动作行为发生在过去，但结果呈现在现在。

泛 nja^{1}：构成动词的完成始动体。

耳 kjɨ^{1}：构成动词的完成体。

息 -ja：构成动词的一次完成体。

但索夫洛诺夫疑惑的是：1. 为何在西夏语中有三个表过去时间的标志？2. 希求式为何要用五个不同的词头？关于第一个疑惑，马忠建先生已经给出了合理解释②；而第二个疑惑，索夫洛诺夫给出以下四种猜测：1. 西夏语中过去有五种不同的式，都表示愿望，只是在其所研究的文献中，蕈 djij^{2} 用得最多，排挤了其他希求式词头；2. 各词头在使用上差别甚微，要找出它们之间的具体区别，尚需更多的语料；3. 具体选用哪一个词头取决于与此词头有关的词素起首辅音的性质；4. 各词头的差别纯属风格上的不同。

1971 年，克平发表 *A Category of Aspect in Tangut*③ 一文，将“焦 wjɨ^{2}、沏 dja^{2}、碽 rjɨr^{2}、泛 nja^{1}、耳 kjɨ^{1}、息 -ja”全部归为表动词完成体的词头，并且认为与动作的趋向有关。1979 年，《西夏文译〈孙子〉》④ 出版，克平再次肯定“焦 wjɨ^{2}、沏 dja^{2}、碽 rjɨr^{2}、泛 nja^{1}、耳 kjɨ^{1}、息 -ja”为表完成体的词头，“蕈 djij^{2}、绕 -wjij^{2}、宧 kjij^{1}、宁 -jij^{1}、谩 rjijr^{2}”为表希求式的词头，两组词头不能同现。1984 年，又发表《唐古特语表示动作方向的范畴》⑤ 一文，在原来六个完成体词头的基础上又增加了一个磌 djɨ^{2}，

---

① М. В. Софронов，*Грамматика Тангутского Языка*，Москва：Издательство. Наука，1968.

② 按照索夫洛诺夫的解释，焦 wjɨ^{2}、沏 dja^{2}、碽 rjɨr^{2} 三个词头为时范畴的标志，与体没有关系，但马忠建在《西夏语比较研究》的《值得商榷的问题——西夏语动词有没有时范畴》一文中，认为西夏语趋向前缀只能兼表动词已行体，不能兼表动作行为发生的时间。

③ К. Б. Кепинг，*A Category of Aspect in Tangut. ACTA. ORIENTALIA*. 1971.

④ К. Б. Кепинг，*Сунь Цзы в Тангутском Переводе*，Москва：Издательство Наука. 1979.

⑤ ［苏］克平：《唐古特语表示动作方向的范畴》，顾荫宁译，史金波校，《语言研究》1984 年第 2 期。

同时其还指出：完成体词头的动作方向标记的作用正在逐步消失。另外，关于希求式词头，克平否定了索夫洛诺夫的四种猜测，认为希求式词头不仅仅可以表示愿望，并且在索氏的基础上又补充了一个希求式词头腅 njij²，最终得出如下表结论：

	完成体词头	希求式词头
向上	息 - ja	宁 - jij¹
向下	泛 nja¹	腅 njij²
向近处	耳 kjɨ¹	宦 kjij¹
向远处	焦 wjɨ²	絻 - wjij²
趋向说话者	碩 djɨ²	蓽 djij²
离开说话者	沏 dja²	?
不表示行为方向	碩 rjɨr²	谩 rjijr²

克平认为：1. 每个希求式词头只跟一定的动词群结合；2. 这样分出的动词类别跟我们据与完成体词头结合的原则分出的动词类别是吻合的；3. 希求式词头在起源上看来跟完成体词头一样，也跟动作方向有关；4. 每个完成体词头都只有一个相应的希求式词头，两个彼此相应的词头，称作相关词头。通过观察相关词头的语音，克平推测：也许希求式词头是由完成体词头的动作方向词头和表示愿望的某种（可能是同一个）词素融合而成的。

1986 年西田龙雄发表《西夏语动词句构造の考察》① 一文，检视了自己以往的看法，有保留地同意克平的大部分结论，提出了两组词头的对应关系如下表：

	接头辞形式 I	接头辞形式 II
上方	息 - ja	宁 - jij¹
下方	泛 nja¹	腅 njij²
近说话者	耳 kjɨ¹	宦 kjij¹
远说话者	焦 wjɨ²	絻 - wjij²
内侧	沏 dja²	蓽 djij²
外侧	碩 rjɨr²	谩 rjijr²

龚煌城先生根据自己的拟音，发现第一组词头和第二组词头之间的对转关系，并

① ［日］西田龙雄：《西夏语动词句构造の考察》，《文学部研究纪要》NO. 25：84—116，1986 年。

认为西田龙雄所提出的接头辞形式Ⅰ中的六个词头皆与 - jij 融合而产生接头辞形式Ⅱ，这一结论部分印证了克平 1984 年的猜想①。张珮琪在《西夏语的体范畴》② 一文中，根据龚煌城的拟音和音韵转换原则，认为蓽 $djij^2$ 既是碽 $djɨ^2$ 的希求式，又是沏 dja^2 的希求式，并给出了如下表的对应关系：

	词头 1	词头 2
向上	息 - ja	宁 - jij^1
向下	泛 nja^1	腰 $njij^2$
接近	耳 $kjɨ^1$	宦 $kjij^1$
远离	焦 $wjɨ^2$	絻 - $wjij^2$
得到，趋向自己	碽 $djɨ^2$	蓽 $djij^2$
失去，离开自己	沏 dja^2	蓽 $djij^2$
不表示行为方向	碽 $rjɨr^2$	谩 $rjijr^2$

至此，关于诸词头的语法功能，学界基本达成一致意见，第一组词头功能有二：一是动作空间方向移动的标记；二是动作完成体的标志。第二组词头作为希求式的标记，在起源上可能也与动作趋向有关。但作为一种文献语言，西夏语没有活的语言可供调查，且文献中出现的语料不能完全与上述研究成果相吻合，这就进一步推动谓词词头的研究继续向前发展：

1987 年，林英津发表《孙子兵法西夏译本中所见动词词头的语法功能》③ 一文，通过观察诸词头在夏译《孙子》中的实际应用，指出以往学者给出的解决方案不完整、不妥善，在参考了孙宏开的论文《羌语动词的趋向范畴》④ 之后，她推测：西夏语动词词头首先表体和式的范畴，而其方位指示功能则为尚在发展中的状态，这一看法则与克平的观点大相径庭。

张珮琪在《西夏语的体范畴》⑤ 一文中则认为词头的功能开始分裂：一表趋向意义，一表完成貌。其原因有二：一是某些动词可加不同的词头表不同的方向；二是同一动词加不加词头表示不同的语法意义。同时她还对同一动词前附加不同的词头这一

① 龚煌城：《西夏语的音韵转换与构词法》，原刊于台湾《“中研院”历史语言研究所集刊》64.4：第 935—968 页，后收录于龚煌城《西夏语言文字研究论集》，民族出版社 2005 年版，第 107—134 页。

② 张珮琪：《西夏语的体范畴》，《汉藏语研究——龚煌城先生七秩寿庆论文集》，“中研院”语言学研究所 2004 年版，第 403—449 页。

③ 林英津：《孙子兵法西夏译本中所见动词词头的语法功能》，《“中研院”历史语言研究所集刊》1987 年 58.2：第 345—381 页。

④ 孙宏开：《羌语动词的趋向范畴》，《民族语文》1981 年第 1 期。

⑤ 张珮琪：《西夏语的体范畴》，载《汉藏语研究——龚煌城先生七秩寿庆论文集》，“中研院”语言学研究所 2004 年版，第 403—449 页。

现象作了深入的探讨与合理的推测，并在文末提出了自己的疑惑：何以动词之前连加两个词头碩 rjɨr^2 焦 wjɨ^2？究竟词头焦 wjɨ^2 和沏 dja^2、耳 kjɨ^1 和磌 djɨ^2 有何细微区别？这一系列疑惑指出了问题之所在，推动词头的研究继续向前发展。

马忠建在他的论文《西夏语动词趋向范畴之比较》① 中，指出：西夏语每个趋向词头原则上可以缀接于任何动词之前，一个词头只固定地加在某个特定的动词群之前的情况是不存在的，并认为：西夏语动词前的趋向词头的语法功能已经发生了转移——由表示趋向方位变为表示已行体。同时，通过考察，他还认为西夏语诸词头与羌语支相应词头的语音形式在音理上存在着明显的共同之处。

荒川慎太郎在他的论文 *On the Tangut Verb Prefixes in "Tiansheng Code"*② 中延续了西田龙雄的观点，通过对出现在《天盛律令》中的词头的计量分析，他认为西夏语中接头辞Ⅰ和接头辞Ⅱ各有六个，分别是："息 -ja、泛 nja^1、耳 kjɨ^1、焦 wjɨ^2、沏 dja^2、碩 rjɨr^2" 和 "宁 -jij^1、膎 njij^2、宦 kjij^1、绝 -wjij^2、蕇 djij^2、谩 rjijr^2"。另外，他还指出西田龙雄没有提及的词头磌 djɨ^2，将之归入接头辞Ⅲ，且与接头辞Ⅰ中的沏 dja^2 和接头辞Ⅱ中的蕇 djij^2 有音韵方面的联系。

以上均为对西夏语谓词词头这一语法形式的整体研究，可谓硕果累累，同时不少学者在解读文献的过程中发现某一词头还具有某种独有的语法功能，于是，纷纷撰文讨论。

二　独有的语法功能

1995 年，马忠建发表《关于西夏语的词头"息 -ja"》③ 一文，文章首先回顾了息 -ja 作为趋向词头和已行体标记的功能，提出息 -ja 还具有另一语法功能——即加在动词、形容词、判断词、能愿词之前构成疑问形式，同时还通过比较研究，发现息 -ja这一疑问词头及经由它构成的疑问形式，与藏缅语族许多语言（或方言）疑问代词上的疑问词头以及加在诸多藏缅语和汉语动词、形容词、判断词、能愿词上表示疑问的疑问词头，和通过它们构成的疑问形式，均同出一源。孙伯君在《西夏语"息 -ja"的用法及与之相关的惯用型》④ 一文中对息 -ja 可构成疑问形式的这一功能提出质疑，但不久即更正了自己的看法⑤。

---

① 马忠建：《西夏语动词趋向范畴之比较》，载李范文主编《西夏语比较研究》，宁夏人民出版社 1999 年版，第 92—103 页。

② 荒川慎太郎：*On the Tangut Verb Prefixes in "Tiansheng Code"*，载《克恰诺夫 80 诞辰国际会议论文集》，2012 年。

③ 马忠建：《关于西夏语的词头"息 -ja"》，《中央民族大学学报》1995 年第 1 期，后收入李范文主编《西夏语比较研究》，宁夏人民出版社 1999 年版，第 195—207 页，有改动。

④ 孙伯君：《西夏语"息 -ja"的用法及与之相关的惯用型》，《宁夏社会科学》2016 年第 1 期。

⑤ 孙伯君：《裴休〈发菩提心文〉的西夏译本考释》，《宁夏社会科学》2017 年第 4 期。

关于词头碩 rjɨr², 克平认为除了表完成体外，还可以表多次体①；格里斯特德也曾提出碩 rjɨr² 表"重复"之意②；西田龙雄则称碩 rjɨr² 表行为的受体，相当于汉语的"所"③；索夫罗诺夫认为碩 rjɨr² 可构成动词过去式④；张珮琪研究认为碩 rjɨr² 并非所谓多次体的标志，而是一般表行为结果完成体的标志。另外，由于碩 rjɨr² 的搭配性非常高，除了它本身常与言语动词搭配外，它也可以搭配各种不同语义的动词，与其他的词头共存，张珮琪推测是否西夏语的发展开始简化表语法功能的词头数目，以一个词头来表示⑤。

克平首先提出词头宁 -jij¹ 为持续体标志⑥，西田龙雄则认为宁 -jij¹ 表示受格⑦，而张珮琪则认为西夏语中表持续意义的是不加词头的动词，而加上词头宁 -jij¹ 亦可表持续意义，则是因为后者的动词行为本身无法达到内部界限，需加词头宁 -jij¹ 来表示行为界限，因此不必分出持续体⑧。

西田龙雄还提出加上词头沏 dja² 可用来表示进行体⑨，通过分析西田龙雄的例子，张珮琪认为在这里加上词头沏 dja² 只是表示某种状态，但表示状态为何要加词头沏 dja²，张珮琪尚不能给出合理的解释⑩。

马忠建在其博士论文《西夏语语法若干问题之研究》⑪ 中指出：在西夏语复合句中，希求式词头蕐 djij²、絻 -wjij²、宦 kjij¹ 可以构成"……蕐 djij²（絻 -wjij²、宦 kjij¹）……魏 tsjɨ¹……"的形式以表达让转关系，同时，完成体词头耳 kjɨ¹ 亦可用于让转复合句中，表让步。这一语法功能的提出已得到学界的普遍认可。

麻晓芳在其博士论文《西夏文〈大宝积经·善住意天子会〉研究》⑫ 中，参考了同语支语言的一些语法形式之后，认为西夏语趋向词头与动词的式范畴关系密切，提出词头焦 wji² 具有表示动词命令式的语法功能这一假设。

---

① К. Б. Кепинг, Тангутский язык: Морфология, Москва: Издательство Наука, 1985.

② E. Grinstead: "Analysis of the Tangut Script", *Scandinavian Institute of Asian Studies. Monograph Series*, No 10. 1972.

③ ［日］西田龙雄：《西夏语的研究Ⅱ》，东京座右宝刊行会 1966 年版。

④ М. В. Софронов, *Грамматика Тангутского Языка*, Москва: Издательство Наука, 1968.

⑤ 张珮琪：《西夏语的体范畴》，载《汉藏语研究——龚煌城先生七秩寿庆论文集》，"中研院"语言学研究所 2004 年版，第 403—449 页。

⑥ К. Б. Кепинг, Тангутский язык: Морфология. Москва: Издательство Наука. 1985.

⑦ ［日］西田龙雄：《西夏语的研究Ⅱ》，东京：座右宝刊行会，1966 年，第 583 页。

⑧ 张珮琪：《西夏语的体范畴》，《汉藏语研究——龚煌城先生七秩寿庆论文集》，"中研院"语言学研究所 2004 年版，第 403—449 页。

⑨ ［日］西田龙雄：《西夏语的研究Ⅱ》，东京座右宝刊行会 1966 年版，第 579—581 页。

⑩ 张珮琪：《西夏语的体范畴》，载《汉藏语研究——龚煌城先生七秩寿庆论文集》，"中研院"语言学研究所 2004 年版，第 403—449 页。

⑪ 马忠建：《西夏语语法若干问题之研究》，博士学位论文，中国社会科学院研究生院，1997 年。

⑫ 麻晓芳：《西夏文〈大宝积经·善住意天子会〉研究》，博士学位论文，中国社会科学院研究生院，2016 年。

2017 年 8 月，荒川慎太郎在第五届西夏学国际学术论坛上提交的 *New Studies on the Directional Prefixes in Tangut*① 一文，延续了他 2012 年的观点，将词头磧 dji² 归入接头辞Ⅲ，并且发现词头磧 dji² 多出现在表“偷盗、抢劫”等非法意味的动词之前。另外，他也提出了词头焦 wji² 与动词命令式有关的假设。在文章的结尾，荒川慎太郎指出耳 kji¹ 作为动词后缀使用时，表示“两个人同做一个动作”的语法意义，同时指出之所以这种语法现象长期以来不为学者所发现，是因为作为词尾的耳 kji¹ 多出现在冗长而复杂的段落中，不易观察。

综合来看，前人的研究成果已十分丰富，对诸多文献的语料作了详细地梳理、分析，各词头的语法功能也已基本厘清，且诸多学者通过与西夏语同语支语言的比较，提出了许多颇有建树的观点，见解独到，但通过检视语料，发现文献中与以上研究结论相龃龉之处大量存在，西夏语谓词词头这一语法形式尚有进一步研究的空间，至少学术界尚未对以下语法现象做出令人信服的解释：

第一，一谓词前连加两个词头，这两个词头分别表示何种语法意义？

第二，羌语支诸语言中趋向词头有兼表式范畴的语法功能，西夏语中的谓词词头是否也有此种功能？

对西夏语谓词词头的研究是一个庞大而系统的工程，不仅需要对西夏语有深入的了解，还需要认真学习和研究藏缅语族诸语言甚至是汉语的一些语法形式，将各语言从语音、语法、词汇等诸多方面加以类比，才能更好地帮助我们理解西夏语谓词词头这一语法现象。

---

① ［日］荒川慎太郎：*New Studies on the Directional Prefixes in Tangut*，《第五届西夏学国际学术论坛暨黑水城历史文化研讨会论文集（下册）》，2017 年，第 47—58 页。

金代东京路研究综述

王　甜

金代东京路包括一府六州十九县：一府辽阳府，下辖辽阳县、鹤野县、石城县、宜丰县；六州有沈州、贵德州、澄州、盖州、复州、辰州。其中沈州，下辖乐郊县、章义县、辽滨县、双城县；贵德州，下辖境贵德县、奉集县；澄州，下辖临溟县、析木县；盖州，下辖熊岳县、汤池县、建安县、岫岩县；复州，下辖化成县、永康县；辰州，原是系辽籍女真的聚居地曷苏馆路，章宗时改为辰州，纳入东京路的管辖之中。金代东京路相对应现代的地理位置，集中在辽宁省内的沈阳、抚顺、辽阳、本溪一部分、鞍山一部分、营口、大连。

自 1116 年东京辽阳府被女真攻下后，一直到 1215 年金朝失去对东京的控制，在持续百年间，金代东京路成为当时东北地区重要的区域政治、军事、经济、文化中心。

一　金东京路考古发现与出土文物研究

随着考古学的发展，今人从东京路出土的大量遗址、铜镜、钱币、碑刻塔铭等文物分析，对当初金代东京路地区丰富的社会生活面貌有大致了解。

（一）遗址发掘的基本面貌

1999 年辽宁省文物考古研究所、岫岩满族博物馆《辽宁岫岩县长兴辽金遗址发掘简报》(《文物》1999 年第 6 期)，报告了岫岩县长兴遗址出土的遗迹和文物整理情况。本溪市博物馆考古队于 2002 年发表《辽宁省本溪市二道沟村金代窖藏文物调查整理简报》(《北方文物》2002 年第 2 期)，揭示了本溪市二道沟村金代窖藏文物的整理情况，出土文物数量之多为东北罕见，且木工工具和铁工工具的出土发现证实当时本溪已有木工作坊和铁工作坊的存在。另外，鞍山市岫岩满族博物馆《辽宁岫岩镇辽金遗址》(《北方文物》2004 年第 3 期）一文，全面介绍了岫岩镇 36 万平方米的辽金遗址文化堆积层的详细情况，认为其发现的遗址器物群体组合的演变反映了金代岫岩镇各民族文化互相融合的过程。赵晓刚《沈阳城市考古之金代遗存》(《辽金历史与考古》2011 年)，总结了自 1948 年至 2010 年在沈阳考古发现的遗存、墓葬情况，通过对遗存发现地点和遗迹种类的分析，得出金代沈洲城的大致范围和居民民族成分。李刚、张旗《鞍山千山区和台安县辽金时期遗址调查报告》(《辽金历史与考古国际学术研讨会论文集》2011 年)，以千山区和台安县普查工作为基础，梳理了千山区和台安县现存辽金遗址的文物。郭晶《本溪水洞遗址出土金代骨器再认识》(《辽金历史与考古》2012 年) 一文，排比了本溪水洞遗址出土骨器的类型和样式，为研究当时女真人的生活习俗提供了宝贵资料。沈阳市文物考古研究所在 2014 年发表《沈阳市大二台子辽金遗址发掘简报》(《辽金历史与考古》2014 年) 一文，通过 2011 年对发现的沈阳大二台子辽金遗址的发掘和整理，进一步为了解辽金时期沈州周边的村落布局和居民社会生活起居情况提供了新的研究资料。杨旭东、曹国群等撰写《鞍山市岫岩满族自治县辽金时期遗址调查报告》(《辽金历史与考古》2014 年) 简要概述了辽金时期岫岩的建置情况，并对岫岩满族自治县内 106 个辽金历史文化遗址进行梳理，大量生产生活用具、钱币以及军事铜印等文物证明了岫岩是当时辽东沿海地区重要的交通要道。林栋《沈阳八王寺地区辽金墓群的分期与年代》(《辽宁省博物馆馆刊》2014 年)，以八王寺地区墓葬群考古发现为依据，总结金初墓葬形式流行六角形墓和马蹄形墓，明确其随葬品较少，以定窑瓷器和大量铜钱为主，实行火葬。李刚《千山正观堂遗址考》(《辽金历史与考古》2016 年) 一文，从鞍山市普查队在千山北沟祖越寺附近发现的多处辽金遗址入手，考察了千山地形地貌，结合考古资料和史籍文献认为王寂在《鸭江行部志》里提及的金世宗之母贞懿皇后故居——华表山正观堂就位于千山，并对灵岩寺的位置提出自己的见解。该文作者认为灵岩寺遗址应该在祖越寺，正观堂也应位于祖越寺东南小山山顶台地上。王晶《辽东东部地区金代遗址探析》(《辽宁工程技术大学学报》2016 年第 4 期)，通过梳理目前辽东地区已发掘的金东京路地区城址分布地点和遗址出土文物，总结出东京路地区的城址大都沿河谷分布，并随之出土了丰富的瓷器和铜钱，进而得出金代东京路地区的农业和商业交通都十分发达，是金代东北经济发达地区。

(二) 铜镜、铜钱、碑刻、窑址

金代铜镜制造技艺是在承袭汉、唐、宋技法的基础上，结合女真民族的文化特色进行融合创新，在我国青铜器工艺发展上起到承上启下的重要作用。金代实行铜禁，铜镜一般由官府制造。所以金代铜镜最明显的特点就是会在镜子边缘錾刻铜镜制造信息和府衙名称。许明纲《辽宁大连出土官府验记铜镜》(《北方文物》1989 年第 2 期) 指出，一枚在金州出土的缠枝纹铜镜边缘发现盖州建安县官的验记花押，表明其被准予销售后才传入当时的复州 (金州)。

随着金代考古发掘的不断出现，金代窖藏铜钱研究逐渐被学界关注。金代窖藏铜钱数量之多、范围之广为历朝历代少有，其中辽宁、吉林频频发现大量金代窖藏铜钱。刘韫《金朝铜钱窖藏现象探析》[《辽宁大学学报（哲学社会科学版）》2001 年第 2 期]，以辽宁出土金代窖藏铜钱为例，分析金东京路出土的窖藏铜钱大多分布在地理位置优越地区，或是水陆交通要地，或是经济繁华之所。作者进一步指出，金东京路多窖藏的原因除了和辽东是当时商贸集散之地有关联，还与金末蒙古发动灭金战争有关。新中国成立后，岫岩多次发现数额巨大的金代窖藏铜钱，当地博物馆研究人员杨永芳、田甲辰等人先后发表《辽宁岫岩出土一批金代窖藏铜钱》(《北方文物》2000 年第 3 期)、《岫岩出土金代铜钱》(《文物》2001 年第 9 期)、《辽宁岫岩县出土的金代窖藏铜钱》(《考古》2001 年第 5 期)，对建国以来岫岩地区出土的金代窖藏铜钱进行总结和整理，为研究岫岩地区的社会经济发展提供大量证物。张喜荣《千山灵岩寺遗址出土的窖藏铜钱》(《鞍山师范学院学报》2009 年第 5 期）一文，研究对象是 1996 年 6 月在千山灵岩寺遗址发现的金代窖藏铜钱，考察了这批铜钱的窖藏地点、窖藏时间、窖藏背景，分析铜钱的窖藏应该和金世宗之母贞懿皇后李洪愿出家有关。此外，千山金代窖藏铜钱研究还有韩英《千山灵岩寺出土窖藏古钱币》(《沈阳故宫博物院院刊》2011 年)。

金代东京路的碑刻遗迹，主要集中在金世宗之母——贞懿皇后的研究上。邹宝库《辽阳市发现金代〈通慧圆明大师塔铭〉》(《考古》1984 年第 2 期）一文，对 1981 年在辽阳发现的《通慧圆明大师塔铭》进行考释，参照文献史料，具体考证贞懿皇后的姓名、出身、出家背景、生卒年，并得出金代东京辽阳府至少建有两寺两塔，为研究贞懿皇后提供了史料，提出了新的研究课题。张博泉《辽阳市发现〈金代通慧圆明大师塔铭〉补证》(《考古》1987 年第 1 期)，对邹宝库一文讹误之处进行了补证，并认为塔铭的发现不仅可有补《金史》之阙，还可以纠王寂《鸭江行部志》之误。辽阳白塔建造时间为“金代说”在学界是普遍认同的，而方殿春在《金代〈通慧圆明大师塔铭〉再证》(《北方文物》2007 年第 1 期）一文，否定“金代说”观点，以塔铭为研究线索，结合考古发现，提出辽阳白塔非金世宗之母李氏墓塔，而应是辽代广佑寺塔一说。李智裕《〈金赠光禄大夫张行愿墓志〉补释》(《北方文物》2015 年第 3 期)，利用辽阳博物馆现藏墓志拓片，结合相关史籍文献和墓志材料，对墓志进行补释和解读，考察辽阳渤海移民张行愿的生平事迹、家族联姻情况。金代崇佛，有关东北地区的佛教信仰，李智裕在《辽阳〈东京胜严寺彦公禅师塔铭〉补议》(《北方文物》2017 年第 1 期）一文中指出，金代东京辽阳地区渤海遗民普遍崇信云门宗，判定塔铭被毁应该是与金末辽东战乱有关。

金代制瓷业继承宋辽工艺的优点，形成本民族独特的艺术审美。金代东京路地区的窑址主要是辽阳江官屯窑，赵光林、张宁《金代瓷器的初步探索》(《考古》1979 年第 5 期）指出，辽阳江官屯窑在金代初期主要生产日用粗瓷，由于烧造技术不成熟，在生产技术和瓷器形制方面工艺水平还很粗糙。董萍《关于辽阳江官屯窑基本情况的调查说明》(《辽宁省博物馆馆刊》2007 年)，通过实地考察，举例剖析说明金代江官屯窑的陶瓷生产概况、胎质、釉色、生产产品种类、瓷器装饰方法，作者认为金代江官屯窑发展到顶峰，其烧瓷技术并不逊于同时代的宋朝。与传统观点将江官屯窑归类为民窑范畴不同，《辽宁日报》在 2015 年 11 月 11 日刊登郑涵中《最新研究发现江官屯窑具有官窑性质》一文，作者认为江官屯窑是一座官民兼用的古窑场，其生产和管理机构是“瓷窑务”。辽宁省文物考古研究所《辽宁辽阳江官屯窑址第一地点 2013 年发掘简报》(《考古》2016 年第 1 期)，记述了 20 世纪三四十年代辽阳市文圣区小屯镇江官村发现的一处窑址的文物整理情况，对地层堆积、窑炉形制、出土遗物进行了详细介绍，更新了人们对于江官屯窑的认识和了解。另外，现今江官屯窑出土的唯一有明确纪年的文物就是 1999 年发现的金代瓷质地券——“金正隆五年瓷质‘明堂之券’”，彭善国、徐戎戎《辽阳金正隆五年瓷质“明堂之券”》(《文物》2010 年第 12 期)，认为地券应该是出自江官屯一带管理窑场的官府机构——“瓷窑务”。孟霜桥《辽阳江官屯窑初步研究》（硕士学位论文，吉林大学，2015 年）和崔潇允《辽阳江官屯窑的调查与分析》（硕士学位论文，沈阳大学，2015 年）均以江官屯窑为题撰写毕业论文，是金代江官屯窑比较具体的研究成果。

其他有关金东京路地区的文物考古研究还有：赵云积、刘俊勇《辽宁瓦房店市台后村金代铜钹窖藏及有关问题》(《北方文物》2000 年第 3 期）一文，详细考察了复州城台后村发现的金代铜钹形制类型，阐述了金代因实行铜禁，中央曾在东京路地区设有专门管理铜器及检验工作的政府机构——“铜院”。姜大鹏《本溪边牛金代窖藏密宗法器考》(《辽金历史与考古》2012 年)，概述了 1992 年在本溪边牛村出土的 10 件金代窖藏密宗法器，并以出土铜钹上的刻款画押为例，论证了金东京路设有官府机构“东京僧寺”管理东京路的佛家事务。

二　金东京路政治与人物研究

关于金东京路的整体研究，目前尚没有专门性的著作出现，只是在一些通史、断代史著作中进行简单论述。如：［日］外山军治《金朝史研究》（株式会社 1964 年版），金毓黼《东北通史》（五十年代出版社 1981 年版），张博泉《金史简编》（辽宁人民出版社 1984 年版），［日］三上次男《金代女真研究》（黑龙江人民出版社 1984 年版），白寿彝《中国通史》（第七卷）（上海人民出版社 1999 年版），程妮娜《东北史》（吉林大学出版社 2004 年版），佟冬《中国东北史》（第二卷）（吉林文史出版社 2006 年版），宋德金《中国历史 · 金史》（人民出版社 2006 年版）、《一本书读懂辽金》（中华书局 2011 年版）等，这些著作对有关金东京路发生的战争、政治事件都有所论及或单独列章论述。

（一）东京路行政建置

金代五京制度承袭辽制，谭其骧主编《中国历史地图集》（宋辽金时期）（中国地图出版社 1996 年版）绘出金东京路的具体范围。余蔚在继承前辈学者研究的基础上所作《中国行政区划通史》（复旦大学出版社 2012 年版）在第三编第二章第三节和第四编第一章第六节中，详细考察了金东京路下的具体州县以及沿革过程。董万军《曷苏馆路治所考》（《北方文物》1992 年第 1 期）和李锦萍《金代曷苏馆路之所的考辩》（《北方文物》2009 年第 1 期）运用大量考古资料和文献对曷苏馆路的具体位置进行考证。关于金朝京都制度，程妮娜《金代政治制度研究》（长春吉林大学出版社 1999 年版）一书中用第三四章两章来详细论述金东京路的设置、统辖系统、形成原因以及其下府州县制度的调整恢复，之后她在《金代京、都制度探析》（《社会科学辑刊》2000 年第 3 期）也曾有专门论述。韩光辉《金代都市警巡院研究》（《北京大学学报》1999 年第 5 期）指出金代在东京路设置的警巡院机构已经发展为独立的与京县平行的城市行政，通过考察警巡院机构组成、职能及其长官任职期间政绩，得出金代东京路的城市发展和管理水平先进的结论性认识。张士尊《辽、金析木县建置考》（《鞍山师范学院学报》2010 年第 5 期），结合历史文献，详细考证了东京路下属的析木县县名含义和其废置情况。张国庆《辽金元时期沈阳城建变迁考》（《辽宁工程技术大学学报》2013 年第 2 期），指出金代沈州由节度州降为刺史州的原因与金代徙民以实京师而导致沈州人口锐减有关。姜宇《金代东京留守司初探》（《商丘师范学院学报》2016 年第 1 期）一文，通过对金代东京留守司官员任职记录的梳理，进而分析东京留守官员的任用特点以及其对金朝政局产生的影响。李刚《浅谈〈金史〉东京路的建置》（《辽金历史与考古》2017 年），以《金史・东京路》为研究对象，运用大量史料和前人成果，进一步梳理金代东京路下路、府、州、县的地理位置及沿革、升降、易名、合并、撤销情况。

另外，有关东京路京都研究的相关硕士学位论文有：孙佳《金代行政路制研究》（硕士学位论文，吉林大学，2014 年）、吴焕超《金代京都相关问题研究》（硕士学位论文，河北大学，2015 年）、王晶《金代东京路城镇研究》（硕士学位论文，吉林大学，2017 年）都涉及对于金东京路行政建制的研究。

（二）东京路相关事件、人物研究

东京路的争夺反映了辽金之间军事实力的此消彼长。[日] 三上次男所著《金代女真研究》（黑龙江人民出版社 1984 年版）第一编第九章就提及了辽末高永昌叛乱以及金对东京道的经略，书中较为仔细地叙述了女真经略东京道的战术战略、投入兵力、参战人员。刘肃勇针对金太祖攻取东京以及之后实行的治理策略，先后发表《完颜阿骨打进占东京辽阳府的策略与措施》（《东北史地》2008 年第 1 期）、《完颜阿骨打反辽战争的战略战术与治军》(《满族研究》2013 年第 3 期)、《金太祖进军辽南的策略与措施》(《辽宁省博物馆馆刊》2014 年),认为金初东京辽阳府民族矛盾复杂,民族招抚政策对金朝的最后取胜起了重要作用,而且金朝对新收服的东京路诸州县及人口实行灵活多变的管理策略。王文素、俞婉君等《阿骨打的策略实施与金速灭辽的关系》(《大庆高等专科学校学报》2000 年第 2 期)一文认为,金太祖在攻下东京路前后,就积极招抚笼络东京路内各民族,避免加剧民族矛盾和扩大纷争。

金世宗完颜雍在东京辽阳改元登基是影响金朝政局的重要事件。对此,刘肃勇在《金世宗传》(三秦出版社 1987 年版)一书中,就涉及辽阳政变。之后刘肃勇《论金世宗完颜雍》(《辽宁省博物馆馆刊》2010 年)、《金世宗辽阳拥兵称帝与举朝进军中都》(《辽宁省博物馆馆刊》2013 年)主要阐述了金世宗称帝前的个人事迹,并深入探究了金世宗身边以其母李洪愿为首的渤海谋士班底的作用,进一步指出辽阳政变的发生是偶然条件下发生的必然事件。俞豁然、肖忠纯《金世宗潜邸旧臣对世宗、章宗二朝的影响——以世宗即位辽阳为中心》(《通化师范学院学报》2013 年第 3 期)以金世宗留守辽阳时身边的潜邸旧臣为研究对象,论述了金世宗辽阳改元发生的历史背景。周永川《试析金世宗对政权合法性的塑造》(《河北北方学院学报》2017 年第 4 期)一文认为,金世宗的即位实为政变夺权,为塑造其政权的合法性,即位后金世宗努力加强人们对其即位方式的认同。

作为协助金世宗发动辽阳政变的重要参与者,其母贞懿皇后李氏也成为众多学者研究的对象。刘肃勇先后发表《金代贞懿皇后年谱新证》(《社会科学辑刊》1987 年第 1 期)、《〈金史〉卷六四贞懿皇后传补证》(《江海学刊》2008 年第 3 期)、《李洪愿出宫回归辽阳当尼姑史事考述》(《沈阳故宫博物院院刊》2012 年),根据出土文物资料和《金史》,清楚地考证出金世宗之母贞懿皇后姓李名洪愿以及其具体的生卒年和生平事迹,重点论证了李洪愿出家辽阳后,其所在庵寺成为金世宗和辽阳渤海世家大族之间的联络据点和掩护所。张君弘《论贞懿皇后、金世宗与辽阳政变》(《辽金历史与考古》2013 年)一文,通过对贞懿皇后的家世、事迹进行梳理,进而得出其与金世宗辽阳政变的内在联系。邸海林《圆明大师李洪愿与金世宗登基的关联性》(《齐齐哈尔大学学报》2013 年第 6 期),更明确了李洪愿对金世宗成长以及辽阳拥兵称帝之间有着极为密切的关联,即为其积攒人脉、出谋划策、推翻海陵王政权创造了条件。关于贞懿皇后出家的原因,传统观点一般认为是受到女真旧俗接续婚的逼迫,王德朋《金代贞懿皇后出家原因新议》(《辽宁大学学报》2014 年第 3 期)一文,运用史料分析,认为贞懿皇后辽阳出家应该是受到当时佛教信仰、社会环境、个人际遇等因素的共同影响。彭赞超《金代贞懿皇后家族兴衰考》(《中国社会科学报》2017 年 5 月 25 日)一文,考证了金代贞懿皇后及其所在家族成员,从官职、任职经历、婚姻状况进行综合考察,得出其家族在金代享有特殊地位。另外,对于贞懿皇后之弟、金世宗母舅李石的研究还有:范寿琨《李石族属新证》(《学习与探索》1983

年第5期）和《关于金朝重臣李石的几个问题考证》（《社会科学战线》1988年第3期）以及刘肃勇《李石》[《辽宁省社会科学普及系列丛书——辽海讲坛》（第九辑）《历史名人传》2012年]，这些文章对李石的族属、家世、生年、事迹以及在辽阳政变中的作用进行了仔细论证和阐述。

金末政局衰亡，北方民族纷纷发动起义。耶律留哥是仕金的契丹北边千户，金末成为辽东地区的契丹起义军首领。目前关于耶律留哥的研究学界并不是很多。巴雅尔《金国的民族关系和成吉思汗的对金战略》（《内蒙古师院学报》1981年第3期）和朱清泽、李鹏贵《从蒙金战争看成吉思汗的战略战术》（《民族研究》1984年第6期）着重于对成吉思汗攻金战略的考察，认为成吉思汗利用契丹和女真的矛盾，扶持耶律留哥作为蒙古攻金战争中的帮手。林威《金末契丹人附蒙反金现象初探》（《广西社会科学》2004年第8期）、夏宇旭《论金朝后期契丹人对蒙古的投附及作用》（《黑龙江民族丛刊》2010年第5期），指出耶律留哥叛金附蒙在蒙古攻金战争中，充当着前锋和向导的作用，并牵制了金朝在东北的大量军队。陈俊达《〈金史〉留哥史事考辩》（《绥化学院学报》2014年第5期）对《金史》出现的移剌留哥和耶律留哥进行考证，认为移剌留哥并非我们传统认为的耶律留哥，其人只是金末辽东地区某支契丹起义军首领。夏宇旭在《论金代契丹人反金斗争及其特点》（《吉林师范大学学报》2014年第5期）和《金代契丹人研究》（博士学位论文，吉林大学，2016年）对耶律留哥起义的时间、地点及其转战东京各地进行了阐述和分析，认为耶律留哥投蒙造成了金朝时局动荡，并总结出契丹起义具有民族性的特点。高福顺、张爽《金末蒙初大辽收国的建立及其灭亡》（《东北史地》2006年第2期）一文中，以从耶律留哥内部叛乱分出的以乞奴、耶律厮不等为首的势力在澄州僭号建立的大辽收国为研究对象，论述其兴亡过程和原因。

蒲鲜万奴原是金女真辽东宣抚使，继耶律留哥之后起兵叛金，建立东夏国，目前学界对他的研究更多的是关注在东夏国的疆域范围。赵鸣岐《简评蒲鲜万奴》（《北方文物》1986年第2期），郝庆云、魏国忠《蒲鲜万奴史事编年》（《社会科学战线》1988年第3期），王慎荣、赵鸣岐主编《东夏史》（天津古籍出版社1990年版），张儒婷《蒲鲜万奴》（《辽宁省社会科学普及系列丛书——辽海讲坛》（第九辑）《历史名人传》2012年），孙志勇《金代叛乱问题研究》（硕士学位论文，内蒙古师范大学，2013年）以及鲍音《蒲鲜万奴所建东夏国之兴亡始末》（《赤峰学院学报》2015年第5期）都对蒲鲜万奴个人事迹以及据东京叛金的过程以及建国进行了详细论述。王慎荣《蒲鲜万奴姓氏考述》（《社会科学辑刊》1982年第6期），通过对史书上蒲鲜、完颜两个姓氏进行分析阐述，认为完颜之姓是蒲鲜万奴立国之后所改，其改变也见证了万奴身份上的转变，即由金朝将领转变为东夏国国主。苏亮《东夏国——金代女真历史的最后一抹余晖》[《文学界》（理论版）2012年第2期]一文中指出蒲鲜万奴建立的东夏国是延续了女真在东北的统治。

瞿大风《哲别攻取东京考述》(《内蒙古大学学报》1998 年第 4 期) 一文，通过对蒙古军事将领哲别攻取东京的具体时间的考证和具体行动的阐述，认为虽然这场军事行动的持续时间并不长，蒙古也并未对东京进行接手管理，但却对蒙古和金朝都有重要影响，于蒙古来说有利于进一步征服辽东，于金朝而言却打破了金朝在东京的军事防线，促使辽东行省的设立。李俊刚、韩冰《元朝行省制度及其渊源略论》(《兰台世界》2015 年第 21 期)，指出辽东行省的设置并不表明金朝完全失去对东北的控制，但范围已经缩减至东北南部即辽南地区。

（三）东京路渤海群体研究

有关金代东京路渤海遗民群体的研究，学界多关注渤海右姓，如张氏、李氏、高氏等。其中张浩作为金东京路渤海世家大族的典型代表人物，历经五朝，李宛真《金代两朝宰相张浩考》(《黑龙江史志》2008 年第 23 期)，全面介绍了辽阳张浩自金太祖时期至金世宗时期的官宦经历和政绩成就。刘肃勇也分别发表《张浩》[《辽宁省社会科学普及系列丛书——辽海讲坛》（第九辑）《历史名人传》2012 年] 和《〈金史张浩传〉补正三则》(《江海学刊》2015 年第 6 期) 通过对张浩个人的家世、婚姻、子嗣、联姻、政绩等方面的论述，指出了张浩作为辽阳渤海世家子弟对金朝初期政权稳定作出的贡献。仉惟嘉《浅议金代名臣张浩》(《长春教育学院学报》2014 年第 22 期) 也肯定了张浩的政绩。李智裕和苗霖霖《略论辽金时期东京渤海遗民张氏家族》(《辽金历史与考古》2013 年) 一文，以及之后单独发表《略论辽金时期东京渤海遗民李氏家族》(《辽金历史与考古》2015 年)、《辽金时期辽东地区渤海遗民群体之间通婚初探——以张氏家族为主线》(《辽金历史与考古》2016 年) 分别考察了以东京渤海张氏、李氏家族为代表的渤海世家家族，以记叙和分析张氏、李氏家族成员在金朝担任的官职升迁以及和渤海其他世家大族、女真皇室之间保持通婚联姻关系为发展脉络，系统地阐述了这一时期东京渤海人政治地位的演变及其家族兴衰，论述了东京渤海世家大族对金朝政治、经济、社会等各方面的影响，同时指出其衰落与金世宗时期的执政理念和民族政策有关。苗霖霖《辽金时期渤海遗民高氏家族考述》(《北华大学学报》2013 年第 3 期) 介绍并分析了渤海右姓之一高氏入金后在东京路地区分为辽阳高氏、澄州高氏、辰州高氏，以及各自代表人物的政途发展和家族兴衰。此外，苗霖霖着重于对渤海遗民集团在金朝皇权政治方面的作为，其《试析金朝渤海移民集团的形成与发展》(《辽宁省博物馆馆刊》2015 年) 一文指出，东京路分布的渤海世家之间的相互通婚以及和女真皇室联姻，形成共同利益集团，对金朝政局尤其是皇位继承产生重要影响。另外两篇论文：《试析渤海世族家族与金朝皇权统治》(《辽金历史与考古》2016 年)、《渤海移民集团与金朝宫廷政治》(《宋史研究论丛》2017 年) 进一步阐述了这个问题。刘肃勇《辽金时期辽阳渤海人政治轨迹考》(《东北史地》2015 年第 5 期)、《辽金时辽阳渤海人复国斗争演变历程》(《辽宁省博物馆馆刊》2015 年）两文，阐述了辽阳渤海人在有金一朝的政治斗争，以及辽阳渤海群体借助与女真皇室的政治联姻，和金朝后妃形成利益集团，并且影响到金朝皇位继承和政局发展。同时指出，辽阳渤海人在金世宗朝权力达到顶峰，之后逐渐衰落。

陈洁《渤海族在金朝的民族影响问题浅析》（《长春工业大学学报》2014 年第 4 期），以女真和渤海的族属族源为切入点，结合文献材料得出结论，认为东京路渤海人在金朝政治、军事地位提高以及和金朝皇室的通婚均证实了其在金朝享有独特的地位。孙田、王久宇《论金世宗的婚姻对其政权的巩固作用》（《理论观察》2014 年第 12 期），从金世宗的婚姻着手，认为金世宗在遵从女真"九姓婚制"的基础上，纳辽阳渤海张氏、李氏为元妃，争取到辽阳渤海世家群体的支持，成为金世宗稳定政权所依靠的重要力量。金世宗在位期间是东京渤海人社会政治地位发生重要转折的关键时期。仉惟嘉《浅析金世宗时期的辽阳渤海贵族》一文，以金世宗统治时期为分界点，探讨前后两个时期辽阳渤海贵族政治地位的变化，进而指出其地位的下降和金世宗的"女真本位"的民族政策有关。金代渤海群体研究的相关论文还有：孙炜冉《辽末金初的渤海移民及其后裔在金代的社会情况》（《通化师范学院学报》2015 年第 2 期）和《金代渤海世家及其与金朝皇室的联姻》（《博物馆研究》2016 年第 4 期），桑东辉《金朝统治者对渤海遗民的招抚与同化——兼论渤海族消亡的原因》（《知与行》2017 年第 9 期）。

三　金东京路地区经济研究

张博泉《金代经济史略》（辽宁人民出版社 1981 年版）从农业与人口、工矿业、商业与货币、土地制度、赋役制度、北方人民的抗金斗争几方面较为全面地介绍了金代经济发展脉络，总结金代经济结构和地域特点，其中涉及金东京路。韩茂莉《金代东北地区的农业生产与地区开发》（《北京大学学报》2000 年第 4 期）一文，从金东京路的自然地理特征入手，分析区域内政治、交通对农业生产的影响，得出金代以辽阳府为中心的辽东地区已经具备粮食生产基地的职能。程民生《试论金元时期的北方经济》（《史学月刊》2003 年第 3 期），认为金代东北经济进入重要开发时期，辽东地区粮食生产丰富，开创了东北粮食南下的历史。陈志英《金元时期的转运司》（博士学位论文，复旦大学，2008 年），指出金东京路转运司是负责掌管金东京路财赋管理、物资运输政府机构，在海陵王迁都以后，改为辽东路转运司。刘斌《金代东京路区域经济研究》（硕士学位论文，吉林大学，2017 年）一文，立足于金东京路区域的自然地理条件和人文环境，分析东京路农业、手工业、商业和交通的发展，全方位展示了这一时期金东京路区域经济的发展面貌，并进一步指出了东京路农业、手工业发展较为突出，商业方面相比中原仍存在一定差距，城市规模和数量上也远远赶不上中原的发展速度。

四　金东京路文化研究

（一）文学艺术方面

作为金代东京路文学艺术的杰出代表，渤海王庭筠成为金源文坛的闪耀明星，马赫《略论金代辽东诗人王庭筠》（《社会科学辑刊》1987 年第 5 期）一文中，通过对王庭筠个人出身、经历等一系列主客观因素的考察和分析，认为王庭筠的诗词深刻地反映了金朝的社会现实和社会矛盾，其诗在遵循“为情造文”的传统上，艺术风格上努力追求励志开拓、精益求精的进取精神。都兴智《王庭筠的文学艺术及其影响》（《辽宁师范大学学报》1997 年第 1 期）论述了王庭筠在著述、诗词、书法、绘画等领域取得的成就，并进一步从其所处的时代背景、家世、个人经历总结原因，认为王庭筠在文学艺术上的成就推动了金代和后世文学的发展。李梅《金代王庭筠家族及其文学成就》（硕士学位论文，山西大学，2011 年）以金代辽东熊岳王庭筠家族为线索，通过史料考察和论证王氏家族相关成员的文学艺术成就，客观评价他们的文学作品以及他们在金代文学史上的影响。于东新《论金代渤海词人王庭筠——兼论民族融合语境下词人的艺术取向》（《黑龙江民族丛刊》2011 年第 5 期）认为王庭筠的诗词创作体现了在辽金民族融合的背景以及时代政治文化形势下所作出的文化取向，王庭筠虽为渤海人，但其诗文已经看不出渤海民族的文化标识，作品深受中原汉文化的影响。阎海、孙士诚《王庭筠与熊岳王氏家族》（江苏凤凰美术出版社 2016 年版）作为迄今为止第一部全面系统研究王庭筠及其家族的专著，对其个人经历和家族代表人物、艺术成就等进行了评价和考证，认为王庭筠家族在文学艺术史的非凡成就为熊岳文化增添了光彩。

王万志《金代区域文化研究》（博士学位论文，吉林大学，2009 年）一文，将金东京路区域文化划分为辽海区域文化的一部分，文化倾向上以汉、渤海文化为主，兼有女真、契丹的民族文化特色。以金世宗朝为分界点，探讨前后两个时期东京路区域文化的变化，进而指出金世宗之后东京路区域政治、教育、文学等方面的发展，体现了区域文化的整体性进步。王德朋《金代辽宁地域文化述略》（《辽宁师范大学学报》2009 年第 6 期）认为在有金一代，在教育和科举方面，辽宁籍进士的人数逐年增加；在文学上，辽宁籍文学家遍布辽宁及其诗文作品成就显著；宗教艺术上，佛教在东京路得到普遍传播和发展，道教也有一定发展，进而衍生诸多优秀的艺术作品，阐释金代辽宁地域文化在多民族的共同努力下有了全新进步。刘达科《论金代渤海文学》（《江苏大学学报》2013 年第 2 期）一文认为，渤海文学在金代发展到黄金时期，其民族文学就反映了各民族之间相互交融。以王庭筠为渤海文学的最高代表，论述了渤海文学的开发性和多元性，并进一步阐明了渤海四大文学家族的出现，揭示了渤海文学作为中华民族文学整体的重要组成部分以及对后世产生的深刻影响这一事实。张国庆《辽金元时期沈阳地域文化特征刍论》(《辽宁大学学报》2013 年第 3 期)指出，沈阳在金朝时期城建文化越发完善，出现“坊”“社”等基层社区组织；其儒学传承有了进一步发展，出现了一批深受儒家思想影响、践行儒家学说的官员和学者；宗教文化“多元”，艺术文化具备“胡汉交融”特点。

（二）宗教文化方面

金代崇佛之风盛行，东京路内宗教信仰比较明确，主要以佛教为主。武玉环曾撰《论金代女真的宗教信仰与宗教政策》(《史学集刊》1992 年第 2 期) 一文，清晰地指出了金代自金熙宗崇佛以后，佛教在金朝开始兴盛、发展的历史脉络。其指出由于金世宗之母贞懿皇后在辽阳出家、身故，金世宗费巨资在辽阳建塔修寺，一定程度上推动了金东京佛教的发展。都兴智《金代女真人与佛教》(《北方文物》1997 年第 3 期) 也进一步论证了佛教在金朝的发展过程和在民众中的信仰程度，以及对女真人的影响，特别点明金代女真人在接受佛教影响方面保留了自身的民族独立性。王新英《从石刻史料看金代佛教信仰》(《东北史地》2010 年第 1 期)，以石刻史料为主考察金人的佛教信仰，认为金东京佛教的发展离不开东京上层社会人士的扶持和参与。李智裕、苗霖霖发表《辽金时期渤海遗民佛教信仰浅谈》(《辽金历史与考古》2014 年) 和《辽金时期东京地区渤海遗民佛教信仰初探》(《东北史地》2014 年第 1 期)，以存世文献资料为基础，结合出土石刻，对渤海世家大族普遍信仰佛教、渤海遗民与佛寺修筑和佛学传播以及佛教异化进行论证和分析，认为渤海遗民信仰佛教是有自身民族特点的，佛教信仰群体主要以金东京辽阳府为主，云门宗和曹洞宗在信众中具有广泛的影响力和社会基础。王彦力、吴凤霞《从金人王寂所记佛寺、高僧看辽金佛教文化传承》(《北方文物》2014 年第 3 期) 一文，以王寂所著《鸭江行部志》为线索，梳理了王寂在金东京路区域内途经的 7 座佛寺，考察寺院的修筑时间及其相关僧尼事迹，揭示出金朝继承辽代佛教文化，不仅体现在对寺院的沿用，也体现在对佛教精神和佛文化的承袭，其发展过程具有连贯性。

目前，学界对于金代东京路的相关研究，已取得了丰硕成果。其中对于金东京路渤海群体的相关研究，成果最为丰富，对渤海群体的研究已经深入到具体层面，比如对代表人物、婚姻状况、官职迁转等的考察。此外，关于金世宗在东京辽阳府改元称帝方面，学界的研究也比较深入。在涉及金世宗潜邸时期的谋士集团、民族政策研究时，已有研究成果。但学界对于金东京的都城遗址及其兴衰史研究、经济政策研究还十分有限，成果不多，当为今后学者们关于金代东京路研究需要关注的重点问题。

第三篇

会议述评

朔方论坛暨青年学者学术研讨会综述

崔韶华

由教育部人文社科重点研究基地宁夏大学西夏学研究院主办的朔方论坛暨青年学者学术研讨会于2017年11月21—22日在宁夏大学西夏学研究院召开。本次会议分为特邀专家讲座和青年学术研讨会。与会专家、学者对以“西夏学”为侧重点的相关问题进行了热烈的讨论和充分的交流。此次研讨会共提交了40篇论文，涉及的领域包括西夏历史、西夏语言文字、西夏文献、黑水城文献、西夏文物考古、宋辽金史等，其中不乏新颖的创新观点。笔者仅对本届论坛专家的主要讲座内容及青年学者发表论文的主要内容、创新点作一简要述评。

一 专家讲座

第一场沈卫荣教授讲的“我看‘新清史’的热闹与门道”，对近年来热门的“新清史”的来源、发展以及目前的状况作了简要的介绍，并就“清世界主义”“内亚维度”“藏传佛教化的误认”“‘菩萨皇帝’质疑”“满文文献？东方主义！”这几个存在激烈矛盾的角度进行了阐述。提出中国学者在批判充满霸道话语权的新清史的同时，也要吸取其中对我们自身有益的意见，如在充分利用汉文文献的同时，还能尽可能多地发掘和利用满文、蒙文、藏文和伊斯兰民族语文文献，以拓展我们的学术领域和研究视野，对涵盖中原和内亚的清代中国历史进行更深入、更广泛的研究，并对清代历史于中国历史和世界历史上的特别的和重要的意义，作出新的、更有启发意义的诠释，最终发展出属于我们自己的、崭新的清史研究。

第二场李华瑞教授讲的“新世纪以来的宋史研究”，认为唐宋史研究应当翻过纠缠于“宋代近世说（唐宋变革论）”这一篇章，并给出五点理由：1. 20世纪初，内藤湖南提出的“宋代是中国近世开端”的假说在20世纪70年代已经被美国宋史学界基本否定，包括在日本学界也普遍被扬弃或否定。2. 不应该回避“宋代近世说（唐宋变革论）”的实质是中国文明至宋代便没有再进步，是一种停滞论，甚至成为日本帝国主义侵华的借口的问题。3. 众所周知，唐代以后的历史主线有三条：一是漠北主要是东北政治势力的崛起；二是五代十国、北宋的局部统一；三是西部党项势力崛起，并整合吐蕃、回鹘等政治力量。4. 21 世纪以来，除东北师大两篇专门研究内藤假说的博士学位论文外，宋史学界直接与“宋代近世说（唐宋变革论）”对话的论著甚少。5. 贴标签的研究可以休矣。之后又对如今宋史界的研究热点进行了简单的介绍，如南宋史研究、信息渠道与政府的日常工作和生活、王安石的变法与思想、政治文化［朱熹的历史世界（士大夫）、礼仪、思想与社会］、富民社会与农商社会、基层社会（皇权不下县、胥吏、基层社会、士绅、民间信仰）等。

第三场是陈峰教授题目为“宋朝的治国理念及影响——以宋朝军政关系为中心”。对宋朝治国理念的形成、核心精神与追求、宋朝的军政关系、宋朝统治特点及其影响四个部分进行了阐述，提出南宋的政治措施与急于恢复北宋的传统政治体系，安于现状的治国理念有很大的联系。

第四场是杨富学教授以其论文《莫高窟第 61 窟甬道为元代西夏窟说》为主题，对近期西夏国时期之物的莫高窟第 61 窟甬道的认定进行质疑，但杨富学教授提出的“元代西夏窟”这一名称受到与会专家的质疑。有待商榷。

第五场是索罗宁教授讲授西夏的汉传佛教，对西夏时期存留的汉传佛教碑文、经文进行解读阐释，并认为西夏所看到的汉传的东西，大部分不是内地的，而是辽代的。此外认为西夏的汉传佛教并不是西夏灭亡之后就消失，而是在一定地区、范围仍然存在的。

第六场是史金波教授讲出土文献的文字学、语言学和历史学价值。对近些年来出土的西夏文献作了简要的阐述，对其包含的语言文字和历史学价值进行了讲解。

最后一场是陈育宁教授讲述的民族史学信息报告，对贵州召开的民族研讨会提交的相关论文情况进行了简要概括，并讲每到一地，必看博物馆，以期了解学习不同地区的特色。

二　青年学者论文集

此次论坛共收到 40 篇论文，学者们就西夏学研究的诸多方面进行了热烈的讨论与充分的交流，相关情况分述如下：

（一）西夏社会历史

戴羽《西夏刑罚制度渊源考述》对于西夏刑法的渊源问题进行分类考述，认为西夏刑法来源具有多元性，在借鉴了唐、五代、宋等各时期刑法的同时，也具有鲜明的本土性，将外来刑法与本民族习惯法交汇融合而成。邓文韬《西夏国别称“夏台”源流考》对“夏台”各时期的不同含义进行阐述，认为元明文献中的“夏台”作为区域概念，是整个西夏故地的统称。翟丽萍《西夏经略司考述》从西夏经略司的设置及其地位、属官及其职能进行了相关考述。赵晓明《占卜与西夏社会》从占卜与西夏政治军事、西夏民众日常生活以及西夏文化交流三个方面论述了占卜对西夏社会的影响。西夏的占卜文化深受汉族影响，反映了西夏文化发展从内亚性到中原性的趋势。杨冰华《拜寺沟五台山寺得名探析》认为西夏将贺兰山拜寺沟认定为五台山是受到新罗王子无漏影响的结果。徐雯雅《西夏女性服饰风貌刍议》认为一方面西夏服饰尤其是贵族服饰深受中原宋朝的影响，另一方面也受到周边各少数民族服饰文化的影响。魏亚丽《西夏平民冠戴初探》从文献、壁画入手分析西夏平民冠戴多样，后来也基本上和中原汉族的服饰相同。郝振宇《西夏家庭教育内容论述》认为西夏家庭教育初期中上层以儒学伦理和读书治学，下层以生产生活技能经验为内容的模式到了中后期转变为下层家庭教育也逐渐接受并认同儒家伦理。这也是西夏社会文化转变的具体表现。刘锦增《西夏宗教信仰的多元性和稳态性历史考述》认为，西夏统治者面对统治区域内部民族复杂、信仰不同的复杂情况实行宗教开放、信仰自由的政策，并积极利用宗教为自身服务也是西夏能在与北宋、辽、金等强权对峙下生存下来的重要原因。许伟伟《西夏时期横山地区若干问题探讨》通过考证得出金灭北宋后，横山地区仍处于夏金争夺之中，直到大定二十二年（1182）才正式纳入金朝版图，但后期重新处于夏金争夺之处，直到蒙古灭金夏后归入元朝疆域。高仁《西夏“左右厢”制度探析》通过考证得出西夏的左右厢制度是继承草原游牧民族“两翼制度”基础上的创新，并在西夏历史上发挥了重要的作用。

（二）西夏语言文字

许鹏《论西夏语语素和双音节的结构类型》通过分析大量西夏文字语料将西夏语并列式双音词又细分为“自由语素＋自由语素”“自由语素＋黏着语素”“黏着语素＋黏着语素”，也对西夏语双音节各类型的词汇化程度进行了探讨。

（三）西夏文献考释

和智《〈天圣律令〉卷十五校补》对《天圣改旧新定律令》中第十五卷语法译文存在的问题进行了校对改正。潘洁《两件〈天圣律令〉未刊残页考释》对两件《天圣律令》未刊的编号为 Tang_55_69_0001 和 Tang_55_69_0002 的残件进行了考释。马春香《武威出土西夏买地券的文体探讨》提出武威出土的买地券是以《地理新书》买地券模本为底本，并吸收了祝文的元素（句首助词“维”、祭主姓名）而成的。郭明明《〈番汉合时掌中珠〉中的“芍葵花”考》通过考证得出《番汉合时掌中珠》中所记载的“芍葵花”应该是中国传统的花卉——蜀葵。陈瑞青《西夏〈黑水河建桥敕碑〉文体性质初探》对《黑水河建桥敕碑》文体进行分析，认为西夏在学习中原王朝礼法时，并不仅仅注重形式，更加观照文体在实际政治生活中所产生的作用。

（四）文物考古

施兰英、范芷岩《宁夏承天寺重建年代考——以韦陀殿所见铭文为据》通过对韦陀殿铭文释读，参照文献推断出承天寺的重建年代最早不会超过清嘉庆九年。陈玮《新出北宋陕州漏泽园党项配军墓志研究》对漏泽园内出土的 4 块宋属党项人的砖墓志进行了研究。章治宁《西夏擦擦造像艺术》订正了部分西夏擦擦的名称，认为西夏擦擦造像艺术受汉文化、汉藏佛教文化和党项文化的共同影响，是一个具有自身特色的体系相对完整、风格基本成熟的佛教造像体系。郭静《榆林窟第 3 窟五十一面千手观音经变的图像选择——西夏千手观音壁画社会性原因初探》通过考证推论榆林窟第 3 窟五十一面千手观音有可能是仁宗仁孝的象征。刘人铭《莫高窟第 310 窟供养人像阐释——兼论沙洲回鹘政权时期的曹氏归义军》通过考证得出第 310 窟的女性汉装为曹氏装，进而推断曾经属于曹氏归义军系统的部分成员，以“回鹘人”的形象存在于沙洲回鹘政权系统之中。马万梅《内蒙古高油坊出土一对西夏金耳坠考释》对高油坊出土的一对西夏金耳坠进行了考释解读。刘志月《脱欢大王、朵儿只巴与“速妥奕”——敦煌石窟元代游人题记所见人物新考三则》考证得出榆林窟第 6 窟题记中的“脱欢大王”应该是察合台安定王脱欢；莫高窟第 237 窟题记中的“统兵朵儿只巴”应是脱欢的继承者——第二任安定王朵儿只巴；莫高窟第 98 窟题记中的“速妥奕”是巩昌汪氏家族某位成员蒙古名的误译。李玉峰《西夏瓦当纹饰探析》对西夏瓦当的分类、特征、源来进行了探析。

（五）宋、辽、金史

陈俊达《辽代节镇体制与地方监察》对辽朝节度使的职能、监察运作、地位进行了探析。崔玉谦《宋太宗与内藏库关系新论》分析得出宋代内藏库实质形成于太宗朝。田晓霈《宋真宗年间曹玮筑“山外四寨”考论》对曹玮在陇山外修建的四寨的背景、意义以及地理位置进行了考述。马旭俊《金夏经济交流途径与特点》对金夏经济交流的途径以及特点进行了论述。胡守静《北宋初期秦州三段界壕考略》对曹玮知秦州时所修筑的三段界壕进行了考证，并认为秦州的三段界壕，界分的不仅是汉人与蕃部，还有秦州缘边的生户和熟户。

（六）其他

陶培茹《炳灵寺石窟唐代题记内容、价值及保护》统计了炳灵寺石窟唐代题记数量，并分析了题记的价值意义以及保护的措施。张多勇《唐代党项静边州与庆州党项羁縻三州考察研究》考证得出唐代银州静边州遗址为现在陕西省榆林市榆阳区巴拉素镇白城台村；唐代庆州静边州遗址为现在甘肃省华池县乔川乡阳湾湾古城；并确认了唐代庆州安置党项部落的三个羁縻州府的古城遗址。

此次论坛，参与人员来自全国各地，规模较大。办会者的宗旨是鼓励青年学者积极踊跃提交论文并讨论发言。提交的论文涉及西夏研究的诸多方面，但在西夏语言文字研究方面的数量略显单薄，侧面反映出今后这一方面仍需学者共同努力研究。但总的来说，专家讲座与学者谈论互评的办会模式加深了学者间的交流，也推进了西夏学研究的发展。参会的专家教授与青年学者济济一堂，充分的探讨交流，提出自己的意见和见解，显示出西夏学界的融洽和谐，学术氛围浓厚，也为西夏学研究的蓬勃发展提供了源源不断的新生动力。

“第五届西夏学国际学术论坛暨黑水城历史文化研讨会”会议综述

郭明明

2017年8月12—13日，由宁夏大学西夏学研究院、内蒙古自治区阿拉善盟文化新闻出版广电局主办，内蒙古自治区阿拉善盟文化局、内蒙古自治区额济纳旗文化新闻出版广电局、中国社会科学院西夏文化研究中心、内蒙古自治区阿拉善盟博物馆协办的“第五届西夏学国际学术论坛暨黑水城历史文化研讨会”在内蒙古自治区阿拉善盟举行。本届论坛及研讨会共有来自国内70多所高等院校、科研院所和法国、澳大利亚、加拿大以及中国港台地区的150多位专家出席了会议，参会人数之多，规模之大，超过了以往任何一届西夏学国际学术论坛。会议共收到学术论文150余篇，内容涉及西夏历史文化、西夏语言文字文献、西夏文物考古、西夏宗教艺术、黑水城文献与历史文化研究等多个方面。所论问题涵盖了西夏学诸多领域，议题广泛，成果丰硕，现按论文内容分类综述如下。

一　西夏语言文字研究

西夏语言文字研究中对于语法、词汇和书体的探讨是本次会议的一个重点。张竹梅《说说西夏文献〈五音切韵〉韵图的开合口问题——以成对韵字为例》通过汉语译音字考察了《五音切韵》一百〇五韵图中成对韵字的开合口问题，认为《五音切韵》韵图中韵字“单开双合”排列的说法不能成立。台湾学者张珮琪《西夏语的副词子句》将副词子句分为了时间句、同时性句、因果句、让步句、条件句、方式句六种类型，并对每种类型的语法手段及西夏语从属标记的来源进行了研究。日本东京外国语大学荒川慎太郎教授（ARAKAWA Shintaro）《西夏语中趋向前缀的新研究》（*New Studies on the Directional Prefixes in Tangut*）运用丰富的西夏文例句探讨了西夏语中动词前缀的功能和方向。刘景云《西夏汕“伲”字与吴语关系》指出西夏字汕是仿汉字“尼”“伲”“呢”而造，它在西夏语不同位置的出现体现着不一样的语法功能。唐均《〈孔子和坛记〉西夏文译本所见西夏语谓词人称一致关系规律考》基于对《孔子和坛记》语料的分析，考察了西夏语语法中谓词第二人称一致的新词缀和谓词人称一致关系向从句主语以及主题成分所进行的扩展。陈鑫海《从内部规律和外部比较看党项语第一小循环的构拟》通过分析党项语内部的声韵拼合规律和反切上字分布规律，揭示了党项语第一小循环声母可构拟为带有喉擦音色彩的辅音“C-”的内部依据。和智《修订本〈天盛改旧新定律令〉翻译中的若干语法问题》对《天盛律令》译本中存在的语法问题作了校勘和补充。叶晓锋《“元昊”和“兀卒”语源考——兼论西夏人名中的印度—伊朗语成分》通过对西夏国君元昊以及他的自称“兀卒”“吾祖”探讨了西夏语中的印度—伊朗语成分。杨志高《有关佛教名相在西夏文经典中的几例标点——以〈慈悲道场忏法〉〈经律异相〉为例》对《慈悲道场忏法》《经律异相》中涉及的四例佛教名相在西夏文经典中的标点作了探讨。许鹏《西夏语人称呼应类动词的双音化》指出西夏语一部分动词的“基本式”和“衍生式”可以组合构成双音词，这反映了西夏语词汇的双音节化趋向。王培培《西夏谚语中的佛教因素》诠释了几条西夏谚语中出自佛典和富有佛教特点的词条，指出佛教思想已经深入于西夏人的思想意识之中。史瑞英、赵生泉《西夏文创制及相关问题发微》对西夏文的创制年代、创制人、性质与数量作出了论述。李雷《西夏文造字研究述略》则对西夏文造字研究现状进行梳理和总结。在西夏字书体方面，台湾学者胡进杉《西夏文行书述要》和赵天英《西夏文草书的形成与发展》分别考察了西夏行书和草书的演变过程和基本特点。此外，还有澳大利亚麦考瑞大学唐阿伦（Alan Downes）《西夏的光学字符识别》和张光伟、韩小忙《基于深度学习的西夏文自动识别》对西夏文数字化识别问题的研究。

二 西夏文文献研究

得益于西夏文文献的不断出土和刊布，注重文献的考释与研究一直是西夏学发展的一个鲜明特点，本次会议围绕这一主题取得了丰硕的成果。在佛教文献译释方面，孙伯君《藏传佛教“大手印”法在西夏的流传》梳理了藏传“大手印”法在西夏的传行情况，指出西夏所传“大手印”法多为12世纪藏传佛教著名经师所传授。孙昌盛《西夏藏传文献中所见印度大成就者毗卢巴事迹译注》对《吉祥遍至口合本续之广义文》中毗卢巴的事迹进行了译注和讨论。台湾学者林英津《西夏文本〈忏悔灭罪传〉前版画的榜题》重新解读了《忏悔灭罪传》前的版画榜题。段玉泉《西夏文〈圣胜相顶尊母成就法〉考释》对英藏黑水城文献中的一个修行仪轨《圣胜相顶尊母成就法》进行了译释。崔红芬《〈六字大明陀罗尼〉考释》在对《圣六字增寿大明陀罗尼经》释文的基础上，考证分析了该经传入西夏的时间和版本。文志勇《〈华严忏仪〉题记及相关问题探析》依据《华严忏仪》的题记和流传序，探讨了一行慧觉辑录忏仪的大致年代、刊印和传入云南的时间及在云南流传情况，并对流传序所载《华严经》形成，传入中土及其翻译，在唐宋流传的情况进行了梳理。此外，佛经文献方面的整理与研究还有王龙《西夏文草书〈显扬圣教论·成瑜伽品第九〉考补》，张九玲《俄藏西夏本〈佛说十王经〉初探》，马泽凤《西夏文〈淮猜腸茷涸蒨戴四天王护摩坛经〉译释》，钟翠芬《西夏文密教典籍〈自入顺略要论〉考》，卢嘉孟《西夏藏本〈圣六字增寿大明陀罗尼经〉新考》，冯雪俊《简论西夏境内出土的西夏文〈华严经〉》，郭垚垚《西夏文〈分别三身品〉考释》，李梦溪《西夏文〈圣金刚能断至胜慧彼岸大经显理灯炬记〉初探》，麻晓芳《西夏文〈药师琉璃光七佛本愿功德经〉残卷考》，庞倩《西夏文〈佛说智炬陀罗尼经〉残叶考》，孙飞鹏《英藏黑水城西夏文〈华严经普贤行愿品〉残件整理与校勘》，张映晖《黑水城出土西夏文〈百千印陀罗尼经〉考释》，等等。

世俗文献解读方面。孔祥辉《两则未刊俄藏〈天盛律令〉残片考释》首次刊布了两则俄藏《天盛律令》的残片，并对其做出了考释，指出其中一叶可补《天盛律令》卷十官军敕门·边等官获末品条相关内容，另一叶可补卷十四误打争斗门·杀节亲私和前后内容。王玫《〈天盛律令〉卷九补缀数则》对《天盛律令》卷九的几则残片做出了缀合。王荣飞、景永时《俄藏黑水城文献〈同音〉37B 残叶考释》对俄藏黑水城文献 No. 4776《同音》中的一个残叶进行了译注和考证，认为其实质当为重校本《同音》37 叶的 b 面，属于俄藏 X1 号《同音》中散落的叶面。景永时、王荣飞《未刊布的西夏文刻本〈碎金〉考论》对俄藏黑水城文献 No. 7676 刻本西夏文《碎金》的残存情况、版本特点及价值意义等问题进行了论述。汤晓龙、刘景云《西夏译本〈明堂灸经〉破译再考》对西夏文《明堂灸经》进行了译释和比较研究，揭示出这部医书是由西夏医家据中原传世《黄帝明堂灸经》版本抄录而成。法国阿尔多瓦大学中文系副教授、博士后罗曼（Lefebvre. romain）《黑水城出土西夏文医方再释读》（*Reinterpretation of Tangut medical texts from Khara Khoto——Based on the work of Pr. Liang Songtao's "A Collating Research on Khara-Khoto Medical Literatures Collected"*）在梁松涛研究的基础上对几件黑水城出土西夏文医方做出了新的译释和解读。梁松涛《黑水城出土西夏文〈乌鸣占〉考释》对西夏文《乌鸣占》进行了录文释读，并通过与同类文献的比较探讨了其文化来源和底本依据。韦兵《俄藏黑水城文献 No. 5722〈谨算〉星命解读》着重分析了《谨算》文本中星命推算的原理，并对其推算依据和推算过程做出了解释及复原。与之相关的研究还有秦光永《黑水城文献〈谨算〉所载“演禽术”释读》。

三　西夏文物考古研究

本次会议收到文物考古方面的论文较以往有了明显的增长，这反映了西夏学界对考古材料的日益重视。史金波《唐至宋初西北党项族拓跋氏上层的殡葬——以出土墓志铭为例》依据近年新出土的党项族拓跋氏贵族墓志，指出党项族上层既继承了本民族的火葬习俗，又吸收了中原地区的土葬形式，同时道教和佛教信仰也对西夏殡葬产生了深刻影响，这体现了不同民族之间的借鉴和吸收。汤晓芳《西夏雕塑和壁画中的猴面人物》重点考察了黑水城出土和榆林窟、东千佛洞西夏壁画中的猴面人物形象。沙武田《西夏时期莫高窟的营建——以供养人画像缺席现象为中心》以供养人画像缺席现象入手，对沙州莫高窟西夏时期的洞窟营建进行了探讨，认为这一现象的出现反映了新的时代背景下功德主不同的文化认同和心理选择。石建刚《延安宋金石窟玄奘取经图像考察——兼论宋金夏元时期玄奘取经图像的流变》详细考证了延安宋金石窟中保存的 14 例玄奘取经图像和文本，并探究了其与周边地区同类图像之间的关系。石建刚《陕西神木清凉寺石窟新发现金代汉文题刻校录及研究》以金正大五年汉文摩崖题刻为中心，在详细校录其内容的基础上，对清凉寺石窟营建、金代陕北地区崖居的功能和内涵等相关问题进行了研究。杨富学《关于晚期敦煌石窟的若干问题》认为晚期敦煌石窟中除榆林窟第 29 窟为典型的西夏窟外，其余大多应为回鹘窟或元窟，莫高窟北区和东千佛洞则很可能分别是豳王家族沙州西宁王系和瓜州肃王系的王家寺院区。汤晓芳《一幅西夏时期的壁画——阿尔寨石窟第 33 窟壁画释读》通过对壁画内容的释读，考证了阿尔寨石窟第 33 窟的一幅壁画是西夏晚期的大型人物山水花鸟画作品。李甜《酒泉文殊山万佛洞西夏四角天王图像初探》分析了万佛洞四天王像的历史渊源、图像特征、审美意涵及其与西夏天王信仰盛行的关系。杨冰华《敦煌莫高窟皇庆寺营建时代再探》提出皇庆寺是西夏乾祐二十年敦煌僧人为庆祝仁宗皇帝登基五十周年而营建的。张世奇《莫高窟第 245 窟主尊定名考》认为第 245 窟主尊倚坐佛是弥勒佛，窟内造像所表达的思想为由七佛一弥勒组成的竖三世佛思想。黎大祥《甘肃武威亥母洞石窟寺的几件西夏汉文文献考释》对亥母洞出土未公布的几件汉文记账文献进行了初步的考释及探讨。崔云胜《“甘泉有迦叶遗迹”文化内涵探析》分析了张掖大佛寺兴建背后的宗教文化内涵。胡嘉麟《西夏文铜镜的真言文法与四臂观音像》介绍了上海博物馆收藏的一件西夏文铜镜，并对目前发现的西夏文铜镜真言文法与四臂观音像做了论述。刘文荣《西夏“凤管”乐器考》运用文献与图像互证的方法，对西夏汉文《杂字》所载“凤管”乐器的名称、形制、源流进行了详细的考述。王艳云《索像于图——黑水城与敦煌西夏文献之间的图像个案联系》从图像学角度出发，对西夏黑水城文献与敦煌文献之间的新样文殊及印本装饰做出了个案的比对和分析，揭示了二者在图像源流、传承及艺术风格等方面的内在联系。王胜泽《西夏花鸟画探究——从黑水城出土〈禽鸟花卉〉说起》通过对黑水城出土《禽鸟花卉》的分析，探究了西夏花鸟画的艺术特色和文化内涵。卯芳《西夏壁画中的藏密因子——以瓜州东千佛洞第二窟壁画为例》以东千佛洞第二窟藏传佛教壁画为中心，探讨了藏密因子在西夏佛教壁画中的表现与影响。周胤君《西夏宏佛塔出土罗汉彩塑造型特征》通过对宏佛塔罗汉彩塑面部及服饰的研究，揭示了西夏工匠卓越的造型雕刻技巧，及其对唐及以后佛教造像技术传承与发展。郭海鹏《西夏黑水城双头佛造像探析》主要分析了西夏黑水城双头佛的造像特征及工艺技法。李玉峰《西夏龙纹饰及其相关问题》对西夏龙纹的分类特征、文化内涵、特殊现象等问题作了探讨。马振颖、赵松山《西夏文写、刻本中的图案研究》系统整理了现存西夏文写、刻本文献中存在的各种小图案，分析了这些图案出现的原因及其在文献中所起的作用，并对写本中的老鼠图案与刻本中的大雁图案进行了更深一步的解读。赵生泉《西夏官印重复著录例》针对各种著录中对西夏官印重复收录的情况进行了辨证。于光建《多元文化影响下的武威西夏墓》通过解读武威西郊墓葬的形式、葬具及题记，揭示了多元文化对西夏葬俗的影响。研究西夏墓葬的论文还有何晓燕《西夏陵出土花卉纹瓦当、滴水研究》和王艳、王胜泽《庆城县西夏墓出土砖雕的空间与图像组合》。任怀晟《西夏党项风格女装的几个问题》和魏亚丽、关静婷《西夏绘画作品中的通天冠》分别对西夏服饰中的女装和冠式问题做出了考察。研究西夏金银器的论文则有蔡彤华《内蒙古出土西夏金器整理研究》和米向军《奢华之色——西夏金银器研究》。

四　西夏历史与文化研究

对于西夏历史与文化的研究历来是西夏学界研究的热点。史金波《西夏文社会文书对中国史学的贡献》指出近代出土的大批西夏文社会文书填补了 11 至 13 世纪中国社会文书的空白，对我们研究中国政治史、军事史、经济史以及复原西夏社会等诸多方面有着重要的补充和贡献，为中国史学的发展提供了新的资料。李华瑞《西夏文明论略——11—13 世纪西夏对河陇汉文明的重建》针对海外学者将西夏视作中亚国家的观点提出了自己的看法，认为西夏文明不完全等同于党项文化，西夏文明既非中亚文明的翻版也不是对汉唐河陇地区汉文明的简单重复，西夏文明的形成是在融合多种文化因素的基础上对河陇地区汉文明在 8 世纪中叶至 11 世纪初暂时衰落后的又一次复兴。聂鸿音、汤君《“河西乐”考补》考证了黑水城遗址出土的三件古乐谱残片，并将其判断为西夏时期的笛谱、打击乐谱和琵琶谱，从而揭示出《元史》所谓的“河西乐”并非流行于朝野间的俗曲，而是 12 世纪中叶以后西夏寺院使用的佛乐。杜建录、邓文韬《宋夏沿边熟户若干问题研究——以陕西志丹县何家坬石窟党项人题记为中心》重点研究了志丹县何家坬石窟中的党项人题记，在对题记内容录文校勘的基础上就其所反映的沿边熟户的佛事活动、德靖寨蕃兵的编制、沿边熟户的人名、蕃汉融合和蕃改汉姓等问题进行了探讨。彭向前《俄藏黑水城出土西夏历书研究——以 инв. № 8085 夏天庆十二年（1205 年）乙丑残历为例》通过对夏桓宗天庆十二年乙丑年历的释读，最大程度复原了该年纪年干支、朔日干支、闰月、月大小、二十四节气等内容，指出西夏历日文献中有长期观察行星运行的记录。牛达生《浅议西夏佛教与藏传佛教的关系——〈西夏佛教三论〉之二》探讨了藏传佛教与西夏佛教之间的关系，认为西藏佛教不等同于藏传佛教，藏传佛教在西夏的发展主要是与“后弘期”噶玛噶举派和萨迦派联系在一起的。陈玮《西土大治的政治营造：西夏祥瑞研究》通过分析西夏政权不同时期出现的祥瑞，揭示了祥瑞在西夏政治中的深刻内涵。王晓晖《想象与建构：寺观提供的公共空间——对西夏兴庆府社会生活的微观考察之一》认为寺观为兴庆府提供了一种公共的政治、学术以及开放空间，这反映了唐代以来宗教世俗化的影响。尤桦、于慧黎《西夏猎鹰文化与民族特性》对史料中西夏猎鹰的记载进行了钩沉，并探析了西夏时期的猎鹰文化及其传承。公维章《西夏统治敦煌年代探析》认为西夏开始统治敦煌的年代应为1036年，西夏敦煌历史上，并没有沙州回鹘汗国的存在。邓涛《明清两朝边疆治理中的西夏历史借镜——兼论明清君臣的“西夏观”》指出西夏史事一直是明清君臣处理边疆事务时的重要借鉴，而明清君臣对西夏评价的异同，则反映了两朝君臣“华夷观”上的差异。

关于军事地理方面。杨浣《西夏静州新考》认为元昊建国之前，静州即侨寄银州境内的羁縻府州静边州旧地，略当今陕西省榆林市榆阳镇一带；元昊建国之后，静州即保静镇旧地，其辖地略当今宁夏永宁县任存乡至灵武新华桥乡之间。张多勇《西夏黑山威福、北院监军司考察研究》通过实地考察并结合文献记载，认为黑山威福监军司治所应在今内蒙古自治区巴彦淖尔市乌拉特中旗新忽热镇驻地北1千米的新忽热古城，而西夏北院监军司驻地即为内蒙古巴彦淖尔市临河县五星乡的高油房遗址。李勇杰《西夏“永州”“永昌城”地望考辨——元代永昌路治所、高昌王府驻地密钥》依据《天盛律令》结合清代方志记载，对元代永昌路及西夏永州的地望做出了考证。甄自明《西夏克夷门、右厢朝顺监军司驻地新考——内蒙古鄂托克旗西夏石城、长城的发现与研究》认为鄂托克旗的苏白音沟可能就是西夏克夷门，乌仁都西石城可能就是西夏右厢朝顺监军司驻地。郑彦卿《西夏省嵬城历史考略》提出省嵬城定州州治所在地，德明建省嵬城的作用是为了“以驭诸番”，省嵬城不仅是拱卫京畿北部的门户还是西夏京畿北部的重要经济中心。段双印《西夏东南缘边城寨稽考》以历史文献与文物资料为依据，考证了西夏东南边缘地区约80处城镇堡寨的地理位置。缪喜平、张多勇《北宋镇、环交通与两路协同防御研究》考证出了北宋镇环道的开通时间、基本走向和经行地点，并认为北宋通过这条道路，使泾原与环庆两路可以达到协同防御的目的。

关于制度、经济方面。魏淑霞《西夏职官制度变迁之影响因素探析》分析了西夏职官制度产生、发展过程中所受的几个主要影响因素。许伟伟《党项西夏的政治视野及其宫廷》梳理了党项西夏发展历程与政治视野，并就西夏宫廷制度的渊源、特色等问题进行了研究。张笑峰《西夏“刀牌”考》探讨了西夏刀牌的形制特点、制度渊源以及执刀牌者及其职能等问题。翟丽萍《浅议西夏的职事官》从职事官的所指、特点，中央与地方官的设置与职事官的续转三个方面对西夏的职事官做出了考察。戴羽《西夏使军、奴仆、官人、私人问题再探》以《天盛律令》中的相关法律条文为基础，并结合唐代部曲、奴婢、官户等相关法律规定，分析了西夏使军、奴仆与官人、私人的法律地位及其差异。安北江《西夏“通检推排”制度考释》对西夏法律《亥年新法》卷十五中关于西夏赋税制度的条文进行了录文及考释。高仁《西夏东南沿边地区的畜牧经济》以区域经济地理学的研究视角，探讨了西夏东南沿边地区畜牧经济发展的具体状况及区域性特征。陈瑞青《西夏榷场使文书中“川绢”“河北绢”问题再探》对西夏榷场川绢来源、川绢与河北绢比价、“准河北绢”性质等问题进行了探究。

关于西夏遗民方面。任建敏《西夏遗民也儿吉尼与元末广西行省建置考》考证梳理了元代西夏遗裔也儿吉尼在广西任上的官职升迁历史、广西行省的设置及行省官属人员的事迹。加拿大英属哥伦比亚大学博士后华开奇（Kaiqi Hua）《河西来客：元代党项遗裔后西夏时期的生活空间》（*People from Hexi: Tangut Diaspora and Post-Xi Xia Space in the Yuan Dynasty*）对元代河西地区西夏遗民的政治和神圣空间做出了考察。胡蓉《元明之际西夏遗民的生存状况探微——以福建遗民诗人王翰为例》通过对元末诗人王翰的个案分析，揭示了元代西夏遗民在保持民族认同和民族特性的同时逐渐本土化的过程。

此外，杨蕤、曹樾翊《一位被遗忘的西夏学者：略述曹颖僧先生对西夏学的贡献》、冯丽平《中西学人对党项族名的认识述略——芬兰学者杨虎嫩〈党项名义考〉译后记》、汤君《西夏文学研究述评》、王颖《20世纪上半叶俄苏西夏学研究概述》等论文对西夏学的前辈学者及相关学科研究进行了介绍和述评。

五 黑水城文献与历史文化研究

对黑水城出土文献及其历史文化的研究是本届会议的特色。黑水城文献研究方面。孙继民、张恒《黑水城所出〈宣光二年甘肃等处行中书省亦集乃分省咨文〉再探》通过对文书的重新录文，考证了文书中“右丞”“衙门”和“守御官”等官职名称，并就该文书的价值意义做出了探讨。邱志诚《黑水城M1·1229文书考释与元亦集乃路儒学堕废原因辨析》在对文书录文考释的基础上，指出经济落后、民众贫穷是亦集乃路地区儒学堕废的根本原因。佟建荣《黑水城出土刻本文献断代补考》结合文献中的避讳字与内容，对几件文献的已有断代提出了新的见解，认为黑水城出土的TK177为金刻本，而非宋刻本，TK184为夏刻本而非元刻本，TK166为宋刻本而非元刻本，英藏与中国藏的同题名文献很有可能与TK166为同一文献。TK321.4、TK322.5中的《妙法莲华经》部分为夏人庆三年七卷本残页。陈柳晶《元末职官三题——以黑水城出土〈品官名录〉文书为中心》以黑水城文书《品官名录》内容为中心，考察了文书所反映的元末行詹事院的设立及内史、通政使官阶的提升等问题。张淮智《黑水城〈大德十一年税粮文卷〉所见照勘钱粮公文流转程序》通过对文卷的缀合复原，还原了文书所见甘肃行省照勘钱粮公文的流转程序，并对甘肃行省、亦集乃路钱粮房、河渠司等部门在此过程中扮演的角色和承担的职能做了详细的分析。刘志月《北元初年亦集乃分省若干问题的再探讨》论述了亦集乃分省设置的原因、亦集乃分省设置的时间、亦集乃分省与亦集乃路之间的关系等问题。邓文韬《黑水城出土дx 19022元代收付契考释——兼考文书中的魏王老章》校勘考释了一件被误编入《俄藏敦煌文献》的黑水城出土元代收付契文书，并对文书中“魏王老章丞相”的家世与生平做了考证。郭明明、杨峰《新见黑水城出土的一件元代书信文书考释》对阿拉善博物馆馆藏的一件元代书信文书进行了校录释读，并就文书所反映的黑水城地区民间群体的交际往来、亦集乃路下辖站赤建制以及吐蕃行宣政院院使等问题做出了探讨。罗海山《黑水城出土西夏天庆年间契约文书定名研究》就学界对西夏天庆年间契约文书的定名提出了自己的见解，认为这组文书的准确定名应为《天庆年间借麦（粮）契》或者《天庆年间典物借麦（粮）契》。宋坤《黑水城所出〈慈觉禅师劝化集〉作者宗赜生平交游新考》结合新公布的《慈觉禅师语录》对宗赜的生平和交游情况进行了考证。孔雁《浅析〈黑城出土汉文遗书叙录〉中TK133叙录之失实——兼考真歇清了禅师之生平》对《黑城出土汉文遗书叙录》TK133叙录中失实的叙述进行了细致的考订，并结合佛教史料论述了真歇清了禅师的基本生平和法眷情况。张重艳《真定府大悲寺比丘僧澄净同修行愿文浅析》对《俄藏敦煌文献》中误收的一件黑水城文书进行了录文分析，认为该文书的性质是宋初真定府大悲寺比丘澄净的同修行愿文和附抄文献，文书反映了宋初真定的弥勒净土信仰。张丰乾《读“黑水城汉文抄本〈六十四卦图□〉残卷”札记》主要对《八十四卦图说》中的颂词做出了考释和分析。王巍、傅悦《黑水城纳甲筮法文书与中国纳甲筮法体系建构初探》通过对纳甲筮法这一占卜体系的发展及其内容的系统论述，并结合黑水城所出纳甲筮法类文书对纳甲筮法体系的建构进行了初步的探索。此外，辛睿龙《俄藏黑水城〈新集藏经音义随函录〉再考》，马君花《英藏〈法苑珠林音义〉残叶考释》，李晓凤《黑水城出土〈南华真经〉与传世宋本的比较研究》，张恒、宋坤《黑水城所出金写本〈佛说寿生经〉简析》等论文亦对相关文献做了考释研究。

黑水城历史文化研究方面。朱桂凤《从世界遗产解读黑水城遗址的多层次内涵》从自然遗产、文化遗产、非物质文化遗产、文化线路视角出发，考察了黑水城遗址所具备的申遗条件。薛正昌《额济纳：绿洲丝路与草原丝路交汇的地方》对额济纳所处的地理格局与空间、丝绸之路与居延以及蒙元时期的额济纳交通情况进行了系统的论述。李旭东《黑水流域古遗址“夯土版筑”建筑形式探源》考察了黑水流域的“夯土版筑”古遗址，并探讨了其建造方式的渊源和历史文化价值。李发军《阿拉善“丝绸之路”在西夏时期的状况》对西夏时期阿拉善境内“陆上丝绸之路”的状况做出了介绍。陈广恩《黑城文书所见元朝对西北的经营——以亦集乃路为考察中心》结合黑水城出土元代公文文书和元代史料，探讨了元朝政府对亦集乃路的治理与经营活动。潘洁《从出土文书看黑水城渠道变迁》详细梳理了出土的西夏、元时期文书所记载的黑水城渠道，并探究了从西夏至元黑水城渠道在名称和功能上的继承和发展。卜凯悦《元代亦集乃路把都帖木儿家族降明后的社会关系与家族文化探究》在概述元代把都帖木儿家族发展脉络的基础上，探讨了其内降前后的社会关系与家族文化。张雪爱《出土文献所见元代黑水城的人员往来》通过整理黑水城出土文献中关于黑水城人员往来的文书，从官吏调动、商人往来和移民流动三个方面分析了元代黑水城的人际交往和民族融合状况。

六　宋辽夏金关系研究

近年来，随着西夏学研究的日益深入，越来越多的学者开始走出断代的藩篱，将10—13世纪的辽宋夏金作为一个整体进行研究，本次会议收到的论文就充分地反映了这一特征。程妮娜《中华书局标点本〈金史〉修订成果概述》对其所承担的《金史》修订工作进行了介绍。李玉君《中国古代王朝政治博弈中的"华夷之辨"刍议》从语用学的角度剖析了"华夷之辨"的内涵，并以辽金宋时期对"华夷之辨"的运用为例考察了现实政治博弈中"华夷之辨"概念的变异。周峰《宋代安悆墓志所见元丰四年宋夏灵州之战》利用新刊布的北宋安悆墓志对安悆的家庭出身与早期经历，以及安悆在元丰四年宋夏灵州之战中的相关史事进行了研究。高建国《府谷县出土〈慕容夫人墓志铭〉考释》通过新出土《慕容夫人墓志铭》的记载，探讨了慕容氏之家世、慕容氏之生平、慕容氏与折氏之婚姻关系、慕容氏墓志与折继闵卒年等问题。刘双怡《元丰五年宋朝进筑横山杂考——兼论〈种太尉传〉中的一些问题》梳理了进筑横山之议的相关史料，补充了《种太尉传》记载的不足。沈一民、朱桂凤《北宋话语体系中的西夏表述》从夷狄观、国力比较、区域政治格局三个层面对北宋有关西夏的表述进行了整理，认为这三种不同的表述方式，反映了北宋在自身正统性与现实的割据性之间摇摆的困境。王亚莉《北宋时期宋夏沿边汉蕃弓箭手治理模式研究》探析了弓箭手设立的客观原因、隶属机构的更变、颁行弓箭手条例等问题，并对汉蕃弓箭手的招募与待遇进行了比较。此外，马旭俊《金夏交聘制度与礼仪探赜》、刘喆《试论北宋、西夏和交趾的联动关系》、王一凡《论环庆路与鄜延路、泾原路的地缘与战略关系》、孔维京《交融与互动：辽、夏、金三朝崇孝风气探析》等论文亦对宋辽夏金时期政治及文化的互动问题进行了深入探讨。

七　结语

纵观这次会议，呈现出如下几个特点：

一，新材料的发掘。陈寅恪曾提出"一时代之学术，必有其新材料与新问题。

取用此材料，以研究问题，则为此时代学术之新潮流。治学之士，得预此潮流者，谓之预流”。对新材料使用和解读，直接触发着新问题的生长。本次会议的显著特点之一就是运用了大批新整理、新发现、新发掘的珍贵材料，其中既包括未刊布的俄藏黑水城文献、中国藏黑水城汉文文书等文献资料，也包括新发现的碑刻墓志、摩崖题记等考古资料。这些新材料无疑极大地推动了西夏学研究的深度和广度，引领着学术发展的新潮流。

二，新议题的拓展。“旧学商量加邃密，新知培养转深沉。”近年来，学界越来越强调“问题意识”在研究中的意义。本次会议收到的众多论文，就很好地体现了这一点。诸位专家学者或是对学界已有研究提出新的见解，或是对旧有研究领域做出新的推进。将本次会议收到的论文与前几次会议相比较，我们不难发现，研究西夏法律、经济方面论文所占的比重有所降低，而文物考古、文献考释、西夏语语法研究等领域获得了更多的关注，也有学者尝试从文明史以及辽宋夏金元整体史的视角对西夏做出考察，这都是值得我们关注的新动向。

三，青年学者的成长。本次会议从参会人员构成方面呈现出了年轻化的特点。本次会议共有150余位专家学者出席，其中既有德高望重的前辈学者，也有年富力强的中年学者，更为引人注目的是，有一批风华正茂的年轻学者，特别是海内外一批接受过系统的专业训练、具有较高学历的青年学者，显示了开阔的学术视野，扎实的学术功底和不俗的学术水平，预示着西夏学发展的勃勃生机。虽然本次论坛时间紧任务重，但主办方仍然通过合理的部署，不分长幼尊卑，为每一位提交论文的学者都安排了发言的机会，体现了平等、开放的学术氛围，对西夏学交流平台的建设起到了良好的示范作用。

总而言之，这次会议的成功举办，对展示西夏学的研究成果、引领西夏学的学术方向、推动西夏学的学术交流、拓展西夏学的研究领域、建设西夏学的人才队伍等诸多方面有着重要的意义和价值。

《元遗山论》增订出版研讨暨降大任先生追思会在太原举办

张勇耀

2018年4月22日，在第24个世界日来临之际，山西省社会科学院、三晋文化研究会、三晋出版社、名作欣赏杂志社几家单位，在太原联合举办了《元遗山论》增订出版研讨暨降大任先生追思会，共有70余位专家学者参加了会议。降大任先生是山西省社会科学院研究员，原《晋阳学刊》主编，三晋文化研究会特聘专家，元好问学会顾问，山西大学客座教授，享受国务院特殊津贴专家，于2017年12月15日病逝于太原。生前所著《元遗山论》由三晋出版社增订出版。

参加会议的专家学者，有来自全国的在研究元好问及辽金元文学方面卓有成就的多位专家学者，如中国政法大学黄震云、中国传媒大学张晶、吉林大学王昊，以及中国元好问学会会长狄宝心教授等。与会专家学者充分肯定了降大任先生在元好问研究方面的突出贡献，认为降大任先生初版于1988年，增订出版于2017年的《元遗山论》，是中国元好问研究的扛鼎之作，特别是对元好问气节问题的考辨、元好问的交游考证，奠定了元好问研究的重要基础。而降大任先生在《晋阳学刊》开设元好问专栏，帮助成立中国元好问学会，也推动了中国元好问研究的热潮，并且培养、扶助了一批年轻学人的成长。

中国传媒大学资深教授、中国辽金文学学会会长张晶指出，作为元好问学会、中国辽金文学学会的顾问，学会成立之初，降先生和大家一起创业，对中国辽金文学事业的发展，对元好问研究的发展，都起了奠基性的作用。尤其是降先生在元好问研究方面，做出了卓越的成就，使元好问研究达到了一个新的境界，有了足够的地位。并表明自己在写作《辽金诗史》的时候，也参照了降先生的学术研究成果。当前很多博士生、硕士生的论文，都以辽金元文学研究为选题，很多社科基金以辽金文学作为项目，都是各位同仁共同努力的结果，其中更有降先生的一份心血。辽金文学事业现在成为中国文化、中国文学史上、古代文学研究领域非常重要的而且富有极大提升空间的一个领域，是与降先生的学术贡献分不开的。同时，降大任先生在学术方法上，文史哲融为一体，取得了非常扎实的、丰厚的成果。尤其是在对元好问研究上，大任先生以他先进的文化观、历史观，以他的智慧的、深刻的哲学观点，来透视元遗山当时在历史上的一些作为，包括后来给耶律楚材写信。大任先生的观点是代表了先进的文化观、历史观。缅怀大任先生，就是要把大任先生的学术成就作为一个起点，努力上一个新的高峰。

中国政法大学黄震云教授总结降大任先生《元遗山论》具有四大学术优势：一是选题上很有学术眼光，能够充分考虑到写作的地域优势；二是在书中阐发了评价人物要有民族的大局观念和历史的纵深思维、文化的价值和传统道德之间辩证客观的认识、对当时情境和多元性的充分认识等，阐述较为深刻；三是强调对元好问全面的研究，对元好问的品质、思想（哲学、教育、文学）、生活（环境、交游）、成就等，分别研究且能突出重点；四是研究注重构思布局和学术风格。

中国辽金文学学会理事、吉林大学王昊教授则提出，《元遗山论》是一部划时代的开拓性力作，它在元好问研究、金元文学研究的学术史上的“经典性”，也会越来越明显。而它在降先生的个人全部学术研究中，更是无可替代的。

元好问学会会长狄宝心教授，则以“降大任先生对元好问研究的突出贡献”为题，从“清除障碍”“开拓领域”“铺垫基础”“鼎助学会”“提携后进”等方面，全面总结梳理了降先生对于元好问研究的突出贡献和重要推动，认为“降大任先生在首次召开全国元好问研讨会与产生学术机构的进程中发挥过重要作用；研究会成立后，在鼎力相助开设专栏发表成果推动研究方面起到了极为重要的作用；在引荐学者特别是国际友人，壮大元氏研究队伍扩大研究会影响方面，以及沟通两岸学术交流方面也有很大的贡献”。

安徽师范大学文学院教授、博士生导师胡传志先生因事未出席会议，但写有专文。胡教授认为，《元遗山论》最突出的仍然是开篇讨论元好问气节的系列论文，以及《元遗山交游考》及《元遗山交游僧道考》《元遗山亲属考》等考订文章，占《元遗山论》中过半篇幅，又足以见出降大任先生在文献实证方面所下的硬功夫。当年，降大任先生撰写《元遗山交游考》，资料条件远不如今天。《元好问全集》及《续夷坚志》《归潜志》等书都未整理出版，元好问研究著作也寥寥无几，可资利用的主要是张穆校补的《元遗山先生全集》、施国祁《元遗山诗集笺注》、缪钺《元遗山年谱汇纂》和《中州集》《金史》《元史》等书。所以写作《元遗山交游考》第一个难题，就是资料问题。那时没有计算机和网络资源，写作时必须通览相关文献，以交游对象为条目，搜集资料，逐一人工排比，不断充实完善。第二个难题就是有关人物资料的辨别。古代人物称谓复杂，字、号、官职、斋名、绰号、排行等，不一而足，特别是一些名气小、资料少的人物，究竟是谁？除元好问诗文中的材料外，还有哪些相关文献？与元好问有哪些交往？这些都必须要费一番考索的硬功夫。正如降大任先生自己所说，交游考“是一项烦难琐碎而又枯燥的工作，却需较广博的学识和细致的分析”，当年撰写20万字的《元遗山交游考》，这番硬功夫，既可以夯实元好问交游考的写作基础，又可以进一步推动降大任先生本人及学术界的元好问研究。降大任先生在一一考察元好问的交游对象之后，还对 469 人加以综合分析，展现“这张以遗山为中心所交织而成的社会关系网络”，充分证明元好问不仅是位诗人，还是位社会活动家。他还探讨“其活动的实质性内容、特征，由点到面地考察当时社会环境、社会思潮、时代精神以及遗山本人及其同道的历史地位和作用”，得出了 4 条重要的结论，体现出他的概括力。

山西大学哲学社会学院教授魏宗禹先生认为，降大任先生在其著作中，一方面论述了金、元与宋代时期，民族之间权益与文化关系，在矛盾冲突中合理解决的意义，同时还论述了诸如社会历史发展的所谓“波浪式”轨迹及其原因，士子即知识群体在历史发展中的功用等论题，都是值得关注与继续研究的问题。另一方面值得重视的是，其论著中蕴涵着一个类似于未来学的观点，即一个现实存在的社会历史形态，不仅要应对与解决好现实困难，而且必须郑重地着眼创造持续发展的必备因素，必须采取对历史负责任的措施与态度，否则，社会依然在兴衰治乱中艰难地前行，而“以史为鉴”的用语得以常存的。降大任先生是一位具有理想化的历史学学者，可爱而可敬，他的这些宝贵的认知心得与心声，值得我们思索与继续研究发扬。

为配合这次会议，三晋出版社出版了《降大任先生纪念文集》，收录了中国辽金元文学研究界及社会各界对降大任先生的学术评价及缅怀文章。

这一活动，不仅回顾了降大任先生学术成就，研讨了《元遗山论》的学术价值，而且较为深入地探讨了学术对于时代的意义，以及学术研究所需要的品格，对于此后元好问研究的继续深入，以及三晋学术的进步、三晋青年学人的成长，都有着重要的意义。

“中国古都学会2017年年会暨北方民族古都文化（国际）学术研讨会”述评

张宪功

在2016年的成都会议上，中国古都学会发表了具有里程碑意义的《中国古都学会·成都共识》。在该共识中，明确指出，“中国古都研究应具有中国整体观”。所谓中国整体观，“就是要有中国的统一性和完整性观念。中国的统一性和完整性具有历时性，当代中国形成经历了数千年发展演变过程，从原始社会解体至当代，在今天中华大地上曾有无数的国家不断兴起、消亡，也曾有若干民族在历史长河中不断交往、交流、碰撞、冲突、融合、整合，最终形成中华民族，中国作国家概念的内涵也在不断扩大和丰富”。因此，必须要加强“中国整体观，除了加强中原王朝都城研究外，还应将中国各地区、各种类型的都城纳入到中国都城整体史研究中”。要“加强内地都城与边疆都城之间的比较研究，加强汉族建立的都城与少数民族建立的都城之间的比较研究，加强不同少数民族之间都城的比较研究，深入探讨不同类型古都的发展过程、文化内涵、社会功能等”。①

内蒙古自治区地处北方草原，历史文化悠久，灿烂辉煌。在这片广袤的草原上，先后出现了灿烂的大窑文化、兴隆洼文化、红山文化等文明初现的文化类型，是中华文明多元一体的重要组成部分。自古至今，这里先后生活着匈奴人、东胡人、鲜卑人和乌桓人、突厥人、契丹人、奚人、女真人等民族。这里既是他们的祖源，更是他们的发祥地。他们创造的灿烂文明，建立了北魏、辽、西夏、金、元、清等对中国历史进程乃至世界历史进程影响深远的王朝。在时间的洗礼中，这些民族逐渐成为了中华民族不可或缺的重要组成部分，并融入进国人的血液中。生活在这片沃野上的诸民族，在不同的时期，同样也创造了绚烂的都城文化，不仅表现在物质方面，更表现在制度和精神领域。比如，游牧民族的捺钵制度及其都城建制对于中国古代都城制度与文化有非常重要的作用。因此，为了进一步推动中国古都学向更广域的空间发展，更深层次的内涵发展，值内蒙古自治区成立70周年之际，于2017年8月13—16日在通辽市中国古都学会与内蒙古民族大学联合主办了“中国古都学会2017年年会暨北

---

① 《中国古都学会·成都共识》（http：//gdmc. snnu. edu. cn/show. aspx？ id =362&cid =3）。

方民族古都文化（国际）学术研讨会”。

结合《中国古都学会·成都共识》，2017 年的中国古都学会年会以“北方民族古都文化”为会议核心，分设 5 个主要议题，它们分别是：1. 辽金蒙元时期都城制度研究；2. 东北亚地区古代都城及都城文化研究；3. 国际视野下都城比较研究；4. 北方民族行国制度与“捺钵”制度研究；5. 北方草原地区古都文化遗址保护与旅游资源开发和利用。来自西安、北京、南京、太原、安阳、洛阳、杭州、开封、大同、银川等地古都学会以及国内知名高校、科研院所、博物馆的百余名专家学者参加了此次盛会。

会议共收到学术论文 92 篇，摘要 3 篇。涵盖了历史学、地理学、考古学、民族学、经济学等诸多领域，具体的研究内容则十分丰富，既有关于北魏、辽、金、元等北方民族政权都城的研究，也有对于长安、邺城、南京等古都相关问题的深入探讨，还有对于日本乃至整个东亚都城制度的探索以及清末民国时期西方人对于草原地区都城的考察研究等。如果以研究时段分，关于先秦时期都城的研究有 6 篇，秦汉至南北朝时期的有 11 篇，隋唐时期的有 12 篇，宋代的 5 篇，辽代的 11 篇，金代的 9 篇，元代的 11 篇，明清时期的 12 篇，民国时期的 4 篇，其余则为理论研究。仅仅从数量上来看，辽、金、元三朝的相关研究共计 31 篇，占文章总量的近三分之一。如果以北方游牧民族政权都城相关问题研究为准，文章数量则高达 44 篇（不含清代），占文章总数的 46%。涉及鲜卑、契丹、女真、渤海、蒙古、唃厮啰六个北方民族政权。如果以涉及北方民族地区及民族文化的研究为准，则相关成果占到了一半以上。

如果从内容上来分，本次会议所提交的论文及 15 位学者所作的报告，集中体现了近些年来，中国古都学会所坚持及努力的方向。概而言之，可以概括为以下五个方面：

一、中国古都学的理论建设及研究。史念海先生自 20 世纪 80 年代呼吁建立中国古都学，并发表了一系列文章，梳理了中国古代历代的建都史，并建立了古都学研究的基本框架。近些年来，大古都概念迭兴，相继出现七大古都、八大古都，乃至今日九大古都、十大古都之说。大古都的判断标准不一，引起了学界的普遍注意。毛曦《中国大古都标准问题的百年回顾与当代思考》在回顾“大古都”的提出及发展历史的基础上指出，在新时期，“应该以现代观念取代传统观念，重视标准的综合性和全面性，完善标准的量化体系”。赵均强、贾俊侠则在反思近些年大古都认定的基础上，提出了大古都申报的制度建设以及申报标准（草案），可以说，是对大古都申报的一种制度性建设尝试。此外，王建国《中国大古都榷议》、沈山《中国古都研究概观与简评》、肖爱玲《古都名城的历时性保护原则》、叶骁军《古都风韵的历史变幻——重要古都的历史作用初步研究》等文章皆从不同角度对“大古都”、古都保护及作用方面进行了理论性探索。

二、国际视野下的都城比较研究。这也是近几年来，中国古都学会致力于推动的一个重要的研究方面。本次会议共收到关于该方面的文章3篇，主要突出了国际视野下东亚地区的都城比较研究。韩宾娜《长冈京及日本古都相关问题》一文中通过对桓武天皇时期，日本的政治局势、长冈京都城选址与形制布局等方面的研究，推导出桓武天皇迁都长冈京，受到了当时日本内部政治环境的重要影响。牛润珍《论中世纪东亚都城制度研究》强调了“寻根”意识，廓清了“华夏型”城市的历史演变过程，总结了其对于东亚乃至世界文明所起的意义。该文指出，要注重继承和发展“华夏型”城市所蕴含的精神传统。徐海荣《建设世界名城与发展古都杭州文创产业的几点思考》将古都文化的发掘置于世界文化的背景之下，认识到了古都文化的独特意义。

三、北方民族古都文化研究。这是本次会议的核心内容。其实早在1990年的中国古都学会第八届年会上，史念海先生就提出中原王朝之外的民族政权所建立的都城也应该视为古都，是中国古都学研究的应有内容。[①] 2001年，在赤峰举行的赤峰暨辽王朝古都历史文化研讨会上，又有学者再次提出“对我国塞外古都群不能轻视，必须加强研究，深化认识，对其蕴藏的历史文化资源、特别是少数民族的历史文化资源加以保护、开发和利用”。[②] 2016年《中国古都学会·成都共识》中再次对此进行了强调。本次会议以“北方民族古都文化”为主旨，且时隔十五年之后，再次在内蒙古召开，显示了古都学界对于北方民族古都研究的重视。中国古都学会前任会长朱士光先生在其大会报告《辽五京研究的几点新见》中强调了辽王朝都城的特殊性以及在中古都城制度史上的特殊地位，并且呼吁中国古都学会要加强与辽金蒙元史学界的联系，共同推动北方民族都城研究。此外，宋立恒《金莲川在金世宗是其的行宫地位》、田明《草原第一都——北魏盛乐古城探究》、马维平《从古都大同看北方少数民族对统一多民族国家形成的贡献》、张宪功《“形式之都”与“移动之都”：辽代都城解读的一种尝试》等大会主题报告，对北方民族的都城观念、辽代五京的性质等进行了深度解读。尤其是张宪功《“形式之都”与“移动之都”：辽代都城解读的一种尝试》一文，在总计分析目前学界对于辽代五京认识的基础上，指出学界目前对于辽代都城的认识，多以中原都城观念来判定，未着眼于契丹民族本身的特点进行分析，因此“缺少历史的、民族的分析，忽视了对于辽代都城内在的人文属性的分析。他进而提出要注重对于《辽史》等古籍文本本身的解读，从而探讨当时人们对于辽代都城的认识。”[③] 此外，在参会文章中，何一民《农牧文明融合对辽代城市发展的影响》、李鹏《“松漠考”——兼论契丹起源地》、王峤《金上京城市规划思想研究》、李珍梅《辽代帝王对西京的巡行探究》、吴凤霞《辽圣宗与辽中京》、杨学军

① 史念海：《中国古都概说》，《中国古都研究》（第8辑），中国书店1993年版。

② 尹钧科：《应当加强对我国塞北古都群的研究》，《中国古都研究》（第18辑），国际华文出版社2001年版。

③ 曾江、赵徐州：《古都学研究呈现三大特点》，《中国社会科学报》2017年9月18日。

《从辽上京、辽中京的选址和规划建制，看中华建筑文化传承与融合》、迟浩然《简述金中都的历史地位及其影响》、张博《物资供应失衡与哈喇和林的衰落》、王雁卿《辽西京佛教艺术探源》、彭婷《拓跋魏代都祭祀活动研究》等文章也均是针对北方民族都城的相关问题进行的深入研究。这都标志着学界对于北方民族都城研究程度的进一步加深。

我们还需要注意的是，在北方民族政权中，除了北魏、辽、金、元等由北方民族建立的对中国历史产生重要影响的政权外，还有高句丽、吐谷浑、唃厮啰、渤海等民族建立的地方性政权。在本次会议上，不少学者也将研究视角聚焦于此，作文展开讨论。研究区域扩大，研究视野开阔。此外，史党社与田静《从辽四时捺钵谈三代及秦之都邑》一文，以辽的捺钵制度为切入点，从文化的、经济的角度探索了三代及秦代都邑的迁徙性，指出“三代都邑及秦都城属性的判断，是否政治中心恐怕是最主要的标准，而不能拘泥于都城布局（例如城郭的有无及形制）等第二位的问题，也不能拿功能完备的典型都城标准去衡量早期的都邑”。其实，这一分析都城的角度，在研究辽代都城相关问题中，也是必须注意的。辽代的捺钵是根植于游牧文化之中的，对于其都城的探讨必须注意其经济基础和文化基础。

四、多学科研究及新技术、新方法研究在古都研究中的应用。中国古都学研究，不仅仅是历史学、文献学、历史地理学等学科领域的研究内容，也可以借助或者开展民族学、艺术学、建筑学、地理学、宗教学、社会学等方面的研究，推动古都学研究的进一步发展。宋喜信的报告《从开封的北宋佛塔看中国古建史中的学术问题》，从建筑学角度指出了宋与北方的辽、金等北方民族在佛塔建筑方面的关系；尚春芳《洛阳道北史家屯村金墓萨满舞蹈图像考》一文，通过对比的方法，指出了史家屯金墓中的壁画为萨满舞蹈图，这对于我们了解金代的社会生活有着重要的作用；张慨《辽金绘画的环境感知与表达》考察了辽金时期绘画对于北方民族地域环境以及区域民族文化与中原文化交流、融合的认知和表达。新技术、新方法在古都研究中也有了体现；陈刚《晚清南京的城市景观——基于〈江宁府城图〉与〈陆师学堂新测金陵省城全图〉的研究》，运用 GIS 技术提取地图信息，探究了晚清南京城职能的转变；等等。

五、加强学术研究与地方服务之间的关系研究，也是本次会议的一大主题。学术研究的根本目的是为了服务于地方、服务于社会。在大会报告中，徐日辉在解读国家关于 5A 级风景区新政策的基础上，为库伦三大寺的景区建设提供了中肯的建议。郑永华则分析了元代以来通州在南北方交往中的地位和作用，为北京城市副中心的建设提供了历史借鉴。潘明娟《汉长安城给排水系统及其启示》一文则为我们解决今天城市的给排水问题提供了诸多有意义的参考。此外，张慧芝《西辽河水系生态修复与通辽市古文化遗存保护开发》、刘丹《“一带一路”视域下辽上京城址保护研究》等文章在关心现实的基础上，从历史的角度给予了有益的建议。

本次会议的论文内容广泛，视野开阔，视角独特，突出了“边疆和游牧民族都城及其文化的研究”①。这是对北方民族都城及其文化的一次重要的解读，实现了古都研究乃至中国史研究的一次视角的重要转换，加深了对于北方民族在历史上的地位和作用的认识。诚如中国古都学会会长萧正洪教授在开幕词中指出，“中古时期欧洲人也称中国为（Cathay），直到现在，俄语还是这么称呼的。（Cathay）这个词来自于契丹。它的起源表明，北方草原地带在欧亚历史发展中的曾经具有的作用是中原黄河流域或者南方长江流域所不能替代的”。历史时期，对于中国的称呼的不同来源，说明“若将中国历史置于一个大的视野之中，不同地域其实是互为背景的，并不是说通辽这样的地方只是中原发展的背景，如果反过来看，中原也是北方草原或农牧过渡地带政治与社会发展的背景”。历史时期的北方民族鲜卑、柔然、突厥、契丹、女真、蒙古等民族，他们的发展在中国历史上也产生了极其深远的影响。要将研究视野完成一次转换，同时，更要建立系统的观念和统一的视角。“国际视野下的古都研究者应基于系统的眼光，也就是将研究对象置于具有广泛联系的体系之中，其中既包括城乡一体的视角，也包括跨地域的视野。这样就不再是将古都孤立起来，以为古都的解读只需要基于古都，而其意义也只在于它自身。”

在闭幕式上，萧正洪不仅再次强调了学术研究视角转换的意义和重要性，并且进一步阐释了看待问题的方式在历史研究中的重要作用。萧正洪最后指出，历史真实要一直追寻，而历史的解释必不可少，“脱离了大的环境变动的趋势就难以对现象本身做出合理的解释”。要站在历史的、民族的角度进行历史问题的探讨，更要将中国作为一个整体置于世界的大背景中，推进中国史、北方民族史研究的学术发展。

---

① 肖爱玲：《中国古都学会2017年年会暨北方民族古都文化（国际）学术研讨会成功召开》，《中国历史地理论丛》2018年第1期。

首届中日青年学者宋辽西夏金元史研讨会召开*

刘旭滢　张敬奎

2016年9月24—25日，“十一十三世纪东亚史的新可能性——首届中日青年学者宋辽西夏金元史研讨会”在复旦大学召开。此次会议由复旦大学历史系与日本宋代史研究会共同筹划，由复旦大学历史系承办。来自中日两国的26位学者就宋辽西夏金元各时期的政治、制度、思想、军事、经济、社会诸领域，及其研究的“新可能性”进行了深入的探讨。

首场报告关注文书研究与制度史。注意制度规定与运行实态，是近年来制度史研究的新取向。伊藤一马《南宋建立时期的中央政府和陕西地区——〈宋西北边境军政文书〉中的高宗〈登极敕书〉》指出在南宋初期，中央政府就与陕西地区恢复了联系，而后者也利用敕书进行军事重建。丁义珏《御药院研究之二——宋代御药院的机构职能》指出御药院具有极强的皇帝近密机构特质。藤本猛《直睿思殿与承受官——北宋末的宦官官职》认为这些宦官官职是为徽宗“亲政”体制发挥作用的。

南宋后期和宋末元初的政治、社会和军政研究，是近年来的一个学术增长点。小林晃《南宋四明史氏的没落——南宋后期政治史的一个侧面》对史氏内部严重对立说提出质疑，并指出后人未能继承前人的政治影响是导致史氏家族衰落的主要原因。小林隆道《显隐相交——宋末元初陵阳牟氏与〈玄妙观重修三门记〉》指出陵阳牟氏依靠基于“不仕”（隐）的名声来出仕（显），反映当时江南士人接受元朝统治的社会状况。温海清《元代江南三行省“万户路”问题析考——江南镇戍制度的一个侧面》对江南三行省万户府的设置进行考察，指出元代路级机构拥有一定的兵权且明代卫所的设置受元代影响。

扩大史料范围，通过新视角去研读现存史料，是本次会议“新可能性”的主要指向之一。山崎觉士《宋代的朝贡与贸易》以《宋会要辑稿》所载史料为基础，指出宋代是朝贡体系由礼仪行为向贸易行为转变的过渡时期。魏峰《试论宋代的灶籍》从《碛砂大藏经》等文献出发，论证了宋代灶籍的内部组织结构。刘江《帖与宋代地方政务运作》结合传世典籍与石刻材料，指出帖文虽功能灵活，但在政务运作中

* 该文原刊于《中国史研究动态》2017年第4期。

受集权体制的约束。

思想文化史专场论述了变革之际的学术思潮。姜鹏《“古文运动”与唐宋转型期的史学》指出这一时期的史学观念，经历了从讲究褒贬体例到道德评判的深化。张维玲《化身理学家——宋元之际福建莆阳士人的林光朝推崇运动》指出门派意识及地方认同有调整理学版图的能动性。

深入解读与分析文本，可以观察由个体或个案折射出的时代面貌和整体特征。饭山知保《〈西隐文稿〉所示的元明交替与北人官僚》指出元明交替之际，北人官僚的人脉关系有利于其在新朝的出仕。周云逸《从〈证类本草〉到〈本草纲目〉——十至十三世纪中国本草学的特点及影响》通过考察《证类本草》，总结了中国本草学的特点。渡边健哉《元大都礼仪空间》考察了祭祀的相关设施在大都城内的建设状况，探讨元代统治者对祭祀态度的差异。

史料的深入解读与新史料的结合会推动学界对北族王朝的研究。康鹏《〈马卫集书〉中的契丹“都城”——兼谈辽代的中西交通路线》结合传世典籍、考古资料及契丹小字，对契丹“都城”进行了考辨，同时复原了契丹时期中亚至契丹的一条交通路线。陈晓伟《契丹捺钵制度再论——以“四楼”问题为中心》通过对《朔漠图》及《通鉴续编》所记史料的辨析，坐实“四楼”为辽代建筑的史实并认为其为辽朝捺钵制度的雏形。马晓林《辽金元汪古马氏家族景教因素新探——兼论汪古族群认同之演变》通过叙利亚语文献材料与汉文史料之对勘，认为景教在辽金元汪古马氏族群认同的过程中扮演了重要角色。

第七场报告聚焦历史书写并探究书写时的具体语境。山根直生《“沙陀政权”是甚么人们？——五代后周朝之中国历史上的意义》通过对后周太祖、世宗两帝社会特性的研究，指出“沙陀政权”实质是一个“河北政权”，且该政权的建立对宋朝“前期民族主义”产生影响。小二田章《再论〈乾道临安志〉〈淳祐临安志〉——对南宋地方志编纂变化的理解》指出二者间存在“行在地方志”与“都城志”的差异，并表明南宋时地方志的编纂受政治需要影响。于磊《宋季常州守城及其在元代的历史书写——宋元交替意义再探讨》通过对不同史料所收关于宋末元初常州守城诸将记载异同的分析，重新检讨了元代以来对宋元鼎革及时代意义的认识。

会议期间，包伟民、虞云国、姚大力、平田茂树、久保田和男、余蔚等学者，就各场报告作了评议并对“十一十三世纪东亚史的新可能性”进行了回顾与展望。学者们认为，青年学者对史学研究“新可能性”的看法要更加全面，同时还要放宽研究视野。此外，各国学者要通过国际交流，充分借鉴“他者”研究的长处。而新可能，也不止意味着新材料与新问题。学者们应尽量尝试用新视角去研读现存史料，重新审视具有牵动性的传统议题。本次会议的召开，是对宋辽西夏金元史研究新可能的一次重要尝试。最后，会议讨论了 2017 年在日本召开第二届研讨会的相关事宜。

2017年中韩第七届宋辽夏金元史国际学术研讨会

彭赞超　李秀莲

2017年8月7—9日，由河北大学宋史研究中心承办的第七届中韩宋辽夏金元史国际学术研讨会在河北大学召开。来自韩国外国语大学、庆熙大学、庆南大学、水源女子大学和中国社会科学院、北京师范大学、中国人民大学、中央人民大学、西北大学、河南大学等多个国内外高校和研究机构的60余位专家学者参加了本次研讨会。与会学者围绕宋辽夏金元时期的政治军事、社会经济、思想文化等方面展开了深入探讨和交流。

河北大学副校长杨学新，中国宋史研究会会长包伟民，韩国宋史研究会会长、韩国外国语大学教授李瑾明，河北大学特聘教授、中国社会科学院学部委员史金波，光明日报史学版主编户华为等人先后致辞。

在主题研讨会上，史金波研究员、李瑾明教授、关树东研究员、姜锡东教授，分别作了《西夏社会文书对中国史学的贡献》《唐宋时期中央和地方之间疏通构造的变化》《辽宋金元诸朝颁赐铁卷考》《钢铁制造技术与宋军惧战之风》主题报告。在主题报告后，与会代表又分为政治军事、社会经济和思想文化文献三个分会场进行深入讨论。

本届研讨会宋史的相关研究成果丰富，共收到28篇论文：韩国外国语大学金相范《北宋都城东京的礼仪空间与城市景观》、河北大学丁建军《北宋天地分祭与合祭之争》、西北大学历史学院陈峰《宋朝官场的潜规矩》、韩国庆熙大学曹福铉《宋史荃职官志叙述的特点研究》、河南大学张文勇《宋代司法公正如何保障》、西南大学张文《宋代贫富认知的不同倾向》、河北经贸大学高楠《宋代阑遗物法初探》、扬州大学王旭《论宋代建制镇由军事向经济性质的转变——以澉浦镇为中心的考察》、首都师范大学张勇《中央视野下的区域定位与物资转输——以宋代淮南地区为中心》、河南大学仝相卿《北宋韩琦家族先世相关问题辨析》、北京师范大学游彪《草根的奋斗史：宋代一个普通人的异常生活轨迹》、韩国水原女子大学郑壹教《南宋战争对货币依赖性的表现与结果》、河北大学贾文龙《亦功亦伤：宋代地方治理中“短安长治”模式的生成》、上海师范大学赵龙《试论宋代知县县令的来源及其待遇》、河北大学王晓龙《论宋代地方政府行政成本问题的特点》、周口学院王丽歌《两宋淮南地区自然灾害考论》、四川大学粟品孝教授《周敦颐诗文的汇集过程及若干考辨》、韩国庆熙大学洪承兑《宋儒在〈治平要览〉中的地位及其影响》、河北大学周云逸《重医与驳医：宋代笔记所见儒、医关系》、河北大学王菱菱、刘潇《南宋地方政府编修方志探析》、河北大学张春兰《内丘扁鹊庙宋代考释脚注》、西北大学胡坤《台湾藏清钞本〈建炎以来系年要录〉版本蠡测》、西安电子科技大学刘缙《"北宋先天易学师承谱系"献疑》、韩国德成女大李锡炫《北宋后期高丽使的旅程和活动》、聊城大学郭学信《论宋代士大夫政治形态形成的时代特征》、河北大学杨波何慕《宋金时期泽州信仰空间分布研究》、山东大学谭景玉《宋代范讽三题》、山西大学张建伟《论语辨惑与宋代理学》。

辽西夏金元相关研究论文有17篇：中央民族大学耿涛《迭剌部的权力斗争与耶律阿保机建国》、赤峰巴林左旗公安局葛华廷《试探辽朝柴册仪之坛》、河北大学肖爱民《辽朝追尊皇帝钩沉》、辽宁大学孙伟祥《浅析后族与辽朝中期社会发展关系》、西北大学王善军、郝振宇《辽西夏金宗族研究综述》、河南大学曹文瀚《红袄军李全集团组成结构研究》、哈尔滨师范大学李秀莲《"正隆南征"的原因与历史意义》、中国社会科学院周峰《金代刘正墓铭考释》、河北人学周立志《金代五题》、吉林大学陈俊达《试论高丽人的金朝观》、河北大学闫孟祥《论李纯甫的心学体系》、河北大学梁松涛《西夏文学研究状况概述》、新乡学院乔东山《论元朝攻宋战争中的招降战术——以襄阳之战为例》、韩国江原大学校尹银淑《丽蒙关系的性格和两国通婚》、北京师范大学姜海军《蒙古汗国时期的文化政策及其对儒学的态度》、滁州学院朱春悦《宁晋人陈祜和他所面临的元初时代变革》、山东师范大学杜立晖《黑水城文献所见元代仓库的纳粮流程》

隋唐五代相关研究论文有4篇：韩国外国语大学金韩信《唐末五代江南地区藩镇割据政权与民间宗教》、湖北大学刘广丰《从军队到朝堂：唐末五代沙陀贵族妇女权力考析》、渤海大学辛时代《五代赵凤墓志考释——兼议中国历史上"第二次南北朝"》、辽宁大学耿元骊《五代十国时期海外贸易》。

其他方面的研究：成都师范大学董春林《财帛难收：军事视域下内藏财力的下移》、河南大学祁琛云《资序家世、地理空间与职任迁转》、延安大学高建国《明清方志中的折太君传记及相关问题研究》

此次研讨会，中、韩两国学者在宽松和热烈的氛围中进行了商讨和辩论，在平等的学术交流平台中实现了两国宋辽夏金元史学界的互利互信，提出了一些富有创见的观点，激发了新的学术生长点，增进了双方的友谊与合作，推进了两国宋辽夏金元史学的共同发展。

第三届中国人民大学考古国际学术研讨会·中国北方考古与欧亚文明学术会议

彭赞超　李秀莲

2017年9月16—17日，第三届中国人民大学考古国际学术研讨会·中国北方考古与欧亚文明学术会议在中国人民大学召开。本次会议由中国人民大学北方民族考古研究所、中国人民大学历史学院考古文博系主办，吉林大学边疆考古研究中心、俄罗斯科学物质文化研究所、蒙古国科学院历史与考古研究所协办。

来自俄罗斯、蒙古、韩国、日本、美国、英国、瑞士、乌克兰和中国60余位知名学者参加此次会议。研讨会围绕“中国北方考古与欧亚文明”这一主题，展开了深入的讨论。

9月16日上午9时，会议在中国人民大学逸夫会议中心第二报告厅开幕。开幕式由中国人民大学历史学院副院长吕学明教授主持，中国人民大学党委常务副书记张建明教授、国家文物局文物保护与考古司考古处处长张凌、中国社会科学院考古研究所原副所长白云翔研究员、蒙古国科学院历史与考古研究所主任特尔巴图、四川大学历史文化学院院长霍巍教授、中国人民大学考古文博系主任魏坚教授先后致辞。

主题汇报之后，会议分为“发现与研究”“文化与技术”“互动与交流”和“宗教与艺术”四场。第一场“发现与研究”，由学者们介绍了俄罗斯、中亚、蒙古、中国新疆、内蒙古、东北等地的最新考古调查与发掘情况，内容涉及范围广，且为2017年发现的最新成果。这一会场共有14名学者进行了发言，分别是：策·宝勒尔巴特《蒙古北部伊赫托勒宝尔山谷的旧石器考古——以旧石器时代晚期早段为中心》；丛德新《新疆青铜时代早期游牧遗存的确认及其意义——以新疆博尔塔拉河流域为中心》；贾笑冰《新疆博尔塔拉河流域青铜时代文化研究新进展》；阿列克谢·提什金《西西伯利亚和阿尔泰南部铁器时代早期民族文化——对现有文化之回顾》；查·特尔巴图《发现与挑战——区域背景下的蒙古西部早期青铜时代》；约书亚·怀特《蒙古国西南部的巨型遗迹和政治景观》；王建新《古代农牧关系的不同模式》；尼古拉·斯热金《中亚不同地区中世纪早期突厥文化的共性与个性——基于墓葬复合体的比较性阐释》；孙危、肖霄《赤谷城地理位置的探索及研究展望》；程鹏飞《蒙古国后杭爱省和日门塔拉城址（三连城）考古发掘收获》；玛丽娜·库鲁诺甫斯卡娅《中西伯利亚阿凡托瓦遗址的新材料——1世纪末的图瓦即北部中亚匈奴出现之证据》；宋国栋《内蒙古准格尔旗脑包湾唐代陈氏家族墓地的考古发掘收获》；高桥学而《辽河流域辽代城郭的特征浅析》；赵永军《金上京遗址考古收获》。

第二场“文化与技术”，共有8位学者进行了发言，依次为：朱泓《新疆罗布泊小河墓地的体质人类学研究》；朱莉娅·克拉克《蒙古国北部达尔哈特地区的游牧生活——蒙古国北部考古项目的发现》；丁山《北亚青铜时代的多规模社区——地方政治和跨区域景观》；陈丹妮《新疆史前建筑文化和草原游牧的空间分析》；邓淑苹《玉带——中国北方与欧亚草原的文化结晶》；朴淳发《简介几种环黄海文物和其历史意义》；林梅村、马丽亚·艾海提《嚈哒在天山阿尔泰山的兴起——兼论嚈哒人对铁马镫初传中亚草原之贡献》；娜塔莉娅·索罗耶娃《当代数字科技在考古与建筑考古遗址的应用——古代巴尔米拉的3D模型》。学者们分别介绍了中国北方地区的考古遗址情况和蒙古国的一些考古项目，并在复原文物技术方面进行了研究。

第三场“互动与交流”，共有10位学者进行了发言，分别是：刘学堂《“最初中国”西部版图的动态拓展》；于建军《农牧文明的边界——人类学视野下的早期亚欧草原考古》；王辉《环青藏高原东缘新石器时代至汉代的文化互动》；杨建华《毛庆沟墓地发掘的意义》；乔梁《早期金属时代中外文化联系的走向——读杨建华教授等著〈欧亚草原东部的金属之路〉有感》；劳伦斯·包默尔《考古学视野下中国—罗马帝国的交流》；郑君雷《汉晋北方游牧部族社会组织考察》；町田吉隆《内蒙古自治区东部的方形城郭都市遗迹城市景观的考察——以10—11世纪的辽中京城址为例》；武田和哉《中国古代都城与日本古代都城》；安可·海恩《类型学导向的中国考古学——对方法与问题的再评估》。学者们从农牧业文化入手，探讨了中外文化的联系和比较，同时也对中国考古学方法以及其产生的问题交换了意见。

第四场“宗教与艺术”，共有8位学者进行了发言，分别为：那·巴图包勒德《蒙古国岩画研究的最新成果》；韩建业《略论新疆地区四千年前的萨满式人物形象——兼论康家石门子岩画的年代》；王晓琨、柏嘎力《锡林郭勒岩画的类型与分布》；梁银景《云冈窟顶上部佛教寺院遗址的布局和中西文化交流》；徐光辉《北朝丈八佛像的考古学研究》；李延祥《哈密两处古绿松石矿初步考察研究》；黄翠梅《中国新石器时代末期至青铜时代早期的镶嵌绿松石腕饰》；霍巍《吐蕃金银器与欧亚草原文明》。学者们就佛教考古以及美术考古进行了专题讨论。

9月17日下午4点，大会举行闭幕式。闭幕式由中国人民大学历史学院副院长吕学明教授主持，中国人民大学历史学院院长黄兴涛教授致答谢辞，吉林大学边疆考古研究中心主任朱泓教授、俄罗斯科学院物质文化史研究所副所长娜塔莉雅·索罗耶娃先后发表讲话，中国人民大学考古文博系主任魏坚教授作了会议总结。此次会议是一次成功的国际学术交流会议，会议内容地域范围横跨亚欧大陆；研究年代跨度从旧石器时代、青铜时代至早期铁器时代。本次研讨会水平高，参会学者都是在中西文化交流研究领域学有所成，很多人都是各自领域的领军人物。本次研讨会还通过网络进行全程直播，扩大了研讨会的影响。

梨树辽金文化研讨会·2017

彭赞超　李秀莲

2017 年 9 月 20 日，由梨树县县委、梨树县人民政府、中国民族史学会辽金暨契丹女真史分会主办的“梨树辽金文化研讨会”隆重召开。本次会议以“挖掘辽金历史、彰显文化特色”为主题，邀请了国内知名辽金历史文化研究专家和学者参会。梨树县拥有丰富的辽金历史文化资源，研讨会就梨树地区辽金文化历史进行了深入交流，对梨树县辽金文化进行深度挖掘，进一步探讨韩州古城在辽金文化历史中的地位和价值。本次研讨会也为梨树打造其独特的地域文化和开发旅游资源奠定了基础。

与会代表进行集体合影

会议上中国辽金史学会名誉会长齐心，辽金史学会顾问研究员都兴智，辽金史学会会长韩世明，辽金史学会副会长李大龙、刘宁，辽金史学会秘书长关树东，辽金史学会理事张国庆、李秀莲、吴凤霞、任仲书、王永年等专家先后作了主题发言。

会上学者对梨树建城史进行了讨论，认为辽金时期梨树已经建成，这是有大量的文物资料和文献资料所支撑的。对于韩州古城的历史意义与会专家也进行了讨论，认为韩州古城的考古研究需要进一步细化，在重视考古资料的同时也应注重与历史文献资料相互印证。辽金韩州城因地理环境变迁的影响，其中水患、风沙、交通等原因，三迁四治，最终到达梨树，这充分说明了梨树当时地理环境的优越，交通便利，是符

中国辽金史学会名誉会长齐心发言

合当时建城规划的。在梨树考古的过程中，文字资料解读尚且不足，需要继续深入研究。偏脸城的保护十分重要，应该更进一步深入考察，弄清城市的基本构架、城中道路和城外护城河的走向，这对日后的古城复原是有重大意义。古城既然要复原就不能单单复原其外在，而要注意其“内在”，这才是复原工程的灵魂。此外，九百奚营也在此地，应将奚族文化一并复原，增加文化亮点，充实辽金文化的内容。从旅游角度看，建立特色小镇一定要有特色，文化牌是当今发展旅游业的重点。应该把梨树特色的辽金文化、二人转文化、红色文化和诗歌之乡联合起来，综合运营。对梨树地区古城开发的核心原则是：保护为主，抢救第一。

四平市政府高度重视辽金文化的研究，2015 年就曾举办“辽金文化高端论坛”。梨树县是农业大县，而且在蔡家镇建立了农耕博物馆。梨树是二人转之乡、诗歌之乡，其艺术产业发展较为突出。

梨树县具有深厚的文化底蕴，距今 6000 多年前就有人类在这一地区活动。辽金时期，梨树更是繁华一时。近现代，改变解放战争中东北战局的四平保卫战更是为人所知。经过历史学家和地方专家的搜集和研究，出版了《沧桑偏脸城》《梨树古韩州》等具有地方特色的历史研究专著，对于地域研究有着非常大的作用，并得到了国内外学者的关注。梨树大量出土的文物证实了早在秦汉乃至先秦时期，就已经有人在梨树地区活动，并且其文明传承并未间断，除汉族以外，高句丽、契丹、女真、蒙古以及满族都相继活跃在这一地区。

历史元素应与地域自然风貌相互结合，人文与自然相互协调。遗址公园的建设应加入文化要素，人文景观和自然景观需相互协调，有自己的地域特色，不能完全仿古。遗址公园应该尊重历史，但是可以适当地加入传说故事，打造精品，风情小镇的

中国辽金史学会会长韩世明发言

一些命名可以用古地名或历史人物的名字。

对于韩州是城还是城市，学者们展开了争论。偏脸城的命名应该跟当时少数民族语言有着直接的关系，“偏脸”就是“交换”的意思，也就是说偏脸城的功能更加倾向于贸易集散地。对当地博物馆的建设，学者也提出了自己的意见，应抓住当地的特色，并且大力引进人才，设计博物馆时要专业，要打破常规，不拘一格。

与会学者一致认为梨树历史文化资源丰富，交通方便。基于此旅游文化产业应大力发展，在发展的同时必须要有自己的特色，旅游要打“文化牌”，把辽金文化作为梨树旅游业发展的重点。坚持物质文化遗产和非物质文化遗产相互结合，双管齐下才能够得到更好的效益。学者还提出应建立特色博物馆的想法，使旅游资源多样化，得到了其他学者的支持。发展旅游业的同时还需要加大对辽金文化相关产品的发展，如特色旅游村、旅游纪念品等。发展旅游业的同时应加强对梨树历史的宣传，充分发挥媒体传播的作用，特别是互联网媒体技术的应用，扩大宣传。

北方丝绸之路与东北亚民族学术研讨会

彭赞超　李秀莲

2017 年 9 月 27 日至 10 月 1 日，由中国中外关系史学会与黑河学院共同主办，中外文化交流史研究专业委员会、黑河学院远东研究院承办的“北方丝绸之路与东北亚民族学术研讨会”在黑河市隆重召开。

会议开幕现场

中外关系史学会中外文化交流史专业委员会正式落户黑河学院。

此次学术研讨会深入探讨北方丝绸之路在我国经济发展中的地位以及东北亚经济发展中的重要作用。研讨会首先进行主题报告：中国中外关系史学会会长、中国社会科学院历史研究所万明研究员作了《明代中俄第一次直接接触：西方探寻“契丹”的又一面相》的报告，报告中揭示了 1618—1619 年俄国人佩特林首次来华的性质，并认为此次的来华并非官方性质的活动，亦非“地理大发现”，仅证明佩特林是第一位真正到达中国的俄国人。

复旦大学中国与周边国家关系研究中心主任石源华教授作了《东北亚地域新秩序与东北亚经济走廊建设》的报告，从国际关系角度论述了东北亚国际关系格局中

揭牌仪式

的重要性，呼吁更多的学者关注东北亚在“一带一路”规划和实施中的重要性；黑河学院特聘教授、远东研究院名誉院长王禹浪教授作了《黑龙江上游右岸西沟古城的发现与研究》的报告，阐明了西沟古城所蕴含的重要文化价值，特别是在古城中发现的“金代经略使司之印”将黑河市的城史提前了500年；安德烈·扎比亚科作了《阿尔哈拉河岩画》的报告，介绍了具体考察的过程以及岩画图像和其代表的含义。

在主题报告后，与会的百余名学者分为三个会场，分别围绕北方丝绸之路的内涵和范围与传统丝绸之路的关系、北方丝绸之路与振兴东北的历史与现状、中俄蒙经济走廊与黑龙江河海联运的可能性、“一带一路”建设中的东北亚区域文化与宗教、中俄远东地区国际关系与环境变迁、中俄黑龙江流域古代民族筑城及其边疆城镇化与民族变迁、中外贸易与文化交流及中外关系史等诸领域研究、以海关为中心的中俄黑龙江流域的口岸研究、黑龙江流域古代民族分布等相关议题进行热烈研讨。在第二分会场之中，烟台大学王明星作了《阿骨打先祖函普身世考——〈金史〉相关资料解读》的报告，通过对相关古籍资料的分析和整理，得出阿骨打的先祖函普是女真人的这一结论。

在闭幕仪式上，三组分会场的负责人分别总结了各会场研讨情况。山东师范大学历史与社会发展学院朱亚非教授进行了大会的最终总结，认为此次“北方丝绸之路与东北亚民族学术研讨会”是东北史研究的一次盛会，会议讨论内容丰富，以全新的思路对“一带一路”规划中的“北方丝路带”进行了探讨，弥补了以往学界对北方通往俄国之路的研究空间，促进了中俄文化的交流，有利于中俄关系的发展。黑河

会议讨论现场

学院曹百瑛书记致闭幕词，对所有参与此次学术研讨会的学者表示衷心感谢，并表示此次研讨会是一次高水平、国际化的学术盛会。此次盛会进一步加强了与国际国内大学、研究机构的交流，进一步扩大了黑河学院的知名度。黑河学院定当以此作为契机，加强自身学术研究水平。

第四篇

学术动态

【“西京印迹——大同辽金文物展”巡展】

2017 年 3—10 月，由大同市博物馆主办，南通博物苑、新疆维吾尔自治区博物馆、新疆巴音郭楞蒙古族自治州博物馆和河北邯郸市博物馆协办，主题为“西京印迹——大同辽金文物展”在上述四地进行巡回展览。来自大同市博物馆 109 件（套）辽金时期的珍贵文物与广大市民见面。此次展览的文物中包含石器、铜器、铁器、陶器、瓷器、金银器、家具、雕塑、壁画等九个门类，展品相当丰富，为我们更好地了解辽金时期社会生活提供了实物资料。

（彭赞超）

【2017《中国辽夏金研究年鉴》编辑工作会召开】

2017 年 4 月 24 日上午，由中国社会科学院西夏文化研究中心、中国民族史学会辽金契丹女真史分会、中国社会科学出版社主办的《中国辽夏金研究年鉴》编辑工作会议在中国社会科学院民族学与人类学研究所第三会议室召开。出席此次会议的主要成员有，年鉴主编史金波、宋德金，中国社会科学出版社年鉴与文摘分社社长张昊鹏，中国社会科学院民族学与人类学研究所周峰研究员、陈晓伟博士，宁夏大学杨浣研究员，辽宁师范大学李玉君教授，中国藏学研究中心魏文博士。

会议由宋德金主持，主要议题为李玉君任执行主编年鉴 2016 年的相关栏目和主要内容。与会代表对年鉴内容的安排进行了商讨与安排，最后确定了主要文章的撰稿人。

（彭赞超　李秀莲）

【山西省考古研究所 2016 年度考古成果汇报会】

2017 年 1 月 12—13 日，山西省考古研究所 2016 年度考古成果汇报会隆重召开。会上集中展示了 21 个考古项目。其中不仅有丁村遗址、大河口墓地、晋阳古城遗址、蒲州故城遗址等大遗址考古项目，也有配合西气东输山西段基本建设的考古发掘，还有抢救性发掘项目。汇报项目时代自旧石器时代至宋元时期。

刘岩以“蒲州故城遗址 2012—2016 考古工作汇报”为主题进行了汇报。2015—2016 年的考古工作主要在蒲州故城西城内西北部展开，发现了一段东西走向的城墙遗址，经过精细发掘和分析，认为该城墙始建于北朝，唐代沿用并进行大规模增筑，宋金时期该段墙体被废弃，改为建筑基址使用。本次考古发掘对进一步探讨蒲州故城的规模以及城市变迁都具有十分重要的意义。

贾尧以“河津固镇宋金瓷窑址”为主题进行了汇报。固镇遗址的发掘，填补了山西地区无制瓷遗迹的空白，为研究宋金时期河津窑的制瓷流程、烧窑技术、烧装方法提供了新的考古材料。通过对金代瓷枕的对比，在美国、日本等地均发现有该类窑同类产品，为国内外相关的瓷枕藏品及出土品找到了烧造的出处，对研究河津窑所产瓷器外销有着重要的学术价值。

本次考古成果汇报会取得了极大的成功，对 2016 年度考古进行了全面总结，其中一些新的考古发现对于研究相应时期国内外文化交流和贸易等方面学术意义重大。

（彭赞超　李秀莲）

【张家口沽源举办辽金元历史文化研讨会】

2017年3月9日，张家口市沽源县召开辽金元历史文化研讨会。本次研讨会邀请到中国作家协会、市文联、县作协、县历史文化研究会等20余位专家学者参会。本次研讨会本着“讲沽源故事、发沽源声音、树沽源形象、创沽源品牌”的总体思路进行讨论。

沽源县有6000多年的历史，文化底蕴深厚，历史文化研究意义重大。与会学者围绕金代景明宫、忽必烈“龙兴之地”、梳妆楼元墓、元代察罕脑儿行宫、元代宏城遗址、九连城遗址等古迹的保护开发利用进行了讨论。与会代表认为，沽源县作为辽金元三代帝王避暑胜地，具有大量的可挖掘的历史旅游资源，应把握历史文化背景、开放思路，以历史文化资源为主，把沽源县打造成历史文化强县、历史文化旅游强县。着重对相关的历史文化资源进行整合，并形成系统的历史文化产业链。通过书籍、影视剧以及互联网宣传等方式加大对沽源县历史文化的宣传。在研讨会上，各位专家学者各抒己见，深入探讨，对沽源县历史文化资源保护和利用提出了更多更好的建议和意见。

（彭赞超　李秀莲）

【2022年北京冬奥会张家口奥运村太子城遗址考古勘探全面展开】

2017年5月12日，河北省文物局为保障2022年北京冬奥会张家口奥运村工程顺利建设，落实《2022年冬奥会和冬残奥会张家口文物保护利用规划实施方案》，经国家文物局批准，河北省文物研究所、张家口市文物考古研究所和崇礼区文广新局联合组成考古队，于5月12日起对张家口奥运村所在太子城遗址进行全面考古勘探工作。

太子城遗址位于张家口市崇礼区四台嘴乡太子城村，是一处辽金时期城址，为区（县）级文物保护单位。经过专家初步考证，该遗址的面积达13万余平方米。对太子城遗址进行考古发掘有利于研究张家口辽金时期的政治、经济、军事等相关问题，提升张家口市文化内涵。

（彭赞超）

【宁夏回族自治区主席咸辉调研宁夏大学西夏学研究院工作】

2017年3月20日下午，宁夏回族自治区党委副书记、自治区主席咸辉，在自治区副主席马力、自治区政府副秘书长、自治区教育厅厅长郭虎、自治区科技厅厅长马清贵等人陪同下，来宁夏大学西夏学研究院调研。宁夏大学党委书记金能明、校长何建国、副书记赵利宁陪同调研。金能明书记首先介绍了宁夏大学总体规划，接着咸辉主席一行到二楼西夏学研究院成果展览室，杜建录院长介绍了西夏学研究院学术团队、研究成果、人才培养、学科建设、中俄西夏学联合研究等情况。咸辉主席不时提问，现场气氛热烈。

咸辉主席充分肯定了宁夏大学在西夏学研究特别是中俄西夏学联合研究方面取得的成绩，并就今后的工作提出了宝贵意见和殷切期望：一是西夏学是宁夏大学最具特色的学科，也是宁夏的金字招牌，得到了国家的重视和支持，今后要进一步加强研究；二是要加强学术团队建设，目前的研究团队规模比较小，要培养好人才，让更多年轻人热爱西夏学，研究西夏学，长江学者要做好传帮带，要后续有人，绝对不能断档。甘肃敦煌学有敦煌研究院和兰州大学的敦煌学研究基地，要和他们多联系，向他们学习；三是政府要大力支持，在“双一流”建设中，自治区政府给宁夏大学1.5亿元的支持，对于这样的学科要在软硬件、科研经费、人才引进等方面给予倾斜，提高宁夏的西夏学研究水平；四是要进一步加强同俄罗斯等国家的国际交流合作，增强国际上的影响力和话语权，为国家增光，还要为西夏陵申报世界文化遗产起到很好的学术支撑；五是对长江学者这样的领军人才、尖子人才要关心好，呵护好；六是西夏学是宁夏最有特色的学科，西夏壁画是敦煌壁画的重要内容，希望把西夏学打造成和敦煌学一样具有国际影响力。

（于光建）

【国家社会科学基金特别委托项目“西夏文献文物研究”的重点项目、教育部哲学社会科学重大委托项目《西夏文大词典》第三次编纂工作会*】

教育部哲学社会学重大委托项目《西夏学大词典》2017年5月25日正式在宁夏回族自治区银川市开题，30余位西夏学专家将合力编纂这部约600万字的大型工具书，让“书写在古籍里的文字活起来”。

这一重大项目由中国社会科学院学部委员、宁夏大学特聘教授史金波主持，全国近20家单位的30余位学者共同参与，预计于2019年结题，2020年出版。老一辈西夏学学者已经编纂了一些解释西夏文的工具书，如《文海研究》《夏汉字典》等，但随着西夏学的新进展，以单字为条头的字典已不敷使用。在此背景下，中国学者决定编纂一部内容丰富、释义准确的《西夏文大词典》，为进一步释读西夏文文献提供科学依据。

史金波说，编纂这样大型的西夏文辞书是几代西夏研究人员的梦想，但长期以来不具备条件，一是没有掌握大量西夏文文献，二是被解读的西夏文文献较少，三是能解读西夏文文献的人员很少，无法承担这样的任务。据了解，《西夏文大词典》资料来源涵盖目前所见所有西夏文文献种类，既包括印本（刻本和活字本），也包括写本；既有楷书文献，也有行书和草书文献；既有世俗文献，又有宗教文献以及金石铭文等。所收词既包括普通语词、

* 该文部分转载自中国社会科学院网站。

宗教语词、风俗和典章制度语词等，也包括与词有同等地位和相同功能的固定词组、成语、习语、定型化的短句等固定结构。总之，凡在西夏文文献中出现的词语尽量收入。

史金波说，词典编纂完成后可为西夏学界提供一部包含最大量西夏文词语的工具书，无论是已经有较好西夏文译释基础的专家，还是初学西夏文者，皆可借助这部工具书，更方便、更有效地从事西夏文文献的译释工作，从而推动西夏研究的发展。即便是其他专业工作者，也可借助本词典查找、了解想要知道的西夏文语词。

（廖莎莎）

【教育部哲学社会科学重大委托项目《西夏多元文化及其历史地位》《西夏文大词典》开题报告会暨学术研讨会召开】

2017 年 5 月 25 日，教育部哲学社会科学研究重大委托项目《西夏多元文化及其历史地位研究》《西夏文大词典》开题报告会暨学术研讨会在银川市召开。自治区教育厅副厅长王春秀，北京大学副校长田军仓、相关专家出席开题报告会。杜建录教授主持会议，课题组成员参加了会议。

会上，《西夏多元文化及其历史地位研究》负责人陈育宁教授与《西夏文大词典》负责人史金波研究员，分别报告了所主持项目的主旨、意义、各子课题的内容结构以及进度安排等。与会专家进行了热烈的评议。比起以往西夏文化研究，《西夏多元文化及其历史地位研究》更加突出具体文化形态、内涵特征分析和历史地位评价的研究。《西夏文大词典》编撰完成后，可为西夏学界提供一部包含最大量西夏文词语的工具书，在凝聚和提高已有科研成果的基础上，又有很多新的发现和新的认识，为进一步整理西夏文献奠定新的基础，更牢固地立足西夏学学科发展前沿，是一项在国内外取得西夏研究话语权的创新成果。

经过几代学人的不断努力，曾经是“绝学”的西夏学走出国门，走向国际，已成为一门国际显学，在昔日的建都之地昭示出它勃勃的生机。在宁夏和全国各地的西夏学专家、学者的带动下，一批年轻的西夏学学者正在迅速地成长。重大项目的实施和完成，将会在西夏历史、语言、文化研究方面取得重大突破，产出一批具有深远影响的学术成果，推动西夏学跨越式发展，带动相关民族学学科建设。

（廖莎莎）

【史金波著《西夏经济文书研究》入选 2016 年度《国家哲学社会科学成果文库》*】

2017 年 5 月 17 日，构建中国特色哲学社会科学工作座谈会在北京召开，并为 2016 年度《国家哲学社会科学成果文库》入选作品作者代表颁发荣誉证书。中国社会科学院学部委员史金波著

* 该文原刊于中国社会科学网。

《西夏经济文书研究》成功入选2016年度《国家哲学社会科学成果文库》。据报道，全国有48项成果入选2016年度《国家哲学社会科学成果文库》，入选成果政治方向正确，具有重要的理论意义和实践价值，以及较强的创新性和开拓性，体现了该研究领域的前沿水平。

《西夏经济文书研究》是2006年申报批准的国家社会科学基金项目，2012年完成，2013年被评为优秀结项项目。后经4年修订、补充，2016年入选《国家社会科学基金成果文库》，由社会科学文献出版社2017年3月出版，全书82.3万字。

（段 靖）

【第五届西夏学国际学术论坛暨黑水城历史文化研讨会成功召开】

2017年8月12—15日，由宁夏大学西夏学研究院、内蒙古自治区阿拉善盟文化新闻出版广电局联合主办的第五届西夏学国际学术论坛暨黑水城历史文化研讨会在阿拉善盟召开。

论坛开幕式由宁夏大学西夏学研究院院长杜建录主持，阿拉善盟领导和著名专家陈育宁、史金波研究员分别致辞。来自中国、法国、加拿大、澳大利亚以及中国香港、中国台湾70多家单位（法国阿尔多瓦大学、加拿大哥伦比亚大学、澳大利亚麦考瑞大学、中国社会科学院、中国人民大学、中央民族大学、香港中文大学、台湾“中研院”、台湾“故宫博物院”、中山大学、兰州大学、四川大学、陕西师范大学、首都师范大学、暨南大学、宁夏大学、北方民族大学、宁夏社会科学院、内蒙古博物院、内蒙古自治区文物考古研究所等）150多名专家学者出席。开幕式后的主题报告围绕西夏社会文书、西夏文明以及黑水城遗产保护展开。

西夏学国际学术论坛每两年举办一届，是国际西夏学最重要的学术交流平台，目前已举办四届。和前四届论坛比较，本届论坛具有如下特点：一是与会学者和提交论文最多，共收到论文150余篇。二是研究领域广泛，除了佛教文献、语言文字外，社会文书、政治制度、经济文化、出土文物、洞窟造像、绘画艺术、交通地理、民族关系都受到专家的关注。三是论文报告和实地探研相结合，专家学者通过对西夏文献出土地黑水古城的实地考察印证西夏历史研究。黑水古城是西夏黑水镇燕军司所在地，20世纪初这里出土的大批文献催生了一门新兴的学问——西夏学，第五届西夏学国际学术论坛选在黑水城所在地阿拉善盟召开，既是一次学术会议，也是一次寻根之旅。四是推出《中国藏黑水城汉文文献释录》《西夏文献研究丛刊》（宁夏大学西夏学研究院编纂）、《西夏学文库》（宁夏大学西夏学研究院和中国社会科学院西夏文化研究中心编纂）等一批成果。《西夏学文库》是国家“十三五”重点出版计划和国家出版基金资助成果，分为著作卷、论集卷和译文卷三部分，由史金波、杜建录主编，甘肃文化出版社出版发行，计划出版100种，集中展示百年西夏学研究成果。

（于光建）

【俄中西夏学联合研究成果发布暨研讨会在俄罗斯圣彼得堡召开】

2017 年 8 月 21 日，俄中西夏学联合研究成果发布暨研讨会在俄罗斯科学院东方文献研究所召开。来自中国宁夏大学西夏学研究院、俄罗斯科学院东方文献研究所、艾尔米塔什博物馆、圣彼得堡大学等单位的专家出席会议。

俄罗斯科学院东方文献研究所所长、中俄西夏学联合研究所俄方所长波波娃教授主持会议并介绍项目研究和成果出版情况。宁夏大学西夏学研究院院长、中俄西夏学联合研究所中方所长杜建录教授，圣彼得堡大学副教授、中国人民大学特聘教授索罗宁，俄罗斯科学院东方文献研究所特藏部负责人巴格达诺夫等人先后发言。杜建录教授介绍了中俄西夏学联合研究背景、进展、最新成果以及下一步计划，并代表宁夏大学西夏学研究院向波波娃教授和萨玛秀克教授颁发了兼职教授聘书。宁夏大学西夏学研究院副院长彭向前研究员以及潘洁副研究员、于光建副教授、张海娟博士等出席了上述活动。

2010 年，在国家领导人的亲切关怀和教育部国际司的大力支持下，宁夏大学成立中俄西夏学联合研究所，到 2017 年，相继举办 5 届西夏学国际学术论坛，出版 21 种（册）联合研究成果。

（于光建）

【北方民族大学举办“第三届西夏文献解读研讨班”】

2017 年 9 月 16 日，旨在为西夏学者和西夏学爱好者提供打开西夏宝库钥匙的“第三届西夏文献解读研讨班”，在宁夏银川北方民族大学举办开班。已经连续举办三年的研讨班始终致力于西夏学的交流、学习和研究，为许多青年学生提供了一个与西夏学圈子里的知名学者接触的平台。

三届的研讨班每年都有新的变化，2017 年台湾学者林英津、日本学者荒川等人虽然没有来，但每年都会莅临研讨班的，为前来学习的西夏学者带来精彩讲座的中国社会科学院聂鸿音老师、孙伯君老师以及宁夏大学、北方民族大学的诸位老师则都带来了与自己研究相关的学术报告。兰州大学的知名学者郑炳林教授的莅临，以及西南大学相关学者对南方少数民族语言学的研究，也为这次的研讨班增添了不少“超越西夏”的色彩。

第三届西夏文献解读研讨班为青年学者带来了知识的扩充和研究方法的启迪，对他们而言是一笔巨大的财富。

（段　靖）

【西夏学科参加“回鹘、西夏、元代敦煌石窟与民族文化学术研讨会”】

2017 年 10 月 13—17 日，敦煌研究院主办的“回鹘、西夏、元代敦煌石窟与民族文化学术研讨会”在敦煌莫高窟召开。鉴于唐宋以来，西夏、回鹘、元代的敦煌石窟常常混淆不清，分期断代研究存在着很大的局限性，缺乏比较研究等问题，此次学术会议希望能够为回鹘、西夏、元代洞窟找到断代坐标或者基本线索，为晚期石窟断代这一国际性学术难题的解决投下一丝亮光。

这次会议的主题包括：回鹘、西夏、元代的敦煌石窟、敦煌民族文献与历史文化研究、其他与石窟或民族文化相关的研究。100多位国内外回鹘学、西夏学、元史、敦煌学、石窟艺术、民族学、宗教学等研究领域的专家学者共聚一堂，围绕敦煌地区遗存的回鹘、西夏、元代石窟的形制、特点、分类、异同等问题展开热烈讨论，同时探讨了敦煌民族文献与西北历史文化的关系问题。张琰玲、孙颖慧、魏淑霞、王艳春代表西夏学学科应邀参会，分别提交了《元代海道都漕运万户府达鲁花赤买述丁考》（张琰玲、王艳春）和《西夏职官制度变迁之影响因素探析》（魏淑霞、孙颖慧）两篇论文，同与会专家交流研讨了元代西夏遗民问题和西夏职官制度。

这次学术会议为寻找回鹘、西夏、元代洞窟的断代坐标和基本线索奠定了基础，有助于解决晚期石窟断代这一国际性学术难题，为敦煌学研究提供了新的增长点。

（段　靖）

【宁夏大学西夏学研究院举办首届“神韵西夏”文创产品大赛】

2017年11月19日上午10时，由教育部人文社科重点研究基地宁夏大学西夏学研究院主办的首届“神韵西夏”文创产品大赛在宁夏大学怀远校区西夏学研究院（逸夫楼）拉开帷幕。宁夏大学副校长许兴教授出席开幕式，评审专家、入选作品作者及西夏学研究院师生等近百人参加了开幕式并观看了展览。开幕式由宁夏大学西夏学研究院院长杜建录教授主持。

许兴副校长致开幕词。他首先代表学校向莅临首届“神韵西夏”文创产品大赛开幕式的各位领导、嘉宾、评审专家、参赛选手表示热烈的欢迎。他说西夏学既是一门国际性的学问，也是一种地域特色鲜明的学术文化，是我们宁夏当地着力打造的文化品牌。宁夏大学西夏学研究院响应学校的号召，凭借自身的优势，率先举办首届“神韵西夏”文创产品大赛，这种做法值得肯定。

此次组委会收到各类文创作品60余件，经过专家初审，实物类作品13件和设计类作品11件入围，进入大赛评奖。参赛作品题材丰富、形式多样、风格鲜明，集思想性、艺术性、观赏性于一体。各位参赛选手在向大家尽情展现充满创意的产品和饱含时尚魅力同时，也是通过艺术手段对西夏多元文化进行艺术上的再诠释。相信此次大赛一定能架起西夏文化与经济融合、西夏文化与旅游融合、宁夏大学与区内外各相关单位密切联系的友谊桥梁，有助于进一步提升宁夏影响力、知名度和文化软实力。

（于光建）

【宁夏回族自治区批准宁夏大学“西夏学国际一流团队建设”项目】

2017年12月7日，宁夏回族自治区人才工作协调小组发文，公布2017年第二批自治区人才项目，由“长江学者”杜建录教授为首席专家的“西夏学国际一流团队建设”获准立项，资助经费100万。按项目要求，将围绕《西夏通志》《西夏文大词典》《西夏多元文化及其历史地位》等一批国家级重大项目和中俄西夏学联合研究项目，产出一批高水平成果，培育具有国际视野，引领国际西夏学发展的一流团队。

宁夏回族自治区人才项目是自治区党委、政府为建立集聚人才体制机制，促进人才与经济社会协调发展，打造丝绸之路经济带战略支点，为自治区社会经济转型发展提供有力的人才保证而设立的人才强区战略项目，由自治区人才工作协调小组办公室统一管理。

（于光建）

【《西夏经济文书研究》入选2017年度国家社会科学基金中华学术外译项目】

中国社会科学院民族学与人类学研究所史金波研究员著《西夏经济文书研究》入选2017年度国家社会科学基金中华文化外译项目。中华学术外译项目是国家社科基金项目的主要类别之一，主要资助代表中国学术水准、体现中华文化精髓、反映中国学术前沿的学术精品以外文形式在国外权威出版机构出版并进入国外主流发行传播渠道，旨在深化中外学术交流与对话，增进世界了解中国和中国学术，增强中国学术国际影响力和国际话语权，不断提升国家文化软实力。

《西夏经济文书研究》是2006年申报批准的国家社会科学基金项目，2012年完成，2013年被评为优秀结项项目。后经4年修订、补充，2016年入选《国家社会科学基金成果文库》，由社会科学文献出版社2017年3月出版，全书82.3万字。《西夏经济文书研究》叙述了西夏的历史和汉文文献记载的一些经济状况；概述了出土文献中的有关西夏经济的资料：一是西夏法典《天盛律令》中有关西夏经济的条款，二是新发现的西夏文经济文书；对西夏文经济文书中的户籍文书、租税文书、粮物计账、商贸文书、契约文书进行了分类研究；对西夏汉文文书进行了研究。书末附录了文书的图版和西夏文录文以及对译、意译汉文译文。

《西夏经济文书研究》入选2017年度中华学术外译项目，这是对该著作学术水准的充分肯定，也是对广大科研人员打造精品力作、勇攀高峰的极大鼓舞。

（段　靖）

【杨志高著《〈慈悲道场忏法〉西夏译文的复原与研究》入选2016年度《国家哲学社会科学成果文库》】

杨志高著《〈慈悲道场忏法〉西夏译文的复原与研究》中的《慈悲道场忏法》，是流传至今影响最大的一部忏仪之作。它在中国历史上的影响和作用表现为承上启下，标志着中国忏史发展的第一个高峰。汉夏文本《慈悲道场忏法》是加强中土和党项族文化联系的重要纽带，也是巩固政权的辅助手段。该书复原的西夏文《慈悲道场忏法》为汉文本的形成非元代说提供了足够佐证，提供了西夏佛教文献的整理研究方法。《国家哲学社会科学成果文库》旨在集中推出反映当前我国哲学社会科学研究最前沿水平、体现相关领域最高水准的创新成果，充分发挥哲学社会科学优秀成果和优秀人才的示范引领作用，该书的入选有助于推进西夏学学科的发展，对目前西夏佛教文献的整理研究方法有所启示。

（廖莎莎）

【河北金元时期黄骅海丰镇遗址发掘启动第二阶段工作】

2017 年 3 月 17 日，河北黄骅海丰镇遗址主动性发掘第二阶段工作正式启动。2016 年 7 月启动首次海丰镇遗址主动发掘工作。此次考古发掘工作由国家文物局批准，河北省文物研究所主持，国家水下文化遗产保护中心、黄骅市博物馆联合开展，地点位于海丰镇遗址东南部，计划发掘面积为 1000 平方米。海丰镇是金元时期重要的贸易港口，通过此次考古发掘对于研究海丰镇在金元时期贸易中的地位以及将海丰镇作为“海上丝绸之路北起点”的论点提供更多有力的依据。

（彭赞超）

第五篇

书评·书讯

《辽代汉官集团的婚姻与政治》评介

撒海涛　张　冰

中国历史是各民族共同创造的历史，各民族之间沟通融合，形成多元一体的民族格局，共同为中华民族的历史发展贡献其力。辽朝是中国历史上的重要王朝，广义的辽史研究，可追溯至辽实录的编纂，而后金元明清诸朝均有学者致力于考订史籍、考证史实，尤其是清代以来，在乾嘉考据之风影响下，通过辑佚碑刻补充官修《辽史》之不足成为辽史研究的主流，这一方法一直延续到二十世纪初。搜集辽金遗文、校勘史书之误，属于史学研究的准备，真正的史学研究是阐发历史发展的过程及原因。现代意义上的辽金史研究，始于20世纪30年代，以陈述、冯家昇、傅乐焕诸先生为代表。新中国成立以后尤其是20世纪80年代以来，随着学术环境的改善、学术队伍的扩大，辽史研究在前人研究基础上具有了新的时代特征，研究成果的增加和研究领域的扩展，都是过去所不可比拟的。[①] 即便如此，在中国传统断代史学已进入精耕细作阶段的今天，辽史研究似乎仍不时有拓荒粗放的感觉，研究辽史的学者略加沉思考量，就会发现辽史还有相当多的处女地有待学者去拓荒、去探寻。[②] 基于辽史研究的现状，学者们努力找寻突破瓶颈的方法，景爱、高福顺和已故的刘浦江等诸位先生都阐述了对现状的不满和研究出路的思考，其中尤以刘浦江先生的认识最为深刻。他从穷尽史料、打破学科边界、掌握民族语文资料等三个方面勾画出了辽金史研究的理想状态。[③] 其理想目标也为我们检验相关研究成果提供了可资参照的学科标准。

齐伟老师《辽代汉官集团的婚姻与政治》一书着眼于辽政权体制下的汉官群体，选题精到，史料扎实，将系统研究与专题研究有机结合，综合运用多种学科方法，诸多论点不乏真知灼见。本文对其著作进行简单评介，以期就教于方家。

一

全书布局严谨，系统研究结构严整、逻辑井然，专题研究则重点突出，考据扎

① 刘浦江：《穷尽·旁通·预流：辽金史研究的困厄与出路》，《历史研究》2009年第6期。

② 高福顺：《困厄与挑战：当下辽史研究的方法论刍议》，《赤峰学院学报》2016年第6期。

③ 刘浦江：《穷尽·旁通·预流：辽金史研究的困厄与出路》，《历史研究》2009年第6期。

实，诸多观点不乏真知灼见。就写作思路言，此书在概念厘定和学术史回顾基础上，对辽代汉官集团形成及形成原因、婚姻关系及其特点、对其认识及其社会影响等方面进行了全面论述，客观分析“每一个家族发展历程、各家族之间的联姻以及与契丹统治者之间的关系”及“婚姻关系在契丹二元体制下起到的作用、婚姻给各家族所带来的影响”，剖析“辽末金初之际各家族的政治抉择与可持续发展”，① 深化了这一问题研究。此外，系统研究思路还体现于作者对辽代汉官集团形成阶段动态认识之中——“在分析辽代汉官集团形成的过程时，不能将二者割裂开来，这是一个从最初出现、发展到最后形成的过程”②。类似的思路特征在汉官集团婚姻关系探讨的具体划分中亦有充分体现，将汉官集团与契丹、奚、渤海诸族及与上层贵族之间的通婚状况分别进行具体讨论，③ 使得作者观点建构于具体例证基础之上，避免了先入为主式的模式套用。

宏观系统论述并未影响作者在具体问题研究中的细致深入，体现了作者史料考证的功底。譬如关于《乘轺录》中“韩统军”和“齐妃”二人身份问题，学界历来颇有争议，贾敬颜、向南、萧启庆等学者皆有论述，作者从韩统军“中脑而毙”的时间和地点出发进行考证，指出“韩统军”应是韩瑜，“齐妃”则是萧绰之姊。④ 考证翔实，论证充分。再如第三章汉官集团婚姻特点，从诸多汉官家族纷繁复杂的婚姻政治个例的关联中准确抽象出其特征绝非易事，作者从“史实”到“史识”的思辨能力可见一斑。

时代发展到今天，研究过程中材料获取已非制约学术发展的决定性因素，理论与方法显然更为重要。时代的召唤和学科本身的限制催生着学术研究方法论的改良，历史学、民族学、人类学多学科交叉互动已然成为学术研究的题中应有之义，越来越得到学界认同，这一趋向看似新鲜，致力于打破学科边界，实则是人文社科传统的复位和回归。通读全书，可看到作者有意识朝着这个方向努力的痕迹。

作者接受历史学科班的专门训练，梳理考证，去伪存真，显示出深厚的历史考据功底，作者亦深知有关“辽代汉官集团的婚姻，相关文献记载较少，有些记录有待进一步考证”，故求助于已出土的考古发掘成果，“通过众多辽人墓志，梳理各汉人家族的世系、婚姻、任职等情况；通过墓志记载的相关史实，与史料记载相互印证，考证某一事件存在的真实性和所产生的影响；通过汉人墓葬的规模、葬俗、随葬品等分析其特点，探讨墓葬所反映的文化交流和民族融合因素以及民族属性等”。事实上这也是由辽史研究本身材料限制所激发出的固有学术传统。此外，在涉及古代少数民

① 齐伟：《辽代汉官集团的婚姻与政治》，科学出版社 2017 年版，第 15 页。
② 同上书，第 25 页。
③ 参见齐伟《辽代汉官集团的婚姻与政治》，科学出版社 2017 年版，第 37—65 页。
④ 齐伟：《辽代汉官集团的婚姻与政治》，科学出版社 2017 年版，第 41 页。

族普遍存在的婚姻形式和特点时，利用了民族学的诸多研究成果，[①] 凸显出作者的学术视野。在涉及史料的统计整理时，作者采用表格统计形式，图文并茂，科学了然，也可见作者用心之处。

辽朝是中国历史上的重要王朝，然而一直以来，传统华夷正统观的喧嚣使得诸多研究者对其缺乏正确认知，有学者指出这一弊病："辽、金是少数民族建立的王朝，宋、明学者从维护汉族统治的正统观念出发，竭力贬低、排斥辽金。至今仍有人受正统观念影响很深，他们在研究辽金史的时候，常常自觉、不自觉地坚持正统观念，抹杀辽金的历史贡献。"[②] 作者在分析辽代汉官集团的历史作用时，客观分析汉官在辽朝统治、外交、民族融合等方面的积极影响，从而避免了这一倾向。

二

金无足赤，书无完书。即便有以上诸多精彩之处，但我们也应该看到此书个别之处亦有可供商榷之处。对于一本书的生命历程来说，这无可厚非，在可圈可点之处与可再讨论的张力之间，恰恰是写作者的学术潜力所在。

譬如在研究综述学术史提及日本学者相关研究，重点列举了岛田正郎已被译为中文的四篇学术成果，其中三篇《论辽代契丹人的婚姻》《再论契丹族的婚姻》《三论契丹族的婚姻》收于其著《遼朝史の研究》。[③] 事实上，在此之前岛田正郎还有1993年出版、2014年再版的《契丹国——遊牧の民キタイの王朝》一书。[④] 考虑其研究的内在逻辑和学术连贯性，作者若能更为全面地就其研究中的相关部分深入评介，于此部分定能增色不少。此外，吉本智慧子《契丹女子の命名習俗に関する再考察》一文中亦提及契丹贵族纳汉人小妾史事，[⑤] 亦为不可忽略的研究动态。作者认为，关于辽代汉官集团婚姻问题"国外学者关注并不是很多，主要是日本和美国学者涉及了一些"[⑥]。在列举日本学者松井等、岛田正郎等人成果后，作者却提及英国学者史怀梅相关成果。虽然英美两国有着众所周知的渊源，但毕竟是两个国家，此处前后矛盾应为作者疏忽所致，对于一本严肃的学术专著而言应避免为好。

此外，材料的缺乏限制了此书的进一步深入研究，如乃师李桂芝先生在"序"中所言："刘六符家族墓志尚未发表，张俭家族、马氏家族可参考资料有限，对这些

① 参见齐伟《辽代汉官集团的婚姻与政治》，科学出版社2017年版，第15—16页。

② 景爱：《辽金史研究中的正统观》，《学习与探索》2014年第1期。

③ 岛田正郎：《遼朝史の研究》，东京：创文社，1979年。

④ 岛田正郎：《契丹国——遊牧の民キタイの王朝》，东京：东方书店，2014年。

⑤ 吉本智慧子：《契丹女子の命名習俗に関する再考察》，《立命館文学》卷638，2014年，第105—128页。

⑥ 齐伟：《辽代汉官集团的婚姻与政治》，科学出版社2017年版，第14页。

家族的研究与论述，定有不足和不确定，自当继续关注。”[①] 这既是此书的不足之处，也可以说是此书未来继续书写的优势所在。

三

综上可见，此书论点独到，论据充分，论证扎实，研究方法多样，诸多学术观点不乏真知灼见，即便由于材料和语言限制，存在一点不足，亦可谓瑕不掩瑜。如何评价一本书所具有的学术生命力？陈寅恪先生曾言：“一时代之学术，必有其新材料与新问题。取用此材料，以研求问题，则为此时代学术之新潮流。治学之士，得预于此潮流者，谓之预流。其未得预者，谓之未入流。此古今学术史之通义，非彼闭门造车之徒，所能同喻者也。”[②] 陈先生“预流”之说的深意在于指出“学术独立”绝不等于闭门造车式的“学术孤立”，意在告诫某一领域之学者应该洞察新材料与旧材料、旧问题之间的关系，兼容不同领域、不同文化的学者对同一问题的不同看法，辅以中国历史文化语境所特有的视角，“一方面吸收输入外来之学说，一方面不忘本来民族之地位”，解决旧问题，提出新问题，并由此在各自的领域内占得一席之地。如何在新时代的机遇与挑战下找寻出学术良性发展的道路，依然是当代学人值得思考的时代命题，齐伟老师的著作为我们创设了一个良好的开端。

---

① 齐伟：《辽代汉官集团的婚姻与政治》，科学出版社 2017 年版，“序言”。

② 陈寅恪：《陈垣敦煌劫余录序》，《金明馆丛稿二编》，生活·读书·新知三联书店 2001 年版，第 266 页。

《奉使辽金行程录》评介

曹文瀚

一

辽金史研究，素以史料单薄著称。如不考虑近数十年来的考古成果，以金代的传世文献为例，根据薛瑞兆先生的统计，现存的金代艺文书目中，集部类著作仅仅有十六本。[①] 辽代史料的情况则更为不堪。这导致辽金史研究者必须求助于其他朝代的史料，特别是宋代史料。故王曾瑜先生认为“从宋人记载中挖掘辽金史资料，是一项不可轻视或忽视的工作”。[②] 但要在浩若烟海的宋史数据中，找寻辽金史研究所需的材料，无疑也是一件极费心力之工作。即使今日的历史研究已进入“数据库”时代，如不知“关键词”，亦无从“搜”起，更不用说为求方便而仅以“数据库”做研究，因而产生出大量“检索体”文章的现象已多为有识者所担忧。因此就历史研究的角度而论，这种“工具书”的存在依然有其价值，赵永春先生的《奉使辽金行程录》即是具有此种价值与意义之作。

前文提及，要在大量的宋人资料中，挖掘辽金史数据是不容易的。而且许多宋人资料是传抄、耳闻而来，记述者多未亲眼所见。但这种情况仍存在例外，这种例外之一即是曾出使辽金的使臣他们留下的记录。宋朝规定出使辽朝与金朝的使臣必须作一“语录”呈报于政府，其内容主要是报告使者在辽朝或金朝宫廷应对酬答的情形，兼及行经路线及沿途的民物风俗。[③] 另一方面，他们除了呈报给政府的“语录”外，也有一些并未呈报的行记与诗歌留存于世。由于这是使者们的亲眼所见、亲耳所闻、亲身经历，因此具有珍贵的史料价值。

近代以来，首先对这些“语录”进行系统性整理的是法国人沙畹《游行于契丹女真的中国旅行家游记》，其后有王民信《沈括熙宁使虏图抄笺证》以及《南宋国信语录四种》，前者附有六份“语录”，后者有四份。又有贾敬颜《宋金人行记疏证十一种》及《五代宋金元人边疆行记十三种疏证稿》。与上述的研究成果相比，赵永春

① 薛瑞兆：《金代艺文叙录》，中华书局 2014 年版，第 1532—1533 页。
② 王曾瑜：《金朝军制 · 自序》，河北大学出版社 2004 年版，第 2 页。
③ 赵永春：《奉使辽金行程录 · 序言》，商务印书馆 2017 年版，第 2 页。

《奉使辽金行程录》在材料的收集上无疑更为全面，单是在“语录”的部分就增补了二十种。其范围也不止于“语录”，亦兼及行记与诗歌，范围更为广泛。是书首次出版于 1995 年，列入《长白丛书》，当时辑入已有三十七篇。2017 年经增补十篇后再次出版。①

二

“语录”的史料价值，如以赵永春先生所言，约有六点。② 笔者对此不多作赘述，而举实际研究成果以证之：

一是“语录”里头保存的辽金地理及宋辽、宋金交通的资料，足可弥补史传之缺。如傅乐焕《宋人使辽语录行程考》即是利用“语录”考察宋使出使辽国的交通路线，证明辽主接见宋朝使者非拘于数地，堪称这方面的典范作品。③

二是“语录”对北方城市建设情况多有记载，尤以金南京（今河南开封市）、辽南京（今北京市）、辽中京（今内蒙古宁城县大明镇）、金中京（今北京市）、辽上京（今内蒙古巴林左旗波罗城）、金上京（今黑龙江哈尔滨市阿城区阿什河街道白城村）为最。这对于研究古代城市史具有重要的价值。如陈学霖利用《北行日录》考察楼钥出使经过的州县城市概况，指出在北宋时就颇具规模的城镇，多有两三重的四方形城墙，宿州（今安徽宿州市）、开封及相州（今河南安阳市）甚至有三层楼的酒家；另外许多城镇已失去往昔的盛况，但仍有不少渐次恢复。尤以黄河以北的城镇为多，甚至有的城市已有新的建筑与拓张。至于楼钥对开封与燕山的描述更是值得注意的。④ 又如程嘉静与张利锁透过《奉使辽金行程录》观察辽代聚落，并将之分为衔接型聚落、投下军州、为守护驿馆而设的居民点、为看护佛寺而成的聚落，也注意到州城附近的聚落不多以及聚落居民的生活面貌。⑤

三是“语录”保存大量辽金政治与军事制度的资料，是研究辽金制度重要的参考资料。如前引陈学霖对《北行日录》的研究除了描述华北城市的情况外，兼及吏治、军制及驿传，并对女真吏治与军治的腐败情况以及金代驿运符牌制度有所

---

① 赵永春：《奉使辽金行程录·序言》，商务印书馆 2017 年版，第 2—3 页。

② 参见赵永春《宋人出使辽金“语录”研究》，《奉使辽金行程录》，商务印书馆 2017 年版，第 464—468 页。

③ 傅乐焕：《宋人使辽语录行程考》，《辽史丛考》，中华书局 1984 年版，第 1—28 页。

④ 陈学霖：《楼钥使金所见之华北城镇》，《国际宋史研讨会论文集》，台湾中国文化大学史学研究所、史学系，1988 年，第 139—155、160 页。

⑤ 程嘉静、张利锁：《从〈奉使辽金行程录〉看辽代的聚落》，《廊坊师范学院学报（社会科学版）》2009 年第 4 期。

述说。[①]

四是“语录”中的经济史料十分丰富，对于研究者认识辽金经济生活是很有帮助的。如程民生《中国北方经济史》在描述金代的河北经济概况、桑蚕棉麻业及纺织业；又如王德朋描述金代境内的商业概况以及聘使贸易时，皆曾运用“语录”以为证明。[②]

五是“语录”中保存大量辽金文化及社会风俗的资料，使之历来就很受学者们的重视。例如《宋辽西夏金社会生活史》就大量地运用“语录”以介绍辽金的衣食住行与习俗礼仪。[③] 又如蒋武雄先生也透过“语录”观察宋朝使臣在辽国的饮食活动，指出宋辽时期互动频繁的和平外交，不但是政治外交，也是文学及饮食外交。[④] 张其凡先生与惠冬也曾利用“语录”，探讨金代北方汉人的“胡化”现象。[⑤]

六是对于宋辽、宋金交聘礼仪的弥补。“语录”对于研究宋辽、宋金外交活动的具体过程无疑是很重要的材料，并且也能从中发现易被其余史料忽视的细节。如仝相卿利用《重明节馆伴语录》考察通事和北引接这两种翻译人员在宋金交聘活动的过程中所起到的作用。[⑥] 今人皆知现代国家外交“翻译”人员的重要性，但一般研究宋金交聘活动中这却是较容易被忽略的环节，唯有利用“语录”，方能窥见其面目。

综上所述，以及其余笔者未列出的研究成果，可知“语录”的史料价值。唯就现有研究成果所见，由于“语录”对辽金地理与交通、经济、文化、风俗有着难以取代的价值，因此最受重视。制度、城市建设及交聘礼仪在应用上则稍有不足。同时不能忽视的是宋朝使者出使路线的局限性，以及他们对“敌国”态度的主观性，因此我们必须承认“语录”存在的先天限制，避免产生以偏概全之弊。

三

除了“语录”的先天限制外，本书也有些不足之处，如刘浦江《宋代使臣语录考》中认为部分被本书列为“语录”者并不合适，又对部分“语录”名称持有异议。李辉对部分“语录”名称亦有不同的看法。[⑦] 除此之外，笔者另举三例：

---

① 陈学霖：《楼钥使金所见之华北城镇》，《国际宋史研讨会论文集》，台湾中国文化大学史学研究所、史学系，1988 年，第 155—158、161 页。

② 程民生：《中国北方经济史》，人民出版社 2004 年版，第 413—416、443—444、449 页。王德朋：《金代商业经济研究》，社会科学文献出版社 2011 年版，第 113—120、122—133 页。

③ 参见朱瑞熙等《宋辽西夏金社会生活史》，中国社会科学出版社 1998 年版。

④ 蒋武雄：《宋使节在辽的饮食活动》，《东吴历史学报》第 16 期，2006 年 12 月。

⑤ 张其凡、惠冬：《金朝“南人”胡化考略》，张其凡《番禺集》，广东人民出版社 2017 年版，第 376—379 页。

⑥ 仝相卿：《宋金交聘中“翻译”活动初探——倪思〈重明节馆伴语录〉考察》，《北方民族大学学报（哲学社会科学版）》2013 年第 2 期。

⑦ 参见李辉《宋金交聘制度研究》，上海古籍出版社 2014 年版，第 131—139 页。

（一）刘敞使北诗仍有遗漏

《奉使辽金行程录》收录的刘敞使北诗有三十首。[①] 虽已相当丰富，但仍有遗漏。如依蒋武雄先生的整理，刘敞使北诗应约有五十首。[②] 如《寄王合使》《阴山》《闻张给事中倍道兼程已过古北戏作七言》《松子岭》《逢吕侍郎》《至日早起》《冬至》皆是《奉使辽金行程录》所遗漏者，其余不一一列举。

（二）《族帐部曲录》作者问题

赵永春先生在范成大《揽辔录》题解之末言：

《三朝北盟会编》引录《揽辔录》之后，紧接着又引录一篇《族帐部曲录》，有人说《族帐部曲录》是《揽辔录》一书佚文，有人否定，尚无定论，仍附于后。[③]

笔者翻阅《族帐部曲录》时，发现《揽辔录》文末提及的“廷臣名氏”，如李石、纥石烈良弼、完颜合喜及以下许多官员未在《族帐部曲录》提到，反而是提到了像徐文这种早已退休，甚至可能已过世之人，顿起疑心。经查方知《族帐部曲录》是《揽辔录》一书佚文为陈学霖先生所提出，后有赵克先生亦抱持同样观点。反对者则以邓广铭及刘浦江两位先生为代表。刘浦江先生即是从官员仕履以及前文所引的“廷臣名氏”与《族帐部曲录》间的异同做出的认定，认为李心传是误抄《三朝北盟会编》，并提出《族帐部曲录》的作者当为张棣。[④] 邓广铭先生的意见主要是透过陈学霖先生回忆他和邓广铭先生在1988年间的通信方能窥见，就陈学霖先生所言，可知邓广铭先生的意见当与刘浦江先生相同；陈学霖先生对邓广铭先生的响应一是同意范成大非《族帐部曲录》作者，二是否定李心传误抄《三朝北盟会编》的说法，而另提新解。[⑤]《族帐部曲录》作者是否为张棣以及李心传是否是误抄《三朝北盟会编》这两者姑且不论，单就前文所述，可知1988年时陈学霖及邓广铭先生对于范成大非《族帐部曲录》作者一事已达成共识，唯两位先生是以私人通信，外人不得而知，遂有赵克先生之继起及刘浦江先生的反驳。

（三）《北行日录》版本校对问题

赵永春先生在《北行日录》题解处云：

此书有《知不足斋丛书》、台北新文丰出版公司《丛书集成新编》等版本，楼钥

---

① 赵永春：《奉使辽金行程录》，商务印书馆2017年版，第43—51页。

② 蒋武雄：《宋臣刘敞使辽的行程》，《东吴历史学报》2013年第30期。

③ 赵永春：《奉使辽金行程录》，商务印书馆2017年版，第390页。

④ 刘浦江：《范成大〈揽辔录〉佚文真伪辨析》，《辽金史论》，辽宁大学出版社1999年版，第403—414页。

⑤ 陈学霖：《忆念邓广铭教授》，《宋明史论丛》，香港中文大学，2012年，第403—404页。

文集《攻媿集》亦加收录。[①]

经查，除去个别钞本不论，《丛书集成新编》所收《北行日录》即是从《知不足斋丛书》所影印。另赵先生《攻媿集》所用以校对之版本中，除《文渊阁四库全书》本外，无论是《四部丛刊》本或《丛书集成初编》本，其原型均为武英殿聚珍本。然《攻媿集》另有宋四明楼氏家刻本的《攻媿先生文集》。[②] 按李辉之研究，《知不足斋丛书》本亦应是以《攻媿先生文集》为底本所抄出。[③] 故可知《攻媿先生文集》为后续诸版本之源头，因此无论是作为底本，或用以他校，《攻媿先生文集》皆不应被忽略。

尽管《奉使辽金行程录》有上述缺失，但瑕不掩瑜，这本书对于推进辽金政治、经济、社会、文化史等各方面的研究有其重要价值，是有志于辽金史研究者皆不应忽视的一本著作。

---

① 赵永春：《奉使辽金行程录》，商务印书馆2017年版，第360页。

② 《攻媿集》诸版本参见（宋）楼钥《楼钥集·校点叙言》，顾大朋点校，浙江古籍出版社2010年版，第2—3页。

③ 李辉：《宋金交聘制度研究》，上海古籍出版社2014年版，第139页。

从“联经版”和“增订版”《宋辽关系史研究》看陶晋生的史学思想

王戈非

陶晋生是较早关注中国古代史中外交关系问题的学者。相关研究主要集中在20世纪70—80年代，此阶段正是美国中国学研究的转型发展时期。[①] 陶晋生在美国从事研究教学工作时，受“中国中心观”等史学思潮的影响，在宋辽关系史研究上逐渐形成自己的观点。其代表作就是《宋辽关系史研究》。此书不仅奠定了陶晋生的学术地位，而且其中的主要观点——“宋辽间的平等外交关系”在中国及海外辽金史学界都产生了重要影响。

《宋辽关系史研究》是一部具有论文集性质的学术专著。各个章节既可分别看作是对某一问题的阐述，章节之间又不失逻辑关联。此书目前共有三个版本。一是1984年由台北联经出版事业公司出版的。[②] 二是由美国亚利桑那大学出版社，于1988年出版的英文版。[③] 三是由北京中华书局于2008出版的“增订版”。[④] 在不同的时间，不同的地域，出版了三种不同的版本。也侧面印证了《宋辽关系史研究》在整个宋辽金史研究中不可磨灭的学术价值。

“联经版”与英文版在内容上无大差别。“增订版”最大的变化是在“联经版”的基础上，增加了陶晋生的两篇与宋辽关系问题有关的会议论文。本文基于上述增订部分，从讨论“联经版”的研究框架入手，以分析“增订版”之增订内容为中心，关注陶晋生在1984年至2008年这一时段的史学思想。

一 奠定陶晋生宋辽关系研究基础的“联经版”

陶晋生对宋辽外交关系的研究是从辑录李焘《续资治通鉴长编》中的宋辽关系史料开始的。他与王民信合作，于1974年出版了《李焘续资治通鉴长编宋辽关系史

---

① 朱政惠：《美国学者对中国学研究的回顾与反思》，《江海学刊》2011年第3期。

② 陶晋生：《宋辽关系史研究》，台湾联经出版事业公司，1984年。以下简称“联经版”。

③ Jing-shen Tao, *Two Sons of Heaven*: *Studies of Sung-Liao Relations*, Tucson: University of Arizona Press, 1988.

④ 陶晋生：《宋辽关系史研究》，中华书局2008年版。以下简称“增订版”。

料辑录（全三册）》。[1] 在充分掌握史料的基础上，陶晋生先后发表了《北宋庆历改革前后的外交政策》和《王安石的对辽外交政策》两篇文章，并由此引发了对相关领域的兴趣。[2] 1984 年，《宋辽关系史研究》由台北联经出版事业公司出版。这一版本的内容是由九篇论文组成的，其中已发表的六篇（第三章至八章，第五章以英文的形式发表），未发表的三篇（第一、二章和第九章）。[3] 这部著作呈现出陶晋生对宋辽关系的阶段性认识，也构建了汉族与边疆民族之间的文化关系的基础框架。

（一）“宋辽平等外交关系”的不同阶段

“联经版”奠定了陶晋生宋辽关系研究的基础。《宋辽关系史研究》各章节之间存在一条以纵向的时间维度串联的主线。通过分析北宋历史上几个重要的政治决策在对辽关系上的变化，呈现出“宋辽平等外交关系”从确立，到完善，再到破坏的过程。

在落实到十至十二世纪的东亚秩序之前，陶晋生先追溯了从商周到五代，“华夏”与“外族”的外交关系以及传统中国思想家和史家建立以中国为中心的世界秩序与朝贡制度的最高理想。针对这种情况，作者提出了自己的观点：“当理想的世界秩序不能实现的时候，中国与外族之间就不得不勉强发展各种形式的实质关系，平等的外交关系也就是这种无可奈何的实质关系的一种。”[4]

1005 年宋辽《澶渊盟约》缔定便是“宋辽平等外交关系”的确立阶段。陶晋生通过分析澶渊之盟，包括条约所规定的内容，未规定的事项，两国使臣的选派和礼仪等，指出澶渊盟约是宋辽平等外交关系的有力证明。这一盟约的订立，奠定了宋辽长期和平的基础，有利于两国的经济、文化发展，反映了宋人理性的态度，但也造成了北宋不思进取的苟安心理。到了庆历年间（公元 1041—1048 年），北宋出现外交危机。先是在西北屡败于西夏，继又遭到辽朝的外交讹诈。学界多将扭转“西北二敌”交侵劣势之功归于富弼的“增币交涉”，而陶晋生认为真正缓解紧张局面的是余靖。余靖在范仲淹的支持下，实行“以夷制夷”的策略，促成了辽夏之间的战争，使得宋朝身处“坐山观虎斗”的超然地位。

对于熙宁年间（公元 1068—1077 年），陶晋生选择从王安石这一具有巨大政治影响力的历史人物入手。通过对王安石当政期间处理的两次与辽朝交涉的外交事件的分析（公元 1072—1073 年的界河纠纷；公元 1074—1076 年的划界交涉）。一方面，考察了王

---

① 陶晋生、王民信：《李焘续资治通鉴长编宋辽关系史料辑录（全三册）》，台湾“中研院”历史语言研究所，1974 年。

② 陶晋生：《北宋庆历改革前后的外交政策》，《“中研院”历史语言研究所集刊》第四十七本第一分，1976 年；陶晋生：《王安石的对辽外交政策》，《“中研院”历史语言研究所集刊》第五十本第四分，1979 年。

③ 参考《宋辽关系史研究》1984 年“联经版”《序》。

④ 陶晋生：《宋辽关系史研究》，台湾联经出版事业公司 1984 年版，第 5—6 页。

安石的对辽政策及其对辽态度的转变；另一方面，反映出从仁宗朝到神宗朝在对辽政策上的理性和弹性。徽宗的“联金灭辽”决策无疑打破了“宋辽平等外交关系”，最终导致了辽和北宋的灭亡。陶晋生通过梳理北宋联金灭辽的过程，提出了对于北宋亡国原因的新看法。“如果北宋君臣有自知之明，不被这一偶然的成功冲昏了头，积极从事河北防务的巩固，严守新订的条约，未尝不能再造类似与辽对峙的局面。”[①] 可见陶晋生认为“平等外交关系”是维持十至十二世纪东亚秩序稳定的关键。

纵观《宋辽关系史研究》的时间线，陶晋生重点关注了“宋辽平等外交关系”的确立阶段——《澶渊盟约》的签订，以及完善阶段——庆历、熙宁年间的对辽政策。可见陶晋生将研究的重点放在北宋的前中期，同时也是辽朝的中期。

（二）全局性的整体研究

尽管宋辽关系是研究的主线，但是陶晋生不是仅从外交的角度讨论，而是将目光投向宋辽两国在十至十二世纪的整体社会背景。

从辽朝的角度看，其与宋朝一样，亦有建立以自己为中心的世界秩序与朝贡制度的愿望，要求除宋以外的国家和部落来朝贡。另外，陶晋生指出，尽管宋辽建立了平等关系；但是严格来说，宋的地位要稍低于辽。尽管如此，宋辽之间区别于朝贡贸易的榷场贸易，对北宋而言，是经济利益与边境稳定的双赢。

从宋朝的角度看，北宋朝野对辽朝有三种态度。一则，官方反映于公开的文书中的对辽态度，是承认双方平等的外交关系，且双方存在边界。二则，散见于北宋内部的官方文书和官僚著作中的，强调宋朝文化正统的言论。三则，宋人著述中可见的客观评估辽朝实力，建议政府采取理性的对辽外交政策的态度。宋人一方面对北宋未能一统天下，反而每年向辽输送岁币感到惋惜。另一方面，又安于现状，肯定澶渊之盟对和平作出的贡献。面对强大的“北朝”，宋人深感推翻现实国际秩序的困难。从而将注意力更多地转向内政，主张用道德来感召“夷狄”。

（三）十至十二世纪的东亚国际秩序

陶晋生在研究宋辽关系的基础上，将研究视角扩展到东亚地区。把宋、辽与高丽的关系视为“东北亚国际关系史”的重要部分。契丹在中国北方崛起后，建立了以自己为中心的另一个世界秩序，并迫使高丽臣服。另外，高丽由于特殊的文化与地理位置，一方面希望维持与北宋的友好关系以平衡契丹，另一方面又被迫臣服于契丹。

同时，北宋也希望争取高丽以制衡契丹。不过，由于辽朝武力强大，且占得地利，故在对高丽的争取上，较北宋有优势。宋、高丽虽于外交方面利害相同，两国联合以制辽应成为外交上的主要目标，不过由于两者单独与辽的关系的演变，宋与高丽

① 陶晋生：《宋辽关系史研究》，台湾联经出版事业公司 1984 年版，第 215 页。

不能同时采取对辽的共同行动。陶晋生在命名为《宋辽关系史研究》的著述中加入了以“宋丽关系”为重点的一章，可见他剖析东亚外交关系的意图。

二 补充陶晋生宋辽关系研究的“增订版”

2008年，《宋辽关系史研究》在大陆地区出版。陶晋生在《增订版后记》中对“增订版”与“联经版”的不同之处做了简要说明。[①] 可以概括为“一修改，两增加”。

在“增订版”中，陶晋生对《王安石的对辽外交政策》一章内容有所删减。[②] 陶晋生对此举的解释是“因为这部分的讨论，对于前辈先生有所不敬，不合乎史学研究应有的公平态度，故特别加以订正”。在“联经版”中，陶晋生简述了邓广铭《王安石：中国十一世纪时的改革家》一书中的观点。[③] 鉴于所引版本成书于“儒法斗争”的时代，且邓广铭分别于1979年、1997年更新了对王安石变法的评介。[④] 故而陶晋生在新版中删减了与邓广铭《王安石》一书相关的内容。这一处对于“联经版”中的内容进行的小幅的修改，并不影响陶晋生史学思想的整体展示，更重要的是新增的两篇文章。

增加的两篇文章，一是1988年参加台北举行的国际宋史研讨会发表的《雄州与宋辽关系》；[⑤] 二是1991年参加大同举行的辽金史国际研讨会发表的《宋辽边界交涉的问题》。[⑥] 在1984年至2008年这二十余年中，陶晋生发表了若干与宋辽关系有关的文章，如《辽金时期汉人的北迁》[⑦]《范仲淹与宋辽关系》[⑧]《辽金对宋的文化影响》[⑨]《传统中国对外关系的省思：以宋辽金时期为例》[⑩]《中国历史上的分裂时期》[⑪]

---

① 可参考附录“目录比较”。

② “联经版”为“第六章 王安石对辽政策”；“中华书局版”为“第七章 王安石对辽政策”。

③ 邓广铭：《王安石：中国十一世纪时的改革家》，人民出版社1975年版。

④ 邓广铭：《中国十一世纪时的改革家：王安石》，人民出版社1979年版；邓广铭：《北宋政治家改革家王安石》，人民出版社1997年版。

⑤ 陶晋生：《雄州与宋辽关系》，载国际宋史研讨会秘书处编辑《国际宋史研讨会论文集》，台湾中国文化大学史学研究所，1988年，第169—184页。

⑥ 陶晋生：《宋辽边界交涉的问题》，载刘凤翥、华祖根、卢勋编《中国民族史研究（四）》，改革出版社1992年版，第40—48页。

⑦ 陶晋生：《辽金时期汉人的北迁》，载郑梁生主编《中外关系史国际学术研讨会论文集：思想与文物交流》，台湾淡江大学历史学系，1989年，第7—14页。

⑧ 陶晋生：《范仲淹与宋辽关系》，载国立台湾大学文学院编《范仲淹一千年诞辰国际学术研讨会论文集》，台湾大学文学院，1989年，第1515—1531页。

⑨ 陶晋生：《辽金对宋的文化影响》，《宋旭轩教授八十荣寿论文集》，台湾宋旭轩论文集编委会，2000年，第737—754页。

⑩ 陶晋生：《传统中国对外关系的省思：以宋辽金时期为例》，载陈国栋主编《汉文化与周边民族——第三届国际汉学会议论文集·历史组》，台湾“中研院”历史语言研究所，2002年，第1—23页。

⑪ 陶晋生：《中国历史上的分裂时期》，载东海大学中国文学系编《2005年文史哲中西文化讲座专刊》，台湾文津出版社2006年版，第133—143页。

《同化的再思考》① 等。自然还包括增加在“增订版”中的两篇文章。

既然陶晋生在《宋辽关系史研究》初版与再版的期间对汉人向辽金境内迁移、范仲淹对宋辽关系的影响、汉化与胡化等问题均有关注。那么他为什么选择在“增订版”中以《雄州与宋辽关系》与《宋辽边界交涉的问题》这两篇文章作为新的章节？为什么不将其他关注的问题纳入到宋辽关系的研究体系当中？这就需要考虑“雄州问题”和“边界交涉”在陶晋生宋辽关系史研究框架中起的作用。

三 陶晋生对“雄州问题”和“边界交涉”的关注

（一）雄州问题

《雄州与宋辽关系》一文增加在“联经版”第三章《辽的对宋政策与贸易》和第四章《北宋庆历改革先后的外交政策》之间，成为“增订版”的第四章。它既补充了前面的章节——澶渊盟约签订后，辽宋之间的贸易频繁，且这种“榷场贸易”区别于传统的“朝贡贸易”，这是宋辽关系中值得注意的特别之处。且辽朝的逐渐强大，让它有了与宋朝竞争，建立以自己为中心的世界秩序与朝贡制度的愿望。雄州（今河北雄县），因其特殊的地理位置，在宋辽两国既合作又竞争的关系中扮演了尤为重要的角色。“雄州”一章又承接了后面的章节，是后文以宋朝视角为主的研究的铺垫。

一方面，雄州设有对辽贸易的榷场，还是办理外交的主要地点。如使臣往来、岁币交割、文书传递等。另一方面，雄州的“两属地”性质，使得宋辽两国在此地的外交博弈比其他边境州要频繁。宋朝将雄州视为国防重镇，设置情报机构。此地活跃的间谍活动亦引起了作者的关注。

雄州不是宋辽边界唯一的州，却成了双方外交的枢纽，有着其特殊的历史原因。陶晋生引用了日本学者佐伯富的研究，对雄州两属地（亦称“两属地”）的性质作了简要交代。② 学界对于雄州的情报问题关注不多，其实情报活动与雄州的经济活动密不可分。作者注意到宋人在宋初便有了情报意识，并设置了情报机构。同样的，辽朝也开展了对宋的间谍活动。

陶晋生选择雄州作为剖析宋辽关系的切入点，是他对完善原有的宋辽关系研究的尝试，亦是他从宏大叙事向区域研究转变的尝试。他欲以雄州这一地方个案，体现宋辽两朝在邦交政策上的博弈。这也的确扩展了学界对宋辽关系研究的新视角。

---

① 陶晋生：《同化的再思考》，载汪荣祖、林冠群主编《胡人汉化与汉人胡化》，中正大学台湾人文研究中心，2006 年，第 41—56 页。

② 佐伯富：《宋代雄州における緩衝地兩輸地についてし》，中国史研究（1969），第 488—523 页。

（二）边界交涉

《宋辽边界交涉的问题》一文增加在“联经版”第六章《王安石的对辽外交政策》和第七章《宋、高丽与辽的三角外交关系》之间，成为“增订版”的第八章。在“王安石”一章中，作者通过1072—1073年的界河纠纷与1074—1076年的划界交涉两件外交事件，考察了王安石的对辽政策及其对辽态度的转变。接着，在本章中，将研究视角回归到1074—1076年的划界交涉问题上。作者的研究重点并不在于宋朝在国土上的损失，而是希望在对双方的谈判过程的分析中寻找独到的关注点。而下一章讨论的“宋、高丽与辽的外交关系”，本质上仍是以宋辽之间的外交博弈为主。本章的内容也起到了补充背景的作用。

关于1074—1076年的划界交涉，作者有着独到的见解。一则，宋辽双方都是理性的，对边界的要求也都是有实际依据的。他引用了王安石在《长编》中的话，侧面证明此时期宋方对于盟友的信任。二则，宋辽双方都重视文书与图籍的保存，边界交涉便是依据这些书面材料进行的。三则，在边界纠纷的责任问题上，仅仅依据现存的相对丰富的宋方史料和相对匮乏的辽方史料来判断是非是片面的。他引用韩琦的说法，认为1074年辽方提出重新划界的要求，“似并非无理的挑衅”。[①] 四则，作者用边界纠纷的外交决策权侧面印证了宋朝政治中，皇帝拥有最终决策权的论点。面对辽方重新划界的要求，尽管有朝中多数人的反对，神宗还是选择向辽方让步。

如上文所示，笔者比较新旧两个版本的目的不单单是捋清章节的变化。更是试图通过章节内容的变化，分析陶晋生对于同一问题持续思考的脉络。从1984年到2008年，陶晋生逐渐将研究领域转入北宋社会史的领域，相继出版了《北宋士族：家族·婚姻·生活》[②]《历史的瞬间》[③] 等相关著述。然而，他对于宋辽关系的研究并未终止，这才有了“增订版”的面世。陶晋生将参会的两篇文章作为新增的两个章节，正是他对于同一问题持续思考的表现。

其中第四章一改“联经版”宏大叙事的方式，从雄州这一区域角度切入，使宋辽关系呈现出一种实质的、具体的面貌。这是陶晋生跟随区域史学的学术潮流，转变思考方式上的体现。但是这种转变是个别的，对原有的研究框架并没有过大的冲击。

结语

对比之后发现，陶晋生对于宋辽关系问题有着持续的关注。在1984年“联经

① 陶晋生：《宋辽关系史研究》，中华书局2008年版，第139页。

② 陶晋生：《北宋士族：家族·婚姻·生活》，台湾“中研院”历史语言研究所，2001年。

③ 陶晋生：《历史的瞬间》，台湾联经出版事业公司2006年版。

版”《宋辽关系史研究》构成了独有的研究体系之后，陶晋生又响应学术潮流，由宏观研究视角转向微观研究视角。这是一种在研究方法上转型的尝试，但更多的还是细节上的修补，并没有在原有的研究体系上有所突破。

还有一点值得强调，关于宋辽关系是不是外交问题，陶晋生有着自己的观点。他认为："在当时，中原政权认为边疆少数民族建立的国家是‘外国’（《宋史》有《外国传》），所以国际关系是需要‘外交’的，而不是‘内交’。"[①] 并将春秋战国时期中原诸国间的关系、五代时期国与国的关系，也划入“外交”的范围。明确陶晋生对于边疆少数民族政权在古代中国和现代中国的不同定位，有助于理解陶晋生的宋辽关系研究。

附录　《宋辽关系史研究》1984 年联经出版事业公司版本（简称“联经版”）与 2008 年中华书局版本（“增订版”）目录比较[②]

版本 章节	1984“联经版”	2008“增订版”
序		有增订
第一章	宋辽关系的历史背景	宋辽关系的历史背景
第二章	宋辽间的平等外交关系：澶渊盟约的缔订及其影响	宋辽间的平等外交关系：澶渊盟约的缔订及其影响
第三章	辽的对宋政策与贸易	辽的对宋政策与贸易
第四章	北宋庆历改革先后的外交政策	*雄州与宋辽的关系*
第五章	北宋朝野人士对于契丹的看法	北宋庆历改革先后的外交政策
第六章	王安石的对辽外交政策	北宋朝野人士对于契丹的看法
第七章	宋、高丽与辽的三角外交关系	王安石的对辽外交政策（有删减）
第八章	从宋诗看宋辽关系	*宋辽边界交涉的问题*
第九章	对于北宋联金灭辽政策的一个评估	宋、高丽与辽的三角外交关系
第十章	无	从宋诗看宋辽关系
第十一章	无	对于北宋联金灭辽政策的一个评估
史源及参考书	有	有增订
索引	有	有增订
增订版后记	无	有

① 陶晋生：《中国历史上的分裂时期》，《2005 年文史哲中西文化讲座专刊》，台湾文津出版社 2006 年版，第 133—143 页。

② 表格中斜体的标题为新增内容。

《辽金历史与考古》评介

彭赞超

2017 年 10 月，由辽宁省博物馆、辽宁省辽金契丹女真史研究会编著的《辽金历史与考古》第七辑、第八辑出版。第七辑中有 6 篇关于金朝的论文，唐均《女真文“契丹”考》对女真文记录的族称“契丹”进行了考证，并考证了石刻资料对女真语中“契丹”二字的写法以及发音；陈晓伟《说“迪烈子”——关于辽金元时期族名后缀问题》笔者在研究过程中发现辽金文献中两次出现“迪烈子”，“迪烈”是指部族，但是“子”字意义不明，文章通过研究汉文文献以及多种少数民族语文资料，考证出“了”字是固定词缀，具有明确的语法意义，是辽金元时期部族名称中所出现的一种特殊现象；周峰《金朝与西夏盗窃法比较研究》文章通过金代零散的有关盗窃的法律条文与《天盛改旧新定律令》中完整的西夏盗窃法法律贴文进行比较研究，通过研究认为西夏对于已发盗窃罪的刑罚等级远远多于金朝，金朝盗窃罪刑罚起点低于西夏、金朝对于侵犯统治者利益的盗窃活动加以重罚，特别是盗窃宫中财物则要处以死刑；关树东《山西晋城古旌忠庙金碑考》文章以现存于山西省晋城市第一中学的两通金代碑刻作为研究对象，对两通碑刻材质和碑文进行详细的研究，并通过两通碑文的内容考证了金宋对于旌忠庙态度的不同，同时还研究了民间的庙祀以祈求风调雨顺、国泰民安为主，还兼有大众娱乐、凝聚乡情的作用；苗霖霖《试析渤海世族家族与金朝皇权统治》一文以金朝渤海族为研究对象，从渤海世族的入仕、与皇室的联姻和对金朝皇权传承的影响三个方面进行了分析；庞倩、王龙《试论金代塑造正统地位的举措——以祭祀名山大川为例》，文章详细比较了辽宋金三朝对名山大川祭祀的重视程度不同，得出金朝和北宋祭祀名山大川次数位居第一，由于金朝祚国 119 年，所以金朝是最注重祭祀名山大川的。金朝在注重祭祀的同时还给名山大川以封号，以此来说祭祀名山大川是金朝塑造正统地位重要的手段。

第八辑中有 13 篇关于金朝的论文。考古部分有 3 篇文章，侯申光《喀左官大海出土两块金代买地券》文章介绍了喀左县官大海农场，东官分厂七组农民在建造蔬菜大棚时发现了一墓葬，对墓葬中出土的买地券内容、立券过程以及买地券结尾的特殊符咒标记进行了研究；［俄］H. r. 阿尔捷米耶娃著，杨振福译《女真人修筑的城墙》一文对俄罗斯境内的诸多女真人修筑的城墙遗址进行了考证，就城墙使用的材料、砌筑特点、砌筑技术方法等进行了论证，认为女真人修筑城墙所使用的材料以石头和黏土为主；孙文政《克东古城遗址建筑年代考疑》文章通过考证克东古城遗址的形制和出土文物，认为克东古城修筑的时间不在金代，而是金代沿用夫余后裔豆莫娄人所建的古城。

历史研究部分有6篇文章，李智裕《辽金时期辽东地区渤海遗民群体之间通婚初探——以张氏家族为主线》通过研究渤海遗民张氏家族与其他渤海遗民世家大族之间的通婚情况，来考证辽金时期渤海遗民的政治发展走向。通过研究得出，渤海遗民与大氏、李氏、杨氏、高氏、王氏等传统的渤海世家大族组成的婚姻亲网络，并且在有金一代内政、外交、军事、经济等各个方面都有影响；都兴智《金代的官学教育》以研究金代的官办学校的分类以及汉儿和女真两个系列的教育制度入手，对各级官办学校学生的入学资格、当时学校使用的教材、教学行政管理、教育经费等问题进行了研究；李刚《浅谈〈金史〉东京路的建置》文章对《金史·地理志》有关东京路从设立以及所辖的府、州、县的情况以及沿革、升降、易名、合并、撤销等情况进行了考证，并以图表的形式来解读有关建筑的内容，颇有新意；王耘《金代的宗教政策与政治文化认同》一文通过研究正史叙述和石刻资料中有关宗教政策的内容，得出金代宗教政策是多元化的，而这一多元化态势的演变与女真由部族逐至国家的政治文化认同有着密切的关系；张儒婷《〈高丽史〉所见女真诸部朝贡高丽情况研究》一文以《高丽史》中所载女真诸部对高丽朝贡的情况为切入点，研究了高丽对女真诸部的政策调整变化、辽与高丽之间的政治关系远近以及女真诸部的迁徙情况；金适《女真文——脱胎于契丹文字和汉字而自成一格》文章就女真文字的发展脉络、书法布局、书写特点进行了介绍，并据女真文金石资料和墨迹资料探讨了女真文字的书法价值。

文物研究和碑志研究部分各1篇文章，童立红、李宇峰《辽宋金铜镜辨识举例》认为有关辽宋金铜镜辨识不清的现象比较普遍，所以该文以此为切入点，进行探究，介绍了有关辨识辽宋金铜镜的方法；胡荣繁《康平博物馆馆藏金代石刻幢浅析》一文通过对康平博物馆馆藏金代石经幢形状及可见文字的考察和分析，进一步明确了金代辽东地区的宗教、民族及当时手工业生产等方面的基本情况，论证了金代时期佛教在康平地区的传播方式与影响。

其他部分2篇文章，孙焓烯《浅论辽金时期特定标识的萃取与运用》认为在展览行业的形式设计中，特定标识在表达设计理念、传递设计意图、运用设计语言等方面具有十分重要的意义；韩世明《中国民族史学会辽金暨契丹女真史分会第十三届学术年会暨中国·绥滨首届完颜家族起源研讨会会议纪要》一文记述了2017年在绥滨召开的中国民族史学会辽金暨契丹女真史分会第十三届学术年会的会议纪要，并对此次会议中所提交的论文进行了综述。

使命担当与绝学传承

——大型西夏文物图典《西夏文物》陆续出版

于光建　吴雪梅

由中国社会科学院学部委员、著名西夏学专家史金波教授担任首席专家，联合宁夏大学西夏学研究院、甘肃省古籍文献整理编译中心以及宁夏博物馆、甘肃博物馆、内蒙古博物院、敦煌研究院等国内西夏文物收藏与管理单位承担的国家社科基金特别委托项目“西夏文献文物整理研究”重大子课题《西夏文物》历时6年，多方协作，攻坚克难，陆续由中华书局、天津古籍出版社联合付梓，先后出版了内蒙古编（4册）、甘肃编（6册）、宁夏编（12册）。《西夏文物》石窟编（8册）和综合编（4册）也即将面世。多卷本《西夏文物》的出版是西夏学史上又一项具有里程碑意义的文化工程，必将为今后西夏学的研究带来极大的便利，对于开创新时代西夏学研究新局面，传承绝学，具有重要学术价值和使命意义。

一　时代使命与学术担当

西夏是11至13世纪初由党项族为主体在我国西北地区建立的一个政权，自称“大夏国”“大白高国”。先后与宋、辽、金鼎立，享国近2个世纪。1227年亡于蒙古，历经明清，建立西夏的主体民族党项族也逐渐融入其他民族而消亡。西夏建立后，仿照中原唐宋设官建制，创立西夏文，番汉并重，以儒治国，开科取士，尊崇佛教，创造了独具特色的西夏文明。西夏的兴起结束了唐末以来西北地区藩镇割据、政权林立的局面，促进了西北地区民族融合，实现了我国西北地区的局部统一，为元代统一中国，多民族统一国家的建立奠定了基础。元朝在为前朝修史时，仅仅将西夏史附专于宋、辽、金三朝正史之后，记载简略，难以反映西夏社会历史全貌，使得西夏历史被蒙上了神秘的面纱。

西夏学在一定程度上是一门因西夏文物考古发现而兴起的学问。1804年，随着著名学者张澍在甘肃武威发现凉州碑，西夏王朝在灭亡六百多年后再次走入世人眼中。特别是1909年，俄国人科兹洛夫在内蒙古黑水城盗掘走大批西夏文献和文物，轰动了国际学术界，至今仍分藏于俄罗斯科学院东方文献研究所和冬宫博物馆。之后英国人斯坦因步科兹洛夫之后尘，也在黑水城盗掘走了不少文献文物，收藏于英国国家图书馆。黑水城文献的发现是20世纪继甲骨文、汉简、敦煌遗书以后又一次重大发现，由此诞生了一门国际性学问——西夏学。1917年宁夏灵武发现一批西夏文献，除国家图书馆收藏大部分外，还有一部分也流散于日本、美国、法国等国家。尽管王国维、陈寅恪、罗振玉、王静如等国内学者在20世纪20—30年代开始关注研究西夏文献文物，但俄罗斯、日本等国外学者借助西夏文献收藏之便利，掀起研究西夏学的热潮，形成了“西夏在中国，西夏学在国外”的学术伤心史。

直到20世纪90年代以来，在国家的大力支持下，俄藏、日藏、法藏等流散海外的西夏文献陆续出版，国内学者才得以见到这批珍贵的西夏文献。加之2005年以来，由宁夏大学西夏学研究院牵头，联合国内西夏文献收藏单位，进行了国内藏西夏文献调查整理工作，先后出版了《中国藏西夏文献》《中国藏黑水城汉文文献》等大型国内藏西夏文献资料丛书。国内外西夏文献的刊布，极大地推动了西夏学向纵深的领域发展，国内学界利用这些材料，从文献、语言文字、社会历史、政治军事、法律制度、宗教艺术等领域开展广泛的研究，产出了一大批具有影响力的成果，引领了国际西夏学研究，掌握了“西夏在中国，西夏学也在中国”的国际学术话语权。

新中国成立以来，西夏故地不断有新的西夏遗址文物发现。特别是20世纪70年代以后，宁夏、甘肃、内蒙古等西夏故地的考古工作逐步发展起来。宁夏西夏陵、贺兰县宏佛塔、拜寺口双塔、青铜峡一百〇八塔、灵武西夏瓷窑、山嘴沟西夏石窟、闽宁村西夏墓；甘肃省莫高窟、榆林窟、东千佛洞，武威张义小西沟岘、新华乡亥母洞、武威西夏墓；内蒙古黑水城遗址、绿城遗址、高油房遗址等西夏遗址考古发掘调查工作的开展，先后发现了一大批西夏文献文物，对西夏学的发展提供了大量新材料。与此同时，学术界也出版了一批综合性西夏文物考古论著，主要有陈炳应《西夏文物研究》（1985），史金波、白滨等主编《西夏文物》（1988），陈育宁、汤晓芳主编《西夏艺术》（2003），陈炳应《西夏探古》（2002），宁夏博物馆《大夏寻踪——西夏文物辑萃》（2004）、牛达生《西夏遗迹》（2007）等。此外，也有《宁夏灵武窑》《西夏6号陵》《西夏3号陵地面遗址发掘》《宁夏拜寺沟方塔》《山嘴沟西夏石窟》《闽宁村西夏墓地》等部分发掘报告出版。

尽管西夏文物的整理出版有很大进展，但相对于国内藏西夏文献的整理出版，西夏文物的整理刊布显得较为滞后。正如史金波先生所言：“西夏文物至今缺乏系统、全面、科学、细致的整理和刊布。西夏文物整理、刊布的现状，难以满足学界和社会了解西夏文化的需求，在一定程度上制约了西夏学的发展。”迄今出版的西夏文物著作大多数都是对重点文物的刊布和研究，对有些文物的介绍信息也不全面，缺少科学的考古发掘信息，难以形成对文物的整体、全面的理解。因此，在全国文物普查的基础上，整合国内高校和文博单位的力量，对我国所藏西夏文物进行系统普查，整理出版多卷本《西夏文物》，其价值和意义将丝毫不逊于《俄藏黑水城文献》《俄藏黑水城艺术品》《英藏黑水城文献》等海外藏西夏文献资料的刊布。该项目的出版也首次摸清了国内西夏文物的种类、数量和家底，向学术界刊布了目前最为全面的西夏文物资料，是嘉惠学林的皇皇巨著。同时，多卷本《西夏文物》的出版与先前出版《中国藏西夏文献》《中国藏黑水城汉文文献》《中国藏黑水城民族文字文献》共同构筑起了国内藏西夏学资料体系，对于向国际学术界展示中国西夏文化遗产全貌，了解中国藏西夏文物的珍贵价值，扭转我国在国际西夏文献文物收藏中的格局也具有重要意义。可以说，《西夏文物》项目实施和结集出版是功在当代、利在千秋的时代使命和学术担当。

二　内容详瞻，资料丰富，学术视野开阔

《西夏文物》的出版是新中国成立以来中国大陆收藏的西夏文物的集大成之作，也是我国西夏文物的首次摸底和展示。可移动西夏文物分散于宁夏、内蒙古、甘肃、陕西、北京、上海、天津、河北、新疆、青海等全国各地，分藏于百余家文博单位，深藏于文物库房，绝大部分西夏文物还是“藏于深闺人不识”，研究者查阅极为不便，严重制约了西夏学研究的深入发展。为了保证项目的顺利实施和资料的全面性、学术性，《西夏文物》项目由中国社会科学院西夏文化研究中心、国家文物局、宁夏大学西夏学研究院、甘肃省古籍文献整理编译中心会同内蒙古博物院、甘肃省博物馆、宁夏博物馆、敦煌研究院共同承担，涉及中国大陆20余个省市自治区、全国百余家文博单位和高校科研院所。全书分宁夏、甘肃、内蒙古、石窟和综合（包括除宁夏、甘肃、内蒙古以外的其他各地区）五编。

《西夏文物·内蒙古编》共4册，分为8卷，收录遗址120处、西夏可移动文物315件（组）件，其中金属器92件（组）、陶瓷器113件（组）、石刻石器类1件（组）、木漆器4件（组）、塑像绘画类70件（组）、织物3件（组）、文献10件（组）、建筑构件22件（组）。《西夏文物·甘肃编》共6册，分为10卷，收录遗址66处，西夏可移动文物464件（组），其中，金属器87件（组），陶瓷器257件（组），石刻石器6件（组），木器27件（组），造像绘画54件（组），纺织品5件（组），文献16件（组），建筑构件11件（组），其他1件（组）。《西夏文物·宁夏编》共12册，分为9卷，遗址共5册，器物7册。收录遗址共148处，西夏可移动文物共计1608件（组），其中金属器154件（组），陶瓷器766件（组），石刻石器277件（组），木漆器7件（组），造塑像绘画176件（组），织物12件（组），文献48件（组），建筑构件168件（组）。《西夏文物·石窟编》计划出版8册，其中莫高窟卷3册，莫高窟北区卷1册，榆林窟卷1册，东千佛洞卷1册，中小石窟卷1册，宁夏山嘴沟石窟1册。《西夏文物·综合编》计划出版4册，主要收录除宁夏、

甘肃、内蒙古三省区以外，分散于陕西、青海、新疆、北京、天津、上海、辽宁、吉林、河北、河南、福建、浙江、安徽、四川、云南等中国大陆的党项西夏文物遗址以及西夏灭亡后西夏遗民文物遗址。可以说，多卷本《西夏文物》结集出版，其范围之广泛、资料之新颖、内容之丰富，涵盖了全国范围内西夏时期遗址、文物。为了全面反映党项西夏兴起、发展、消亡的历史过程，《西夏文物》项目组在确定收录遗址和文物范围时，以“大历史观”的开阔学术视野，不仅收录了西夏立国时期的遗址文物，还特别收录了西夏王朝建立前有关唐五代宋初夏州党项时期遗址、文物以及西夏灭亡后西夏后裔的遗址、文物。所以说，《西夏文物》的出版对于研究西夏历史具有重要的资料价值，同时也是研究唐宋辽金元历史文化不可或缺的重要资料。

三　新材料、新发现，开辟新的学术增长点

《西夏文物》是一项规模宏大、艰巨复杂的工程。西夏遗址主要分布在宁夏、甘肃、内蒙古、陕西、青海等西夏故地的西部省区，许多遗址都位于荒漠戈壁、高山峡谷等荒郊野外。各分编课题组在吸收先前西夏文物考古成果基础上，结合第三次全国文物普查资料和可移动文物普查信息，实地调查和甄别研究，不仅纠正了许多先前判定有误的遗存，同时新发现了许多具有重要价值的西夏城址、聚落、墓葬、寺庙、西夏遗民等遗址，丰富了西夏文化遗存的数量和类型。

部分可移动西夏文物也属首次公布，而且不乏内容稀见，价值巨大的独特文物。如宁夏编金属器卷中收录的西夏陵6号陵出土的3件金帽钉、1件金笄，灵武石坝出土的银钗，石刻石器卷中收录的灵武回民巷沙漠采集到的夏桓宗天庆九年西夏文摩崖石刻碑等都是首次向学术界刊布资料。20世纪90年代，甘肃省文物考古研究所曾经两次对武威塔儿湾西夏瓷窑遗址进行发掘，出土西夏文物百余件，但本次考古发掘报告一直没有发布。在本次编纂《西夏文物·甘肃编》时，经课题组多方协商，收录了甘肃省文物考古研究所收藏的武威塔儿湾出土部分西夏瓷器。甘肃编收录的瓜州博物馆藏西夏文文献、甘肃省临洮县博物馆藏西夏文文献也是项目组在实地调查时的新发现。《西夏文物·综合编》收录青海省湟中县博物馆藏西夏瓷器，新疆维吾尔自治区各文博单位收藏的西夏钱币和官印，内蒙古乌审旗十里梁夏州党项墓地出土玉腰带、鎏金银饰牌、石雕武官立人像，吉林大学博物馆藏西夏文官印等都是深藏于文物库房，先前不为学界所知的珍贵党项西夏文物。

西夏石窟艺术向来是西夏学研究较为薄弱的领域。20世纪60年代，由中国社会科学院王静如先生和敦煌研究院常书鸿院长牵头，组成西夏石窟调查组，首次对莫高窟、榆林窟等主要敦煌石窟中的西夏石窟艺术进行了系统的调查，之后相当长的时间内学术界基本沿用这次调查的成果。同时期也没有全面、专门的西夏石窟图录出版。

近十多年来，随着敦煌石窟艺术研究的不断深入，西夏石窟的数量在不断地调整变化中。为此，项目组联合敦煌研究院，专门成立了由樊锦诗先生负责的西夏石窟课题组，不仅重新对莫高窟、榆林窟、东千佛洞等主要西夏石窟进行调查，还对肃北五个庙、肃南文殊山石窟、武威天梯山石窟、张掖马蹄寺、宁夏山嘴沟石窟、内蒙古阿尔寨石窟等中小石窟进行调查，全面刊布西夏石窟艺术的图像资料。刊布的图像资料，不仅有每一个西夏洞窟整体全景图和详细的绪录，而且每面窟壁和主要的壁画都有高清照片和对应的内容绪录。《西夏文物·石窟编》的出版是西夏石窟壁画艺术最为科学、最为详细的集中刊布，必将推进西夏石窟艺术研究的深入发展，填补西夏石窟艺术研究的空白。

总之，无论是遗址，还是可移动文物，抑或是石窟艺术，此次出版的多卷本《西夏文物》各编中刊布的新发现、新材料，可谓是不胜枚举，都将成为今后西夏学发展的新的学术增长点。

四 纲目清晰、编排科学，开创文物图典新典范

在编排体例上，《西夏文物》在五编之下设遗址、金属器、陶瓷器、石刻石器、木漆器、造像绘画、织物、文献、建筑构件、其他等卷，因文物的质地不同，每一卷又下设几个不同的小类别，卷下再设若干类。同时，每编的首册加设总目，方便读者查阅、检索，对每件文物都按出土地、类别、收藏机构、自定义编号等编排由字母和数字组成代码。编纂体例条分缕析，让人一目了然。遗址和文物图版超越了以往文物考古图录一物一图的惯例，每一件文物尽量采用多维角度的多种图版。文字说明科学规范，力求将每个遗址的历史沿革、形制特征、保存现状、地理坐标，每件文物的质地、尺寸、造型、纹饰、工艺、来源、出土地点、时间、收藏单位、定级情况等多方面信息全面、准确地表达出来。对于有文字和图案造型复杂的特殊文物则附有数幅局部特写、线描图、拓片等。难能可贵的是部分遗址还编配了不同时期的老照片，这对于研究遗址及其周边环境变化和遗址保护提供了宝贵的历史资料。读者可据此从宏观上和微观上把握西夏文物遗址的整体情况，进行深入研究。此外，收录文物和遗址都是经专家多方甄别鉴定后入选，因此，《西夏文物》图录也为今后西夏文物的鉴定提供了可信的标准和参考。

总之，丰富多彩的西夏文物遗产是独具特色的党项西夏历史文化的载体，也是辉煌灿烂的中华文明中的一颗璀璨明珠。大型多卷本文物图典《西夏文物》的出版首次建立了完整的西夏文物资源体系，是迄今为止中国大陆西夏遗址和文物收录最为全面、最为权威、继往开来的学术经典。“一时代之学术，必有其新材料与新问题。采用此材料以研求问题，则为此时代学术之新潮流。治学之士得预于此潮流者，谓之‘预流’。其未得预者，谓之‘未入流’。”它的出版必将再次掀起西夏学研究的热潮，

开创新时期西夏学研究新局面。同时，《西夏文物》的出版也是弘扬中华优秀传统文化，传承绝学，树牢“西夏在中国，西夏学也在中国”国际话语权，增强民族文化自信的学术担当和时代使命，在西夏学研究史上具有里程碑意义。

《党项西夏名物汇考》评介*

杜艳梅

西夏虽未如同时期的宋、辽、金那样入编正史，但关于党项西夏的记载却散见于唐、五代、宋、辽、金、元等时期的典籍中，其中以传、纪的形式出现在《宋史》《辽史》《金史》和《东都事略》《隆平集》中者，号称“西夏五传”。这些文献被很好地保存下来，它们在数量上较西夏文文献占绝对优势，属于西夏文献的大宗。但是在这些汉文文献中，我们会发现许多关于党项西夏的人、地、族、官名等往往有一定的出入，容易导致将一人、一地、一事误为数人、数地、数事等。究其原因，“这些少数民族译音词自唐宋以来译者各殊，且有音无义，不受上下文词义的限制，在书籍的传抄过程中字形极易发生错讹，真伪杂陈、信否难辨，而无论是史学研究者还是古籍整理者，一般都弃之不校，遇到他书异文，多录以存异，而不下决定正误的断语”。[①] 这就需要研究者进行更加系统、全面的考释。早在1916年，劳费尔先生就在《西夏语言：印度支那语文学研究》[②] 中利用党项语和藏语来解释古书里有关西夏的译音词，但由于当时西夏语料的欠缺以及对西夏语音和词义认识的不足，可供后人采信的结论不多。时隔近一个世纪，彭向前先生在传统汉文文献的基础上，利用丰富的西夏文、藏文文献和碑刻，结合音韵学知识，撰写《党项西夏名物汇考》（以下简称《名物汇考》）一书，着力解决党项西夏历史文献中的专名混乱、讹误等问题，期以使传统典籍中与党项西夏相关的史料得到正确的诠释和运用。笔者在仔细拜读该书后，深感其内容之丰富、涉猎之广博、方法之科学、研究之深入，从中受益匪浅。

一　内容丰富

《名物汇考》一书为彭向前先生近期的一部大作，本书为杜建录先生、史金波先生主编的国家出版基金项目《西夏学文库》著作卷第一辑中的一本，由甘肃文化出版社于2017年出版。全书30余万字，由序、导言、正文、附录、参考文献五部分组

---

* 该文原刊于《西夏研究》2018年第3期。

① 彭向前：《党项西夏名物汇考》，甘肃文化出版社2017年版，第1页。

② 李范文：《西夏语比较研究》，宁夏人民出版社1999年版，第352—416页。

成。正文部分又分为上下两篇：上篇是“词目考订”，下篇为“问题研究”。词目考订篇是针对汉文史籍中党项与西夏专有名词进行的，分列五章，包括人名、宗族名、地名、职官名和其他五个部分，共考释词目300条，详细情况如下表。

章节	名目	数量	合计
第一章 人物	党项与西夏人物	57	127
	沿边蕃部人物	70	
第二章 宗族	党项与西夏宗族	19	39
	沿边其他宗族	20	
第三章 地理	西夏地名	47	61
	辽、金与西夏交界地名	14	
第四章 官制和兵制	西夏阶官	15	34
	西夏职事官	8	
	西夏兵制	11	
第五章 其他	西夏国名	3	39
	佛经、经幢、菩萨	4	
	日历和占卜	6	
	西夏服饰吊敦背	1	
	汉文史籍中西夏、吐蕃语词	25	
合计			300

问题研究篇则是采用以专有名词为切入的研究方法，研究党项西夏的具体问题，共收论文20篇。其中有一部分是作者之前发表过的论文，此次出版又做了一定的增补，还有一些文章是对新问题的探讨，这次也一并录入《名物汇考》中。

全书以音义更迭多变之专名为研究对象，搜剔爬梳，求真证伪，遍及人、地、官、年诸方面，为我们探索西夏社会历史面貌提供了一批不可多得的实证。

二 涉猎广博

著作的充实有赖于资料的扎实。作者不畏艰辛、不避烦琐，加之掌握多种东西方语言文字，故搜罗广泛，能够从浩如烟海的史籍中筛选出最具价值的资料。《名物汇考》大量引用传世文献和出土文献进行论证，全书引用汉、夏、藏文文献、碑刻共八十多篇，参考古籍、今人论著二百六十多部。汉文文献除《宋史》《长编》《宋会要》等基本史料外，还包括文人笔记如《梦溪笔谈》《清波杂志》等，方志如《太平寰宇记》《隆德县志》《榆林府志》等，墓志如《折渭州墓志铭》《大汉故沛国夫人里氏墓志铭》等。西夏文文献有法典、字书、类书、诗歌、夏译汉籍、星占文书和夏汉合璧历日，包括《天盛律令》《番汉合时掌中珠》《杂字》《圣立义海》《五音切韵》《西夏官阶封号表》《夏圣根赞歌》《新修太学歌》《月月乐诗》《类林》《孟子》《孝经传序》《论语全解》等。藏文资料如《佛顶尊圣陀罗尼经》《圣观自在大悲心总持功能依经录》《敦煌吐蕃汉藏对音字汇》等。出土西夏碑刻有汉藏合璧《黑河建桥敕碑》、汉夏合璧《凉州重修护国寺感通塔碑》、保定西夏文石幢《胜相幢》。不仅全书史料丰富，具体到每一条考释中亦是如此，作者对每项专有名词的考释几乎都需要三到四部史籍来佐证，甚至更多，如在“神臂弓创始人考”一文中，同时对比、引用《宋史》《宋会要》《文献通考》《梦溪笔谈》《容斋三笔》《曲洧旧闻》《事物纪原》《玉海》《群书索考》等多部史书，对神臂弓的创始人是“李宏”而不是“李定”，从史料来源的角度进行了翔实的考证。①

三　方法科学

语言文字是了解一个民族、一种文化或者一段历史的钥匙。民族史研究因牵涉各种语言文字，如果不掌握这把钥匙，往往难以扩大史料的利用范围，所谓的研究只能是“矮人看戏”，不可避免地流于空疏，甚至产生错讹。“校勘四法”包括对校法、本校法、他校法、理校法，但不管是哪种方法，都依然沿用传统以书校书的模式。《名物汇考》一书于“校勘四法”之外，还借助少数民族语言整理汉文古籍，解决少数民族词语的标点和校勘问题，丰富了校勘学的内容。整个考证过程可以称之为“异语寻源”，即“一旦某个译音词有两种以上的书写方式，且相互之间在语音上不能勘同，就得需要我们判断正误。此类考证还需要两个条件，一是我们知道该词的意思，即它是一个音义俱全的词；二是我们知道这个词的语源。语音、语义、语源三者齐备，我们就可以考证了”。②

如对“岌罗腻”一词的考证，指出“岌罗腻”为原夏州盐城镇党项部族，宋人又译为“岌伽罗腻”“岌伽罗腻叶”。作者认为“岌伽罗腻叶”省去词尾音“叶”字，便成了“岌伽罗腻”，又省去相当于韵尾 -k 的“伽”字，便成了“岌罗腻”。由此推论，早期党项语的确有韵尾 -k，后来脱落了。③

再如对西夏姓氏“野海”的考释。“野海”作为唐代党项六府部落之一，在西夏建国后，理应存在，但一直未见有人对之作过钩沉考证。作者认为“野海”，即西夏姓氏“野货”（见西夏文《杂字·番姓名》中第 10 个姓氏），西夏文写作“藹脟”

① 彭向前：《党项西夏名物汇考》，甘肃文化出版社 2017 年版，第 141—144 页。
② 同上书，第 4 页。
③ 同上书，第 2 页。

（西夏文《杂字·番姓名》中第175个姓氏），读若·ja－xwa。野，羊者切，马韵以母。宋代西北方音，以母和影母合为零声母。“野”可以勘同于西夏文“藹（·ja）”。货，呼卧切，过韵晓母。海，呼改切，海韵晓母。“货、海”皆可勘同于西夏文“脟（xwa）”。故“野海”可与“野货（藹脟）”勘同。①

在《西夏〈黑河建桥敕碑〉藏文碑铭补注》一文中，作者对对应汉文为“都大勾当”的一条职官名称“སྤྱིའི་ཞལ་སྔ་བ”进行考释。在此之前，王尧先生将“སྤྱི”对译为“总”，把“ཞལ་སྔ”对译为“驾前”，并主张把整个词译为“驾前总管”。作者认为不妥，并利用汉、藏、西夏文三种文字进行对勘，认为其中的“ཞལ་སྔ”一词应取“亲自”而不取“驾前”义，当出于对唐代“亲事官”的模仿。而“སྤྱིའི་ཞལ་སྔ་བ”可译为“总亲［事］官”即“总干办”，而非“驾前总管”。②

该书创获之丰，难一一论列。从中可以看出，借助少数民族语言整理汉文古籍，可以解决以往所不能解决的棘手问题，是一种值得继续尝试的新方法。

四　研究深入

作者采用早期欧美汉学家从名物角度切入的研究方法，结合相关文献记载，对党项西夏若干历史问题进行了深入细致的探讨。

如在《元昊改姓考》一文中，认为元昊袭封后改姓嵬名氏而非元氏，“嵬名”和“元”不能勘同。改姓嵬名的不光是元昊的近族，包括整个拓跋氏。元昊废弃宋赐姓赵后，并没有恢复旧姓拓跋，而是改姓嵬名，此举有两个目的：一是对外摆脱北宋的控制而独立建国，一是对内突出皇族的前身拓跋氏在整个党项羌中的地位，以赢得整个拓跋部的支持。首次指出《西夏书事》关于元昊改姓“疏族不与焉”的记载，系吴广成对史料的随意发挥，出自对匈奴赫连勃勃改姓的比附。③

再如对“负赡”一词的考辨，以往学界普遍认为西夏的军抄由“正军、辅主、负担”构成，“辅主”为中原汉族史籍所漏载。本文认为西夏语词“秡簾”（辅主）就是史籍中的“负赡”，“负担”为“负赡”之形讹，亦即西夏的军抄由“正军、负赡、副兵”构成。通过对“负赡”一词的考辨，无疑有裨于今后的西夏军事制度研究。④

“吊敦背”一词长期湮没在史籍中，作者指出该词语出西夏，就是史籍上的“吊敦靴”，它由“吊敦”发展而来，是一种连裤靴。内蒙古巴林左旗滴水湖辽墓壁画有对“吊敦背”的具体描绘。这种裤腿与靴口相接，形制独特的靴子，一经出现便以

① 彭向前：《党项西夏名物汇考》，甘肃文化出版社2017年版，第85页。
② 同上书，第172—177页。
③ 同上书，第160—168页。
④ 同上书，第177—183页。

其简洁、方便、合体而深受各民族喜欢，迅速流传开来，同时代的西夏、辽、金、宋地皆有穿用。服饰是物质文化的直接体现，也是社会状况和社会意识变迁的直接反映。四处流行的西夏服饰“吊敦背”，堪称辽宋西夏金时期民族融合的一个载体。[①]

总之，作者凭借多年从事西夏学研究而积累起来的丰富经验，善于从党项西夏名物中挖掘捕捉到其中所蕴含的历史价值，不少地方可谓“发前人未发之秘，辟前人未辟之境”。

综上所述，彭向前先生的《名物汇考》是第一部系统考释党项西夏名物的著作，该书史料丰富、论证严谨，大量引用相关史料，对一大批党项、西夏名物进行了力所能及的考释，并以专有名词为切入口，对党项西夏历史作了深入探讨，有效地解决了一些学术上的疑难问题。即使是暂时有待商榷的专有名词，在文中也为我们提供了极具参考价值的想法和思路，有助于相关研究的进一步开展。此类研究显示出作者具备较深的治学功底，如果没有合理的知识结构，不具备多种治学手段，是难以胜任的。书中所体现的创新精神更是值得提倡和学习，正如聂鸿音先生“序”中所言“这不是在推荐一本著作，这是在推荐一种精神，一种在当前局面下值得尊重和提倡的创新精神”[②]。

① 彭向前：《党项西夏名物汇考》，甘肃文化出版社 2017 年版，第 246—151 页。
② 聂鸿音：《党项西夏名物汇考 · 序》，甘肃文化出版社 2017 年版，第 3 页。

多语言视阈下的西夏名物研究

——评彭向前教授著《党项西夏名物汇考》

陈瑞青

顷读彭向前教授著《党项西夏名物汇考》（以下简称《汇考》），收获良多。该书是杜建录、史金波先生主编的《西夏学文库·著作卷》系列研究成果之一，2017年5月由甘肃文化出版社出版。除导言、附录外，全书分为上、下两篇，上篇主要对西夏学词目进行考订，下篇主要对西夏学一些具体问题展开探讨。该著作以考证见长，如上篇对西夏人物、宗族、地理、职官等进行系统考证，指陈得失、纠谬匡正，以达到正本清源的目的；下篇虽冠以“问题研究”，但其研究也是遵循“循名责实”考据方法，对西夏人物、兵制、宗教、占卜、日历等进行探讨，立意高远、新见迭出。该书的另一个特点是，以汉籍功底为基础，发挥作者特长，充分利用西夏文、藏文、梵文、回鹘文等多种语言进行对勘，对西夏名物研究多有发明，是近年来不可多得的跨语言西夏学研究著作。通观全书，呈现出以下特点：

首先，《汇考》虽以西夏文献为研究对象，但对汉籍资料运用自如、得当，体现出作者深厚的宋史功底，是跨学科研究西夏学的典范之作。著名的宋史研究专家漆侠先生曾经说过：“只研究历史，研究不好历史；只研究宋史，研究不好宋史。”这样的话，同样适用于西夏学。由于西夏文字的原因，注定西夏学自诞生之日起就必须具备语言文字学和历史文献学两门学问，才能研究好西夏历史。同时受文献资料的限制，仅仅依靠西夏文献研究西夏学是远远不够的，必须大量借鉴同时期辽、宋、金资料进行对比研究，才能将西夏历史解释清楚。《汇考》作者早年追随宋史专家李华瑞先生研读宋史、西夏学专家杜建录先生研读西夏学，前些年又追随著名语言学专家聂鸿音先生学习西夏文、藏文、梵文等少数民族语言文字。这样的学术经历，造就了作者宋史、西夏学“两门抱”，既熟悉宋代汉籍资料，也熟悉西夏文献，因此能够在一些西夏名物的解释上超越前人。如对西夏人物、宗族的考证，作者多取材于《宋史》《宋会要》《续资治通鉴长编》以及宋人笔记，辅以西夏文资料，通过对音勘字，指出各书之间在传抄镂版过程中存在的错误，并通过考证得出较为可信的结论。如对于西夏文草书《孝经传序》吕惠卿系衔的考证，大体遵循汉文与西夏文对勘原则，作者利用《道藏》中《道德真经传表》中吕惠卿题衔与西夏文《孝经传序》进行对勘，通过对宋代寄禄官、勋官、爵位、职事官、贴职、食邑等细致考察，基本复原了西夏文《孝经传序》的吕惠卿系衔。再如作者对于西夏文“背嵬”的解释，主要运用了宋人笔记《演繁录》《梦溪笔谈》以及《长编》《玉海》等资料，得出西夏时期的“背嵬”属于“亲军”的结论。像这样“以宋入夏”的例子书中还有很多，就不在这里一一列举了。总的来看，这种“由此及彼”式的研究方法，不仅扩大了西夏学研究视野，同时也推进了西夏学向纵深发展。

其次，《汇考》综合运用多种语言，通过语言学考察西夏名物，是跨语言研究西夏学的扛鼎之作。黑水城文献是以西夏文文献为主，汉文文献次之，兼有蒙古文、回鹘文等多种语言文字类型。对于西夏文文献的解读是学术界面临的首要任务。从西夏学成长的历程看，已经走出“识字”阶段，以音韵学和语法学为突破口的西夏研究成为趋势。聂鸿音先生曾经指出：“未来的（西夏学）研究一定要用到几门外国语言和少数民族语言……如果我们新一代的历史学家不再依赖别人现成的译文，而是亲自动手从西夏原始文献中发现题材，亲自动手翻译和校订史料，那么，我们就会迎来一个历史学家和西夏文献学家共同缔造的新局面。”《汇考》的作者正是沿着这一研究思路，将西夏文放在汉藏语系的宏观系统中进行探索发微，往往达到出人意料的效果，如《长编》和《宋史》中的“益麻党征”，四库馆臣改译为“尼玛丹津”，《汇考》作者通过考察藏文认为当译作“尼玛丹增”。又如汉籍中的“迈凌错吉”，作者通过藏文对音，认为当作“迈凌惜吉”。《汇考》作者还利用自身语言优势，对西夏《西夏建桥敕碑》中的藏文进行补注、对保定出土的明代西夏文石幢名称进行考证。在考证西夏国主“李王”当为“字王”时，作者除利用《元史》《史集》《蒙兀儿史记》《元朝秘史》以及文人笔记外，还引用回鹘文《玄奘传》中的资料加以印证，所有这些都显示出作者在语言学方面的天赋。作者从语音、语义、语源三个维度，对西夏名物进行系统考订，通过“异语寻源”，达到辨章学术、考镜源流之目的。不唯如此，作者对俄文、日文以及英文研究成果了如指掌、如数家珍，为《汇考》增色不少。早些年，杜建录先生曾提出“大西夏学”的概念，明确提出西夏学的完善需要跨时代、跨学科研究。《汇考》的出版，无疑顺应了这一学术发展趋势，同时也为西夏学研究路径起到了很好的示范作用。

再次，《汇考》中没有长篇大论，以精短的考据旨归，唯陈言之务去，代表了西夏学回归考据的研究方向。毋庸讳言，西夏学的异军突起和近年来西夏文献、文物资料的集中刊布有着直接关系。随着俄藏、英藏、中国藏、日藏、法藏西夏文献的陆续公布，西夏学研究队伍也日益壮大起来，西夏学研究论著如雨后春笋般涌现。在这些西夏学研究论著中精品力作不少，但也有诸多大而不当的论点。西夏学要走出过去“铺摊子”“圈地”式的研究模式，必须在“精深”上下功夫，这就需要研究者回归传统的考据学，综合运用版本、目录、校勘、音韵等旧学问研究西夏学领域的新问题。《汇考》在这方面做得很好，大致分为以下几个环节：其一，西夏文与藏文对音。前面已经提及作者在藏文与西夏文对勘的成就，在此不赘述。其二，西夏文与汉文的对音。如汉籍中对于西夏“米募”“未募”互现，很难判断孰是孰非，作者通过西夏文对音勘同，认为“未募”为是。又如《新唐书·党项传》中的“把利”，作者通过西夏文对音认为是西夏大姓“芭里”。其三，《汇考》特别重视影印本《长编》《西夏书事》等汉籍在对音中的作用。作者在研究过程中，并没有走捷径采用现成的标点本《续资治通鉴长编》，认为标点本《长编》回改了大量清人改译的专名，存在回改不尽、回改未净、存在误改等情况，因此不能用于校勘西夏专有名词。而影印本《长编》保留大量清人利用藏语安多方言改译党项、吐蕃名词，对于准确翻译西夏名词具有特殊的校勘意义。《西夏书事》虽然是清人吴广成利用二手资料所作，但他撇开四库馆臣的《四库全书》，直接从宋、元史籍中搜罗史料，保留了大量党项、西夏名词的原貌，因此在西夏名词校勘方面具有突出的价值。正是由于作者在版本选择上的独到见解，使《汇考》在西夏名词解释上取得很大的突破。

最后，《汇考》还在西夏学研究方面提出一系列重要论点，开辟了西夏历法、占卜、西夏文草书等新的研究领域。如作者利用“五德终始”学说解释“白高大夏国”，是目前为止笔者见到的最为合理的解释。又如作者对圣容寺的解释，认为是西夏王朝模仿宋代在寺院宫观中普遍设置帝后神御、神御殿的做法，吸取吐蕃民族“佛、祖合一”的思想而形成的。这一论点是将西夏文化放在中华文明整体系统下而得出的，论证坚实可信。西夏历法、占卜文书的研究属于西夏学研究的“深水区”，一向被学者视为畏途，而《汇考》的作者在这两个方面做了有益的尝试。《汇考》一书中作者除对单件西夏历书进行考证外，还在综合研究基础之上提出西夏“以十二月为岁首”之说，此外还利用西夏文占卜文书中所载朔闰、节气等，探讨了其在西夏历法研究中的价值，认为西夏所使用的历本是根据中原汉族历法编制而成的。《汇考》中收录的西夏历法研究文章虽然不多，但管中窥豹足见作者研究功力之一斑。

当然，《汇考》中也有值得商榷之处，如《西夏书事》《西夏纪事本末》均作“负担”，而《宋史·夏国传》作“负赡”。作者指出“担”（繁体字为“擔”）乃“赡”字之形误，“负赡”在西夏文《天盛律令》中译作“辅主”，“负赡”字面的意思是“（正军的）供养人”。同时作者引用金朝兵制中的“又有一贴军，曰阿里喜，如遇正军病，即以贴军代行”作为旁证，认为“贴军”大致就是“提供给养的士卒”。作者的论证逻辑看似严密，但有诸多漏洞。首先，《宋史·夏国传》中记载的“负赡”为孤例，作者以“负赡”为是而以“负担”为非，从校勘学上讲存在一定的危险性。其次，从材料的时间来看，《宋史·夏国传》中“负赡”以及《西夏书事》《西夏纪事本末》中的“负担”，大致反映的是西夏建国初期军制，而《天盛律令》中的“辅主”则为西夏中晚期的军制，“负担”或“负赡”是否为“辅主”尚待进一步确定。《天盛律令》中明确记载了“辅主”的军事装备，说明辅主为“正军”的战斗辅助人员，这与西夏辞书《文海》中记载的“辅者，辅军也，正军之祐助者也”相吻合。目前尚无资料证明“辅主”为承担杂役的“负担”。再次，作者将“负赡”解释为“（正军的）供养人”也是值得商榷的。《宋史·夏国传》《西夏书事》都明确记载了“负赡”“负担”为“随军杂役”，如果抛开这些明确记载而不顾，将“负担”理解为“负赡”的话，我们对“负担”职能的理解就会出现偏差。最后，西夏军队中的“负担”是否类似于金朝的“贴军”尚待考证。金朝的贴军是与兵役组织形式密切相关的，并非像作者理解的那样由贴军向正军提供给养，而是由若干户组成一个小的赋役单位，一户出丁，其余户出资，不出丁户谓之“贴户”。因此，不能简单地将类似“贴军”的“负担”理解为向正军提供给养的人员。以上仅仅是笔者对于西夏军制的粗浅理解，未必正确。需要指出的是，史籍记载中存在的这些分歧，不是一朝一夕能够解决的，需要学术界长期努力方能揭开谜团、拨云见日。

总体来看，《汇考》一书在研究方法上以考证见长，综合运用语言学、版本学、音韵学等多种手段，对西夏名物进行系统研究，尤其是通过西夏语与藏语、汉语的对音，解决汉籍以及西夏文文献中西夏名物的汉译问题，使我们能够准确理解西夏名物的音、形、义，是西夏学研究学者案头必备的参考书。作者的这一研究路径，反映了多语言视阈下西夏学深入发展的新动向。作者对于西夏历史、文化的一系列新观点，代表了西夏学研究新世纪以来的最新成就，而这些观点的得来，得益于作者深厚的考据学功底。笔者相信，随着研究的深入，回归考据学是西夏学研究的必由之路，跨断代、跨语言的西夏学研究，必将迎来崭新的春天。

《天盛律令》研究又一力作

——读《〈天盛律令〉与〈庆元条法事类〉比较研究》有感

潘　洁

刘双怡博士与其导师李华瑞先生合作的《〈天盛律令〉与〈庆元条法事类〉比较研究》作为国家社科基金特别委托项目“西夏文献文物研究”系列成果之一，由社科文献出版社付梓发行，可喜可贺！西夏研究又添力作！

《天盛律令》是西夏中期仁宗在位期间在原有法典基础上重修编撰修敕的一部由西夏文写成的国家法典，律令条文中糅杂大量的名物制度，涉及刑事、民事、行政、经济等方方面面，对于文献记载有限的西夏政权来说，它不仅是探索西夏法律的重要史料，也是研究西夏历史的第一手资料。与《天盛律令》相关的成果丰硕，仅著作就有十余部，西夏文《天盛改旧新定律令》[①] 被誉为《天盛律令》的汉译本，是西夏社会历史研究的重要参考文献，《西夏天盛律令研究》[②] 等全面梳理其编纂体例、内容设置，成为认识西夏律令的必要途径，《〈天盛律令〉研究》[③] 等分门别类的录文、对译、注释，并在此基础上展开专题研究，开启了新一轮翻译的新篇章。《〈天盛律令〉与〈庆元条法事类〉比较研究》是第一部将西夏法律与宋代综合性法规汇编进行专门比较的著作，通过编撰体例、法律条文，特别是行政法的比较，进一步明确了西夏法律与宋朝法律的联系和区别，从而彰显西夏与中原法律体系、社会制度的关系。

《〈天盛律令〉与〈庆元条法事类〉比较研究》分为上下两篇，上篇是《天盛律令》与宋代法典比较研究，重点从体例上进行梳理。尽管《西夏天盛律令研究》等全面梳理《天盛律令》的成果在探究西夏法律、制度的同时也加入了与唐宋法律异同的辨析，但是它们选取的对象主要是《唐律疏议》和《宋刑统》，《庆元条法事

---

① 史金波、聂鸿音、白滨译注：《天盛改旧新定律令》，法律出版社 2000 年版。

② 王天顺：《西夏天盛律令研究》，甘肃文化出版社 1998 年版；杨积堂：《法典中的西夏文化：西夏〈天盛改旧新定律令〉研究》，法律出版社 2003 年版；杜建录：《〈天盛律令〉与西夏法制研究》，宁夏人民出版社 2005 年版；姜歆：《西夏法律制度——〈天盛改旧新定律令〉初探》，兰州大学出版社 2005 年版；陈永胜：《西夏法律制度研究》，民族出版社 2006 年版；邵方：《西夏法制研究》，人民出版社 2009 年版。

③ 杜建录、波波娃主编：《〈天盛律令〉研究》，上海古籍出版社 2014 年版。

类》与《宋刑统》都是集中编修、立法价值颇高、流传较远的法典，相比之下，《庆元条法事类》虽成书于南宋，但涵盖内容更丰富，更接近《天盛律令》。当听到这个题目之初，对于选取这部南宋时期的律法与西夏律令进行比较我还是有所疑惑的，跟随作者的思路，一步步了解了唐宋法典编修的过程，疑团逐渐解开。《宋刑统》主体部分与《唐律疏议》无异，是一部贯穿宋朝始末，多次修订，但改动很少的律令，如《宋刑统·序》所言“终宋之势用之不改”①。为了更好地适应社会的发展，仁宗朝之后多次编敕，补充律法活动频繁，《宋刑统》与各朝“编敕”并行。《庆元条法事类》是各种“编敕”“敕令条格”的综合性汇编，很多法规沿袭了北宋，“所以，讨论《天盛律令》的修撰就不能仅限于对于《唐律》和《宋刑统》，而应更多地与占据宋朝法典修撰主导形式的各朝‘编敕’或‘敕令格式’相比较，这样才能得出合乎事实的正确结论”②。文中通过对它们编撰形式的比较，提出《天盛律令》与《唐律》《宋刑统》区别很大，却与《庆元条法事类》有很大的相似性，并在上编的总结中进一步明确《天盛律令》的结构上明显糅合了《宋刑统》《庆元条法事类》的修纂形式，在刑律上主要参考《宋刑统》的形式，事务性条法上则更多地参考了《条法事类》的形式。

下篇从宋夏条文中选取了其中的一个方面——行政法进行重点研究，可归纳为四部分内容。其一，《天盛律令》与宋代法典中的行政法规比较，从《天盛律令》《宋刑统》《庆元条法事类》的条目设置出发，发现西夏律令与后者有更多的相似对应条文，从而明确了它们之间的疏密关系。其二，西夏与宋代中央、地方行政制度比较，在综合概述的前提下，以西夏中书、枢密、经略司、监军司、刺史等机构、职官为例，着重论述了其设置、职能，在研究西夏的同时，辨析了它与中原制度的关系。其中对于磨勘司的考证，虽然只有寥寥的几句话，但却点出了磨勘、磨勘司的核心内容，《天盛律令》中的磨勘基本上继承了宋代磨勘一词有关审核、检查的含义，西夏磨勘司负责簿籍的审核与宋代掌勾三部帐籍、验其出入的都磨勘司关系密切，相比于之前对于西夏磨勘司的讨论，其结论更切要害。对于西夏刺史的考证则更为详细，从刺史的起源谈起，将《天盛律令》中出现的刺史根据横向区划、所在职能部门的不同归为边中刺史、边境刺史、监军司刺史、诸司刺史等类别，讨论了西夏刺史在管理边境实物、发放兵符、管理囚犯、监察高官等军事、司法、经济、监察方面的职能，最终认为西夏官职沿袭中原，其职能没有仿照宋朝，而多与汉、唐相同。其三，西夏与宋代人事管理制度的比较，主要基于《西夏官阶封号表》等条文的分析，阐述了西夏的官吏选拔与管理制度，同时对西夏官制体系中仿宋朝官、职、差遣而设置的

① 《宋刑统》，薛梅卿点校，法律出版社1999年版，第6页。

② 刘双怡、李华瑞：《〈天盛律令〉与〈庆元条法事类〉比较研究》，社会科学文献出版社2018年版，第38页。

官、职、军有了更多的认识。其四，西夏与宋代文书制度的比较。《天盛律令》对西夏公文有着详细的规定，这部分在分析西夏文书书写格式、传递、保管等内容的基础上，提出了宋夏公文传递制度、称呼等方面的不同，对于进一步深入研究西夏公文起到了重要的作用。

总之，著作将比较贯穿始终，虽然以《天盛律令》《庆元条法事类》为题，但是文中大量内容涉及《天盛律令》与《宋刑统》、西夏与唐的比较，将《天盛律令》置于法律史发展的链条上，以其中所反映的西夏社会制度与宋朝乃至中原王朝进行比较，阐述了西夏的特点，同时厘清了它们之间的承袭和差异，是《天盛律令》研究的又一力作，也是西夏社会制度研究的重要成果。

缀合的立体画卷

——《西夏建筑研究》评介

尤　桦

西夏建筑久历风霜，屡遭兵罹，只剩下幽幽古冢下散落的残垣断壁和滚滚黄沙间裸露的构建遗存，向人们诉说着西夏王朝往昔的繁华。一部凝结着陈育宁、汤晓芳、雷润泽三位耄耋老人数年心血和彰显治学功力的史学著作——《西夏建筑研究》于2016年付梓，该著作的出版不仅将西夏的建筑面貌重新展示在世人面前，更为后学树立了治学之典范。下面笔者对该著作做简单评介。

一　资料翔实、方法得当

“西夏建筑作为西夏王朝存在的象征，是西夏地域文化传承积淀与西夏社会文化构建的物质形态。在战乱频仍的王朝更替中，由于受到自然侵蚀和人为的损毁与遗弃，西夏建筑多已衰败，几无完整的构筑原貌”，对于缺失的西夏建筑，作者从汉文文献、西夏文文献记载与碑石柱木刻记中爬梳，从石窟壁画、卷轴画与板画、佛经插图版画等图像中选取，从西夏文物考古和建筑遗存中发掘，从国内外西夏建筑研究成果中借鉴，通过多重资料论证的方法，为论著的深入研究提供了可靠资料，也极大地提高了西夏建筑研究的真实性，为西夏研究资料使用提供了新的方法和研究视域。

图文并茂，表格清晰是该书的另一个特点，著作中插有大量种类丰富、式样精美的西夏建筑图片，如建筑构件中有鸱吻、屋脊神兽、屋脊装饰、瓦当、滴水、砖瓦、石构件等，给读者以形象、真实的视觉感受，在艺术的形象实证中体悟、理解西夏建筑的艺术和文化内涵，了解和观察西夏建筑的原始面貌和建筑魅力。在西夏陵墓建筑、寺庙和佛塔建筑部分，作者在文字介绍中又配有大量布局图、剖面示意图、平面图等，清晰、明了地为读者展示西夏建筑的式样和形制。

二　内容丰富，内涵深远

中国古代建筑最讲究自然美、社会美、艺术美、民族性，它是社会文明的物质体现，是民族文化的展示和缩影，本著作中的西夏建筑主要包括陵墓建筑、寺庙建筑、佛塔建筑、西夏城池堡寨建筑、宫殿、衙署以及其他建筑五方面内容。这些建筑也与中国古代建筑分类法相吻合：伦理型、宗教型、科学型、实用型。

陵墓建筑是西夏建筑的重要组成部分，是中国传统儒家伦理文化的继承和延续，西夏陵墓建筑不仅体现“事死如事生，事亡如事存”的仁孝思想，陵墓的建设更是封建等级和宗法制度的缩影。同时，西夏陵墓建筑又有草原文化、中亚文化、佛教文化等融合的缩影。

寺庙建筑和佛塔建筑则是宗教文化的体现，论著中介绍了西夏寺庙、佛塔的遗址遗存、构造特征、建制布局和装饰风格等。寺庙重于祭祀，伏向大地，佛塔偏于膜拜，直指苍穹。西夏信奉佛教，境内寺庙佛塔林立，论著对其遗址遗存逐一罗列，并对其布局、式样、构建所蕴含的宗教意义和文化内涵也进行分析。

西夏城池堡寨和宫殿衙署等建筑则注重于实用，西夏城池为政治、文化、军事中心，多沿用前朝旧城，对其新修扩建。堡寨多修建于缘边地区，主要起军事防御功能，所以大都修建在山巅险峻、易守难攻之处，与中国传统讲究“天人合一”“自然和谐”的乡村聚落选址截然不同。宫殿衙署则是王朝皇族王权封建等级的象征，讲究庄严威武，等级分明。

三　民族交融，文化交汇

党项族作为一个游牧民族，从青藏高原一路迁徙至黄土高原，经过中原文化的不断洗礼“渐染华风”，建国后更是修建了众多的单体建筑与群体建筑。这些建筑在吸收和承袭了中原风格的同时也将草原因素、佛教因素等融入其中，使西夏建筑文化呈现出多元融汇的神韵。其寺庙建筑尚青绿之色，与草原民族钟爱绿色或有关联；在建筑中经常使用如卷草纹、琉璃瓦、须弥座的采用，梭柱、鸱尾的式样，都与印度、中亚、波斯、希腊等因素纷纷融于华夏体系相关。① 如论著中通过对比的手法，将西夏陵墓中出土的14座“志文支座”（碑座）与嘉峪关出土的托梁力士相、酒泉西沟唐墓柱础模印方砖上的相、敦煌佛爷庙湾西晋熊首托梁力士相等对比，生动地勾勒了西夏力士碑座相产生的综合因素。在建筑中融汇各种异域因素，我国古建筑学家朱启钤曾指出：“盖自太古以来，早吸收外来民族文化结晶至近代而已也。凡建筑本身，及其富丽之物，殆无一处不足见多数殊源之风格，混融变幻以构成之也。”②

西夏建筑不仅借鉴吸收周边地区建筑文化元素，而且体现了党项民族独具特色的建筑风格，更创新发展了多元一体的中国建筑文化。“西夏宫殿、衙署、庙宇等官式

① 王明贤主编：《名师论建筑史》，中国建筑工业出版社 2009 年版，第 74 页。
② 朱启钤：《中国营造学社开会演词》，《中国营造学社汇刊》1930 年第 1 卷第 1 期。

建筑大都毁于蒙古灭夏的战火之中，被历史所掩埋。但西夏创新发展起来的建筑文化，被元代吸收改造成更高层次的建筑文化。它所传承和创新发展的建筑文化，是博大精深的中华建筑文化的一部分。”

四　治学严谨、饱含热情

这是一部史学著作，亦是一部团队协作的成果，三位耄耋老人在含饴弄孙之年，仍精诚协作，笔耕不辍，各展其长。雷润泽老师毕生致力于文物考古工作，曾多次参加西夏文物考古发掘，遗址勘测调查等工作，著作中诸多建筑平面图、示意图、精确的数据，各类西夏建筑遗存与遗址介绍等，均为其多年工作积累。汤晓芳老师工于白描，用编审和女性的细腻视角，将一件件残缺的西夏建筑构件，重新描绘得熠熠生辉，富有艺术美感和文化内涵。汤老师在2018年的一次报告中讲道：“当我第一次踏进西夏王陵时，夕阳的余晖照射在王陵里面一大片琉璃瓦上面，是那么的漂亮、那么的辉煌、那么的震撼。”回忆起当时的情景，汤老师手舞足蹈、神采飞扬，也许就在那时要缀合七彩西夏建筑的想法，就成为汤老师心中久久无法挥去的一个夙愿。陈育宁老师为北方民族历史与民族史学理论大家，从西夏建筑的建筑种类、装饰样式、结构布局、建制类型、材料使用等方面，分析了西夏建筑中的民族特色和文化元素，以及其所体现出多民族文化相互影响及有机的糅合，丝绸之路上中外文化交流所造成的影响。

总之，正如西夏学专家史金波先生在序言中说：“作者不仅查阅大量资料，还踏查实地，遍访遗址，搜集图片，将目前所能见到方方面面的西夏建筑资料网罗殆尽……这才复原出西夏王朝华丽的宫殿内院和离宫别墅，巍巍高耸的佛塔式帝陵，类型多样的佛塔寺院，以及城垣、衙署、民居等，使西夏的建筑形象地展现在我们面前。”可以说，《西夏建筑研究》论著给爱好者以常识，给初学者以方法，给研究者以资料，循此路径可以让后学在西夏建筑的研究道路上继续前行。三位学者笔耕不辍的精神亦如章太炎先生所言：“任在何时何地的学者，对于青年们有两种恩赐：第一，他运用精利的工具，辟出新境域给人们享受；第二，他站在前面，指引途径，使人们随着在轨道上走。”①

---

① 章太炎：《国学概论》，江西教育出版社2012年版，第3页。

筚路蓝缕，以启山林

——杜建录著《西夏与周边民族关系》评介

马旭俊

西夏是中国历史上，以党项民族为主体，包括汉、吐蕃、回鹘等在内的多民族地方政权。在其立国的190余年间（1038—1227），先后与宋、辽、金等多个政权对峙，与回鹘、吐蕃、蒙古等多个民族发生了密切的联系。西夏与这些政权（民族）的互动共同勾勒出11—13世纪中华民族多元一体的历史图景，是中国历史上“第二次南北朝”政治生态的重要组成，是元朝大一统格局形成的历史前夜。因此，西夏与周边民族关系是中国史领域十分重要且历久弥新的课题。

杜建录教授著《西夏与周边民族关系》作为“十三五”国家重点图书出版规划项目、全国华夏文明传承创新区重点出版项目《中国西夏学文库》之一，2017年由甘肃文化出版社付梓出版。由于该书是在1995年版《西夏与周边民族关系史》基础上增补修正而成，因此虽然该书出版时间较晚，但实质上也可称得上是西夏对外关系史领域的开山之作。①

全书在体例框架上分为上中下三篇。上篇：西夏与周边民族关系史，系统梳理了早期党项及夏州政权的对外关系、西夏建国后与宋辽金、吐蕃回鹘等政权（民族）的政治互动，以及它们之间的经济文化交流情况；中篇：宋夏关系若干问题，主要围绕着沿边蕃部、沿边堡寨、御夏方略、榷场贸易、青白盐、边防制度等问题对宋夏关系进行专题性质研究；下篇：西夏交聘表，整理汇总了西夏与宋辽金、吐蕃回鹘之间派遣使节的情况。全书共十七章，三十余万字。仔细研读该书，最大感受是资料翔实、论证得当，是作者多年来在西夏对外关系史领域的鸿篇巨制，其在相关学术领域的开拓与奠基意义值得称道。

如果从唐末夏州政权形成算起，党项拓跋氏主导的政治力量活跃在中国西北的时间达340年有余。李元昊公开称帝建国后，西夏先后与强大政权宋辽、宋金呈鼎足之

① 杜建录：《西夏与周边民族关系史》，甘肃文化出版社1995年版；王德忠：《西夏对外政策研究》，吉林人民出版社2005年版；李华瑞：《宋夏关系史》，中国人民大学出版社2010年版；杨浣：《辽夏关系史》，人民出版社2010年版；杨富学、陈爱峰：《西夏与周边关系研究》，甘肃民族出版社2012年版。

势。因此，资源环境、生产力水平相对有限的西夏如何能够立足西北如此之久，是被学界长期关注的热门议题之一。正如《金史》所言：西夏“立国二百余年，抗衡辽、金、宋三国，缅乡无常，视三国之势强弱以为异同焉。”学界一般认为，西夏在对外交往过程中，奉行趋利避害、左右逢源的原则。杜建录教授高度概括道“西夏利用大国之间的矛盾，周旋于他们中间，以求得生存和发展”，并将这种观点贯穿于整部著作当中，如谈到唐朝时期的党项部族时，认为党项首领根据形势的变化，时而叛唐附蕃，寇掠边地，时而与唐和好，反对吐蕃的掠夺，在两大势力的夹缝中求生存发展；如唐朝末年，西夏密切关注着各种力量的消长，寻求强有力的靠山；谈到五代时期夏州政权与中原诸王朝的关系时，认为应以后唐明宗长兴四年（933）为界，分为前后两个不同的发展阶段：前一阶段夏州政权与中原王朝保持着隶属关系，为中原王朝捍卫西北边疆，后一阶段夏州政权则基本摆脱了中原王朝的直接控制，仅维持着名义上的附属关系；再如金朝初年，西夏为了在夹缝中求得生存和发展，在双方的斗争中有所让步，没有使矛盾激化到双边关系破裂的程度；等等。

不仅如此，杜建录教授在讨论相关具体问题时，仍在努力探究西夏立国长久的原因。如谈到西夏边防制度时，指出西夏在沿边修筑大量堡寨和哨卡，构筑了一道不是长城的“长城”，建立起巩固的边防阵线，是其之所以立国长久的重要原因之一；再如谈到西夏横山地区时，提到西夏自得横山山界以后，如虎添翼，凭险据守，聚兵就粮，化劣势为优势，变被动为主动，从战略角度来说，横山地区直接关系到西夏能否立国；等等。应该说，杜建录教授在高度概括前辈学者的相关研究基础之上，将这一议题不断深入下去，不仅梳理、发扬了前辈学术观点，也为后辈学人相关问题的研究提供了指路明灯，可谓正本清源、继往开来。

长久以来，西夏与周边政权（民族）的战争问题也是学界重视的主要议题，特别是西夏与周边政权（民族）战争的性质问题，学界围绕着正义与非正义、阶级立场等观点争讼不已。杜建录教授的著作开明宗义地指出，西夏对外战争很大程度上具有劫掠的性质。新世纪以来，随着民族学理论与方法引入，一般认为游牧部族“劫掠”是其生计活动的一部分，或为了直接获取物资，或为了威胁、恐吓定居国家达到经济、政治目的。在这种观点影响之下，年轻学者在党项游牧经济、部落组织结构、西夏建国以及对外关系等方面，取得了重大的研究进展。由此也可以看出，杜建录教授的观点具有相当的前瞻性，为后来学界的相关问题研究夯实了坚实的理论基础。

诚如杜建录教授在著作中所言“西夏文化是一种典型的‘多元性’文化，它是在吸收、融会其他民族文化的基础上发展起来的”，因此西夏与周边民族关系不只是劫掠与战争，还有经济的互动与文化的交流。以佛教在西夏的传播为例，西夏统治者屡次派遣使者前往宋朝“乞赐佛经”，还专门修建寺院贮藏汉文大藏经，惠宗李秉常、崇宗李乾顺也多次组织过大规模汉文佛教翻译工作，等等；藏传佛教对西夏也产生了深远的影响，杜建录教授指出，西夏初期就与刚刚形成体系的藏传佛教发生了关系，西夏中期，藏传佛教大量传播到河西地区，到了李仁孝时期影响遍布全国，如1159年，李仁孝遣使入藏，迎请都松钦巴前来讲法等；不仅如此，大量回鹘僧人在西夏传播大乘佛教，将汉、藏佛教翻译成西夏文；西夏与辽金之间也有佛教交流，据杜建录教授考证，西夏文《过去庄严劫千佛名经》发愿文“与南、北经重校”中的“北经”当为“契丹藏”，而非“赵城藏”，即辽朝《契丹藏》传入西夏等。

再以服饰为例，中原丝织和衣物的输入，改变了党项“衣皮毛”的单一穿戴；史籍记载李元昊“衣白窄衫，毡冠红裹，顶冠后垂红结绶”，杜建录教授谈道，从敦煌壁画、西藏塑像和汉文文献记载来看，显然是受吐蕃赞普和回鹘可汗的影响；《宋史·夏国传》所载的西夏武官起云冠、束带、垂蹀躞、佩解结锥，与莫高窟回鹘供养人的装束如出一辙；契丹皇帝大祀服饰与李元昊所着衣也有相似之处；党项人服饰文化也包含着不少鲜卑文化的因素；等等。综上所述，西夏文明之所以灿烂辉煌，是包容、开放、交流与学习的结果。杜建录教授在此论证过程中，不仅有对前辈学者成果的总结，也有对新出土文献、文物资料的不断挖掘；不仅有宏观上的整理研究，也有微观上的史料考辨，以点带面地向我们展示出一幅多民族文化交融共存的历史画卷。

众所周知，西夏与宋辽、宋金鼎立近乎二百年，却没有正史传世，随着黑水城文献的整理与公布，让我们重新找到了一扇认知西夏历史与文化的大门，并由此形成一门专门的学问——西夏学。因此在资料运用方面，杜建录教授除了大量引证正史、笔记、方志、文集之外，还挖掘新出土文献、文物信息。《西夏与周边民族关系》是一部资料丰富、观点明确、论证得当，有较高学术价值的著作，尽管《下篇：西夏交聘表》中金夏交聘部分，被标为“辽（契丹）”，当为笔误，但瑕不掩瑜，它毕竟是第一部系统研究西夏对外关系史的著作，为我们认识11—13世纪北中国各民族政治、经济、文化交流情况，认识中华民族多元一体格局的演进过程提供了独特视角，是从事丝路研究、西夏学研究必读的著作之一。

【李秀莲著《金朝“异代”文士的民族认同之路》】

中华书局 2017 年版。金朝“异代”文士的民族认同之路贯穿大金百年兴废，推动女真北族政权由“夷狄”向“华夏”转变，演绎了代表汉文化的“异代”文士与大金政权的主体族群——女真人的政治认同、文化认同和民族认同的历史互动过程。“异代”文士的民族认同之路在批判地继承“汉化”研究成果的基础上，更重视女真等北族接受与拒绝接受汉文化的历史过程的研究，寓民族认同于政治、文化认同的历史之中。

【王耘著《金代从地域到国家的政治文化认同》】

中国社会科学出版社 2017 年版。该书旨在通过金代的崛起、强盛及衰亡的历史过程，论述金代的历史文化经历了由部族到国家的政治文化认同历程，并以金代为研究视角分析这一历程的形成原因。全书共分五章：第一章，女真人崛起过程中由部族到地域的认同变迁；第二章，文治政策与地域认同的形成，指出金朝的国是方略由重武转为尚文，是地域性政治认同的表现；第三章，通过大定明昌繁盛时期金代国家政治文化认同的形成，提出女真人自我认同危机的出现；第四章，以学术、思想及宗教信仰为案例叙述金代政治文化认同的具体印迹；第五章，论述蒙元南下金朝衰亡时期各族士大夫国家认同感的强化。

【赵永春著《奉使辽金行程录》（增订本）】

商务印书馆 2017 年版，该书是关于宋辽、宋金官方出使往来的“语录”和“行程录”等原始记录文献的辑注。五代两宋时期，每逢正旦、辽金皇帝生辰，都要遣使祝贺；宋朝皇帝死亡，要遣使辽金告哀；还要遣使将死去皇帝的部分遗留物馈赠辽金；辽金皇帝死亡，要遣使吊祭；新皇帝即位，要遣使告诉辽金；辽金新皇帝即位，要遣使祝贺；临时有事需要商量则要派遣“泛使”。辽金使节进入国境，要遣使迎接；进入京师，要遣使馆伴；辽金使节回国，要遣使相送；等等。这些出使辽金的使者和接送馆伴辽金的使者，在出使期间都要将出使应对酬答情况、沿途经过路线及所见所闻，笔录成书，上奏朝廷，称“行程录”“奉使录”“使北记”或“语录”等等。有的使者还按出使行程写下了出使诗。五代两宋出使辽金“语录”，系使者亲见亲闻，史料价值很高，但保存至今的“语录”则很少，且散见于各书之中，为人们使用这些资料带来诸多不便。该书搜集五代两宋出使辽金“语录”、出使诗以及晋出帝、宋徽宗、宋钦宗被俘虏至辽金的记录共 47 篇，并对不同版本进行了补辑、点校和简要注释。

【邱靖嘉著《〈金史〉纂修考》】

中华书局 2017 年版。元修《金史》是了解金朝历史最基本、最重要的文献，关于这部正史的编纂过程及其史源状况也是金史研究中的基本问题，而欲探明今本《金史》之由来，又必须对金代纂修本朝史及蒙元历次编修金史的情况有清楚的认识。本书在前人研究基础之上，广泛蒐罗史料，就金史纂修的多方面问题进行了系统研究。首先论述金代的修史制度，其次梳理蒙元时期金朝旧臣及元人编纂金史之始末，复次分析元修《金史》的史源问题，分别对本纪、志表、列传各部分的史料来源情况加以蠡测。

【李艳红著《金代民族服饰的区域性研究》】

中国纺织出版社 2017 年版，该书主要探讨金代民族服饰的区域性。首先，分析了与金代同时期的其他民族政权的民族构成以及金朝各民族的发展概况，并探讨了女真族与各民族之间的文化交流。其次，对于金代服饰制度及女真族、汉族、契丹族的服饰特点进行了剖析，并比较辽、宋、金三朝的服制，进一步分析金朝民族服饰发展的特征。最后，对金代服饰进行区域划分，进而具体分析了各区域民族服饰的特点。

【任长幸著《西夏盐业史论》】

中国经济出版社 2016 年版。该书作者通过对陕西、甘肃、宁夏地区的实地考察，详细而全面地考证了西夏时期盐池的具体位置，从盐业生产管理、流通贸易和惩罚措施等方面对西夏盐政进行了全方位的梳理。

该书共由六部分组成，系统阐述了西夏党项民族的历史发展，盐业资源、盐政、盐业贸易及西夏时期的盐业贸易交通状况。绪论部分，主要对中国古代盐业史进行概括，盐业制度的发展历经先秦、秦、汉、唐诸代到宋时已相当完备，为西夏制定盐政提供了良好的范本。第一章重点对党项民族的族源、早期分布及社会经济生活进行论述。第二章从西夏所处的自然环境与气候入手，重点介绍西夏时期的盐池分布。第三章通过对宋、辽、金盐政的介绍，及与西夏盐政之比较，综合分析西夏盐政的特点。第四章则从夏、宋官方盐业贸易、民间盐业贸易及西夏与辽、金的盐业贸易三方面阐述盐业贸易在西夏经济中的重要地位。第五章是介绍西夏的盐业运输工具及交通线路，正是凭借发达的水陆交通、多样的运输工具，西夏食盐才得以源源不断地销往中原腹地。该书从纵、横两方面入手，纵向方面主要阐述了西夏盐政的发展历史、师承关系及其后续影响；横向方面主要是以食盐贸易为主线，分析食盐贸易在夏、宋、辽（金）关系中所发挥的重要作用。

总体说来，该著作以盐业贸易为主线，对西夏与周边政权，尤其对宋、辽、金的经贸关系、国家战略进行了研究，就盐业在西夏的社会、经济、政治、对外关系中的作用作了深入而全面的分析。

【贾长业著《西夏文字揭要》】

甘肃文化出版社 2017 年版。西夏文作为 11—13 世纪党项建立西夏后所使用的民族文字，具有文字字形规正、语音形声兼用、语法文法奇特、字义内涵深刻的特点，是中华历史文化的重要组成部分。西夏灭亡后，主体民族党项和西夏语言文字逐渐消失。19 世纪以后，随着西夏文字、文献的陆续发现，这种文字才成为学术研究的对象。20 世纪以来先后问世了多种大部头的西夏学专著，学者们编撰的西夏文字典也有七八部之多。但是，在已发现的西夏文献和当代学者的著作、论文中，仍存在对西夏文字的形体结构、本质特点把握不够细致的问题。贾常业研究员对西夏文字、文献进行了十几年潜心研究，在西夏文字形、音、义与文献的研究考证方面取得了不俗成果，获得了西夏学界的普遍认可。《西夏文字揭要》作为《西夏学文库》第一辑《论集卷》的重要组成部分，以43万字的体量收录了贾常业研究员自2005年自学西夏文字以来所撰写的20篇学术论文，从一个侧面反映了作者对西夏文字学习入门的理解、感悟与心得。难能可贵的是，书后还附有《西夏文检字部首目录》和《西夏文部首检字表》，为广大西夏学研究者进行查阅提供了便利。《西夏文字揭要》一书丰富了西夏语言文字研究的内容，推动了西夏学研究的稳步发展。

【姜歆著《西夏司法制度研究》】

凤凰出版社2016年版。姜歆撰著的《西夏司法制度研究》作为“西夏学研究论丛”的第三辑。“西夏学研究论丛”是宁夏社会科学院西夏学科近年来倾力打造的西夏学研究丛书，在资助出版学科成员相关西夏学论著的基础上，积极整合西夏学研究力量，努力拓展研究领域与学术视野。

全书共18万字，分为十章，分别是：西夏法律文献概述、司法观念、起诉制度、刑侦制度、审判制度、刑罚执行制度、狱政制度、法医制度、司法管理的法律责任、唐宋司法制度对西夏司法制度的影响。

该书较为详细地论述了西夏司法制度的内容和特点，勾勒出西夏司法制度的框架体系与内部特征。在梳理、借鉴前辈研究成果的基础上，本着深究司法制度每项内容、从点滴入手的治史理念，认真比对西夏法律与唐宋律令的异同，揭示西夏对唐宋法制的借鉴过程，论述西夏司法制度在中华法系中的地位。对研究中国司法制度史、西夏法制文化，提供了有价值、有学术水平的法律文化元素。

【崔红芬著《西夏佛教文献研究论集》】

宗教文化出版社2017年版。《西夏佛教文献研究论集 中国佛学者文集/宝庆讲寺丛书》收录了作者崔红芬各个时期关于西夏文本，如《大乘圣无量寿王经》《圣胜慧到彼岸功德宝集偈》《药师琉璃光七佛本愿功德经》《父母恩重经》《大宝积经》《华严经普贤行愿品》《佛说无常经》《华严忏仪》等各种经典的考略。

【史金波著《西夏风俗》】

上海文艺出版社2017年版。全书共十四章，六十九万八千字。《西夏风俗》的作者史金波利用各种文献资料，围绕西夏时期的丧葬、饮食、居住、服饰、行旅、生育、婚姻、养老、丧葬、商贸、信仰、岁时等风俗习惯进行了论述。西夏是一个佛教王国，兴建了大量的佛塔与佛寺，以承天寺塔为著名。然而它也是崇尚儒学汉法的帝国，立国前积极汉化。文学方面以诗歌和谚语为主。在艺术方面于敦煌莫高窟、安西榆林窟有丰富的佛教壁画，具有“绿壁画”的特色。此外在雕塑、音乐与舞蹈等方面都有独特之处。史金波先生的《西夏风俗》给了我们一个全面的介绍，有利于我们从整体上把握西夏的社会风俗。

第六篇

新书序跋

《元遗山论 · 再版序言》

降大任

1989 年由北岳文艺出版社出版的拙作《元遗山新论》，是笔者撰写的第一部比较正规的元好问（遗山）研究的学术性专著。该书发行后引起金元文史研究学界的好评。1990 年 5 月 2 日，《光明日报》刊登了一篇短评，1991 年第 2 期《中国社会科学》期刊上又发表了金代文学研究者周惠泉先生的专文评价，给予肯定。这些都给了笔者极大的鼓励。这本书算得上 1949 年以来大陆学界关于元好问研究的第一本专著，影响所及，似乎为大陆学界继续开展金元文史研究起到了促进作用。随着元好问研究会的成立，笔者供职的《晋阳学刊》开辟了《金元文学与元好问研究》的专栏，全国不少期刊相继发表了不少专论元好问的学术文章，为学界打开了新局面。

笔者这部专著较全面地以文史哲一体的研究法，对元好问的生平、气节问题、交游及历史文化贡献进行了新的探讨，论证了元好问不仅是金元之际中国文学、史学上的巨匠，而且是金元之际中华文化的先进代表。通过剖析元好问这一典型，辨明了评价中国历史人物的所谓气节问题，不能只看其人是否有忠君的乃至以死殉君的结局，而更重要的是考察其人是否忠于中华民族根本利益为之奋斗的大节。史家对民族英雄人物的评价，不仅应该表彰那些为中华民族的整体利益敢于慷慨赴死的如岳飞、文天祥式的烈士，还应看到那些不肯为殉君而死，隐忍负谤，坚持弘扬中原先进文化而不懈奋斗，进行如鲁迅称扬的“韧”的战斗的志士。他们都是中国的脊梁，而元好问就是这样一位抱有弘扬中华民族进步文化，以“国亡史存”而抗争的具有高度文化自信的伟人。这与明末顾炎武所辩亡国与亡天下之别（天下兴亡，匹夫有责）的志节之士相一致，这也符合先秦进步士人（孔孟）提倡的“圣达节，次守节，下失节”的道义原则。因为历史的进步并非只是由勇于慷慨就义的英雄人物造就的，而是由包括为民族利益不懈奋争的一大批仁人志士和全体民众共同缔造的。这也就是笔者致力于元好问研究，坚持唯物史观的原动力的基本立场。以往的元好问研究，多注重元好问在文史方面的成就，而忽视元好问乃是金元之际先进文化的坚强维护者和代表性人物。但是，似乎学界对此尚未有足够重视，所以尽管这方面的研究获得不少成果，却至今似乎没有全面的定论，这是笔者略感遗憾之处。此后笔者又发表了若干篇有关的专论，对以往的成果有所补充。所以这次三晋出版社肯于在纸质传媒不景气的条件下再版《元遗山新论》，加入了笔者的上述几篇专论，是使我深感欣慰的。所以，这里特别要感谢三晋出版社社长张继红先生的积极支持和帮助编校整理此书的张勇耀女士的辛苦付出。

不过，虽然这本专著重印值得庆幸，但是笔者不敢自以为是，此书的出版还要待广大学者及同道的严肃评判。倘能得到读书界朋友的严格批评，以匡我不逮，那就更值得额手称庆了。

是为再版序。

2017 年 6 月 10 日

《契丹小字再研究·自序》

吴英喆

10世纪初叶，从北方草原崛起并建立辽国（时称契丹）的契丹人，曾创制并使用过两种文字，即契丹大字和契丹小字。二百余年后，随着大辽王朝的瓦解和契丹人的神秘失踪，契丹语言文化走向衰落，契丹字文献也随之散失殆尽，所剩无几。从此，有关契丹字的知识渐渐从人们的记忆中消失，元末明初，契丹大、小字便成为无人可识的死文字。

几百年后，契丹小字于1922年6月被比利时神父凯尔温（L. Kervyn，汉名梅岭蕊）在辽庆陵（现属内蒙古赤峰市巴林右旗），契丹大字于1935年10月被日本医生山下泰藏（Yamashita Taizo）在辽中京（现属内蒙古赤峰市宁城县）地区先后发现，消失已久的契丹文字再次展现在世人面前，引起了学术界的广泛关注和热议。

对学术界来说，契丹文字的重现意义重大。人们推想，通过契丹字的解读，可使蒙古语族语言史向前推进数百年，可将契丹《辽史》研究推向新的高度，此外，汉语音韵研究中的疑难问题会得到解答。因而国内外民族古文字研究者对其产生浓厚的兴趣，纷纷致力于这项研究，为解读这种神秘的文字付出了长期不懈的努力。

在早期研究中，我国学者罗福成、王静如、厉鼎煃的成绩显著，贡献突出。而此时契丹文研究在国外十分活跃，主要研究者有：日本的羽田亨（Haneda Tooru）、山路广明（Yamaji Hiroaki）、村山七郎（Murayama Shchiro）、长田夏树（Osada Natsuki）、爱宕松男（Otagi Matsuo）、西田龙雄（Nishida Tatsuo），苏联的鲁道夫（Л. Н. Рудов）、沙夫库诺夫（Э. В. Шавкунов）、达思今（В. С. Таскин）、斯达里科夫（В. С. Стариков），匈牙利的李盖提（Louis Ligeti），德国的门格斯（Karl Heinrich Menges），法国的韩百诗（Louis Hambis）等。他们先后取得了一批又一批的重要研究成果，为契丹文研究做出了不可磨灭的历史贡献。

1975年9月，内蒙古大学蒙古语文研究室与中国科学院民族研究所[①]共同组建契丹文字研究小组，成员有清格尔泰、刘凤翥、陈乃雄、于宝林、邢复礼。他们开展的主要工作有：原始资料的收集，契丹字字形的规范，契丹字铜模的制造，外文资料的

---

① 即现在的内蒙古大学蒙古语文研究所和中国社会科学院民族学与人类学研究所。

翻译以及研究工作等。该小组在总结前人研究经验的基础上，发挥集体智慧，避免只顾义不顾音或只顾音不顾义的片面性，努力探索为求音而先求义或为求义而先求音的一种新的研究方法。小组从《郎君行记》中的“黄应期”“王圭”“职方郎中”等契汉音译人名、官名获得启发，以记录汉语借词的契丹字为突破口，利用已知推未知的原则，不断提高和开拓了释读能力和范围。在前人所拟读约 30 个原字的基础上，又构拟了 100 多个原字。新旧拟音共达 140 多个。在前人解读的 70 余条语词的基础上，又解读了 300 余条语词，共达 400 余条。整理出了 378 个原字的规范字形。其前期成果《关于契丹小字研究》(《内蒙古大学学报》1977)、《契丹小字研究新探》(《考古学报》1978）等先后被公布，赢得了学术界的一致好评。1985 年 8 月，小组终端成果《契丹小字研究》由中国社会科学出版社出版。这部集大成之作向中外学界展示了当时国内外契丹文字研究的最高水平，在契丹文研究史上具有里程碑式意义。

20 世纪 80 年代以后，在《契丹小字研究》的影响和鼓舞下，不少学者热衷于契丹文字的研究，使该领域跨入了一个新的发展阶段。其中除了小组成员之外，即实、王弘力、高路加、阎万章、丰田五郎（Toyota Goro)、贾敬颜、聂鸿音等学者研究成果丰硕、学术贡献显著。同时，原始资料的陆续出土，为研究工作的深入创造了十分有利的条件。1985 年以来，契丹小字碑刻的发现基本保持了每年一件的增长势头。队伍的壮大和资料的增多，增强和提升了研究者的创新能力与解读水平，但与此同时，由于研究视角和方法的不同，各家有时对同一个字词的拟音释义产生不同的观点，甚至在个别问题上出现严重的分歧和激烈的争论。

新世纪以来，契丹文研究日新月异，迎来了欣欣向荣的景象。首先是研究资料的不断涌现，为契丹文研究的深入提供了更为广阔的空间。除了我国境内出土的各类碑刻文献，在俄罗斯和蒙古国也发现纸质文献、碑刻及题记，使原始资料形式更加多样，内容更加丰富。其次，研究队伍逐渐壮大，如我国学者刘浦江、宝玉柱、孙伯君、康鹏、唐均、吉如何、傅林、陈晓伟，俄罗斯的亚历山大·沃温（Alexander Vovin)、扎伊柴夫（В. П. Зайцев)，日本的吉池孝一（Yoshiike Koichi)、松川节（Matskawa Takashi)、爱新觉罗· 乌拉熙春、荒川慎太郎（Arakawa Shintaro)、武内康则（Takeuchi Yasunori)、泽本光弘（Sawamoto Mitsuhiro)、大竹昌巳（Otake Masami)，澳大利亚的康丹（Daniel Kane)，芬兰的杨虎嫩（Juha Janhunen)，韩国的李聖揆（Lee Seong Gyu)，美国的安德鲁·西姆涅克（Andrew Shimunek)，匈牙利的卡拉·捷尔吉（Kara György)、洛纳·塔什（A. Róna－Tas)、阿保机（Apatóczky Ákos Bertalan）等。他们从不同的视角进行研究，使契丹字解读水平和国际影响力得到显著提升。

内蒙古大学清格尔泰教授是世界著名蒙古学家。先生涉猎范围非常广泛，涵盖蒙古语言文字、蒙古语族语言及阿尔泰语系诸语言研究。从 20 世纪 70 年代开始他着眼于契丹小字研究，是五人小组的核心人物，也是《契丹小字研究》的第一作者，在契丹小字研究，尤其在语音语法的研究上成就斐然，在国内外契丹文研究界有很高的声望。先生时刻关注和把握契丹文研究新问题和新动向，面对契丹文研究界百家争鸣的局面，从 20 世纪 90 年代开始培养和整合各方研究力量，收集整理各类研究资料，计划增补和重新修订《契丹小字研究》，拟编著一部能够全面而客观地反映国内外研究成果的新作。其计划得到内蒙古大学蒙古学研究中心[①]的大力支持，并于 2002 年 9 月获批中心重大项目“契丹小字再研究”（02JAZJD840007）。项目组成员有吴英喆、额尔敦巴特尔、吉如何、劳格劳等。该项目的立项为深入研究创造了良好的机遇和物质条件。项目组在清先生的指导下，按照项目任务书，克服种种困难，开展了各项研究工作。经过几年的努力，完成了项目申请书所约定的所有研究任务，并且把各类研究成果整理汇集，于 2007 年 5 月完成了项目最终成果——《契丹小字再研究》（80 万字）。这部书稿比较系统地整理研究了当时公开发表的所有契丹小字碑刻文献（29 件），并且在契丹小字的字形规范及电子化、原字研究述评、已释读词汇的整理方面取得了新的进展。该成果通过了教育部专家组的严格审查，于 2009 年准予结项。

按照蒙古学中心的惯例，课题组须对最终成果作进一步修改，尽快将其公之于世。然而这部书稿一度被搁置，未能及时得以出版。其主要原因是结项后短短几年内，各类学术期刊上又陆续刊布了若干件新发现的小字碑铭，作为“再研究”应将新资料纳入研究范围，进行深入考察，将其融会于书稿中。再者，契丹文字研究难度极大，专业性很强，需要开展的工作甚多，深感力不从心。

几年后，内蒙古大学出版社朝洛蒙副总编辑告知我们，此前申报的国家出版基金获得审批，《契丹小字再研究》被确定为 2013 年度国家出版基金资助项目，并要求我们尽快完成书稿的修订、排版、校对等工作。这次立项意义深远，将本书的公开出版正式提上了日程。于是，清先生召集相关人员，安排部署了各自分担的任务。通过集体讨论，我们最终确定了全书的体例、结构以及每个章节应包含的内容。其实，自中心项目结项直至出版基金的审批，几年内我们虽然未对初稿进行全面修改，但却从未中断过契丹小字的整理和研究工作。在此期间，还编辑出版了三部著作：《清格尔泰文集》（第五卷，2010）、*New Materials on the Khitan Small Script: A Critical Edition of Xiao Dilu and Yelü Xiangwen*（2010）、《契丹小字新发现资料释读问题》（2012）以及多篇学术论文。这些成果无疑为初稿的修订提供了丰富内容。然而，要想提交一份完整的书稿，我们还需要开展一系列工作：

首先，对初稿的体例、结构和内容做大面积调整，并按照普通文字学的原理，将本书第一编分为契丹字字形、字音和字义（词义）等三大部分加以撰述。

其次，需要收集新近公布的契丹文资料拓片（10 余件），整理新资料中的契丹小字字形、释读语词及重要研究结论等。

---

① 该中心为教育部人文社会科学百家重点研究基地之一。

最后，完成初稿后，在国内外公开出版和发表的论著颇多，需要做一次系统地梳理和总结，并将重要研究结论纳入本书之中。

为了保证项目的质量和进度，我们敦促契丹文研究方向的硕士生包阿如那、白明霞、德力格日呼、乌仁朝鲁门，以及吉林大学博士生孙伟祥、蒙古学中心博士后宫海峰等参与进来。经过几个月的努力，基本完成了书稿版心和内容的调整、字体大小和横竖排转换等。在实践中发现，完成该项目所需工作远比我们预想的更繁重而复杂，许多工作必须从头再来。如新原字的补充与原字表的重新制定，契丹字电脑字库、语料库及检索程序的更新，重新梳理现存资料，检验新观点等。

各项工作在清先生的直接参与和指导下开展得井然有序。先生虽已年近九十，但对学术依然一丝不苟，不时召集我们询问工作进度，研究中存在的问题及解决的办法。毋庸置疑，如能保持这个势头，大功告成指日可待。然而，无人料到，先生突然生病，于 2013 年 9 月住进医院，12 月病情恶化，匆匆离我们而去。在病榻之上，先生还惦记着自己所承担部分的修改和校对情况。作为受业弟子，没能让先生在有生之年了却他的心愿是我们一生的憾事。

在先生离世的痛惜中，我们把悲痛化作力量，严格按照先生生前制定的编写方案，完成了这份书稿。具体内容如下：

全书共分三个部分：第一编为契丹小字再研究及资料图版，第二编为契丹小字资料总编，第三编为索引。

研究部分是本书的核心。第一章为概述，首先介绍契丹人、契丹语言文字和迄今发现契丹大、小字文献的基本情况。其次，简要介绍 20 世纪 70 年代前契丹文研究历史，并按时间顺序重点阐述了 1977 年至今的契丹文字研究概况。最后，把本书参考文献及简称附于文末。第二章为字形研究部分。这里介绍契丹大字和小字字形的基本特征，并以表格形式列出了迄今发现的 453 个原字字形、电脑输入码和对应同形大字。为给今后研究提供便利，特意将契丹大字字形总表附于本章末尾。第三章为字音研究部分。这里以原字为单位，原字编号为序，着重对已释读 300 个原字做述评，其中有些拟音是本书作者首次提出的。这里还介绍了契丹小字的若干字音规律，即元音和谐律、省略词首元音及汉语入声韵尾的痕迹等。最后以指定顺序列出了 453 个原字，新旧拟音、对应同音大字及拉丁文转写形式。第四章为字义（词义）研究部分。从各家研究成果中归纳出比较可靠或值得重视的解读语词共 3156 条，以原字表顺序排列，并一一注明其出处。契丹小字的字义研究亦可包括契丹语附加成分的研究，故这里把契丹语静词附加成分和动词附加成分研究成果及结论一并予以介绍。此处前两章由我执笔，大字字形由吉如何整理，第三章由清先生执笔，第四章由我和吉如何共同完成。本编最后为契丹小字资料图版部分，共收图版 262 张，涵盖契丹小字和汉文哀册、墓志和碑文的拓片及其局部放大图片。对有些原图残缺不全或模糊不清者进行技术处理，并以五行为单位在所有原图上标注了行数。该图片整理工作是由白秀君和吉如何合作完成的。

资料部分为本书重要组成部分，共收录39篇小字碑铭及其他17件零星资料。该部分按资料公开发表时间先后，分五章进行介绍。第一章共收录9篇资料，即与《契丹小字研究》（1985）所收文献一致。第二章亦共收录9篇资料。前两章所收资料与《契丹小字释读问题》（2002）相同。第三章和第四章分别收录14件和7件碑刻文献，其时间节点为2010年，即 *New Materials on the Khitan Small Script: A Critical Edition of Xiao Dilu and Yelü Xiangwen*。第五章的内容相对独立于前四章，为至今发表的钱币、符牌、摩崖石刻等上的墨书题记或刻文，内容虽不完整，但形式多样，研究价值很高。我们在资料部分投入了不少时间和精力。首先根据摹本，陆续将每一篇契丹小字资料录入电脑，形成电子文档。然后对照拓本和各种摹本进行反复校对，获得比较可靠的电子录文。而后参考前贤研究成果，结合语境甄别释义，对已释读契丹小字标注词义。为便于查阅，将相关汉文资料一并录入，并对每一篇资料作简要介绍，置于抄本之前。该部分第四章共有7篇碑刻资料，个别学者曾对其真实性提出质疑。在清格尔泰先生的指导下，经项目组认真考察，认为这些资料毫无疑问均为真品，故亦收录于此。该部分绝大多数资料的电脑录入校勘工作是由吉如何完成的。博士生孙伟祥和博士后宫海峰在内蒙古大学学习期间积极参与资料整理工作，并提出了有益的见解。

索引部分为本书资料部分的延伸内容，包括契丹小字词汇索引和契丹小字原字索引。契丹小字词汇索引收录迄今发现契丹语词汇共10407条。严格来说，表中的契丹字不一定都能代表"词"，其中有的可能是非连写形式的后缀或中缀。索引表的结构与《契丹小字研究》基本一致，囊括序号、契丹字、编号、拉丁文、出现次数及出处等几栏。契丹小字原字索引共收录453个原字。遗憾的是，为平衡三编之间的内容，我们未能将每个原字的全部出处收录其中。该索引与以往不同，它是凭借检索程序在"契丹、女真文综合查询系统"中自动生成的。这也是我们对契丹小字信息化处理的重要成果。从20世纪90年代起，我们与内蒙古蒙科立软件有限公司进行合作，共同致力于契丹小字电脑字库的开发和相关数据库的搭建工作。目前，该系统能够满足契丹小字原字、合成字、短语、附加成分的检索需求，同时可以自动完成契丹字的拉丁文标注及词汇索引的电脑生成。字库开发、数据库和相关检索程序的编写是内蒙古大学研究人员与蒙科立公司白双成、呼其图、东升、王玉荣共同完成的。

本研究获得了教育部哲学社会科学研究重大课题攻关项目"契丹、女真传世文献整理与研究"（14JZD036）、教育部人文社会科学研究一般项目"契丹文释读与契丹语词汇研究"（13YJA740059）及"契丹大字传世文献整理研究"（14YJC740034）的资助，亦属以上科研项目的阶段性成果。

总之，这部专著从蒙古学研究中心项目"契丹小字再研究"（02JAZJD840007）立项开始，一直到执笔撰述、定稿付梓为止，算起来断断续续足有十四个年头了。为本书的编写出版，清先生倾注了大量的心血。先生逝世后，我们沿着先生指引的道路继续前进，试图将国内外契丹小字研究所得全面呈现给大家。至此，书稿虽已完成，唯学识所限，遗漏和疏忽难免，望师友见教为盼。

二〇一六年七月　序于呼和浩特

第七篇

学人·学林

教育部特聘长江学者　西夏学研究院院长杜建录教授侧记

廖莎莎　段　靖

杜建录，教授。先后入选中组部“万人计划”哲学社会科学领军人才、教育部“长江学者”特聘教授，国家“百千万人才工程”，享受国务院政府特殊津贴，获自治区“塞上英才”荣誉称号。2013 年 2 月 7 日，教育部发文公布 241 名专家为 2011 年度“长江学者”特聘教授和讲座教授，宁夏大学西夏学研究院院长杜建录被评定为特聘教授，宁夏就此结束没有“长江学者”的历史，杜建录教授也成为西夏学学科建设的带头人。先后入选自治区“313”人才工程、教育部新世纪人才支持计划、国家百千万人才工程国家级层次人选、“长江学者”特聘教授。2004 年享受自治区政府特贴，2008 年享受国务院政府特贴。2008 年宁夏大学评出 10 位建校 50 周年突出贡献人物，他位列其中。

一　带领西夏学学科建设

1992 年杜建录教授被宁夏大学引进，专门从事西夏学研究。经过教育部专家评审和实地考察，2001 年 3 月教育部发文批准宁夏大学西夏学研究中心为高校人文社科重点研究基地，由教育部和自治区共同建设，这是宁夏大学第一个国家层面上的研究平台。从此，宁夏大学西夏学研究和民族学学科建设走上了发展的快车道。

此后的十几年里，杜建录教授以教育部重点研究基地为平台，整合学校相关力量，2006 年获得中国少数民族史博士点，2009 年获得民族学博士后科研流动站，2010 年获得中国少数民族史国家重点培育学科，这是宁夏第一个文科博士点、第一个文科博士后科研流动站和第一个国家重点培育学科。2011 年，以杜建录教授为首席专家的宁夏大学西夏学研究院被自治区政府批准为“西夏学人才高地”。

在杜建录教授的组织下，2001—2007 年由宁夏大学西夏学研究中心牵头，联合国家图书馆、中国社会科学院西夏文化研究中心、甘肃省古籍文献整理编译中心等 20 多个单位的专家，完成教育部人文社科重点研究基地重大项目“中国藏西夏文献整理编纂”，出版 17 卷 20 册《中国藏西夏文献》。这是第一次全面系统地整理出版我国境内收藏的西夏文献，在整个西夏文献整理出版与西夏学研究中，具有填补空白的重大学术意义。《中国藏西夏文献》的出版，改变了以往研究重点聚焦俄藏黑水城文献的状况，大大提升了我国西夏学的国际影响力。

2010 年，在国家领导人的亲切关怀和中俄人文合作委员会秘书处（教育部）大力支持下，宁夏大学西夏学研究院和俄罗斯科学院东方文献研究所签订协议，成立中俄西夏学联合研究所，分别挂靠在宁夏大学西夏学研究院和俄罗斯科学院东方文献研究所，杜建录院长兼任中方所长，俄罗斯科学院东方文献研究所所长波波娃教授兼任俄方所长。中俄双方成立西夏学联合研究所，进一步促进了中俄文化交流。

二　拥有自己的学术团队

西夏学研究院十多位具有博士学位的青年学术骨干都是杜建录一手引进和培养起来的，他们的研究领域几乎涉及西夏学的方方面面，包括文献文物、历史地理、社会经济、政治制度、语言文字、绘画艺术、民族宗教等等，无论哪个领域都与文献研究相结合。著名西夏学专家史金波先生多次讲到，这样整齐的学术队伍在国内外找不到第二家，这是西夏学的未来和希望。

三　离不开目标的追梦人

杜建录教授是一个喜欢追梦的人，他说：“我是一个离不开目标的人，几十年来一个接一个的目标，一个接一个的梦想，一旦梦想实现，下一个目标还没确定，心里就空落落的，无论是个人的学术研究还是单位的学科建设，必须确定一个新的目标，心里才踏实。”2000 年以来，在学校的支持下，杜建录带领的学术团队实现了教育部人文社科重点研究基地、博士点、博士后流动站、国家重点（培育）学科建设的目标，圆了他心中一个接一个的梦。2012 年 3 月，杜建录主持的国家“211”工程重点学科项目“中国民族史学理论与回族史西夏史”得到教育部专家的一致好评。接着他又主持“中西部高校综合能力提升工程（一省一校）”项目中国民族史国家重点学科建设、西夏研究数字化中心建设、国家社科基金重大项目培育研究 3 个子项目。随着杜建录教授实现一个又一个目标，他心中对西夏学研究和发扬的“梦想”也在一一变成现实。

不到长城非好汉

——记西夏史专家李蔚教授*

高士荣

一 成长经历

1934年10月，李蔚先生出生于江西省九江市兴隆村杨柏岭。杨柏岭是一个坐落在半山腰的只有三户人家的小村庄，因地处大别山深处，单靠种地务农难以养活一家七口。李蔚先生的父亲在安徽省宿松县凉亭镇租了一个店铺做裁缝，同时将李蔚姐弟三人送到凉亭中心小学读书。私塾先生教授四书五经、唐诗宋词、《古文观止》等内容，为李蔚先生奠定了深厚的国学根基。

父亲对李蔚姐弟讲述自己经商的艰难历程和祖辈励志敬业的故事时告诫道："学习也好，做事也好，做人也好，认准的目标，就要有一种执着的韧劲，绝不能见异思迁，半途而退。"李蔚先生牢记父亲的谆谆教诲，在学习上脚踏实地，既不求一时的功利，也不靠小聪明投机取巧，最终以全校第一名的成绩考入太湖中学。上中学的时候，李蔚先生因学习刻苦导致营养不良，患上了肺结核。当时的肺结核相当于绝症，李蔚先生不得不休学回家治病。通过这场大病，他深刻认识到运动对健康的重要性。于是，李蔚先生学会了打乒乓球、做体操、慢跑等体育运动。他在病情好转后坚持自学，最终以优异成绩考入安庆第一中学。1953年，他顺利考入山东大学历史系。当时，由于父亲开店只是小本经营，家里人口众多，时常入不敷出，生活陷入困境。李蔚先生去青岛上大学的路费是通过亲戚朋友借的。弟弟李盛明虽然学习很好，但终因无钱升学而不得不回老家种地。在四年大学生活中，李蔚先生因家庭困难而拿不出路费，寒暑假从没有回过家。他每天过着宿舍、图书馆、食堂三点一线的单调而又充实的生活。

20世纪50年代的山东大学历史系号称"八马同槽"，即八位教授共聚一系，这在当时我国高校中是极为罕见的。在迎新会上，历史系主任杨向奎教授强调"三基"（基础知识、基本技能、基本理论）教育的重要性。历史系经常召开学术讨论会，欢

* 该文原刊于《西夏研究》2017年第3期。

迎大学生踊跃参加讨论。山东大学良好的学习与研究氛围潜移默化地影响着求知欲正旺的李蔚先生的心境，陶冶着其治学精神。于是，他开始坚持写札记、做摘录、制卡片，俨然一副“潜学者”的做派。虽然费时劳神，但李蔚先生却自得其乐，为日后从事西夏学研究打下了坚实基础。

1957 年夏天，是李蔚先生一生中最为难忘的时光。由于父亲的教育和影响，他在大学期间始终如一地刻苦学习，成绩优异，在赵俪生教授指导下完成了题为《清乾嘉年间南巴老林地区经济研究》的长达45000 字的优秀毕业论文，深得赵俪生先生赞赏。

1957 年 8 月，李蔚先生大学毕业，本打算回安徽老家工作，却被赵俪生教授说服前往西北。当时，赵教授响应支援大西北的号召，准备奔赴兰州大学历史系。赵先生对他说：“兰州是丝路重镇，而兰州大学是西北文化教育的一颗明珠，是全国重点大学。西北人朴实厚道，为人实在，你选择这所大学，比你回老家更有发展前途。”就这样，赵先生带着李蔚和周世茂、尹居诚到兰州大学历史系农民战争研究室从事研究工作。后因赵先生补划右派，研究室遭到撤销，李蔚先生转入中国古代史教研室继续工作。

二　教书育人

李蔚先生是一位爱岗敬业、诲人不倦的老师，其严谨的治学态度和良好的师德风范一直为历届学生所称道。由于教学成绩突出，李蔚先生与刘光华、齐陈俊两位前辈共同被誉为兰州大学历史系的“三驾马车”。他不但讲授必修课宋元明清史，还为本科生和研究生开设了西夏史、宋辽金史料学、宋史专题等选修课。当时的选修课没有教材，李蔚先生就亲自编写讲义，将西夏历史的教学与科研紧密结合起来，更为宏观和深刻地研究西夏史。

李蔚先生对研究生的要求十分严格。对于 20 世纪 80 年代的研究生来说，中小学期间有一多半时间都在“文革”中度过，文字功底很浅。他对研究生的文字表述能力与逻辑思维能力都不太满意，认为需要多读书和多练多写加以提高。首先，李蔚先生要求研究生除精读宋、辽、金史外，还必须熟读唐宋诗词、唐宋文集与笔记。当时的学术书籍和论文不多，兰州大学中国古代史硕士点又新设不久，相关书籍除二十四史、《四库全书》（台湾出版的影印本）外，其他书籍都很缺乏。其次，李蔚先生在研究生第一年要求学生每月交一篇作业，或为读书笔记，或为小论文。每次收来作业，李蔚先生都会对词语表达、错别字、标点符号等进行细心修改。从李蔚先生手中接过作业的研究生，看着上面的红色笔迹，总会感到汗颜。李蔚先生自己的文稿非常干净整齐，很少有改动，即使写给学生的书信和便条也是如此。他经常说，写不清楚是因为没有想清楚，应该想清楚了再动笔。从一篇文稿是否干净清楚，就可看出作者对这个问题的认识程度。

三　学术成就

1963年，李蔚先生到四川大学历史系进修元史。在蒙思明先生的引荐下，李蔚先生有幸认识了当时四川大学历史系高级资料员、西夏史专家吴天墀先生。从此，李蔚先生对西夏史产生了浓厚兴趣。他经常到学校图书馆或资料室搜集西夏史方面的资料。吴先生很欣赏这个勤奋的年轻人，认为李蔚先生有锲而不舍的执著精神，将来必成大器，对其给予了巨大鼓励。从此，吴天墀先生和李蔚先生成了忘年之交。

进修结束回到兰州大学后，李蔚先生继续到图书馆搜集西夏史料。邓广铭先生曾说过："西夏属大宋史。"从1038年元昊登基称帝，到1227年被蒙古所灭，西夏立国长达190年。它统一了我国西北大部疆土，不但先后与北宋、辽、南宋、金长期并立，而且有仿汉文而造的西夏文，成为当时应用范围广、使用时间长的少数民族文字。由于历代封建史家囿于正统观念，始终不承认西夏政权的合法性，所以二十四史中竟然没有一部西夏史。因此，李蔚先生觉得西夏史研究是很有价值的一项工作。

西夏灭亡后，蒙古统治者将西夏遗民迁往全国各地，致使西夏实物被毁，文献佚散。元代史学家在撰写《宋史》《辽史》《金史》时，仅将西夏事迹简略地附在三史末尾。由于党项、西夏方面的史料零星散见于曾驻守西北边疆的唐宋时期大臣的文集或奏议之中，所以李蔚先生只能到图书馆寻找这方面的资料。他从相关书籍中一字、一句、一段地搜集，校内找不到西夏史方面的资料，他便托人在其他大学寻找。对于搜集西夏史方面资料一事，当时与李蔚先生一起从山东大学调来的两位同志十分不理解，说他何苦呢，西夏资料匮乏，相当于"无米下锅"，很难研究，而且西夏文字更难认识，还不如研究宋史。李蔚先生却说："研究西夏学很有价值，现在是'冷门'，以后肯定会'热'起来。"就这样，不管遇到多大困难，李蔚先生都想尽办法获得第一手资料。

1978年，改革开放迎来了学术研究的春天，李蔚先生对西夏史研究投入了更大热情。但是，研究西夏历史却不认识西夏文字，这对他来说谈何容易？于是，李蔚先生写信向四川大学的吴天墀先生诉说自己的苦衷。吴天墀先生在回信中为李蔚先生分析了研究西夏史的有利条件和不利条件。有利条件为：西夏史是宋史的一部分，李蔚先生是研究宋史的，熟悉宋、辽、金的历史，可以从宏观视角研究西夏历史而不局限于某个具体官名或地名的考证，所以一定会取得成绩。不利条件是：李蔚先生不懂西夏文，但可以利用年龄优势边学习西夏文边研究西夏史。在吴先生的鼓励下，李蔚先生和自己的研究生汤开建专门到北京向黄振华先生学习西夏文。同时，利用西夏学专家王静如先生到兰州大学讲课的机会向其请教。就这样，李蔚先生逐步掌握了西夏文。当时，与李蔚先生一起研究西夏史的还有汤开建。他研究了一段时间后取得了阶段性成果，认为西夏史研究得差不多了，就转而研究吐蕃史，后又转入港粤史研究。但是，这一切并没有动摇李蔚先生对西夏史研究的执著追求。他常说：“人要想在一定科学领域取得成绩，没有执著的精神，哪怕是天才，也不会研究出很有成就的成果。”他正是凭着这种执着的精神，才能在西夏史研究方面屡出成果。李蔚先生先后在《民族研究》《兰州大学学报》《中央民族大学学报》发表了近20篇西夏史论文，引起了国内学术界的关注。

1989年3月，宁夏人民出版社出版了李蔚先生的第一部学术专著——《西夏史研究》。该书共收集论文15篇，其中《西夏蕃官刍议》一文大胆否定了西夏有两套官制的传统观点。文章通过对蕃官的授受、职责、使用时间和宋元史料阙载等方面的考证，认为蕃官是汉人和党项人皆可担任的官职的西夏语译音，明确了西夏只有一套官制，开拓了西夏官制研究的新思路。《略论西夏文化同河陇文化的关系》一文驳斥了苏联学者提出的西夏文化源自中亚并自成一体的观点，指出西夏文化深受汉文化、回鹘文化和吐蕃文化的影响。西夏文化是在晋唐以来河西、陇右地区的河陇文化土壤中形成的一种文化，肯定了其作为中华民族传统文化组成部分的历史地位。这种学术观点既有理论意义，又有重要的现实意义。20世纪80年代初，吴天墀先生的西夏学专著《西夏史稿》公开出版，李蔚先生熟读后受益匪浅。但是，由于这部书稿形成于“文革”时期，因资料方面的限制而缺少对西夏历史的特点、地位、分期和长久性等内容的研究。李蔚先生将自己所掌握和搜集到的文献资料加以整理，经过几年的努力和耕耘，终于修改完成了《简明西夏史》的初稿，弥补了《西夏史稿》中的一些不足。1997年10月，《简明西夏史》一书由人民出版社正式出版，次年荣获甘肃省政府一等奖。

全书分为八章，共计29万字，在体例结构的安排、理论的分析和具体问题的考证上达到了较高水平，堪称西夏史研究领域的一部扛鼎之作。吴天墀先生对《简明西夏史》一书给予了高度评价，认为其在西夏史研究方面“甚有功力”。总体来看，《简明西夏史》一书具有以下三大特点。

第一，该书充分肯定了西夏在中国历史发展中的重要地位。元代史学家不为西夏单独修史，显然是不承认其合法地位。李蔚先生对这种观点进行了批判，进而指出：西夏作为中国境内以党项为主的各族人民共同创建的封建王朝，是中国历史不可分割的重要组成部分。

第二，结构布局别出心裁，突破了此前一般断代史的体例。李蔚先生将《总论》作为全书大纲，从宏观层面论述了西夏历史的发展阶段、社会性质、历史特点和历史地位，体现了较高的理论水平。第一、二章阐述了西夏建国以前的历史和夏州地方政权建立的过程。第三、四、五、六章按照时间顺序叙述了党项拓跋部兴起和西夏建立、巩固、繁荣和衰亡的全过程。这种创新体例有助于增强人们对西夏历史发展的动态认识。第七章和第八章静态描述了西夏的社会经济与文化成就，在内容方面是对第二章至第六章内容的丰富与提升。这样三大板块互相联系、相互补充，形成了一个有机整体，系统地反映了西夏社会的全貌。

第三，钩沉抉微，考疑订谬，探赜索隐。在研究过程中，李蔚先生除遍览宋元明清各种西夏史料外，还重视搜集出土文物，运用二重证据法对某些争论不一的问题进行重新考证。如关于党项“秃发”的时间问题，经典文献记载元昊时期开始“秃发”。李蔚先生根据宁夏石嘴山市西夏城出土的秃发瓷人头像，证实早在德明时期就已“秃发”。又如，一些西夏史专家认为乾顺时期西夏开始实行分封制度。李蔚先生根据西夏陵108号墓出土的相关文物，运用传统史料加以论证，推断元昊时期西夏开始封王，乾顺为巩固皇权而推广了分封制度。这一结论弥补了过去学者研究的不足，恢复了历史的真实面貌。

《西夏史研究》和《简明西夏史》这两部西夏学术专著公开出版后，李蔚先生并未就此止步，决心撰写第三本书。2002年6月，甘肃文化出版社出版了《西夏史若干问题探索》一书，进一步展示了李蔚先生在西夏学研究方面的深厚功力。一时间，兰州大学有西夏学专家的消息在学术界不胫而走。但是，李蔚先生本人却显得极为平静，坦言：“只想把西夏史研究透彻，多出专著，执著追求是我奋斗的目标。”此后，李蔚先生又参加了李学勤、徐吉军主编的《黄河文化史》西夏部分的撰写工作，该书于2003年5月由江西教育出版社出版发行。

2009年6月，人民出版社出版了《中国历史卷》第十分册——《西夏史》。该书分为八章，共计33万字，是李蔚先生对《简明西夏史》进行修订增补后形成的学术著作。书中不但新增了西夏地理环境、西夏统治者的文化政策、西夏文化的区域划分及其特点、西夏社会经济发展的各种制约条件、西夏遗民的流向、蒙元时期党项人从政的主要功绩等内容，而且在西夏社会生活方面增加了道路和交通工具、姓氏与发式、饮食与健康等条目。《西夏史》一书中的文物图片由原来的20多幅增至300余幅，文后还附有“主要征引文献与参考书目和索引”。

李蔚先生除积极著书立说外，还在前人基础上对《西夏书事》和《西夏纪》进行了整理和点校，纠正了200多处错误。该成果收录在车吉心、王育济主编，瞿林东先生作序，泰山出版社出版的《中华野史·辽夏金元卷》之中。

李蔚先生正是凭着“不到长城非好汉”的坚韧不拔的拼搏精神，才能在西夏史和西夏学研究方面独树一帜，建树颇丰。

缅怀张忠培先生对黑龙江省考古工作的关怀和贡献

——黑龙江省文博考古界召开张忠培先生追思会

王孝华

著名考古学家、吉林大学考古学科创始人和奠基者、中国考古学会原理事长、国家文物局考古专家组成员、故宫博物院原院长张忠培先生因病医治无效，于2017年7月5日在北京病逝，享年83岁。为表达对张忠培先生的崇敬与深切怀念，回顾张先生对黑龙江省考古事业的关怀与贡献，承继张先生的宏愿，开创黑龙江省文博考古事业新局面，7月25日，由黑龙江省文物博物馆学会与文物考古研究所共同举办的“深切怀念张忠培先生”追思会在黑龙江省文物考古研究所召开。黑龙江省文化厅、黑龙江省文物考古研究所、黑龙江省博物馆、《北方文物》编辑部、黑龙江大学考古系的同仁及省内文博考古界张先生的老朋友、诸位弟子参加了追思会。

黑龙江省文物考古研究所原所长、省文博学会副理事长李陈奇认为，张忠培先生是当代中国文博考古学界杰出的思想家和领路人，在发展和创立考古学基础理论方

法、构建考古学文化时空框架体系、探寻中华文明起源与进程、阐释文物保护新理念及创办考古高等教育等方面作出重要贡献，是中国考古学发展进程中树起的又一座划时代丰碑。先生不仅是中国文物考古学界的领军人物，也是黑龙江文博考古界的良师益友，四十余年来始终密切关注黑龙江文博考古事业发展，足迹遍布龙江大地。自20世纪70年代初期，先生十余次来黑龙江，亲自主持了饶河小南山新石器时代遗址、东宁团结汉代遗址、肇源白金宝青铜时代遗址等发掘，识别确认出一批新的考古学文化，为建立黑龙江区域考古学文化时空框架体系奠定了坚实基础，对研究女真族源、追溯女真及金代早期文化提供了借鉴与参考。先生实地考察了渤海上京城、金上京城、阿城刘秀屯金代大型宫殿基址、莲花水电站库区诸遗址等，对大遗址的发掘研究与保护提出了切实可行的指导性意见。先生十分重视考古报告的编写与发表，近年我省出版的《渤海上京城》《虹鳟鱼场》《肇源白金宝》《七星河——三江平原汉魏遗址群调查勘测报告》《河口与振兴》等，都是在先生指导下完成的。先生曾多次代表国家文物局来我省检查指导工作并参加学术论证会。我省文博考古事业的发展历程，每逢重要关口，都有先生指点方向，热情相助。如果没有先生的精心呵护，没有先生的呕心沥血，就谈不上今日黑龙江文博考古事业的成就。先生的离去，中国考古学界失去了一位引领时代的先行者，黑龙江文博考古界失去了一位把脉掌舵的严师益友，大家深感悲痛与惋惜！先生的离去，留给大家无尽的思念；先生的人生风范，将永远激励我们不忘初心，砥砺前行！

与会者一致认为，张先生对黑龙江地区早期考古呕心沥血，其中多数考古成果可以支持对女真族源及金代历史的探讨，尤其他对渤海上京、金上京考古的现场勘查和指导，使渤海、金代考古获得了巨大的成果，丰富了考古研究资料，大大地推动了渤海、辽金历史的研究进程。唯有继承先生遗志，砥砺前行，才不愧先生对黑龙江考古文博事业的厚爱；唯有加大渤海、辽金历史与考古综合研究力度，才能成就渤海、辽金史研究的蓬勃之势。

渤海考古发现和研究取得丰硕成果。人们对渤海的认识多只能从书本文字的了解，而且这些文字记载又多资料有限，或是语焉不详，通过查看渤海留下的遗迹，研究渤海历史，这无疑是具有转折性意义的。渤海历史考古仅仅依靠传统考古经验显然是不够的，2001年8月张先生来到渤海上京考古工地，为考古工作者们进行实地讲解，为渤海考古研究找准大方向，在文献记载极其简略又零碎不全，渤海考古成果珍贵理论建构困难的情况下，张忠培先生拨云见日，高屋建瓴，为渤海考古顺利进行及考古成果的认定作了很大贡献。

鉴于黑龙江地区渤海考古工作做出的巨大成绩，张忠培先生于2007年8月再次考察渤海上京城遗址。张先生崇尚用历史唯物主义来理解我们的祖先遗留下来的一切考古文化，发掘展现考古遗迹风貌，便于学界研究，更要努力保持文物遗迹的本色。可以说，正是在张先生的教诲与指导下，“渤海上京城第四个阶段的考古发掘历经10

2001 年 8 月，张忠培先生（后排左四）在渤海上京城进行考察指导

年……开展工作，基本达到了搞清其宫殿和主要门址建筑形制及特点的预期目的，同时纠正了以往的一些失误和错误认识，对推动渤海上京城乃至整个渤海历史考古研究具有重大意义。通过考古资料的对比研究，可以明显看出渤海国的城市建制及其政治

2007 年 8 月，张忠培先生（前一）考察渤海上京城遗址

体制等，基本是以唐王朝制度为蓝本，很大程度上反映了浓郁的汉唐风格”①。

黑龙江地区考古的重要成绩，还有金上京城遗址的发掘。金上京城，即上京会宁府遗址，位于黑龙江省哈尔滨市阿城区南2千米，东临自南流向北的阿什河，俗称“白城”。金王朝存续的一百多年，一共建立使用过3个都城，金上京城是金代的早期都城，作为都城的使用时间约占金王朝历史的三分之一。金太祖、太宗时期，上京城处于草创阶段。到熙宗时（1138年）始正式确定会宁府为上京，同时承袭辽五京制，改辽上京为北京，南京为燕京，中京、东京、西京仍依辽旧，以宋东京为汴京。其中，上京为都城，其余为陪都。海陵王时（1153年）迁都燕京，改称中都。以大定府为北京，辽阳府为东京，云中府为西京，开封府为南京。金上京城是金王朝兴建的第一座都城，是金代早期的政治、经济、文化中心。作为分布于我国最北端的一座古代都城，其发展与使用经历了一波三折，但却是我国东北地区保存最好的“四大故都”之一②，因而具有重要的历史意义和学术价值。1982年，金上京城址被国务院公布为全国第二批重点文物保护单位。为制定金上京城皇城遗址保护规划及其涉及的拟征地范围，在张先生指导下，黑龙江省文物考古研究所对金上京皇城遗址进行全面调查勘探，初步探明、确定皇城城垣遗迹的纵横范围，新发现皇城中轴线上的第五殿

2002年8月，张忠培先生考察金上京城遗址

① 黑龙江省文物考古研究所：《渤海上京城第四阶段考古发掘主要收获》，《文物》2009年第6期。

② 金毓黻：《东北通史》上编卷6。

址西北部遗迹，进一步确定了金上京城南、北城的建筑时序，重新探查了城门址的数量以及瓮城门址的建筑结构。本次考古工作，形成了对于上京城的新认识。

黑龙江亚沟刘秀屯发现金代宫殿基址，这是我国传统礼制建筑的罕见实例，在中国建筑史上亦有十分重要地位。刘秀屯建筑基址坐落于阿什河右岸约 1 千米、阿城市亚沟镇刘秀屯东南 100 余米处，周围金代重要遗址密布，西距金上京会宁府 3. 6 千米，东南距金代亚沟摩崖石刻 8. 5 千米，北距半拉城子金代城址 2. 2 千米，西北距小城子金代城址 2. 7 千米，地理位置十分显要。2002 年 8 月末，受黑龙江省文化厅的邀请，国家文物局派出包括张先生在内的专家组两次抵现场考察论证。张先生审阅了当时考古的绘图，基址的平面图，指出针对金代考古挖掘大型宫殿址的一些注意事项，部署了今后挖掘清理的工作重点。他认为："该基址是迄今考古发掘所见的宋金时期规模最大、等级最高的宫殿建筑基址，无论对黑龙江考古，还是全国宋金时期考古，都是极为重要的发现。"经发掘与钻探得知，宫殿基址朝向正东南（便于采光保暖），由主殿（前殿）、过廊、后殿、正门及回廊组成，其规模庞大，占地面积 5 万余平方米，结构复杂。从该建筑基址本身特点、地理位置、周围重要遗迹及结合有关古文献综合考察分析，认定这是一处金代皇家宫殿建筑，其建筑和使用年代均在金朝前期。"刘秀屯金代皇家建筑基址是我国传统礼制建筑的罕见实例，它的发现与发掘，对研究宋金时期政治体制、宗教信仰、风俗习惯以及建筑风格等，提供了翔实而

2002 年 8 月，张忠培先生考察论证阿城刘秀屯金代大型宫殿基址

不可多得的第一手资料，在中国建筑史上亦占有十分重要的地位。”① 金代宫殿基址的考古发掘，弥补金代史料不够丰富的缺憾，极大地促进了金代历史研究。张先生的贡献不言而喻。

2002 年 8 月，考察论证阿城刘秀屯金代大型宫殿基址

原黑龙江省博物馆副馆长刘晓东赞扬张先生对私有制的出现与形成，对神权、王权的解析，对神王之国、王国、帝国等有关国家起源、形成以及最终走向的论述，应是继恩格斯的《家庭私有制国家的起源》之后的又一个里程碑。就考古学而言，论家论国论天下而达到上述境界者，先生可谓学林独步。“我的渤海研究也一直得到先生的指导。发掘渤海上京城时，先生就告诉我要对上京城进行分期研究，还要对渤海进行国、郊、野方面的研究。在刚做完白内障手术后，还坚持为我的《渤海文化研究》一书作序，尤其让我感动。先生一生特别重情感。用他自己的话就是‘对信念的情感，对自己所从事的事业的情感乃至对家国和对人类社会的情感等等’。与先生接触，也会时时感受到先生身上所担负的‘情感’的沉重与深厚，更会体会到其一以贯之刚正不阿的学者风范和坦荡求实的学术坚守。就我自己而言，做人做事做文章，就应该像先生那样，首先做一个正派的人，做一个正派的学者。”刘晓东还出示了 2003 年 12 月 30 日张先生给他和陈春霞的信件，信中写道：“再次吹响向渤海进军的号角，让材料牵着鼻子走。”这是张先生对渤海考古渤海历史研究的宏观指导，有一份材料说一份话，对考古对历史研究的学者来说，材料就是研究的生命与基础，其

---

① 李陈奇、赵评春：《黑龙江亚沟刘秀屯发现宋金时宫殿基址》。

至理名言——“让材料牵着鼻子走”至今在学界广为传播。

《北方文物》一直致力于东北地方特色，是刊发渤海及辽金考古与历史研究论文的重要阵地，几乎每一年每一期都会有渤海及辽金历史与考古的文章发表，其刊发数量与质量都可以算首屈一指，为渤海及辽金契丹女真历史与考古作出了巨大的贡献，是难得的学术平台。《北方文物》执行副主编王孝华转达了于建华、曲守成、陈春霞与康煜等人对张先生的致意。张先生与《北方文物》两代编辑们的交流，充分肯定其办刊特色，希望编辑们能坚守这块考古与文博的阵地。张先生严谨认真，悼念其恩师苏秉琦的文章，曾与编辑多次修改，字斟句酌，如此情深义重以文寄托哀思的悼文选择在《北方文物》发表，可见对其信任有加。在《北方文物》创刊十周年之际，张先生特为其题词“光辉十年既往矣，开拓未来又创新，贺北方文物创刊十年，1991 年 11 月”。时至今日仍是紧扣时代发展潮流之寄语。

黑龙江省文物考古研究所所长赵永军在总结发言中表示，张先生多次到黑龙江的重要遗址和发掘现场指导业务工作，对黑龙江区域考古学文化谱系框架体系的构建和完善居功至伟。至 21 世纪初，基本构建了自新石器至早期铁器时代的黑龙江考古学文化的区系框架。目前正在制定加速发展的学术规划，进一步充实深化黑龙江区域文化编年体系。张先生对黑龙江考古学术和相关问题的思索及认识，已成为我们黑龙江考古人的宝贵财富，我们要一以贯之地继承好，并按照先生的指引，将黑龙江考古工作推向新的高度。

第八篇

学位论文提要

博士学位论文

辽朝礼制研究

王　凯

辽朝礼制是中国礼制史中既重要又特殊的一环，有其自身之特色。辽朝按照中原礼仪体系，建立了包含吉、凶、军、宾、嘉五礼较为完整的礼制体系。由于辽朝是边疆少数民族为核心所建立的政权，其礼制中必然融入契丹族习俗，因此辽朝礼制相较于其他中原王朝礼制有其特殊性的一面。故，辽朝礼制是契丹传统习俗与中原礼仪共同作用之结果，但总体上仍是以承袭中原礼仪制度为主。

本文由绪论及正文组成，绪论部分主要论述辽朝礼制研究的意义、目前学界研究现状以及研究思路、创新点等。

正文部分第一章主要论述辽朝吉仪之祭山仪、瑟瑟仪、拜日仪、拜容、爇节仪及柴册仪等主要仪式。本章全面探讨了辽朝吉仪中各项礼仪的程序及创制时间，指出辽朝吉仪主要是祭祀礼仪，并分析了辽朝吉仪中所包含的各种契丹传统因素、中原礼仪因素。此外，对于辽朝吉仪中比较特殊的柴册仪进行单独分析，并论述柴册仪与再生仪、“燔柴”的关系。最后指出辽朝吉仪中祭祀对象、车辇、烧饭、射柳、捉认天子等方面为契丹传统因素，而宗庙、御容、音乐、上陵、印信等方面为中原礼仪因素，并且吉仪中祭祀自然之礼仪多由契丹传统习俗转变而来，祭祀祖先之礼仪则多学自中原礼仪。

第二章则论述辽朝凶仪之丧葬仪、告哀仪、上谥册仪、祭奠吊慰仪、进遗留物仪、忌辰仪等。本章详细探讨辽朝凶仪的主要内容，并指出辽朝凶仪之核心实则为辽朝皇帝丧葬仪，其中包含了除忌辰仪之外辽朝凶仪之中各项礼仪。在论述辽朝凶仪的同时，详细分析了辽朝凶仪中所包含的契丹传统因素与中原礼仪因素：刑羖羊以祭、抛盏、殉葬、崇东贵日等因素为契丹传统因素，而告哀、吊慰、赗赙、小敛、大敛、上谥册、卤簿、服饰、音乐等方面为中原礼仪因素，并指出辽朝凶仪虽兼具中原礼仪因素与契丹传统因素，但仍以中原礼仪为核心。

第三章详细论述了辽朝军仪。军仪是辽朝五礼中篇幅最少之礼仪，主要包括皇帝亲征仪、命将出征仪及腊仪等。辽朝军仪亦是中原礼仪与契丹传统因素相结合之产物，但以契丹传统因素为主，其中射鬼箭、青牛白马、腊辰日等因素是契丹传统因素，而战前祭祀、旗鼓等则为中原礼仪因素。而在军仪的具体施行中，辽朝并未完全按照军仪进行。

第四章详细论述辽朝宾仪中辽宋交聘仪、臣僚朝觐仪、车驾还京仪等主要仪式。本章全面论述了辽朝宾仪中各项礼仪的程序及创制时间，并分析辽朝宾仪中所包含的契丹传统因素及中原礼仪因素：契丹因素主要集中于皇太后及北面臣僚所穿之辽朝国服，其余皆为中原礼仪因素，如汉服、乐舞、常朝起居、勘箭等。辽朝宾仪之中辽宋交聘仪较为特殊。虽该礼仪亦承袭中原礼仪，但由于辽宋之间是平等交聘关系，故辽宋交聘仪类似于古代诸侯之间交聘礼仪，是辽宋双方在中原礼仪基础上互相协商而成的。

第五章详细论述辽朝嘉仪中婚仪、上尊号仪、册仪、圣节仪、正旦冬至朝贺仪以及进士仪、宰相中谢仪、贺祥瑞仪、立春仪等其他仪式。辽朝嘉仪在辽朝五礼中篇幅最为庞大，内容最为丰富。本章全面论述辽朝嘉仪中各项礼仪的程序及创制时间，并分析辽朝嘉仪中所包含的契丹传统因素及中原礼仪因素：契丹传统因素主要集中在婚仪之拜奥、会亲等，其余皆为中原礼仪因素，如纳征、亲迎、成妇礼、汉服、雅乐、大乐、散乐及奉敕唤仗等。

第六章主要是分析辽朝礼制的特点及成因。通过前五章对辽朝各项礼仪的具体分析，指出辽朝礼制是契丹传统习俗与中原礼仪共同作用之结果，是中国礼制史中特殊的一环，但总体上仍是以承袭中原礼仪制度为主，其特点主要为“番、汉”杂糅、随事而设、随意性强。而辽朝礼制创制的原因则包含经济政治文化三个方面：中原文化对契丹族的长期影响是辽朝礼制产生的深刻原因，保证政权稳定是辽朝礼制建立的直接原因，辽朝境内游牧、农耕两种经济方式是辽朝礼制建立的基础；正统观念是辽朝礼制的内在因素。

（吉林大学 2017 年博士学位论文　导师：高福顺教授）

辽代契丹萨满教研究

邱冬梅

本文是在前贤研究的基础上，对辽代契丹萨满教的性质、形态内容、特征及功能进行研究。在原始宗教的理论基础上，梳理国内外学界对萨满教性质、形态内容、特征、功能的研究成果，对辽代契丹萨满教的相关概念进行界定，考察古代北方草原游牧民族的萨满教传统信仰情况，分析《辽史》中与萨满教有关的内容，并对其进行形态内容上的划分，总结出辽代契丹萨满教的形态内容和特征，及其与其他草原民族的萨满教信仰传统之间的关系，分析出辽代契丹萨满教所具有的社会和政治功能以及对辽代契丹人的社会生活所产生的影响。本文共分为绪论、正文、结语三个部分，正文分为五章。按照行文顺序对本文的主要内容和论点概述如下。

第一部分，绪论。梳理学术界的研究现状，总结目前研究中存在的不足，并阐述本论文的主要内容及研究思路，论文创新点及难点。

第二部分，正义，共分五章。

第一章，萨满教性质的界定。首先，梳理国内外对萨满教性质的界定，对辽代契丹萨满教的性质进行界定。辽代契丹萨满教具有原始宗教性质。其次，梳理国内外对萨满教形态、特征和功能的界定。萨满教基本形态内容有自然崇拜和祖先崇拜两种，辽代建国后的契丹萨满教形态内容是建国前契丹萨满教形态内容的承继和体现，形态内容中的崇拜对象因社会、经济等诸多因素的变化而发生一定变异。

第二章，辽以前北方草原游牧民族萨满教信仰的传统形态内容与功能。对古代匈奴、乌桓、突厥族萨满教信仰的传统形态内容及功能进行考察，各民族萨满教信仰的传统形态内容和功能有同有异，原因与各民族间的交错复杂关系、社会经济方式、所处社会形态及与中原汉族的关系等因素有关。

第三章，辽代契丹萨满教的形态内容及特征。认为契丹萨满教的传统形态内容是以自然崇拜和祖先崇拜为基本形态。首先从天地崇拜、日月崇拜、山崇拜和动物崇拜四个方面分析阐述了契丹萨满教自然崇拜的主要形态内容及特征。其次从拜祖陵、祖庙和拜金像、赤娘子像、八子像两方面，论述了契丹萨满教祖先崇拜形态内容及特征。认为辽代契丹萨满—巫师在契丹社会地位较高，起到人神沟通的中介作用，主持契丹萨满教的祭祀仪式，参与契丹人的政治、军事、社会生活等活动。

第四章，辽代契丹萨满教的功能。辽代契丹萨满教是契丹人史前社会萨满教传统在辽代社会的遗存，原始的自然崇拜和祖先崇拜的形态部分在辽代社会生活和政治生活中都有承继和体现，对辽代契丹人社会生活的方方面面发生着重要影响。其中较为典型的方面是辽代政治理论观念中具有“君权神授、天赋王权”观及“替天行道”思想。

第五章，辽代契丹萨满教变迁衰落的原因分析。契丹人萨满教，从始至终伴随着契丹社会经济生活的变迁，而演绎着内在形态内容上的变异和外在宗教形式上的兴衰，萨满教在辽代的衰落成为历史必然，其原因，一是由于辽代契丹的经济社会生活的变迁导致的意识形态观念的变化。二是萨满教与中央集权政治的冲突，不利于巩固契丹皇权统治。三是由于他族文化及佛教观念等对辽代契丹萨满教带来的冲击所致。契丹萨满教的产生、发展和衰落一直随着辽代契丹人社会经济生活的变迁而进行。

第三部分，结语。在全文研究的基础上总结了辽代契丹萨满教的性质、形态内容、特征及功能。基本形态内容随着辽代社会经济生活等因素的变化而变异，与其他北方草原民族传统萨满教相比，具有契丹人特色。

（吉林大学 2017 年博士学位论文　导师：程妮娜教授）

元代唐兀人研究

邓文韬

西夏遗民在元代有唐兀人、河西人和西夏人等多种称谓，而以“唐兀”最为常见。元代的“唐兀人”已不再单纯指代西夏王国的主体民族党项人，而是涵盖了原西夏王国境内所有党项、汉人、鲜卑、沙陀、回鹘、女真、回回、吐蕃等民族在内的一个大型政治共同体。

在元王朝的统治下，唐兀人或是因做官、游学、求法等原因主动外迁，或是因签军出征以及被诸王功臣掠为投下而被动外迁，形成了在元代南北各地几乎都有分布的历史格局。就分布地域来看，北方地区唐兀人的主要迁入地是华北平原，南方地区唐兀人的主要迁入地在长江下游沿岸、淮南地区和东南沿海。凡是跨越南北的二次迁徙，唐兀人中只见有北方迁入南方者，未见有南方迁入北方者。宁夏平原和河西走廊是唐兀人的主要迁出地，元朝建立后，在西夏故地迁入了许多其他民族的移民进行屯田开发，这使得外迁和留下的唐兀人都获得了与其他民族进行经济文化交流的机会。

在仕宦方面，元朝早期登上政治舞台的唐兀人大多是经由怯薛出仕或承袭军职，元朝中后期则一般通过科举和国子学贡举入仕。就其任职情况来看，无论中书省、枢密院、御史台中皆有唐兀人高官，不过他们之中始终没有形成拥有能够左右元朝国策或全面掌控政局的权臣家族。在地方官署中，唐兀人的任职地域主要是江浙、江西、湖广三行省，承担治理和监督原南宋境内人群的重任。在儒学、佛教、监察、军政、站赤、礼乐、地方财政等方面，唐兀人利用西夏王国对国内不同文化背景的人群进行“因俗而治”的丰富政治经验，为元王朝创设了许多有助于统治多民族国家的制度。

迁离河西故地以后，唐兀人的姓名、婚姻和家庭观念也发生了许多变化。在姓名的使用上，元代唐兀人出现了使用赐姓、自行改姓和不称姓氏三种趋势，使用党项旧姓者已非常稀少，蒙、汉双名并用较为常见。在通婚方面，男性唐兀人多以汉人女子为主要通婚对象，门第较高的女性唐兀人却以蒙古人作为主要出嫁对象；唐兀人与其他族群进行族际联姻的现象，在元代早期较之晚期更为常见，而唐兀氏女性遵循“夫为妻纲”，为夫守节等行为显然是受到了汉民族的文化影响。聚族而居、奉养长辈、教育子弟和丧葬循礼是唐兀人家庭观念中最为突出的四个特征。按照元代户籍政策，分别被归入到民户、河西户、军户、站户、儒户、僧户等多种户计之中的唐兀人，以僧户和儒户的经济地位最高，往往能够享受到蠲免部分赋役的优厚待遇。

就文化领域而言，唐兀人儒士通过拜理学名家为师或与之交游，而接纳吸收了元代儒家各派的学术思想，细致考证其师承，可知以吴澄为代表人物的草庐学派最受其青睐。正因其深知儒学教化风俗与传续道统的作用，唐兀儒士出任地方官后多有兴学事迹，而这些兴学事迹所发生的地域分布大致与他们在地方基层政权机构中任职的地域分布比例相近。经过汉地与江南文化百余年的浸润与熏陶，被程朱理学思想所强化的“君臣大义”，即绝对的、无条件的忠君观念在唐兀人的思想意识之中根深蒂固，他们便做出了与祖辈在西夏灭亡时降附蒙古所不同的政治选择，从而在元末明初的历史背景下成了忘身殉国的烈士或不仕新朝的遗民。

元代河西儒士的崇佛活动表现于与僧侣进行交游，参与修缮寺院，施印西夏文佛经和为寺院题写书法，考究其年代，我们可以发现元朝中后期江南地区的河西儒士已成为唐兀人佛事活动的最主要发起者，反映自唐宋以来的“三教合一”的思想趋势已然影响到了唐兀人儒士的行为。至于唐兀人与道教之间的关系，则主要依靠道观来进行维系，一方面体现为唐兀人修缮、维护道观及其产业，另一方面体现于唐兀氏文人为道观题写文学作品。相较之下，伊斯兰教和景教在唐兀人共同体中似乎没有广泛的流传。

元朝中后期以来，迁入到各地定居的唐兀人在构建前西夏时期的谱系时往往将先世追溯为汉人世家。这种血缘认同的汉地化，最终取代了西夏遗裔对河西故地的乡土认同，泯灭了他们区别于汉人的自我意识。而当明朝建立，唐兀人不再以色目人的身份作为特权集团之一员时，维系这一政治共同体的所有纽带便断裂了，使之最终完成了民族融合的历史进程。

（宁夏大学 2017 年博士学位论文　导师：杜建录研究员）

西夏文草书研究

赵天英

西夏所在的中国中古时期，文化发达，居世界前列。西夏积极吸收周边文化，博采众长，兼容并蓄，创立文字，推进教育，翻译佛经，刊印典籍，使经济文化得到了长足发展。在法制建设、科学技术、经济贸易、宗教文化等方面都有建树。在不到两个世纪时间内，西夏文形成并发展了实用、自然、流畅、美观的草书系统，并有草书刻本传世，在文字发展、流变史上具有重要地位。

本论文分上、下两编。上编为研究编，共五章内容。第一章讨论西夏文草书文献的种类与价值。存世的西夏文草书文献有历史、法律、文学、历法、医学、社会文书、音韵书籍等世俗文书，也有佛经，还有夏译传统汉籍，具有很高的文物价值、史料价值、文字学价值和艺术价值。无论是在数量上，还是在保存完好的程度上，在中国中古时期的文献中都很突出，具有时代代表性，有助于中国中古史和文字发展史的研究。第二章分析西夏文的形成与发展，认识到经济文化的发展，社会的需求及西夏文繁杂字体的自身因素等促成了西夏文草书的产生与发展。西夏文在形成与发展的过程中深受汉文草书影响，对汉文草书有借鉴和传承。西夏文草书的广泛使用使其有了规范的必要，草书刻本应运而生。第三章、第四章分析了西夏文草书的结体与特色，对西夏文草书的结体方式与规律、章法、特色、草书符号以及总体特色有了新的认识。第五章是西夏文草书文献选译，选取契约、户籍、信函及佛经类草书文献转录成楷书并翻译成汉文。下编为西夏文草书字类编，是对西夏文草书字的归纳，以部首为类，笔画为序编排。

（中国社会科学院2017年博士学位论文　导师：史金波研究员）

金夏关系研究

马旭俊

金夏关系是金朝与西夏对外关系史的重要组成部分，金夏关系的研究对于理解金与西夏这两个少数民族主导的政权以及12世纪中国的政治格局、民族关系、经济文化交流等问题有着重要的意义。本文以专题性质对金夏关系进行较为全面的研究，重点考察金夏交聘制度与礼仪、金夏使节、金夏经济文化互动、其他政权对金夏关系的影响等问题。除绪论和结语外，全文共分为五章。绪论部分主要介绍本选题的意义、界定本选题的研究范围，对与本选题相关的研究成果进行整理分类介绍，总结出目前研究存在的问题，阐明本文的基本思路、框架以及创新点。结语主要是在前五章的研究基础之上，梳理金夏关系的历史分期，归纳总结金夏关系每一阶段的特点。

第一章主要讨论金夏交聘制度与礼仪。首先，对金夏交聘制度的确立与沿革进行考察，发现夏崇宗李乾顺在金灭辽战争过程中，并非完全出于不忘辽夏“旧盟”和“甥舅”关系，而是适时根据辽金情势变化做出符合自身利益的抉择。同时，梳理金夏交聘制度与礼仪的沿革过程，分析了金夏交聘制度礼仪在金熙宗时期走上完善道路的原因，指出金夏后期仅是名义上约为“兄弟之国”，并未改变金夏“君臣”关系的实质。其次，以《金史·新定夏使仪注》为蓝本，金朝接待宋朝使节的相关记载为补充，全面梳理了金朝接待西夏使节的机构及其职能。利用《天盛律令·使来往门》的相关记载，整理了西夏对他国使节和出使他国使节的行为规范。最后，对金夏交聘礼仪进行了整理研究，特别是利用金朝接待宋朝使节的相关记载，对金朝接待西夏使节的礼仪等相关情况进行了补充研究。

第二章对金夏使节进行群体考察。首先，在前人对金宋使节、辽宋使节相关研究成果的基础之上，对金夏使节进行了分类整理。然后对金夏使节的官职名、官阶以及出身进行了全面梳理，发现金朝遣往西夏的使节品阶略低于遣往宋朝的使节，大体上与遣往高丽的使节相当，以及西夏遣往金朝的使节多贵族、名臣，重视使节个人才干等特点。同时，在前面两节整理研究的基础之上，补正《金史·交聘表》金夏交聘部分三十则。

第三章主要对金夏缘边叛服的吐蕃首领、契丹将领以及宋臣等相关史事进行了详尽的考证分析，总结归纳出影响金夏缘边叛服事件的主要因素，指出这些缘边叛服事件不仅是金夏互动历史的一个组成部分，而且视为是金夏之间，甚至金夏宋契丹间政治势力此消彼长的晴雨表。

第四章以金夏经济、文化互动交流为考察对象。首先，通过研究金夏经济、文化交流的途径，提出金夏交流的途径主要有：朝贡与回赐、会同馆贸易、榷场贸易以及都亭贸易四种。其次，在现有史籍记载的基础之上，将金夏经济文化交流的内容进行了梳理，发现金朝输往西夏的主要物品是粮食、丝织品等，而西夏输往金朝的主要物品是珠玉、畜产品与毛织品等。再次，在前两部分研究的基础之上，总结出金与西夏的经济交流如下几个特点：一、由于与南宋地理上隔绝，西夏对金朝的经济依赖性增强；二、西夏在北宋时期猖獗的青白盐“走私”在金朝时期得到遏制；三、金夏经济文化交流的物品中有不少是来自南宋等地的“外来产品”。最后指出金夏贸易在规模上远远不及宋夏贸易和宋金贸易水平，全面分析了贸易规模“盈缩”变化对西夏内政的深远影响。

第五章尝试通过其他政权（民族）的视角窥视金夏关系。首先，考察金与西夏围绕“耶律大石”交涉等史事后，提出西夏与耶律大石并没有实现“联合”反金的新观点。其次，从金朝“许以割地”、西夏“乘间盗边”、南宋“通夏之好”三个角度全面考察金、夏与南宋三国间的互动关系。发现金宋战争时期，金与西夏在政治上是利用与被利用的关系，虽然在这个过程中金朝总是表现得“出尔反尔”，但西夏仍在金朝主导的秩序之下，实现了疆域的最大化。南宋为了牵制金朝，一直试图与西夏通好，却收效甚微。提出西夏未曾向南宋派遣使者等新观点。最后对蒙古与金夏关系破裂问题进行了简单梳理。

（吉林大学2017年博士学位论文　导师：杨军教授）

硕士学位论文

辽西京在辽夏往来中的地位与作用

王　源

辽朝之西京，即今之山西省大同市。唐于此设云州，设大同军节度使。归属辽百年之后（重熙十三年，1045 年）升为西京，府为大同府。西京是辽王朝对南防御北宋、西南扼制西夏及西南诸部族的政治、军事重镇，也是辽代西南部的经济、文化重镇。神册元年（916 年），辽朝从代北至河曲，北至阴山，并且设置西南面招讨司，选有功勋者担任此职位，这说明辽朝当时已经对西京地区有所控制。后晋高祖石敬瑭建立后晋后，因契丹有帮助的功劳，故割让山前、代北等燕云十六州与辽朝。辽建立西京，视为"重地"，并以亲王主西京之政，表明西京在辽国的军事上有举足轻重的地位。

辽西京在辽与西夏交往中，不仅在军事领域对辽夏两个政权起着重要的沟通作用，而且在政治、贸易与联姻方面同样起着重要的桥梁作用。从安全角度讲，也保证了公主出嫁时必经的西京地区至西夏的安全。在辽夏关系和平友好的时期，对维护双边官方和民间正常的经济贸易交往也有直接的作用。第一，介于辽西京的地理位置（辽西京位于辽国西部，直接与西夏接壤），这里一直是防御西夏的前沿地区，战略地位十分重要。因此，辽朝在西京地区建立了一整套边防体系。辽朝西京地区的各个州以及驻扎在区域内的契丹部族，在这个防御体系中都承担着相应的任务。第二，在历史发展中，辽西京也是辽夏政权之间友好交往的平台。自西夏李继迁当政时期臣服辽国之后，辽夏之间的关系基本上是以结盟友好关系为主流的，并且有数次皇族之间的联姻。终辽一代，共有三位辽国公主嫁与西夏君主。统和六年（988 年）三月，李继迁遣使李知白贡于辽，标志着两国礼节性经济交往的正式开始。为了便于两国通商，辽国特别开设"直路"以直达辽上京，其中，这条直路就经过辽西京境内。尽管两国有过一些军事冲突，但到辽亡前夕的 1122 年，西夏李乾顺遣兵数万援辽，袭击了已被金军占领的辽西京治下的天德军。终辽一代，和平是辽与西夏两国交往的主流。

辽夏之间贸易往来的过程当中有反复与摩擦，但最终因为共同的利益又和平共处、贸易繁盛。辽西京地理位置对于辽夏交往的必经路途有不可替代性，直接决定着辽西京对辽夏往来的重要性与特殊性。只有加强西京及其所属地区内军政设施的建设，才能保证辽朝西南地区的稳定，发挥其通向辽朝腹地的桥梁作用。

（内蒙古大学2017年硕士学位论文　导师：何天明研究员）

西夏首领研究

王　震

西夏首领制贯穿西夏政权始末，且在西夏全境范围内普遍存在。首领在基层民众中享有很大的权威，他们对外代表本部落，对内统领部落成员，西夏政府通过他们实现对部落的有效统治。本文利用出土西夏文文献、金石以及传世汉文典籍，主要从西夏首领的种类、西夏首领的族属以及西夏首领的职能等三个方面对首领作具体的分析。

西夏首领有许多种，包括首领、大首领、小首领、正首领、副首领、权首领、权正首领、军首领、牧首领、内宿首领、溜首领等。这些首领总体上又可以分为两大类：一为部落意义上的首领，包括大部落下辖的中小领袖、大首领、小首领、副首领、牧首领等；二为职官意义上的首领，包括首领（溜首领）、军首领、大首领、小首领、正首领、权（正）首领、内宿首领等，其他军职包括团练使、统军、监军使、钤辖等，这些军职多由族帐盛大的部落领袖担任。因此，一个部落领袖既是部落首领又是军事首领。而这一切与西夏全民皆兵的部落兵制是分不开的。西夏首领由多个民族的人担任，包括党项、吐蕃、回鹘、契丹、女真等，而在每个民族内部，越是强宗大族，首领的人数也就越多。西夏首领的族属始终遵循着以党项贵族为主体，以嵬名氏为中心的原则，并根据具体的实际情况，从便于管理和笼络的角度出发，继续承认归投的其他民族的首领地位和权威。西夏首领具有军事、政治、经济等职能，其中尤以军事职能最为突出，主要表现在领兵作战、驻守营垒堡城、季校与军籍登记和管理方面，这与西夏的部落兵制息息相关。政治职能主要是治安职能，包括捕捉盗贼与追捕逃跑的官私人。经济职能包括编制申报乡里籍账、催缴租税和组织开渠、修渠。首领作为部落领袖，统率部落之兵，一方面是部落的领袖，另一方面又在西夏政府担任官职，主要是军职。西夏政权之所以能够长期存在，首领所率领的武装力量的强大功不可没。

对西夏首领进行专题研究，可以对西夏的基层社会和部落兵制有一个深刻的理解：部落制度在西夏基层社会始终存在，并且以首领制为核心的部落制度是西夏兵役的重要来源，是西夏得以长期存在的重要保证。这一研究既有利于认识西夏的基层社会和部落兵制，也有助于认识西夏的社会性质，具有重要的研究价值。

（宁夏大学2017年硕士学位论文 导师：彭向前研究员）

《西夏文〈将苑〉整理与研究》内容提要

田晓霈

《将苑》相传是蜀汉名臣诸葛亮所著一部论“为将之道”的兵学书籍。该书在学界素有“伪书”之疑，原因有二：第一，该书在很长时段内未见版本传世。《将苑》著者虽为诸葛氏，但自《三国志》至《隋书·经籍志》《唐书·艺文志》等官私目录典籍中均未见明确记载，直至宋初方才首见著录于私家目录书《遂初堂书目》，于史有阙，故而存疑。第二，《将苑》现存最早汉文本为明代刻本，在“明人好作伪书”的学术意识里，其为后人托诸葛氏之名所著伪作的嫌疑更大。西夏时期党项民族为吸收中原王朝先进文化而翻译了大量汉文经典，其中便包括兵书《将苑》。西夏文《将苑》的问世不仅破除了明人改书之疑，同时也为学界提供了现存最早的《将苑》版本。夏译本《将苑》现收录于英藏黑水城文献之中。

本文的研究主要分三个部分展开。

第一章，文献释读。本章对夏译《将苑》进行了整本录文、注释、校勘与翻译，并与汉文本对勘，相参文意，考校异同。可以看出该书是一部经朱批改校过的麻纸卷子装抄本，其内容与汉文本存在篇目和句法上的诸多差异。

第二章，西夏文《将苑》的文本特征。首先，文章从西夏文语法、语言表述和篇目整合等方面出发，考证出该夏译本是一部在吸取汉文本精髓的基础上体现本民族特点的改编本。其次，在对比夏汉两本《将苑》的基础上，总结出夏译本在翻译风格上有如下特点：1. 语言表述更为简洁直白；2. 用对具体现象的描述性语句来替换汉文本中的指向性短语。可以看到，夏译者在对汉文本的翻译过程中一方面使用了西夏人自身的语言习惯和表达方式，另一方面对汉文本进行大幅删削，对于那些不适应西夏国情，对西夏王朝军事战争没有现实借鉴意义的篇章便直接删去。

第三章，夏译本《将苑》所体现的西夏军事特征。本章通过考究夏译本对汉文本的删削和改译，窥探其背后所反映的西夏军事问题。首先，据现存史料所载西夏并无“水军”建制，但夏译本《将苑》中却保留了很多有关水军的条文，体现了西夏对“水军”的关注；其次，夏译本《将苑》通过多处改译，突出强调了军事情报的重要性；最后，夏译本在汉文本的基础上更加重视军法。

西夏作为先后与宋、辽、金并立的民族政权，十分重视军事建设。夏译本《将苑》作为西夏人翻译的汉文军事典籍之一，从现实功用的角度出发，根据本民族特性和战争形式对汉文本做了主观筛选，删去了部分认为不适于本民族的篇章，对其中一些表达和用词也做了人为转化和替换，这些做法侧面体现出西夏人的战争风格在注重机动灵活的同时，也非常重视对军队的管理和约束，注重谋略，同时在战争形式上努力寻求更大的突破。

（河北大学2017年硕士学位论文　导师：梁松涛教授）

宋夏三川口之战研究

姚二涛

北宋康定元年（1040 年）爆发的三川口之战拉开了宋夏战争的帷幕，此战不仅是一场简单的战役，还反映了当时宋与党项双方的各种矛盾，三川口之战正是这些矛盾的爆发点。

党项族早在德明统治后期，其继任者元昊就因为对宋政策，而与德明存在分歧。所以在对外政策上逐渐年老的德明采取了一种折中的办法，其在不改变当时宋与党项相对和平的状态下，兵锋西指，先打败党项西部的唃厮啰、甘州回鹘等部，然后再徐图后进。这样既能安抚住主张对宋强硬的元昊，也能先解决党项族的侧翼威胁。其后，元昊袭德明位，在解决了老臣山遇等人之后，彻底改变了之前的对宋政策，随即便自立称帝，开始筹划攻宋事宜。而宋廷对于党项内部的情况一直知之甚少，导致其对党项政策出现诸多误判，直到边境烽烟渐起时才开始积极备战，这一点主要反映在边地兵将之选派上。与此同时，元昊则在分析宋廷边地诸路的情况之后，逐渐将进攻视角选在了鄜延路。当鄜延路成为元昊进攻的重点之后，宋廷将此路重地延州交给了新的知州范雍。在分析这一任命的选派中，可以基本了解范雍其人的真实想法以及他对即将发生的战争的态度，这种态度和看法也直接影响到了最后三川口之战的结果。而元昊通过运用了大量“刺事者”，收集到宋方大量的情报，并对宋之边庭情况了解得十分清楚。元昊先是战前诱使范雍作出错误决策，在进攻时仅用三天时间就顺利地攻占了延州屏障金明县，将延州包围，继而在三川口歼灭刘平等驰援的宋军。在三川口之败后，宋廷开始摒弃之前对党项的诸方面政策和策略，并在宋廷和边地的人事选派上做出了调整，之前宋廷中的“和平派”势力逐渐被逐下台，而“主战”之人掌握了话语权。边地大臣换以能臣干吏任之，以范雍为代表的大臣被替换，整个三川口之战成为宋仁宗时期对夏战争的“前戏”。由于种种原因，元昊在三川口之战后并未达到自己的战略目标，进而发动了好水川及定川砦二战，最终促成“庆历和议”，取得了相对满意的政治结果。

三川口之战中宋方的失败对于宋廷内外都造成了很大的冲击。宋廷在战后对执政大臣的人选、对宋廷中书主民、枢密院主兵的机制以及西北地区的任命进行了大的调整。并对担任西北地区差遣的官员进行了赏罚。宋廷自身对战败负有不可推卸的责任，宋廷对于范雍也不应过分贬黜，元昊虽然赢得了战争的胜利，但是并没有达到占领延州的目的，西夏的生存空间并没有扩大。元昊在战后并没有因为宋廷采取的各种措施而改变之前的战略意图，依旧是想通过发动战争以壮大自己的实力，争取更佳的生存环境，迫使宋朝承认西夏的立国。

（西北大学2017年硕士学位论文　导师：胡坤副教授）

西夏敦煌壁画与同时期中原地区画风对比探究

张思思

敦煌壁画贯穿于中国绘画历史发展的脉络。西夏时期为敦煌壁画发展的晚期，但由于历史机缘的种种巧合，西夏时期的敦煌壁画在绘画风格、绘画技法以及画面所体现的意境上都得到了一定的发展。同时期中原地区的北宋是古代绘画发展到空前高度的一个朝代，其与西夏在政治、经济上均有密切的往来，在文化上也对西夏敦煌地区产生了较大的影响。

本文将从历史环境、经济等方面入手探索两个地区之间的交流，主要通过绘画风格的对比来探寻中原地区对西夏敦煌地区绘画风格形成的影响，寻找两地交流之所在。文章开篇介绍了西夏敦煌壁画多元化的绘画风格和北宋中原地区风格多样的绘画风格，以历史背景、绘画传承为切入点阐述两地山水画、人物画等绘画的风格特点。其次介绍了西夏敦煌与同时期中原地区的交流。西夏所在的位置处于交通要道，沟通了各民族商贸之间的往来，也拉近了中原与西域之间的联系，西域与中原之间的交流也直接影响了西夏王国的发展，西夏与中原地区在经济上也保持着密切的联系。继而阐述了西夏敦煌壁画受中原地区的影响，分析了西夏和北宋两地政权之间的摩擦和交融。其原因，一是西夏首领对绘画艺术极其热爱和推崇，二是西夏王朝与北宋政权上的相互对立促进了绘画艺术风格的形成与发展，三是中原画家的绘画热情深深地刺激了西夏人民的创作欲望。最后分别举例，从气势、构图、意境三方面分析了榆林窟3窟普贤变上部山水画与北宋范宽《溪山行旅图》的不同，从用笔技法将西夏敦煌与中原地区的人物画做了对比，说明两地绘画之间有诸多相同或相似之处，强调西夏壁画受到中原地区的影响之多。通过研究对自身绘画创作的影响，从绘画精神和绘画技法两个角度进行了论述。

通过对比可看出，西夏时期的敦煌山水画在技法和空间表现上都有了很大的进步。究其原因，一是西夏画家绘画创作能力的提高；二是中原统一王朝的形成，促进了各民族之间经济的发展和文化的传播；三是在绘制敦煌壁画的画家中有部分是当地画匠，其学习了中原地区绘画的风格特点，这对促进两地的文化交流起到至关重要的作用。

西夏统治下的敦煌和北宋统治下的中原地区在经济、文化、政治各个方面都有着密切的联系。西夏所处的地理位置为沟通周边和中原地区起到了桥梁的作用，在文化的传播中架起了一条通道。经济上的交往，政治上的互动使得两地的艺术也得以交流和借鉴。西夏的绘画艺术虽受到了中原地区以及周边地区的影响，但也不是全部无条件的照搬，除了吸收中原地区的绘画外还在此基础上吸收借鉴了其他地区的风格。在题材、艺术手法、思维方式上又都保留了本民族大部分的艺术特征。本文从诸多方面解释两地之间交流密切的原因，从而影响着两地之间文化和艺术的交流，致使西夏敦煌壁画与同时期中原地区审美趣味的变化相呼应。

（山东建筑大学2017年硕士学位论文　导师：王磊、王磐德）

金世宗及其子孙皇位争夺问题研究

方秋爽

金朝的皇位争夺问题，可以说由来已久，从金朝建立者太祖完颜阿骨打的皇位传递开始就已经出现，而且这种争夺始终是处于一种比较混乱无序的状态。身为北方的少数民族政权，终金一朝可以说都在向封建王朝学习，但由于金朝是从原始部落联盟直接转向封建帝制，社会历史的各个方面发展都不成熟，在皇位继承问题上更是如此，具有一定的特殊性：在世宗朝封建化已经完成的基础上，皇位继承的嫡长子制度仍得不到认同，从这里可以看出北方民族政权封建化表面上逐步完成，但仍夹杂着很多民族性。它在建国之前最高权力的承袭是复杂多样的，主要为原始部落联盟的选贤与能、父死子继与兄终弟及，而父死子继、兄终弟及的核心其实也是围绕能力的大小而定。在金朝国家政权建立后，最高权力的承袭方式发生变化，为了控制统治权再结合女真民族自身的家族性特点，皇权始终是在完颜氏家族内部传递。面对残酷又血腥的政治斗争，金朝中后期的皇位继承在表面上看似平稳，波澜不惊，实则暗流汹涌、斗争不断。本文将对金代中后期女真完颜氏家族的皇位继承和政治斗争仍旧复杂纷乱的现象作进一步的分析和研究，对政治斗争的原因和复杂的脉络进行梳理。在整个金朝完颜氏家族的皇位继承与政治斗争之间建立一个链接，从而呈现出较完整的金代政治的形态，从整体上把握金代政治。

第一章，绪论。对金世宗子孙的皇位继承斗争的选题依据和学术价值以及相关的研究现状，研究方法与目标，以及课题研究的主要内容分别进行阐述。

第二章，先对世宗之前金朝建国后的皇位争夺进行分析阐述，主要包括对太宗继位与皇储之争，熙宗继位与巩固皇位的斗争，以及海陵篡弑与肃清异己的过程，并结合相关历史记载而合理推测，进行具体的事件剖析。再对世宗继位以及诸子之间的斗争进行分析阐述，这既包括对世宗朝的分析即世宗对异己的肃清，立储的态度也对世宗诸子围绕着皇位继承的各种争夺，也包括对宗室大臣、外戚、后妃的参与的分析。

第三章，是对章宗的继位以及巩固皇位的斗争进行分析阐述，其中包括对章宗对李氏元妃之子的打压与禁锢，章宗后期皇位的争夺和政治的混乱的研究。

第四章，对卫绍王继位的原因以及卫绍王继位后对章宗元妃李氏及其亲信的打击，为巩固皇位卫绍王所做的一些举措如立皇太子、大封功臣等问题的分析。

第五章，是对宣宗夺权以及诸子之间的斗争进行分析阐述，到了金朝末期对皇位继承的争夺仍在继续，宣宗在从其叔叔卫绍王手中夺得皇位后继续肃清异己。到了宣宗后期，诸子之间仍在进行皇位的争夺。

（哈尔滨师范大学 2017 年硕士学位论文　导师：李秀莲教授）

金代铜镜纹饰研究

——以上京地区为中心

史　策

“上京”地区为金源内地，是北方女真民族的发源地，在中国历史上曾是重要的都城。从过去到现在，该地域出土了许多重要的文物，其中就有铜镜。“铜镜”是古人生活中的照容之物，与生活密不可分，铜镜背面的图案纹饰是历史故事与民俗生活的真实写照。在上京初期，由于特殊的历史原因，汇集了大量的宋、辽、渤海工匠以及大量的前朝“旧物”，可以说是一个多元文化的聚集地，所以这一地区的铜镜种类纹样异常的丰富，包含了艺术、民俗、宗教、戏剧、手工业、体育等各个方面的内容，铜镜纹饰不仅仅有艺术欣赏价值，还是非常重要的史料。文章主要对金上京地区出土、馆藏以及有关这一地区的边款铜镜进行纹饰研究分析，再结合考古资料、出土文物以及相关史料对铜镜的分期、纹饰流变、纹饰内容与艺术风格进行分析与判断。具体而言，先对有关上京地区金代铜镜的研究概况，做出评述分析，其次将考古发现、文献资料相结合，总结出金代早中晚期的大体发展规律，进而将史料与文献结合对金代铜镜内容、风格流变进行分类与分析，还对一些问题做专题研究，最后总结出金代铜镜纹饰的特点。

（哈尔滨师范大学2017年硕士学位论文　导师：刘剑虹教授）

第九篇

重要论文文摘

辽朝官员的考绩与迁转探赜*

张国庆

官员考绩与职阶迁转是职官管理体系的重要环节之一。公元10—12世纪由北方草原游牧民族契丹人建立的辽王朝，因俗而治，"官分南、北，以国制治契丹，以汉制待汉人。国制简朴，汉制则沿名之风固存也"①。所谓"汉制""沿名之风"，是指契丹辽朝对中原唐朝制度的沿承。但不管是"事简职专，官制朴实"② 的北面契丹官制，还是"有唐官爵""乃用唐制"③ 的南面汉官制度，亦都存在官员的考绩与职阶迁转问题。因为，同中国古代其他封建王朝一样，辽朝的官员，从中央到地方，从文职到武官，也是形形色色，多种多样，而且，每一类型的官员，不论是实职还是虚衔，亦均形成系列。④ 辽朝人入仕，亦是从最底层的职务做起，由卑及尊，呈不断迁升趋势；与官员切身利益（薪俸和荣誉）相关的"阶""勋""爵""封"等转进迁授，亦从低到高，与之同步。当然，官员在职期间如果有错或犯罪，他的职阶之迁转则是相反方向——"左迁"或罢黜。但不论辽朝官员的职阶向哪个方向迁转，其前提都是在考绩的基础上进行的。

辽朝官员的任期 官员考绩与职阶迁转首先牵涉的是官员任期问题。经笔者认真检索并钩沉出土石刻文字资料，可以考定辽朝官员亦有固定任期，有些职位为三年。辽朝官员三年任职期满，即可迁转他职。辽朝官员某些职位任职期限为三年，应与辽朝官制承唐仿宋有关。辽朝官制中规定的官员任职期限有无超过三年或不足三年者？回答是肯定的。检索石刻文字资料及《辽史》"纪""传"史料，辽朝官员的确存在大量的非"秩满"（三年）迁转现象，但此属廉察后的"不次"超授范畴，与本文内容无涉，笔者已另文专论。

辽朝官员的考绩 辽朝官员任职期满后的迁转，或升或降，均取决于任职期间的考绩结果。辽朝的官员考绩主要承仿于唐宋。其考绩状况《辽史·百官志》不载，

---

* 该文原刊于《中国史研究》2017年第2期。

① 《辽史》卷45《百官志一》，中华书局1974年标点本，第685页。

② 同上。

③ 《辽史》卷47《百官志三》，中华书局1974年标点本，第771—772页。

④ 参见王曾瑜《辽朝官员的实职和虚衔初探》，《文史》第34辑，中华书局1992年版，第159—184页；杨军《辽朝南面官研究——以碑刻资料为中心》，《史学集刊》2013年第3期。

仅出土辽代石刻文字及《辽史》“纪”“传”史料中有零散记述。首先是考绩的年限。辽朝官员的考绩年限是多少，依据石刻文字大致推断，亦应承唐仿宋，对官员每年一考，三年终考。其次是考绩的内容与标准。辽朝官员考绩亦有相应的标准，应该是参考了唐朝的“四善二十七最”及宋朝的“监司七事考”等内容，用以综合考量官员的德、能、勤、绩等。辽朝还曾实行过部门长官的属僚——“掾史”亦按“年劳”迁转的制度。此外，如果官员能力或业绩突出，还可能被减资考任。唐、宋两朝的官员考绩制度中还有一个重要环节，就是对官员考绩过程与内容进行监督及复验，即“监临”与“磨勘”。辽制承唐仿宋，至少在辽代后期业已实行对官员考绩过程进行监督的“监临”制和对考绩材料进行复验的“磨勘”制。辽朝后期官员考绩中除了履行“监临”“磨勘”程序外，还有书写“解由”之环节。所谓“解由”，是指被考官员的工作小结、个人简历及考绩录文等文字材料，是官员职阶迁转的重要档案依据。辽朝政府对官员进行考绩，应有相应的组织机构和专门的官员负责。相关机构对官员品德与业绩的考核以及官员的迁转情况，每年要向枢密院申报一次，并由枢密院相关部门记录存档。

辽朝官员考绩后的职阶迁转 辽朝官员“秩满”，依据考绩结果，开始职阶迁转。迁转之方向，一是职阶迁升。职阶迁升是指官员“秩满”后，德能政绩突出者（类似唐、宋考绩等第较高者），得以升职进阶。二是留任进阶。辽朝一些任职地方的官员，因其爱民勤政，便有“秩满”迁转时民众上书朝廷，请求将其留任原职的事情发生。钩沉石刻文字，常见“每考满而后攀辕卧辙而留，乐送泣别而去者，不可殚记”[①]“将离旧任，合镜号泣而随之，乃有剪耳卧路恳留之俗，其余揽辔截镫脱辐攀轩者，莫究其数”[②] 等字样。尽管这些墓志铭文不乏溢美虚夸之处，但所云之事应该确实存在。每至此，多数时候朝廷都会同意上书民众的请求，批准该官员留任原职。三是退闲不仕。辽朝有些官员任期届满，不想继续迁转为官，而是寻个理由辞官退闲。当然，这其中有些人只是暂时离开仕途，闲居一段时间后，可能又重新入仕任职。四是“左迁”降黜，即降职降阶。唐朝官员考绩分为九等，等高者迁升，加官晋爵，等低不合格者则被降职降阶。

结语 官员任职期间有考绩，以及“秩满”后职阶迁转等，均为辽朝职官制度承唐仿宋的结果，尽管《辽史·百官志》没有任何记载，但我们通过对出土辽代石刻文字资料和《辽史》“纪”“传”史料的检索、钩沉和整理，便能对其有了大致之了解。在整理史料和拙文撰写过程中，笔者发现，在辽朝官员任期考绩与“秩满”迁转的同时，也存在大量的、随处可见的未经考绩且非“秩满”而迁转之现象。这

---

① 大康四年（1078 年）《秦德昌墓志》，向南、张国庆、李宇峰辑注：《辽代石刻文续编》，辽宁人民出版社 2010 年版，第 167 页。

② 大安三年（1087 年）《茹雄文墓志》，向南、张国庆、李宇峰辑注：《辽代石刻文续编》，辽宁人民出版社 2010 年版，第 184 页。

就是说，辽朝官员职阶迁转实行的是“双轨制”，即考绩后“秩满”迁转与廉察中“不次”迁转，二者同生共存，互为补充。辽朝官员职阶迁转实行“双轨制”，对提高官员素质，改善吏治环境，提高行政效率，完善运转机制，均起到了有效的保障作用。辽朝官员职阶迁转实行“双轨制”已是毫无疑问，但究竟在什么时间、哪些场合、何种情况下用哪一种迁转方式，就目前已掌握的资料看，似乎既无定制，亦没有任何规律可循。我们可以从出土辽代石刻文字资料中随机抽选一位官员，他的一生职任官阶可能迁转数次或多至十数次乃至数十次，但你会发现，此官的职阶变化，时而是按秩考绩后迁转，时而便是“不次”超授官资。这应该是辽朝职官管理制度的一大特色。

西夏文社会文书对中国史学的贡献*

史金波

作者在整理、编辑、出版《俄藏黑水城西夏文献》的过程中发现一批西夏文社会文书，通过对这些俄藏西夏文社会文书整理、定题并结合西夏法典与其他资料，而且还对部分西夏文文书分类进行初步译释和研究，从而提高了对西夏社会的具体认识。

作者通过本文将这些西夏文社会文书置于西夏历史，乃至中国历史的视域中，分析其对中国史学多方面的贡献。

第一，这批西夏文社会文书填补了11世纪至13世纪中国社会文书的空白。

作者在整理俄藏黑水城文献时，发现一大批社会文书，总计有1000余号，1500余件，包括户籍、账册、契约、军籍、告牒、书信等。其中，除少量经俄国专家整理的西夏文楷书、行书社会文书外，大部分是未登录的110盒残卷中发现西夏文草书社会文书。这些西夏文社会文书具有数量大、类别多、价值高的特点。黑水城出土的西夏文户籍、人口文书约有110多号，包括简明户籍账、户口手实、甲户籍账、里溜户籍账、人口计账、户口男女计账等，使得宋辽金时期的户籍实物不再是空白。

这些出土西夏社会文书不仅可以直接解析西夏社会，同时也可以作为同时代宋、辽、金各王朝社会研究的参考。西夏社会文书填补了中国历史上一个时代的古文书空白，对研究这一时期的社会历史具有重要学术价值。

第二，西夏社会文书是对中国政治史的重要补充和贡献。

在黑水城出土的文献中，出现了一批法典类的文献。比如，《天盛律令》《新法》《法则》。其中，《天盛律令》共20卷，现保存全书约六分之五。该书是中国中古时期唯一基本保存原本的法典，也是中国历史上继《宋刑统》以后又一部公开印行的王朝法典，还是第一部用少数民族文字刻印、颁行的法典。此法典以其新资料、新版本，在中国政治、法律文献中占有独特的地位。

另外，在这些出土的西夏社会文书文献中，大多都是西夏晚期的产物。其中，社会文书中存在一批官方文书，这是研究西夏政治的重要资料。如《乾定申年黑水城

---

* 该文原刊于《民族研究》2017年第5期，张涛摘编。

守将告牒》《乾定酉年黑水副将告牒》。这些西夏文书对西夏后期历史研究具有重要意义，并且这类边疆守将告牒文书在中国社会文书中也十分稀见，为中国古代文书增添了珍品。

另外，在西夏社会文书中还发现了一件书仪类文献。黑水城出土的书仪仅发现一件，也是11世纪至13世纪唯一的书仪，即《西凉府签判向皇帝大臣上书仪》。此件西夏文书仪是一件既综合、又简明的书仪，系宋辽夏金时期唯一的书仪原件，十分珍贵。此书仪真实地记录了西夏西北地区西凉府签判所用上书等格式。这一书仪反映了西夏晚期政治、文化、社会的特点，同时也为中国书仪增加了综合性简明书仪的类别。

第三，西夏社会文书对中国军事史的重要补充和贡献。

在黑水城出土了一件西夏王朝贞观年间的西夏文军事法典——《贞观御镜统》军律残本，现存42页，该残本内容十分丰富。此外，还发现有大量关于西夏基层军事状况的文书。其中50多件西夏文军籍是中国唯一现存军籍文书，有14件完整保存。此批军籍文书反映出西夏时期实行严格的军籍登记制度，也反映出西夏的基层军事组织特点和管理制度。此批新发现的西夏军籍文书乃是中国中古时期唯一存世的军籍文书，填补了中国军籍文书的空白，具有重要的文献及文物价值。

第四，西夏社会文书对中国经济史的重要补充和贡献。

黑水城出土西夏文文献中，经济文书所占比例最大，内容丰富。除户籍文书外，还有大量关于经济的籍账。经济籍账主要有以下几种：人口税账、水税账、印本纳粮收据和缴草捆收据。

其中，人口税账以户籍登记制度为前提，反映西夏户籍制度的完善。人口税账为当时西夏黑水城地区社会缴纳人口税的原始档案数据，也应是中国首次发现的人口税账。

黑水城出土社会文书出现的水税账是历史文书的罕见品类。水税账是中国历史上水利灌溉的基层原始文献，具有重要文献价值。

作者整理文献发现的印本纳粮收据和缴草捆收据，是西夏官府向农户收取粮、草的收据，具有重要文献价值。此外，西夏当时还将印刷术用于此类文书。这两件西夏社会文书应视为最早的社会文书实用印刷品，具有重要的文物价值。

第五，西夏社会文书对复原西夏社会的贡献。

由于元朝修史时，未修西夏史。并且在宋辽金史中的“西夏传”，以及传世的汉文文献中都对西夏社会方面的记录稀少。但是，随着西夏文物和文献的不断大量出土，弥补了西夏资料稀少的缺陷。特别是一批西夏社会文书经过整理复原使得研究西夏社会成为可能。对西夏社会文书的解读，我们可以对西夏社会的发展状况了解得更加清晰。黑水城出土的户籍、契约、社条文书，以及简明户籍、户籍统计账，还有西夏法典和军籍文书，经济类的籍账等等。这些都对我们了解和复原西夏社会做出巨大贡献。

黑水城出土西夏文社会文书的整理与刊布，丰富了西夏学的资料库，催生了西夏社会文书学的诞生。并且为中国史学提供了新的资料，做出了新的贡献。

“夏译汉籍”的文献学价值*

彭向前

“夏译汉籍”特指用西夏文翻译的汉文世俗典籍。距今几近千年的夏译汉籍，有刻本、有写本，多系对宋代乃至唐末五代书籍的传抄，具有重要的版本价值，或底本早已亡佚，或为流传至今的那些古籍的祖本，从中可以反映出未经宋人编辑的汉文古本原貌，为我们探索唐宋时期今本的形成过程提供新的线索和启发。

该文从文献学角度出发研究夏译汉籍，摆脱常见的西夏语译释研究的桎梏，通过详细对比、追本溯源、多方印证等方法，更深入地挖掘夏译汉籍的文献学价值。

夏译汉籍的版本价值，以西夏文《三家注孙子》、西夏文刻本《六韬》、西夏文草书《孝经传》以及西夏译本《将苑》为例，论证了夏译汉籍在恢复、对比古籍版本上的巨大作用。

文章将西夏文《三家注孙子》同曹操、李筌和杜牧的三家注本相比较，发现夏译《三家注孙子》与现存宋本有很大的不同：经文或注文位置不同有 12 处，经文或注文内容有别有 30 处，夏译本经文或注文有 28 处缺漏，夏译本注文辑佚 13 条。以经文的重大差异为例展开叙述。夏译本同汉文本的三家注存在的诸多差异，特别是经文的重大差异，只能表明其所据文本与我们已知的各本所据本不同，即夏译底本是一个我们今天不知道的“三家注本”。得出结论：西夏文《三家注孙子》，是一个新的版本系统，可以与竹简本、武经本和十一家注本相提并论，号称“四大系统”。夏译本中记载中卷经文、注文字数与汉文本字数不同，也为版本考证提供了一条重要线索。

西夏文刻本《六韬》残本，与宋代形成的今本《六韬》在分卷、篇目、文字上多有差异。文字上的差异有些明显不是翻译所致，而与所据底本有关。采用邵鸿先生的观点，宋元丰年间《武经七书》颁布后，虽然具有正统和支配地位，但并没有立即完全取代其他版本，直到南宋时期还有一些与官本不尽相同的《六韬》流传于世。夏译本即为其中之一，但它不是宋明以来主要《六韬》版本的祖本并且较早亡佚。同时意味着元丰时期的官方定本《六韬》有可能是在包括夏译底本在内的多个版本

* 该文原刊于《西夏研究》2017 年第 2 期。

基础上整理校订的，其改变程度可能没有过去认为的那么大。

《宋史·艺文志》著录的“吕惠卿《孝经传》一卷”早已亡佚。《孝经传》的西夏文草书译本，却意外地保存在俄藏黑水城文献中，且全书除章末尾以外，都保存完整。复原这本书，最大的难度在于草书的破译。格林斯蒂德在其专著《西夏文字的分析》一书中，对西夏文草书《孝经传》全文作了楷书转写，但他的转写，实际上都是通过拆分西夏构字部件而机械地比对出来的，此后并没有结合西夏正体字、西夏文上下文或到汉文史籍里去查找相关词语出处而对其结论加以验证，这在很大程度上影响了其楷书转写的准确性。文章指出可据《孝经传》以反映北宋新经学派的风格，应纠正格林斯蒂德西夏文楷书转写中的错误，对西夏文草书《孝经传》作全文解读，以期最终复原这部900年以前的古书。

西夏译本《将苑》，是该书目前已知的最早版本，将夏译本和汉本对照，反映出中国古代军事学中兵阴阳家的衰落和唯物主义传统的最终确立，正是受军事思想领域这种变化的影响，唐宋时期中国古代的兵书及其注本逐步完成了向传世今本的演变。

校勘价值列举夏译汉籍《孔子三家注》和《六韬》里6例新近发现的例子，将其与传统典籍相互印证，使传统典籍中的几处疑难问题变得十分清晰明了，凸显了夏译汉籍的文献学价值，呼吁学界利用夏译汉籍的互勘、互证功用，通过比较进行别错纠谬，以提高西夏文文献的释读水平，促进汉文传统典籍的研究。

“夏译汉籍”除了在西夏文译释研究方面有着不可替代的重要价值外，还具有很高的文献学价值：从中可以反映出未经宋人编辑的汉文古本原貌，为我们探索唐宋时期今本的形成过程提供新的线索和启发；可以作为校勘之资，用以订正汉文今本的讹脱。

西夏佛教艺术中的“家窟”与“公共窟”

——瓜州榆林窟第29窟供养人的构成再探*

宁　强　何卯平

榆林窟第29窟是营建年代较为清晰、建筑形制基本完整、窟内壁画保存较为完好的典型西夏窟，供养人数量多达100多身，其中窟内西壁门两侧的男女供养人像旁边还保存有大量西夏文墨书题记，为我们研究该窟的性质和功能提供了直接而确凿的证据，我们能够通过壁上留存的供养人画像及其西夏文题记，弄清该窟施主的身份和主要供养人的构成情况，考订该窟的建造时间和营建时的历史背景，进而辨识整窟壁画各部分之间的内在联系，从而对整个洞窟的设计意图和功能做出解释。

文章赞同宿白先生和刘玉权先生的推论，即榆林窟第29窟就是第19窟汉文题记里提到的“秘密堂”，其壁画绘制时间是1193年。第29窟被称为“秘密堂”的原因，可能与该窟北壁西侧藏传佛教图像中的金刚手“大力尊者”（又称“秘密主”）有关。第29窟西壁入口窟门两侧的大幅供养人像中有国师、皇帝、“烧施”法事的用具、其他僧人以及西夏文题记“真义国师昔毕智海”。西夏文题记保存完好，其中没有“一心归依”字样，表明其不是供养人，又通过国师、其他僧人作法事的姿态判定，他们都不是普通意义上的供养人，而是举行“烧施”仪式的参与者。

文章通过题记、服饰等梳理“烧施供奉图”后面的12位男性供养人，对这些人物的身份进行了确认，得出榆林窟第29窟男性供养人的营建是由施主沙州监军司高官赵麻玉联合内宿御史司的正统军使向赵父子（加上孙子没力玉）、瓜州监军司高官某某、高官某某、施主的长子赵祖玉，加上五位瓜沙地方文官和富有的贵族士绅共同完成的。

施主的长子赵祖玉排在下排第三位，不符合莫高窟和榆林窟的家窟供养人排列中，家族的长子通常是排列在所有弟弟之前的正常伦理逻辑关系，而且这些男供养人中，能判定为施主家人者，仅有其长子赵祖玉一人，因此，将榆林窟第29窟定为赵氏“家窟”显然是不对的，刘玉权先生认为榆林窟第29窟为赵氏“家窟”的结论偏离事实。榆林窟第29窟是一个以西夏武官为主、文官为辅、官民合资、社会共建的

---

* 该文原刊于《敦煌学辑刊》2017年第3期。

“公共窟”。其营建背景，可能是皇帝莅临瓜州时病重，沙州监军司最高长官正统军使赵麻玉赶来瓜州探望护卫，并联合内宿御史司正统军使向赵父子和瓜州监军司军官某某、某某，以及自己在瓜州监军司任职的长子赵祖玉，并瓜沙地区文职官员、富有贵族士绅等，共同建造此窟，为皇帝祈福，并有为仁宗皇帝亡灵追荐的意味。

第29窟的女供养人画在西壁入口的北侧有一副“高僧禅定图”，右侧有一条西夏文题记，中有“那征一心”字样，据第29窟、第25窟西夏文和第19窟的汉文题记及多位学者的研究，绘制第29窟“高僧禅定图”的画家正是那征，他是居住在瓜州邻近地区甘州的西夏文、汉文都通的党项族画家。文章推测，这条题记是画家完成该幅作品之后题写的“画后记”，并非供养人题记。这幅女供养人上排前面的“高僧禅定图”是单独的对这位禅定高僧供奉图，或可定名为“供奉高僧图”。第29窟的女供养人画中，上排有施主赵麻玉的已故岳母曹氏，不明身份的贵妇人，赵麻玉已经亡故的妻子褚氏以及她的3个子女，下排有两行西夏文题记，前有一位大和尚领头供养，其后第一位女供养人是行愿者有月成的女儿宝金，第二位是一位姓赖的独立女供养人，其后三到六身的四个女子均为赖姓女供养人的儿媳妇。

榆林窟第29窟全窟合计供养人数量多达100多身，其可以为较大规模的“烧施”仪式提供建筑空间和图像支持，这就使西夏石窟具备了不同于前期石窟的独特功能，反映了西夏时期佛教石窟艺术的新特点。

文章重新检索了榆林窟第29窟供养人的身份构成，认为此窟的性质是一个有浓重官方背景的“公共窟”而非通常认为的“家窟”。西夏占领河西走廊西端的瓜沙地区之后，西夏文武官员集合财力权力开创新窟，使瓜沙地区的西夏石窟具有了与前代佛窟不同的性质和功能。该文以榆林窟第29窟为案例，从供养人构成的角度，解析了西夏石窟艺术的独特性质和功能。

贤觉帝师传经考*

聂鸿音

十二世纪中叶西夏的贤觉帝师波罗显圣是中国历史上最早享有“帝师”封号的喇嘛，经他传授的作品有四种存世。这四种作品只是简单介绍了密教念诵供养法而没有涉及佛学理论，说明他的兴趣只在修行而不在思辨。作者将通过本文从现有文献中拣选贤觉帝师亲传的作品予以解读，从而为研究吐蕃僧人在河西佛教中的作用提供了参考。

从现存所见的藏传佛教典籍的西夏译本中可以看到，有提款确证为贤觉帝师传授的作品寥寥无几。作者通过本文将从俄藏西夏黑水城遗址出土的编号分别为No. 7165、No. 5989、No. 6213、No. 6778 四件西夏文抄本作为材料，对这位中国历史上的首位帝师的佛学主张进行探讨。并且讨论贤觉帝师为西夏的宗教和政治做了些什么。将对贤觉帝师在十二世纪中叶河西文化史的地位进行评价。

首先，作者对编号为俄藏 No. 7165 抄本进行了探究。这件抄本是所列举的四种抄本中保存最为完整的一件。作者对此件抄本进行简单的描述，并且对抄本中的题署进行了抄录和翻译。从题署中作者认为此件抄本原始依据是梵文和藏文作品。另外，作者还对此件抄本中的咒语部分进行了抄录和翻译，并且进行分析。通过该咒语的分析，作者认为贤觉帝师主张通过各种形式的诵咒来消除人生的罪孽和现实的病患。这也是贤觉帝师的佛学主张之一。

接着，作者介绍了第二份俄藏 No. 5958 首尾皆残的写卷。这件写卷的中间部分较完整地保存了题为贤觉帝师所传的《圣观自在大悲心护摩法事》，作者对此进行了录文和翻译。作者认为这篇短文主要是对火供和观想仪轨进行了细致描述，展示了标准的吐蕃密教风格。并且从里面出现的大量藏式佛教词语来看，贤觉帝师传经必然用的藏语，但中间咒语部分，作者尚未构拟出。

另外，作者认为俄藏编号分别为 No. 6213 和 No. 6778 两件抄本的短文只不过是前人作品的简单抄录，缺乏新意。作者对这两件抄本中的西夏文也进行了抄录和翻译，并进行了分析探究。

---

* 该文原刊于《中华文史论丛》2017 年第 2 期。

以上主要是作者通过现存世的四件俄藏黑水城遗址西夏文抄本对贤觉帝师的佛学主张进行了考证。

作者还通过本文对贤觉帝师波罗显圣的职官进行了探究。贤觉帝师波罗显圣在西夏的官职是功德司正和偏袒都大提点。表面来看是国家佛教事务和出家僧人的总管。虽然西夏“功德司”部门地位很高，但是主要任务不过是为皇家的佛事活动提供服务，并不参与政府的日常决策。文献中记载的西夏帝师除了传授少量的藏密经文外就是在皇家的法会上担任主持人。从现有的资料来看，贤觉帝师除去参加了几次传经和译经之外，并没有为西夏做过任何实质性的工作。

另外，从贤觉帝师流传下来的传授作品中，作者认为贤觉帝师的作品不含有丝毫的理论色彩，他所做的仅仅是介绍日常修行中的供养法或者念诵法，甚至随便背诵几句咒语便敷衍成篇。贤觉帝师的兴趣只是在实践而不在深层的佛学思索。

综上所述，作者通过本文对贤觉帝师及其在十二世纪中叶河西文化史上的地位进行探究以后作出如下结论——这位来历不明的吐蕃喇嘛没有表现出深厚的学识，西夏中晚期藏传佛教在民间的广泛传播也与他没有直接关系。得到“帝师”这个封号之后，波罗显圣仅仅作为西夏皇室中一个藏传佛教的符号而存在，无论是在河西文化史上还是在西夏政治上都是无足轻重的人物，充其量只是个碌碌无为的政府部门领导人。

西夏文献与“丝绸之路”文化传统*

孙伯君

本文作者从宗教学、语文学、文学等方面讨论了存世西夏文献与河西走廊遗存文献、文物以及民间信仰之间的关联，彰显了西夏文献对丝绸之路古代文明建构的重要价值以及对其加以保护的重大意义。

首先，西夏文献与“丝绸之路”佛教遗存形成互证。通过《大夏国葬舍利碣》与《凉州护国寺感应塔碑》的碑刻文献证明了西夏时期佛教在河西地区广泛流行。通过西夏文本《观心论》与《番汉合时掌中珠》中有关观心禅法记载证明禅宗在西夏河西地区的传播。现存西夏文《过去庄严劫千佛名经》发愿文和西夏文《金光明最胜王经》中得到关于西夏译经的信息。这与以贺兰山拜寺口双塔和青铜峡一百〇八塔为代表的藏式佛塔遗存形成互证。此外，通过传世西夏文献，人们既可以考知佛教在西夏的传播情况，还可以印证“丝绸之路”遗存文物所反映的宗教情形，还可以部分地还原西藏本土各个宗派所传教法，从而弥补藏文佛教史料记载的缺失。

其次，西夏文献与“丝绸之路”民间信仰遗迹、占卜卦书等形成互证。

在河西地区发现的几处西夏晚期“唐僧取经图”壁画均来自佛教题材壁画中，说明西夏时期玄奘“取经故事”已经融入佛教，成为当地观世音菩萨信仰的一部分。此外，《销释真空宝卷》文献与西夏文、汉文佛经文献可以证明“唐僧取经故事”在河西地区融入佛教。而俄藏黑水城文献有关记载则证明西夏时期“大唐三藏”已经被神化为能使占卜灵验的偶像，受到百姓膜拜。另外占卜卦书托名“大唐三藏”求取，与卦本题名为“观世音菩萨造念诵卦”一样，反映了西夏时期佛教信仰与民间占卜相互融合的社会特点。更能说明西夏民间占卜与信仰的风尚，很大程度上延续了唐五代时期的传统。存世西夏文献对研究唐宋时期“河西走廊”的世俗社会风貌具有重要价值。

再次，西夏语文学资料与“丝绸之路”遗存的传承关系。

在敦煌发现的藏汉对音资料与西夏时期编订的《番汉合时掌中珠》以及大量梵、汉对音资料，这些都让我们了解到在多民族杂处的“丝绸之路”上汉语方言的多样

---

* 该文原刊于《西南民族大学学报（人文社科版）》2017年第6期。

性。还有《文海》《文海宝韵》《五音切韵》《同义》这些西夏文字典为学界对西夏语与中古汉语音韵的研究提供了丰富的资料。西夏文《新集碎金置掌文》与《三才杂字》这类供国人识文断字的蒙书编纂都是来自中原和河西地区古老的民间传统。黑水城文献中的西夏文、汉文文献，女真、回鹘、蒙古文献，这些文献的解读对文字本身的研究也有促进作用。

最后，西夏俗文学与敦煌讲经文等唐、宋文学的传承关系。

在西夏时期作为僧侣文学代表的西夏文文集《三代相照语文集》与《贤智集》中的“辩”体裁与敦煌文学中“唱辩”一脉相承。西夏还曾流行中原“汉歌”，从现存两部西夏文诗集可以得知西夏人自己也创作诗歌。特别是西夏独特的文学体裁——“格言”或“谚语”既具有史诗性质又反映本民族社会历史与民俗风情，是研究西夏社会历史、文化等方面的第一手资料。

综上所述，作者通过本文对西夏文献与“丝绸之路”的佛教遗存、民间信仰遗迹、占卜卦书等进行互证，阐述了西夏语文学资料与“丝绸之路”遗存、西夏俗文学与敦煌讲经文等唐宋文学的传承关系。作者认为除了上述关联外，还可能存在西夏职官名称与“河西走廊”出现的吐蕃官名亦有关联，但还须进一步考证。总之，随着对西夏出土文献的深层次研究，将会在中古时期“丝绸之路”文明传统的构建方面有着重要的作用。

俄藏黑水城金代《西北诸地马步军编册》新探暨重命名*

范学辉

《西北诸地马步军编册》是一件收录在《俄藏黑水城文献》第6册的汉文文书图版，由编者定名并附有俄罗斯学者孟列夫对该文书所作的简单考释，在判断其为“西夏写本”与介绍文书样式之外，主要是汇总了文书中的人名、地名、官职名和军兵种名。自2006年起，先后有杨浣、孙继民、杜立晖等对文书进行了细致考订，订正了孟列夫“西夏写本”说等重大失误，将其准确断定为流入西夏的金朝文书，并提供了一份更精确也更权威的《西北诸地马步军编册》之原始图版标点录文。金朝后期兵制研究被公认为文献不足、最难研究，而该文书内容多达111行，是“一件价值颇高且极其罕见的金代第一手资料”，因此其史料价值最为突出。

该文认为要判断该文书的形成年代，有两个关键点：其一是文书自称“本府”（第9行），其二是文书中出现的其时正在临洮府任职的“内族六斤”（第58行）。由以上两个关键点，文章认为：文书应形成于宣宗贞裕三年十月，由临洮府奉金廷九月诏令之命，负责编订然后上报陕西宣抚司，主要内容是核实临洮路之世袭蕃部巡检与弓箭手的具体人数。该文书是金朝备战金夏临洮战事的产物，也在临洮之战中落入西夏之手。因此，该文书似应重命名为《金贞裕三年十月临洮路上陕西宣抚司核实世袭蕃部巡检与弓箭手编册》。

明确文书形成年代、背景、主要内容后可以得知，除了临洮路官员完颜（内族）六斤、完颜辨的门等为女真人之外，现存文书中出现的其他人物，绝大多数当是世袭本族巡检的身份，其族属应为临洮路吐蕃或吐蕃化的蕃部首领。以往研究者对文书的形成年代和背景判定不确，导致在文书人物族属问题上出现错讹，严重影响到对文书的使用和相关研究的准确性。文章对9个族属被误判之人进行了梳理，判断蒲臯、安百福应为蕃部化的西域人，阿奇赵、阿逋兰、霍三十、赵锐、杜海、丁仲礼、曹朴京等为吐蕃人的可能性更大。在临洮路的地方豪强中，吐蕃部族都占据压倒性优势，其他非吐蕃的部族生存空间很小，即使存在着少量其他部族的地方豪强势力，亦皆大致

---

* 该文原刊于《历史研究》2017年第1期，宋润文摘编。

蕃部化。

万夫长即万户，应该是从三品或最低正四品。但文书中诸蕃部首领所领之万户，其官品不过正九品，与从三品相比可谓相差悬殊。原因之一是金末万户的官位较金前期甚至中期，已大为贬值；更关键的原因则为文书中蕃部首领所领之万户，其实都是非正规军性质的义军万户，与猛安谋克编制下正规军的万户，两者性质截然不同，地位、官品当然差距极大。文书中所出现的 8 位万户，正可与《金史》记载互相印证，证明临洮路较早实行了义军万户制。临洮路的义军万户由地方豪强蕃部首领担任，在实际执行当中，义军万户很快就出现了滥授现象。

通过对比《金史・宣宗纪》可知，文书第 41 行记载的“武节将军、巩州第四部将”当为新立战功之第五将城万户杨再兴，其所领正六品上之武节将军，符合金廷“五品以下并听迁授”规定的上限。文书第 45 行出现的“兴”字，很可能就是“杨再兴”姓名之残缺。文章将文书与《金史》结合起来看，“巩州第四部将”是模仿猛安谋克制的形式而来，论证了金末在行军作战、组织军队中均无“仿宋军编制”的任何迹象，纠正了以往的“仿宋军编制”的错误说法。

从文书可知金末临洮路的兵役形态是自愿军和弓箭手。弓箭手多在本族蕃部首领之麾下，战时多由蕃部首领直接统领，归路、州官府调遣。自愿军则主要充当路、州等地方官员的护卫，由路、州等地方官员直接统领和指挥作战。通过对文书加以统计和推算，可以发现金末临洮路民众的兵役负担极其沉重。临洮路自愿军和弓箭手尽管几近 4 万之众，但他们都是临洮路、州地方下辖的非正规军性质的地方武力。临洮路蕃部弓箭手“马军”的数量相当可观，成为金末战马供应最为重要的战略基地，这应该也是金朝要在临洮路与西夏必以死争的一个关键性因素。

该文根据孙继民《西北诸地马步军编册》之标点录文，在考证文书形成年代、背景和主要内容的基础之上，将文书重新命名；同时对文书中出现的人物族属问题也进行了辨析；并重点考察文书中与金朝后期兵制相关的万户、部将等职官暨自愿军、弓箭手等兵役形态。

第十篇

重点课题研究报道

国家社科基金青年项目：西夏制度源流考论

高　仁

西夏是一个由党项民族建立的多民族政权，虽然其“设官之制，多与宋同”，“朝贺之仪，杂用唐、宋”，但也继承和发展了许多本民族和其他少数民族的制度。很大程度上，西夏的典章制度是多民族和多样性文化汇聚融合的结果，承前启后，在中华民族多元一体格局进程中和中国多民族国家形成的过程中，有着重要地位。考察西夏各项制度的源与流，对于研究西夏历史和民族文化的演进过程，对于研究11—13世纪中国境内各民族政权制度建设，都具有重要意义。

本课题主要以西夏政治、经济、军事、法律、社会等领域中起主导性作用的基本制度为研究对象，探究它们继承、发展、演变的历史过程。

课题虽然仍以大宗的西夏文文献整理入手，但并不仅仅局限于梳理各类文献对各项制度做内容上的简单考证。而是顺应近年来学术界“活”的制度史的研究潮流，即注重作为“过程”与“关系”的制度史，以研究西夏制度继承与发展的历史过程为主线，但也注重西夏社会诸多的内外因素如何与制度相互作用并促成了制度的演变。

课题突破了单线条的考察，而将制度视为一个不断建构与重塑的社会过程，且为涉及多方面、起讫点不一、内容性质不一的多种演变过程的交错与融会。在研究中，不仅关注西夏制度对于唐宋的继承，也注重其对常为人们所忽视，以“隐蔽”的形式传承的游牧民族的制度的继承与发展；不仅关注制度表面（如职、司、机构名称等），也注重制度实质内容的（如制度运行机制）的继承与发展；不仅还原制度发展、演变的脉络，也解释制度之所以变化的原因。通过这些探讨以揭示制度内在的结构与精神实质。

课题分为六个部分展开：

第一部分讨论西夏皇帝制度的源流。结合西夏皇帝的权力、地位、君臣关系等要素的变化，讨论皇位继承、宫廷、陵寝、宗室、后妃等制度的渊源及演变。

第二部分讨论西夏职官制度的源流。既考察具体职司设置与职能方面的继承演化，又从大局着眼，分析西夏行政体系在整体结构与组织形式上的继承与再调整；另外，对西夏官阶、职事、军职三大职级体系的源流，对选举、荫补、考课、叙迁、奖惩、俸禄、致仕等官吏管理制度的源流加以讨论。

第三部分讨论西夏军事制度的源流。着重讨论西夏如何将继承于唐、宋，以枢密院、统军司、殿前司为基础的中枢统军体制，与其固有的部落兵相结合，杂用诸多游牧民族的制度，融会贯通而发挥作用。

第四部分考察西夏经济制度的源流。结合西夏农、牧业的生产方式，考察赋役、群牧制度的源与流；结合西夏诸多机构的运转情况，考察西夏财政制度的源与流。

第五部分考察西夏法律制度的源流。既考察西夏法制体系总体框架的源流，也考察各门类法规内容上的源流。同时，将法律条文与社会文书相结合，从规定与操作两个层面加以考察。

第六部分讨论西夏基层组织制度的源流。考察西夏乡里和部落两大基层组织制度的源流，沙漠地区以河流、湖泊等水源为组织基础的基层制度源流，并讨论基层组织制度对诸多顶层制度的决定性意义与内在联系。

最终，课题将完成一部资料翔实、生动活泼、分析到位的制度史研究论著，丰富中国制度史研究内容，开拓西夏史研究的思路与方法，为当下中国制度改革提供历史依据及案例。

第十一篇

文献·文物·考古新发现

2017年辽夏金考古发现回顾

师　越

地下文物的考古发掘在史料补充中起着至关重要的作用。2017年国内也陆续发掘出众多辽金时期墓葬群和文物遗址，地域涉及西北、华北、东北与西南。这些遗址中，新发掘的辽金时期墓葬群所占比例较高；古窑址、窖藏、造像、古建筑与行宫遗址等均有分布。

2016年初至今，西夏亥母洞寺遗址。甘肃武威亥母洞寺遗址共清理藏式喇嘛塔4座，1.8万枚擦擦和经文残片，采集出土的擦擦主要有脱佛和脱塔两种，此外还出土西夏文、梵文、藏文、汉文文献残页等。亥母洞共四座窟，1号保存完好，2号、4号石窟窟门坍塌严重。

2016年11月至2017年4月，开元寺南广场遗址。河北正定开元寺南广场遗址发现唐、五代、北宋、金、元、明、清等7个历史时期的文化层叠压：其中第5层为金元文化层，第6层为金代文化层，第7层为宋金文化层。发现金元时期建筑基址一座，墙基遗存一处、道路一条，均被5层叠压。出土大量宋金、金元时期的生活用品，宋、金、元时期的瓷器、铜钱、建筑构件、宗教遗物与手工业商业遗物等。其他时期基址文物也均有发现。

2017年1月，金元时期密集陶窑遗址。河北省张家口市九连城城址南侧发现一处古代窑址。该窑址为金元时期半地六式窑炉。

2月，辽代耶律氏墓葬。辽宁康平张家窑发现辽墓群，已勘查出辽代墓葬群5处、遗址6处，共发现金银器、陶瓷器等150余件文物。同时发掘的洪家街辽墓为单室砖石墓，由墓道、天井、墓室组成。墓葬墓门为砖雕仿木结构，墓内壁采用长条形柏木方构筑的八角形木椁。

2月，江官屯窑址。辽阳市小屯镇江官屯村发现辽金时期江官屯窑址。该窑址中发现高温白瓷，以及带人名和诗词的文字瓷器。该窑址群始于辽并沿用至元明清。

2月，金代摩崖造像。河北邢台发现金代摩崖造像，佛像已被毁，仅留有莲花底座及火焰纹，旁边铭文共约70字，已模糊不清难以辨认。该造像雕刻于金明昌三年（公元1192年）。

2月，辽代铁器窖藏。内蒙古巴林右旗发现辽代铁器窖藏。铁器窖藏一共11件套，分三个类别。箭、矛、铁柄长刀属于辽代兵器；铡刀、斧子、铁锨属于农业生产工具；马飏和马镫则属于畜牧文化。

2 月，宋金时期彩绘墓葬。山西省侯马东庄墓地发掘 14 座古墓葬，M12 墓葬为宋金时期的仿木构砖室结构墓。出土虎形瓷枕 1 个、白釉碗 1 个、白釉盘 1 个、白釉灯盏 2 个。

3 月，金元时期墓葬。山西省太谷县共清理墓葬 13 座。其中金元时期墓葬 3 座，一座为六角形砖石墓葬，墙体有 5 个半圆形“小窑洞”，墙壁有彩绘。出土一批简单实用器。

3 月，金元时期仿木结构彩绘砖雕墓。山西省晋中市清理一座金元时期仿木结构彩绘砖雕墓葬，出土文物有瓷钵、瓷盏、木枕、串饰、银耳环等。

3 月至 6 月，金元时期砖雕古墓。山西省长治市发掘古墓葬 10 余座，其中一座为仿木结构八角砖雕古墓（金代），一座为仿木结构四角砖雕古墓（元代）。

5 月，金元时期圆球状石墓群。山东荣成后龙河水库大片圆球状石墓群因水库水位下降而现出水面。已露出水面的石墓有 14 座，水中还有 10 余座。该古墓群为石制，与当地荣成留村墓群类似，或产生于金元时期。

6 月，辽代契丹贵族墓葬。河北隆化孙志沟发现辽代圆形竖穴土坑墓。墓室扰土内发现“开元通宝”铜钱、铜丝网衣上的银靴底、鎏金铜带銙残片、牛皮带残片、白瓷片等。

6 月，辽上京遗址。目前已初步摸清遗址的平面布局、功能分区和历史沿革。辽上京的中轴线呈东西走向，体现出以东为尊。辽上京先建孔庙，体现出尊孔崇儒的思想。

6 月至 9 月，金代太子城遗址。河北崇礼金代太子城遗址为一座长方形城址，现东西南三面有残存城墙，存有地下基址，墙体外有护城河。南城门 1 座，门外有瓮城，城内建筑基址达 28 处。发现铜鎏金小龙头饰物、瓦当、筒板瓦及凤鸟、龙首脊饰等文物，大量的绳纹砖上戳印有“内”字样，部分瓷器底部刻有“尚食局”款。

8 月，辽代青牛白马图。云南省施甸县木瓜榔村祖祠壁画确定为辽代青牛白马图。

8 月，辽金墓葬。北京城市副中心发现两千余座古墓，其中一座辽金时期墓葬，墓室内墙用彩砖拼成，墙上有桌椅浮雕。

8 月，金代家族墓葬。山西省侯马市发现墓葬 14 座。墓葬分为土洞墓和土洞砖室墓两种形制，其中砖室墓 6 座，土洞墓 8 座。

9 月，辽代武将八角墓。沈阳市法库县发现一座辽代八角墓室，墓室所用石料为火山岩，砌成等边八角墓室。墓室内发掘出绿釉壶、酱釉钵等 8 件葬品。

10 月，金元时期墓群。河北迁安阜安大路发现金元时期古墓群，已发现四座竖穴土坑墓。出土陶片、人骨、棺钉等文物。

12月，西夏陵。西夏陵被列入第三批国家考古遗址公园。

12月，汉至明清古墓葬。山西省忻州市忻府区共清理古墓葬129座，砖室墓4座、土洞墓117座、石室墓4座、竖穴土坑墓4座。墓葬的时代渐次演变过程为汉、南北朝、唐、宋、金元、明、清时期，共出土有金、银、铜、铁、陶、瓷、玉、石等不同质地的随葬器物230余件。

12月，金代长白山神庙故址。吉林长白山宝马城遗址确定为金代长白山神庙故址。出土龙凤纹鸱吻、兽头、鸟形脊饰、迦陵频伽脊饰等物品。门殿室内铺地砖上出土汉白玉材质的玉册残块若干，上有“癸丑”“金”“於”等字样。

西夏陵获评国家考古遗址公园

任秀芬

在2017年12月2日召开的国家考古遗址公园现场工作会上，西夏陵被国家文物局公布为第三批国家考古遗址公园，成为宁夏首个国家考古遗址公园。

国家考古遗址公园，是指以重要考古遗址及其背景环境为主体，具有科研、教育、游憩等功能，在考古遗址保护和展示方面具有全国性示范意义的特定公共空间①。国家考古遗址公园的评定工作由国家文物局负责，参照《国家考古遗址公园管理办法（试行）》和《国家考古遗址公园评定细则》等有关规范性文件。国家考古遗址公园的评定标准相当严苛，重点考察遗址的资源条件、考古研究与保护、展示与阐释、管理与运营四个方面，其中涉及19个必要指标、69个具体考察指标以及4个附加指标；每个指标都有详细的赋分标准，共计800分，其中必要指标分值700分，附加指标分值100分；并且遗址的必要指标得分600分以上，且单项得分不低于总分值的80%，附加指标总得分50分以上，方可评定为国家考古遗址公园。

2017年3月，国家文物局启动第三批国家考古遗址公园评定工作，共有22个省（区）的92处遗址申请评定或立项，经过资料审核、现场考察评分和专家评议等环节，西夏陵等12处遗址脱颖而出，成功获评第三批国家考古遗址公园。

西夏陵位于宁夏回族自治区银川市西郊，西傍贺兰山、东临银川平原和黄河。在50平方公里的保护范围内，分布有9座帝陵、271座陪葬墓，还有北端建筑遗址、防洪工程遗址等。西夏陵是西夏文明留存至今规模最大、等级最高、保存完整的考古遗存。11—13世纪西夏崛起于北方农牧交界地带，西夏文明最显著的特征是以草原文明为底色的多元文明的融合，表现出非凡的适应性和突出的兼容并蓄等特征，在东亚文明史上具有不可替代的地位，西夏陵为这一业已消逝的文明提供了特殊的见证。

西夏陵建设国家考古遗址公园工作于2011年11月正式启动。六年来，西夏陵在遗址的考古研究与保护、展示与阐释、管理运营等方面开展了大量的工作，取得了长足进步。进行了全面的考古发掘和研究工作，发掘2座帝陵、4座陪葬墓、1处建筑遗址、3座窑址，并进行了多次系统的调查与测绘工作；发表考古调查发掘简报、报

---

① 国家文物局：《国家考古遗址公园管理办法（试行）》，2010年。

告 11 部（篇），积极申报、参与各级各类研究课题；召开“西夏陵突出普遍价值”学术研讨会；围绕西夏陵寝制度、西夏文物考古、西夏历史文化、文化遗产保护等方面开展了深入的研究。实施了全方位的文物保护工作，遗址本体保护方面，完成全部 9 座帝陵、40 余座陪葬墓的加固保护工程，对北端建筑遗址进行回填保护，实施 4、6 号陵防洪工程等；遗址环境保护方面，逐步将保护范围内的空军部队旧营区、宾馆、养殖场、酒庄等与保护管理工作无关的、与遗址环境不协调的建筑物、构筑物进行了拆除和整治，总投资近 4 亿元，累计拆迁各类建筑 18 万平方米，整治面积达 7.5 万平方公里；遗址安全防护方面，建立现代化的安全技术防范体系和遗址本体环境、气象环境等的监测体系，实现了“变化可监测、风险可预报、险情可预控、保护可提前”的预防性保护目标。

展示和阐释方面，西夏陵将重点放在真实性、完整性以及突出普遍价值的挖掘展示上，在遗产区外重新选址建设西夏博物馆、综合管理中心及陵区主入口，重新设计参观引导系统、标识系统和解说系统等，创新公众参与模式，极大地提高了展示水平。

管理和运营方面，西夏陵先后编制了《西夏陵考古遗址公园规划》《西夏陵保护管理规划》，并对《西夏陵保护规划》和《银川市西夏陵保护条例》进行修编；同时严格践行各项规划的内容，新建游客中心，完善公园管理制度，加强宣传推广，切实提高了西夏陵的运营管理能力和水平。

西夏陵获评国家考古遗址公园称号，既是对过往各项工作成果的肯定，也为下一步西夏陵的遗址保护管理工作，尤其是申报世界文化遗产工作奠定了坚实的基础。

金上京遗址发掘获重要收获

——揭示皇城东建筑址布局和特征

张嘉丽

金上京遗址位于黑龙江省哈尔滨市阿城区南2千米，阿什河的左岸。上京城是金朝修建的第一座都城，是金王朝的早期都城。作为一处重要的都城遗址，金上京城保存较为完整，1982年被列为第二批全国重点文物保护单位。金上京城由毗连的南、北二城组成，平面略呈曲尺形，总面积约6平方千米。皇城位于南城的偏西部。通过初步调查勘探大致了解到，皇城内分布三列建筑址遗存布局，中部为宫殿区，东西两侧各有建筑址依次分布。特别是宫殿区接近中心位置的西、东两侧（即右、左两侧）各有一高于地表的遗迹堆积分布，地面上可见有大量的残砖、碎瓦等遗物。学术界结合文献早年对其性质作过简单比附推测。

为了加强对金上京遗址的科学认识和学术研究，促进对金上京遗址的有效整体保护，进一步推进金上京国家考古遗址公园建设，2016年8—10月，黑龙江省文物考古研究所对金上京皇城东侧中部区域的建筑址进行了局部勘探，大致探查清楚了该建筑址的分布范围，并对该建筑址西北部的一座基址进行考古发掘，揭露面积1200余平方米。主要学术目标是搞清皇城宫殿区东部大型建筑址的基本形制、结构、布局及性质。

通过勘查，皇城东部建筑址体量较大，大致位于宫殿区第四殿址以东位置。在其西北部，与其西侧紧密衔接的为一组相对独立的小型建筑址，编号为2016TJ1，本年度重点对此小型建筑址台基进行发掘。

该小型建筑址整体平面呈“T”形，由两部分夯土台基组成，北部夯土台基呈东西向，南部夯土台基呈南北向。

北部夯土台基，即TJ1－1平面呈长方形，东西长33米，南北宽11.8米。东、西、北三面为慢坡状，至底部与砖砌路面衔接。台基边缘以长方形砖竖立砌筑。台基中部高于东、西两侧的砖路0.85米，高于北侧的砖铺路面0.65米；台基中部与南部的台基高度相同，中间以砖砌墙相隔。在台基上分布有三处不规则椭圆形坑状遗迹，结构相同。其中东北部发现2处，西北部发现1处。坑壁是以青砖砌筑，并涂抹白灰。但砖壁仅保存少许。坑底部有3个或2个小柱洞，柱洞较深。台基西南角接近路面底部，有一砖砌的排水槽（沟），编号SG3。SG3平面呈长方形，东西走向；东西长2.15米，南北宽0.52米。沟底用青砖纵向平铺，砖缝之间涂抹白灰。砖大小不等，顺向平铺。沟壁砖现残存两层砖，两侧砖中间的沟宽0.12米。SG3表层距地表0.8米。

南部夯土台基，即TJ1-2与北部台基垂直分布，平面呈长方形，南北揭露长度约25.2米，东西长21.6米，高0.5米。该部分台基的四周为环绕的墙基，墙基宽2.35米~2.65米。其建筑方式是用碎砖瓦片夯筑一层，再用素土夯筑一层。同时沿墙基一周有磉墩分布。在墙基东、西两侧及北部有砖槽，槽内砌砖包筑。护墙砖槽宽0.6米，深1.05米~1.15米。护墙砖槽破坏严重，仅存沟槽痕迹和少量砌砖。

在台基北部，东、西两侧，各有一道以砖砌筑的排水槽，分别编号为SG1、SG2。SG1平面为长条形，东西长2.64米~2.8米，宽1.06米~1.54米。内有砖砌的排水沟两条，北部已经被破坏殆尽；南部排水沟残长1.2米，外宽0.7米，内宽0.24米，深0.22米~0.34米。排水沟底部用砖铺设，排水沟呈西高东低的坡状分布。SG2平面呈长条形，东西走向。东西长1米~1.3米，宽1.1米，深0.3米~0.5米。内有砖砌筑的小排水沟2条。北部的小水沟残长1米~1.2米，内宽0.28米，残高0.11米。排水沟中部的砌砖将排水沟一分为二。南部小排水沟残长1.2米~1.3米，残高0.15米。铺设用砖尺寸：0.38米×0.18米~0.05米，砖顺砌而成。排水沟东高西低坡状分布。

台基的边缘和中部分列16个柱础的磉墩，平面呈方形，大小略有差异。磉墩的表面层为碎小瓦砾层，上面覆盖一层黄沙，其上为大小不一的石块堆砌于中央，现仅存少量石块，上面的础石无存。

通过磉墩柱网的排列，可确认南部台基址为面阔三间，进深四间。在台基的中部位置偏南，东、西各有一个较大的磉墩分布，应是室内中央的中心柱础，两磉墩内侧间距为5.8米。这两个中心柱础将南部建筑基址空间分隔成两部分，两室相通，各进深两间，内部减柱造，为大开间。其中北部室内空间东西长约16.5米、南北宽约7米；南部室内空间，主体为数条烟道构成的取暖设施（火炕）。现存烟道共有9条，烟道两侧壁为黄土堆筑，表层铺砖，烟道口上覆盖方砖。火炕部分南北总体长约7.3米，东西宽约13.5米。烟道宽0.35米~0.4米，深0.2米~0.25米。烟道口大底小，剖面为“U”形。底部均有木炭。现存的砖大部分为碎块。砖的规格大小同，有正方形条纹砖、长方形素面砖等。砖面为顺向齐缝砌筑而成，缝隙部位涂抹有白灰浆。在烟道的南端东西两侧，分布有3个灶址。其中东部1个，西部2个。灶址由操作间、火门、火道、火膛、烟道等部分组成。平面呈“凸”字形，系土圹砖室结构。Z1内填灰褐色土，内含有少许砖瓦块、木炭、白灰、烧土颗粒、白灰颗粒等；Z2内填灰黑色土，内含有少许砖瓦块、白灰、烧土颗粒等；Z3北部被Z2打破，内填为灰褐色土，内含少量的砖瓦块，根据二者打破关系及包含物，推测Z3使用时间很短或未经使用。

该建筑址台基的外侧地面，为用大小不同的青砖平铺而成的路面，路的边缘为顺向竖立砌筑的道沿，道沿高出地面 0. 03 米 ~0. 05 米。露台两侧的路面边缘还砌筑有方形的花池，花池的边沿为顺向竖立的青砖。

通过解剖，了解了台基各部分的构筑情况。南部建筑台基的底部先是挖槽，在槽内堆土夯筑。基本是一层夯土，一层瓦砾层，交替夯筑。北部露台的基础部分是用河流石和黄土交替夯筑形成的。柱础下磉墩的结构同样为一层夯土一层瓦砾，相互交替叠压夯筑而成。磉墩底部基础内收，并打破生土 30 厘米。

在 1 号台基（TJ1）的东南部，与其相连的是又一座大型建筑台基址，编号为 TJ2。两座台基址中间以一道砖筑的墙相隔。本年度未对 TJ2 进行完整发掘，仅清理出一角。

发掘出土遗物以灰瓦、青砖等建筑构件为大宗。灰瓦有板瓦和筒瓦、滴水及瓦当。瓦当纹饰主要为龙纹，个别为兽面纹；滴水纹饰均为龙纹；其他还有凤鸟、人物塑像等；此外还有少量带纹饰的砖。铁器中以各式钉的数量最多，其他为生活、生产用具；少量的瓷器、石器、铜器等；铜钱多为北宋钱币。

2016 年发掘区位于金上京宫城内遗址第四殿址东侧，为皇城东区中部一组建筑遗存的一部分，属于中心宫殿区东侧的一处重要宫殿址的附属建筑。该建筑址整体呈“T”形，主体建筑台基为夯土筑，面阔三间，进深四间，内部减柱造。分隔成两部分，均为大开间。其中南部室内构筑有九条平行排列烟道，东西两侧有灶址相通；该部分为低矮火炕式的取暖设施。建筑址的北端，与之相连的是一呈东西向的露台建筑，为夯土筑。从叠压的层位关系看，露台是属于后期增筑的一部分建筑，年代略晚于南部的主体建筑。

此次发掘成果，为进一步了解金上京城的布局、建筑的形制结构类型及构筑时序等增添了重要的考古资料。

迁安发现金元时期古墓

张嘉丽

迁安路边发现金元时期古墓群，发掘现场图片曝光

10 月 5 日，唐山市文物古建研究所和迁安市文广新局考古工作人员进驻迁安市阜安大路海绵工程施工现场，对此处发现的古墓葬开展抢救性清理工作。

据了解，此前在阜安大路海绵工程惠泉大街至二镇中段施工中，暴露出陶片、人骨、棺钉等古代遗物。经专业人员现场勘勘查，初步断定该处为金元时期古墓群。为保护好地下文物，经文物部门与建设单位、施工单位多次接洽，并请示上级主管部门，决定对发现古墓葬的工程占地进行考古勘探和抢救性清理工作。

目前，经初步勘探已发现四座竖穴土坑墓。随着勘探和抢救性清理工作的深入开展，将收集到更多有价值的考古信息，为进一步了解本地区历史和古代丧葬习俗提供重要的实物资料。

迁安发现金元时期古墓群

日前，迁安市阜安大路海绵工程施工现场发现金元时期古墓群。唐山市文物古建研究所和迁安市考古工作人员已进驻现场，对古墓葬开展抢救性清理工作。

据了解，10 月 5 日，迁安市道路施工建设部门在阜安大路海绵工程惠泉大街至二镇中段施工过程中，发现地下暴露出部分陶片、人骨、棺钉等古代遗物。经专业人员现场勘勘查，初步断定该处为金元时期古墓群。目前，经初步勘探已发现 4 座竖穴土坑墓。随着勘探和抢救性清理工作的深入开展，将收集到更多有价值的考古信息，为进一步了解本地区历史和古代丧葬习俗提供重要的实物资料。

挖出“宝贝”！河北水城闹市施工中，发现一处金元时期古墓群

河北省迁安市位于河北省东北部，距离北京 220 千米，最近，在其市区阜安大路海绵工程施工过程中，发现了一处古墓群。

据专业考古人士现场勘勘查，初步断定该处为金元时期的古墓群。金元时期指 1115—1368 年，即北宋末、辽亡到明朝建立这段时期。

为保护好地下文物，经文物部门与建设单位、施工单位多次接洽，并请示上级主管部门，决定对发现古墓葬的工程占地进行考古勘探和抢救性清理工作。

经初步勘探，已发现 4 座竖穴土坑墓。在现场，能清晰地看到一具仍然保存完好的人体全骨架，相邻的墓穴中还有一具零星的骨架。

随着勘探工作的深入开展，此处暴露出陶片、人骨、棺钉等古代遗物。这些考古信息，为了解当地历史和古代丧葬习俗提供了重要的实物资料。

2017年金上京皇城考古发掘收获

赵永军　刘　阳

金上京城由毗连的南、北二城组成，平面略呈曲尺形，总面积约6平方千米。皇城位于南城的偏西部。以往的调查勘探，了解到皇城内分布三列建筑址遗存布局，中部为宫殿区，东西两侧各有建筑址依次分布。在宫殿区接近中心位置的西、东两侧（即右、左两侧）各有一高于地表的遗迹堆积分布，地面上可见有大量的残砖、碎瓦等遗物。学术界结合文献早年对其性质作过简单比附推测。

2016年始，黑龙江省文物考古研究所对金上京皇城东侧中部区域的建筑址进行了局部勘探，主要学术目标是搞清皇城宫殿区东部大型建筑址的基本形制、结构、布局及性质。

通过考古勘查，皇城东部建筑址体量较大，相关遗存分布密集，大致位于宫殿区第四殿址以东位置。其西北部，与其西侧紧密衔接的为一组相对独立的小型建筑址，编号为TJ1，2016年度重点对此建筑址台基进行发掘。TJ1东部建筑基址分布纵横交错，且互有关联。在2016年度工作的基础上，为进一步搞清皇城东部区域建筑的分布与格局，2017年5—10月，黑龙江省文物考古研究所对TJ1以东区域进行大面积发掘。

经过发掘清理和勘探，TJ1以东和以南区域的主体建筑为一呈“十”字形的夯土台基址，台基址整体由三部分单独的夯土台基交汇构成。东西向的西段编号为TJ2、南北走向的台基编号为TJ3、东西向的东段编号为TJ4。三条台基交汇组成“十”字形的台基址，中心部位为最高处，向四周略呈缓坡状。每段台基皆为夯土筑，高出周围的砖铺地面约0.7米-0.8米。台基上磉墩排列有序，表面残存铺砌的方砖。其中南北向台基的北部上面分布着多处取暖设施（灶址），台基址的边缘均有一定宽度的包墙砖残留。综合分析，此处应为廊庑基址，为皇城内重要的附属建筑。结合2017年考古勘探成果，南北向台基长度约270余米，基本走向从皇城内宫殿区第3殿址一直延续到第5殿址北侧的廊址，并与之相连接。该段台基是一条纵贯皇城东部的长廊址。

TJ2西段与TJ1的南端相连接。TJ2表层距地表深0.1米-0.15米，平面呈东西向长方形，东部略宽于西部。发掘揭露部分东西长24米，南北宽17.8米-11.8米。

东部与 TJ3 相连，东部高出 TJ3 约 0.15 米 –0.2 米。其上排列磉墩 13 个。磉墩的排列，西部为单列，东部为双列。TJ2 南部墙基外包砖已无存，基槽宽 0.6 米，墙基痕迹尚在，有白灰残迹。台基的东部有一条南北走向的现代沟，贯通 TJ2，将 TJ2 破坏。

TJ3 表层距地表深 0.1 米 –0.2 米，南北走向，平面呈长方形。南北揭露长度 59.8 米，北部约宽 13.7 米 –14 米。TJ3 上共发现柱础基础（即磉墩）54 个，灶 3 个。磉墩平面略呈方形，呈南北向对称排列，东西两侧各 2 列。磉墩之间东西间隔 0.45 米 –0.5 米，南北间隔 2.8 米 –3 米。南北向可见 14 个开间。TJ3 东西两侧各有砖砌护壁墙及散水。磉墩上面有的还存有柱础石；局部有砖砌方形遗迹 2 处。TJ3 西部被 TJ2 东部夯土叠压，即 TJ3 的修建应略早于 TJ2。

TJ4 表层距地表深 0.1 米 –0.2 米，平面呈长方形，东西走向，其和 TJ2 在一条线上。发掘揭露部分东西长度为 23.2 米，南北宽 10.75 米。该段台基南北两侧各有包墙砖和散水，砖墙基宽 0.8 米，散水宽 0.45 米。台基上亦有磉墩，呈东西向 3 排分布；西部揭露出南北 6 列。磉墩的宽度约为 1.3 米，东西间距 2.5 米 –2.9 米，南北间距约 2.9 米。TJ4 的夯土基础叠压在 TJ3 的散水之上，即 TJ4 的修建应略晚于 TJ3。

由 TJ2、TJ4 及 TJ3 构成的“十”字形长廊式基址，是皇城东部重要的附属建筑。其将东部区域分隔成若干建筑单元，并互有关联。

在廊庑的东北部，分布有 TJ5 和 TJ6。

TJ5，即 5 号台基，表层距地表 0.2 米 –0.3 米。平面呈方形，夯土结构。东西长 6.8 米 –7 米，南北宽 6.7 米。该台基址西部和南部紧贴 3 号和 4 号台基址修筑。东侧和北侧外壁有包砖及散水。包砖多已无存，仅北部西段有存留壁砖，七层平顺砌，高 0.42 米，砖缝间黏合材料为土和白灰混合物；东侧墙被破坏，仅有基槽，槽宽 0.3 米，深 0.15 米，内有残存墙砖，基槽内东壁有白灰墙皮。5 号台基上未发现其他的建筑遗迹，台基高约 0.4 米 –0.6 米。推测 TJ5 是一处平台式建筑。

TJ6，即 6 号台基，表层距地表约 0.3 米。平面长方形，位于 TJ5 的东部。夯土结构，台基四周残留包砖墙，包砖外有方砖铺设的散水。东西长 6.3 米，南北宽 1.8 米，外侧包砖墙宽 0.4 米 –0.6 米，散水宽 0.45 米，残高 0.4 米。台基上东、西各有 1 个磉墩，间距 3.8 米。推测 TJ6 可能为牌楼式建筑的基础。

在长廊的东南部，分布有 TJ7 和 TJ8，两者以包砖墙相连接。

TJ7，即 7 号台基，表层距地表 0.1 米 –0.15 米，夯土结构。其西部和 TJ3 南部相连。已发掘部分东西长约 14 米，南北宽 1.5 米 –3.7 米，南端延伸到发掘区外侧。其上有东西向排列的磉墩 3 个，间距 3 米。夯土台基外侧有包砖墙和砖砌散水。

TJ8，即 8 号台基，表层距地表 0.15 米，夯土结构，已发掘揭露的部分平面近似曲尺形，南部及东侧均延伸到发掘区以外。中部南北向分布 3 个磉墩，间距 3 米。台基上残存大面积的方砖铺地面。夯土台基外侧残留少量包砖，包砖基槽宽 0.5 米。

TJ7 和 TJ8 未予完整揭露，只发掘出一小部分。从磉墩柱网结构上看，也应是大型殿址基础的一部分。

在长廊东段与 7 号台基及 8 号台基之间，分布有排水沟和水井等附属设施。

排水沟，即 SG1，位于 TJ4 南侧（东西向长廊的南侧），平面呈长方形，与 TJ4 大致平行，略有弯曲，斜壁平底，西高东低呈坡状，坡度高差为 0.3 米，揭露长度 15 米，上口宽 0.45 米 -0.6 米，底部宽 0.56 米，两侧沟壁以 0.4 米 ×0.2 米 ×0.06 米规格的砖顺向错缝砌筑，用白灰勾缝。北侧沟壁部分保留较好，沟深为 0.7 米，南侧沟壁仅底部四层残砖可大致辨识。沟底局部保存较完好，为横向错缝铺筑，大部分均采用 0.38 米 ×0.38 米 ×0.06 米方砖对缝铺筑，西部砖墙基下 0.4 米深度保留有砖券顶，残长 1.9 米，券砖上平至沟底深 0.6 米，券砖拱度高为 0.1 米，券砖用长方形砖砌筑，砖规格为 0.4 米 ×0.2 米 ×0.06 米。从所处位置看，此排水沟位于东部廊道的南侧，上部局部位置有券顶封闭，东西走向，与廊道平行，向东继续延伸。是一处明渠式的排水设施。

水井，即 SJ1，口部距地表 1.2 米。井的上口平面呈椭圆形，土圹，口大底小，斜壁。井口东西长径 3.2 米，南北短径 3 米。井的下部（实际发掘深度 4 米），东西长径 2.1 米，南北短径 1.2 米。经钻探至井底深度约 10.3 米。井内堆积土质较致密，土色浅黄褐色，包含有残砖瓦残块、筒瓦、陶兽头、瓷片、铁钉、动物骨骼等。井的西壁壁面上发现有磉墩基础，南北对称分布 2 个，边长 1.2 米。井口位置零散分布有数块础石，推测井口周边原有“亭子”类建筑。在井的东侧有砖墙与其他建筑相隔。

在廊庑址与各个建筑台基址之间，分布有砖砌的甬路相通。

本年度发掘，出土遗物以灰瓦、青砖等建筑构件为大宗。灰瓦有板瓦和筒瓦、滴水及瓦当。瓦当纹饰主要为龙纹、兽面纹和花卉纹；其他有套兽头、螭首、鸱吻、人物塑像等残件。

通过 2016—2017 年的发掘，结合考古勘探，初步认识到，皇城内以廊庑址将皇城分隔成三个区域。皇城中部为宫殿区，东、西两侧为配殿区。皇城东部区域又由多条廊庑交叉分隔成多个单元。每个单元由一组或多组建筑基址组成。本年度发掘的 TJ3、TJ2 和 TJ4 是属于东部区北部贯穿各建筑之间的两条交叉的廊庑基址。此段廊庑基址，有四排或三排柱础分立，分组成三排或两排廊道。南北向廊庑址上还有后期增设的取暖设施——砖结构的灶址，说明金代后期对此进行过重新改造和修建。灶的特征和皇城内其他区域揭露的灶的形制结构一致。TJ1 是廊庑址西北部区域一组相对独立的建筑基址。

河北崇礼金代太子城遗址清理发掘

师　越

太子城遗址位于河北省张家口市崇礼区四台嘴乡太子城村村南，该区域地理坐标为北纬 40° 55′20. 8194″，东经 115° 26′49. 524″，总面积 14 万平方米。重点对南墙、南门与瓮城；西内墙、西门与瓮城；9 号建筑基址；3 号与 2 号建筑基址等四处重要遗迹做了清理发掘。

由于太子城遗址位于 2022 年冬奥会张家口赛区奥运村占地范围内，为做好遗址文物的保护工作，2017 年 5 月至 11 月，河北省文物研究所、张家口市文物考古研究所和崇礼区文广新局负责主持，对太子城遗址做了测绘、勘探与发掘工作，共发掘面积 6400 平方米。

太子城遗址为一座平面为长方形的城址，南北 400 米、东西 350 米，方向 158°，总面积 14 万平方米。北面城墙受清水河支流冲刷损毁，仅有东西南三面城墙存有地下基址，墙体外有护城河。目前已发现南门与西门各 1 座，城门上原有木结构建筑。

太子城南城墙宽 2 米，残高 0. 3 米—0. 5 米。其中内外侧有包砖，包砖内为木柱，墙体中心为石块与黄土填筑。门外有瓮城，瓮城墙体规模与南墙相同，瓮城门与南门为一条直线，同为单行道。瓮城外有壕沟。南门为单门道建筑，门道宽 4 米，东西两侧有门台。门台外侧原有包砖，内有 6 个方形磉墩。

西城墙规制与南城墙基本相同。西瓮城内有南北两组院落，北侧院落有 2 座房屋遗址，南侧 3 座，院落西北角有井 1 口。其中西瓮城内发现 13 件“尚食局”款白釉印摩羯纹瓷器。据《金史》卷一一、卷一二记载，金章宗泰和二年（1202 年）与五年曾驻夏于西京路宣德州龙门县的泰和宫（后改为庆宁宫），另《金史》卷二四《地理志》龙门县：“有庆宁宫，行宫也，泰和五年以提举兼龙门令。”太子城遗址位于金中都至金莲川的交通路线上，且尚食局为北朝以来宫廷内掌管皇家膳食的机构。由此推测，太子城为金章宗驻夏的泰和宫。

9 号建筑面积最大、磉墩最大、台基最高，为太子城遗址内规格最高的建筑。其正对南门，位于南北中轴线上。该基址面阔三间，进深五间，南北四列共 30 个方形磉墩。3 号基址平面布局为十字形，中心部分面阔三间，进深三间，东、西各有朵殿。其规制与 9 号基址相同，分布有 28 个磉墩。2 号基址规模形制与 3 号相同，个体稍小；西侧有 1 号基址，规模形制与 2 号相同。

太子城遗址出土遗物包括泥质灰陶筒板瓦、泥质灰陶凤鸟脊饰、泥质灰陶迦陵频伽脊饰、泥质灰陶正脊兽、泥质灰陶垂（戗）脊兽、绿釉凤鸟纹脊饰等。还出土部分白釉印花、刻花碗盘，粉青釉盒、碗，黑釉鸡腿瓶等瓷器残片及木结构建筑上的铺首、门钉、鎏金铜片等铜铁构件、戳印“内”字方砖、戳印“宫”字长方形砖、白釉印摩羯纹“尚食局”款碗，及 2 件铜鎏金的龙头饰件。

此次发掘，通过“尚食局”瓷器、“内”“官”“宫”等款砖以及史料的佐证，确定了太子城遗址的为金代行宫的皇家性质；南门、西门、瓮城及 9 号与 3 号基址的建筑布局，及大量建筑构件的发现，为了解金代行宫布局与建筑构件提供了必要的材料。这些都将进一步推动金代遗址的考古学研究。

附　　录

2017年辽金史论著目录

周　峰

一　专著

（一）哲学、宗教

1. 金代儒学研究，刘辉著，中国社会科学出版社，2017年。
2. 中国美学经典（宋辽金元卷，上下），邹其昌主编，北京师范大学出版社，2017年。
3. 中国美育思想通史（宋金元卷），李飞著，山东人民出版社，2017年。

（二）政治、法律

4. 辽代汉官集团的婚姻与政治，齐伟著，科学出版社，2017年。
5. 辽朝后族诸问题研究，史风春著，人民出版社，2017年。
6. 辽朝社会群体研究，李月新著，内蒙古大学出版社，2017年。
7. 宋辽人物与两国外交续论，蒋武雄著，（台湾）花木兰文化出版社，2017年。
8. 守本纳新：辽金赦宥制度研究，孙建权著，中国社会科学出版社，2017年。
9. 金代从地域到国家的政治文化认同，王耘著，中国社会科学出版社，2017年。
10. 金朝“异代”文士的民族认同之路，李秀莲著，中华书局，2017年。
11. 金朝宰相制度研究，孙孝伟著，（台湾）花木兰文化出版社，2017年。

（三）经济

12. 中国货币文化传承与发展——金代交钞视角，张婧著，中国书籍出版社，2017年。

（四）民族

13. 辽金时代异民族支配与渤海人，罗永男（나영남）著，（韩国）新书苑（신서원），2017年。

（五）文化

14. 中国文化通史·辽西夏金元卷，任崇岳主编，北京师范大学出版社，2017年。
15. 东京梦华（宋金元时期），河南博物院编，科学出版社，2017年。
16. 金代民族服饰的区域性研究，李艳红著，中国纺织出版社，2017年。

（六）科学

17. 房山石经医药养生文献集成（隋唐至辽代），李良松主编，北京大学医学出版社，2017 年。

（七）教育

18. 中国科举制度通史・辽金元卷，武玉环、高福顺、都兴智、吴志坚著，上海人民出版社，2017 年。

（八）语言、文字

19. ロシア・アルハラ河畔の女真大字墨書 女真・契丹文字遺跡をたどって，愛新覚羅烏拉熙春、吉本道雅（著），（日本）朋友書店，2017 年。

（九）文学

20. 王若虚集，（金）王若虚著，马振君点校，中华书局，2017 年。
21. 中国古代文学作品选注：隋唐五代宋辽金元（第三版），谢孟选注，北京大学出版社，2017 年。
22. 辽金元文言小说研究（上下），林温芳著，（台湾）秀威经典，2017 年。
23. 辽金元诗话全编（全四册），吴文治主编，凤凰出版社，2017 年。
24. 金代科举与文学，裴兴安著，中国社会科学出版社，2017 年。
25. 金词风貌研究，于东新著，人民文学出版社，2017 年。
26. 金代中期词研究：国朝文人之情感意涵及创作心态，陶子珍著，（台湾）秀威经典，2017 年。
27. 金代主要别集散文研究，陈蕾安，（台湾）花木兰文化出版社，2017 年。
28. 元好问对苏轼的接受与转化（上下），萧丰庭著，（台湾）花木兰文化出版社，2017 年。

（十）艺术

29. 宋辽夏金装饰纹样研究，谷莉著，中国戏剧出版社，2017 年。

（十一）历史

30. 中国辽夏金研究年鉴 2015，史金波、宋德金主编，中国社会科学出版社，2017 年。
31. 辽金西夏研究（2014—2015），景爱主编，中国文史出版社，2017 年。
32. 辽金生活史话，韩世明著，东北大学出版社，2017 年。
33. 写给孩子的中国历史故事：两宋辽金（全彩版），邢越主编，天地出版社，2017 年。
34. 契丹历史编年，黄为放编著，科学出版社，2017 年。
35. 揭秘契丹辽王朝（一）：契丹建国，刘喜民、刘浩然著，内蒙古人民出版社，2017 年。
36. 揭秘契丹辽王朝（二）：澶渊之盟，刘喜民、刘浩然著，内蒙古人民出版社，2017 年。
37. 揭秘契丹辽王朝（三）：盛世大辽，刘喜民、刘浩然著，内蒙古人民出版社，2017 年。
38. 揭秘契丹辽王朝（四）：契丹殇亡，刘喜民、刘浩然著，内蒙古人民出版社，2017 年。

39. 21 世纪辽金史论著目录（2011—2015 年），周峰编，（台湾）花木兰文化出版社，2017 年。
40. 辽金蒙古时期燕京史料编年·元大都创建史料编年，徐苹芳编著，北京联合出版公司，2017 年。
41. 辽金行记九种·辑本揽辔录，（宋）胡峤等著，徐苹芳整理，北京联合出版公司，2017 年。
42. 奉使辽金行程录（增订本），赵永春辑注，商务印书馆，2017 年。
43. 《金史》纂修考，邱靖嘉著，中华书局，2017 年。

（十二）考古文物

44. 营口辽金考古，魏耕云、崔艳茹著，江苏凤凰美术出版社，2017 年。
45. 天宫法藏——辽庆州塔天宫出土文物菁华，巴林右旗博物馆编，科学出版社，2017 年。
46. 前郭塔虎城——2000 年考古发掘报告，吉林省文物考古研究所、吉林大学边疆考古研究中心编著，科学出版社，2017 年。
47. 柳孜运河遗址第二次考古发掘报告，安徽省文物考古研究所、濉溪县文物事业管理局、淮北市博物馆编著，科学出版社，2017 年。
48. 临汾西赵——隋唐金元明清墓葬，山西省考古研究所、临汾市文物旅游局编著，科学出版社，2017 年。
49. 鲁山段店窑遗珍，河南省文物考古研究院、平顶山博物馆、鲁山县段店窑文化研究所编著，科学出版社，2017 年。

（十三）论文集

50. 辽金史论集（第十五辑），刘宁、齐伟主编，科学出版社，2017 年。
51. 辽金史论集（第十六辑），韩世明主编，黑龙江人民出版社，2017 年。
52. 隋唐辽宋金元史论丛（第七辑），中国社会科学院历史所魏晋南北朝隋唐史研究室、宋辽金元史研究室编，上海古籍出版社，2017 年。
53. 辽金历史与考古（第七辑），辽宁省博物馆、辽宁省辽金契丹女真史研究会编，辽宁教育出版社，2017 年。
54. 辽金历史与考古（第八辑），辽宁省博物馆、辽宁省辽金契丹女真史研究会编，科学出版社，2017 年。
55. 宋辽西夏金史青蓝集，李华瑞主编，中国社会科学出版社，2017 年。
56. 宋辽金史论集，刘浦江著，中华书局，2017 年。
57. 辽金史论稿，周峰著，（台湾）花木兰文化出版社，2017 年。

二　总论

（一）研究综述

58. 2015 年辽史研究综述，邓京、高俐，中国辽夏金研究年鉴 2015，中国社会科学出版社，2017 年。

59. 2015 年金史研究综述，程妮娜、郭晓东，中国辽夏金研究年鉴 2015，中国社会科学出版社，2017 年。
60. 2015 年西夏文物考古研究综述，卜凯悦，中国辽夏金研究年鉴 2015，中国社会科学出版社，2017 年。
61. 2015 年金代文物考古研究综述，郭晓东，中国辽夏金研究年鉴 2015，中国社会科学出版社，2017 年。
62. 辽金法制史研究综述，石元青，中国辽夏金研究年鉴 2015，中国社会科学出版社，2017 年。
63. 20 世纪以来契丹族源研究述评，郭晓东，辽宁工程技术大学学报（社会科学版），2017 年第 2 期。
64. 辽代春捺钵研究综述，季言、姜维公，长春师范大学学报，2017 年第 5 期。
65. 内蒙古地区辽代城址研究综述，魏孔、赵晓峰，辽金历史与考古（第八辑），科学出版社，2017 年。
66. 辽代长城地理位置研究综述，陈笑竹，黑河学院学报，2017 年第 11 期。
67. 突破难点　团结创新——积极推进辽代政权机构史研究，何天明，赤峰学院学报（汉文哲学社会科学版），2017 年第 1 期。
68. 唐代及其辽金室韦诸部地理分布研究综述，吴博，黑龙江民族丛刊，2017 年第 2 期。
69. 20 世纪美国学界女真研究概述，霍明琨、许桂红，辽金史论集（第十五辑），科学出版社，2017 年。
70. 辽金史研究中的“大宋史”，景爱，理论观察，2017 年第 7 期。
71. 金代礼制研究综述，徐洁，通化师范学院学报，2017 年第 11 期。
72. 金代官吏选任考核研究综述，田晓雷，中国辽夏金研究年鉴 2015，中国社会科学出版社，2017 年。
73. 金上京研究综述，王天姿，中国辽夏金研究年鉴 2015，中国社会科学出版社，2017 年。
74. 中国社会科学院历史研究所的辽金史研究，关树东，中国辽夏金研究年鉴 2015，中国社会科学出版社，2017 年。
75. 2011—2016 年日本的辽金史研究，［日］高井康典行著，张冰译，程妮娜校，中国辽夏金研究年鉴 2015，中国社会科学出版社，2017 年。

（二）学术活动

76. 探索文物异地展览　传播辽代历史文化——访中国社会科学院民族研究所研究员刘凤翥，赵国清、卢军，沈阳日报，2017 年 9 月 17 日第 1 版。
77. 刘凤翥：契丹文字是发展辽文化产业的王牌，盖云飞，沈阳日报，2017 年 9 月 29 日 T06 版。
78. 第七届中韩宋辽夏金元史国际学术研讨会在河北保定召开，原孟，中原文化研究，2017 年第 5 期。
79. 首届中日青年学者宋辽西夏金元史研讨会召开，刘旭滢、张敬奎，中国史研究动态，2017 年第 4 期。
80. 第十三届中国辽金契丹女真史年会简讯，周国琴，中国史研究动态，2017 年第 3 期。
81. 挖掘辽金历史　彰显文化特色——梨树辽金文化研讨会·2017 专家论点摘要，四平日报，2017

年9月25日第7版。

82. 第五届中国少数民族古籍文献国际学术研讨会综述，陈时倩，中国辽夏金研究年鉴2015，中国社会科学出版社，2017年。
83. 中国民族史学会辽金暨契丹女真史分会第十三届学术年会暨中国·绥滨首届完颜家族起源研讨会会议纪要，韩世明，辽金历史与考古（第八辑），科学出版社，2017年。
84. 2015康平·首届中国辽金契丹女真史学术研讨会，张新朝，中国辽夏金研究年鉴2015，中国社会科学出版社，2017年。
85. “契丹后裔历史文化在城市建设与文化旅游发展中的挖掘和应用研讨会”纪要，都兴智，中国辽夏金研究年鉴2015，中国社会科学出版社，2017年。
86. “北方民族与丝绸之路”博士后论坛简介，于光建，中国辽夏金研究年鉴2015，中国社会科学出版社，2017年。
87. 社科院考古研究所契丹辽文化考古研究基地在左旗揭牌，王义晶、姜玉娟，赤峰日报，2017年9月1日第1版。
88. 探秘大辽古乐　溯源科尔沁文化传承——奈曼旗契丹音乐研讨论证会侧记，李晶，通辽日报，2017年12月20日第9版。
89. 期刊名栏建设研究——以东胡、契丹游牧文化为视角，王文江、格博巴拉吉，赤峰学院学报（汉文哲学社会科学版），2017年第4期。
90. 讲述宋金时期白银货币化进程，孟黎，金融时报，2017年9月15日第11版。
91. 自治区政协委员考察辽代上京城和辽祖陵祖州遗址申遗工作，郭俊楼，内蒙古日报，2017年10月13日第2版。
92. 国家社科基金一般项目“10—13世纪‘中国’认同研究”，熊鸣琴，中国辽夏金研究年鉴2015，中国社会科学出版社，2017年。
93. 国家社科基金青年项目“金朝墓志整理与研究”，苗霖霖，中国辽夏金研究年鉴2015，中国社会科学出版社，2017年。
94. 国家社科基金后期资助项目“辽金赦宥制度研究”，孙建权，中国辽夏金研究年鉴2015，中国社会科学出版社，2017年。
95. 国家社科基金后期资助项目“金代吏员研究”，王雷，中国辽夏金研究年鉴2015，中国社会科学出版社，2017年。

（三）学者介绍

96. 契丹文字研究之外的厉鼎煃，高树伟，中华读书报，2017年7月26日第9版。
97. 杨树森先生的学术研究，纪楠楠，中国辽夏金研究年鉴2015，中国社会科学出版社，2017年。
98. 怀念黄凤岐先生，辽金历史与考古（第八辑），科学出版社，2017年。
99. 清格尔泰先生与蒙古语、契丹语研究，孙国军、陈俊达，内蒙古民族大学学报（社会科学版），2017年第5期。
100. 刘浦江教授学术简历及成果，苗润博，中国辽夏金研究年鉴2015，中国社会科学出版社，2017年。
101. 走出辽金史——刘浦江先生笃行而未竟的事业，陈晓伟，中国辽夏金研究年鉴2015，中国社会科学出版社，2017 年。

102. 吴英喆先生“契丹小字”研究综述，张雪霞，北方文学（中旬），2017 年第 10 期。

（四）书评、序、出版信息

103.《辽金元石刻文献全编》正误，邹虎，古籍整理研究学刊，2017 年第 1 期。

104. “马背上的人口问题”创新研究——《中国人口通史·辽金卷》简评，河南财政税务高等专科学校学报，2017 年第 4 期。

105.《辽金元时期北方汉人上层民族心理研究》评介，闫兴潘，历史文献研究（总第 39 辑），华东师范大学出版社，2017 年。

106. 攻玉之石　知著之微——《祖州城》《庆陵》中文译注本序一，郑福田，赤峰学院学报（汉文哲学社会科学版），2017 年第 1 期。

107. 水到渠成、任重道远：《契丹学概论》评介，肖爱民，赤峰学院学报（汉文哲学社会科学版），2017 年第 1 期。

108. 对辽代科举制度的再思考——《科举与辽代社会》评介，蒋金玲，中国边疆史地研究，2017 年第 2 期。

109. 展开金代文献的宏大画卷——《金代艺文叙录》读后，周峰，古籍整理出版情况简报，2017 年第 4 期。

110. 一部带你了解金代科举与文学的书——从诗文考证历史，张建伟，山西日报，2017 年 7 月 5 日第 11 版。

111. 多维方法与文学本位的深度结合——评裴兴荣《金代科举与文学》，王永，山西大同大学学报（社会科学版），2017 年第 5 期。

112. 書評 藤原崇人《契丹仏教史の研究》，毛利英介，内陸アジア史研究（32），2017 年。

113. 藤原崇人著《契丹佛教史研究》概述，孙昊，中国辽夏金研究年鉴 2015，中国社会科学出版社，2017 年。

114. 一部求新求实的辽代科举研究著作——高福顺教授新著《科举与辽代社会》评介，崔莎莎、吴凤霞，中国辽夏金研究年鉴 2015，中国社会科学出版社，2017 年。

115. 乡献证史论——《金代泰山文士研究》述评，李志刚，中国辽夏金研究年鉴 2015，中国社会科学出版社，2017 年。

116.《金人“中国”观研究·序》，程妮娜，中国辽夏金研究年鉴 2015，中国社会科学出版社，2017 年。

117. 刘凤翥著《契丹文字研究类编》内容简介，张少姗，中国辽夏金研究年鉴 2015，中国社会科学出版社，2017 年。

118. 林鹄著《〈辽史·百官志〉考订》内容简介，孙昊，中国辽夏金研究年鉴 2015，中国社会科学出版社，2017 年。

119.《凌源小喇嘛沟辽墓》内容简介，孔维，中国辽夏金研究年鉴 2015，中国社会科学出版社，2017 年。

120.《柳孜运河遗址第二次考古发掘报告》简介，雨珩，考古，2017 年第 7 期。

（五）目录索引

121. 2015 康平首届中国辽金契丹女真史研讨会论文目录，辽金史论集（第十五辑），科学出版社，2017 年。
122. 2015 年辽金史论著目录，周峰，中国辽夏金研究年鉴 2015，中国社会科学出版社，2017 年。

三　史料与文献

（一）《辽史》《金史》

123. 《辽史》正误二则，曹流，北方文物，2017 年第 2 期。
124. 《辽史·百官志》“殿前都点检司”事目考源疏证，姚庆，中国典籍与文化，2017 年第 1 期。
125. 中华书局点校本《金史》献疑数则，邓进荣，西部蒙古论坛，2017 年第 1 期。

（二）其他史料与文献

126. 叶隆礼事迹考，顾宏义，杭州师范大学学报（社会科学版），2017 年第 1 期。
127. 《契丹国志》中卢文进史料史源疏证——兼论《契丹国志》的史料价值，陈俊达、李碧瑶，邢台学院学报，2017 年第 4 期。
128. 《说郛》本王易《燕北录》名实问题发覆，苗润博，文史，2017 年第 3 辑。
129. 残存《永乐大典》所收辽代史料考述，李永翔、郭艳华，北方文学（中旬刊），2017 年第 6 期。
130. 论《归潜志》的主要内容和史学价值，张宝珅，哈尔滨学院学报，2017 年第 12 期。
131. 王寂边疆行记文史价值探析，许鹤，阜阳师范学院学报（社会科学版），2017 年第 3 期。
132. 以《北行日录》为核心分析楼钥使金文献，王晓峰，文学教育（下），2017 年第 7 期。
133. 《翠微北征录》中的金史史料研究，李浩楠，辽金史论集（第十五辑），科学出版社，2017 年。
134. 俄藏黑水城金代《西北诸地马步军编册》新探暨重命名，范学辉，历史研究，2017 年第 1 期。
135. 金代县令李搆佚文辑校，马振君，内江师范学院学报，2017 年第 1 期。
136. 金代“国朝文派”蔡珪佚文辑校，薛瑞兆，内江师范学院学报，2017 年第 1 期。
137. 金代翰林杨伯仁碑文辑校，邓国军，内江师范学院学报，2017 年第 1 期。
138. 《儒门事亲》史料价值研究，李浩楠，辽金史论集（第十六辑），黑龙江人民出版社，2017 年。

四　政治

（一）政治

139. 10—13 世纪中国历史走向的深度分析，廖寅，吉林大学社会科学学报，2017 年第 4 期。
140. 12 世纪东北亚国际秩序的变化及高丽外交，李瑾明，宋史研究论丛（第 19 辑），河北大学出版社，2017 年。

141. 多民族国家建构视野下的游牧与农耕族群互动研究——宋金时期游牧行国体制与王朝藩属的第二次对峙和重组，李大龙，暨南学报（哲学社会科学版），2017 年第 5 期。
142. 辽金两朝的二元政治，白霞，理论观察，2017 年第 7 期。
143. 论辽金与宋对峙时期是中国历史上的第二次南北朝，周国琴，黑龙江民族丛刊，2017 年第 1 期。
144. 唐、辽东北民族建置设立背景比较研究，郭晓东，绥化学院学报，2017 年第 5 期。
145. 辽金经略蒙古高原之比较研究，邓英昊，哈尔滨学院学报，2017 年第 9 期。
146. 迭剌部权力斗争与耶律阿保机建国，耿涛，中国边疆史地研究，2017 年第 4 期。
147. 辽朝的建国与国号，刘凤翥，辽金史论集（第十五辑），科学出版社，2017 年。
148. 论辽朝对术不姑的经略，高福顺、铁颜颜，社会科学战线，2017 年第 6 期。
149. 牧场与契丹人的政治，杨军，首都师范大学学报（社会科学版）2017 年第 2 期。
150. 辽代皇权之争与耶律倍家族势力发展，李宇明，辽宁工程技术大学学报（社会科学版），2017 年第 3 期。
151. 辽朝皇位继承研究，葛华廷、王晓宁，辽金历史与考古（第八辑），科学出版社，2017 年。
152. 世家大族联姻背景下的辽朝政治生态，张国庆，辽金历史与考古（第八辑），科学出版社，2017 年。
153. 辽对渤海的统治及东京辽阳的兴亡，郑毅，黑龙江民族丛刊，2017 年第 1 期。
154. 辽代契丹人的忠德观，桑东辉，赤峰学院学报（汉文哲学社会科学版），2017 年第 7 期。
155. 辽景宗朝的内政与外交，张鹏鹏，硕士学位论文，内蒙古大学，2017 年。
156. 辽道宗时期汉族士大夫官僚群体的崛起，关树东，隋唐辽宋金元史论丛（第七辑），上海古籍出版社，2017 年。
157. 辽朝汉人宰相梁颖与权臣耶律乙辛之斗争辨析，关树东，中国史研究，2017 年第 4 期。
158. 辽代汉族士人的社会交往，蒋金玲，黑龙江社会科学，2017 年第 4 期。
159. 辽代德法并重治国方略初探，丁慧敏，河南社会科学，2017 年第 12 期。
160. 辽代上京的治安防范，林丽群，理论观察，2017 年第 12 期。
161. 辽代后期渤海人的政治斗争——以兴辽国和大渤海的理解为中心，罗永男，宋史研究论丛（第 19 辑），河北大学出版社，2017 年。
162. 辽末辽人政治抉择探析，张博，硕士学位论文，中央民族大学，2017 年。
163. 略述入金辽代汉官后人的再发展，齐伟，中国边疆史地研究，2017 年第 1 期。
164. 关于西辽政权和耶律大石的几点看法，赵运富，丝绸之路，2017 年第 10 期。
165. 金朝建国时间考辨，辛时代，辽金史论集（第十五辑），科学出版社，2017 年。
166. 金人自称“中国”的阶段性特点及其发展进程，赵永春、马溢澳，黑龙江社会科学，2017 年第 2 期。
167. 金世宗“燕人诡随”论探析，符海朝，辽金史论集（第十五辑），科学出版社，2017 年。
168. 吏员集团与金代政治关系刍论，王雷、赵少军，内蒙古民族大学学报（社会科学版），2017 年第 3 期。
169. 论述金代兄终弟及传统与政治动荡之联系，赵聪，沈阳工程学院学报（社会科学版），2017

年第4期。
170. 金代为加强在东北地区的统治所采取的措施及其效果，张宝珅，辽宁工程技术大学学报（社会科学版），2017年第4期。
171. 金朝加强东北统治的措施——以民族政策和边防为例，李硕，兰台世界，2017年第21期。
172. 从文献和考古遗存看东夏王朝兴衰始末，林硕，长春市委党校学报，2017年第6期。
173. 论金朝对其北部边疆的有效管辖，周国琴，内蒙古民族大学学报（社会科学版），2017年第3期。
174. 辽金灭亡原因比较研究，王浩然，硕士学位论文，东北师范大学，2017年。
175. 驳“金以儒亡”——简析金朝的崇儒政策及金亡原因，张宝珅，佳木斯大学社会科学学报，2017年第4期。
176. 金代正隆年间山东“盗贼”频起及其原因探析，王甜，辽宁工程技术大学学报（社会科学版），2017年第6期。

（二）制度

177. 契丹早期职官探究，辛时代，渤海大学学报（哲学社会科学版），2017年第5期。
178. 中国古代社会官吏文化制度与体制建设——契丹官吏世选的个案分析，杨军、王成名，延边大学学报（社会科学版），2017年第3期。
179. 辽代五等爵考论，郭威、李忠芝，北方文物，2017年第2期。
180. 辽代职官俸禄制度初探，武玉环，学习与探索，2017年第3期。
181. 辽代职官俸禄制度考述，武玉环，辽金史论集（第十六辑），黑龙江人民出版社，2017年。
182. 浅析辽代枢密制度的演变及影响，陈佳美思，佳木斯大学社会科学学报，2017年第2期。
183. 辽朝官员的考绩与迁转探赜，张国庆，中国史研究，2017年第2期。
184. 辽代使职述论，任仲书，辽金史论集（第十六辑），黑龙江人民出版社，2017年。
185. 辽代夷离毕院官员选任研究，谢环环，湖北函授大学学报，2017年第4期。
186. 契丹诸行宫都部署院，黄为放，中国社会科学报，2017年5月25日第8版。
187. 《辽史·百官志》“殿前都点检司”事目考源疏证，姚庆，中国典籍与文化，2017年第1期。
188. 辽朝的东、西上閤门司探析，李月新，北方文物，2017年第4期。
189. 辽朝“汉儿司”探析，冯科，朔方论丛（第六辑），内蒙古大学出版社，2017年。
190. 《辽史》记载的“夷离毕”之词的归纳及其社会作用，吉日嘎拉，赤峰学院学报（汉文哲学社会科学版），2017年第10期。
191. 辽朝东京地方政务运行机制，王旭东，渤海大学学报（哲学社会科学版），2017年第5期。
192. 辽朝官员谥号赠赐初探，李月新，保定学院学报，2017年第6期。
193. 金朝官员谥号考略，苗霖霖，满族研究，2017年第2期。
194. 金朝门荫制度新论，王峤，河北师范大学学报（哲学社会科学版），2017年第5期。
195. 金代致仕官员待遇问题管窥，张双双，辽金史论集（第十六辑），黑龙江人民出版社，2017年。
196. 金朝礼部设立考论，孙久龙，陕西师范大学学报（哲学社会科学版），2017年第5期。
197. 金代亲王府属官研究，孙红梅，史学集刊，2017年第6期。

198. 金末三司初探，郭威，博物馆研究，2017 年第 4 期。
199. 金代西京留守述论，张冰，江西社会科学，2017 年第 1 期。
200. 金代北京留守述论，杨军、张冰，黑龙江民族丛刊，2017 年第 4 期。
201. 金代提刑使与按察使群体研究，王思玉，硕士学位论文，吉林大学，2017 年。
202. 金代前期州军节度使群体研究，何雪娜，硕士学位论文，吉林大学，2017 年。
203. 宋金元市令司小考，廖寅，河北师范大学学报（哲学社会科学版），2017 年第 1 期。
204. 金代致仕问题研究，张双双，硕士学位论文，吉林大学，2017 年。
205. 辽朝礼制研究，王凯，博士学位论文，吉林大学，2017 年。
206. 华风与夷俗：辽朝吉礼初探，王凯，史学集刊，2017 年第 1 期。
207. 契丹皇帝的祖先崇拜与祖先祭祀，鞠贺，绥化学院学报，2017 年第 6 期。
208. 辽代皇帝祭祀先祖行为分析，高科冕，北方文物，2017 年第 2 期。
209. 金朝护丧制度考，苗霖霖，北方文物，2017 年第 3 期。
210. 金代法制变革与民族文化认同，李玉君，辽金史论集（第十五辑），科学出版社，2017 年。
211. 金代婚姻法制研究，黄可嘉，硕士学位论文，黑龙江大学，2017 年。
212. 金朝舆服制度建构研究，李甍，艺术设计研究，2017 年第 1 期。
213. 金代国家祭礼的政治和社会功效，徐洁，白城师范学院学报，2017 年第 9 期。
214. 金朝的国家监护丧事考，苗霖霖，辽金史论集（第十六辑），黑龙江人民出版社，2017 年。
215. 古代道路计步测里与辽代里长新考，李俊义、胡廷荣，辽金史论集（第十五辑），科学出版社，2017 年。

（三）对外关系

216. 以谁为父：后晋与契丹关系新解，罗亮，史学月刊，2017 年第 3 期。
217. 辽汉交恶辨——兼论《九国志·东汉世家》之史料价值，林鹄，隋唐辽宋金元史论丛（第七辑），上海古籍出版社，2017 年。
218. 辽宋之争：论真宗朝意识形态层面的角力——兼论宋代的秦朝观之转变，段宇，杭州师范大学学报（社会科学版），2017 年第 1 期。
219. 辽宋皇帝间拟制亲族关系小补，［日］毛利英介，过程·空间：宋代政治史再探研，北京大学出版社，2017 年。
220. “澶渊之盟”与宋辽关系的演变，闫素娥、谢梅红，濮阳职业技术学院学报，2017 年第 5 期。
221. 1075 年遼宋国境画定交涉（於開封）について：「梁熲墓誌」理解のために，毛利英介，関西大学東西学術研究所紀要（50），2017 年。
222. 北宋灭亡原因再认识——基于徽宗朝对待叛辽降宋官员政策的考察，周志琪、李少伟，佳木斯大学社会科学学报，2017 年第 1 期。
223. 宋朝对辽金交聘使节的入境运作，周立志，宋史研究论丛（第十九辑），河北大学出版社，2017 年。
224. 从出使辽金行记看宋人“华夷之辨”，江湄，文汇报，2017 年 4 月 14 日 W07 版。
225. 金人请求辽朝封册考论，赵丽，史学集刊，2017 年第 6 期。
226. 宋徽宗政和年间谋辽复燕史事考论，黄晓巍，史学月刊，2017 年第 5 期。

227. 宋金“海上之盟”与宋蒙联合灭金之比较，储修玙、郭田甜，哈尔滨师范大学社会科学学报，2017年第2期。
228. 金朝出使南宋汉族正、副使研究，李浩楠，宋史研究论丛（第十九辑），河北大学出版社，2017年。
229. 北宋燕山府，曾凡玉，西部皮革，2017年第12期。
230. 辽宋刺事人的社会地位及其命运，武文君，河北北方学院学报（社会科学版），2017年第1期。
231. 试论“秦桧归国”问题，李征鸿，红河学院学报，2017年第4期。
232. 宋词人视野中的金国印象，吴亚琦，天中学刊，2017年第3期。
233. 辽代“女真鸭渌江东数百里地”考，王珏，辽宁工程技术大学学报（社会科学版），2017年第4期。
234. 辽朝与高丽使者往来分期探赜——兼论东亚封贡体系确立的时间，陈俊达，西北民族大学学报（哲学社会科学版），2017年第4期。
235. 《补辽史交聘表》高丽遣使辽朝史事补正（上），陈俊达、孙国军，赤峰学院学报（汉文哲学社会科学版），2017年第4期。
236. 《补辽史交聘表》高丽遣使辽朝史事补正（中），陈俊达、孙国军，赤峰学院学报（汉文哲学社会科学版），2017年第5期。
237. 《补辽史交聘表》高丽遣使辽朝史事补正（下），陈俊达、孙国军，赤峰学院学报（汉文哲学社会科学版），2017年第6期。
238. 高丽遣使辽朝年表简编（上），陈俊达、孙国军，赤峰学院学报（汉文哲学社会科学版），2017年第8期。
239. 浅析辽朝与日本交往甚少之原因，覃旭、任爱君，黑龙江民族丛刊，2017年第1期。
240. 契丹和亲外交策略的构建，贾淑荣、常宁，黑龙江民族丛刊，2017年第5期。
241. 辽夏封贡关系探析，王万志，史学集刊，2017年第3期。
242. 金夏关系研究，马旭俊，博士学位论文，吉林大学，2017年。
243. 金夏关系的历史分期与特点，马旭俊，西夏研究，2017年第3期。

（四）军事

244. 浅议辽朝军事战略思想，孙连娣，史志学刊，2017年第2期。
245. 辽朝军队都监考论，张宏利，陕西学前师范学院学报，2017年第9期。
246. 辽代大帐皮室军兵源探析，吴飞，齐齐哈尔大学学报（哲学社会科学版），2017年第3期。
247. 辽代西京地区军事防御体系研究，彭文慧，硕士学位论文，渤海大学，2017年。
248. 论五代时期辽与北汉的军事联合，魏帅朋，辽宁工程技术大学学报（社会科学版），2017年第4期。
249. 略论辽朝辽东半岛海防，刘一，辽宁师范大学学报（社会科学版），2017年第2期。
250. 921—953年辽朝与中原诸政权的定州之战析议，李进欣、吴凤霞，河北北方学院学报（社会科学版），2017年第5期。
251. 论辽国对宋的首次南侵——满城之战，张莎莎，牡丹江大学学报，2017年第7期。

252. 北宋灭亡的导火索——辽兴军节度副使张觉叛金降宋事件，李利峰，档案天地，2017 年第 1 期。
253. 从张觉事件管窥金初战争谋略，曹渊启，新西部（理论版），2017 年第 1 期。
254. 南宋初期延安失陷史事发微，王军营，历史教学（高校版），2017 年第 1 期。
255. 建炎年间金人的伐宋方略和施设经过（下），郑明宝，历史文献研究（总第 39 辑），华东师范大学出版社，2017 年。
256. 历史书写与历史事实：宋金和战与韩侂胄之死，李超，中山大学学报（社会科学版），2017 年第 4 期。
257. 斡里札河之战金军的进军路线，［日］白石典之著，孟令兮译，宁夏社会科学，2017 年第 2 期。
258. 金代上京路军事研究与考述（上），孙文政，理论观察，2017 年第 11 期。
259. 金代上京路军事研究与考述（下），孙文政，理论观察，2017 年第 12 期。
260. 金代军事后勤制度探微，王峤，辽金史论集（第十六辑），黑龙江人民出版社，2017 年。

五　经济

（一）概论

261. 简论辽、宋、金时期地方经济类型与特征，刘凌凇，科技展望，2017 年第 14 期。
262. 辽道宗朝“贫民”问题探析，李世浩，赤峰学院学报（汉文哲学社会科学版），2017 年第 8 期。
263. 宋辽金时期沧州地区经济文化状况分析，肖潇，牡丹江师范学院学报（哲学社会科学版），2017 年第 5 期。
264. 金代上京路经济的繁荣与发展，孙文政，理论观察，2017 年第 3 期。
265. 金代上京蒲峪路的经济布局，赵文生，农业考古，2017 年第 1 期。
266. 金代东京路区域经济研究，刘斌，硕士学位论文，吉林大学，2017 年。

（二）人口、户籍与移民

267. 10—12 世纪渤海移民问题研究，黄为放，博士学位论文，长春师范大学，2017 年。

（三）贸易、商业

268. 试论辽宋对峙下的边民与双边贸易，于盼，兰州教育学院学报，2017 年第 10 期。

（四）自然灾害及救灾

269. 试论金朝水灾的时空分布及其特征，武玉环，辽金史论集（第十五辑），科学出版社，2017 年。

（五）农牧业

270. 辽代西辽河流域农田开发与环境变迁，夏宇旭，辽金史论集（第十六辑），黑龙江人民出版社，2017年。

271. 略论西瓜在古代中国的传播与发展，刘启振、王思明，中国野生植物资源，2017年第2期。
272. 辽代粮仓初探，辜凯锐，明日风尚，2017年第6期。
273. 辽金粮仓初探，辜凯锐，硕士学位论文，渤海大学，2017年。
274. 生态环境与契丹畜牧业，夏宇旭，黑龙江民族丛刊，2017年第3期。
275. 契丹人的牧养技术探析，谷峤，白城师范学院学报，2017年第7期。

（六）手工业

276. 金代山东盐业初探，刘锦增，盐业史研究，2017年第3期。
277. 略论金代食盐的生产技术，于小洪，辽金史论集（第十五辑），科学出版社，2017年。

（七）货币

278. 旧储新铸，并听民用：辽代货币体系述论，陈俊达，兰台世界，2017年第7期。
279. 浅谈契丹民族货币文字，肖钦予，北方金融，2017年第9期。
280. 出土钱币窖藏所见宋辽货币经济交流，李志鹏，中国经济史研究，2017年第1期。
281. 金代铸币考实，宋捷，收藏，2017年第12期。
282. 因为战乱和铜禁　金代窖藏货币保留至今，王敏娜，辽宁日报，2017年4月1日第5版。
283. 双城区单城镇金代钱币窖藏，邢国岩，卷宗，2017年第2期。
284. 天眷华夏 喜获“天眷通宝”名珍小记，马肖，收藏，2017年第8期。
285. 钞券版最大面额现身 揭金代“通州行尚书六部叁万贯会子”铜钞版历史云烟，戎畋松，收藏，2017年第12期。
286. 孤品寻踪：金代“崇庆”伍伯文小额铜钞版，戎畋松，收藏，2017年第11期。

六　民族

（一）契丹族

287. “契丹”始见中国史籍考，陈鹏，江海学刊，2017年第3期。
288. 从神话传说看契丹族起源之谜，杨军、李冬彤，中国社会科学报，2017年8月8日第4版。
289. 宋元时期契丹人对中亚的重要贡献，秋香，华夏文化，2017年第1期。
290. 契丹、沙子里、托克马克与怒江——历史上的契丹及契丹人，任爱君，辽宁师范大学学报（社会科学版），2017年第5期。
291. 唐代契丹君长相关问题考辨，辛时代，辽金史论集（第十六辑），黑龙江人民出版社，2017年。

（二）女真族

292. 肃慎系诸族（部）命名方式初探，关锐、尤文民，黑龙江民族丛刊，2017年第4期。
293. 辽代女真完颜部来源新探，韩世明，辽金史论集（第十五辑），科学出版社，2017年。

294.《高丽史》所见女真诸部朝贡高丽情况研究，张儒婷，辽金历史与考古（第八辑），科学出版社，2017 年。
295. 略论闽台粘姓，李照斌，寻根，2017 年第 1 期。

（三）渤海

296. 大諲譔时代渤海对周边政策分析，赵振成，通化师范学院学报，2017 年第 9 期。
297. 辽金交替期的渤海人，罗永男，辽金史论集（第十六辑），黑龙江人民出版社，2017 年。
298. 辽金时期渤海遗裔的政治境遇与文学表现，李莹，牡丹江师范学院学报（哲学社会科学版），2017 年第 3 期。
299. 辽金时期辽东地区渤海遗民群体之间通婚初探——以张氏家族为主线，李智裕，辽金历史与考古（第八辑），科学出版社，2017 年。
300. 东丹遗民流向考，都兴智，辽金史论集（第十五辑），科学出版社，2017 年。

（四）其他民族和部族

301. 金朝以来小黄头室韦相关问题考，赵国强、李磊、吴克尧、赵东升，黑龙江民族丛刊，2017 年第 6 期。

（五）民族关系

302. 盟友抑或敌人——补释契丹与奚的关系，尤李，内蒙古师范大学学报（哲学社会科学版），2017 年第 5 期。

（六）民族政策

303. 论唐对契丹的民族政策，马艾鸿，郑州航空工业管理学院学报（社会科学版），2017 年第 5 期。
304. 民族交往视角下的西夏与辽朝民族政策探析，张顺利，硕士学位论文，烟台大学，2017 年。
305. 金朝统治者对渤海遗民的招抚与同化——兼论渤海族消亡的原因，桑东辉，知与行，2017 年第 9 期。

（七）民族融合

306. 辽代的民族融合及其影响，韩聪，硕士学位论文，烟台大学，2017 年。
307. 辽代汉人契丹化现象述略，肖忠纯、汪妮，辽金史论集（第十六辑），黑龙江人民出版社，2017 年。

七 人物

（一）帝、后

308. 辽太宗二次即位考释，耿涛，北方文物，2017 年第 3 期。

309. 辽圣宗耶律隆绪的尊号与谥号辨析，肖爱民，河北大学学报（哲学社会科学版），2017年第1期。
310. 辽圣宗耶律隆绪的尊号与谥号，肖爱民，辽金史论集（第十六辑），黑龙江人民出版社，2017年。
311. 辽代碑刻中“文成皇帝”与宋人所记辽“文成皇帝”辨析，肖爱民，辽金史论集（第十五辑），科学出版社，2017年。
312. 论金熙宗即位后的政治改革及心理变化，陈晓晓，淮北职业技术学院学报，2017年第2期。
313. “无道主”与“小尧舜”——论金实录对海陵庶人、金世宗形象的塑造，杨永康、杨洁，史学史研究，2017年第2期。
314. 金代海陵王、金世宗治国理政的路径与效果探析，吴凤霞，辽宁工程技术大学学报（社会科学版），2017年第6期。
315. 从“顺昌之战”到“大定之治”——金世宗的人生嬗变与金代顺昌府（颍州）的恢复与重建，李兴武，阜阳师范学院学报（社会科学版），2017年第2期。
316. 试析金世宗对政权合法性的塑造，周永川，河北北方学院学报（社会科学版），2017年第4期。
317. 完颜雍与“大定盛世”，韩晗，中国民族报，2017年3月17日第9版。
318. 金世宗的“创举”，唐宝民，炎黄纵横，2017年第1期。
319. 论金章宗与金朝国势逆转的关系，王德忠，辽金史论集（第十六辑），黑龙江人民出版社，2017年。
320. 浅谈金章宗时期金朝由盛转衰的原因，王汉书，新西部（中旬·理论），2017年第5期。
321. 辽太祖淳钦皇后兄弟姊妹考，史风春、王晓宁，辽金史论集（第十五辑），科学出版社，2017年。
322. 辽王朝契丹族女杰承天太后萧绰，刘肃勇，辽金历史与考古（第八辑），科学出版社，2017年。

（二）其他人物

323. 关于金始祖函普的几个问题——族属、迁徙、婚姻及兄弟后裔，都兴智，黑龙江社会科学，2017年第4期。
324. 金代女真进士完颜匡研究，闫兴潘，辽宁工程技术大学学报（社会科学版），2017年第5期。
325. 王寂与东北，吴凤霞，辽金史论集（第十五辑），科学出版社，2017年。
326. 崔铣的生平与交游，韩雅慧，濮阳职业技术学院学报，2017年第3期。
327. 金末山西籍名士群体研究——以《归潜志》为核心的历史考查，张宝珅，中国地方志，2017年第10期。
328. 红袄军首领时青、时全生平考释与评价，曹文瀚，辽金史论集（第十六辑），黑龙江人民出版社，2017年。

八　元好问

（一）生平

329.《中国大百科全书》第三版元好问词条，狄宝心，忻州师范学院学报，2017年第3期。

330. 关于元好问的权威概述（上），狄宝心，忻州日报，2017 年 8 月 13 日第 3 版。
331. 金代诗坛盟主元好问，曲润海，火花，2017 年第 9 期。
332. 略论元好问的民族思想，郑炜，烟台大学学报（哲学社会科学版），2017 年第 5 期。
333. 论元好问的民本实践，狄宝心，民族文学研究，2017 年第 1 期。
334. 元好问的家庭教育观，陈伟庆，寻根，2017 年第 3 期。
335. 元好问与金代文学精神，辛一江，西南学林（2016，上），云南民族出版社，2017 年。
336. 关于元好问性格和散曲史地位的再认识，张艳，中州学刊，2017 年第 7 期。
337. 元好问对《诗经》的容受，段少华，忻州师范学院学报，2017 年第 3 期。
338. 元好问在浑源交游著述考，李润民，山西大同大学学报（社会科学版），2017 年第 4 期。
339. 论元好问对郝经的影响，王燕，哈尔滨学院学报，2017 年第 1 期。
340. 论王恽与元好问等人的师承关系，［日］高桥幸吉，忻州师范学院学报，2017 年第 3 期。
341. 应重视研究元好问中医理论成果，张斯直，忻州日报，2017 年 9 月 24 日第 3 版。

（二）作品

342. 遗山碑志文史料学价值管窥——以“贞祐迁都”与“括田”为例，乔芳，江苏大学学报（社会科学版），2017 年第 2 期。
343. 论元好问诗词中的思乡情结，胡伟栋，山西高等学校社会科学学报，2017 年第 9 期。
344. 元好问内乡任上诗之雄豪特色及成因，杨晓彩，忻州师范学院学报，2017 年第 3 期。
345. 文士与胜地的碰撞——金朝元好问东平诗赏析，王潇婉，大众文艺，2017 年第 19 期。
346. 浅谈金代元好问《摸鱼儿 · 雁丘辞》的伤痕与道义，谢玉麟，北方文学（中旬刊），2017 年第 2 期。
347. 《论诗三十首》与《石林诗话》文学观比较研究，瞿慧，齐齐哈尔大学学报（哲学社会科学版），2017 年第 5 期。
348. 元好问《论诗三十首》中有关几例“伪体”的探讨，文擒鹰，文教资料，2017 年第 8 期。
349. 试论元好问散曲的历史地位（上），张斯直，忻州日报，2017 年 2 月 19 日第 3 版。
350. 元好问《中州集研究》，李楠，硕士学位论文，聊城大学，2017 年。
351. 元好问《中州集》的法制思维和诗性正义，黄震云，忻州师范学院学报，2017 年第 3 期。
352. 历代《中州集》序跋及其时代特征，张静，中国文学研究，2017 年第 2 期。
353. 从创作层面看清代诗人对元好问诗歌的接受，张静，忻州师范学院学报，2017 年第 3 期。

九　社会

（一）社会性质、社会阶层

354. 辽朝农民阶层探究，彭文慧，辽宁工程技术大学学报（社会科学版），2017 年第 1 期。
355. 从石刻资料看辽初汉人基层社会组织——以“乡、里”为中心，张丹，山西青年，2017 年第 2 期。
356. 金代社会阶层间个体晋升的途径，张瀚，当代工人（C 版），2017 年第 1 期。

357. 关于金代社会阶层结构的研究，穆长青，赤子，2017 年第 28 期。
358. 宋金元时期山西泽州的乡村聚落演变——以庙宇碑刻文献为中心，杨波，宋史研究论丛（第 19 辑），河北大学出版社，2017 年。
359. 金代医者的社会地位探析，李进欣，内蒙古民族大学学报（社会科学版），2017 年第 3 期。

（二）社会习俗

360. 辽金时期西京的民俗变迁，李美荣，太原师范学院学报（社会科学版），2017 年第 4 期。
361. 融合与认同：辽金崇孝风气探析，孔维京，辽宁工程技术大学学报（社会科学版），2017 年第 5 期。
362. 由宋使行程录初探辽代风俗，郎婷婷，现代语文（学术综合版），2017 年第 11 期。
363. 契丹人的游牧营地初探，谷峤，博物馆研究，2017 年第 4 期。
364. 辽代契丹人的子嗣观，鞠贺，辽宁工程技术大学学报（社会科学版），2017 年第 6 期。
365. 辽代射柳活动考述，姚庆，宁波大学学报（人文科学版），2017 年第 6 期。
366. 金代女真族骑射活动的衰落，张玉强，辽宁工程技术大学学报（社会科学版），2017 年第 3 期。
367. 刍议金代女真人尚武精神，张兆龙、刘德军、王献升、覃盛栋、王斌，新西部，2017 年第 28 期。
368. 试论金代政治与孝文化，贾淑荣、常宁，内蒙古民族大学学报（社会科学版），2017 年第 5 期。

（三）姓氏、婚姻、家庭、家族与宗族

369. 浅析辽代契丹族的通婚状况，高明英，佳木斯职业学院学报，2017 年第 7 期。
370. 辽朝后族世系问题研究，史风春，辽金史论集（第十六辑），黑龙江人民出版社，2017 年。
371. “崇儒重道”之策下金朝婚姻习惯法的演进与调适，杨琳，北方文物，2017 年第 2 期。
372. 女真人婚姻习俗的历史演变，贾淑荣，内蒙古社会科学（汉文版），2017 年第 6 期。
373. 金元之际女真、汉人族际通婚研究，闫兴潘，辽金史论集（第十五辑），科学出版社，2017 年。
374. 文化融合与金代“后不娶庶族”婚姻旧制之崩坏——以章宗和宣宗立皇后事件为中心，闫兴潘，江西社会科学，2017 年第 1 期。
375. 论金代进士的婚恋观——科举制度下金代文人的社会心态（三），裴兴荣，北方文物，2017 年第 4 期。
376. 辽朝国舅别部四题，鞠贺，齐齐哈尔大学学报（哲学社会科学版），2017 年第 3 期。
377. 辽朝耶律倍家族探究，李宇明，硕士学位论文，渤海大学，2017 年。
378. 契丹政权建立初期的玉田韩氏家族研究，苏宇宸，硕士学位论文，天津师范大学，2017 年。
379. 辽朝名门——霸州耿氏家族，李道新，辽金历史与考古（第八辑），科学出版社，2017 年。
380. 试析辽代耿崇美家族的沙陀血统，齐伟、都惜青，辽金史论集（第十六辑），黑龙江人民出版社，2017 年。
381. 河北宣化张氏家族研究，郝艾利，硕士学位论文，吉林大学，2017 年。

382. 金代贞懿皇后家族兴衰考，彭赞超，中国社会科学报，2017 年 5 月 25 日第 8 版。
383. 论金代刘彦宗家族，刘硕，长江丛刊，2017 年第 33 期。
384. 13 至 14 世纪“宗派之图”碑与北方汉人宗族的复兴——以鲁中山地的军功家族为中心，周晓冀，青海民族研究，2017 年第 1 期。
385. 超越真假：元清两代河津干涧史氏宗族的历史建构——兼论金元以来华北宗族史研究的开展，张俊峰、裴孟华，史林，2017 年第 6 期。
386. 游仙寺石碑中的高平李家，李竞扬，中国文化遗产，2017 年第 5 期。

（四）妇女

387. 阜新地区辽代后族女性的政治影响，刘梓、李丽新，辽宁工程技术大学学报（社会科学版），2017 年第 3 期。
388. 辽代契丹族女性文人创作的政治意识，尹晓琳、沈玲，长春理工大学学报（社会科学版），2017 年第 5 期。

（五）捺钵

389. 辽代捺钵考，杨军、王成名，安徽史学，2017 年第 2 期。
390. 自然理念对辽代四时捺钵的影响，张敏，赤峰学院学报（汉文哲学社会科学版），2017 年第 12 期。
391. 四时捺钵在辽代政治上的作用，张敏，赤峰学院学报（汉文哲学社会科学版），2017 年第 11 期。
392. 辽代“春捺钵”的制度文化内涵，梁维，中国社会科学报，2017 年 6 月 13 日第 7 版。
393. 捺鉢と法会——道宗朝を中心に，藤原崇人，唐代史研究（第 20 号），（日本）唐代史研究会，2017 年。
394. 四时捺钵 行走的契丹王朝，陈嘉臻，中华遗产，2017 年第 3 期。
395. 金代帝王在中都的休闲生活，吴承忠、吾丽迪尔、于克寒，人文天下，2017 年第 20 期。

（六）衣食住行

396. 辽代契丹官服中的中原因素探究，王丽媛，赤峰学院学报（汉文哲学社会科学版），2017 年第 2 期。
397. 契丹族与汉族服饰文化的融合探析，李素静，遗产与保护研究，2017 年第 1 期。
398. 辽代鞋靴研究，张小明，硕士学位论文，内蒙古大学，2017 年。
399. 辽墓壁画人物服饰探析——以大同地区发掘墓葬为例，韩心济，文物世界，2017 年第 1 期。
400. 辽代墓室壁画散乐图的服饰文化特色，伍英鹰，装饰，2017 年第 7 期。
401. 辽代织物纹样图案在契丹服饰上的应用，李亚洁，美与时代（上），2017 年第 5 期。
402. 辽代酒具研究，王勤孝，硕士学位论文，内蒙古大学，2017 年。
403. 金代的饮食文化，可景洋，长江丛刊，2017 年第 2 期。
404. 谈金代的饮酒习俗，可景洋，旅游纵览（下半月），2017 年第 1 期。

十　文化

（一）概论

405. 辽金元夏时代的文化交流与风俗融合，江涛，人民论坛，2017 年第 19 期。
406. 金上京城市文化与金初民族文化融合，刘冠缨，满族研究，2017 年第 1 期。
407. 朝阳地区辽代社会文化研究，汪妮，硕士学位论文，渤海大学，2017 年。
408. 大庆地区金代女真文化遗存研究，韩波，大庆社会科学，2017 年第 5 期。
409. 从旅游视角考察九十九泉及契丹历史文化，孟克巴雅尔，中国蒙古学（蒙文），2017 年第 2 期。
410. 浅论辽金时期特定标识的萃取与运用，孙焓烯，辽金历史与考古（第八辑），科学出版社，2017 年。
411. 在发现学习模式情境下将契丹文化融入艺术设计课程的教学改革研究，李婧杰，教育教学论坛，2017 年第 47 期。

（二）儒学

412. 辽代儒学及影响探微，王贺、仁青扎西，北方文学（中旬刊），2017 年第 12 期。
413. 金末元初学术转向背景下王恽的“有用”与“有为”之学，梁建功，河南科技学院学报，2017 年第 3 期。
414. 姚枢与金元之际的理学，刘志博，唐山文学，2017 年第 2 期。
415. 金代春秋学考论，张欣，儒藏论坛（第十一辑），四川大学出版社，2017 年。
416. 宋金时期泽州的程子乡校，何慕，宋史研究论丛（第 19 辑），河北大学出版社，2017 年。
417. 金代家训研究，张颜艳，硕士学位论文，西北大学，2017 年。

（三）教育与科举

418. 儒家思想对辽代教育的影响，张晓燕，硕士学位论文，内蒙古师范大学，2017 年。
419. 辽代佛学教育的社会影响述论，高福顺，辽宁工程技术大学学报（社会科学版），2017 年第 1 期。
420. 占卜梦兆与“科名前定”观念——科举制度下金代文人的社会心态（一），裴兴荣、王玉贞，山西大同大学学报（社会科学版），2017 年第 3 期。
421. 阴德果报的功名观——科举制度下金代文人的社会心态（二），裴兴荣、王玉贞，山西大同大学学报（社会科学版），2017 年第 4 期。
422. 金代科举诗词的史料价值，裴兴荣，史志学刊，2017 年第 3 期。
423. 金代的官学教育，都兴智，辽金历史与考古（第八辑），科学出版社，2017 年。

（四）史学

424. 辽金元史官制度研究，于海波，硕士学位论文，河北师范大学，2017 年。

425. 金代修史机构与史注纂辑，牛润珍、卢鹏程，史学史研究，2017 年第 1 期。

（五）语言文字

426. 辽代汉语与河北方言语音层次的形成，傅林，河北大学学报（哲学社会科学版），2017 年第 4 期。
427. 金代女真语文与现代满语文的比较，张庆威、张文馨，河北民族师范学院学报，2017 年第 1 期。
428. 《龙龛手镜》与《广韵》反切之异同，商艳玲，周口师范学院学报，2017 年第 1 期。
429. 金代韵书《广集韵》考略，王丽艳、赵晓庆，语文研究，2017 年第 1 期。
430. 金代韵书《广集韵》与《五音集韵》关系探究，赵晓庆，古汉语研究，2017 年第 3 期。
431. 金代北曲用韵与《中原音韵》，刘云憬，宁夏大学学报（人文社会科学版），2017 年第 3 期。
432. 《新修玉篇》疑难字考，熊加全，古籍研究，2017 年第 1 期。
433. 辽金以来土地契约文书中“畛”之释义考辨，黑维强，中国文字研究（第二十五辑），上海书店出版社，2017 年。
434. 刘凤翥：契丹文字是发展辽文化产业的王牌，盖云飞，沈阳日报，2017 年 9 月 29 日 T06 版。
435. 关于契丹制字的一则补注，聂鸿音，辽金史论集（第十五辑），科学出版社，2017 年。
436. 契丹語の数詞について，武内康則，アジア・アフリカ言語文化研究（93），2017 年。
437. 关于若干契丹字的读音，吉如何，辽金史论集（第十五辑），科学出版社，2017 年。
438. 论札忽惕与契丹小字[illegible]，苏航，民族语文，2017 年第 2 期。
439. 大安出土的契丹小字铜镜介绍，刘凤翥，辽金史论集（第十六辑），黑龙江人民出版社，2017 年。
440. 女真文——脱胎于契丹字和汉字而自成一格，金适，辽金历史与考古（第八辑），科学出版社，2017 年。
441. 《永宁寺记》女真文碑文——兼谈明代女真语与满语的关系，綦岩，辽金史论集（第十六辑），黑龙江人民出版社，2017 年。
442. 女真大字“劝学碑”文字考——金适，西夏学辑刊（第一辑），宁夏人民出版社，2017 年。

（六）艺术

443. 金朝黑龙江美术人物造型研究，蒋博，美术教育研究，2017 年第 24 期。
444. 辽《耶律仁先墓志》汉字志文书法研究，王竹林，美与时代（中旬刊），2017 年第 3 期。
445. 论金代草书之创新及书家审美观之衍变，王守民，青海师范大学学报（哲学社会科学版）2017 年第 3 期。
446. “苏学盛于北”与金代初期书风之关系，徐传法，书法研究，2017 年第 4 期。
447. 由金人题跋看金代书法批评的演进，徐传法，中国书法，2017 年第 22 期。
448. 赵秉文书法观念的守成性及其成因，徐传法，中国书法，2017 年第 8 期。
449. 浅析辽金绘画艺术的造型语言，刘茂松，美术教育研究，2017 年第 12 期。
450. 辽代内蒙古草原题材墓葬壁画研究，聂定，赤峰学院学报（汉文哲学社会科学版），2017 年第 11 期。

451. 研究辽代墓室人物画的情节性与故事性，郄博英，硕士学位论文，中央美术学院，2017 年。
452. 辽代壁画墓汉人出行图浅议——以关山 4 号墓为例，张翠敏，辽金历史与考古（第八辑），科学出版社，2017 年。
453. 内蒙古宝山辽壁画墓《降真图》考，李慧，大众文艺，2017 年第 15 期。
454. 内蒙古宝山辽壁画墓《寄锦图》人物身份研究，李慧，北方民族考古（第四辑），科学出版社，2017 年。
455. 辽代壁画仕女造型艺术在创意平台玩具中的运用，陈梅、吕富华，赤峰学院学报（汉文哲学社会科学版），2017 年第 2 期。
456. 宋诗词与辽壁画中商业广告的考证，李婧杰，山西档案，2017 年第 1 期。
457. 陕甘宁地区金代砖雕壁画墓图像装饰研究，王成，硕士学位论文，中央美术学院，2017 年。
458. 岩山寺壁画的艺术鉴赏价值，卢沛，才智，2017 年第 27 期。
459. 岩山寺壁画燃灯佛授记图像考，李雅君，美术研究，2017 年第 1 期。
460. 现存金代壁画艺术风格研究，王艳，美术教育研究，2017 年第 3 期。
461. 金代鞍马画艺术与审美演变，吕敏，艺术教育，2017 年第 2 期。
462. 《石勒听讲图》断代考，罗海英、林锐、吴训信，美术学报，2017 年第 4 期。
463. 辽金雕塑的历史人文价值，李静云，文化学刊，2017 年第 4 期。
464. 纳尔逊·艾金斯艺术博物馆藏辽代《水月观音像》及元代《炽盛光佛佛会图》考，胡阳，中国美术研究（第 23 辑），东南大学出版社，2017 年。
465. 浅谈独乐寺的五尊辽代泥塑，孙静，卷宗，2017 年第 24 期。
466. 从金代时期雕塑看金代女真民族的时代风貌，郑彦民，戏剧之家，2017 年第 15 期。
467. 不朽之花——金代戏剧人物砖雕，刘洁，理财（收藏），2017 年第 6 期。
468. 卢沟桥风情精妙绝伦的“石狮艺术博物馆”，周冉，国家人文历史，2017 年第 8 期。
469. 辽代多元音乐文化观成因分析，杨育新，艺术研究，2017 年第 3 期。
470. 契丹—辽音乐文化考察琐记（上）——对铜镜、埙、大螺和毛员鼓的音乐史料考察，陈秉义，乐府新声（沈阳音乐学院学报），2017 年第 3 期。
471. 契丹—辽音乐文化考察琐记（下）——对铜镜、埙、大螺和毛员鼓的音乐史料考察，陈秉义，乐府新声（沈阳音乐学院学报），2017 年第 4 期。
472. 辽代雅乐文化的多线性——关于“以胡入雅”的问题，张黄沛瑶，中国民族博览，2017 年第 20 期。
473. 契丹—辽雅乐文化探究，张黄沛瑶，北方音乐，2017 年第 9 期。
474. 契丹—辽拍板探微，张黄沛瑶，北方音乐，2017 年第 14 期。
475. 辽代晚期家族墓群音乐壁画研究，安其乐，内蒙古艺术，2017 年第 1 期。
476. 辽代教坊研究，陈璐，黄河之声，2017 年第 3 期。
477. ［耍孩儿］的宫调、格律与联套方式在诸宫调中的实践——对中国传统曲牌发展脉络的窥视，赵君，中央音乐学院学报，2017 年第 4 期。

（七）体育

478. 契丹人传统体育活动的文化学分析，苏楠，当代体育科技，2017 年第 31 期。

（八）图书、印刷

479. 何谓辽刻本，晓白，中国工会财会，2017 年第 4 期。
480. 辽代经师论著的西夏译本，王龙，辽金史论集（第十五辑），科学出版社，2017 年。
481. 从《赵城金藏》刻本见平水雕版之鼎盛，谢惠生，中国印刷，2017 年第 1 期。
482. 金代文化政策对图书出版的影响，赵媛、宋萍，北方文物，2017 年第 3 期。
483. 金代经史书籍的出版与民族文化认同，李西亚、杨卫东，北方文物，2017 年第 4 期。
484. 金代藏书家叙论，顾文若，北方论丛，2017 年第 2 期。
485. 平阳木版年画《四美图》考疑，徐德记，设计艺术研究，2017 年第 5 期。
486. 宋朝对辽金出版物禁令及政策分析，刘潇，出版广角，2017 年第 23 期。

十一 文学

（一）综论

487. 草原文化视域下辽金蒙古时期金莲川文学活动及其意义，王双梅，内蒙古民族大学学报（社会科学版），2017 年第 1 期。
488. 金代国朝文派研究，师莹，博士学位论文，山西大学，2017 年。
489. 金代文学生态述议，刘泽华、周俊霞，赤峰学院学报（汉文哲学社会科学版），2017 年第 1 期。
490. 论金代文坛的文脉之争与文意之论，王永，民族文学研究，2017 年第 3 期。

（二）诗

491. 试析萧观音诗作，任禹丞、张怀予，赤峰学院学报（汉文哲学社会科学版），2017 年第 12 期。
492. 金元诗歌概述，刘新文、王志华，唐山师范学院学报，2017 年第 6 期。
493. 石刻中的金诗拾遗，薛瑞兆，学术交流，2017 年第 7 期。
494. 论金代文士题画诗的美学思想，李翔，内蒙古师范大学学报（哲学社会科学版），2017 年第 5 期。
495. 金代南渡诗人诗歌用典摭析，刘福燕，名作欣赏，2017 年第 35 期。
496. 由王寂谐谑诗透视金代中期文化生态，张怀宇，许昌学院学报，2017 年第 6 期。
497. 金元之际北方诗学探微——从元好问到郝经诗论中的“重气之旨”，侯文宜，中北大学学报（社会科学版），2017 年第 4 期。
498. 赵秉文诗歌风格浅析，王鹏，名作欣赏（中旬），2017 年第 4 期。
499. 赵秉文的古体诗及其诗歌史价值，于东新、张丽红，中国韵文学刊，2017 年第 2 期。
500. 春水秋山写盛世——赵秉文《春水行》《扈从行》评析，韩雅慧，名作欣赏，2017 年第 12 期。
501. 家族期望与人生选择冲突中的白朴——白朴之父白华《示恒》诗解读，甄飒飒，河北民族师范学院学报，2017 年第 1 期。

502. 金源诗人慕陶情结探微，刘志中，学习与探索，2017 年第 3 期。

（三）词

503. 辽代词坛沉寂现象论考，孙科镂，求是学刊，2017 年第 2 期。
504. 金至明词“豪放”“婉约”接受述要，赵银芳，沈阳大学学报（社会科学版），2017 年第 2 期。
505. 吴梅的金元词研究，仇俊超，泰山学院学报，2017 年第 1 期。
506. 刘毓盘的金元词研究，陈旭鸣，泰山学院学报，2017 年第 1 期。

（四）戏剧

507. 以山西晋南戏曲砖雕为例看宋金元杂剧的发展衍变，邢志向，音乐创作，2017 年第 12 期。
508. 从洛阳金代纪年墓杂剧砖雕看戏曲成熟年代，李宝宗，中国文物报，2017 年 8 月 22 日第 5 版。
509. 金元时期说唱道情的世俗化，王定勇，扬州大学学报（人文社会科学版），2017 年第 3 期。
510. 《庄家不识勾栏》创作年代与地点新考，程民生，中州学刊，2017 年第 1 期。

十二　宗教

（一）概论

511. 金代的宗教政策与政治文化认同，王耘，辽金历史与考古（第八辑），科学出版社，2017 年。
512. 三教合一在金代的新发展，王德朋，辽宁大学学报（哲学社会科学版），2017 年第 1 期。
513. 金元时期的水神形象建构与民众抉择——以山西新绛鼓堆泉为例，裴孟华，地方文化研究，2017 年第 2 期。

（二）萨满教

514. 辽代契丹萨满教研究，邱冬梅，博士学位论文，吉林大学，2017 年。

（三）佛教

515. 虚拟与真实：唐宋辽金时期佛教影响下的地理表述，宋坤，河北学刊，2017 年第 2 期。
516. 丝绸之路上的宗教思想与文化认同——以契丹、党项、回鹘佛教为中心，袁志伟，求索，2017 年第 5 期。
517. 试述辽代朝阳佛教发展的政治社会根源，刘桂馨，辽宁省社会主义学院学报，2017 年第 1 期。
518. 基于辽代奉国寺文化遗存的文化符号提炼与推衍，沈晓东、奚纯、赵兵兵，美与时代（上旬刊），2017 年第 3 期。
519. 辽代印经院与辽藏的雕印，杜成辉，辽金史论集（第十五辑），科学出版社，2017 年。
520. 论辽代汉人与《契丹藏》的雕印，蒋金玲，贵州社会科学，2017 年第 9 期。
521. 金刚界曼荼罗与新的八大灵塔信仰的融合：朝阳北塔塔身浮雕研究，成叙永，故宫博物院院刊，2017 年第 2 期。

522. 山西地区彩塑佛像着衣造型分析，黄文智、欧阳宁明，雕塑，2017 年第 2 期。

523. 首尔崇实大学教会博物馆藏“圣母像”考，袁泉，文物，2017 年第 8 期。

524. 遼代高僧非濁の行状に関する資料考：『大蔵教諸仏菩薩名号集序』について（ひと・もの・知の往来：シルクロードの文化学）——（仏教伝来とその展開），李铭敬，アジア遊学（208），2017 年。

525. 叙事视域下金代塔铭中的高僧角色，孙宏哲，内蒙古民族大学学报（社会科学版），2017 年第 3 期。

526. 雪菴：金元高僧一代文宗，释耀净，中国佛学，2017 年第 1 期。

527. 国宝《赵城金藏》转运长治始末，郭存亭，文史月刊，2017 年第 4 期。

（三）道教

528. 金元时期新道教的农学思想考论，谭清华，安徽农业大学学报（社会科学版），2017 年第 2 期。

529. 金元大道教史新考，赵建勇，世界宗教研究，2017 年第 6 期。

530. 金代全真教维护孝道教化，孙凌晨，中国社会科学报，2017 年 5 月 25 日第 8 版。

531. 全真教与金末儒学重估思潮，刘成群，宗教学研究，2017 年第 1 期。

532. 试论金元全真高道辞世颂的史学价值和文学价值，吴光正，武汉大学学报（人文科学版），2017 年第 3 期。

533. 仙道文化的革新与升华——论金元诗词的内丹心性学说，郭中华、张震英，中华文化论坛，2017 年第 4 期。

（四）伊斯兰教

534. 融合的限度——宋辽金境内的穆斯林问题研究，高俐，硕士学位论文，中国社会科学院研究生院，2017 年。

十三　科学技术

535. 察哈尔右翼前旗契丹女尸死因探析，张彦霞、赵兴明、张军，集宁师范学院学报，2017 年第 1 期。

536. 儒学嬗变对金元后中医理论发展的影响，郭彦麟、任北大、王泷、孙钰、陈东梅，中医药文化，2017 年第 3 期。

537. 金元四大家医易会通探析，王勇、吴世彩，中国中医基础医学杂志，2017 年第 8 期。

538. 金元四大家养生思想研究概况，梁润英、马小艳，中国中医药现代远程教育，2017 年第 4 期。

539. 金元时期脾胃学说相关理论的研究，王家琪、王彩霞，中国老年学杂志，2017 年第 15 期。

540. 金元医家药性理论探析，史伟、孙东雪，上海中医药大学学报，2017 年第 4 期。

541. 唐宋金元“标本中气”研究，石舒尹、王兴伊，中国中医基础医学杂志，2017 年第 2 期。

542. 金元四大家治咳思想浅析，孙锦程、陈仁寿，时珍国医国药，2017 年第 4 期。
543. 壬辰之变对李东垣身份、地位及学术思想的影响，李玉清，医学与哲学（A），2017 年第 3 期。
544. 基于《兰室秘藏·痔漏门》探析李东垣治痔学术思想，汪伟、张佳乐、侯勇，浙江中医药大学学报，2017 年第 1 期。
545. 李东垣的针灸学术思想初探，赵奕，新中医，2017 年第 10 期。
546. 张元素修订本《五藏论》辨伪，田永衍、吴大洲，敦煌学辑刊，2017 年第 2 期。
547. 金元医家张从正刺血疗法探析，张永臣、贾红玲、张学成，山东中医药大学学报，2017 年第 1 期。
548. 张子和攻邪论学术思想研究，郑越，硕士学位论文，北京中医药大学，2017 年。
549. 张子和《儒门事亲》针药并用思想浅析，余雪、朱永政、张洪芳、张聪、张永臣，天津中医药，2017 年第 4 期。
550. 张子和针灸应用浅析，郑越、赵艳，中医文献杂志，2017 年第 1 期。
551. 张从正四方行医创立“攻下派”，卜俊成，中国中医药报，2017 年 4 月 21 日第 8 版。
552. 张从正攻邪理论指导蛇串疮治疗探析，李响、张丰川，中国中医基础医学杂志，2017 年第 2 期。
553. 试论朱丹溪儒医文化思想，郜东梅、郭力铭、孙迪，沈阳工程学院学报（社会科学版），2017 年第 1 期。
554. 刘完素玄府学说的继承与发展，盖红肖、张再康，中医药学报，2017 年第 6 期。

十四　历史地理

（一）概论

555. “松漠”考——兼论契丹起源地，李鹏，北方文物，2017 年第 1 期。
556. 辽代城市的兴起与发展，何一民、陆雨思，西南民族大学学报（人文社科版），2017 年第 6 期。
557. 中国北方草原に於ける遼代の城郭都市の構造について：近年の踏査成果を踏まえて，高桥学而，七隈史学（19），2017 年。

（二）地方行政建置

558. 辽南京周边的政区格局、地名源流及其历史影响，孙冬虎，国学学刊，2017 年第 3 期。
559. 《事林广记·江北郡县》与金朝行政区划研究，周立志，辽金史论集（第十五辑），科学出版社，2017 年。
560. 浅谈《金史》东京路的建置，李刚，辽金历史与考古（第八辑），科学出版社，2017 年。
561. 金元之际京兆、安西诸府路沿革发微——兼论金元时期的路制演变，李大海、文史，2017 年第 3 辑。
562. 试论辽代州县制的推行与松漠草原城市化，孙国军、杨福瑞，赤峰学院学报（汉文哲学社会科学版），2017 年第 3 期。
563. 辽代黄龙府的得名，刘伟坤，中国社会科学报，2017 年 5 月 25 日第 8 版。
564. 辽代节镇体制与地方监察，陈俊达、杨军，江西社会科学，2017 年第 11 期。
565. 《辽史·地理志》与《百官志》所载州比较研究，陈俊达，兰台世界，2017 年第 19 期。
566. 《辽史·地理志》载节度州考（上），陈俊达、孙国军，赤峰学院学报（汉文哲学社会科学版），2017 年第 11 期。
567. 辽代永州所辖三县考，李鹏，内蒙古民族大学学报（社会科学版），2017 年第 3 期。
568. 辽代榆州相关问题探究，李进欣，辽宁工程技术大学学报（社会科学版），2017 年第 5 期。
569. 辽代宜州建置及其特殊地位，任仲书，辽金史论集（第十五辑），科学出版社，2017 年。
570. 金代东京路城镇研究，王晶，硕士学位论文，吉林大学，2017 年。
571. 金代蒲峪路历史旅游价值探析，田丹，陕西学前师范学院学报，2017 年第 3 期。
572. 成吉思汗所攻破的西宁州之考证，张虽旺，黔南民族师范学院学报，2017 年第 5 期。

（三）疆域、都城

573. 马卫集书中的契丹“都城”——兼谈辽代东西交通路线，康鹏，民族研究，2017 年第 2 期。
574. 辽上京城布局探讨与推想——基于重要建筑与城门、城墙形制，宋鸽、巩玉发，建筑与文化，2017 年第 11 期。
575. 金代永安析津府考，顾宏义，中华文史论丛，2017 年第 4 期。
576. 金中都万宁宫与明清故宫，景爱，地域文化研究，2017 年第 1 期。

（四）城址

577. 论辽金元时期朝阳地区城市群的形成及其城市经济的发展，徐效慧、张桂凤，辽宁师专学报（社会科学版），2017 年第 2 期。
578. 辽代兴州考，周向永，辽金史论集（第十六辑），黑龙江人民出版社，2017 年。
579. 铁岭境内辽代州城设立的环境依据研究，刘爱丰、张剑，辽金历史与考古（第八辑），科学出版社，2017 年。
580. 辽代嫔州城故址考，魏耕云、杨帅，文物鉴定与鉴赏，2017 年第 12 期。
581. 岔海挠边春捺钵——从卧龙湖周边几座辽城遗址谈起，刘文，辽金历史与考古（第八辑），科学出版社，2017 年。
582. 辽代乌州考——兼论契丹早期的族源之辩，李鹏，黑龙江民族丛刊，2017 年第 3 期。
583. 辽代镇州城地理位置考辨，宋国栋，内蒙古社会科学（汉文版），2017 年第 1 期。
584. 昌图四面城遗址为辽代安州城，郭平，辽宁日报，2017 年 10 月 12 日第 13 版。
585. 北宋徽钦二帝曾在此地羁押两年，郭平，辽宁日报，2017 年 12 月 8 日第 14 版。
586. 辽金时期北唐括部故城考，孙文政、祁丽，齐齐哈尔大学学报（哲学社会科学版），2017 年第 5 期。
587. 金代婆速府和来远城城址考辨，吴晓杰，齐齐哈尔大学学报（哲学社会科学版），2017 年第 9 期。
588. 克东古城遗址建筑年代考疑，孙文政，辽金历史与考古（第八辑），科学出版社，2017 年。

589. 金代顺化营和新市地望考——《鸭江行部志》再释，张翠敏，辽金史论集（第十六辑），黑龙江人民出版社，2017 年。
590. 女真人修筑的城墙，［俄］Н. Г. 阿尔捷米耶娃著，杨振福译，辽金历史与考古（第八辑），科学出版社，2017 年。

（五）长城

591. 辽金时期长城观念所反映的民族交融特征，赵鉴鸿、孟凡东，中国民族报，2017 年 5 月 12 日第 8 版。

（六）山川

592. 《辽史》中的“土河”“潢水”名称考，李俊义、孙国军，辽金史论集（第十六辑），黑龙江人民出版社，2017 年。
593. 洮儿河南注查干湖记载的新发现，李旭光，辽金历史与考古（第八辑），科学出版社，2017 年。

（七）交通

594. “可敦墓”考——兼论十一世纪初期契丹与中亚之交通，白玉冬，历史研究，2017 年第 4 期。
595. 论辽帝国对漠北蒙古的经略及其对草原丝绸之路的影响，魏志江，社会科学辑刊，2017 年第 3 期。
596. 辽代驿道驿站的设置及其功能，白雪，辽宁工程技术大学学报（社会科学版），2017 年第 2 期。

十五　考古

（一）综述

597. 从“门窗”到“桌椅”——兼议宋金墓葬中“空的空间”，丁雨，北方民族考古（第四辑），科学出版社，2017 年。
598. 宋辽金考古遗存中的孩童形象研究，王慧，硕士学位论文，吉林大学，2017 年。

（二）帝陵

599. 内蒙古巴林右旗床金沟 4 号辽墓发掘简报，内蒙古自治区文物考古研究所，文物，2017 年第 9 期。
600. 围绕辽庆陵（东陵）之计算机影像复原的考察，［日］牟田口章人、［日］古松崇志著，李彦朴译注，赤峰学院学报（汉文哲学社会科学版），2017 年第 10 期。
601. 清朝皇帝对金朝陵寝的祭祀，邓涛，历史档案，2017 年第 3 期。

（三）墓葬

602. 辽代墓葬的研究和对契丹文化的再认识探究，高雷，中国民族博览，2017 年第 5 期。

603. 北宋时内亚因素对中原汉文化之影响——北宋与辽金交界地带墓葬分析，王一凡，中原文物，2017 年第 1 期。
604. 辽代墓门研究，杜景洋，硕士学位论文，内蒙古大学，2017 年。
605. 内蒙古辽代契丹贵族墓葬门道初步研究，郭亚杭，赤峰学院学报（汉文哲学社会科学版），2017 年第 8 期。
606. 辽代贵族墓葬墓门兽吻装饰及意义，聂定，北方文物，2017 年第 3 期。
607. 刘海文揭秘宣化辽墓考古：展现辽文化艺术的“横断面”，李冬云，河北日报，2017 年 3 月 23 日第 11 版。
608. 通辽地区辽代墓饰综述，李鹏，内蒙古民族大学学报（社会科学版），2017 年第 5 期。
609. 通辽市奈曼旗大代村辽代 M1 清理简报，内蒙古自治区文物考古研究所，草原文物，2017 年第 1 期。
610. 耶律祺家族墓地，王湜壹，赤子（上中旬刊），2017 年第 3 期。
611. 吐尔基山辽墓，人民政协报，2017 年 3 月 23 日第 5 版。
612. 吐尔基山发现大型辽代墓葬，杨朝东，通辽日报，2017 年 7 月 6 日第 5 版。
613. 吐尔基山辽墓的发现、保护和发掘始末，郝维彬，人民政协报，2017 年 3 月 23 日第 5 版。
614. 宝山 1 号辽代壁画墓再议，韦正，文物，2017 年第 11 期。
615. 内蒙古开鲁县辽代皇族墓葬发掘记，长海、连吉林、娜仁图雅，大众考古，2017 年第 7 期。
616. 辽代贵妃墓出土绝世珍宝，灵诗，中国拍卖，2017 年第 3 期。
617. 内蒙古准格尔旗薛家湾镇巴润哈岱乡西黑岱墓地发掘简报，内蒙古师范大学历史文化学院、内蒙古自治区文物考古研究所，北方文物，2017 年第 2 期。
618. 叶茂台村　辽墓群讲述古老的契丹故事，于海，沈阳日报，2017 年 9 月 19 日第 4 版。
619. 凌源市下朝阳沟辽墓清理简报，陈利、李广奇，辽金历史与考古（第八辑），科学出版社，2017 年。
620. 图像的多重寓意——再论宋金墓葬中的孝子故事图，邓菲，艺术探索，2017 年第 6 期。
621. 河北三河老辛庄金代砖室墓清理简报，廊坊市文物管理处，文物春秋，2017 年第 6 期。
622. 辽代萧继远家族墓地研究，李宇峰，辽金历史与考古（第八辑），科学出版社，2017 年。
623. 辽宁喀左县利州商业街金代纪年墓葬的发掘，喀左县博物馆，北方文物，2017 年第 4 期。
624. 河南义马狂口村金代砖雕壁画墓发掘简报，三门峡市文物考古研究所，文物，2017 年第 6 期。
625. 洛阳市涧西区王湾村南金代砖雕墓发掘简报，洛阳市文物考古研究院，洛阳考古（2017 年第 2 期），中州古籍出版社，2017 年。
626. 山西长子南沟金代壁画墓发掘简报，山西省考古研究所、长治市外事侨务与文物旅游局、长子县文物旅游局，文物，2017 年第 12 期。
627. 稷山金代段氏墓中的“妇人启门”砖雕图像研究，尚丽娟，装饰，2017 年第 9 期。
628. 论稷山金代段氏砖雕墓回廊装饰的两重性，胡冰，文艺生活·中旬刊，2017 年第 11 期。
629. 信仰的力量 山东威海郐家金代石函墓，费建文，大众考古，2017 年第 4 期。
630. 山东博山金代壁画墓保护与研究，王滨，黄河·黄土·黄种人，2017 年第 6 期。
631. 陕西西安金代李居柔墓发掘简报，陕西省考古研究院，考古与文物，2017 年第 2 期。
632. 延安宋金画像砖墓葬的产生原因与分布特点，高洁，延安职业技术学院学报，2017 年第 5 期。

633. 宁夏康乐县发现一座金代砖雕墓，临夏州博物馆考古研究部，中国文物报，2017 年 6 月 16 日第 8 版。

（四）遗址

634. 延庆古崖居遗址的年代与族属，毕德广、王策，华夏考古，2017 年第 1 期。
635. “冶金考古”重地——北京延庆大庄科辽代矿冶遗址群，刘乃涛，中国辽夏金研究年鉴 2015，中国社会科学出版社，2017 年。
636. 宋辽古战道，翟继祥，档案天地，2017 年第 4 期。
637. 崇礼太子城遗址或为金代皇室行宫遗址，龚正龙，河北日报，2017 年 9 月 8 日第 3 版。
638. 河北崇礼太子城发现一处金代行宫遗址，黄信、任涛、魏惠平，中国文物报，2017 年 12 月 15 日第 8 版。
639. 井陉窑遗址考古调查勘探报告（上），河北省文物研究所、井陉县文物保护管理所，文物春秋，2017 年第 4 期。
640. 契丹皇都“辽上京”遗址考古有重大发现，邱静、王义晶，赤峰日报，2017 年 11 月 4 日第 1 版。
641. 内蒙古巴林左旗辽上京遗址的考古新发现，中国社会科学院考古研究所内蒙古第二工作队、内蒙古自治区文物考古研究所，考古，2017 年第 1 期。
642. 内蒙古巴林左旗辽上京宫城东门遗址发掘简报，中国社会科学院考古研究所内蒙古第二工作队、内蒙古自治区文物考古研究所，考古，2017 年第 6 期。
643. 辽上京城址确认曾有东向轴线，汪盈、董新林，中国辽夏金研究年鉴 2015，中国社会科学出版社，2017 年。
644. 赤峰市巴林左旗南山窑遗址发掘简报，内蒙古自治区文物考古研究所、巴林左旗辽上京博物馆、巴林左旗文物保护管理所，草原文物，2017 年第 1 期。
645. 辽宁省彰武县石岭子金代遗址发掘简报，辽宁省文物考古研究所、彰武县文物管理所，北方民族考古（第四辑），科学出版社，2017 年。
646. 辽宁阜新市八家子金元时期遗址发掘报告，辽宁省文物考古研究所、阜新市文物管理办公室，北方文物，2017 年第 2 期。
647. 吉林乾安县辽金春捺钵遗址群后鸣字区遗址的调查与发掘，吉林大学边疆考古研究中心，考古，2017 年第 6 期。
648. 吉林大安市尹家窝堡遗址发掘简报，吉林大学边疆考古研究中心、吉林省文物考古研究所，考古，2017 年第 8 期。
649. 安图县宝马城金代遗址，石玉兵、赵俊杰、张梦纳，中国辽夏金研究年鉴 2015，中国社会科学出版社，2017 年。
650. 吉林安图县宝马城遗址 2014 年发掘简报，吉林大学边疆考古研究中心，考古，2017 年第 6 期。
651. 宝马城金代遗址所见垒脊瓦及其相关问题，王子奇、赵俊杰，考古，2017 年第 12 期。
652. 长白山金代皇家神庙选址浅析，李天骄、王薇，建筑与文化，2017 年第 7 期。
653. 哈尔滨市阿城区金上京皇城西部建筑址 2015 年发掘简报，黑龙江省文物考古研究所，考古，

2017 年第 6 期。

654. 2015 年金上京皇城考古取得新成果——发掘揭露一组大型带院落建筑基址，赵永军、刘阳，中国辽夏金研究年鉴 2015，中国社会科学出版社，2017 年。

十六　文物

（一）建筑、寺院、佛塔

655. 论五代辽宋华北木构建筑的“厅堂化”渐变趋势，喻梦哲，西安建筑科技大学学报（自然科学版），2017 年第 2 期。
656. 宋金时期“下卷昂”的形制演变与时空流布研究，徐怡涛，文物，2017 年第 2 期。
657. 辽代楼阁式砖塔建筑形制研究，杜辉，赤峰学院学报（汉文哲学社会科学版），2017 年第 11 期。
658. 辽代砖作技术探究——以辽代砖塔为例，赵兵兵、张昕源，建筑与文化，2017 年第 8 期。
659. 浅析辽代砖塔的营造组织制度，赵兵兵、杨梦阳，建筑与文化，2017 年第 9 期。
660. 山西砖石塔仿木结构制作技术的时代特征，常亚平、李源，中国文物报，2017 年 1 月 6 日第 7 版。
661. 浅析研究河北辽塔的现实意义，杨瑞，大众文艺，2017 年第 14 期。
662. 晋中地区金代建筑的“插接前廊”传统，喻梦哲、崔陇鹏，华中建筑，2017 年第 1 期。
663. 辽金瓦当制作工艺的个案研究——以吉林省出土的瓦当标本为视角，石玉兵、卢成敢，北方文物，2017 年第 2 期。
664. 看得见的大辽，国家人文历史，2017 年第 20 期。
665. 西京大同府“八大辽构”中的经典遗存，杨昆，国家人文历史，2017 年第 20 期。
666. 朔州崇福寺，张兵，文史月刊，2017 年第 2 期。
667. 塞外木塔，赵平，中国地名，2017 年第 5 期。
668. 基于辽代奉国寺文化遗存的文化符号提炼与推衍，沈晓东、奚纯、赵兵兵，美与时代（上），2017 年第 3 期。
669. 从文化遗产到文化资源的社会价值转变——以义县奉国寺为例，刘琦，渤海大学学报（哲学社会科学版），2017 年第 6 期。

（二）碑刻、墓志

670. 关于辽代翰鲁朵的看法，赵运富，文物鉴定与鉴赏，2017 年第 11 期。
671. 《全金石刻文辑校》疑校百二十例，王玉亭、孙绵，北方文物，2017 年第 3 期。
672. 《全金石刻文辑校》献疑百例，孙绵、王玉亭，黑龙江社会科学，2017 年第 4 期。
673. 北京地区金代墓志、墓碑与石生浅析，丁力娜，辽金史论集（第十五辑），科学出版社，2017 年。
674. 《辽大康四年谷积山院读藏经之记碑》考，高连东，辽金历史与考古（第八辑），科学出版社，2017 年。

675. 宋金时期的里堠碑，周峰，四川文物，2017 年第 6 期。
676. 金元以来山陕水利图碑与历史水权问题，张俊峰，山西大学学报（哲学社会科学版），2017 年第 3 期。
677. 那块大金得胜陀颂碑，毕玮琳、张红玉，吉林日报，2017 年 9 月 16 日第 4 版。
678. 扶余市德胜镇：金太祖完颜阿骨打兴兵灭辽誓师地，毕玮琳、张红玉，吉林日报，2017 年 9 月 16 日第 4 版。
679. 金代的德政去思碑，王明荪，辽金史论集（第十六辑），黑龙江人民出版社，2017 年。
680. 金源郡王神道碑碑文的记事特点，王久宇，辽金史论集（第十六辑），黑龙江人民出版社，2017 年。
681. 易县双塔庵金代王寂摩崖题记考释，周峰，文物春秋，2017 年第 3 期。
682. 昌黎碣石山金元时期的题记，孙伯君，辽金史论集（第十五辑），科学出版社，2017 年。
683. 真定路墨史堂石刻，贡蕾、刘友恒，当代人，2017 年第 8 期。
684. 也谈《萧旼墓志铭》真伪问题，都兴智，辽金史论集（第十六辑），黑龙江人民出版社，2017 年。
685. 辽代张郁墓志考释，么乃亮，中国国家博物馆馆刊，2017 年第 10 期。
686. 辽代刘知新三兄弟墓志考释，李道新，辽金历史与考古（第八辑），科学出版社，2017 年。
687. 辽宁北票市发现辽代杨从显墓志，姜洪军，辽金历史与考古（第八辑），科学出版社，2017 年。
688. 辽《贾师训墓志》考释，李宇峰、李广奇，辽金历史与考古（第八辑），科学出版社，2017 年。
689. 辽《郑恪墓志》考释，谷丽芬，辽金历史与考古（第八辑），科学出版社，2017 年。
690. 辽宁朝阳县发现辽代《王仲兴墓志》，张振军，辽金历史与考古（第八辑），科学出版社，2017 年。
691. 巴林左旗洞山“辽乾统十年经幢”再考，王玉亭、高娃、于静波，辽金历史与考古（第八辑），科学出版社，2017 年。
692. 康平博物馆馆藏金代石经幢浅析，胡荣繁，辽金历史与考古（第八辑），科学出版社，2017 年。
693. 辽阳《东京胜严寺彦公禅师塔铭》补议，李智裕，北方文物，2017 年第 3 期。
694. 大金进义校尉焦君墓志研究，陈朝云、刘梦娜，中原文物，2017 年第 1 期。
695. 金代时立爱家族成员时丰妻张氏墓志铭考释，王新英，北方文物，2017 年第 4 期。
696. 金代买地券考述，宋德金，北方文物，2017 年第 1 期。
697. 喀左官大海出土两块金代买地券，侯申光，辽金历史与考古（第八辑），科学出版社，2017 年。
698. 我国内蒙古及宁夏、甘肃等地金代石刻辑校，樊运景，内蒙古大学学报（哲学社会科学版），2017 年第 4 期。
699. 《高夫人葬记》考释，李智裕、苗霖霖，辽金史论集（第十六辑），黑龙江人民出版社，2017 年。

（三）官印、印章

700. 人事有代谢　往来成古今　试析旅顺博物馆藏金代官印，杨亮，收藏家，2017 年第 1 期。
701. 黑河市西沟古城发现金代经略使司之印研究，王禹浪、谢春河，哈尔滨学院学报，2017 年第 10 期。
702. 临朐博物馆藏秦二世诏版及金都统之印，孙名昌，文物鉴定与鉴赏，2017 年第 6 期。
703. 辽上京博物馆藏花押印选介，张兴国、于静波，辽金历史与考古（第八辑），科学出版社，2017 年。

（四）铜镜

704. 辽宋金铜镜辨识举例，童立红、李宇峰，辽金历史与考古（第八辑），科学出版社，2017 年。
705. 论宋金铜镜上的纹饰与思想，陆晓洪，收藏投资导刊，2017 年第 21 期。
706. 金代摩羯镜，李宏斌，丝绸之路，2017 年第 8 期。
707. 金“草莓花果纹镜”小考，徐沂蒙，文博，2017 年第 6 期。
708. 临夏州博物馆馆藏金代刻字铜镜赏析，杜马玉，文物鉴定与鉴赏，2017 年第 5 期。
709. 客从远方来，遗我双鲤鱼——Z0916 金双鱼纹铜镜的文化内涵，陈红波，天水行政学院学报（哲学社会科学版），2017 年第 1 期。

（五）陶瓷

710. 试论契丹陶瓷的“周缘性”——以唾壶和陶枕为例，［日］町田吉隆著，尹钰译，辽金历史与考古（第八辑），科学出版社，2017 年。
711. 从一方印佛陶模看辽上京与西域的联系，葛华廷，辽金历史与考古（第八辑），科学出版社，2017 年。
712. 对鞍山墓葬出土的陶制十字的探究，李刚、翟斯丹，辽金历史与考古（第八辑），科学出版社，2017 年。
713. 朝阳博物馆藏的几件辽三彩，张桂凤，辽金历史与考古（第八辑），科学出版社，2017 年。
714. 北京龙泉务窑辽三彩陶瓷，姚庆，收藏家，2017 年第 3 期。
715. 辽金西京大同窑，赵炳恩，大众考古，2017 年第 9 期。
716. 辽宁辽阳江官屯窑址完成考古发掘，文物鉴定与鉴赏，2017 年第 3 期。
717. 浅谈馆藏“辽白瓷”，张鸿超，文物鉴定与鉴赏，2017 年第 6 期。
718. 2000 年黄骅市海丰镇遗址出土金代瓷器初探，潘晓暾，硕士学位论文，吉林大学，2017 年。
719. 河北博物院藏金代瓷器珍品，夏文峰，东方收藏，2017 年第 2 期。
720. 略论辽代鸡冠壶的形制及演变，田野，中国民族博览，2017 年第 4 期。
721. 关于鸡冠壶的再认识，李艳阳，辽金史论集（第十五辑），科学出版社，2017 年。
722. 骑风猎韵——辽代陶瓷器皿鸡冠壶艺术特征摭拾，曹习芳，硕士学位论文，中国美术学院，2017 年。
723. 辽代凤首瓶（壶）定名辨析——以朝阳博物馆馆藏文物为例，王冬冬，辽金历史与考古（第八辑），科学出版社，2017 年。

724. 北票博物馆藏辽白瓷雌雄凤首瓶，王永兰、赵志伟，辽金历史与考古（第八辑），科学出版社，2017 年。
725. 大同西三环辽金墓出土的陶瓷器，李虹波、李白军，收藏，2017 年第 8 期。
726. 辽国掳掠各地窑工烧制瓷器，吴限，辽宁日报，2017 年 9 月 2 日第 5 版。
727. 浅析金代白瓷上的红色标记，赵里萌，文物春秋，2017 年第 2 期。
728. 河南禹州扒村窑白底黑花瓷绘艺术探讨，郭君健，中华文化论坛，2017 年第 7 期。
729. 这把辽代壶为何与众不同，王敏娜，辽宁日报，2017 年 1 月 18 日第 18 版。
730. 山西河津固镇宋金瓷窑址，贾尧，大众考古，2017 年第 2 期。
731. 改写山西制瓷史 河津固镇宋金瓷窑址，高振华、贾尧、王晓毅，大众考古，2017 年第 5 期。
732. 河津窑金代黑画花瓷器，孟耀虎，收藏家，2017 年第 7 期。
733. 山西河津窑金代黑画花瓷器，孟耀虎，收藏，2017 年第 6 期。
734. 河津固镇金代陶瓷枕，贾尧、高振华，收藏，2017 年第 11 期。
735. 类型与愿景：宋金瓷枕上的水波纹，常樱，装饰，2017 年第 11 期。
736. 淄博陶瓷瑰宝“金三彩”，魏传来，陶瓷科学与艺术，2017 年第 8 期。
737. 耀州窑青瓷鱼龙形器功能小考，李晓艳、李慧净，辽金历史与考古（第八辑），科学出版社，2017 年。
738. 开封出土的宋金玩具陶模，葛奇峰，收藏，2017 年第 6 期。
739. 宋金时期韩日出土中国白瓷的比较研究，尹恩珠，东方博物，2017 年第 1 期。
740. 谈谈钧瓷的几个概念，李民举，故宫博物院院刊，2017 年第 3 期。
741. 钧窑概念的形成及其产品时代辨析，徐华烽，故宫博物院院刊，2017 年第 3 期。
742. 宋元钧瓷的差异，薛续友，理财（收藏），2017 年第 6 期。
743. 河北博物院收藏的几件钧窑瓷器，张晓，文物春秋，2017 年第 3 期。
744. “尚食局”铭定瓷再议，刘涛，收藏，2017 年第 1 期。
745. 黑釉凸线纹瓷器初探，马萌萌，中国国家博物馆馆刊，2017 年第 2 期。

（六）玉器

746. 关于春水秋山玉的若干问题，刘丽萍，辽金历史与考古（第八辑），科学出版社，2017 年。
747. 马背上的“春水秋山”——浅谈春水玉秋山玉的艺术和收藏价值，李文秋，济南日报，2017 年 7 月 4 日 B02 版。
748. 上海博物馆馆藏俏色“春水”、“秋山”玉饰的材质、皮色及年代研究，谷娴子、熊樱菲、龚玉武、卢婷婷，文物保护与考古科学，2017 年第 4 期。
749. 山西宋元时期存世玉器简析，董永刚，山西社会主义学院学报，2017 年第 2 期。
750. 辽代佛教玉器欣赏——以中国国家博物馆藏品为例，柴晨鸣，荣宝斋，2017 年第 6 期。
751. 辽代“玉带”图形纹饰研究，魏航，文教资料，2017 年第 4 期。
752. 龟游绿藻　鹤舞青松——金代青玉龟游荷叶玉饰，闫娟，首都博物馆论丛（总第 31 辑），北京燕山出版社，2017 年。

（七）石雕、石棺、石函

753. 建昌县发现辽代“武翁仲”，王岩頔，辽宁日报，2017 年 10 月 11 日第 13 版。

（八）木器

754. 辽代墓葬出土木质器具研究，聂定，赤峰学院学报（汉文哲学社会科学版），2017 年第 9 期。

（九）丝绸

755. 唐宋时期夹缬织物中的文字研究，刘安定、叶洪光、李强，丝绸，2017 年第 4 期。
756. 金元时期晋南“汾河木雕流派”的风格及演变，瞿炼，故宫博物院院刊，2017 年第 2 期。

（十）金属器物

757. 马背华器　流光溢彩——吐尔基山辽墓金银器鉴赏，张彤，文物鉴定与鉴赏，2017 年第 5 期。
758. 双面人形鎏金银饰件，郑承燕，内蒙古日报，2017 年 8 月 21 日第 6 版。
759. 喀喇沁旗三百垅出土辽鎏金荔枝纹铜带銙，李云龙、李凤举，北方文物，2017 年第 4 期。
760. 辽宁辽阳市江官屯遗址出土的金代铁器，肖新琦，北方文物，2017 年第 1 期。
761. 辽代出土铜铃的研究，白艺汗，赤峰学院学报（汉文哲学社会科学版），2017 年第 7 期。
762. 辽墓出土网衣编法三例，惠学军，辽金历史与考古（第八辑），科学出版社，2017 年。

（十一）其他文物

763. 辽代贵妃墓出土绝世珍宝，灵诗，中国拍卖，2017 年第 3 期。
764. 辽宁营口地区辽金文物鉴赏，魏耕云、杨帅，文物鉴定与鉴赏，2017 年第 12 期。
765. 记城四家子古城流散文物，赵里萌、孟庆旭、梁会丽、魏佳明、王浩宇、郭美玲，辽金历史与考古（第八辑），科学出版社，2017 年。
766. 辽代玛瑙器研究，王永立，硕士学位论文，内蒙古大学，2017 年。
767. 内蒙古地区辽代墓葬出土马具及其文化因素构成，王馨瑶，长江丛刊，2017 年第 23 期。

（十二）博物馆

768. 中国契丹辽博物馆项目正式启动，蔡鹏飞，赤峰日报，2017 年 10 月 11 日第 1 版。
769. 契丹华彩　千年流芳——“大辽契丹”策展记，郑承燕，中国文物报，2017 年 8 月 29 日第 8 版。
770. 北京：宋金砖雕影像展，文物天地，2017 年第 6 期。
771. 生死同乐——山西金代戏曲砖雕艺术展，艺术品，2017 年第 9 期。

（十三）文物保护

772. 辽墓出土铜丝网衣的修复与复原，惠学军，中国文物报，2017 年 3 月 17 日第 7 版。
773. 天津蓟县盘山花岗岩风化特征及其对千像寺石刻造像的影响，谭力、魏世豪，安全与环境工程，2017 年第 1 期。

2017年西夏学论著目录*

韩树伟**

一 著作

1. 李兆庆，成吉思汗，中国文史出版社，2017年。
2. 史金波，中国风俗通史丛书·西夏风俗（全彩插图本），上海文化出版社，2017年。
3. 史金波，西夏经济文书研究，社会科学文献出版社，2017年。
4. 李华瑞，宋辽西夏金史青蓝集，中国社会科学出版社，2017年。
5. 之承，晚晴集，宁夏人民出版社，2017年。
6. 李强，西夏王 英雄之生，当为王霸，现代出版社，2017年。
7. 彭向前，党项西夏名物汇考，甘肃文化出版社，2017年。
8. 童超，看得见的中国史 辽西夏金，北京联合出版公司，2017年。
9. 雪漠，西夏的苍狼，中国大百科全书出版社，2017年。
10. 雪漠，西夏咒，中国大百科全书出版社，2017年。
11. 杨志高，《慈悲道场忏法》西夏译文的复原与研究，中国社会科学出版社，2017年。
12. 周伟洲主编，西北民族论丛，第十五辑，社会科学文献出版社，2017年。

---

* 拙文《2014年西夏学研究论著索引》《2015年西夏学研究论著索引》，可参景爱主编《辽金西夏研究（2014—2015）》（中国文史出版社2018年版，第503—523、524—546页）。

2017年西夏学研究取得了重要的研究成果，据笔者不完全统计，2017年出版论著24部，发表论文228篇之多，内容主要涉及文献考释、佛教经典解读、语言文字考究、法律契约文书整理与研究、西夏移民考证、研究综述、名家名著介绍等多个方面。其中，《西夏研究》《西夏学》是重要的研究阵地，发表论文85篇，加上《宁夏社会科学》发表的21篇、宁夏大学学位论文7篇，共113篇，将近占总数的一半。需要说明的是，《西夏学》去年发表两辑，即第十二辑、第十三辑，2017年截至本文写作过多成时，发表了一辑，即第十四辑。为方便学界同仁查阅，笔者与以往只按作者姓氏音序编排不同，而是首先对研究论著分为著作、论文两个部分，然后将论著按照发表时间、作者姓氏排序，论文按照研究内容分为政治军事地理、法律社会经济（包括钱币）、文献考释文化互动、佛教及其经典、西夏石窟考古艺术、西夏遗民考证、述评、学术学位论文八大类，其中论文仍然以发表时间、作者姓氏排序。这样做的好处是，既能知道哪些是著作，哪些是论文，又能对不同研究方向的论文一目了然，且对同一研究方向的脉络有一个清晰的认识。因笔者学识有限，不免挂一漏万，敬请方家批评指正。

** 作者简介：韩树伟（1989—），男，甘肃陇西人，兰州大学敦煌学研究所博士生，主要从事敦煌学、法律社会史、西域史研究。

13. 中国社会科学院宋辽金元史研究室主编，隋唐辽宋金元史论丛，第七辑，上海古籍出版社，2017 年。
14. 杜建录，西夏与周边民族关系，甘肃文化出版社，2017 年。
15. 贾常业，西夏文字揭要，甘肃文化出版社，2017 年。
16. 陈玮，西夏番姓大族研究，甘肃文化出版社，2017 年。
17. 崔红芬，西夏佛教文献研究论集，宗教文化出版社，2017 年。
18. 李华瑞，西夏史探赜，甘肃文化出版社，2017 年。
19. 周伟洲，党项西夏史论，甘肃文化出版社，2017 年。
20. ［日］杉山正明著，郭清华译，疾驰的草原征服者：辽、西夏、金、元，台湾商务印书馆，2017 年。
21. 李昌宪，中国行政区划通史 宋西夏卷（修订本），复旦大学出版社，2017 年。
22. 马聪、王涛、曹旅宁，出土文献与法律史研究现状学术研讨会论文集，暨南大学出版社，2017 年。
23. 陈广恩，西夏元史研究论稿，中国社会科学出版社，2017 年。
24. 姜锡东主编，宋史研究论丛，第二十辑，科学出版社，2017 年。

二 论文

（一）政治、军事、地理

25. 郭冰雪，北宋对党项贵族的赗赙之礼，西夏研究，2017 年第 1 期。
26. 黄纯艳，北宋东亚多国体系下的外交博弈——以外交谈判为中心，中国边疆史地研究，2017 年第 1 期。
27. 许伟伟，党项西夏的政治视野及其宫廷制度问题，西夏学，第十四辑，甘肃文化出版社，2017 年。
28. 张永富，西夏文献中的“群牧司”与“州牧”，西夏研究，2017 年第 1 期。
29. 郝振宇，唐宋丝绸之路视域下党项西夏政权建立的历史考察，西北民族大学学报，2017 年第 2 期。
30. 马旭俊，金夏关系的历史分期与特点，西夏研究，2017 年第 3 期。
31. 王万志，辽夏封贡关系探析，史学集刊，2017 年第 5 期。
32. 张尚庆，11 世纪喀喇汗王朝和西夏、北宋关系的演变，兰州教育学院学报，2017 年第 11 期。
33. 范学辉，俄藏黑水城金代《西北诸地马步军编册》新探暨重命名，历史研究，2017 年第 1 期。
34. 任欢欢，西北堡寨在宋夏战争中的作用——以青涧城为例，北方论丛，2017 年第 4 期。
35. 宋士龙，宋军在三川口、平夏城两场战役中的防御战术之比较，西夏研究，2017 年第 4 期。
36. 母雅妮、郝振宇，宋夏三川口之战的历史影响，宁夏大学学报，2017 年第 5 期。
37. 燕永成，北宋后期的御将新体制及其影响，文史哲，2017 年第 5 期。
38. 景永时，西夏地方军政建置体系与特色，宁夏社会科学，2017 年第 6 期。
39. 瞿丽萍，试述西夏军抄，西夏学，第十四辑，甘肃文化出版社，2017 年。
40. 尤桦，西夏烽堠制度研究，西夏学，第十四辑，甘肃文化出版社，2017 年。

41. 张多勇、王志军，西夏左厢神勇—年斜（宁西）监军司考察研究，西夏学，第十四辑，甘肃文化出版社，2017 年。
42. 张多勇、于光建，西夏进入河西的“啰庞岭道”与啰庞岭监军司考察，石河子大学学报，2017 年第 6 期。
43. 甄自明、郝雪琴，西夏克夷门、右厢朝顺监军司驻地新考——内蒙古鄂托克旗西夏石城、长城的发现与研究，西夏学，第十四辑，甘肃文化出版社，2017 年。
44. 乐玲，宋夏交界区域内“会”的设置及其地名内涵，陇东学院学报，2017 年第 2 期。
45. 郑彦卿，西夏省嵬城历史考略，西夏研究，2017 年第 3 期。
46. 史金波，西夏与开封、杭州，浙江学刊，2017 年第 1 期。
47. 史金波，西夏时期的灵州，西夏学，第十四辑，甘肃文化出版社，2017 年。
48. 张虽旺，成吉思汗所攻破的西宁州之考证，黔南民族师范学院学报，2017 年第 5 期。

（二）法律、社会、经济

49. ［俄］E. И. 克恰诺夫著，唐克秀译，西夏的“自然人”与“法人”——《天盛律令》研究专著第二部分译文，西夏研究，2017 年第 1 期。
50. 李温，西夏丧服制度及其立法，西夏研究，2017 年第 1 期。
51. 骆详译，从《天盛律令》看西夏荒地产权制度的流变，中国边疆史地研究，2017 年第 1 期。
52. 赵天英，黑水城出土西夏文草书借贷契长卷（7741 号）研究，中国经济史研究，2017 年第 2 期。
53. 惠宏，西夏《天盛律令》之中药名“蔓荆子”考释，宁夏社会科学，2017 年第 4 期。
54. 周峰，金朝与西夏盗窃法比较研究，辽金历史与考古，第七辑，辽宁教育出版社，2017 年。
55. 赵彦龙、姚玉婷，西夏买卖人口契约的性质与程序，宁夏师范学院学报，2017 年第 4 期。
56. 姜歆，论西夏的司法观念，宁夏社会科学，2017 年第 6 期。
57. 刘志月，黑水城出土的北元 M1·033［F277：W5 反］典人契探研，西夏学，第十四辑，甘肃文化出版社，2017 年。
58. 庞倩，西夏《天盛律令》里的“盐池”初探，西夏学，第十四辑，甘肃文化出版社，2017 年。
59. 王颖，西夏契约文书研究的现状、问题与展望，西夏学，第十四辑，甘肃文化出版社，2017 年。
60. 徐婕、胡祥琴，西夏时期的自然灾害及撰述，西夏研究，2017 年第 2 期。
61. 史金波，西夏文社会文书对中国史学的贡献，民族研究，2017 年第 5 期。
62. 郝振宇，论西夏养子的类型及其社会地位，宁夏社会科学，2017 年第 5 期。
63. 高仁，西夏游牧经济的几个问题，西夏学，第十四辑，甘肃文化出版社，2017 年。
64. 潘洁，西夏的官地和私地，西夏学，第十四辑，甘肃文化出版社，2017 年。
65. 潘洁，试析西夏土地的垦辟和注销，西夏研究，2017 年第 1 期。
66. 骆详译，从黑水城出土西夏手实文书看西夏与唐宋赋役制度的关系，中国社会经济史研究，2017 年第 2 期。
67. 杜立晖，黑水城西夏南边榷场使文书所见“替头”考，文献，2017 年第 3 期。
68. 许生根，论西夏元初黑水城谷物供给途径，西夏研究，2017 年第 4 期。

69. 罗海山，“嵬名法宝达卖地文书”年代考，西夏学，第十四辑，甘肃文化出版社，2017 年。

（三）钱币

70. 李鸣骥，西夏钱币铸造特点及其变化原因初探，西夏研究，2017 年第 1 期。
71. 李宪章，西夏文古钱忆旧——钱文译识考证，江苏钱币，2017 年第 3 期。
72. 赵生泉、史瑞英，西夏钱币书法演变源流探赜，中国钱币，2017 年第 1 期。
73. 郑祎，浅析西夏钱币的特征与辨伪，大众文艺，2017 年第 4 期。

（四）文献考释、文化互动

74. 胡守静，《青史演义》中“唐古特”与“西夏”辨析，西夏研究，2017 年第 1 期。
75. 胡守静，《青史演义》中“唐古特”事迹的史料来源与相关问题探析，西夏学，第十四辑，甘肃文化出版社，2017 年。
76. 汤晓龙、刘景云，西夏医方“合香杂制剂”破译考释初探，中华文献杂志，2017 年第 1 期。
77. 赵彦龙，西夏档案编纂研究，档案学研究，2017 年第 1 期。
78. 赵彦龙，西夏汉文契约档案中的计量单位及其用字研究，西夏研究，2017 年第 1 期。
79. 赵彦龙，西夏历法档案整理研究，中国档案学研究，第三辑，2017 年。
80. 聂鸿音，西夏文“君臣问对”残叶考，宁夏社会科学，2017 年第 2 期。
81. 梁松涛，黑水城出土西夏文《明堂灸经》残叶考，文献，2017 年第 3 期。
82. 马万梅，《英藏黑水城文献》漏刊的两件西夏文献考释，西夏研究，2017 年第 3 期。
83. 陈光恩、陈柳晶，关于元代亦集乃路粮食运输的几个相关问题，西夏学，第十四辑，甘肃文化出版社，2017 年。
84. 郭明明，黑水城文书中的孛罗帖木儿大王，西夏学，第十四辑，甘肃文化出版社，2017 年。
85. 孔雁，《黑城出土汉文遗书续录》中 TK133 叙录辨正，西夏学，第十四辑，甘肃文化出版社，2017 年。
86. 王龙，《通玄记》的西夏译本，西夏学，第十四辑，甘肃文化出版社，2017 年。
87. 郭明明，《圣立义海》孝子故事史源补考，西夏研究，2017 年第 1 期。
88. 张笑峰，西夏“上服”考，西夏学，第十四辑，甘肃文化出版社，2017 年。
89. 孔维京，碰撞与融合：西夏社会变革中的“孝文化”，西夏研究，2017 年第 2 期。
90. 聂鸿音，中原“儒学”在西夏，北方民族大学学报，2017 年第 3 期。
91. 孙颖新，英国国家图书馆藏《孝经》西夏译本考，宁夏社会科学，2017 年第 5 期。
92. 彭向前，西夏文草书《孝经传序》译释，宁夏社会科学，2017 年第 5 期。
93. 温玉成，《西夏颂祖歌》新解读，大众考古，2017 年第 1 期。
94. 刘景云，辉煌的华夏史诗：《夏圣根赞歌》，敦煌研究，2017 年第 4 期。
95. 余晓玲，公文写作视角下的《告黑水河诸神敕》，西夏研究，2017 年第 1 期。
96. 袁志伟，西夏华严禅思想与党项民族的文化个性——西夏文献《解行照心图》及《洪州宗师教仪》解读，青海民族研究，2017 年第 1 期。
97. 袁志伟，丝绸之路上的宗教思想与文化认同——以契丹、党项、回鹘佛教为中心，求索，2017 年第 5 期。

98. 高奕睿、汤君，夏译中原兵书的异同，西夏研究，2017 年第 2 期。
99. 彭向前，“夏译汉籍”的文献学价值，西夏研究，2017 年第 2 期。
100. 彭向前，夏译汉籍的学术价值，文史知识，2017 年第 3 期。
101. 史金波，西夏文明在中国文明史上的地位，文史知识，2017 年第 3 期。
102. 杨富学，裕固族对敦煌文化的贡献，河西学院学报，2017 年第 4 期。
103. 张玉琴，华夏文明传承视角下武威西夏文献汉译本的英译译法研究——以《劝世篇》残页为例，中国校外教育，2017 年第 6 期。
104. 蔺艳，“一带一路”战略背景下西夏文化翻译传播模式构建，大学英语教学与研究，2017 年第 5 期。
105. 孙伯君，西夏文献与“丝绸之路”文化传统，西南民族大学学报，2017 年第 8 期。
106. 李玉峰，西夏装饰纹样中的龙纹及特点，西夏学，第十四辑，甘肃文化出版社，2017 年。

（五）语言文字

107. 孙伯君，论西夏对汉语音韵学的继承与创新，中华文史论丛，2017 年第 2 期。
108. 孙伯君，12 世纪河西方音的鼻音声母，励耘语言学刊，第一辑，中华书局，2017 年。
109. 王培培，12 世纪西北地区的 f、h 混读现象，宁夏师范学院学报，2017 年第 4 期。
110. 景永时、王荣飞，俄藏黑水城文献未刊《同音》37B 残叶考释，北方民族大学学报，2017 年第 5 期。
111. 木仕华，西夏黑水名义考，辽金历史与考古，第七辑，辽宁教育出版社，2017 年。
112. 和智，西夏文《圣立义海》翻译中的若干语法问题，西夏学，第十四辑，甘肃文化出版社，2017 年。
113. 许鹏，释西夏语词缀 wji^2，西夏研究，2017 年第 1 期。
114. 段玉泉，新见英藏西夏文《杂字》考释，西夏学，第十四辑，甘肃文化出版社，2017 年。
115. 王培培，夏译汉籍中的音译误字，西夏学，第十四辑，甘肃文化出版社，2017 年。
116. 赵生泉，西夏文“草书”书写特征举隅，西夏学，第十四辑，甘肃文化出版社，2017 年。
117. 高仁、王培培，西夏文《杂字・汉姓》译考，西夏研究，2017 年第 2 期。
118. 史金波，新见西夏文偏旁部首和草书刻本文献考释，民族语文，2017 年第 2 期。
119. 聂鸿音，西夏文字的启迪，文史知识，2017 年第 3 期。
120. 孟一飞、杨小花、张晓彪，基于 Mean Shift 算法的西夏文字笔形识别，广西大学学报，2017 年第 3 期。
121. 孟一飞、张晓彪、杨小花，基于 ASM 算法的特征提取与匹配在文字识别中的应用，广西大学学报，2017 年第 6 期。
122. 孟一飞、杨文慧、谢堂健、戴雪瑞，基于西夏古籍文字样本数据库设计与实现，电脑与信息技术，2017 年第 6 期。
123. 孟一飞、杨文慧、谢堂健、刘丽萍，基于文字构件的西夏文字体库创建研究，电脑知识与技术，2017 年第 26 期。

（六）佛教及其经典

124. 保宏彪，西夏龙神崇拜，宁夏人大，2017 年第 2 期。

125. 聂鸿音，贤觉帝师传经考，中华文史论丛，2017 年第 2 期。
126. 孙伯君，西夏国师法狮子考，北方民族大学学报，2017 年第 2 期。
127. 孙伯君，藏传佛教“大手印”法在西夏的流传，西夏学，第十四辑，甘肃文化出版社，2017 年。
128. 孙伯君，裴休《发菩提心文》的西夏译本考释，宁夏社会科学，2017 年第 4 期。
129. 魏淑霞，西夏僧侣社会活动管窥，西夏研究，2017 年第 4 期。
130. 魏淑霞，西夏功德司考述，宁夏社会科学，2017 年第 4 期。
131. 徐佳佳，西夏擦擦与藏传佛教关系研究，文物鉴定与鉴赏，2017 年第 7 期。
132. 彭向前，关于西夏圣容寺研究的几个问题，西夏学，第十四辑，甘肃文化出版社，2017 年。
133. 陈玮，西夏天崇拜研究，西夏学，第十四辑，甘肃文化出版社，2017 年。
134. 张海娟，西夏星神图像研究述评，西夏学，第十四辑，甘肃文化出版社，2017 年。
135. 孔祥辉，英藏西夏文《金刚经》残片考辨，西夏研究，2017 年第 1 期。
136. 李晓明，英藏若干西夏文《真实名经》残页考释，西夏研究，2017 年第 1 期。
137. 张九玲，西夏文《消灾吉祥陀罗尼经》释读，宁夏社会科学，2017 年第 1 期。
138. 张九玲，西夏本《大随求陀罗尼经》初探，西夏学，第十四辑，甘肃文化出版社，2017 年。
139. 陈永中，民国时期灵武发现西夏文佛经的几个问题，西夏研究，2017 年第 2 期。
140. 段玉泉、米向军，新发现的西夏文《圣胜慧到彼岸功德宝集偈》残叶考，宁夏社会科学，2017 年第 2 期。
141. 孙昌盛，俄藏西夏文藏传密续《胜住仪轨》题记译考——兼论藏传佛教传播西夏的时间，北方民族大学学报，2017 年第 2 期。
142. 王龙，西夏写本《阿毗达磨顺正理论》考释，宁夏社会科学，2017 年第 2 期。
143. 王龙，西夏文《十轮经》考论，西夏研究，2017 年第 2 期。
144. 王龙，西夏写本《大乘阿毗达磨集论》缀考，文献，2017 年第 3 期。
145. 王龙，俄藏西夏文《瑜伽师地论》卷八十八考释，西夏研究，2017 年第 4 期。
146. 张永富，西夏文《大宝积经》卷三十六勘误，西夏研究，2017 年第 2 期。
147. 陈连龙，从跨文化传播的视角看西夏佛经的传播方式，西夏研究，2017 年第 3 期。
148. 崔红芬，俄藏黑水城《佛说大乘圣无量寿王经》及相关问题考略，宁夏社会科学，2017 年第 3 期。
149. 王培培，西夏文《佛说入胎藏会第十四之二》考释，西夏研究，2017 年第 3 期。
150. 史金波，泥金写西夏文《妙法莲华经》的流失和考察，文献，2017 年第 3 期。
151. 赵阳，黑城本《弥勒上生经讲经文》为词曲作品说，敦煌学辑刊，2017 年第 3 期。
152. 麻晓芳，俄藏西夏文《佛说瞻婆比丘经》残卷考，西夏研究，2017 年第 4 期。
153. 杨志高、杨露怡，影响 · 作用：汉文和复原的西夏文《慈悲道场忏法》，宁夏社会科学，2017 年第 4 期。
154. 陈玮，黑水城文献所见西夏归义人研究——以《注华严法界观门》发愿文题记为中心，宁夏社会科学，2017 年第 5 期。
155. 王龙，藏传《圣大乘胜意菩萨经》的夏汉藏对勘研究，北方民族大学学报，2017 年第 5 期。
156. 崔红芬，西夏文《过去庄严劫千佛名经》发愿文之西北方音及相关问题，宁夏社会科学，

2017 年第 6 期。
157. 佟建荣，黑水城出土的几种《妙法莲华经观世音菩萨普门品第二十五》版本考述，西夏学，第十四辑，甘肃文化出版社，2017 年。
158. 王晓辉，关于黑水城出土北元文书中若干问题的考察，西夏学，第十四辑，甘肃文化出版社，2017 年。
159. 杨志高，西夏文《经律异相》中的佛、俗时间观念，西夏学，第十四辑，甘肃文化出版社，2017 年。

（七）西夏石窟、考古艺术

160. 孙昌盛，灵武回民巷西夏摩崖石刻，宁夏社会科学，2017 年第 1 期。
161. [美] 黄士珊著，杨冰华译，西夏佛经版画再探，丝绸之路研究集刊，第一辑，商务印书馆，2017 年。
162. 张铁山、彭金章，敦煌莫高窟 B465 窟题记调研报告，敦煌研究，2017 年第 1 期。
163. 蒋超年、赵雪野，武威亥母寺遗址 01 窟覆钵式佛塔年代探讨，西夏研究，2017 年第 2 期。
164. 高国藩，西夏千手观音画像与敦煌文书千手观音崇拜及其传承，西夏研究，2016 年第 3 期。
165. 李涛，黑水城遗址出土西夏时期染色纸张的分析，西夏研究，2017 年第 3 期。
166. 宁强、何卯平，西夏佛教艺术中的“家窟”与“公共窟”——瓜州榆林窟第 29 窟供养人的构成再探，敦煌学辑刊，2017 年第 3 期。
167. 于光建，武威西夏墓出土太阳、太阴图像考论，宁夏社会科学，2017 年第 3 期。
168. 崔红芬，西夏观音绘画考略，平顶山学院学报，2017 年第 4 期。
169. 李进兴，略述西夏的几件铁器，东方收藏，2017 年第 4 期。
170. 米向军，西夏金银器研究举隅，收藏，2017 年第 4 期。
171. 王胜泽，西夏艺术图像中的丝路印记，西夏研究，2017 年第 4 期。
172. 王胜泽、王艳，西夏工艺美术的民族特征，民族艺林，2017 年第 4 期。
173. [日] 荒川慎太郎著，王玫译，西夏的“炮”设计图，西夏研究，2017 年第 4 期。
174. 杨宏毅，塞上遗珍——院藏西夏文物鉴赏，文物天地，2017 年第 5 期。
175. 杨富学，瓜州塔考辨，敦煌研究，2017 年第 2 期。
176. 杨富学，裕固族与晚期敦煌石窟，敦煌研究，2017 年第 6 期。
177. 廖旸，藏传佛教后宏早期绘画的一种形式构成与过渡特征，故宫博物院院刊，2017 年第 6 期。
178. 李苗苗，西夏时期木板画探析，美与时代，2017 年第 7 期。
179. 唐文娟，西夏瓷上牡丹开，大众考古，2017 年第 10 期。
180. 唐瑞林，马尾胡琴考，现代交际，2017 年第 12 期。
181. 汤晓芳，一幅西夏时期的壁画——阿尔寨石窟第 33 窟壁画释读，探索、收获、展望——鄂尔多斯学十五周年纪念文集，2017 年。

（八）西夏遗民、人物考证

182. 杜建录、邓文韬，安徽歙县贞白里牌坊始建年代考——兼考西夏遗民余阙佥宪浙东道期间的史迹，宁夏社会科学，2017 年第 1 期。

183. 佟建荣、蔡莉，有关西夏姓名若干问题的再探讨，西夏研究，2017 年第 2 期。
184. 王培培，西夏文献中的人名，宁夏社会科学，2017 年第 2 期。
185. 李祥林，先祖敬奉 族群想象 文化认同——从四川茂县“中国羌城”说开去，西华大学学报，2017 年第 3 期。
186. 刘志月，元代西夏遗民李朵儿赤事迹考论，西夏研究，2017 年第 3 期。
187. 杨富学、胡蓉，从《述善集》看宋元理学对濮阳西夏遗民的影响，西北师范大学学报，2017 年第 3 期。
188. 邓文韬，元代西夏遗裔婚姻若干问题补释，西夏研究，2017 年第 4 期。
189. 刘少华，汉文史料中“唐古特”一词所指族群变迁研究，兰州教育学院学报，2017 年第 7 期。
190. 齐德舜，《金史・结什角传》笺证，西藏研究，2017 年第 2 期。
191. 汤君，拜寺沟方塔《诗集》作者行迹考，四川师范大学学报，2017 年第 2 期。
192. 赵天英、于孟卉，甘肃省博物馆藏西夏应天丁卯年首领印正误，西夏研究，2017 年第 4 期。
193. 张玉海，莫高窟榆林窟西夏文题记所见人名姓氏浅析，宁夏社会科学，2017 年第 6 期。
194. 赵生泉，甘肃天祝出土西夏文“首领”铜印献疑，中国书法，2017 年第 12 期。
195. 王昌丰，西夏陵区帝陵陵主新探，西夏学，第十四辑，甘肃文化出版社，2017 年。

（九）综述、评介

196. 韩树伟，西夏法律社会文书研究综述，西夏研究，2017 年第 1 期。
197. 张如青、于业礼，出土西夏汉文涉医文献研究述评，中医文献杂志，2017 年第 1 期。
198. 蔡莉，西夏服饰研究综述，西夏研究，2017 年第 3 期。
199. 赵天英，新见甘肃省瓜州县博物馆藏西夏文献考述，文献，2017 年第 3 期。
200. 王帅龙，2016 年西夏学研究综述，西夏研究，2017 年第 4 期。
201. 李新伟，宋夏战争述评，长江论坛，2017 年第 6 期。
202. 李甜，文殊山石窟研究的回顾与展望，石河子大学学报，2017 年第 1 期。
203. 罗海山，国内西夏契约文书研究评述与展望（1980—2015），中国史研究动态，2017 年第 1 期。
204. 杨富学，敦煌民族史研究的现状与展望，敦煌研究，2017 年第 1 期。
205. 黄成龙，2016 年羌语支语言研究前沿，阿坝师范学院学报，2017 年第 1 期。
206. 杜建录，百年西夏学，文史知识，2017 年第 3 期。
207. 曹颖僧，《西夏文史荟存》第三辑弁言，西夏研究，2017 年第 3 期。
208. 徐敏，简析丝绸之路上的西夏，哈尔滨学院学报，2017 年第 3 期。
209. 蔡晶晶，近十年来的元代色目文化研究，中国史研究动态，2017 年第 4 期。
210. 廖寅，10—13 世纪中国历史走向的深度分析，吉林大学社会科学学报，2017 年第 4 期。
211. 刘旭滢、张敬奎，首届中日青年学者宋辽西夏金元史研讨会召开，中国史研究动态，2017 年第 4 期。
212. 保宏彪，《西夏研究论丛》的又一力作——《西夏司法制度研究》出版，西夏研究，2017 年第 1 期。
213. 陈朝辉，《天盛律令》农业门整理研究评介，西夏研究，2017 年第 2 期。

214. 聂鸿音，《英藏黑水城藏文文献》读后，西夏研究，2017 年第 1 期。
215. 孙颖慧，读《西夏司法制度研究》有感，西夏研究，2017 年第 4 期。
216. 李小霞，李华瑞教授《宋夏史探研集》读后，中国史研究动态，2017 年第 5 期。
217. 张彦晓，黄纯艳：《宋代朝贡体系研究》，海交史研究，2017 年第 2 期。
218. 刘雁翔，冯国瑞《武威天梯山石窟图录》及相关问题申论，档案，2017 年第 10 期。
219. 他维宏，金宝祥先生与宋夏史研究，西夏研究，2017 年第 1 期。
220. 孙文广，悠悠百世功　矻矻当年苦——记李范文先生的西夏学研究历程，西夏研究，2017 年第 2 期。
221. 高士荣，不到长城非好汉——记西夏史专家李蔚教授，西夏研究，2017 年第 3 期。
222. 杨蕤，一位被遗忘的西夏学者：略述曹颖僧先生对西夏学的贡献，西夏研究，2017 年第 3 期。
223. 祁萌，我与西夏语——林英津老师访谈录，西夏研究，2017 年第 4 期。
224. 李浩强，积极参与“一带一路”文化建设树立精品出版意识——甘肃文化出版社与西夏学出版，传播与版权，2017 年第 12 期。
225. 马彦俊先生向中国钱币博物馆捐赠古钱币，中国钱币，2017 年第 1 期。

（十）学位论文

226. 邓文韬，元代唐兀人研究，博士学位论文，宁夏大学，2017 年。
227. 史志林，历史时期黑河流域环境演变研究，博士学位论文，兰州大学，2017 年。
228. 马旭俊，金夏关系研究，博士学位论文，吉林大学，2017 年。
229. 安北江，西夏文献《亥年新法》卷十五（下）释读与相关问题研究，硕士学位论文，宁夏大学，2017 年。
230. 王震，西夏首领研究，硕士学位论文，宁夏大学，2017 年。
231. 吴珩，西夏乐舞研究，硕士学位论文，宁夏大学，2017 年。
232. 杨小花，针对西夏文字识别的特征提取及分类器研究，硕士学位论文，宁夏大学，2017 年。
233. 张晓彪，基于不变矩的西夏文字识别，硕士学位论文，宁夏大学，2017 年。
234. 刘昭，明前宁夏碑刻文献研究，硕士学位论文，宁夏大学，2017 年。
235. 张雪爱，出土文献所见夏元时期黑水城对外交流研究，硕士学位论文，宁夏大学，2017 年。
236. 丁琦芬，北宋中后期永兴军路防御体系与武将群体研究，硕士学位论文，北方民族大学，2017 年。
237. 徐国凯，定难军节度使考略，硕士学位论文，北方民族大学，2017 年。
238. 李学泰，俄藏黑水城西夏汉文经济文献研究，硕士学位论文，西北民族大学，2017 年。
239. 张晋峰，甘肃省古浪县佛教寺院遗存调查研究，硕士学位论文，西北民族大学，2017 年。
240. 田晓霈，西夏文《将苑》整理与研究，硕士学位论文，河北大学，2017 年。
241. 张松松，西夏军事法条研究，硕士学位论文，河北大学，2017 年。
242. 马坤，西北蕃官与北宋中央政府关系研究，硕士学位论文，西北大学，2017 年。
243. 张秦源，西夏人应用植物资源研究，硕士学位论文，兰州大学，2017 年。
244. 王源，辽西京在辽夏往来中的地位与作用，硕士学位论文，内蒙古大学，2017 年。
245. 孙谦，范雍的政治生涯研究，硕士学位论文，四川师范大学，2017 年。

246. 赵龙，西夏瓷器民族风格研究，硕士学位论文，云南师范大学，2017 年。
247. 张顺利，民族交往视角下的西夏与辽朝民族政策探析，硕士学位论文，烟台大学，2017 年。
248. 马沈阳，北宋陕北地区的军事战略地位，硕士学位论文，延安大学，2017 年。
249. 彭文慧，辽代西京地区军事防御体系研究，硕士学位论文，渤海大学，2017 年。
250. 刘嘉琪，辽夏金时期服饰纹样研究，硕士学位论文，吉林艺术学院，2017 年。
251. 杜美卉，敦煌莫高窟壁画中的箜篌图像解析，硕士学位论文，西安音乐学院，2017 年。
252. 张思思，西夏敦煌壁画与同时期中原地区画风对比探究，硕士学位论文，山东建筑大学，2017 年。

索　引

A

B

C

D

E

F

G

H

J

K

L

M

N

P

Q

R

S

T

W

X

Y

Z